História do pensamento chinês

Dados Internacionais de Catalogação na Publicação (CIP)
(Câmara Brasileira do Livro, SP, Brasil)

Cheng, Anne
　História do pensamento chinês / Anne Cheng ; tradução de Gentil Avelino Titton. – Petrópolis, RJ : Vozes, 2008.
　　Título original : Histoire de la pensée chinoise.
　Bibliografia

　2ª reimpressão, 2024.

　ISBN 978-85-326-3595-2
　1. Filosofia chinesa – História I. Título.

07-8168   CDD-181.11

Índices para catálogo sistemático:
1. Filosofia chinesa : História   181.11

Anne Cheng

História do pensamento chinês

Tradução de Gentil Avelino Titton

Petrópolis

© Éditions du Seuil, 1997

Tradução do original francês intitulado *Histoire de la pensée chinoise*

Direitos de publicação em língua portuguesa-Brasil:
2008, Editora Vozes Ltda.
Rua Frei Luís, 10025689-900 Petrópolis, RJ
www.vozes.com.br
Brasil

Todos os direitos reservados. Nenhuma parte desta obra poderá ser reproduzida ou transmitida por qualquer forma e/ou quaisquer meios (eletrônico ou mecânico, incluindo fotocópia e gravação) ou arquivada em qualquer sistema ou banco de dados sem permissão escrita da editora.

CONSELHO EDITORIAL

Diretor
Volney J. Berkenbrock

Editores
Aline dos Santos Carneiro
Edrian Josué Pasini
Marilac Loraine Oleniki
Welder Lancieri Marchini

Conselheiros
Elói Dionísio Piva
Francisco Morás
Gilberto Gonçalves Garcia
Ludovico Garmus
Teobaldo Heidemann

Secretário executivo
Leonardo A.R.T. dos Santos

PRODUÇÃO EDITORIAL

Aline L.R. de Barros
Marcelo Telles
Mirela de Oliveira
Otaviano M. Cunha
Rafael de Oliveira
Samuel Rezende
Vanessa Luz
Verônica M. Guedes

Conselho de projetos editoriais
Isabelle Theodora R.S. Martins
Luísa Ramos M. Lorenzi
Natália França
Priscilla A.F. Alves

Editoração: Elaine Mayworm
Projeto gráfico: AG.SR Desenvolv. Gráfico
Capa: Emerson Souza

ISBN 978-85-326-3595-2 (Brasil)
ISBN 2-02-054009-6 (França)

Para Clara e Julia
Em memória de Yining

Quem se ergue na ponta dos pés não se sustenta em pé
Quem dá passos duplos não chega a andar
Quem se expõe aos olhos de todos é sem luz
Quem sempre dá razão a si mesmo é sem glória
Quem se gaba de seus talentos é sem mérito
Quem se ufana de seus sucessos não é feito para durar
       (Lao-tse, *Tao-te king* 24).

Agradecimentos

À semelhança da tradição chinesa que ele visa apresentar, este livro dirige-se às gerações futuras tanto quanto presta homenagem aos mestres em cuja doutrina buscou alimento. Entre todos os que me inspiraram o amor pelo estudo e me mostraram o caminho, numerosos demais para serem nomeados, devo um reconhecimento todo especial a Jacques Gernet, que me deu a honra de tomar parte ativa e constante neste empreendimento: no tempo que ele gastou generosamente lendo e anotando este manuscrito, no rigor benévolo de suas observações, nos estímulos que me prodigalizou nas horas difíceis, reconheci aquilo que faz a essência de um mestre, modelo de erudição e de humanidade, de exigência e de tolerância. Faço questão de expressar minha gratidão a Jean-Pierre Diény por sua minuciosa e enriquecedora releitura e a Léon Vandermeersch pelo apoio que desde sempre me deu sem nunca faltar. Agradeço igualmente a Catherine Despeux e Michael Lackner por ter-me feito compartilhar seus conhecimentos. Esta aventura não poderia ter chegado a bom termo sem a confiança em mim depositada pelas Éditions du Seuil, na pessoa de Jean-Pie Lapierre. Com Brigitte Lapierre, ele foi meu primeiro leitor, ao mesmo tempo atento, crítico e indulgente. À competência e à eficácia de Agnès Mathieu, de Véronique Marcandier Cezard e de Isabelle Creusot este volume deve sua realização e difusão. Graças à ajuda sempre sorridente dos responsáveis pela biblioteca do Instituto de altos estudos chineses, sobretudo de Nicole Resche, pude documentar-me nas melhores condições possíveis. Como se pode imaginar, um trabalho de tão longo fôlego supõe da parte das pessoas próximas – filhos, esposo, parentes, amigos – um conforto e uma compreensão em todos os momentos. Cada página deste livro é habitada por sua presença.

Sumário

Prefácio, 13

Abreviações, tipografia, pronúncia, 15

Cronologia, 21

Introdução, 23

Primeira Parte
Os fundamentos antigos do pensamento chinês
(II milênio – séc. V a.C.)

1. A cultura arcaica dos Shang e dos Zhou, 47

2. A aposta de Confúcio no homem, 63

3. O desafio de Mo-tse ao ensinamento confuciano, 100

Segunda Parte
Intercâmbios livres sob os Reinos Combatentes
(séc. IV-III a.C.)

4. Chuang-tse à escuta do Tao, 121

5. Discurso e lógica dos Reinos Combatentes, 156

6. Mêncio, herdeiro espiritual de Confúcio, 174

7. O Tao do não-agir no *Laozi*, 208

8. Xunzi, herdeiro realista de Confúcio, 236

9. Os legistas, 262

10. O pensamento cosmológico, 281

11. O *Livro das Mutações*, 301

Terceira Parte
Adaptação da herança (séc. III a.C. – séc. IV d.C.)

12. A visão holista dos Han, 329

13. A renovação intelectual dos séc. III-IV, 366

Quarta Parte
A grande revolução budista (séc. I-X)

14. Os inícios da aventura budista na China (séc. I-IV), 393

15. O pensamento chinês na encruzilhada dos caminhos (séc. V-VI), 420

16. O grande florescimento dos Tang (séc. VII-IX), 443

Quinta Parte
O pensamento chinês após a assimilação do budismo (séc. X-XVI)

17. O renascimento confuciano no início dos Song (séc. X-XI), 481

18. O pensamento dos Song do Norte (séc. XI) entre cultura e princípio, 530

19. A grande síntese dos Song do Sul (séc. XII), 560

20. A mente volta a ocupar o centro no pensamento dos Ming (séc. XIV-XVI), 597

Sexta Parte
Formação do pensamento moderno (séc. XVII-XX)

21. Espírito crítico e abordagem empírica sob os Qing (séc. XVII-XVIII), 641

22. O pensamento chinês confrontado com o Ocidente: época moderna (fim do séc. XVIII até início do séc. XX), 691

Epílogo, 727

Bibliografia geral, 734

Índice de conceitos, 739

Índice de nomes próprios, 778

Índice de obras, 798

Prefácio

Este livro dirige-se a um público interessado, mas não necessariamente especializado, tendo em mente especialmente os estudantes, cujas necessidades a autora conhece há muitos anos para assegurar um ensino universitário sobre a história do pensamento chinês. Não tem como objetivo permitir ao leitor a aquisição de um conhecimento exaustivo, aliás impossível, mas sim fornecer-lhe os meios para encontrar por si mesmo pontos de inserção e de referência, para circular livremente num espaço vivo, numa palavra, para remar sozinho naquilo que pode parecer um oceano[1].

Seria sem dúvida uma ilusão pretender que se pode dizer tudo, e de uma vez por todas. A história passada do pensamento chinês, como toda história, deve sempre ser revista à luz do presente. Concepções que parecem comumente aceitas são, de tempos em tempos, postas novamente em discussão por novas descobertas ou novas pesquisas. Sobre certos aspectos ou modos de abordar, em relação aos quais a autora reconhece de bom grado sua incompetência, faz-se ampla referência aos trabalhos que se impõem pela competência. Via

---

[1]. Já que nosso interesse é não desestimular a curiosidade de leitores desejosos de enriquecer sua cultura, mas que não têm necessariamente a vontade ou os meios de investir pesadamente, decidimos insistir mais nas grandes correntes do pensamento chinês, correndo o risco de deixar na sombra aspectos, importantes mas demasiadamente técnicos, que exigiriam desenvolvimentos que as dimensões deste livro não permitem. As informações que podem interessar a leitores mais especializados estão confinadas nas notas.

de regra, procuramos multiplicar as indicações bibliográficas (limitando-se as fontes secundárias às línguas européias, com exceção do chinês e do japonês): elas visam sanar em parte aquilo que não deixará de aparecer como lacunas aos olhos dos iniciados e dos especialistas, e permitir, aos leitores que o desejarem, ir mais longe.

Sendo a China uma civilização do livro, a maior parte das obras citadas tiveram ao longo dos séculos muitas edições. Por razões de comodidade e pensando sobretudo nos estudantes, fazemos referência, na medida do possível, a edições modernas, pontuadas e mais facilmente acessíveis. Para as histórias dinásticas, a começar pelo *Shiji (Memórias históricas)* de Sima Qian, a referência será à edição de Pequim, Zhonghua shuju.

N.B. 1: As remissões internas não são às páginas, mas aos entretítulos dos capítulos, ou de nota a nota (neste último caso, remete-se às vezes ao texto que pede a nota).

N.B. 2: As notas são agrupadas no fim de cada capítulo.

Abreviações, tipografia, pronúncia

Abreviações
r. = datas de reinado
SBBY: edição do *Sibu beiyao*, Xangai, Zhonghua shuju, 1936.
SBCK: edição do *Sibu congkan*, Xangai, Shangwu yinshuguan, 1919-1920 (suplementos 1934-1936).
ZZJC: edição do *Zhuzi jicheng*, Hong Kong, Zhonghua shuju, 1978, utilizada sempre que possível para os textos dos Reinos Combatentes e dos Han.

Tipografia
Certos nomes foram dotados sistematicamente de maiúscula inicial: Céu, Terra, Homem (este último termo é ortografado com maiúscula unicamente nos casos em que aparece como terceiro termo na tríade cósmica Céu-Terra-Homem), Meio, Clássicos, Caminho (escrito com maiúscula quando se trata do "Caminho constante" ou Tao, e com minúscula quando equivale ao nome comum "caminho", "método").

O uso do *itálico* foi reservado para as palavras e expressões não portuguesas (latim, inglês etc.) e para as transcrições do chinês, com exceção de certos termos que se tornaram familiares em português: Yin/Yang, Tao.

Devido à abundância de homófonos em chinês, trazemos, na medida do possível, os caracteres chineses ao lado das transcrições. Em caso de dúvida, sempre é possível reportar-se ao índice. Única exceção: a distinção importante, marcada pelas maiúsculas e minúsculas, entre *LI* (ordem, princípio) e *li* (ritos), sobre a qual nos explicamos no capítulo 1, nota 14.

Quanto aos nomes próprios, é preciso saber que, na prática chinesa (e japonesa), o nome de família vem antes do nome pessoal (para evitar qualquer ambigüidade, os nomes de família, sejam chineses, japoneses ou europeus, são dados em maiúsculas nas indicações bibliográficas). Além disso, na China clássica, e às vezes ainda hoje, os indivíduos são conhecidos por diversos nomes. Resolvemos não mencionar senão os mais usados.

Pronúncia

Nesta obra adotamos a transcrição chamada *pinyin*, a mais usada atualmente.

Nota do tradutor: Por serem mais conhecidos entre nós por sua forma aportuguesada, adotamos a grafia portuguesa dos nomes próprios Confúcio, Mêncio, Chuang-tse, Lao-tse e Mo-tse; mas, quando se trata das respectivas obras destes últimos autores, mantemos a transcrição do chinês (*Mengzi, Zhuangzi, Laozi* e *Mozi*). Também adotamos a grafia Tao em vez de Dao, transcrevendo, porém, em *pinyin* os derivados *daojia, daoxue, wangdao* etc.

MAPA

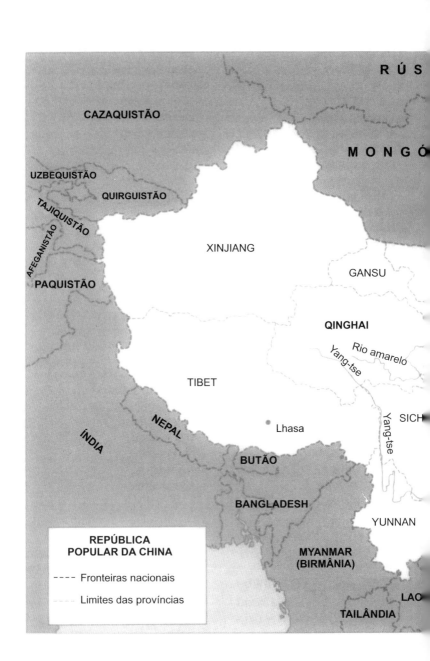

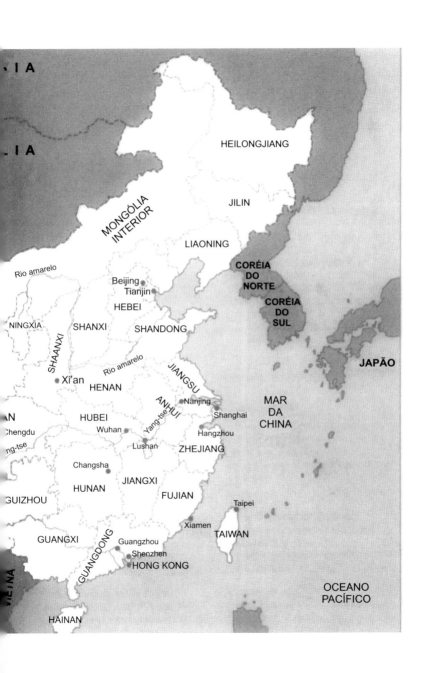

Cronologia

Dinastias	Referências intelectuais
II milênio-séc. XVIII Dinastia Xia	
Séc. XVIII-XI Dinastia Shang	Inscrições divinatórias
Séc. XI-256 a.C. Dinastia Zhou Zhou ocidentais (séc. XI-771) Zhou orientais (770-256) Primaveras e Outonos (772-481) Reinos Combatentes (403-256)	Realeza feudal Capital Hao (atual Xi'an) Capital Luo (atual Luoyang) Confúcio Mo-tse, Chuang-tse, Mêncio, lógicos etc.
221-207 Dinastia Qin (Primeiro Imperador)	Legistas, cosmólogos
206-a.C.-220 d.C. Dinastia Han Han ocidentais (206 a.C.-9 d.C.) Dinastia Xin de Wang Mang (9-23) Han orientais (25-220)	Sima Qian, Huang-Lao, *Huainanzi*, Dong Zhongshu, Yang Xiong Liu Xiang, Liu Xin Wang Chong, Zheng Xuan, Wang Fu etc.
220-265 Dinastia Wei (Três Reinos)	Wang Bi, tradição taoísta, introdução do budismo
265-316 Jin ocidentais	Guo Xiang Primeiro período de implantação do budismo na China (Dao'on)
317-589 Dinastias do Norte e do Sul no Norte: Tuoba Wei, Wei orientais e ocidentais, Qi do Norte, Zhou do Norte	A partir de 402: Período de indianização do budismo: no Norte: Kumârajîva, Seng Zhao (Mâdhyamika)
no Sul: Jin orientais, Liu Song, Qi, Liang, Chen	no Sul: Huiyuan, Daosheng

581-618 Dinastia Sui	Xuanzang (Yogâcâra)
618-907 Dinastia Tang	Período de chinização do budismo: escolas Tiantai, Huayan, Terra Pura, Zen
	Renascimento confuciano: Han Yu, Li Ao
907-960 Cinco Dinastias (período de desunião)	
960-1279 Dinastia Song	
Song do Norte (960-1127) Liao (Khitan na Mongólia, 916-1125)	Fan Zhongyan, Ouyang Xiu, Wang Anshi, Shao Yong, Zhou Dunyi, Zhang Zai, Su Shi, Cheng Hao, Cheng Yi
Song do Sul (1127-1279) Jin (Jürchen na Manchúria, 1115-1234)	Zhu Xi, Lu Xiangshan
1264-1368 Dinastia Yuan (mongóis)	Liu Yin, Xu Heng, Wu Cheng
1368-1644 Dinastia Ming	Chen Baisha, Wang Yangming, Wang Tingxiang, Luo Qinshun, Li Zhi, Liu Zongzhou
	Lutas entre os partidários do Donglin e os eunucos. Sociedade da Renovação, missionários jesuítas (Matteo Ricci)
1644-1912 Dinastia Qing (manchus)	Final do séc. XVII: Huang Zongxi, Gu Yanwu, Wang Fuzhi, Yan Yuan
	séc. XVIII: Dai Zhen
	séc. XIX: Liu Fenglu, Wei Yuan, Gong Zizhen, Yan Fu, Kang Youwei, Liang Qichao, Tan Sitong, Zhang Binglin, Liu Shipei
1912 República da China, transferida para Taiwan a partir de 1949	Movimento de 4 de maio de 1919
1949 República popular	

Introdução

China

O que percebemos da China hoje? Uma balbúrdia na qual se misturam informações mirabolantes sobre sua economia, notícias alarmantes sobre sua política e interpretações mais ou menos fundadas sobre sua cultura. A China é essa grande porção de humanidade e de civilização que ainda continua, no essencial, desconhecida ao mundo ocidental, sem deixar de despertar sua curiosidade, seus sonhos, seus apetites – desde os missionários cristãos do séc. XVII até os homens de negócios de hoje, passando pelos filósofos das Luzes ou pelos zeladores do maoísmo. Como dizia com precisão Simon Leys:

> Do ponto de vista ocidental, a China é simplesmente *o outro pólo da experiência humana*. Todas as outras grandes civilizações estão ou mortas (Egito, Mesopotâmia, América pré-colombiana) ou demasiadamente absorvidas pelos problemas de sobrevivência em condições extremas (culturas primitivas) ou demasiadamente próximas de nós (culturas islâmicas, Índia) para poder apresentar um contraste tão total, uma alteridade tão completa, uma originalidade tão radical e iluminadora como a China. Somente quando consideramos a China é que podemos afinal avaliar mais exatamente nossa própria identidade e começamos a perceber qual porção de nossa herança pertence à humanidade universal e qual porção apenas reflete simples idiossincrasias indo-européias. A China é aquele Outro fundamental, sem cujo encontro o Ocidente não pode

tomar verdadeira consciência dos contornos e dos limites de seu Eu cultural[1].

No momento em que ressurgem todos os temores e as tentações do irracional que nos fazem oscilar entre o medo do "perigo amarelo" e o entusiasmo pelas "sabedorias orientais", parece mais do que nunca necessário lançar as bases para um conhecimento autêntico, fundado no respeito e na honestidade intelectual e não numa imagem deformadora que esconde o mais das vezes uma vontade de recuperação. Numa época em que se estilhaçam as identidades e as certezas, se nos apresenta uma rara oportunidade de situar-nos em relação aos recursos infinitamente variados da inteligência e das aspirações humanas. No final de um século de barulho e de furor, a cultura chinesa chega a uma virada decisiva de uma história contínua de quatro mil anos. É também, para ela, o momento ideal de fazer um levantamento da situação, a fim de projetar claramente seu futuro: é ela ainda capaz de alimentar-se de sua própria tradição? O que pode ela ter de essencial a dizer a nós que vivemos no Ocidente moderno?

É inevitavelmente a partir de nossos hábitos mentais que abordamos o pensamento chinês, mas estará ele por essa razão condenado ao exotismo, a uma pura exterioridade? Por maior que seja nosso desejo de conhecer esse pensamento, o importante – e o mais difícil – é aprender a respeitá-lo em sua especificidade: interrogá-lo, mas também saber calar para ouvir sua resposta – ou até, antes mesmo de pressioná-lo com perguntas, pôr-se à sua escuta. Não tentaremos, portanto, soterrar os autores chineses debaixo de discursos metodológicos e menos ainda falar em seu lugar, mas procuraremos, ao contrário, dar-lhes o mais possível a palavra, dando lugar de destaque aos textos. Comecemos por acostumar nosso ouvido a distinguir a música própria desse pensamento, seus motivos recorrentes bem como os temas inovadores.

O que inspirou este livro foi, portanto, um espírito ao mesmo tempo crítico e simpático (no sentido etimológico), um ponto de vista simultaneamente exterior e interior. Atribuindo-se como tarefa principal despertar o leitor, esta obra não visa fornecer um compêndio de conhecimentos como outras tantas verdades adquiridas, mas suscitar interesses e curiosidades, fornecendo alguns meios para satisfazê-los: certas "chaves", fornecidas pelo que elas valem, que poderão ser úteis ao leitor antes e a fim de estar em condições de forjar suas próprias chaves. Longe de pretender erigir um monumento definitivo, a autora teve a única ambição de compartilhar seu prazer de freqüentar grandes figuras e seu olhar formado a partir de uma dupla cultura.

História

O gênero em que a história intelectual se transformou é um exercício penoso, que precisa encontrar seu caminho entre a linearidade da cronologia e o trabalho em profundidade das idéias. Se a utilidade deste gênero é discutível numa cultura determinada, no interior da qual existe comunidade de língua e de referências, ela o é menos quando se precisa dar a conhecer a um público não especializado uma cultura radicalmente diferente, cujos modos de expressão e cujos quadros de pensamento parecem não oferecer qualquer porta de acesso. Como sublinha Jacques Gernet, "o mais difícil é ser claro, quando se trata de fazer compartilhar um pensamento que nos é realmente estranho e que está ancorado numa imensa tradição. É grande o risco das assimilações abusivas"[2]...

Mesmo se a história intelectual chinesa não deixa de dar, aos olhos do Ocidente, uma impressão de repetitividade – retornando as problemáticas do séc. XI, e mesmo do séc. XVIII, sempre de novo, a noções surgidas desde a Antiguidade –, esta evolução mais espiralada que linear não basta para tornar plausível a imagem por demais difundida de uma sabedoria atemporal e imutável. Ela não dispensa certamente de apresentar uma perspectiva diacrônica, coisa de que os próprios pensadores chineses, preocupados sobretudo em responder às questões específicas de seu tempo, tinham uma aguda consciência. Apreender a tradição chinesa em sua globalidade permite descobrir sua diversidade e vitalidade, captar tanto suas variações como suas constantes. Além disso, a dimensão histórica assegura o distanciamento necessário ao exercício constante de um espírito crítico e previne o risco sempre presente de generalizar e extrapolar. Noções desenvolvidas no decurso de uma tradição tão longa não revestem necessariamente o mesmo sentido em todas as épocas, já que elas aparecem em problemáticas e em contextos sempre novos.

A importância da história deve-se à importância que a China sempre atribuiu ao social e ao político, mesmo que o individual tenha ocupado um lugar de destaque nas épocas de desordem e confusão. É preciso lembrar aqui o estatuto particular do intelectual que, sobretudo em sua qualidade de letrado-funcionário na época imperial, raramente perde de vista seu papel de "conselheiro do príncipe". Desde Confúcio, que no séc. V antes de nossa era desenvolve a noção de "mandato celeste", até ao declínio da tradição canônica diretamente ligado à queda do regime imperial no início do séc. XX, parece que o destino do pensamento chinês está indissoluvelmente ligado ao das dinastias.

Desde a mais alta Antiguidade, a partir de meados do II milênio antes da era cristã, os primeiros escritos apresentam características originais da civilização chinesa, que mergulha suas raízes no culto dos antepassados e no caráter divinatório da escrita e da racionalidade. Com a extraordinária aposta no homem lançada por Confúcio forja-se uma ética que nunca deixará mais de fermentar a consciência chinesa. Sob os Reinos Combatentes (séc. IV-III), o discurso aprimora-se numa extraordinária mistura de idéias devida à multiplicação das correntes de pensamento. É neste período que tudo se decide e se delineia: as premissas, os trunfos, os temas centrais, os riscos, os desafios, como também as orientações futuras.

Com a unificação da China pelo Primeiro Imperador Qin em 221 a.C., o pluralismo dos Reinos Combatentes marca passo. A efervescência intelectual que havia precedido a ins-

Introdução

tauração do império conhece uma primeira forma de estabilização sob os Han (206 a.C.-220 d.C.). Ao mesmo tempo que se consolidam as instituições e os hábitos políticos que irão caracterizar em suas grandes linhas o sistema imperial chinês durante seus dois mil anos de existência, delineia-se uma identidade cultural chinesa fundada sobre um conjunto de noções comuns e sobre um pensamento já formalizado.

No momento em que parece triunfar a *pax sinica* o pensamento chinês entra numa nova era em que se vê confrontado com seu "exterior". Após a queda da dinastia Han no séc. III e o desabamento de toda a sua visão do mundo, o espaço político chinês experimenta uma fragmentação que favorecerá o ressurgimento das correntes filosóficas dos Reinos Combatentes e a implantação do budismo vindo da Índia. Embora adaptando-se à sociedade chinesa e aos costumes chineses, essa forma de pensamento *a priori* estranha transformará profundamente todo o patrimônio cultural, até permitir a grande florescência dos Tang.

Proporcional à amplidão da influência budista é o imenso esforço envidado a partir do fim do I milênio pela tradição letrada dos Song no sentido de repensar-se de alto a baixo em função da nova conjuntura. Em reação contra essa renovação considerada demasiado livresca, a dinastia Ming é marcada nos séc. XV-XVI por uma redescoberta das virtudes da introspecção, redescoberta que suscita como contra-reação um retorno aos valores práticos, acelerado pela instauração da dinastia manchu dos Qing.

No momento em que terminou de assimilar o budismo, o pensamento chinês vê-se confrontado com a tradição, ainda mais estranha, do cristianismo e das ciências européias, primeiramente por intermédio dos missionários, depois através dos contatos que se multiplicam ao longo de todo o séc. XIX até transformar-se nas agressões por parte das potências ocidentais. No limiar do séc. XX, a China encontra-se então dividida entre o peso esmagador da herança do passado e a exigência imperativa de responder ao novo desafio do Ocidente, entendido como o próprio desafio da modernidade. O movimento iconoclasta de 4 de maio de 1919 constituirá o ponto final simbólico de nosso empreendimento: primeiro desta amplitude a virar resolutamente as costas a uma tradição bimilenar, ele inaugura com efeito uma nova era, feita de contradições e de conflitos que ainda não estão resolvidos.

Tradição

Se a cronologia fornece um quadro e pontos de referência de conjunto, a presente obra está construída ao redor das grandes preocupações dos pensadores chineses: o que está no cerne das discussões e que constitui problema, mas também o que está subentendido, considerado como evidente sem necessidade de ser explicitado. Ao contrário do discurso filosófico herdado do *logos* grego, que sente a necessidade constante de justificar seus fundamentos e proposições, o pensamento chinês, operando a partir de um substrato comum implicitamente aceito, é incapaz de apresentar-se como uma sucessão de sistemas teóricos. Confúcio, embora considerado o primeiro autor chinês a exprimir-se em primeira pessoa, não anuncia porventura logo de saída: "Eu transmito, sem criar nada de novo"?[3]

Parece, portanto, mais sensato colocar o acento na evolução das noções que, sendo na maior parte do tempo veiculadas pela tradição, não são próprias de um autor[4]. Procedendo o pensamento chinês de um conjunto de pressupostos, o trabalho propriamente histórico consistirá em delimitar os temas e os debates que fazem evoluir uma tradição mais cumulativa do que dialética. Chang Hao fala hoje de "diálogos internos", entendendo com isso "discussões intelectuais de natureza específica, que se prolongaram através dos séculos em toda a tradição chinesa. Esta, à semelhança de outras tradições de alta cultura, evoluiu acumulando um fundo de questões e de idéias que manteve ocupado o mundo intelectual, geração após geração"[5]. O que quisemos mostrar aqui é a tecedura, ao longo do tempo, de um tapete de "diálogos internos" que acabam deixando aparecer motivos em relevo. Tanto quanto seguir um fio cronológico, tratar-se-á portanto de esboçar um espaço articulado onde possamos situar-nos[6].

Pensamento ou filosofia?

Tudo o que dissemos até aqui parece proibir-nos de qualificar o pensamento chinês como filosofia, título que ciosamente reservam para si os herdeiros do *logos*, repelindo para as margens os outros pretendentes: o pensamento chinês aparece então como um estágio "pré-filosófico", a não ser que seja acantonado no domínio da "sabedoria". Já que devemos admitir que "a filosofia fala grego"[7], para que contestar o monopólio a uma "arte de criar conceitos" que parece bastar-se a si mesma? "O Oriente – dizem-nos – ignora o conceito porque se contenta em fazer coexistir o vazio mais abstrato e o ente mais trivial, sem qualquer mediação"[8]. Temos aqui a expressão de um orgulho intelectual que, associado à supremacia ocidental, explica que a etiqueta filosófica, tornada sinônimo de uma dignidade que toda cultura procura reivindicar para si mesma, seja tão cobiçada na época atual. Como mostrou Joël Thoraval, a China não escapou a esse desejo de reconhecimento, dotando-se, na época moderna, da categoria "filosofia", designada por um neologismo emprestado do japonês no final do séc. XIX (*zhexue* 哲學, japonês *tetsugaku*)[9].

Diante da heterogeneidade dos escritos dos pensadores chineses (à parte os tratados que desenvolvem de maneira contínua um tema ou uma noção, encontramos uma abundante literatura de comentários que abordam em primeiro lugar os Clássicos, mas também – atabalhoadamente – poemas, cartas, prefácios e outros escritos de circunstância), é forçoso constatar a dificuldade de isolar um *corpus* textual propriamente "filosófico" em oposição ao "religioso", ao "literário" ou ao "científico" (mas os estóicos não se expressaram também em formas poéticas ou epistolares?). No entanto, não se pode negar que existe, no seio dessa abundante tradição, certo número de textos portadores de intuições fecundas que alimentaram o pensamento durante milênios e que deixam sobressair uma bela coerência na concepção do mundo e do homem, bem como uma grande constância no esforço de formulação. Com efeito, desde a época pré-imperial elabora-se uma linguagem que, ao final de um processo de apuramento e de ajustagem entre o séc. V e o séc. III a.C., constitui um soberbo instrumento, maravilhosamente afiado, que penetra todos os interstícios da realidade e que dedica-se primorosamente às sutilezas do pensamento.

Se esta linguagem, longe de cair, como se disse muitas vezes, na imprecisão, tende pelo contrário a uma crescente precisão da formulação, o texto que ela produz apresenta-se raramente sob a forma de um fio lógico, linear e auto-suficiente no sentido de que ela própria forneceria as chaves de sua compreensão. O mais das vezes, o texto constitui em sentido próprio um tecido que supõe no leitor uma familiaridade com os motivos recorrentes. Enquanto dá a impressão de repisar enunciados tradicionais, à maneira de uma naveta que passa e repassa incansavelmente sobre a mesma urdidura, é no motivo que se delineia pouco a pouco que é preciso prestar atenção, pois é este o portador de sentido.

O objeto dos debates raramente é explicitado, mas isso não significa que não haja debates. Nos textos dos Reinos Combatentes têm início verdadeiros combates de idéias, que no entanto são travados de maneira bem curiosa, sobretudo em comparação com as polêmicas abertas da tradição grega, habituada à arte oratória na ágora ou no tribunal, às controvérsias alimentadas de sofística e de lógica. Sobre o tabuleiro intelectual da China antiga, a regra principal é decodificar qual noção se tem em mira naquilo que é dito, a qual debate se faz referência, e em função de qual pensamento se pode compreender um outro. Os textos chineses se aclaram desde que se saiba a que eles respondem. Não podem, portanto, constituir sistemas fechados, pois seu sentido é elaborado na rede das relações que os constituem. Em vez de construir-se em conceitos, as idéias desenvolvem-se no grande jogo de remissões

Introdução

que não é outro senão a tradição e que a transforma num processo vivo.

A ausência de teorização à maneira grega ou escolástica explica, sem dúvida, a tendência chinesa aos sincretismos. Não há verdade absoluta e eterna, mas dosagens. Daí resulta, em particular, que as contradições não são percebidas como irredutíveis, mas antes como alternativas. Em vez de termos que se excluem, vê-se predominar as oposições complementares que admitem o mais ou o menos: passa-se do Yin ao Yang, do indiferenciado ao diferenciado, numa transição imperceptível.

Em suma, o pensamento chinês não procede tanto de maneira linear ou dialética e sim em espiral. Ele delimita seu objetivo não de uma vez por todas mediante um conjunto de definições, mas descrevendo ao redor dele círculos cada vez mais estreitos. Isso não é sinal de um pensamento indeciso ou impreciso, mas antes de uma vontade de aprofundar um sentido mais que de esclarecer um conceito ou um objeto de pensamento. Aprofundar significa deixar descer cada vez mais fundo dentro de si, em sua existência, o sentido de uma lição (tirada da freqüentação assídua dos Clássicos), de um ensinamento (prodigalizado por um mestre), de uma experiência (vivência pessoal). É assim que são utilizados os textos na educação chinesa: objetos de uma prática mais que de uma simples leitura, são primeiramente memorizados, depois aprofundados continuamente pela consulta e companhia dos comentários, pela discussão, pela reflexão, pela meditação. Testemunhos da palavra viva dos mestres, eles não se destinam apenas ao intelecto, mas à pessoa toda; servem menos para raciocinar do que para ser freqüentados, praticados e, finalmente, vividos. Pois a finalidade última visada não é a gratificação intelectual do prazer das idéias, da aventura do pensamento, mas a tensão constante de uma busca de santidade. Não o raciocinar sempre melhor, mas o viver sempre melhor sua natureza de homem em harmonia com o mundo.

Um pensamento no nível das coisas

A linguagem na China antiga, por conseguinte, não vale tanto por sua capacidade descritiva e analítica quanto por sua instrumentalidade. Se o pensamento chinês não sente nunca a necessidade de explicitar nem a questão, nem o sujeito, nem o objeto, é porque não está preocupado em descobrir uma verdade qualquer de ordem teórica. Talvez se deva relacionar isto com uma escrita toda particular, radicalmente diferente dos sistemas de notação fonética próprios das línguas alfabéticas européias. De origem divinatória, ela é possuidora de poderes mágicos associados, de forma mais geral, a todo sinal visível.

Em vez de apoiar-se em construções conceituais, os pensadores chineses partem dos próprios signos escritos. Longe de ser uma concatenação de elementos fonéticos em si desprovidos de significado, cada um deles constitui uma entidade portadora de sentido e é percebido como uma "coisa entre as coisas". Quando um autor chinês fala de "natureza", ele pensa no caractere escrito 性 – composto do elemento 生, que designa aquilo que nasce ou aquilo que vive, e do radical do coração/mente – que inclina sua reflexão para a natureza, particularmente a natureza humana, num sentido vitalista. Em virtude da especificidade de sua escrita, o pensamento chinês pode imaginar que ele se inscreve no real em vez de sobrepor-se a ele[10]. Esta mesma proximidade ou fusão com as coisas deve-se sem dúvida à representação, mas nem por isso deixa de determinar uma forma de pensamento que, em vez de elaborar objetos num distanciamento crítico, tende pelo contrário a permanecer imersa no real para melhor sentir-lhe e preservar-lhe a harmonia.

Além da escrita, é preciso salientar igualmente as particularidades gramaticais do chinês antigo. A filosofia da Antiguidade grega e latina não se concebe sem a existência de prefixos privativos, de sufixos que permitem a abstração etc. Sabe-se que a escolástica medieval procede em grande parte de uma reflexão sobre as categorias da gramática latina: distinção entre substantivo e adjetivo, entre passivo e ativo (sujeito/objeto), verbo de existência etc. Em contraposição, o chinês não é uma língua flexional, na qual o papel de cada parte do discurso é determinado pelo gênero, pela marca do singular ou do plural, pela declinação, pela conjugação etc.: as relações são indicadas apenas pela posição das palavras (constituindo cada signo escrito, convém recordar, uma unidade de sentido) na seqüência da frase. Não há, portanto, estrutura de base do tipo sujeito-predicado, que teria algo a dizer a propósito de alguma coisa e que levantaria implicitamente a questão de saber se a proposição é verdadeira ou falsa. Em relação às línguas indo-européias, um dos fatos mais surpreendentes é a ausência, no chinês antigo, do verbo "ser" como predicado, sendo aliás a identidade indicada por uma simples justaposição. Para retomar a fórmula de Jean Beaufret: "A fonte está em todo lugar, indeterminada, tanto chinesa, como árabe ou indiana... Mas... temos o caso dos gregos: os gregos tiveram o estranho privilégio de dar à fonte o nome de ser"[11].

Quase não é de estranhar, portanto, que o pensamento chinês não se tenha estabelecido em domínios como a epistemologia ou a lógica, fundadas na convicção de que o real pode ser objeto de uma descrição teórica numa comparação das suas estruturas com as da razão humana. O procedimento analítico começa por um distanciamento crítico, constitutivo tanto do sujeito quanto do objeto. O pensamento chinês, por sua vez, aparece totalmente imerso na realidade: não há razão fora do mundo.

Conhecimento e ação: Tao

Nesse pensamento que se situa no mesmo nível das coisas, prevalece a reflexão menos sobre o conhecimento em si do que sobre sua relação com a ação. Predominam duas grandes orientações: uma consiste em atribuir a ação como horizonte ao conhecimento (com o constante cuidado de não procurar conhecimento senão afiançado pela ação), a outra em negar qualquer validade à relação entre conhecimento e ação (ou seja, a toda forma de ação afiançada pelo conhecimento e a toda forma de conhecimento orientada para a ação). A primeira orientação, ilustrada eminentemente na tradição confuciana, interessa-se prioritariamente pela passagem efetiva entre conhecimento e ação, passagem esta entendida em termos chineses de relação entre o latente e sua manifestação visível, ao passo que a tradição taoizante, que representa a principal alternativa, privilegia e cultiva o aquém – ou o a-montante – do visível. O eixo conhecimento-ação comporta também uma dupla vertente: a vertente da preocupação política (no sentido de uma organização do mundo segundo a visão humana) e a da visão artística (no sentido de uma participação do homem na gestação do mundo). Quase não é de estranhar, por conseguinte, que muitas vezes encontremos todos esses aspectos reunidos num mesmo indivíduo, que pode ser, como coisa mais natural do mundo, ao mesmo tempo poeta-pintor-calígrafo e conselheiro do príncipe ou estadista.

Mais que um "saber o que" (isto é, um conhecimento proposicional que teria como conteúdo ideal a verdade), o conhecimento – concebido como aquilo que, sem ainda sê-lo, tende para a ação – é sobretudo um "saber como": como fazer distinções a fim de dirigir sua vida e organizar o espaço social e cósmico com discernimento. Não se trata, portanto, de um conhecimento que apreenda intelectualmente o sentido de uma proposição, mas que integre o dado bruto de uma coisa ou de uma situação. O discurso dos pensadores chineses, pelo menos antes da mudança radical trazida pelo budismo, é de ordem instrumental por estar sempre e sobretudo ligado à ação. Confúcio é o primeiro a confessar sua preocupação obsessiva com a possibilidade de que seu discurso venha a exceder seus atos. A ação não se contenta em ser uma aplicação do discurso, ela é a medida do discurso, e o discurso só tem sentido se tiver influência direta sobre a ação.

Introdução

Esta concepção da relação entre conhecimento e ação e, de maneira mais geral, uma dúvida persistente sobre a validade do discurso em si mesmo explicam por que o pensamento chinês antigo não se interrogou tanto sobre o que é o fenômeno do conhecimento, objeto da epistemologia, e se mobilizou mais sobre a questão da relação entre discurso e eficácia (em termos chineses, entre "nomes" e " realidades"). Daí a idéia de que a própria maneira de nomear uma coisa tem uma incidência sobre sua realidade efetiva. A verdade é sobretudo de ordem ética, sendo a preocupação primeira determinar a utilização apropriada do discurso, e não aquilo que constitui a verdade de disposições mentais, de proposições, de idéias ou de conceitos[12]. Mas, em vez de falar de um pensamento reduzido, como ocorre freqüentemente, à dimensão "prática" ou "pragmática", conviria falar antes de um pensamento imediatamente em situação e em movimento, à maneira da perspectiva cavaleira em pintura, que, em vez de supor um ponto de vista ideal fixo, desloca-se com o olhar para o interior do espaço pictural.

Uma corrente de pensamento da China antiga não procura propor um sistema fechado que ameaçaria sufocar as virtualidades vitais, mas um tao 道. Este termo, muitas vezes considerado monopólio dos taoístas, é na verdade um termo corrente na literatura antiga, significando "estrada", "via", "caminho" e, por extensão, "método", "maneira de proceder" – usaremos a palavra "caminho", que cobre o sentido literal e o sentido figurado. Mas, devido à fluidez das categorias em chinês antigo, tao pode igualmente significar, numa acepção verbal, "andar", "caminhar", "avançar", mas também – fato interessante – "falar", "enunciar". Assim, cada corrente de pensamento tem seu tao, pelo fato de propor um ensinamento em forma de enunciados cuja validade não é de ordem teórica, mas se fundamenta num conjunto de práticas. O tao estrutura a experiência e, fazendo isso, sintetiza uma perspectiva fora da qual é impossível avaliar a verdade do conteúdo explícito dos textos.

No tao o importante não é tanto atingir a meta quanto saber andar. "Aquilo a que damos o nome de Tao", diz Chuang-tse no séc. IV a.C., "é aquilo que tomamos emprestado para andar". Ou ainda: "Não fixes tua mente numa meta exclusiva, pois estarás estropiado para andar no Tao"[13]. O Caminho nunca está traçado de antemão, ele vai sendo traçado à medida que nele andamos: é impossível, portanto, alguém falar de caminho sem estar ele próprio caminhando. O pensamento chinês não é da ordem do ser, mas do processo em desenvolvimento que se afirma, se verifica e se aperfeiçoa à medida de seu devir. É em seu funcionamento – para retomar uma dicotomia bem chinesa – que toma corpo a constituição de toda realidade.

Unidade e continuidade: sopro

O pensamento chinês enraíza-se numa relação de confiança intrínseca do homem em relação ao mundo em que vive, e na convicção de que ele possui a capacidade de abranger a totalidade do real mediante seu conhecimento e sua ação – totalidade una à qual se relaciona a infinita multiplicidade de suas partes. O mundo enquanto ordem orgânica não é pensado fora do homem e o homem que nele encontra naturalmente seu lugar não é pensado fora do mundo. Assim, a harmonia que prevalece no curso natural das coisas deve ser mantida na existência e nas relações humanas. Em vez de aparecer do ponto de vista teórico como uma entidade analisável ou irrisória, o mundo é percebido como totalidade a partir do interior dele mesmo: é o sentido da famosa figura do Yin/Yang, representação da trajetória de um ponto que, passando pelo Yin nascente e depois maduro e transformando-se no Yang, acaba descrevendo um círculo, imagem por excelência da globalidade.

A unidade procurada pelo pensamento chinês ao longo de toda sua evolução é a própria unidade do sopro (*qi* 氣), influxo ou energia vital que anima o universo inteiro. Nem acima nem fora, mas dentro da vida, o pensamento é a própria corrente da vida. Já que toda realidade, física ou mental, não é outra coisa senão energia vital, o espírito não funciona desligado do corpo: há uma fisiologia não somente do emocional, mas também do mental e mesmo do intelectual, como existe também uma espiritualidade do corpo, um refinamento ou uma sublimação possível da matéria física.

Ao mesmo tempo espírito e matéria, o sopro assegura a coerência orgânica da ordem dos viventes em todos os níveis. Enquanto influxo vital, ele está em constante circulação entre sua fonte indeterminada e a multiplicidade infinita de suas formas manifestadas. O homem não apenas é animado pelo sopro em todos os seus aspectos, mas haure nele seus critérios de valor, quer de ordem moral ou de ordem artística. Fonte da energia moral, o qi, longe de representar uma noção abstrata, é sentido até no mais profundo de um indivíduo e de sua carne. Sendo embora eminentemente concreto, nem sempre contudo ele é visível ou tangível: pode ser o temperamento de uma pessoa ou a atmosfera de um lugar, a força expressiva de um poema ou a carga emocional de uma obra de arte. Desde a frase de Cao Pi no séc. III d.C.: "em literatura o primado é concedido ao sopro", e a de Xie He dois séculos mais tarde: "em pintura trata-se de animar os sopros harmônicos", o qi está no cerne do pensamento estético como também da ética. É neste sentido que se pôde dizer que a cultura chinesa é a própria cultura do sopro.

Mutação

Num pensamento que privilegia o modelo generativo (cuja forma primeira encontra-se talvez no culto aos antepassados) em comparação com o modelo causal, a linha de pertinência, em vez de separar o transcendente do imanente, passa entre o virtual e o manifesto. Percebidos como dois aspectos de uma só e mesma realidade em vaivém permanente, eles não geram "conceitos disjuntivos" como ser/nada, espírito/corpo, Deus/mundo, sujeito/objeto, realidade/aparência, Bem/

Mal etc. Sensíveis ao risco, inerente ao dualismo, de congelar a circulação do sopro vital numa contraposição sem saída, os chineses preferiram apresentar a polaridade do Yin e do Yang, que preserva a corrente alternativa da vida e do caráter correlativo de toda realidade orgânica: coexistência, coerência, correlação, complementaridade... Daí resulta uma visão do mundo não como um conjunto de entidades separadas e independentes, constituindo cada uma em si mesma uma essência, mas como uma rede contínua de relações entre o todo e as partes, sem que um transcenda as outras.

A concepção da realidade como *continuum* tende a privilegiar mais a noção de ritmo cíclico (no curso natural das coisas como também nos negócios humanos) do que a noção de um começo absoluto ou de uma criação *ex nihilo*. Se os textos chineses fazem ocasionalmente referência a representações cosmogônicas da origem ou da gênese do mundo, este é representado, predominantemente, como algo que funciona "assim por si mesmo", seguindo um processo de transformação. A reflexão sobre os fundamentos quase não levanta a questão dos elementos constitutivos do universo e menos ainda a da existência de um Deus criador: o que ela percebe como primeiro é a mutação, mola do dinamismo universal que é o sopro vital.

O sopro é uno, mas não de uma unidade compacta, estática e congelada. Vital, ele está pelo contrário em permanente circulação, é por essência mutação. Esta é uma intuição originária e original do pensamento chinês. Se Confúcio afirma de imediato a lei do tempo distinguindo as diferentes idades da vida, não se trata de uma temporalidade suportada, mas pelo contrário plenamente vivida e assumida em todas as etapas de sua mutação, que desemboca numa forma de "liberdade", não no sentido de exercício de um livre-arbítrio mas de uma perfeita harmonia com a ordem das coisas. Uma das intuições centrais do *Laozi* (mais conhecido sob o título de *Tao-te king* [*Daodejing*]), é que todas as coisas se realizam no retorno que é "o próprio movimento do Tao", ou seja, da vida. Retorno ao Vazio original, a ser compreendido não como ponto de aniquilação mas como sinônimo de vivo e de constante. Vivo, porque o Vazio, mais que um lugar onde são reabsorvidos os seres, é aquilo pelo qual o sopro jorra sempre de novo. Constante, porque o Vazio é aquilo que permite a mutação, sendo embora ele próprio aquilo que não muda. Na tradição interpretativa do famoso *Livro das Mutações* (*Yijing*, comumente transcrito I Ching), as elaborações dos confucianos e dos taoístas convergem numa mesma intuição do sopro vital como mutação, entendendo-a os primeiros em termos de "vida que gera a vida ininterruptamente" e os segundos em termos de Vazio que, sendo por excelência virtualidade, é paradoxalmente a raiz da vida, enquanto qualquer coisa chegada ao "cheio" endurece e se deteriora[14].

Relação e centralidade

A continuidade das partes para o todo é também considerada na reflexão chinesa sobre a relação. Esta não é entendida como um simples laço que vem estabelecer-se entre entidades previamente distintas, mas é constitutiva dos seres em sua existência e em seu devir. Confúcio começa situando nossa humanidade na relação que nos une pelo fato de vivermos juntos. Os pares de opostos complementares que estruturam a visão chinesa do mundo e da sociedade (Yin/Yang, Céu/Terra, Vazio/Cheio, pai/filho, soberano/ministro etc.) determinam uma forma de pensamento, não dualista no sentido disjuntivo evocado acima, mas ternária pelo fato de integrar a circulação do sopro que liga os dois termos. Em seu movimento giratório e espiralado, ele indica um centro que, embora jamais localizável e fixado de antemão, nem por isso deixa de ser real e constante.

Evocando a interação e o devir recíproco que sua relação implica, o par Céu/Terra não se limita à simples adição de dois termos, mas gera o terceiro termo implícito, que é a relação orgânica, viva e criadora, que os constitui. Este terceiro termo, explicitado pela especulação cosmológica, não é outro senão o homem, que, por sua participação ativa, dá o "arremate" à obra cósmica. É através dele e daquilo que o religa ao universo que os pensadores chineses dirigiram sua reflexão para a realidade daquilo "que nasce entre" e para aquilo que ela implica em termos de comportamento moral: é este o sentido da noção de "Meio" (*zhong*).

A tradução de *zhong* não deixa de ser problemática e sujeita a mal-entendidos. Ao mesmo tempo nominal e verbal, *zhong* não designa apenas a centralidade espacial evocada pelo termo "meio", mas também uma virtude dinâmica e operante. Enquanto substantivo, é o caminho justo que comporta o lugar adequado e o momento propício; enquanto verbo, é o movimento da flecha que traspassa o coração do alvo (representado pela grafia 中). À semelhança do arqueiro que acerta "na mosca" em virtude da simples precisão de seu gesto, assegurada por sua harmonia natural e perfeita com o Tao, o *zhong* é pura eficácia da realização ritual. Estamos longe da preocupação cautelosa de manter um "justo meio" entre dois extremos ou de um frio compromisso que se satisfaria com um "meio-termo". Cúmulo do paradoxo: os pensadores chineses descreveram, pelo contrário, o Meio como "a extremidade da viga de cumeeira" (極), a que mantém unido todo o edifício e da qual deriva todo o resto[15]. O "Grande Plano" do antigo *Livro dos Documentos* já via nele a exigência extrema:

> Nada de inclinação, nenhuma idéia preconcebida: grande é o Caminho real. Nenhuma idéia preconcebida, nada de inclinação: plano é o Caminho real. Nenhum recuo e nenhum desvio: íntegro e reto é o Caminho real. Tudo converge para a exigência extrema, tudo a ela retorna[16].

O Meio não é, portanto, um ponto eqüidistante entre dois termos, mas antes o pólo cuja atração nos puxa para o alto, criando e mantendo em todas as situações da vida uma tensão que nos faz aspirar sempre mais à melhor parte daquilo que nasce entre nós. Aos olhos do pensamento chinês, isso reveste uma importância vital: por falta dessa tensão, dessa exigência constante, mantida ao sabor das mutações, a ordem da vida que é o Tao não pode produzir-se nem perdurar. Com efeito, o Meio nada mais é do que a lei do Tao. No Vazio cultivado pela intuição taoísta identifica-se o centro, lá onde as forças vitais se produzem e se regeneram em vista de uma mutação harmoniosa e duradoura.

"É preferível, diz o *Laozi*, permanecer no centro"[17]. Em vez de sucumbir à tentação fácil de cuidar dos galhos, parte mais visível e agradável para olhar, é preferível cultivar a raiz da árvore, que, tirando vida e alimento do mais profundo da Terra enquanto cresce – aconteça o que acontecer – em direção ao Céu, é a imagem perfeita da sabedoria chinesa, de seu senso de equilíbrio, de sua confiança no homem e no mundo. É provavelmente pelas suas raízes, e não por seus ramos, que o pensamento chinês entrará realmente em comunicação com seu interlocutor, que, após ter sido budista, é hoje ocidental. Sua renovação se faz a este preço.

Notas da Introdução

1. *L'Humeur, l'Honneur, l'Horreur. Essais sur la culture et la politique chinoises*, Paris, Robert Laffont, 1991, p. 60-61.

2. Cf. *L'Intelligence de la Chine. Le social et le mental*, Paris, Gallimard, 1994, p. 303.

3. *Analectos* VII,1. Assim como um autor chinês não pode ser compreendido fora da tradição que o sustenta, o emprego do termo *jia* 家 – que significa "família" ou "clã" – para designar uma corrente de pensamento mostra muito bem que a tradição intelectual se transmite como a tradição familiar. Nas enciclopédias e outras classificações ou catálogos, uma doutrina é definida não em função de um autor, mas a partir de um *corpus* de textos transmitidos de geração em geração.

4. Os elementos biográficos serão, por conseguinte, reduzidos ao mínimo, mencionados apenas na medida em que contribuem para a compreensão do pensamento de um autor.

5. *Chinese Intellectuals in Crisis: Search for Order and Meaning 1890-1911*, Berkeley, University of California Press, 1987, p. 10.

6. A originalidade do pensamento chinês manifesta-se muito mais nos temas por ele abordados do que em seu conteúdo teórico. Nesta perspectiva, parece necessário renovar o gênero no qual se impuseram "mo-

numentos" como os de Feng Youlan ou de Hou Wailu, que quiseram apresentar a filosofia chinesa como uma sucessão de teorias, na qual se tratava sobretudo de identificar as coincidências com sistemas ocidentais – materialismo marxista, idealismo kantiano ou pragmatismo anglo-saxão, cf. FENG Youlan, *Zhongguo zhexue shi* (*História da filosofia chinesa*) em 2 vols., publicados pela primeira vez em Xangai em 1931 e 1934; e HOU Wailu et al., *Zhongguo sixiang tongshi* (*História geral do pensamento chinês*), Xangai, Sanlian shudian, 1950. A obra de FENG Youlan (FUNG Yu-lan) teve particular sucesso, pois foi favorecida pela notável tradução ao inglês de Derk BODDE, intitulada *A History of Chinese Philosophy*, 2 vols., Princeton University Press, 1952-1953; versão muito condensada e abreviada em tradução francesa em *Précis d'histoire de la philosophie chinoise*, Ed. du Mail, 1985. Sobre a complexa história das diferentes versões da *História da filosofia chinesa* de FENG Youlan, cf. Michel MASSON, *Philosophy and Tradition. The Interpretation of China's Philosophic Past: Fung Yu-lan 1939-1949*, Taipei, Paris e Hong Kong, Instituto Ricci, 1985.

Além disso, sempre em inglês, dispomos de compilações igualmente monumentais, porém mais centradas nos textos, cf. William Theodore DE BARY, CHAN Wing-tsit e Burton WATSON, *Sources of Chinese Tradition*, Nova York, Columbia University Press, 1960; e CHAN Wing-tsit, *A Source Book in Chinese Philosophy*, Princeton University Press, 1963. Em francês, Marcel GRANET abriu o caminho de um estudo temático numa obra que se tornou clássica, mas que é um pouco obsoleta, cf. *La Pensée chinoise*, 1934, reed. Albin Michel, 1968. Jacques GERNET, por sua vez, esboça a evolução das idéias na China clássica no quadro de uma síntese mais geralmente histórica, cf. *Le monde chinois*, Paris, Armand Colin, 1972, 4ª ed. revista e aumentada, 1999.

7. François CHATELET, "Du mythe à la pensée rationnelle", em Pierre AUBENQUE, Jean BERNHARDT e François CHATELET, *Histoire de la philosophie: La philosophie païenne (du VIe siècle av. J.-C. au IIIe siècle apr. J.-C.*, Paris, Hachette, 1972, p. 17.

8. Opinião citada em Gilles DELEUZE e Félix GUATTARI, *Qu'est-ce que la philosophie?*, Paris, Ed. de Minuit, 1991, p. 90.

9. Cf. "De la philosophie en Chine à la 'Chine' dans la philosophie: Existe-t-il une philosophie chinoise?", *Esprit*, n. 201 (maio 1994), p. 5-38.

10. É por este motivo que nos pareceu importante, reduzindo-os embora a um mínimo indispensável, apresentar certos caracteres chineses cuja grafia é determinante para compreender as noções que eles representam.

Sobre a escrita chinesa pode-se consultar sobretudo Viviane ALLETON, *L'Écriture chinoise*, Presses Universitaires de France, col. "Que sais-je?", 1970, 6ª ed. revista 2002 (da mesma autora e na mesma coleção, assinalemos igualmente *Grammaire du chinois*, 1973, 3ª ed. revista 1997); Jean-François BILLETER, *L'Art chinois de l'écriture. Essai sur la calligraphie*, Genebra, Skira, 1989, reed. Skira/Seuil, 2001; William G. BOLTZ, *The Origin and Early Development of the Chinese Writing System*, New Haven (Conn.), American Oriental Society, 1994; QIU Xigui, *Chinese Writing*, traduzido do chinês por Gilbert L. MATTOS e Jerry NORMAN, Berkeley, 2000.

11. Citado em Gilles DELEUZE e Félix GUATTARI, *Qu'est-ce que la philosophie?*, p. 90-91. Lembremos as observações de Benveniste sobre a importância decisiva do verbo "ser" para a elaboração do pensamento ontológico nas línguas indo-européias. Sobre este tema cf. o importante artigo de Angus C. GRAHAM, "'Being' in Western Philosophy Compared with *shih/fei* and *yu/wu* in Chinese Philosophy", *Asia Major*, nova série, 8/2 (1961), p. 79-112.

12. Sobre a questão da verdade semântica, cf. Chad HANSEN, "Chinese Language, Chinese Philosophy and 'Truth'", *Journal of Asian Studies*, 44/3 (1985), p. 491-520; e a crítica de Christoph HARBSMEIER, "Marginalia Sino-logica", em Robert E. ALLISON (ed.), *Understanding the Chinese Mind: The Philosophical Roots*, Oxford University Press, 1989, p. 155-161.

13. *Zhuangzi* 25 e 17, ed. *Zhuangzi jishi* de GUO Qingfan, na série ZZJC, p. 396 e 258. Sobre Chuang-tse cf. adiante cap. 4.

14. Sobre Confúcio, o *Laozi* e o *Livro das Mutações*, cf. adiante cap. 2, 7 e 11.

15. Cf. por exemplo Cheng Yi (filósofo do séc. XI, sobre o qual cf. cap. 18), *Yishu* 19, em *Er Cheng ji*, p. 256.

16. Cf. Séraphin COUVREUR, *Chou King, les annales de la Chine*, reed. Cathasia, 1950, p. 201. Sobre o "Grande Plano" (*Hongfan*), um capítulo do *Livro dos Documentos* (*Shujing*), cf. adiante cap. 10 nota 20.

17. *Laozi* 5.

Primeira Parte

Os fundamentos antigos do pensamento chinês
(II milênio – séc. V a.C.)

1
A cultura arcaica dos Shang e dos Zhou

Aquilo que se convencionou chamar de antiguidade chinesa cobre, segundo a tradição textual, três grandes dinastias: Xia, Shang e Zhou, que reinaram principalmente nas partes setentrionais e centrais da China. Em lugar desta representação *a posteriori* das Três Dinastias sucedendo-se linearmente, seria sem dúvida mais exato conceber suas culturas em desenvolvimento paralelo ou com interseções a partir de um tronco comum[1]. Duas importantes características comuns parecem ter sido um poder oriundo de linhagens entrincheiradas em cidades fortificadas e a prática de enfeudar membros da família real. A dinastia mais ou menos mítica dos Xia, que a tradição faz remontar ao III milênio antes de nossa era[2], dá lugar, por volta do séc. XVIII antes de nossa era, à dinastia histórica dos Shang (ou Yin). De acordo com os vestígios arqueológicos, esta dinastia revela já uma civilização refinada, com um sistema político e religioso bem elaborado.

Por volta do séc. XI a.C., a cultura Shang vê-se brutalmente conquistada e submetida por uma horda rude e guerreira, de nível cultural menos elevado, que vivia nos confins ocidentais do mundo chinês de então: os Zhou. Estes aumentaram seu poderio em pouco tempo sob a égide do rei Wen. Por volta do ano 1000 a.C., seu filho, o rei Wu, derruba os Shang para instalar os Zhou, dinastia duradoura que iria subsistir por oito séculos até o estabelecimento do império centralizado por Qin no séc. III a.C. e desempenhar um papel fundamental na história chinesa[3]. A instalação de uma nova ordem Zhou começa por uma paz relativa do séc. XI ao séc. VIII. Este período inaugural, o dos Zhou ocidentais (em contraposição ao período seguinte dos Zhou orientais, que marcou o declínio da dinastia), conservará na tradição chinesa uma aura de prestígio enquanto modelo político, particularmente na corrente confuciana, que irá referir-se constantemente a ele como uma idade de ouro. No centro da mitologia Zhou figuram os soberanos fundadores, os reis Wen e Wu (denominações póstumas que os transformam nos símbolos complementares do refinamento cultural e do poderio guerreiro), bem como o duque de Zhou, que assegurou a regência em nome de seu jovem sobrinho, o futuro rei Cheng, antes de restituir-lhe o trono, dando assim um exemplo de cessão voluntária do poder, ideal central do pensamento político confuciano. Vejamos como a regência do duque de Zhou encontra-se idealizada na reconstrução confuciana:

> Zhouxin (último rei dos Shang) havia subvertido a ordem do universo, chegando até a fazer do marquês de Gui carne seca para servir num banquete aos senhores feudais. Por isso o duque de Zhou ajudou o rei a derrubar Zhouxin. Por ocasião da morte do rei Wu, [seu filho] o rei Cheng era jovem e fraco. O duque de Zhou tomou o lugar do Filho do Céu para manter a ordem no universo. Durante seis anos recebeu a homenagem de corte dos senhores feudais no Palácio das Luzes, regulando os ritos, criando a música, promulgando as medidas e as proporções, de sorte que o universo todo se submeteu[4].

Para além da lenda, a ordem Zhou parece fundada sobre os três pilares que são: a realeza, o princípio da transmissão hereditária das funções e dos títulos, e o poder unificador de um sistema religioso centrado no rei e na divindade à qual ele se refere, o Céu (*tian* 天). Parece que, no começo de sua vitória sobre os Shang, e para assegurar a própria estabilidade, os Zhou colocaram membros de sua própria família ou de clãs aliados à frente dos diferentes feudos por eles criados. Cada um destes chefes tinha, em particular, o direito de prestar um

1. A cultura arcaica dos Shang e dos Zhou

culto ao fundador da casa senhorial, à semelhança do culto que era prestado ao primeiro ancestral da casa real. Por essa razão, a organização e a estrutura políticas vão depender estreitamente do sistema dos cultos ancestrais e familiares. Teríamos aqui a origem da concepção chinesa do Estado como família – em chinês moderno, o Estado se chama *guojia* 國家 (literalmente "país-casa").

A "feudalidade" Zhou pode ser representada segundo um esquema piramidal. No topo: o rei (*wang* 王) ou "Filho do Céu" (*tianzi* 天子). O rei não tem, acima dele, senão o Céu e é o único a possuir o direito de sacrificar aos ancestrais da dinastia e à divindade suprema. Ele dispõe de um domínio real situado na bacia média do rio Amarelo (ao redor das atuais cidades de Xi'an e Luoyang) e sobre o qual exerce diretamente seu poder. Este rei delega – e é este princípio de delegação que está na base da estrutura chamada feudal – uma parte de seu poder a vassalos, os quais têm um papel político tanto mais importante quanto mais próximos da estirpe real, confirmando assim a sobreposição das estruturas políticas e familiares.

Este período real se caracteriza primeiramente pela importância do signo escrito que na origem é de natureza essencialmente divinatória (inscrições sobre ossos e carapaças de tartaruga, donde derivam em particular os símbolos do *Livro das Mutações*). Daqui surgiu o tipo de racionalidade que foi elaborado na China e que deita raízes na primazia da adivinhação e das práticas divinatórias. Parece igualmente que a civilização chinesa praticou em época bem antiga o culto aos ancestrais reais, que explica em grande parte a importância das estruturas do clã e da família na cultura chinesa. Por fim, a passagem dos Shang aos Zhou, apesar de muitas continuidades, caracteriza-se pela tendência a certa cosmologização na concepção do mundo: da noção pessoal de uma divindade suprema ou de um Primeiro Ancestral, passa-se sob os Zhou à noção mais impessoal do Céu, instância normativa dos processos cósmicos e, paralelamente, dos comportamentos humanos[5].

A racionalidade divinatória

O que será que pensavam os chineses dos Shang e dos Zhou? Os mais antigos testemunhos escritos de que dispomos remontam ao início do II milênio antes da era cristã em inscrições de caráter divinatório, encontradas sobre omoplatas de ovinos e de bovinos e em carapaças de tartarugas. Tições incandescentes eram neles aplicados em cavidades feitas previamente, o que provocava rachaduras que em seguida se procurava interpretar. O pedido de oráculo era formulado em inscrições gravadas em lugares determinados do osso ou da carapaça, materiais aos quais são preferidos os vasos de bronze a partir da chegada ao poder dos Zhou no séc. XI[6]. Essas inscrições contêm os caracteres mais específicos da escrita e da racionalidade chinesas, que jamais esquecerão sua origem divinatória. O racionalismo divinatório, segundo a caracterização que lhe dá Léon Vandermeersch, "repousa sobre uma lógica das formas, sobre uma *morfológica*. De um acontecimento a outro, a relação que a ciência divinatória leva a constatar não se apresenta como uma cadeia de causas e de efeitos intermediários, mas como uma mudança de configuração diagramática, sinal da modificação global do estado do universo que é necessária a toda nova manifestação factual, por mais infinitesimal que seja. [...] O racionalismo divinatório opõe-se assim ao racionalismo teológico, que interpreta cada acontecimento como produzido pela vontade divina, como ocupando um lugar num arranjo divinamente concebido de meios em vista de fins transcendentes, segundo uma *teleo-lógica* que leva à exploração da relação de um meio a um fim, ou seja, à relação de causa a efeito"[7].

Pode parecer paradoxal falar de uma "racionalidade divinatória" justapondo dois termos incompatíveis para uma mente contemporânea, mas, como lembra Jean-Pierre Vernant, "nas sociedades onde a adivinhação não reveste, como na nossa, o caráter de fenômeno marginal, ou até aberrante, onde ela constitui um procedimento normal, regular, muitas vezes até

1. A cultura arcaica dos Shang e dos Zhou

obrigatório, a lógica dos sistemas oraculares não é estranha à mente do público como tampouco é contestável a função do adivinho. A racionalidade divinatória não constitui, nessas civilizações, um setor à parte, uma mentalidade isolada, opondo-se às maneiras de raciocinar que regulam a prática do direito, da administração, da política, da medicina ou da vida quotidiana; ela se insere de modo coerente no conjunto do pensamento social, obedece em seus esforços intelectuais a normas análogas, da mesma forma que o estatuto do adivinho aparece rigorosamente articulado, na hierarquia das funções, sobre os de outros agentes sociais responsáveis pela vida do grupo"[8].

A adivinhação na China dos Shang integra-se tanto melhor na vida quotidiana, é tanto mais compatível com a racionalidade, porque se expressa em oráculos bem claros, cheios de bom senso – nisto bem diferentes dos oráculos da Pítia – como: "Choverá", "Não choverá", "A colheita será boa" etc. O caráter aleatório da adivinhação não procura apresentar-se numa linguagem sibilina que em seguida é preciso interpretar no bom sentido, mas na alternativa bem simples do sim/não. Muitas perguntas de oráculos apresentam-se, com efeito, em pares de proposições paralelas, uma positiva e a outra negativa: "O rei deveria aliar-se a tal tribo" / "O rei não deveria aliar-se a tal tribo". O homem propõe uma alternativa simples e as forças divinas não têm outra escolha senão responder sim ou não. Aqui, para comunicar-se com o sobrenatural não há necessidade de entrar em transe ou de suspender, de qualquer forma que seja, o processo habitual do pensamento consciente. O diálogo entre o humano e o divino permanece muito "terra a terra" e é o humano que tem a iniciativa, é ele que propõe, não tendo os deuses outra possibilidade senão de dispor.

O culto ancestral

Este lugar central da prática divinatória na civilização da China antiga deve ser relacionado com a importância do culto aos ancestrais, aos quais dirigia-se em grande parte a religião dos Shang. Cultos e sacrifícios eram oferecidos a diversas forças da natureza, como o rio Amarelo, a terra produtiva, certas montanhas, os ventos e os pontos cardeais, porém a parte mais importante dos sacrifícios e dos atos de adivinhação era consagrada aos ancestrais régios, cujo culto aparece notavelmente organizado, em contraste à abundância incoerente do culto reservado às divindades da natureza.

Se o culto ancestral talvez tenha surgido de um culto pré-histórico dos mortos, não se confunde com este. Na verdade, os ancestrais são percebidos como espíritos que residem no mundo dos mortos e são capazes de assegurar assim uma mediação com as forças sobrenaturais, mas ao mesmo tempo eles mantêm um elo orgânico com sua descendência vivente. Enquanto membros de uma comunidade familiar e para além da fronteira entre vida e morte, eles continuam a desempenhar um papel no seio dessa comunidade, e seu estatuto na parentela conserva toda a sua importância. Em outras palavras, as relações que ligam os parentes falecidos aos vivos não são de natureza muito diferente das que existem entre os próprios vivos. Existe, portanto, continuidade entre os sacrifícios propriamente religiosos devidos aos ancestrais e os códigos rituais a respeitar em relação aos vivos. Precisamente enquanto fenômeno religioso, o culto dos ancestrais manifesta o grupo de parentesco como paradigma da organização social, e é sem dúvida por este motivo que, para além de sua função propriamente religiosa, ele contribuiu para elaborar uma certa concepção da ordem sociopolítica na China.

Mais que um espírito do além, o ancestral representa sobretudo um estatuto, um papel familiar no qual ele "se funde" quase ao ponto de perder toda história pessoal, todo destino individual. Encontra-se, portanto, dotado de um potencial mítico bastante reduzido e a relativa pobreza dos mitos na cultura religiosa chinesa, para além de sua deliberada ocultação por parte da tradição confuciana, poderia muito bem explicar-se pela própria natureza do culto ancestral e da concepção de ancestral, os quais tornam permeável a fronteira não apenas entre vida e morte, mas também entre humano e divino.

1. A cultura arcaica dos Shang e dos Zhou

Temos aqui um processo que certamente foi comparado muito apressadamente ao evemerismo na mitologia da Grécia antiga: em vez de uma metamorfose de antigos humanos em deuses ou semideuses, tratar-se-ia, antes, para retomar os termos de Derk Bodde, da "transformação daquilo que foi mitos e deuses em uma história aparentemente autêntica e em seres humanos"[9]. Este processo, por mais paradoxal que isso possa parecer, afastou a mentalidade chinesa da tendência grega ao antropomorfismo, tendência que atribui às divindades comportamentos de seres humanos tomados em sua individualidade, em sua criatividade, numa palavra, em sua liberdade. Em vez de ser dotada de uma vontade arbitrária, e mesmo caprichosa, a divindade que toma a figura do ancestral é percebida imediatamente através de seu *status* e integrada na visão de uma ordem familiar sobre a qual se funda toda harmonia.

Mudança ritual da consciência religiosa

Os ritos sacrificiais destinados aos ancestrais, com a finalidade de pedir sua intercessão junto à divindade suprema, eram prescritos de maneira particularmente precisa e meticulosa, e até quase burocrática, que não deixava nada ao acaso e menos ainda à fantasia sobrenatural. Os ancestrais, cujas "jurisdições" estavam sujeitas a invadirem uma o terreno da outra, eram classificados por geração e por categoria de idade, e lhes eram oferecidos sacrifícios de acordo com um calendário muito bem elaborado. Os vaticínios limitavam-se então a determinar o número e a natureza das vítimas a oferecer a determinado ancestral em determinado dia. Pelo final dos Shang, o papel dos vaticínios limitava-se na verdade a informar os ancestrais de que um sacrifício estava sendo oferecido, exprimindo simplesmente o desejo de que não haveria nele nem erro nem desgraça.

Em muitos aspectos o vaticínio não procura tanto saber se determinado desejo será atendido ou não, "adivinhar" a intenção dos espíritos, e sim assegurar que o desejo seja realmente atendido. É uma maneira de dar a conhecer aos espíritos os desejos dos humanos e de encontrar segurança no fato de que os espíritos tomaram conhecimento desses desejos. O adivinho, propriamente falando, não interroga os espíritos, mas perscruta sua reação a uma oferenda. Sua arte consiste em obter, não uma resposta a uma pergunta feita, mas um sinal revelador das conseqüências misteriosas de um ato hipotético. Parece ser essa justamente a função encantatória da incisão, aliás muito trabalhosa, dos pedidos de oráculos sobre ossos ou carapaças. Por mais surpreendente que isso possa parecer, a adivinhação, tal como se apresenta nos últimos tempos da dinastia Shang, não consiste em interrogar a respeito do desconhecido, e sim, ao contrário, em fazer perguntas que poderíamos qualificar de retóricas a respeito de um domínio previamente balizado, o que confere aos oráculos um caráter não profético mas ritual. Neste sentido, a adivinhação na China aparece como filha da religião e não da magia, e é isso sem dúvida que explica o fato de ela ter impregnado tão profundamente a mentalidade religiosa.

Já que o culto dos ancestrais é praticado pelo rei-pai ou pelo chefe de família, sem recorrer a uma casta sacerdotal especializada, e a adivinhação, na origem praticada secundariamente após o sacrifício, chega a precedê-lo e a regular antecipadamente suas modalidades, assiste-se a uma crescente disjunção entre o ato de alcance estritamente religioso, que é o sacrifício, e a adivinhação investida de uma função e de formas rituais. Esta tendência à formalização ritual, iniciada pelo final dos Shang, não faz senão confirmar-se na fase de transição para os Zhou. Neste sentido, a cultura secular destes pode ser considerada como a herança racionalizada da cultura mágico-religiosa daqueles. O estudo dos testemunhos oraculares faz pensar que os acontecimentos nefastos tendiam a ser interpretados não mais como produtos da vontade caprichosa e maligna dos ancestrais defuntos, mas como conseqüência dos atos de seus descendentes vivos, atos que doravante era possível explicar por um conjunto coerente de

1. A cultura arcaica dos Shang e dos Zhou

valores religiosos. Esta comunicação direta sempre possível entre o mundo das forças sobrenaturais que eram os ancestrais e o mundo dos vivos talvez esteja na origem da continuidade que o pensamento chinês antigo iria estabelecer entre o celeste e o humano.

Do "Soberano do alto" ao "Céu"

Acima dos espíritos da natureza e dos manes dos ancestrais que desempenhavam, ao que parece, uma função de mediação, as inscrições oraculares revelam a crença na existência de uma divindade suprema onipotente, que domina o conjunto da natureza e impõe aos homens suas vontades: *di* 帝 (ou *shangdi* 上帝, "Soberano do alto"), designação que iria ser retomada pelos missionários cristãos para traduzir a noção de Deus. Os estudos recentes estão de acordo em considerar que o surgimento dessa divindade coincide com a supremacia dos Shang, cujos últimos soberanos, evidentemente por pretensão à apoteose, atribuíram-se o apelativo *di*. Este vocábulo veio a designar uma forma de soberania superior à realeza ordinária, comumente traduzida pelo título de imperador. Primeiramente reservado aos soberanos míticos da antiguidade, foi usurpado, por ocasião da unificação da China em 221 a.C., pelo rei de Qin, que se proclamou "Primeiro Augusto Imperador", inaugurando assim um costume transmitido durante mais de vinte séculos pelos monarcas da chamada era imperial.

O culto ancestral sob os Shang é uma prerrogativa real: o rei não somente é o único a ter o privilégio de prestar culto a seus ancestrais, mas também, na qualidade de sacerdote em nome de todos, preside o culto prestado a ancestrais que são tanto os seus quanto os de toda a comunidade. Vem daí que não existe uma classe de sacerdotes independentes, fenômeno sintomático de que, desde a dinastia dos Shang, o político assumiu sob sua responsabilidade o religioso. Este poder do rei de determinar pela adivinhação e de influenciar pelas orações e sacrifícios a vontade dos espíritos ancestrais legitima a concentração do poder político em sua pessoa unicamente. Corolário da relação de continuidade estabelecida entre o mundo dos ancestrais e o mundo dos vivos, a idéia de que o deus único encontra sua contrapartida no soberano universal no seio da ordem humana iria permanecer na base do pensamento político e da prática política na China até à aurora do séc. XX.

A predominância do culto ancestral na China antiga levou a uma representação cosmogônica fundada muito mais num modelo orgânico de geração do que no modelo de um mecanismo de causalidade ou de uma criação *ex nihilo* por um poder transcendente. A divindade suprema, enquanto ancestral por excelência, não aparece como uma onipotência criadora ou um primeiro motor, mas como uma instância de ordem desempenhando um papel axial entre o mundo cósmico, constituído de entidades e de energias em harmoniosa interação, e o mundo sociopolítico humano, regido por redes de relações de tipo familiar e hierárquico e por códigos de comportamento ritual.

A ordem de que se trata aqui, longe de ser um princípio racional que excluiria o irracional e o sobrenatural, constitui uma noção globalizante que inclui todos os aspectos da experiência humana, inclusive o sobre-humano, mas que por isso mesmo lhe reduz o potencial mítico e propriamente religioso. Nesse sentido, a passagem dos Shang para os Zhou marcou uma transformação da consciência religiosa, que se transformou progressivamente numa consciência ritual de caráter essencialmente cosmológico. Essa mudança é reconhecível em certos sinais, como a ausência do espírito de oração ou de sistematização teológica dos mitos. Já constatamos a pobreza dos mitos da China antiga, pelo menos tais como chegaram até nós. A tal ponto que podemos com razão perguntar-nos, para retomar o título de Paul Veyne, se os chineses acreditaram em seus mitos[10]. Parece que na China bem cedo a cosmologia ocupou um lugar mais importante do que a cosmogonia e que ela suplantou os mitos. Se for verdade que o discurso mítico vai de par com uma forma de pensamento religioso, a ocultação dos mitos na cultura chinesa deveria ser relacionada

1. A cultura arcaica dos Shang e dos Zhou

com a convulsão intelectual que se manifesta na passagem de um pensamento religioso para um pensamento cosmológico por ocasião da transição dinástica dos Shang aos Zhou. A documentação epigráfica revela o caráter quase sistemático da transição lexical de *di* (divindade suprema) para *tian* (Céu), cuja "transcendência é cada vez menos a de um mundo situado para além do mundo dos homens e que seria habitado por espíritos que manipulam os elementos naturais; ela não subsiste senão como transcendência da norma em relação àquilo que lhe está submetido, do princípio original em relação às dez mil coisas que dele procedem"[11]. Continuando embora a manifestar-se como vontade ativa, o Céu é, por conseguinte, percebido cada vez mais como fonte e garante de uma ordem ritual e de uma harmonia preestabelecida.

A nova ordem instaurada pelos Zhou apóia-se, portanto, sobre uma mensagem político-religiosa bastante clara: a vontade de equiparar ao Soberano do alto de seus predecessores sua própria divindade suprema, o Céu, e, por isso mesmo, recusar qualquer laço de parentesco entre a divindade e uma família real específica. Também aqui, a mudança de vocabulário aparece como que deliberada: das "ordens do Soberano do alto", passa-se ao "mandato do Céu" (*tianming* 天命). Esta famosa idéia do mandato celeste, que iria permanecer na base de toda a teoria política chinesa, os Zhou foram os primeiros a invocá-la para justificar sua derrubada da dinastia precedente: foi porque os últimos soberanos da dinastia Shang já não eram mais dignos de governar que o Céu teria dado aos Zhou o mandato de os castigar e substituir.

Assim, o exercício do poder não era mais o apanágio de uma e mesma linhagem, por simples transmissão hereditária, como ocorrera desde a fundação dos Xia por Yu o Grande. O mandato do Céu era suscetível de ser modificado, de passar de uma linhagem a outra, considerada mais digna de governar. A expressão "mudança de mandato" (*geming* 革命) chegou a traduzir, na mente dos pensadores progressistas do séc. XIX, a noção de "revolução". É significativo que uma das primeiríssimas elaborações do pensamento chinês sobre o Céu tenha tido um interesse político: na China o arranjo do universo é também e sobretudo um arranjo do espaço humano: ordem social e ordem cósmica se encontram e se confundem[12].

Ordem e rito

Seja qual for o ângulo sob o qual o examinemos – sistema de parentesco, prática religiosa, organização política –, o pensamento da China antiga caracteriza-se por um acentuado gosto pela ordem, ou, mais exatamente, pelo ordenamento, elevado à categoria de bem supremo. Este gosto pela ordem traduz-se na noção de *LI* 理, que designaria originariamente os veios naturais do jade. Esta noção corresponde mais à idéia de ordenamento ritual do que à idéia de uma ordem objetiva que obedece a uma concepção teleológica: "Se o pensamento grego está marcado pelo espírito do oleiro, que trabalha a massa amorfa da argila tornada primeiro perfeitamente maleável e depois voltada inteiramente para a idéia do artesão, vimos que o pensamento chinês estava marcado pelo espírito do lapidador, que experimenta a resistência do jade e emprega toda sua arte unicamente para tirar vantagem do sentido dos estratos da matéria bruta, para desprender desta a forma que ali preexistia e da qual ninguém podia ter idéia antes de descobri-la"[13].

Daí a conivência dos dois homófonos *LI* 理 (ordem natural) e *li* 禮 (espírito ritual)[14], sendo este último não uma grade aplicada do exterior sobre o universo, mas a própria nervura do universo que é preciso redescobrir, fazer reaparecer, revelar no sentido fotográfico do termo. A racionalidade chinesa, em vez de emergir dos mitos e afirmar-se em oposição a eles, nasceu no seio do espírito ritual que lhe deu forma. Assim, a racionalidade designada pelo termo *LI* apresenta naturalmente semelhanças com seu homófono já citado, *li* ritual, mas também com o termo que veio a designar a cultura: *wen* 文, cuja grafia original pode ser interpretada como representando um dançarino disfarçado de pássaro com motivos de plumas sobre o peito. Por derivação,

1. A cultura arcaica dos Shang e dos Zhou

chega-se ao sentido de "motivo", de "desenho", de "traço" ou do inglês *pattern* (padrão, modelo). *Wen*, de desenho com funções mágicas numa mentalidade religiosa de tipo animista, passa a designar de maneira geral um signo, e particularmente um signo escrito, fundamento precisamente da cultura que os Zhou reivindicaram como sua característica maior, a ponto de atribuir o nome póstumo de Wen ao rei fundador da dinastia, ao qual sucedeu a bravura marcial do rei Wu que iria tornar-se o complemento tradicional da cultura[15].

Numa tal perspectiva, e diferentemente do nosso mundo moderno, onde os conhecimentos científicos permitem conhecer o universo mas não nos falam na medida em que não revestem qualquer sentido pessoal ou social, o mundo chinês antigo é portador de sentido. Mas este sentido, que o homem tem a possibilidade de decodificar nas linhas naturais do próprio universo, não é conferido por uma instância radicalmente diferente ou revelado por uma palavra divina. Não existe solução de continuidade entre o sentimento religioso e o senso ético, diferentemente do humanismo ocidental que se afirmou contra o dogmatismo religioso. Se a transição dos Shang aos Zhou se caracteriza pela passagem de uma cultura mágico-religiosa para uma cultura ética, esta última permanece profundamente marcada pela mentalidade e pelas formas da primeira, particularmente no caráter sagrado que é conferido à ritualização dos atos.

Enquanto a mudança dinástica dos Shang aos Zhou permanece, no plano institucional, sob o signo da continuidade, a verdadeira mutação faz-se sentir somente no séc. VIII a.C., no momento em que a realeza enfraquecida é obrigada a deslocar sua capital para o leste em 770, data que assinala o início dos Zhou orientais. Observa-se então um enfraquecimento da autoridade dos soberanos Zhou sobre seus vassalos, autoridade cada vez mais nominal à medida que certas vassalidades da periferia crescem em extensão territorial e em poderio militar e exercem uma pressão hegemônica sobre as do centro, próximas do domínio real e chamadas então "país do meio" (*zhong-*

guo 中國), antes de este termo vir a designar a China em sua totalidade. É no decurso de períodos conturbados, refletindo o longo processo de declínio que desintegra o edifício sociopolítico dos Zhou, que são elaborados e aperfeiçoados discursos filosóficos. A época das "Primaveras e Outonos", que corresponde ao anos 722-481 cobertos pelos *Anais* do mesmo nome, é seguida pela dos "Reinos Combatentes", que os historiadores atuais geralmente fazem começar em 403 e terminar em 256, pouco antes da instauração do império em 221 a.C.[16] A visão da China antiga permanecerá caracterizada pela continuidade entre o Céu (que acaba por confundir-se com o natural) e o Homem, continuidade que se encontrará tanto no ritualismo confuciano como no Tao taoísta, mas aparecerá cada vez mais ameaçada às vésperas da era imperial.

Notas do capítulo 1

1. Cf. CHANG Kwang-chih, *Shang Civilization*, New Haven, Yale University Press, 1980.

2. Sobre as origens míticas dos Xia, cf. Sarah ALLAN, *The Shape of the Turtle: Myth, Art and Cosmos in Early China*, Albany, State University of New York Press, 1951.

3. Para uma história dos Zhou fundamentada nos testemunhos arqueológicos, cf. HSU Cho-yun e Kathryn M. LINDUFF, *Western Chou Civilization*, New Haven, Yale University Press, 1988; Edward L. SHAUGHNESSY, *Sources of Western Zhou History: Inscribed Bronze Vessels*, Berkeley, University of California Press, 1991; Edward L. SHAUGHNESSY (ed.), *New Sources of Early Chinese History. An Introduction to The Readings of Inscriptions and Manuscripts*, Berkeley, University of California Press, 1997. A data exata da conquista Zhou deve ser situada por volta de 1046 a.C. segundo David S. NIVISON, "The Date of Western Chou", *Harvard Journal of Asiatic Studies*, 43/2 (1983).

4. *Liji* (*Tratado dos Ritos*, que data do séc. III-II a.C. apr.), cap. *Mingtang wei*. Sobre o Palácio das Luzes, cf. adiante cap. 10. Sobre o *Tratado dos Ritos*, cf. cap. 2 nota 32.

5. Cf. Léon VANDERMEERSCH, *Wangdao ou la Voie royale: Recherches sur l'esprit des institutions de la Chine archaïque*, 2 vols., Paris, École française d'Extrême-Orient, 1977 e 1980. Este estudo bem apro-

1. A cultura arcaica dos Shang e dos Zhou

fundado, que expõe a situação dos conhecimentos atuais sobre as origens históricas e as fontes epigráficas da civilização chinesa, forneceu em grande parte a substância deste capítulo.

6. Cf. David N. KEIGHTLEY, *Sources of Shang History: The Oracle-Bone Inscriptions of Bronze Age China*, Berkeley, University of California Press, 1978; e *The Ancestral Landscape: Time, Space and Community in Late Shang China (ca. 1200-1045 B.C.)*, Berkeley, China Research Monograph, 2001; YAU Shun-chiu e Chrystelle MARECHAL (eds.), número especial de *Cangjie: Actes du Colloque international commémorant le centenaire de la découverte des inscriptions sur os et carapaces*, Langages croisés, 2001.

7. "Tradition chinoise et religion", em Alain FOREST e Tsuboï YOSHIHARU (eds.), *Catholicisme et sociétés asiatiques*, Paris e Tóquio, L'Harmattan e Sophia University, 1988, p. 27.

8. "Paroles et signes muets", em *Divination et rationalité*, Paris Éd. du Seuil, 1974, p. 10. Do mesmo autor, *Mythe et religion en Grèce ancienne*, Paris, Éd. du Seuil, 1990. Cf. também Karine CHEMLA e Marc KALINOWSKI (eds.), *Divination et rationalité en Chine ancienne*, Extrême-Orient, Extrême-Occident, 21 (1999).

9. "Myths of Ancient China", em *Essays on Chinese Civilization*, Princeton University Press, 1981, p. 45-84. Sobre os mitos da China antiga, cf. Chantal ZHENG, *Mythes et croyances du monde chinois primitif*, Paris, Payot, 1989; Rémi MATHIEU, *Anthologie des mythes et légendes de la Chine ancienne*, Paris, Gallimard, 1989; Anne BIRRELL, *Chinese Mythology. An Introduction*, Baltimore e Londres, The John Hopkins University Press, 1993; e *Chinese Myths*, Londres, 2000.

10. *Les Grecs ont-ils cru à leurs mythes? Essai sur l'imagination constituante*, Paris Éd. du Seuil, 1983.

11. Léon VANDERMEERSCH, *La Voie royale*, t. II, p. 368. Cf. também Robert ENO, *The Confucian Creation of Heaven: Philosophy and the Defense of Ritual Mastery*, Albany, State University of New York Press, 1990.

12. A descrição do arranjo do espaço e do tempo pelo imperador mítico Yao, dada no *Livro dos Documentos* e citada no cap. 10, p. 293s, fornece uma excelente ilustração disto. Sobre o *Livro dos Documentos*, cf. cap. 2 nota 30.

13. Léon VANDERMEERSCH, *La Voie royale*, t. II, p. 385.

14. Para diferenciar os dois homófonos, a transcrição do termo que significa "estrutura", "ordenamento", é dada em maiúsculas. Cf. Anne CHENG, "*LI* 理 ou la leçon des choses", *Philosophie*, 44 (1994), Paris, Éd. de Minuit, p. 52-71.

15. Sobre *wen*, cf. Lothar VON FALKENHAUSEN, "The Concept of *Wen* in the Ancient Chinese Ancestral Cult", *Chinese Literature: Essays, Articles, Reviews*, 18 (1996), p. 1-22; e Michael NYLAN, "Calligraphy, the Sacred Text and Test of Culture", em *Character and Context in Chinese Calligraphy*, The Art Museum, Princeton University, 1999.

16. Cf. LI Xueqin, *Eastern Zhou and Qin Civilizations*, New Haven, Yale University Press, 1985. Sobre os *Anais das Primaveras e Outonos*, cf. adiante cap. 2 nota 34.

2
A aposta de Confúcio no homem

Quando, no séc. VIII a.C., começa o declínio da realeza Zhou com a época das Primaveras e Outonos, a questão persistente que começa a solapar o fundamento das crenças e dos valores não é tanto saber como a casa real pôde se desagregar, e sim imaginar como o Céu pôde deixar uma dinastia em decomposição manter o trono. A perda de prestígio do soberano de turno acarretava, como conseqüência direta, a perda de prestígio da instância suprema que era seu garante, o que teve particularmente o efeito de dar o primeiro impulso ao pensamento filosófico. Como para Platão, confrontado com a desintegração da antiga instituição que era a cidade grega, é a decomposição de uma ordem política e de certa concepção do mundo que explica em grande parte o pensamento de Confúcio:

> Confúcio diz: "O Caminho reina sob o Céu quando as cerimônias rituais, a música e as expedições punitivas são dirigidas pelo Filho do Céu em pessoa. O Caminho não reina mais se elas são assumidas pelos vassalos, que raramente permanecem no poder mais do que dez gerações. Se elas estão confiadas aos ministros graduados, estes dificilmente permanecem mais de cinco gerações no poder. Por fim, se a responsabilidade pelo Estado é usurpada pelos intendentes das grandes famílias, seu poder não consegue manter-se por mais de três gerações. Quando o Caminho reina sob o Céu, não cabe aos ministros decidir sobre a política e os simples súditos não têm por que discuti-la"[1].

O "caso" Confúcio

Mais que um homem ou um pensador, e até mais que uma escola de pensamento, Confúcio representa um verdadeiro fenômeno cultural que se confunde com o destino de toda a civilização chinesa. Este fenômeno, surgido no séc. V a.C., manteve-se durante 2.500 anos e perdura ainda hoje, após passar por várias transformações e sobreviver a muitas vicissitudes.

Se Confúcio é um dos raros nomes que sobrevivem na cultura geral concernente à China e se ele se tornou uma figura da cultura universal da mesma maneira que Buda, Sócrates, Cristo ou Marx, é porque com ele acontece algo decisivo, produz-se um "salto qualitativo", não apenas na história da cultura chinesa, mas também na reflexão do homem sobre o homem. Confúcio assinala na China o grande desenvolvimento filosófico que se nota paralelamente nas três outras grandes civilizações da "idade axial", que é o I milênio antes da era cristã: mundo grego, mundo hebraico e mundo indiano. Como no caso de Buda ou dos pensadores pré-socráticos, seus ilustres contemporâneos, temos a impressão de que com Confúcio a sorte está lançada: o destino do pensamento chinês encontra-se doravante traçado em suas grandes linhas, no sentido de que depois não será mais possível pensar de outro modo senão situando-se em relação a essa figura fundadora.

Mas esta notoriedade de Confúcio não deixa de ser paradoxal: diferentemente de seus contemporâneos indianos ou gregos, Confúcio não é nem um filósofo na origem de um sistema de pensamento, nem o fundador de uma espiritualidade ou de uma religião. À primeira vista, seu pensamento parece antes terra-a-terra, seu ensinamento parece feito de banalidades, e ele próprio não estava longe de considerar sua própria vida um fracasso. A que se deve, pois, sua estatura excepcional? Sem dúvida ao fato de ele ter moldado o homem chinês durante mais de dois milênios, porém, mais ainda, ao fato de ele ter proposto pela primeira vez uma concepção ética do homem em sua integralidade e em sua universalidade.

2. A aposta de Confúcio no homem

O personagem

Como todos sabem, Confúcio é a latinização, realizada pelos jesuítas missionários na China a partir do séc. XVI, da designação chinesa Kongfuzi 孔夫子 (Mestre Kong). As poucas informações biográficas que possuímos são fornecidas por obras muito posteriores a ele[2]. Mas numa pequena obra, intitulada *Analectos*[3] e compilada a partir de anotações de discípulos e de discípulos de discípulos, são referidas em discurso direto as palavras do Mestre. É o testemunho mais expressivo que chegou até nós sobre sua personalidade e seu ensinamento e uma fonte constante de inspiração para a cultura chinesa.

Segundo as datas tradicionais (551-479 a.C.), Confúcio teria chegado à idade de 72 anos – e é por isso, sem dúvida, que é sempre representado com as feições de um venerável ancião marcado pela sabedoria. Era originário do pequeno condado central de Lu (na atual província costeira de Shandong), berço da cultura ritualista antiga e próximo – tanto pelo parentesco quanto pela geografia – da casa real dos Zhou, o que explica o profundo apego de Confúcio à dinastia e aos seus valores. Embora pareça ter tido ascendência aristocrática, Confúcio alude, nos *Analectos*, a uma juventude de condição modesta. Por conta de suas origens sociais, Confúcio é representativo de uma categoria ascendente, intermediária entre nobreza guerreira e povo camponês e artesão, a categoria dos *shi* 士, que, por suas competências em diversos campos e mais particularmente no da cultura, acabarão por constituir a famosa categoria dos letrados-funcionários da China imperial[4]. Confúcio esteve, de resto, engajado desde cedo na vida política de Lu, primeiro assumindo responsabilidades administrativas subalternas para terminar como ministro da Justiça.

Segundo a lenda, Confúcio teria então deixado sua terra natal em sinal de desaprovação ao mau governo de seu soberano. A verdade é que, aos cinqüenta anos aproximadamente, ele renuncia definitivamente à carreira política, por ter entendido que ela não podia ser feita senão de compromissos com soberanos que perderam o senso do mandato celeste. Em nome de um mandato que ele tem consciência de ter recebido diretamente do Céu, Confúcio prossegue sua busca do Caminho e inicia um périplo de uns doze anos através dos diversos principados. Decepcionado com o soberano de sua própria terra natal, vai propor seus serviços e seus conselhos a outros, sem grande sucesso ao que parece. Confúcio é conhecido entre seus contemporâneos como aquele "que se obstina em querer salvar o mundo, mesmo sabendo que é tempo perdido"[5].

Com mais de sessenta anos, retorna a Lu, onde passa os últimos anos da vida ensinando a discípulos cada vez mais numerosos. É também nesse tempo que, segundo a tradição, teria composto, ou pelo menos retocado, os textos que lhe são atribuídos e que por isso revestem um caráter canônico. Na verdade, estes textos já existiam na época de Confúcio, que deles se serviu em seu ensino e, ao fazê-lo, sem dúvida os retocou e reinterpretou à sua maneira, numa perspectiva sobretudo ética e educativa.

"Aos quinze anos resolvi aprender"

Nos *Analectos* ouve-se pela primeira vez na história chinesa a voz de alguém que fala em seu próprio nome, em primeira pessoa, assumindo assim a dimensão de um verdadeiro autor. A palavra de Confúcio é de imediato e resolutamente centrada no homem e na noção do humano, tema central deste fato filosófico. Três "pólos" se destacam como essenciais na articulação de seu ensinamento: o aprender, a qualidade humana e o espírito ritual.

De que se trata, exatamente, nos *Analectos*? Nestes fragmentos de conversações sem nexo, é impossível entrever algum sistema, nem mesmo assuntos ou temas tratados de maneira elaborada, e no entanto sobressai a impressão nítida de que Confúcio quis transmitir uma mensagem bem precisa. Trata-se, no fundo, de como tornar-se um ser humano pleno. Temos aqui um

2. A aposta de Confúcio no homem

livro cheio de vida, e mesmo um livro de vida, do qual o Mestre nos indica as grandes etapas:

> Aos quinze anos resolvi aprender. Aos trinta, eu estava firme no Caminho. Aos quarenta, eu não tinha nenhuma dúvida. Aos cinqüenta, eu conhecia o decreto do Céu. Aos sessenta, eu tinha um ouvido perfeitamente afinado. Aos setenta, eu agia segundo os desejos de meu coração, sem por isso transgredir norma alguma[6].

Confúcio foi antes de tudo um mestre e todo o seu pensamento está contido em seu ensino. No início há o "aprender" e o lugar central que este ocupa em Confúcio corresponde à sua íntima convicção de que a natureza humana é eminentemente perfectível: o homem – todo homem – é definido como um ser capaz de melhorar, de aperfeiçoar-se indefinidamente. Pela primeira vez numa cultura aristocrática fortemente estruturada em castas e clãs, o ser humano é tomado em sua totalidade – não diz o Mestre: "Meu ensinamento está aí à disposição de todos, sem distinções"[7]? Pode-se, portanto, falar de uma aposta universal no homem e de um otimismo inato a respeito do homem, mesmo que Confúcio não chegue a afirmar explicitamente, como o fará mais tarde Mêncio, que a natureza humana é boa.

O "aprender" é o tema justamente da primeira frase dos *Analectos*:

> Aprender alguma coisa para poder vivê-la a todo momento, não é isto fonte de grande prazer? Receber um amigo que vem de longe, não é a maior alegria? Ser desconhecido dos homens sem se perturbar, não é a maneira de ser do homem de bem? (I,1).

Confúcio não começa por um doutrinamento qualquer, mas pela resolução de aprender tomada pelo ser humano que se engaja no caminho da existência. Trata-se não tanto de um processo intelectual, e sim de uma experiência de vida. De fato, não há um fosso entre os dois, entre a vida do espírito e a do corpo, entre teoria e prática, empenhando o processo de pensamento e de conhecimento a totalidade da pessoa. O aprender é uma experiência que se pratica, que se compartilha com os outros e que é fonte de alegria, em si mesma e por si mesma. Em outro lugar Confúcio diz que "os antigos aprendiam em vista de si mesmos e não em vista dos outros", no sentido de que não procuravam nem o prestígio nem mesmo a aprovação. O aprender encontra, portanto, sua justificação em si mesmo, e implica a aceitação de permanecer "desconhecido dos homens sem se perturbar". Trata-se de aprender, não para os outros, mas junto aos outros. Tudo proporciona ocasião para aprender, já que se aprende sobretudo no intercâmbio:

> O Mestre diz: "Quando se passeia, mesmo que só a três, cada um está seguro de encontrar no outro um mestre, considerando o que há de bom para imitá-lo e o que há de mau para corrigi-lo em si mesmo" (VII,21).

A educação segundo Confúcio não pode, portanto, ser puramente livresca. O ensinamento de Confúcio reserva, é claro, um lugar de grande destaque ao ensino dos textos antigos, mas o que conta não é tanto um conhecimento de ordem teórica que vale em si mesmo e por si mesmo, e mais sua intenção concreta e prática. É mais importante, por conseguinte, "saber como" do que "saber que", consistindo o conhecimento mais no desenvolvimento de uma aptidão e não tanto na aquisição de um conteúdo intelectual:

> O Mestre diz: "És capaz, segundo dizes, de recitar de cor as trezentas Odes? Mas imagina que, incumbido de uma função, não estejas à altura ou que, enviado em missão em terras estranhas, não saibas responder por tua própria autoridade: de que te servirá toda a tua literatura?"[8] (XIII,5).

> O Mestre diz: "No estudo dos textos antigos, não creio ser mais medíocre do que algum outro; mas, quanto ao comportar-se como verdadeiro homem de bem, não creio já tê-lo conseguido!" (VII,32).

> O Mestre diz: "Possuir o conhecimento, eu? Absolutamente! Se o homem mais humilde vier infor-

2. A aposta de Confúcio no homem

mar-se junto a mim, sinto-me como que vazio: esforço-me então para ir ao fundo da questão sem soltar as duas pontas" (IX,7).

Aos que estão começando na vida Confúcio propõe dar mais importância ao aprender a viver do que ao simples aprender:

> O Mestre diz: "Um jovem deve ser respeitoso: em casa para com os pais, na sociedade para com os mais velhos. Ele é sério e digno de confiança. Sua simpatia se estende a todos os homens, privilegiando embora os que praticam a virtude da benevolência. E se ainda lhe sobra tempo, pode consagrá-lo a aprender a cultura" (I,6).

O objetivo prático da educação é formar um homem capaz, no plano político, de servir à comunidade e, ao mesmo tempo, no plano moral, tornar-se um "homem de bem", constituindo os dois planos um plano só, já que servir a seu príncipe equivale a servir a seu pai. Numa época em que a educação é privilégio de uma elite, Confúcio afirma que tal privilégio deve ser apreciado em seu justo valor e vir acompanhado de um senso das responsabilidades. Longe de querer subverter a ordem hierárquica – preconizando, por exemplo, a educação como meio de ascensão social, mesmo que isso venha a tornar-se um processo inevitável ao longo de todo período pré-imperial – Confúcio, pelo contrário, serve-lhe de fiador, mas insuflando nela um senso moral: a responsabilidade dos membros da elite instruída é precisamente governar os outros para seu maior bem. Assim esboça-se, desde o início, o destino "político" (no sentido amplo) do homem instruído, que, em vez de manter-se retirado para melhor cumprir um papel de consciência crítica, sente em si, pelo contrário, a responsabilidade de empenhar-se no processo de harmonização da comunidade humana.

Aprender é aprender a ser humano

Um termo muito freqüente nos *Analectos* é o de *junzi* 君子 (lit. "filho de senhor"), que nos textos antigos designa geralmente todo membro da alta nobreza, mas que, na linguagem de Confúcio, assume um novo sentido, já não sendo a "qualidade" do homem nobre determinada exclusivamente por seu nascimento, mas dependendo também e sobretudo de seu valor como ser humano completo. A nobreza já não é tanto a do nascimento e da categoria social quanto a do valor moral. O *junzi* é, portanto, o "homem de qualidade" ou o "homem de bem", em oposição ao *xiaoren* 小人, o "homem pequeno" no sentido moral, ou o "homem de baixa condição". Esta oposição, que retorna como um *leitmotiv* nos *Analectos*, mesmo que em Confúcio revista um sentido mais moral do que social, indica precisamente uma continuidade na consciência própria do *junzi* de formar uma elite:

> O homem de bem conhece a retidão, o homem de baixa condição não conhece senão o lucro (IV,16).
>
> O homem de bem é imparcial e visa o universal; o homem de baixa condição, ignorando o universal, fecha-se no sectário (II,14).

A grande razão do aprender é, portanto, tornar-se "homem de bem". Em outras palavras, tomadas de um grande pensador confuciano do séc. XI, "aprender é aprender a fazer de si mesmo um ser humano"[9]. Não há expressão melhor do que esta para dizer que ser humano é uma coisa que se aprende e isto constitui um fim em si. É mesmo o valor supremo, não existe valor mais alto. Como todos os pensadores chineses, Confúcio parte de uma constatação muito simples e ao alcance de todos: nossa "humanidade" não é um dado, ela é construída e tecida nos intercâmbios entre as pessoas e na busca de uma harmonia comum. Toda a história humana bem como a nossa experiência individual estão aí para nos confrontar com a evidência de que nunca somos humanos o bastante, e que nunca acabaremos de tornar-nos mais humanos.

O senso do humano (*ren*)

Mais uma vez, estamos diante de um termo que já se encontra nos textos antigos (onde evoca o mais das vezes a mag-

2. A aposta de Confúcio no homem

nanimidade de um grande personagem), mas ao qual Confúcio dá um sentido e um conteúdo novos. Podemos dizer que o *ren* é a grande idéia nova de Confúcio, a cristalização de sua aposta no homem. O caractere *ren* 仁 é composto do radical "homem" 人 (que se pronuncia igualmente *ren*) e do signo "dois" 二: podemos ver aqui o homem que só se torna humano em sua relação com os outros. No campo relacional aberto pela própria grafia deste termo, o eu não pode ser concebido como uma entidade isolada das outras, retirada em sua interioridade, mas antes como um ponto de convergência de intercâmbios interpessoais. Um grande exegeta do séc. II d.C. define o *ren* como "o cuidado que os homens têm uns pelos outros pelo fato de viverem juntos"[10].

O *ren*, que poderemos traduzir, na falta de melhor, por "qualidade humana" ou "senso do humano", é aquilo que constitui *de imediato* o homem como ser moral na rede de suas relações com os outros, cuja complexidade no entanto harmoniosa é à imagem do próprio universo. O pensamento moral, por conseguinte, não pode referir-se à melhor maneira de instaurar uma relação desejável entre os indivíduos; é, pelo contrário, o elo moral que é anterior pelo fato de ser fundador e constitutivo da natureza de todo ser humano.

O *ren* parece ser um valor que Confúcio coloca bem alto, tão alto que não o atribui praticamente a ninguém (e sobretudo não a ele próprio) a não ser, a rigor, aos santos míticos da antiguidade. E, ao mesmo tempo, ele o afirma bem próximo:

> É o *ren* realmente inacessível? Deseja-o com fervor, e ei-lo dentro de ti (VII,29).

O *ren* não define um ideal fixo e estereotipado de perfeição ao qual seria preciso conformar-se, que procede mais de uma necessidade interna, de uma ordem intrínseca das coisas na qual é preciso reintegrar-se. Trata-se não tanto de um ideal a realizar e sim de um pólo para o qual tender indefinidamente:

> Zigong: "Mestre, quem prodigalizasse os benefícios ao povo e provesse às suas necessidades não mereceria o nome de *ren*?"

O Mestre: "Isso já não seria *ren*, seria santidade! Não é coisa fácil nem mesmo para Yao e Shun!" (VI,28).

O Mestre diz: "Alcançar o *ren* ou, com tanto mais razão, a sabedoria suprema, eu não poderia pretendê-lo. Tudo quanto posso dizer é que eu tendo para esta meta com todas as minha forças, sem jamais cansar-me de ensinar" (VII,32).

Embora fale constantemente do *ren*[11], Confúcio recusa-se a dar-lhe uma definição explícita e, por isso, limitativa. Às perguntas de seus discípulos responde por toques sucessivos e, como todo bom mestre, em função do interlocutor que tem diante de si[12]. Ao discípulo Fan Chi ele responde: "O *ren* é amar os outros" (XII,22). Muitas vezes pretendeu-se ver nesta frase, sobretudo desde a época dos missionários, uma possível aproximação com o *agapé* dos cristãos, esquecendo que, longe de fazer referência a uma fonte divina, o amor de que fala Confúcio é tudo quanto há de mais humano, por estar enraizado em sua dimensão afetiva e emocional e numa relação de reciprocidade. A seus discípulos, que lhe perguntavam se há uma palavra que possa guiar a ação durante uma vida inteira, o Mestre responde:

> Mansidão (*shu* 恕), não seria esta a palavra-chave? O que não gostarias que te façam a ti, não o faças aos outros (XV,23).

A palavra *shu*, cuja grafia (o coração 心 encimado pelo elemento 如 estabelecendo uma equivalência entre dois termos) introduz uma relação analógica entre os corações, é entendida como o fato de considerar os outros da mesma forma como alguém se considera a si mesmo:

> Praticar o *ren* é começar por si mesmo: querer estabelecer os outros tanto quanto se deseja estabelecer a si mesmo e desejar a realização deles tanto quanto se deseja a própria realização. Busca em ti a idéia daquilo que podes fazer pelos outros – eis o que te porá no sentido do *ren*! (VI,28).

2. A aposta de Confúcio no homem

Esta mansidão ditada pelo senso da reciprocidade é nada menos que o fio condutor que permite compreender o *ren* e confere unidade ao pensamento do Mestre:

> O Mestre diz a Zengzi: "Meu Caminho é atravessado por um fio único que liga o todo". Zengzi concorda. O Mestre sai. Os outros discípulos perguntam então: "O que ele queria dizer?" E Zengzi responde: "O Caminho do Mestre resume-se nisto: lealdade para consigo mesmo, mansidão para com os outros" (IV,15).

Tudo começa pela própria pessoa, no sentido de uma exigência sem limites para consigo mesmo (*zhong* 忠, cuja grafia evoca o coração 心 sobre seu eixo central 中). Encontramos aqui a noção de centralidade, precisamente no âmago da reflexão confuciana sobre o que constitui nossa humanidade:

> A virtude do Meio justo e constante (*zhongyong* 中庸) não é porventura a exigência extrema? (VI,27).

Este "Meio justo e constante", que iria tornar-se o título de um texto essencial para toda a tradição chinesa[13], é o "bem supremo" para o qual tende toda a vida, cujo devir passa necessariamente pela mudança e pelo intercâmbio. Exigência de equilíbrio, de eqüidade e de medida que não cede nunca ao impulsivo, ao excessivo, ao interesse imediato, ao cálculo parcial, à fantasia do momento ou ao cinismo, propensões estas que destroem toda possibilidade de vida confiável e duradoura. Nos *Analectos* abundam as fórmulas equilibradas, evocadoras do "caminhar no Meio" (XIII,21) do funâmbulo sobre a corda, o qual, em perigo quando procura um equilíbrio estático, não pode manter o equilíbrio senão no movimento:

> O Mestre era doce mas firme, imponente sem ser intimidante, respeitoso embora permanecendo natural (VII,37).

> O Mestre diz: "O homem de bem é capaz de ser generoso sem esbanjamento, de pôr o povo a trabalhar sem suscitar rancor, de ter aspirações sem avidez, de ser grande senhor sem dar-se ares de im-

portância, de ser imponente sem ser intimidante" (XX,2).

Mas, ao mesmo tempo, é neste trabalho sobre nós mesmos que estamos em condições de estender nossa mansidão ao nosso meio social. Este duplo eixo de tensão abre um campo relacional baseado no respeito ou na deferência recíprocos. É necessário, no entanto, precisar sem tardança que a relação de reciprocidade nada tem de igualitário; não é senão "o comportamento daquele que, no que concerne ao outro, se inspira naquilo que ele esperaria de si próprio em relação ao outro, se ele estivesse em lugar do outro e o outro em seu lugar. Esta relação de reciprocidade não consiste absolutamente em alguém colocar seu *vis-à-vis* inferior no mesmo plano que ele mesmo e mantém integralmente todas as relações da hierarquia social assim como elas são; mas faz brotar do coração, interioriza, por conversão introspectiva da situação do outro, todas as obrigações institucionais ligadas à categoria na qual cada um está inserido"[14].

"Entre os Quatro Mares, todos os homens são irmãos"

Nosso potencial de *ren* não designa apenas nossa possibilidade individual de alcançar sempre mais humanidade, mas designa também a rede sempre crescente e cada vez mais complexa de nossas relações humanas. O *ren* se manifesta assim em virtudes eminentemente relacionais, porque fundadas na reciprocidade e na solidariedade, cuja importância ainda pode ser medida nos laços hierárquicos e obrigatórios que caracterizam a sociedade e as comunidades chinesas.

A relação que fundamenta naturalmente a pertença de todo indivíduo ao mundo como também à comunidade humana é a relação do filho para com o pai. A piedade filial (*xiao* 孝, caractere onde reconhecemos o elemento "criança" 子) é, portanto, a chave de abóbada do *ren* pelo fato de ser a ilustração por excelência do laço de reciprocidade: a resposta natural de uma criança ao amor que lhe dão os pais no contexto geral da harmonia familiar e da solidariedade entre as gerações. Res-

2. A aposta de Confúcio no homem

posta que não pode concretizar-se senão quando a própria criança chega à idade adulta, no momento em que os pais tornaram-se por sua vez dependentes, ou mesmo para além da morte, no luto trazido durante três anos, tempo que o recém-nascido precisa para deixar o regaço dos pais[15].

A piedade filial, que podemos considerar ainda vigorosa e significativa em vastas áreas do mundo chinizado, fundamenta particularmente a relação política entre príncipe e súdito: assim como o filho corresponde à bondade do pai através de sua piedade, o súdito ou o ministro correspondem à benevolência do príncipe através de sua lealdade, que começa, como vimos, por uma exigência para consigo mesmo. Essas duas relações fundamentais enriquecem-se com uma multiplicidade de outros tipos de relações, quer familiares (irmão mais velho/irmão mais novo, marido/mulher) ou sociais (entre amigos). A harmonia dessas cinco relações consideradas fundamentais pelos confucianos é garantida pela relação de confiança (*xin* 信), cuja grafia evoca o homem todo inteiro em sua palavra, a adequação entre o que ele diz e o que ele faz. Esta integridade, que torna um homem digno de confiança, é, por sua vez, a condição da integração dele no corpo social.

Como o sugere o adágio dos *Analectos* "Entre os Quatro Mares todos os homens são irmãos" (XII,5), o *ren* é no início um sentimento de benevolência e de confiança tal como existe entre os membros de uma mesma família, e que pode propagar-se gradualmente se a comunidade é ampliada às dimensões de um país, e mesmo da humanidade inteira. Esta ampliação por círculos concêntricos é evocada na famosa abertura do *Grande Estudo* (*Daxue*), texto atribuído ao discípulo de Confúcio Zengzi (apr. 505-436 a.C.?)[16]:

> O Tao do Grande Estudo consiste em fazer resplandecer a luz da virtude, estar próximo do povo como de sua própria família, e não deter-se senão no bem supremo. Saber onde deter-se permite estar fixado; uma vez fixada, a mente pode experimentar o repouso; o repouso leva à paz, a paz leva à

reflexão, a reflexão permite atingir a meta. Cada coisa tem uma raiz e ramos, cada acontecimento tem um início e um fim. Quem sabe o que vem antes e o que vem depois, esse está próximo do Tao.

Na antiguidade, para fazer resplandecer a luz da virtude em todo o universo, começava-se por organizar seu próprio país. Para organizar seu próprio país, começava-se por colocar ordem na própria casa. Para colocar ordem na própria casa, começava-se por aperfeiçoar-se a si mesmo. Para aperfeiçoar-se a si mesmo, começava-se por tornar reto o próprio coração. Para tornar reto o próprio coração, começava-se por tornar autêntica sua própria intenção. Para tornar autêntica sua própria intenção, começava-se por desenvolver seu próprio conhecimento; e desenvolvia-se o próprio conhecimento examinando as coisas.

É examinando as coisas que o conhecimento atinge sua máxima expansão. Uma vez expandido o conhecimento, a intenção torna-se autêntica; uma vez autêntica a intenção, o coração torna-se reto. É tornando reto o coração que alguém se aperfeiçoa a si mesmo. É aperfeiçoando-se a si mesmo que se organiza a própria casa; é organizando a própria casa que se ordena o próprio país; e é quando os países estão ordenados que a Grande Paz se realiza em todo o universo.

Para o Filho do Céu como também para o homem comum, o essencial consiste em aperfeiçoar-se a si mesmo. Abandonar o essencial à desordem esperando dominar o acessório, isso é impossível. Negligenciar o que é muito importante atribuindo importância ao que não a tem, isso nunca se viu.

O espírito ritual

Para Confúcio, ser humano é estar imediatamente em relação com os outros, relação que é percebida como de nature-

2. A aposta de Confúcio no homem

za ritual. Comportar-se humanamente é comportar-se ritualmente:

> Yan Hui pergunta o que é o *ren*.
>
> O Mestre diz: "Vencer seu ego para reintegrar-se no sentido dos ritos, isso é o *ren*. Quem se mostrasse capaz disso, mesmo que por um dia, veria o mundo inteiro prestar homenagem a seu *ren*. Não é porventura de si mesmo, e não dos outros, que é preciso esperar a realização do *ren*?"
>
> Yan Hui: "Poderíeis indicar-me o procedimento a seguir?"
>
> O Mestre: "Não olhes o que é contrário ao ritual, não ouças o que é contrário ao ritual; não fales do que é contrário ao ritual e não comprometas nisto tuas ações" (XII,1).

A fórmula tornada célebre "Vencer seu ego para reintegrar-se no sentido dos ritos" indica a necessidade de uma ascese para disciplinar a tendência ao egocentrismo e para interiorizar ritualmente a humanidade de suas relações com os outros. Um outro discípulo que também indaga sobre o *ren* recebe a seguinte resposta:

> Em público, comporta-te sempre como se estivesses em presença de um convidado importante. No governo, trata o povo com toda a gravidade de quem participa de um grande sacrifício. O que não gostarias que te fizessem a ti, não o faças aos outros. Assim, não haverá nenhum ressentimento contra ti, quer estejas a serviço do Estado ou de uma grande família (XII,2).

Estas duas respostas mostram muito bem que, na mente de Confúcio, o *ren* e o espírito ritual (*li*) são indissociáveis. Estes dois termos, os mais utilizados nos *Analectos*[17], designam na verdade dois aspectos de uma única e mesma coisa: a concepção do humano em Confúcio:

> O Mestre diz: "Desprovido de *ren*, como poderia um homem sentir sequer o que são os ritos, o que é a música ritual?" (III,3).

Em suas referências ao *li* 禮, Confúcio alude muitas vezes à origem religiosa do termo. Composto do radical das coisas sacras 示, ao qual vem juntar-se a representação esquematizada de um caldo de cereais 曲 numa taça 豆, o termo designa originariamente um vaso sacrificial, e em seguida, por extensão, o ritual do sacrifício. Mas o que interessa a Confúcio no *li*, e o que dele mantém, não é o aspecto propriamente religioso do sacrifício à divindade, mas a atitude ritual de quem nele participa. Atitude primeiramente e sobretudo interior, compenetrada da importância e da solenidade do ato em curso, que nada mais faz do que traduzir-se externamente por um comportamento formal controlado.

A dimensão ritual do humanismo confuciano confere-lhe uma qualidade estética, não apenas na beleza formal do gesto e no requinte sutil do comportamento, mas pelo fato de haver nisto uma ética que encontra sua justificação nela mesma, em sua própria harmonia. Daí a associação natural entre os ritos e a música, expressão por excelência da harmonia:

> O Mestre diz: "Um homem desperta pela leitura das *Odes*, afirma-se pela prática do ritual e chega à perfeição na harmonia da música"[18] (VIII,8).

Deve ter ficado claro que a noção de *li* vai a contrapelo da idéia que comumente se tem do ritualismo como uma simples etiqueta, um protocolo, numa palavra: um conjunto de atitudes convencionais puramente exteriores, cuja ilustração caricatural – mas quão difundida! – é o chinês desmanchando-se em salamaleques. Mesmo que nos seja permitido qualificar o espírito ritual como formalista, trata-se de uma forma que, pelo menos no ideal ético confuciano, se confunde totalmente com a sinceridade da intenção. Existe harmonia perfeita entre a beleza da forma exterior e a da intenção interior:

> Lin Fang: "Qual a primeira coisa a observar nas cerimônias rituais?"
>
> O Mestre: "Excelente pergunta! Em toda cerimônia, mais vale a austeridade do que o aparato. Nas

2. A aposta de Confúcio no homem

de luto, mais vale a sinceridade na dor do que o escrúpulo na etiqueta" (III,4).

Ao promover sua grande idéia nova de *ren*, que ele associa estreitamente ao *li*, Confúcio insufla neste último um novo sentido no código ritual da aristocracia antiga, reduzido em seu tempo a um quadro vazio e a formas sem vida:

> O Mestre exclama: "Os ritos, os ritos! Porventura dependem apenas do brilho do jade e da seda? A música, a música! Porventura depende apenas do ruído dos sinos e dos tambores?" (XVII,11).

Eis que a letra é novamente animada pelo espírito. Como em relação ao homem de bem (*junzi*) e ao senso do humano (*ren*), Confúcio realiza a respeito de *li* um "deslizamento semântico", passando do sentido sacrificial e religioso à idéia de uma atitude interiorizada de cada pessoa, que é consciência do outro e respeito pelo outro, e que garante a harmonia das relações humanas, tanto sociais como políticas. O campo de ação dos ritos desloca-se das relações entre o humano e o sobrenatural para as relações entre os próprios seres humanos. Mas, apesar deste deslizamento, o caráter sagrado do *li* é preservado em toda a sua força e eficácia: na verdade, transfere-se o sagrado do domínio propriamente religioso para a esfera do humano.

O *li* é, portanto, aquilo que constitui a humanidade de um grupo humano e de cada homem nesse grupo. Com efeito, os sentimentos mais instintivos (atração, repulsa, sofrimento etc.) só se tornam propriamente humanos quando os homens lhes dão algum sentido, ou seja, quando os ritualizam (é também o que se observa na evolução das crianças desde o nascimento: para uma criança pequena, um ato adquire sentido a partir do momento em que é ritualizado). Na tradição confuciana e, de forma mais geral, na cultura chinesa, o comportamento ritual constitui até o critério de distinção entre o humano e a besta, mas também entre civilizados e "bárbaros", distinção que não pode, portanto, depender de fatores puramente étnicos:

Um papagaio pode aprender a falar; mas nunca será mais que uma ave. Um macaco pode aprender a falar; mas nunca será mais que um animal sem razão. Se um homem não observa os ritos, embora saiba falar, seu coração não é o de um ser desprovido de razão? Os animais não têm nenhuma norma de decoro; por isso o cervo e sua cria aproximam-se da mesma corça [para acasalar-se]. Por isso os grandes sábios que surgiram no mundo formularam as normas de decoro, para instruir os homens e ajudá-los a se distinguir dos animais pela observância dos ritos"[19].

Existe, por fim, uma relação de interação entre os ritos e o significado que eles revestem para cada indivíduo: é o "senso do justo" (*yi* 義) de que fala Confúcio. *Yi*, cuja grafia comporta o elemento 我 (eu), representa o cabedal de sentido que cada um investe pessoalmente em sua maneira de ser no mundo e na comunidade humana, é a maneira como cada qual reinterpreta continuamente a tradição coletiva dando-lhe um novo sentido. Todo o conteúdo nocional de *yi* como senso do justo (justiça mas também justeza) – sentido do que é apropriado a uma determinada circunstância, do que convém fazer numa determinada situação – concorre para associá-lo ao *li*, "o ato significativo" por excelência. Os dois juntos, espírito ritual e senso do justo, desenham os contornos do universo ético confuciano. Em lugar das referências à transcendência, habituais na reflexão ética ocidental, encontramos aqui a tradição, mas é uma tradição que vive, alimenta-se e perpetua-se sem se repetir, da maneira como cada um a vive.

A missão sagrada do homem de bem

Para Confúcio o homem tem uma missão sagrada: a missão de afirmar e erguer cada vez mais alto sua própria humanidade. Esta missão prima sobre todos os outros deveres sagrados, inclusive os que dizem respeito às forças do divino ou do além:

2. A aposta de Confúcio no homem

> O Mestre nunca falava de coisas extraordinárias nem dos espíritos, da força bruta nem dos atos contra a natureza (VII,20).
>
> Zilu pergunta como convém servir aos espíritos. O Mestre lhe diz: "Enquanto não se sabe servir aos homens, como se poderá servir aos seus manes?" Zilu interroga-o então sobre a morte. O Mestre responde: "Enquanto não se sabe o que é a vida, como se poderá saber o que é a morte?" (XI,11).
>
> Fan Chi pergunta em que consiste a sabedoria. O Mestre responde: "É dar aos homens o que lhes é devido por justiça, e honrar espíritos e demônios, mantendo-os embora à distância" (VI,20).

Esta última frase ilustra perfeitamente a posição preconizada por Confúcio em relação ao supra-humano. O sagrado não é tanto o culto prestado às divindades, mas a consciência moral individual, a fidelidade a toda prova ao Caminho (Tao 道), fonte de todo bem. Em nome do Tao, o homem de bem deve estar pronto a "ser ignorado pelos homens sem se perturbar com isso" como anunciam na abertura os *Analectos*, ou seja, deve estar pronto a renunciar a todas as vantagens e sinais exteriores do sucesso e do reconhecimento social e político:

> O Mestre diz: "Honras e riquezas são aquilo que o homem mais deseja no mundo, e no entanto mais vale renunciar a elas do que afastar-se do Tao. Humildade e pobreza são aquilo que o homem mais evita no mundo, e no entanto mais vale aceitá-las do que afastar-se do Tao. O homem de bem que se afasta do *ren* já não é digno deste nome; o homem de bem é aquele que não se afasta dele nem mesmo pelo tempo que dura uma refeição, mesmo que se encontre pressionado ou agitado pelos acontecimentos" (IV,5).
>
> O Mestre diz: "Um adepto do Tao está totalmente voltado para a sua realização. Quem se envergonha de estar mal alimentado ou mal vestido, não vale a pena entreter-se com ele" (IV,9).

Para o homem de bem, a exigência pode chegar ao sacrifício da própria vida:

> O Mestre diz: "O adepto resoluto do Tao, o verdadeiro homem de *ren*, longe de apegar-se à vida se isso prejudica o *ren*, sacrificá-la-ia se necessário para o *ren* viver" (XV,8).
>
> O Mestre diz: "Quem de manhã ouve falar do Tao pode morrer satisfeito à tarde" (IV,8).

Confúcio realça este caráter sagrado da adesão ao Tao, dando-lhe valor de "decreto do Céu" (*tianming*), empregando a mesma expressão que designava o mandato dinástico dos Zhou:

> O Mestre suspira: "Continuo desconhecido de todos!"
>
> Zigong: "Como explicais isto?"
>
> O Mestre: "Eu não acuso o Céu, não me queixo dos homens. Meu estudo é modesto, mas meu objetivo é elevado. Quem me conheceria, exceto o Céu?" (XIV,37).

Por diversas vezes, ameaçado de morte ao longo de suas peregrinações, Confúcio declara com vigor não ter nada a temer, invocando seu "destino celeste", o mesmo que ele afirma conhecer aos cinqüenta anos[20].

Retrato do príncipe como homem de bem

Assim, o aprender, o senso do humano e o espírito ritual formam uma espécie de tripé que fundamenta a aposta confuciana: enquanto alguém não aprendeu a comportar-se ritualmente, não pode pretender ser plenamente humano. Duas passagens dos *Analectos*, construídas de maneira quase paralela, mostram o caráter indissociável destes três pólos:

> O Mestre diz: "Por não pautar-se pelo ritual, a cortesia torna-se penosa, a prudência timorata, a audácia rebelde, a retidão intolerante" (VIII,2).
>
> Sem o amor ao estudo, toda deformação é possível: o amor ao *ren* torna-se ingenuidade, o amor ao sa-

2. A aposta de Confúcio no homem

ber superficialidade, o amor à honestidade prejuízo, o amor à retidão intolerância, o amor à bravura insubmissão, o amor ao rigor fanatismo (XVII,8).

A encarnação desta trindade é o *junzi*, o homem de bem não apenas na ética individual, mas também e sobretudo em seu prolongamento que é a prática política do soberano dos homens. Sendo a família percebida como uma extensão do indivíduo e o Estado como uma extensão da família, e sendo o príncipe para os súditos o que um pai é para os filhos, não existe solução de continuidade entre ética e teoria política, não sendo a segunda senão uma extensão da primeira à dimensão comunitária. Confúcio transforma assim a autoridade do príncipe em ascendente do homem exemplar, da mesma forma que o "decreto celeste" é transformado de mandato dinástico em missão moral. Em conseqüência, o pensamento confuciano sempre trabalhou sobre o duplo registro da "cultura moral pessoal" (*xiushen* 修身), que visa à "santidade interior" (*neisheng* 內聖), e do encargo de "organizar o país" (*zhiguo* 治國), que tende ao ideal institucional da "realeza exterior" (*waiwang* 外王).

A antiga unidade religiosa, herdada dos Shang e adaptada pelos Zhou, fazia-se ao redor da pessoa do Filho do Céu, que, enquanto tal, era o único a poder sacrificar ao Céu e atuava como sacerdote supremo unificando as aspirações de todo o povo. Com Confúcio esta comunhão religiosa encontra-se reforçada pelo consenso moral que é o senso do humano e que se cristaliza em torno do homem de bem. A convicção profunda de que a natureza humana, graças ao aprender, é ilimitadamente perfectível abre na verdade o caminho para uma santidade que não deveria nada ao divino, mas que nem por isso deixaria de pertencer ao religioso. Para além do simples sábio (*xian* 賢), o Santo (*sheng* 聖) é ao mesmo tempo comum e "outro" pelo fato de unir a exemplaridade, imitável por todos, e o fato de transcender o comum dos mortais.

Os dois tipos de unidade, religiosa e ética, convergem em seu caráter ritualista: a figura do homem de bem, encarnação de uma ética do comportamento ritual, vem reforçar a figura do soberano, pólo central de uma religiosidade ritual, até confundir-se idealmente com ela:

> Zizhang pergunta o que é o *ren*. Confúcio diz: "Tornar-se capaz de praticar cinco coisas sob o Céu, isso é o *ren*. Quais são elas? Deferência, grandeza de alma, honestidade, diligência e generosidade. A deferência suscita o respeito, a grandeza de alma conquista o coração da multidão, a honestidade atrai a confiança do povo, a diligência assegura a eficácia dos empreendimentos e pela generosidade se merece o serviço do povo" (XVII,6).

O que é governar?

O soberano que, segundo o ideal da concepção política confuciana, encarna naturalmente o *ren* impondo-se simplesmente pela benevolência, e não pela força, possui o *de* 德. Este termo, oriundo do vocabulário antigo no qual designa a retidão do coração, mas que adquire um valor novo em Confúcio, é habitualmente traduzido por "virtude"[21]. Comecemos por precisar que não se trata da virtude tomada no sentido moral em oposição ao vício – o que não faria muito sentido na ausência da dualidade abstrata e maniquéia Bem/Mal[22]. Se adotamos esta tradução por falta de melhor (como, infelizmente, acontece com muitas noções chinesas), "virtude" deveria antes ser tomada em seu sentido latino de *virtus*, que designa o ascendente natural ou o carisma que se desprende de alguém e que faz com que ele inspire respeito sem esforço particular, e sobretudo sem recorrer a alguma forma de coerção exterior.

Com efeito, a noção-chave do governo confuciano não é a de poder, mas de harmonia ritual. O carisma pessoal do soberano, exatamente como o ritual, possui a eficácia do sagrado por sua capacidade, natural e invisível, de harmonizar as relações humanas, sem por isso depender das divindades às quais se dirigem os ritos propriamente religiosos. A oposição entre

2. A aposta de Confúcio no homem

um poder transformador (*hua* 化), que obriga sem constranger, e o uso da força ou da coerção permanecerá no âmago do pensamento político confuciano:

> O Mestre diz: "Governa à força de leis, mantém a ordem utilizando castigos, e o povo se contentará em submeter-se, sem sentir a menor vergonha. Governa pela virtude, promove a harmonia através dos ritos, e o povo não só conhecerá a vergonha, mas regular-se-á por si mesmo"[23] (II,3).

O credo ético-político de Confúcio leva-o assim a estabelecer uma ordem de prioridades que permanece espantosamente atual:

> Zigong: "O que é governar?"
>
> O Mestre: "É velar para que o povo tenha víveres suficientes, armas suficientes, e assegurar sua confiança".
>
> Zigong: "E se fosse necessário renunciar a uma destas três coisas, qual seria?"
>
> O Mestre: "As armas".
>
> Zigong: "E das duas outras, qual seria?"
>
> O Mestre: "Os víveres. Desde sempre os homens estão sujeitos à morte. Mas um povo sem confiança será incapaz de sustentar-se" (XII,7).

Os grandes deste mundo fariam bem em meditar igualmente as conversas mantidas entre o Mestre e o soberano de sua terra natal de Lu, o duque Ding (r. 509-495 a.C.):

> O duque Ding: "Existe alguma máxima que possa por si só fazer a grandeza de um país?"
>
> Confúcio: "Uma simples máxima não pode ter esse poder. Diz-se no entanto: 'Ser soberano é difícil, ser ministro não é fácil'. O soberano que tiver compreendido a dificuldade de sua tarefa não estaria próximo de fazer a grandeza de seu país através de uma única máxima?"
>
> O duque Ding: "Existe alguma máxima que possa por si só causar a ruína de um país?"

Confúcio: "Uma simples máxima não pode ter esse poder. Diz-se no entanto: 'Não tenho nenhum prazer em ser príncipe, a não ser quando ninguém ouse contradizer-me'. No caso de os editos do príncipe serem sábios, não é motivo para felicitar-se por ninguém se opor a eles? Mas, caso contrário, o soberano que adotasse semelhante definição não estaria próximo de causar a ruína de seu país através de uma única máxima?" (XIII,15).

No plano político, a educação ocupa um lugar tão central como no desenvolvimento do indivíduo. Num governo exercido através do *ren*, o soberano está preocupado sobretudo em educar seus súditos. Encontramos mais uma vez a idéia de que o soberano não está aí para coagir, mas para transformar no sentido de uma harmonização. Será uma educação mais pelo exemplo e pela imitação de modelos e não tanto por conformidade a normas ou princípios estabelecidos *a priori*. Ao usurpador Ji Kangzi, que solicita uma receita para obter do povo obediência e submissão, o Mestre responde:

Trata o povo com consideração e serás venerado; sê bom filho para com teus pais, bom príncipe para com teus súditos, e serás servido com lealdade; honra os homens de valor, educa os menos competentes, e todos ver-se-ão estimulados ao bem (II,20).

"Retificar os nomes"

A primazia concedida ao valor do exemplo encontra-se na famosa glosa:

Governar (*zheng* 政) é estar na retidão (*zheng* 正) (XII,17).

Na palavra *zheng*, mais que a idéia de governar (ou seja, de ter na mão o leme), existe a idéia de organizar o mundo contida na noção de *zhi* 治, termo que significa originariamente cuidar de um organismo doente para restabelecer nele um equilíbrio perdido. Em outras palavras, a arte de governar não é uma

2. A aposta de Confúcio no homem

questão de técnica política que exigiria uma especialização, mas simples questão de carisma pessoal que é preciso possuir e cultivar. A adequação da ordem do organismo sociopolítico com a retidão moral do soberano confere todo seu sentido ritual à necessidade de "retificar os nomes" (*zhengming* 正名):

> Zilu: "Supondo que o príncipe de Wei conte convosco para ajudá-lo a governar, o que faríeis em primeiro lugar?"
>
> O Mestre: "Uma retificação dos nomes, sem dúvida".
>
> Zilu: "Será que ouvi direito? Ora, Mestre, não entendeis! Retificar os nomes?"
>
> O Mestre: "Zilu, como és ignorante! Quando não sabe do que fala, um homem de bem prefere calar-se. Se os nomes são incorretos, não se pode manter um discurso coerente. Se a linguagem é incoerente, os negócios não podem ser organizados. Se os negócios são abandonados, os ritos e a música não podem florescer. Se a música e os ritos são negligenciados, as penas e os castigos não podem atingir o fim visado. Se os castigos são desprovidos de eqüidade, o povo não sabe mais o que fazer. É por isso que o homem de bem só usa nomes se eles implicam um discurso coerente, e só fala se o discurso desemboca na prática. É por isso que o homem de bem é tão prudente no que diz" (XIII,3).

Esta passagem, que para alguns seria posterior a Confúcio, adquire no entanto todo seu sentido quando a aproximamos da célebre fórmula lançada pelo Mestre em resposta ao duque Jing de Qi, que o interroga sobre a arte de governar:

> Que o soberano aja como soberano, o ministro como ministro, o pai como pai e o filho como filho (XII,11).

Com efeito, é na aproximação destas duas passagens que o ato de nomear adquire todo seu sentido: chamar alguém de "ministro" (por denominação) é nomeá-lo ministro (por nomeação)[24]. Assim, a fórmula que acaba de ser citada (e que em chinês não é senão uma justaposição de termos: soberano-soberano, ministro-ministro etc.) pode ser igualmente entendida segundo uma construção transitiva, e não mais predicativa: "Tratar como soberano o soberano, como ministro o ministro etc."

Quer a teoria da retificação dos nomes tenha sido ou não formulada pelo próprio Confúcio, a idéia de uma adequação entre nome (*ming* 名) e realidade (*shi* 實) informa todo o pensamento confuciano[25]. Nele encontramos, com efeito, a convicção de que existe uma força inerente à linguagem, que não faz senão exprimir a dinâmica das relações humanas ritualizadas e que não tem, portanto, necessidade de emanar de uma instância transcendente. A adequação pode efetuar-se nos dois sentidos: convém agir sobre os nomes de maneira que não se apliquem senão a realidades que os mereçam, mas também agir sobre a realidade das coisas de maneira que elas coincidam com os nomes convencionais.

Esta procura de uma adequação ritual entre nomes e realidades é a tradução talvez tardia do sonho confuciano de um mundo não colocado sob a égide de um governo, fosse embora ideal, mas que se harmonizasse e se equilibrasse por si mesmo, como no tempo do soberano mítico Shun, que se contentava em permanecer sentado com o rosto voltado para o sul, encarnando assim um não-agir totalmente taoísta (XV,4)[26]. Há em Confúcio uma grande nostalgia da adequação original da aventura humana ao curso natural das coisas, em que o Tao se manifestava naturalmente, sem precisar ser explicitado em discursos e em princípios:

> O Mestre diz: "Eu gostaria tanto de prescindir da palavra".
>
> Zigong lhe objeta: "Mas se não falardes, que teríamos nós, humildes discípulos, a transmitir?"
>
> O Mestre: "Porventura o Céu fala? As quatro estações sucedem-se, as cem criaturas proliferam: que necessidade há de o Céu falar?" (XVII,19).

2. A aposta de Confúcio no homem

O Caminho confuciano

Se Confúcio declara para quem quiser ouvir: "Eu transmito o ensinamento dos antigos sem nada criar de novo, porque me parece digno de fé e de adesão" (VII,1), ele diz também: "O bom mestre é aquele que, repetindo embora o antigo, é capaz de ali encontrar algo novo" (II,11). Vimos, a propósito de muitas noções herdadas da cultura antiga, como Confúcio, sem desenraizá-las de seu húmus original, infunde-lhes seiva nova integrando-as numa visão inovadora do humano. Para retomar as palavras de Léon Vandermeersch, "o gênio de Confúcio consiste, com efeito, em ter sabido, sem transformá-los, interiorizar em valores éticos os princípios da tradição institucional que ele se encarregara de restaurar"[27]. Na maneira como Confúcio transmite o Caminho real da antiguidade, transformando-o, perfila-se já o destino da tradição chinesa. Esta, em vez de esclerosar-se na reprodução indefinida de um mesmo modelo, não deve sua bimilenar vitalidade senão ao fato de estar ancorada na experiência e na interpretação pessoais dos indivíduos que a viveram. É justamente na medida em que o Caminho confuciano está ao alcance de qualquer pessoa que ele pode alimentar pretensões de universalidade:

> É o homem que alarga o Caminho e não o Caminho que alarga o homem (XV,28).
>
> O Caminho, dizia o Mestre, não está longe do homem. Todo caminho que alguém nos ofereça e que esteja longe do homem não será certamente o Caminho. Diz-se no *Livro das Odes*: "Quando se faz um cabo de machado, o modelo não está longe". Segura-se o cabo do machado com o qual se faz um cabo de machado, e volta-se os olhos para ele. E, no entanto, esse modelo ainda pode ser considerado um modelo afastado. Mas o homem de bem trata o homem segundo o homem [que ele mesmo é]. Basta-lhe corrigir-se a si mesmo. A lealdade e a benevolência praticam, através de uma reflexão sobre si mesmo, um caminho bem próximo[28].

Confúcio e a formação dos textos canônicos

O ensinamento de Confúcio integra estudo, senso do humano e ritos numa visão única do que é uma tradição civilizada, ou seja, uma cultura (*wen* 文). Cultura que Confúcio estava perfeitamente consciente de ter a nobre missão de transmitir, mesmo com risco da própria vida:

> Ameaçado de morte em Kuang, o Mestre declarou: "Após a morte do rei Wen, não devia sua cultura viver ainda aqui, em mim? Se o Céu tivesse desejado sepultar esta cultura, ninguém teria podido valer-se dela como eu o faço. Ora, se não é essa a intenção do Céu, que terei a temer das pessoas de Kuang?" (IX,5).

Assim como os ritos, cujo aspecto estético de formalismo harmonioso os associa naturalmente à música e à dança, todos os requintes da cultura em sentido amplo tendem em última análise a humanizar a natureza. Entre eles, a tradição escritural ocupa o lugar privilegiado que lhe cabe numa civilização da escrita. Existe em Confúcio, como em seus sucessores, uma tensão constante entre a letra (textual) e o espírito (ritual), entre a ampliação da experiência e do conhecimento e a capacidade de relacioná-los a uma exigência moral:

> O Mestre diz: "O homem de bem que, ampliando embora sua cultura pelas letras, é capaz de disciplinar-se pelos ritos não pode trair o Tao" (VI,26).

A formação dos textos canônicos é indissociável do nome de Confúcio, mesmo que certas tradições façam suas origens remontar a outras figuras míticas do período fundador dos Zhou, como o rei Wen ou o duque de Zhou[29]. Nos *Analectos* (IX,14), Confúcio faz citações e uso didático de certo número de textos, que ele próprio diz ter modificado, readaptado e até expurgado. Os que retornam com mais freqüência e ocupam um lugar privilegiado entre os Seis Clássicos (*jing* 經) catalogados no início dos Han (séc. II a.C.) são os *Documentos* (*Shu* 書) e as *Odes* (*Shi* 詩). Acredita-se que os primeiros con-

2. A aposta de Confúcio no homem

tenham os discursos, juramentos, conselhos e instruções atribuídos aos soberanos da antiguidade e a seus ministros, desde os sábios-reis Yao, Shun e Yu, passando pelos Xia e os Shang, até aos Zhou[30]. As *Odes*, que constituem bem cedo um fundo de referência para a elite letrada, são atualmente 305 no total. Compostas e colecionadas sob os Zhou, abrangem tanto árias populares de diversas partes do reino quanto odes de corte evocando acontecimentos oficiais ou o culto ancestral[31].

Confúcio faz igualmente freqüentes referências aos ritos e à música, sem que seja possível determinar se se trata de textos e em que medida estes corresponderiam então aos *Ritos* (*Li* 禮) e à *Música* (*Yue* 樂) que figuram entre os Seis Clássicos dos Han[32]. Estes compreendem por fim as *Mutações* (*Yi* 易) e as *Primaveras e Outonos* (*Chunqiu* 春秋). As *Mutações*, cuja origem remonta sem dúvida à mais alta antiguidade, recebem no entanto nos *Analectos* apenas uma menção de autenticidade duvidosa (VII,16) e serão abordados num capítulo à parte por causa de sua importância capital para o conjunto do pensamento chinês[33]. Quanto às *Primaveras e Outonos*, não são mencionados nenhuma vez nos *Analectos*, embora estejam estreitamente associados a Confúcio na tradição posterior. As duas estações do título, designando o ano por sinédoque, constituem uma expressão genérica para designar os anais. Estes eram mantidos em dia pelos escribas oficiais não apenas na casa real para todo o reino, mas ainda em cada casa senhorial, pelo menos desde o fim dos Zhou ocidentais. No entanto, chegaram até nós apenas os anais da casa de Lu, pátria de Confúcio, conhecidos pelo simples título de *Primaveras e Outonos*, que veio a designar o período histórico coberto por estes anais (722-481 a.C.). Esta crônica puramente factual, seca e impessoal, porém, só atribuída a Confúcio no séc. IV a.C. por Mêncio, que pretende ver nela um ensinamento secreto que o Mestre teria desejado transmitir às gerações futuras[34]. É o ponto de partida de uma longa tradição, ainda viva no final do séc. XIX, que fará do *Chunqiu* uma espécie de mensagem profética, ou mesmo esotérica, transmitida numa formulação codificada.

No séc. II a.C., quando se inicia a era imperial com a dinastia Han, o primeiro grande historiador chinês Sima Qian (145?-86? a.C.) descreve da seguinte maneira a complementaridade dos Seis Clássicos:

> O *Livro das Mutações*, que trata do Céu e da Terra, do Yin e do Yang, das Quatro Estações e dos Cinco Elementos, é o estudo por excelência do futuro; o *Tratado dos Ritos*, que regula as relações entre os homens, é o estudo da conduta; o *Livro dos Documentos*, que registra os feitos dos reis de outrora, é o estudo da política; o *Livro das Odes*, que canta montanhas e rios, ravinas e vales, ervas e árvores, pássaros e animais, machos e fêmeas, é a expressão por excelência do lirismo; o *Livro da Música*, pela qual a alegria de viver encontra sua expressão, é o estudo da harmonia; os *Anais das Primaveras e Outonos*, que distinguem o justo do injusto, são o estudo do governo da humanidade[35].

Assim, a tradição escritural chinesa nada tem a invejar em complexidade às outras culturas da escrita. Parece que os textos donde os confucianos extraíram seu *corpus* canônico foram considerados *bonum commune* por escolas e correntes muito diversificadas do período pré-imperial. Em seu desenvolvimento, o Cânon confuciano conheceu duas etapas principais com o estabelecimento dos textos sob os Han e a grande renovação dos Song, um milênio mais tarde. Sob os Han, fala-se de cinco (ou seis) Clássicos; sob os Tang, contam-se doze, que se tornam treze sob os Song, antes de se chegar a acrescentar os Quatro Livros impostos por Zhu Xi. Ou seja, o Cânon não é concebido como fechado e imutável: todo texto essencial para "esclarecer os princípios do Céu e retificar as mentes dos homens" pode tornar-se um Clássico.

A ausência de homogeneidade do material canônico confuciano foi às vezes relacionada com sua orientação não teo-

2. A aposta de Confúcio no homem

cêntrica, não sendo as escrituras o lugar onde Deus fala aos homens, como é o caso nas tradições reveladas cujos fundamentos escriturais aparecem comparativamente mais homogêneos[36]. Todos os elementos que caracterizam os Clássicos (heterogeneidade do material, ausência de revelação, mutabilidade do *corpus*, ausência de monopólio de uma determinada corrente etc.) concorrem para retirar da concepção chinesa da canonicidade as noções de heterodoxia ou de heresia.

Embora a tradição chinesa se tenha empenhado em estabelecer uma relação entre esses textos e a figura de Confúcio, esta relação não é em si e por si um critério de canonicidade, já que no início nem mesmo os *Analectos* entram no *corpus* canônico. O principal critério de sacralização permanece ligado à escrita, que participa da passagem, descrita no capítulo precedente, de uma prática divinatória a um pensamento cosmológico. Os signos escritos, em seu elo original com o oráculo ou adivinhação (lembremos que a mesma palavra *shi* 史 designa o escriba e o adivinho), são investidos de um poder mágico, encantatório, que permanecerá associado a eles através de todas as formas ulteriores da expressão escrita, de modo todo particular a poesia e a caligrafia. Mas este poder vem do fato de os signos adotarem sem mediação as linhas naturais do universo. Ora, uma tal escrita quase não dá lugar à expressão pessoal. Ela é, por excelência, canônica no sentido do termo chinês *jing* 經, que designa a urdidura de um tecido. O texto, como textura, contenta-se em fazer aparecer os motivos fundamentais do universo, não se sobrepõe a ele como um discurso *sobre* o universo. Nesse sentido, os Clássicos representam a trama do próprio universo transcrita, posta em signos: em vez de demarcar o homem em relação ao mundo, ela estabelece entre eles um laço íntimo:

> As obras que tratam dos princípios universais da grande tríade (Céu-Terra-Homem) chamam-se *jing*. Representam o Tao supremo em sua permanência, grande lição imutável. Por isso elas são à imagem do Céu e da Terra, moldam-se pelos espíritos e as di-

vindades, participam da ordem das coisas e regulam os negócios humanos[37].

Os Clássicos representam, portanto, cada qual um gênero específico de literatura; mas, tomados em conjunto, constituem um vasto reservatório da experiência e da sabedoria dos homens acumuladas ao longo dos séculos, um tesouro de *exempla* que podem ser aplicados em qualquer ocasião. Se procurarmos denominadores comuns a todos esses textos à primeira vista tão diversos e se nos interrogarmos sobre o que constitui sua canonicidade, podemos assinalar em primeiro lugar seu caráter oficial, em oposição a escritos pessoais associados a autores particulares. Uma literatura de precedentes que adota um modelo canônico não tem como exigência primeira a busca da originalidade. Mesmo que nela encontremos um bom número de personalidades fortes e maneiras de pensar vigorosas, trata-se em grande parte de uma literatura de comentários, apresentados ou não explicitamente como tais.

A sacralização do escrito ocupa um lugar central no papel histórico atribuído a Confúcio: durante os dois séculos e meio que separam a morte do Mestre e os inícios da era imperial, o essencial do *corpus* escritural é remodelado segundo o espírito confuciano. Ao mesmo tempo, assiste-se a uma passagem progressiva da cultura canônica, baseada numa tradição textual e ritual, a um discurso propriamente filosófico. Em virtude do precedente que ele cria de utilização profana, não oficial, da escrita, Confúcio não apenas faz escola entre seus seguidores, mas é imitado pelo que se convencionou chamar de "os mestres e as cem escolas" (moísta, taoísta, legista etc.) que surgem sob os Reinos Combatentes nos séc. IV-III e que pretendem igualmente estabelecer cânones. É ao zelo de discípulos desejosos de conservar o essencial dos ensinamentos orais dos mestres que devemos as primeiras coleções de ditos ou de aforismos. A maioria tem como título o nome do mestre (*zi*) que é seu autor presumido: acredita-se, por exemplo, que o *Mozi* contém o ensinamento de Mestre Mo. No caso do *Mengzi*, já não se trata apenas de notas consignadas numa coleção

2. A aposta de Confúcio no homem

póstuma, já que Mêncio viveu o bastante para poder retomar ele próprio o texto. A idéia de uma obra pessoal não se concretiza senão às vésperas do império com Xunzi, que compõe inteiramente de própria mão curtos tratados, objeto no entanto de um ensinamento oral anterior. Mas o primeiro verdadeiro autor a empregar diretamente a língua escrita para exprimir suas idéias pessoais é o grande teórico do pensamento legista Han Feizi. É este aperfeiçoamento progressivo do discurso que procuraremos delinear nos capítulos seguintes.

Notas do capítulo 2

1. *Analectos* XVI,2.
2. Cf. o *Zuozhuan* (*Comentário de Zuo*) e o capítulo 47 do *Shiji* (*Memórias históricas*) de Sima Qian. O *Zuozhuan*, geralmente datado de meados do séc. IV a.C., é uma compilação muito detalhada de fatos e anedotas históricas entre 722 e 464, ligada, ano por ano, às rubricas dos *Anais das Primaveras e Outonos* (*Chunqiu*), documento histórico considerado texto canônico na tradição confuciana (cf. abaixo nota 34). Tradução integral de Séraphin COUVREUR, *Tch'ouen ts'iou et Tso tchouan. La Chronique de la pincipauté de Lou*, 1914, reed. em 3 vols., Paris, Cathasia, 1951; tradução de extratos por Burton WATSON, *The Tso chuan. Selections from China's Oldest Narrative History*, Nova York, Columbia University Press, 1989.

Para traduções parciais das *Memórias históricas* do séc II a.C., cf. Edouard CHAVANNES, *Les Mémoires historiques de Sse-ma Ts'ien* (cap. 1 a 47), 1895-1905, reed. (com os cap. 48-52), Paris, Adrien Maisonneuve, 1969; Burton WATSON, *Records of the Grand Historian of China*, 2 vols., Nova York, Columbia University Press, 1961; ed. revista em 3 vols., Chinese University of Hong Kong; do mesmo autor, *Ssu-ma Ch'ien, Grand Historian of China*, Nova York, Columbia University Press, 1958. Uma tradução integral para o inglês está em curso sob a direção de William H. NIENHAUSER, Jr., *The Grand Scribe's Records*, 9 vols. previstos, t. 1 e 7, Bloomington, Indiana University Press, 1995.

3. Em chinês: *Lunyu*. Além da tradução um tanto obsoleta de Séraphin COUVREUR (missionário na China no início do século XX), *Les Entretiens de Confucius et de ses disciples*, publicada em *Les Quatre Livres*, 1895, reed. Paris, Cathasia, 1949, existem traduções mais recentes para o francês. Por ordem cronológica: Anne CHENG, *Entretiens de Confu-*

cius, Paris, Éd. du Seuil, 1981; Pierre RYCKMANS, *Les Entretiens de Confucius*, Paris, Gallimard, 1987; André LÉVY, *Confucius. Entretiens avec ses disciples*, Paris, Flammarion, 1994. Para o inglês: Arthur WALEY, *The Analects of Confucius*, Londres, Allen and Unwin, 1938; D.C. LAU, *The Analects*, Harmondsworth, Penguin Books, 1979; Raymond DAWSON, *Confucius. The Analects*, Oxford University Press, 1993; E. Bruce e A. Taeko BROOKS, *The Original Analects. Sayings of Confucius and his Successors*, Nova York, Columbia University Press, 1998. Para o alemão: Richard WILHELM, *Kung-Futse Gespräche*, 1910, reed. Düsseldorf, Diederichs, 1955. Para o italiano: Fausto TOMASSINI, *Testi Confuciani*, Turim, UTET, 1974.

Entre os numerosos estudos sobre Confúcio e os *Analectos* podemos assinalar especialmente Richard WILHELM, *K'ungtze und der Konfuzianimus*, Berlim e Leipzig, 1928; Herrlee G. CREEL, *Confucius, the Man and the Myth*, Nova York, John Day Co., 1949 (reed. com o título *Confucius and the Chinese Way*, Nova York, Harper and Row, 1960); Herbert FINGARETTE, *Confucius. The Secular as Sacred*, Nova York, Harper and Row, 1972; David L. HALL e Roger T. AMES, *Thinking Through Confucius*, Albany, State University of New York Press, 1987; Heiner ROETZ, *Die chinesische Ethik der Achsenzeit. Eine Rekonstruktion unter dem Aspekt des Durchbruchs zu postkonventionellem Denken*, Frankfurt, Suhrkamp, 1992, e *Konfuzius*, Munique, Beck, 1995.

4. Tratando-se da China antiga, parece no entanto preferível conservar o termo chinês em vez de falar dos "letrados", termo utilizado pelos filósofos do séc. XVIII europeu para designar os membros da sociedade chinesa que têm a dupla função de "cultivar as letras e exercer os cargos públicos".

5. *Analectos* XIV,41.

6. *Analectos* II,4. A última frase desta passagem encontra um eco nas palavras do pintor Henri Matisse, então com mais de sessenta anos: "Trabalhei quarenta anos sem interrupção; fiz estudos e experiências. O que faço agora sai do coração". Ou, como diz o filósofo Gilles Deleuze, "há casos em que a velhice dá, não mais uma eterna juventude, mas ao contrário uma soberana liberdade, uma necessidade pura", cf. *Qu'est-ce que la philosophie?*, Paris, Éd. de Minuit, 1991, p. 7.

7. *Analectos* XV,38. Subentendido: sem distinções de clãs nobiliários, os quais, na feudalidade Zhou, possuíam cada qual suas escolas.

8. Isto alude à prática, corrente entre os altos personagens da época das Primaveras e Outonos, de competir em refinamento e cultura recitando, conforme as circunstâncias, peças ritmadas e rimadas, de que o *Livro das Odes* é uma compilação canonizada por Confúcio (cf. adiante nota 31).

2. A aposta de Confúcio no homem

9. A citação é de ZHANG Zai (1020-1078), pensador do início dos Song, sobre o qual cf. adiante, cap. 18. Cf. *Zhangzi yulu*, em *Zhang Zai ji*, Pequim, Zhonghua shuju, 1978, p. 321.

10. ZHENG Xuan, citado no *Mengzi zhengyi* de JIAO Xun, Taipei, 1979, 28, p. 14a.

11. O termo retorna mais de cem vezes nos *Analectos* e é tema exclusivo de 58 parágrafos. Cf. CHAN Wing-tsit, "The Evolution of the Confucian Concept of *Jen*", *Philosophy East and West*, 4 (1954-1955), p. 295-319, e "Chinese and Western Interpretations of *Jen* (Humanity)", *Journal of Chinese Philosophy*, 2/2 (1975), p. 107-129; TU Wei-ming, "*Jen* as a living Metaphor in the Confucian *Analects*", *Philosophy East and West*, 31/1 (1981), p. 45-54.

12. Para um exemplo desta adaptação do ensino à personalidade do interlocutor, cf. *Analectos* XI,21 e II,5, 6, 7 e 8, onde Confúcio responde de maneiras diferentes a quatro interlocutores que, no entanto, lhe fazem a mesma pergunta: O que é a piedade filial?

13. Sobre o *Zhongyong*, cf. cap. 6 nota 22. Embora não seja satisfatória, tomamos a decisão de adotar, por falta de outra melhor, a tradução convencional de Séraphin COUVREUR, *L'Invariable Milieu*, em *Les Quatre Livres*, reed. Paris, Cathasia, 1949.

14. Léon VANDERMEERSCH, *La Voie royale*, t. II, p. 505.

15. Cf. *Analectos* XVII,21.

16. Tratado que, como o *Zhongyong* (*O Invariável Meio*), constitui um capítulo do *Tratado dos Ritos* (*Liji*), do fim da antiguidade.

17. O termo *li* é o que retorna com maior freqüência nos *Analectos* após o termo *ren* (cf. acima nota 11): contamos não menos de 75 ocorrências, e 43 parágrafos são dedicados a comentar-lhe o sentido.

18. Sobre as *Odes* cf. adiante nota 31.

19. *Liji* (*Tratado dos Ritos*), início do cap. 1, trad. Séraphin COUVREUR, *Mémoires sur les bienséances et les cérémonies*, reed. em 2 vols., Paris, Cathasia, 1950, t. I, p. 6-7.

20. Cf. *Analectos* II,4, citado acima na nota 6. Sobre as ameaças de morte, cf. VII,22 e IX,5. Sobre o "decreto celeste", cf. XVI,8 e XX,3.

21. Cf. Donald J. MUNRO, "The origin of the concept of *Te*", em *The Concept of Man in Early China*, Stanford University Press, 1969, p. 185-197.

22. Sobre esta questão cf. abaixo o cap. 6 sobre Mêncio, "O que dizer do mal?"

23. A prioridade atribuída à força coercitiva da lei caracteriza a corrente chamada "legista", cujas teorias serão aplicadas a partir do séc. IV-III pelos soberanos do final dos Zhou, cf. cap. 9.

24. Isto pode evocar os "enunciados performativos" (*"performative utterances"*) de que fala J.L. AUSTIN em *How To Do Things With Words*, Oxford University Press, 1962, traduzido para o francês com o título *Quand dire, c'est faire*, Paris, Éd. du Seuil, 1970.

25. Sobre a retificação dos nomes e a questão da relação nome/realidade, cf. adiante cap. 5. Cf. também Robert H. GASSMANN, *Chengming: Richtigstellung der Bezeichnungen. Zu den Quellen eines Philosophems im antiken China. Ein Beitrag zur Konfuzius-Forschung*, Berna, Peter Lang, 1988; Karine CHEMLA e François MARTIN (eds.), *Extrême-Orient, Extrême-Occident*, 15 (*Le Juste Nom*), Presses de l'univesité de Vincennes, 1993.

26. Cf. cap. 7 sobre o *Laozi* na nota 14.

27. *La Voie royale*, t. II, p. 499.

28. *Zhongyong* (*O Invariável Meio*) § 13. Sobre esta obra cf. acima nota 13 e cap. 6 nota 22.

29. Cf. Anne CHENG, "La trame et la chaîne: Aux origines de la constitution d'un corpus canonique au sein de la tradition confucéenne", *Extrême-Orient, Extrême-Occident*, 5 (1984), p. 13-26; e "Le confucianisme", em *Grand Atlas des religions*, Paris, Encyclopaedia Universalis, 1988, p. 224. Uma excelente síntese sobre os Clássicos é apresentada por Michael NYLAN, *The Five "Confucian" Classics*, New Haven e Londres, Yale University Press, 2001.

30. Para algumas traduções, cf. sobretudo Séraphin COUVREUR, *Chou King. Les Annales de la Chine*, reed. Paris, Cathasia, 1950; Bernhard KARLGREN, *The Book of Documents*, Göteborg, Elanders, 1950. Para um resumo dos estudos sobre a autenticidade dos capítulos do *Livro dos Documentos*, cf. Herrlee G. CREEL, *The Origins of Statecraft in China*, Chicago University Press, 1970, p. 448-463, e Edward L. SHAUGHNESSY, *"Shang shu (Shu ching)"*, em Michael LOEWE (ed.), *Early Chinese Texts: A Bibliographical Guide*, Berkeley, University of California, 1993, p. 376-389.

31. Sobre a importância das *Odes* na cultura letrada, cf. acima nota 8. Pode-se consultar especialmente as traduções de Séraphin COUVREUR, *Cheu King*, 1896, reed. Taichung, Kuangchi Press, 1967; Arthur WALEY, *The Book of Songs*, Londres, Allen and Unwin, 1937; Bernhard KARLGREN, *The Book of Odes: Chinese Text, Transcription and Translation*, Estocolmo, Museum of Far Eastern Antiquities, 1950; Heide KÖSER e Armin HETZER, *Das Liederbuch der Chinesen. Guofeng*, Frankfurt, 1990. Cf. igualmente o estudo literário e antropológico de Marcel GRANET, *Fêtes et Chansons anciennes de la Chine*, Paris, Le-

2. A aposta de Confúcio no homem

roux, 1919. Sobre a composição do *Livro das Odes*, cf. C.H. WANG, *The Bell and the Drum: Shih Ching as Formulaic Poetry in an Oral Tradition*, Berkeley, University of California Press, 1974, e Steven VAN ZOEREN, *Poetry and Personality: Reading, Exegesis and Hermeneutics in Traditional China*, Stanford University Press, 1991.

32. O *Tratado dos Ritos (Liji)* é provavelmente apenas uma compilação do final dos Reinos Combatentes, ou mesmo do início dos Han, que chega a incluir textos que não têm muito a ver com os ritos enquanto tais. Para a tradução de Séraphin COUVREUR cf. acima nota 19. Quanto ao *Livro da Música*, já é mencionado como perdido sob os Han, de maneira que cabe duvidar se algum dia existiu enquanto texto; é o motivo pelo qual falamos ora dos Cinco ora dos Seis Clássicos, conforme o incluamos ou não.

33. Sobre as *Mutações* cf. cap. 11.

34. Para a tradução de Séraphin COUVREUR, cf. acima nota 2. Sobre Mêncio, cf. cap. 6. Sobre a exegese das *Primaveras e Outonos*, cf. cap. 12, "A batalha dos Clássicos".

35. Posfácio ao *Shiji (Memórias históricas)*, tradução de DZO Chingchuan, *Sseu-ma Ts'ien et l'Historiographie chinoise*, Paris, Publications orientalistes de France, 1978, p. 146. Para traduções do *Shiji*, cf. acima nota 2.

36. Cf. Léon VANDERMEERSCH, "Une tradition réfractaire à la théologie: la tradition confucianiste", *Extrême-Orient, Extrême-Occident*, 6 (1985), p. 9-21. Cf. também John B. HENDERSON, *Scripture, Canon and Commentary: A Comparison of Confucian and Western Exegesis*, Princeton University Press, 1991; e Mark Edward LEWIS, *Writing and Authority in Early China*, Albany, State University of New York Press, 1999.

37. *Wenxin diaolong* (*O espírito literário e a gravura dos dragões*, obra de crítica literária que data do início do séc. VI d.C.), cap. 3. Para uma tradução para o inglês, cf. SHIH Yu-chung, *The Literary Mind and the Carving of Dragons by Liu Hsieh*, Nova York, Columbia University Press, 1959.

3
O desafio de Mo-tse ao ensinamento confuciano

O período dos Reinos Combatentes, que segue ao das Primaveras e Outonos, marca a transição, do séc. V ao séc. III, entre a feudalidade Zhou em declínio e a tendência centralizadora que iria culminar na unificação do espaço chinês por obra do Primeiro Imperador em 221 a.C. É uma época de mudanças radicais sem precedentes em todos os domínios da atividade humana, e particularmente no do pensamento, contra um pano de fundo de guerras incessantes entre vassalidades e lutas ferozes pela hegemonia entre as mais poderosas, que dispõem dos melhores trunfos técnicos e militares, mas também econômicos e políticos[1].

Enquanto Confúcio acaba de fazer, em algumas fórmulas breves, uma extraordinária aposta no homem, abre-se uma nova era com o primeiro desafio lançado a seu ensinamento por Mo-tse (ou Mozi: Mestre Mo), cujo pensamento representa ao mesmo tempo um prolongamento e uma crítica radical do humanismo confuciano. Esta nova era é a do discurso racional, que em seguida alcançará maior complexidade com a multiplicação das escolas concorrentes sob os Reinos Combatentes. Travam-se então verdadeiros combates de idéias que têm a ver mais com o boxe de sombras do que com o pugilato, sendo os ataques ou os desafios aceitos sem necessariamente proclamar a identidade do adversário ou explicitar o conteúdo de suas idéias. Neste grande jogo de estratagemas, a regra principal é

3. O desafio de Mo-tse ao ensinamento confuciano

identificar a teoria visada no que é dito, a natureza do debate ao qual se faz alusão, e em função do que e de quem se pode compreender um determinado pensador. Tratar-se-á, portanto, menos de procurar tornar rígida a classificação habitual em "escolas" e mais de expor detalhadamente os tiros que se cruzam sob discursos mais ou menos explícitos.

Mo-tse, um artesão (de paz)?

Se julgarmos pelo pouco que sobre ele se sabe, Mo-tse aparece à primeira vista como um marginal em relação à tradição ritualista dominante, herança da antiguidade tão eminentemente representada por Confúcio[2]. Sabe-se que viveu entre a morte de Confúcio, datada tradicionalmente em 479, e o nascimento de Mêncio, datado também tradicionalmente em 372, em plena transição das Primaveras e Outonos para os Reinos Combatentes.

Se, ao que parece, era igualmente originário de uma das pequenas vassalidades da planície central, suas origens sociais e culturais o distinguem nitidamente de Confúcio. É surpreendente a diferença de tom e de apresentação entre os *Analectos* e o *Mozi*: assim como os primeiros apresentam um testemunho vivo sobre a personalidade do Mestre, o segundo, escrito num estilo pesado, repetitivo e desprovido de humor, fornece poucas informações sobre o personagem. Muitas anedotas que falam de suas competências no manejo de diversas ferramentas sugerem que Mo-tse pertenceu ao meio dos artesãos – o que fez com que aparecesse como um "pensador proletário" aos olhos dos historiadores marxistas. Daí o caráter muitas vezes pragmático de seus ditos e sua preocupação muito mais com o critério utilitarista do que com a refinada cultura Zhou.

A última parte do *Mozi* é dedicada a técnicas militares como a defesa das cidades, destinadas a apoiar e consolidar as convicções pacifistas da escola[3]. Ao ficar sabendo que o famoso carpinteiro Gongshu Pan estava construindo "escadas para chegar às nuvens" (que serviriam para escalar as muralhas de uma cidade sitiada) por conta do grande reino de Chu, no intuito de atacar o pequeno Estado de Song, Mo-tse, que se encontrava na outra extremidade da China de então, ter-se-ia posto a caminho imediatamente e andado dez dias e dez noites até à capital de Chu para persuadir o rei a renunciar à sua campanha de conquista. Sabe-se, por outro lado, que se constituiu ao redor de Mestre Mo um grupo de discípulos formados nas técnicas de defesa e organizados em expedições de intervenção antimilitarista. A ética moísta teria, portanto, elementos comuns com a dos "cavaleiros andantes" defensores dos oprimidos.

Entretanto Mo-tse teria começado por estudar na esteira da escola confuciana, mas, ao que parece, por sua própria conta. Além de uma terminologia comum, com a notória exceção da oposição entre homem de bem e homem de baixa condição, também ele se refere à antiguidade e cita as *Odes* e os *Documentos*. Da mesma forma que Confúcio, ele teria viajado de um Estado para outro à procura de um soberano que se dignasse aplicar suas idéias, salvo que parece ter-se imposto sobretudo por suas competências práticas. Embora levados – mais por convicção moral do que por reivindicação social – a questionar o mérito ligado unicamente ao berço, os confucianos ligam-se apesar de tudo à antiga aristocracia Zhou. Em contrapartida, a ruptura é mais nítida entre os moístas, que respondem diretamente às crescentes necessidades, sentidas nos grandes Estados com pretensões hegemônicas, de conhecimentos técnicos e de competências burocráticas fornecidos pelos *shi*, categoria ascendente já evocada a propósito de Confúcio[4].

Um primeiro ataque violento aos privilégios da aristocracia feudal é desfechado pelo princípio de "promover os mais capazes", dirigido evidentemente contra a prática costumeira nas famílias aristocráticas de manter exclusivamente para elas mesmas e transmitir entre si hereditariamente os postos de governo e os ministérios. Confúcio já havia dado prioridade à qualidade moral em lugar da nobreza de nascimento, mas Mo-tse, de maneira significativa, substitui o ideal do homem

3. O desafio de Mo-tse ao ensinamento confuciano

de bem pela figura do homem capaz. Ele esboça assim uma comunidade social cujos alicerces são bem outros que os laços familiares, tão caros aos confucianos:

> Os sábios-reis da antiguidade empenhavam-se em promover os mais capazes empregando as pessoas competentes. Não praticavam o favoritismo em relação a seu pai e seus irmãos, não tinham preferência pelos nobres e os ricos, nem inclinação particular pela imponência física. Promoviam a altos postos os mais capazes, concediam-lhes riqueza e honra para fazer deles chefes responsáveis. Quanto aos incapazes, eles os rebaixavam à pobreza e à humildade para reduzi-los ao estado de simples executantes[5].

Introdução da argumentação no *Mozi*

Ao contrário dos confucianos, que se imaginavam como uma elite sobretudo moral, a escola moísta dos séc. IV e III forma uma comunidade fortemente estruturada e organizada sob a direção de um grande mestre. No entanto, pelo final dos Reinos Combatentes ocorre uma cisão em três ramos rivais, que se acusam mutuamente de heresia e cujas transmissões diferentes aparecem nas três versões – muitas vezes paralelas, mas jamais idênticas – que nos chegaram de cada capítulo do *Mozi*[6].

A obra apresenta-se, portanto, como uma compilação que representa a corrente moísta em diversos estágios de sua evolução. Encontramos nela primeiramente uma série de ensaios sobre diversos assuntos, cada qual formando um todo coerente, em contraste total com os fragmentos de conversações sem nexo que são os *Analectos*. É nesta primeira parte que figuram, cada uma em três versões, as dez teses subscritas pela comunidade moísta. Vem em seguida a parte central, chamada "Cânon moísta" (*Mojing*), que trata essencialmente da lógica e que representa um desenvolvimento tardio da escola no séc. III a.C.[7] Como vimos, a última parte da obra trata de questões de caráter militar.

De imediato, as teses do *Mozi* impressionam por sua intenção de não confiar no argumento de autoridade. Recusando-se a referir-se ou integrar-se na tradição, elas devem portanto justificar-se e munir-se de fundamentos racionais. Assim, aparece pela primeira vez a palavra *bian* 辯 "discutir, argumentar" (escrita com o radical da palavra) aparentada com *bian* 辨 "distinguir" (radical da lâmina), que se tornará o termo consagrado para designar o discurso racional – a tal ponto que os lógicos ou sofistas de que trataremos mais adiante são conhecidos por serem "argumentadores" (*bianzhe* 辯者).

Um discurso racional se pretende, na medida do possível, livre de toda subjetividade, ou seja, de toda referência àquele que o enuncia. Enquanto o ensinamento confuciano está ligado primeiramente e sobretudo à pessoa de Confúcio, o discurso moísta nem sequer se dá ao trabalho de mencionar o autor de uma determinada tese, sinal de que rejeita o argumento de autoridade. O *Mozi* caracteriza-se, além disso, por uma obstinação quase obsessiva de provar a legitimidade de suas afirmações e de apresentar o critério de julgamento adotado como penhor de universalidade ou pelo menos de homogeneidade – noção totalmente ausente do discurso confuciano, que se inscreve, pelo contrário, num ritualismo empenhado em fazer distinções.

Uma das principais preocupações da escola moísta, a que sem dúvida motivou a elaboração de uma lógica, é fundamentar a validade de uma doutrina sobre três critérios preestabelecidos. O termo utilizado por Mo-tse designa, na verdade, o *gnomon*, poste de determinada altura usado pelo astrônomo para medir a direção e o comprimento da sombra projetada pelo sol:

> Mestre Mo-tse diz: É preciso, antes de tudo, estabelecer regras. Discorrer sem nenhuma regra é como estabelecer o levante e o poente a partir de um torno de oleiro rodando: a distinção entre verdadeiro e falso, entre proveitoso e nocivo, não pode ser conhecida claramente. Por isso, o discurso precisa levar em conta três critérios. Quais são eles?

3. O desafio de Mo-tse ao ensinamento confuciano

> Mestre Mo-tse diz: Todo discurso deve ter um fundamento, uma origem e uma utilidade. Onde está seu fundamento? Está a montante nas proezas dos santos reis da antiguidade. Onde está sua origem? Está a jusante nos testemunhos reais apresentados pelos olhos e os ouvidos do povo. Onde está sua utilidade? Está na prática penal e política, da qual examinamos se ela coincide com o interesse do povo e das pessoas da nação. Eis o que entendo por um discurso que leva em consideração os três princípios[8].

Os três critérios enumerados por Mo-tse, longe de fundamentar um julgamento objetivo, parecem saídos diretamente do pensamento tradicional. Cometeríamos, porém, um contra-senso se quiséssemos tratá-los como critérios de verdade de ordem epistemológica. Tomados em semelhante perspectiva, o segundo – o do senso comum ou da evidência em primeiro grau – aparecerá particularmente ingênuo no crédito que concede "aos olhos e aos ouvidos do povo" para fundamentar uma verdade qualquer! Seria ainda pior do que aquilo que Platão chama de opinião, a *doxa*. Ora, os critérios de Mo-tse são de ordem prática e comportamental: o que está em jogo aqui não é a adequação do discurso à realidade, mas seu valor funcional, sua utilização judiciosa e apropriada.

Critério de utilidade contra tradição ritual

O segundo critério não serve, na verdade, senão para duas das dez teses moístas: a existência dos demônios e dos espíritos (de que se tratará mais adiante) e a não-existência do destino. Quanto ao primeiro ponto, comporta uma ressonância confuciana, mas o importante não é tanto a antiguidade em si quanto a evocação da experiência dos sábios-reis. Além disso, Mo-tse toma seus exemplos indiferentemente nas Três Dinastias, sem a predileção pelos Zhou acentuada por Confúcio, e lhes confere o mais das vezes uma importância histórica, sem grande referência ao *corpus* dos textos canônicos da tradição confuciana.

Este primeiro critério, por sua vez, encontra seu fundamento no último, que, afinal de contas, prevalece sobre todos os outros, já que a própria sabedoria dos soberanos da antiguidade devia ser medida segundo o proveito ou a utilidade que eles trazem ao povo. Em suma, o critério de utilidade prevalece sobre qualquer argumento de autoridade ou de tradição, em ruptura radical com a visão ética dos confucianos que os moístas são levados a revisar inteiramente, ruptura perfeitamente ilustrada pelo debate sobre os ritos fúnebres. Na ótica ritualista de uns, a piedade filial encontra sua expressão suprema no luto pelos pais a ser guardado durante três anos (na prática, 25 meses), pois é o tempo que o filho precisou para deixar seu colo. Os outros, no capítulo "Da economia nos ritos fúnebres", objetam que um luto tão prolongado prejudica a saúde daquele que o guarda, mas também e sobretudo a saúde da economia geral, pois interrompe a atividade produtiva e custa caro. Por fim, para os moístas as normas do luto confuciano sofrem de fragilidade, mudando conforme os costumes no espaço e no tempo, ao passo que o critério de utilidade permanece absolutamente constante e válido.

É ainda em virtude desse mesmo critério que são condenadas solenemente todas as formas de despesas consideradas não vantajosas para o povo: guerras de conquista, despesas suntuosas e supérfluas da aristocracia feudal e das cortes principescas. Reconhece-se aqui o ideal de frugalidade próprio daquele que chegou a conquistar um lugar na sociedade com o suor de seu rosto, permanecendo mais próximo do povo e de seus sofrimentos do que o era Confúcio. No capítulo "Da economia nas despesas", Mo-tse acusa a maior parte dos governantes

> de esgotar o povo através de corvéias e de arruiná-lo por meio de impostos. Inúmeros são os que morrem de frio e de fome. Além disso, os grandes deste mundo formam exércitos para atacar os Estados vizinhos; estas expedições duram às vezes um ano inteiro, no mínimo alguns meses. Durante todo esse tempo, homens e mulheres são separados, o

3. O desafio de Mo-tse ao ensinamento confuciano

que é um meio seguro de fazer diminuir a população. Inúmeros são os que morrem por causa de más condições de alojamento, de alimentação irregular, de doença, enquanto tantos outros deixam-se matar em emboscadas, em incêndios, em assaltos a fortalezas ou em batalhas regulares[9].

Mesmo a música, associada aos fastos rituais, considerados também estes não vantajosos, não encontra graça aos olhos de Mo-tse, que dirige contra ela todo um capítulo. O que nos dá direito a um divertido diálogo (de surdos):

> Pergunta de Mestre Mo-tse a um confuciano: Por que se toca música?
>
> Resposta: A música (*yue* 樂) é prazer (*le* 樂).
>
> Mestre Mo-tse diz: "Não respondeste à minha pergunta. Se eu te perguntasse por que se constroem casas e tu me respondesses: 'Para se proteger do frio no inverno, do calor no verão, e para garantir a separação entre homens e mulheres', ter-me-ias dado o motivo por que se constroem casas. Ora, eu te pergunto por que se toca música, e tu me respondes que a música é para o prazer; é como se, à pergunta: 'Por que casas?', respondesses: 'As casas são para as casas'"[10].

Enquanto o confuciano joga sobre o duplo sentido da palavra 樂, "música" e "prazer", que se conjugam naturalmente na estética ritual, Mo-tse vê aí uma vulgar tautologia – sem dúvida por não saber o que é o princípio de prazer. Este debate sobre a música ilustra muito bem o contraste entre a busca da harmonia, primordial na escola confuciana, e o caráter absoluto conferido aos princípios, cuja rigidez priva o *Mozi* da mínima centelha de humor. O utilitarismo moísta é, com efeito, uma obsessão da funcionalidade levada ao extremo, que não leva a agir senão com um fim determinado, não tendo qualquer ação valor em e por si mesma nem encontrando seu fundamento na subjetividade.

Amor universal contra senso do humano

A pedra angular do utilitarismo moísta, à qual recorrerá toda ação moral, é o "amor universal" (*jian'ai* 兼愛). Conviria antes falar de "solicitude por assimilação", pois entra aqui muito mais eqüidade do que sentimento. O desenvolvimento sobre esta criação de Mo-tse parece um protótipo de raciocínio discursivo na história do pensamento chinês:

> Mestre Mo-tse falava nestes termos: Praticar a virtude da humanidade (*ren*) para com os homens consiste em dedicar-se a promover o interesse geral e a suprimir aquilo que prejudica o interesse geral. Ora, no mundo atual, o que é que mais prejudica o interesse geral?
>
> É que os grandes Estados atacam os pequenos Estados, que as grandes famílias atormentam as pequenas famílias, que os fortes despojam os fracos, que a maioria oprime a minoria, que os espertos enganam os ingênuos, que as pessoas bem colocadas tratam com arrogância os humildes: isto prejudica o interesse geral. E mais, que os príncipes não tenham benignidade, os súditos não tenham lealdade, os pais não tenham bondade, os filhos não tenham piedade: também isto prejudica o interesse geral. E mais, o desprezo pelo homem que nutrem os homens de hoje, os quais usam suas armas, seus venenos, a água e o fogo uns contra os outros para se prejudicarem e se massacrarem mutuamente: também isto prejudica o interesse geral.
>
> Ora, vejamos de qual princípio parecem provir tantos males. Donde vêm eles? Será que provêm do amor aos homens, da preocupação com o interesse dos homens? É preciso responder evidentemente que não, e dizer que eles provêm com toda certeza do ódio aos homens, da busca de espoliação dos homens. Que nome daremos ao fato de que, em toda parte, nutre-se ódio aos homens e procura-se espo-

3. O desafio de Mo-tse ao ensinamento confuciano

liá-los? Assimilação (*jian* 兼) ou distinção (*bie* 別)? Distinção, sem dúvida.

E por que então o tratamento recíproco através de distinção acarreta o maior mal em todo o universo? Porque a distinção é negativa. O que é negativo em relação aos homens, é preciso encontrar um meio de mudá-lo. Se se mantém o que é negativo em relação ao homem, sem encontrar um meio de mudá-lo, é a mesma coisa que procurar salvar acrescentando fogo ao fogo, ou água à água (nos incêndios ou nas inundações): toda doutrina desse gênero será necessariamente impotente.

Por isso Mestre Mo-tse diz: Mudemos a distinção em assimilação. Mas, por que motivo mudar a distinção em assimilação? Eis a resposta. Caso se preste a outro Estado a mesma consideração que se presta ao seu próprio, quem quererá engrandecer apenas seu Estado combatendo um outro? Pois agir-se-á para com este conforme se age para consigo mesmo. Caso se preste a outra província a mesma consideração que se presta à própria, quem quererá engrandecer apenas a sua província atacando outra? Pois agir-se-á para com esta conforme se age para consigo mesmo. Caso se preste a uma outra família a mesma consideração que se presta à sua própria, quem quererá engrandecer apenas sua família perturbando uma outra? Pois agir-se-á para com esta conforme se age para consigo mesmo. Se, desta maneira, Estados e províncias não se combatem nem se atacam mutuamente, se indivíduos e famílias não se perturbam nem se massacram mutuamente, seria isto prejudicial ao interesse geral ou favorável ao interesse geral? Devemos com certeza dizer que isto será favorável ao interesse geral.

Ora, vejamos de qual princípio podem provir tantos bens. Donde provirão eles? Será que provirão do ódio aos homens, da busca de espoliação dos homens? É preciso responder evidentemente que não, e dizer com certeza que eles provirão do amor aos homens, da preocupação com o interesse dos homens. Que nome daremos ao fato de que, em toda parte, nutre-se amor aos homens e procura-se o interesse dos homens? Distinção ou assimilação? Sem dúvida assimilação. E por que então o tratamento recíproco através da assimilação acarreta o maior bem em todo o universo? Porque, diz Mestre Mo-tse, a assimilação é positiva[11].

As primeiras palavras desta longa passagem, "praticar a virtude da humanidade", podem fazer crer num simples prolongamento ou numa aplicação do *ren* confuciano. A "solicitude através da assimilação", que se resume na fórmula várias vezes repetida "tratar os outros como se trata a si mesmo", não deixa evidentemente de lembrar a mansidão confuciana (*shu*), que permite julgar os sentimentos dos outros pelos seus próprios. Mas, de maneira significativa, Mo-tse opta por realçar sua diferença recorrendo a um outro termo, *jian* (assimilar os outros a si mesmo), em oposição a *bie* (administrar distinções). Ora, é precisamente este aspecto de uniformização, de nivelamento, que constitui a primeira demarcação em face do *ren* confuciano, que se dedica, pelo contrário, a distinguir graus de proximidade por círculos concêntricos (eu, a família, o Estado, o universo). Enquanto o luto escalonado conforme a proximidade de parentesco ocupa o centro do ritualismo confuciano, ele é radicalmente rejeitado como demasiadamente subjetivo por Mo-tse, para quem todo o mundo deve estar em pé de igualdade.

Nesse sentido, o moísmo representa uma reação à perversão dos sentimentos morais de afeição pelos parentes – nepotismo, favoritismo, intriga, conjuração, alianças, facções –, outros tantos vícios que constituem a face sombria do confucionismo e que emperram o funcionamento das instituições chinesas desde seu início. Semelhante reação não devia, no entanto, deixar de provocar o furor do grande confuciano do séc. IV Mêncio, para quem o nivelamento preconizado pelos moístas é incompatível com o amor que se tem naturalmente pelos pa-

3. O desafio de Mo-tse ao ensinamento confuciano

rentes e do qual a piedade filial é a primeira expressão. É a mesma coisa, vitupera Mêncio, que viver como os animais![12]

O interesse geral

O que Mo-tse censura no *ren* confuciano é sua ancoragem nos sentimentos, ao passo que a "solicitude através da assimilação" encontra um fundamento objetivo e racional no interesse geral, cuja promoção é, segundo Mo-tse, pôr em prática o senso do humano. Em contraste com a reciprocidade subjetiva e ritualista dos confucianos, "a idéia de um contrato social entre o príncipe e os súditos aparece apenas entre os moístas, que, por sua filosofia mecanicista e teleo-lógica da sociedade, construída como uma máquina em vista da realização de um bem calculado como maior múltiplo comum dos interesses de todos, se aproximam do positivismo jurídico de inspiração mercantil dos codificadores"[13].

O "amor universal" de Mo-tse não é, portanto, "o amor aos outros" de que falava Confúcio. Não depende da emoção ou do sentimento, mas muito mais de uma preocupação imparcial e racional por todos os homens como fim em si. Ora, se à subjetividade da afeição Mo-tse prefere a noção objetiva e abstrata de um bem comum, é porque não tem a confiança radical dos confucianos na bondade inata da natureza humana. Esta, segundo ele, é levada a procurar seu próprio interesse (*li* 利), termo que Confúcio emprega exclusivamente num sentido pejorativo para caracterizar o homem de baixa condição, mas que, no *Mozi*, se relaciona ao senso do justo (*yi* 義) e se torna, por isso mesmo, a razão objetiva do *ren*. O principal é levar a natureza humana a transformar seu interesse individual em interesse geral, cada um encontrando proveito no bem comum.

Diante da convicção confuciana da perfectibilidade da natureza humana, que será levada por Mêncio até à tese de sua bondade inata, o *Mozi* apresenta uma visão antes pessimista dos inícios da humanidade, compartilhada, como veremos, pelos legistas:

> Mestre Mo-tse diz: "A época atual é uma volta à antiguidade dos tempos, quando a humanidade apenas acabava de nascer e ainda não havia nem chefe nem regente. Dizia-se então: 'Debaixo do Céu, a cada um seu senso do justo'. De sorte que para um homem havia um senso, para dez homens havia dez, para cem homens havia cem. E quanto mais os homens proliferavam, tanto mais proliferavam proporcionalmente as idéias que eles se faziam do justo. É que cada um considerava seu próprio senso como justo, e não o dos outros, de modo que para cada um os outros estavam errados".
>
> Nas famílias, o pai, o filho, os irmãos mais velhos, os irmãos mais novos alimentavam queixas e ofensas entre si. Todos tinham sentimentos divergentes que eles não chegavam a harmonizar, ao ponto de deixarem perder os excedentes de energia em vez de entreajudar-se, de ocultarem as boas técnicas em vez de ensiná-las uns aos outros, e de deixarem apodrecer os excedentes em vez de partilhá-los entre si. No mundo inteiro, reinava a desordem beirando a quase-selvageria.
>
> Pelo fato de não existir distinções entre soberanos e súditos, entre superiores e inferiores, entre velhos e jovens, nem relações ritualizadas entre pais e filhos, entre irmãos mais velhos e irmãos mais novos, reinava a desordem no mundo. Com toda evidência, se o mundo estava em desordem, era porque o povo não tinha chefe nem regente para unificar o senso do justo. É por isso que acabou-se por escolher um homem dotado das melhores qualidades, da maior sabedoria de julgamento e da mais perspicaz inteligência para estabelecê-lo como Filho do Céu, de tal sorte que todas as ações se fizessem em virtude de um senso do justo único e comum a todo o universo[14].

3. O desafio de Mo-tse ao ensinamento confuciano

"Conformar-se com seus superiores"

Para Mo-tse, a causa da desordem original é a ausência de um princípio único de moralidade; e a razão de ser da ordem política é "unificar o senso do justo em todo o universo". Encontramos novamente aqui a preocupação de achar um critério universalmente válido, que implica necessariamente uma uniformização das vontades e das avaliações individuais. Exatamente como o "amor universal", o "senso do justo" aparece como um princípio absoluto, quando, segundo Confúcio, ele está ligado ao julgamento pessoal de cada indivíduo colocado numa situação. Para Mo-tse, portanto, este princípio moral único não pode vir senão de cima e encontra seu prolongamento lógico na "conformidade com seus superiores", provável complemento da "promoção dos mais capazes" evocada mais acima. Se este movimento das competências da base para o topo pode levar a crer numa concepção "democrática" da ordem política, encontra-se imediatamente contrabalançado pela exigência de conformidade com os superiores, que funciona de cima para baixo, recebendo cada camada da hierarquia social seus valores e seus critérios de julgamento da camada superior.

Para fazer frente ao caos, diz Mo-tse, é preciso que cada escalão da sociedade encontre no nível superior um "senso do justo" que sirva de denominador comum assaz poderoso para obter o consenso geral: o povo o encontrará nos letrados, os letrados nos altos funcionários e ministros, e assim por diante até chegar em última instância ao Filho do Céu. Mo-tse não sai, portanto, do esquema sociopolítico tradicional, que prevalece ainda na China atual: a concepção autoritária de uma ordem hierarquizada em pirâmide, cujo topo é a fonte única de um poder que não circula nunca a não ser de cima para baixo. Notemos que se trata de um autoritarismo que, ao uso da força bruta, prefere o princípio de uma auto-regulação da sociedade mediante a uniformização das fontes de valor e de julgamento. Há aqui toda uma tradição de pensamento político de que o moísmo é sem dúvida uma das fontes principais.

Ora, o que acontece quando se chega ao topo da pirâmide? O que é que pode garantir que o Filho do Céu possui o princípio de moralidade? Pois bem! Precisamente o próprio Céu, de quem ele é filho. Na sua concepção do Céu, Mo-tse distancia-se mais uma vez de um código confuciano fundado, em virtude de suas origens aristocráticas, mais sobre o sentimento da vergonha do que sobre o sentimento de culpabilidade ligado ao medo do castigo. Para Confúcio, a questão de saber se o Céu é uma divindade pessoal e se os espíritos existem realmente pouco importa, pois se trata sobretudo de sentir-se digno de si mesmo e da comunidade humana. Mo-tse, por sua vez, é levado a fazer ressurgir o temor religioso do castigo celeste, para fazer respeitar a exigência um tanto abstrata de "amor universal" e garantir o bom funcionamento do senso do justo como grande denominador comum.

O Céu de Mo-tse

O Céu se encontra, por isso, personificado e dotado de pensamento, de vontade e sobretudo de olhos onipresentes, que vêem até no coração dos homens, onde quer que estes se escondam. No capítulo sobre a "vontade celeste" (que substitui o "decreto celeste" de Confúcio), os moístas surpreendem-se com a atitude paradoxal dos confucianos, que, mesmo quando estão errados em relação ao chefe de sua família ou de seu país, não se inquietam nem mesmo com o Céu, que no entanto vê tudo e reina em todo lugar:

> Ora, o que é que o Céu mais deseja? E o que é que ele mais detesta? O Céu deseja o senso do justo, e detesta o que lhe é contrário. Se, portanto, levo o povo a agir segundo o senso do justo, faço o que o Céu deseja. E se ajo segundo o desejo do Céu, este por sua vez agirá segundo meu desejo. [...]
>
> Os que se conformam com a vontade do Céu têm solicitude uns pelos outros, procuram fazer o bem uns aos outros e assim têm certeza de ser recom-

3. O desafio de Mo-tse ao ensinamento confuciano

pensados; os que vão contra a vontade do Céu não experimentam senão ódio uns aos outros e não fazem senão pilhar-se entre si e assim têm certeza de ser punidos. [...]

Mestre Mo-tse diz: "A vontade do Céu é para nós aquilo que o compasso é para o segeiro ou o esquadro para o carpinteiro. O segeiro e o carpinteiro tomam o compasso e o esquadro para medir universalmente círculos e quadrados, dizendo: O que se encaixa exatamente é verdadeiro; o que não se encaixa exatamente é falso"[15].

Para auxiliá-lo em seu papel de justiça retributiva, o Céu dispõe de todo um exército de demônios e de espíritos para castigar os maus, e sobretudo para dissuadi-los de agir mal. Aqui o recurso usado não é o respeito que se deve a si mesmo e aos outros, mas a esperança da recompensa e seu reverso, o medo do castigo. Paradoxalmente, parece haver mais senso do sagrado no ritualismo humanista de Confúcio do que no temor, mola primitiva do sentimento religioso, utilizada por Mo-tse para impor o interesse geral, princípio racional e utilitarista perfeito.

Moístas contra confucianos

Enquanto Mo-tse tendia a ver na fortuna e na prosperidade a recompensa automática de uma boa conduta, Confúcio insiste, pelo contrário, no fato de que o homem de bem deve praticar o *ren* seja a que preço for. Com efeito, o homem não tem controle senão sobre sua própria conduta, que deve ser a mais humana possível; quanto ao resto, aquilo sobre o qual o homem não pode pretender agir é da alçada do Céu e de seu "decreto". Aos olhos dos moístas esta atitude não poderia deixar de parecer fatalista: se sou pobre e menosprezado, isso só pode ser conseqüência de minha conduta:

> Como sabemos que o fatalismo é o Caminho dos tiranos? No passado, as pessoas pobres eram apressa-

das para beber e comer, mas preguiçosas no trabalho. Por isso, conheciam os tormentos ligados à falta de vestes e de alimento, à fome e ao frio. É que elas não sabiam dizer: "Não fiz esforço suficiente, não fui assíduo bastante no trabalho". Em vez disso, diziam inevitavelmente: "É meu destino inelutável permanecer pobre". Os reis tiranos dos tempos passados não limitavam os prazeres de seus sentidos nem refreavam as intenções manhosas de seu coração, não ouviam os conselhos de seus pais. Isso levava à ruína de seu país e à derrubada de seu governo. É que não sabiam dizer: "Não fiz esforço suficiente, minha maneira de governar não era boa". Diziam inevitavelmente: "Era meu destino inelutável perder o trono"[16].

O fatalismo dos confucianos é denunciado por causa de seu aspecto desmobilizador: não faço esforços porque, seja como for, penso que o resultado de minhas ações será o mesmo. Mas a verdade, mesmo que não seja explicitada, é que os moístas não podem admitir uma moralidade que não tem outra justificativa a não ser uma aposta no homem e em sua perfectibilidade. É aqui que se encontra provavelmente o verdadeiro pomo de discórdia entre duas correntes divergentes, apesar de suas origens comuns. Duas seções inteiras do *Mozi* são ataques sistemáticos contra os confucianos:

> Eles corrompem os homens por seus ritos e sua música complicados e ornamentados; seu luto prolongado e seu pesar hipócrita não enganam senão os parentes dos defuntos. Pregam o fatalismo e comprazem-se na miséria, ostentando a maior arrogância. Voltam as costas ao essencial, abandonam suas tarefas e não estão contentes senão na preguiça e na fatuidade. Apressam-se quando se trata de beber ou de comer, mas muito menos quando se trata de trabalhar. Sendo assim, preferem arriscar-se a morrer de fome ou de frio a preveni-los.
>
> Comportam-se como mendigos, fazem provisões às custas dos outros como ratos, ficam à espreita

3. O desafio de Mo-tse ao ensinamento confuciano

como cabras e se precipitam como porcos castrados. Quando homens de bem zombam deles, irritam-se dizendo: "Bando de medíocres! Como pretendeis reconhecer um bom confuciano?"

Na primavera e no verão, mendigam cereais. Uma vez armazenadas as colheitas, aglutinam-se ao redor dos grandes funerais com toda sua descendência atrás de si, e todos comem à tripa-forra. Ao final de alguns funerais, estão satisfeitos. É assim que conseguem das famílias e das terras dos outros prestígio e alimento. Quando acontece algum óbito numa família rica, exultam e exclamam: "Eis nossa chance de encontrar casa e comida!"[17]

Percebemos aqui a caricatura mal-humorada, proveniente sem dúvida do moísmo tardio, determinado a denegrir os membros da escola concorrente. Será Mo-tse o verdadeiro "rival desconhecido" de Confúcio?[18] Em todo caso, não o foi imediatamente, muito pelo contrário: no séc. IV, após duas gerações, Mo-tse ainda era o desafeto de Mêncio, que tinha boas razões para temer que sua influência eclipsasse a do Mestre. Na verdade, durante todo o período pré-imperial, o pensamento chinês iria permanecer dominado pela oposição entre o ensinamento confuciano e o ensinamento moísta. Mas, a partir do império, o que prevalecerá é uma certa forma de confucionismo, após absorver em grande parte as teses rivais, e doravante a grande alternativa estará no taoísmo.

Notas do capítulo 3

1. Cf. sobretudo HSU Cho-yun, *Ancient China in Transition: An Analysis of Social Mobility, 722-222 B.C.*, Stanford University Press, 1965.

2. As *Memórias históricas* de Sima Qian (cf. acima cap. 2, nota 2), principal fonte de informação sobre toda a história precedente, datadas do séc. II a.C., não dedicam a Mo-tse senão umas poucas palavras no cap. 74.

3. Para uma reconstrução desta parte do *Mozi* (cap. 52-67), cf. Robin YATES, *Towards a Reconstruction of the Tactical Chapters of Mo-tzu*, tese de M.A., Berkeley, University of California, 1975.

4. Cf. cap. 2 nota 4.

5. *Mozi* 9 (*Shangxian, zhong*), p. 29, na edição ZZJC, que será utilizada aqui. Pode-se consultar a tradução integral mais antiquada de Alfred FORKE, *Me Ti, des Sozialethikers und seiner Schüler philosophische Werke*, Berlin, Mitteilungen des Seminars für Orientalische Sprachen, 1922; e as traduções parciais de MEI Yi-pao, *The Ethical and Political Works of Motse*, Londres, Probsthain, 1929 (cap. 1-39 e 46-50); Burton WATSON, *Mo Tzu: Basic Writings*, Nova York, Columbia University Press, 1963; Helwig SCHMIDT-GLINTZER, *Mo ti: Solidarität und allgemeine Menschenliebe* e *Mo ti: Gegen den Krieg*, Düsseldorf, Diederichs, 1975 (cap. 1-39). Cf. também o estudo de Ernst STEINFELD, *Die sozialen Lehren der altchinesichen Philosophen Mo-tzu, Meng-tzu und Hsün-tzu*, Berlim, Akademie, 1971.

6. São designadas por *shang, zhong, xia*, notação equivalente a A, B, C.

7. Quanto a esta parte do *Mozi*, cf. adiante cap. 5 nota 6.

8. *Mozi* 35 (*Feiming, shang*), p. 164.

9. *Mozi* 20 (*Jieyong, shang*), p. 101.

10. *Mozi* 48 (*Gongmeng*), p. 277.

11. *Mozi* 16 (*Jian'ai, xia*), p. 71, tradução Léon VANDERMEERSCH, *La Voie royale*, t. II, p. 512-513.

12. Cf. *Mengzi* III B 9. Sobre Mêncio cf. adiante, cap. 6.

13. Léon VANDERMEERSCH, *La Voie royale*, t. II, p. 506-507.

14. *Mozi* 12 (*Shangtong, zhong*), p. 47.

15. *Mozi* 26 (*Tianzhi, shang*), p. 119-122.

16. *Mozi* 35 (*Feiming, shang*), p. 167.

17. *Mozi* 39 (*Feiru, xia*), p. 180-181.

18. Alusão ao título do estudo de MEI Yi-pao, *Motse, the Neglected Rival of Confucius*, que acompanha sua tradução parcial do *Mozi* citada acima na nota 5.

Segunda Parte

Intercâmbios livres sob os Reinos Combatentes (séc. IV-III a.C.)

4
Chuang-tse à escuta do Tao

Enquanto aparece uma visão ética na intuição confuciana, cuja aposta no homem será determinante para todo o destino do pensamento chinês, e com Mo-tse se esboça um discurso racional que vai de par com um pensamento utilitarista, abre-se paralelamente um terceiro caminho. Um caminho que rejeita ao mesmo tempo o engajamento confuciano e o ativismo moísta, em nome de algo ainda mais fundamental que o homem: o Caminho por excelência, o Tao 道.

A maioria das correntes de pensamento dos Reinos Combatentes (séc. V-III) partem da constatação de que o mundo não é senão discórdia e violência. Mas, desde o início, a corrente chamada taoísta parte numa direção totalmente diferente das outras, que procuram caminhos (taos) ou métodos positivos: os confucianos preconizam fazer reinar o *ren*, os moístas procurar o interesse do maior número; para os legistas é preciso nada mais nada menos que impor a mesma lei a todos. Em contrapartida, um Chuang-tse ou um Lao-tse não se põem a procurar meios para remediar a situação, mas colocam-se simplesmente à escuta, numa atitude que chamam de não-agir. À escuta de quê? De uma tênue música harmoniosa que ainda se faz ouvir sob o estrondo dos conflitos e a cacofonia das teorias e dos discursos: a música do Tao![1]

Segundo a tradição, Chuang-tse é o segundo mestre taoísta após Lao-tse, e este último seria um contemporâneo de Confúcio e teria, portanto, vivido por volta do séc. VI-V. No entanto, uma leitura atenta dos textos tende a reconsiderar a apresentação tradicional, chegando às vezes até a inverter a ordem e colocar o início da composição do *Zhuangzi* no séc. IV, antes da composição do *Laozi* pelo final do séc. IV ou início do séc. III[2]. Nesta perspectiva, pareceria que estes textos representam dois estágios diferentes do pensamento filosófico dos Reinos Combatentes, sendo o núcleo duro do *Zhuangzi* representativo de uma primeira onda (com os lógicos e Mêncio), ao passo que o *Laozi* seria mais característico de uma segunda onda (com Xunzi e os legistas).

Convém saber, além disso, que os dois nomes, sempre citados juntos hoje, não foram associados antes da era imperial. É apenas no início dos Han, no séc. II a.C., que aparece o rótulo "escola taoísta" (*daojia* 道家) na classificação das seis grandes escolas de pensamento dos Reinos Combatentes feita por Sima Tan (morto por volta de 110 a.C.) e retomada por seu ilustre filho Sima Qian em suas *Memórias históricas* (*Shiji*). A escola taoísta de que falam os Sima, pai e filho, é na realidade a corrente chamada "Huang-Lao", dedicada mais particularmente às técnicas e às estratégias de poder e à busca da imortalidade, temas sensíveis às vésperas do império e mais centrais no *Laozi* do que no *Zhuangzi*, o que explica talvez a ordem de prioridade que se impôs a partir de então. Na categoria *daojia* incluía-se igualmente o *Liezi*, sobre o qual não nos alongaremos, sendo a obra que traz atualmente este título muito heterogênea e geralmente considerada uma falsificação dos séc. III e IV de nossa era[3]. O que equivale a dizer que o "taoísmo" é uma construção *a posteriori*, que cobre de fato uma realidade complexa na qual o pensamento de Chuang-tse se viu imbricado até perder ali uma parte de sua profunda originalidade[4].

O livro e o personagem

O *Zhuangzi*, enquanto texto, apresenta-se sob uma forma muito diferente do *Laozi*. Enquanto este é composto de aforismos concisos, ritmados e rimados, o *Zhuangzi* é escrito numa prosa abundante e de excelente qualidade literária e

4. Chuang-tse à escuta do Tao

poética, o que fez com que permanecesse um modelo na história da literatura chinesa. Comparado com o anonimato cuidadosamente guardado do *Laozi*, o *Zhuangzi* aparece como uma verdadeira obra de autor, de tom claramente pessoal.

É preciso, no entanto, distinguir diversos graus de autenticidade na composição desta obra heterogênea. Trata-se de uma compilação, ou mesmo de um mosaico de escritos atribuídos a Chuang-tse, que preconizam todos uma vida retirada, não engajada, mas que representam na verdade correntes bastante diversas, que vão desde a época do próprio Chuang-tse (fim do séc. IV a.C.) até aos Han (fim do séc. III a.C.). Jean-François Billeter comparou este texto ao fórum romano, tal como se nos apresenta hoje em seu inextricável emaranhado de vestígios de épocas diversas, que falam todos com voz diferente mas formando um inegável conjunto[5]; o exercício do fino conhecedor consistiria em distinguir, no meio deste *tohu-bohu*, a voz própria de Chuang-tse. A edição atual, que data somente do séc. III de nossa era, comporta 33 capítulos: os capítulos "internos" (1 a 7) são tradicionalmente atribuídos ao próprio Chuang-tse, ao passo que os capítulos "externos" (8 a 22) seriam de autenticidade mais duvidosa e os onze últimos (23 a 33), chamados "mistos", seriam de natureza ainda mais heterogênea.

Ao contrário de Lao-tse, Chuang-tse é um personagem do qual temos pelo menos a certeza de que existiu, mesmo que pouca coisa saibamos sobre ele[6]. Seu nome pessoal era Zhou e seria originário, segundo a lenda como no caso de Lao-tse, da cultura meridional de Chu, rica e refinada, de imaginário luxuriante, muito diferente da cultura ritualista e confuciana da planície central[7]. Enquanto esta se desenvolve na bacia do rio Amarelo, o reino de Chu ocupa o sul da China dos Zhou, ao redor da bacia média do rio Azul. Chuang-tse teria vivido ali entre o fim do séc. IV e o início do séc. III (370-300 aproximadamente), na mesma época em que viveu Mêncio. Após ocupar um posto administrativo subalterno, ter-se-ia retirado deliberadamente do mundo, deixando de si mesmo a imagem de um personagem excêntrico (no sentido próprio do termo), tema de numerosas anedotas. Eis a anedota, muito conhecida, em que ele literalmente volta as costas às responsabilidades políticas:

> Um dia em que Chuang-tse está pescando com anzol às margens do rio Pu, dois altos funcionários enviados pelo rei de Chu apresentam-se diante dele dizendo: "Nosso rei deseja confiar-vos um cargo em seu Estado".
>
> Com a vara de pescar na mão, sem sequer dignar-se virar a cabeça, Chuang-tse responde-lhes: "Ouvi dizer que tendes em Chu uma tartaruga mágica, morta há três mil anos. O rei a mandou embrulhar e colocar num estojo, que conserva preciosamente sobre o altar de seus ancestrais. Na vossa opinião, esta tartaruga teria preferido morrer para que seus ossos fossem objeto de uma veneração eterna? Ou teria preferido permanecer viva, arrastando a cauda na lama?"
>
> – Teria preferido permanecer viva arrastando sua cauda na lama – respondem em coro os dois funcionários.
>
> – Ide embora! – conclui Chuang-tse. Eu também prefiro ficar aqui arrastando minha cauda na lama![8]

Relatividade da linguagem

Com Chuang-tse inicia uma nova era da reflexão filosófica, centrada na grande questão da relação entre o Homem e o Céu (ou o Tao). Neste ponto o *Zhuangzi* tem em comum com o *Laozi* uma mesma intuição inicial: o Tao, curso natural e espontâneo das coisas, no qual não se deve intervir; ora, o homem é a única criatura a afastar-se dele por sua vontade de sobrepor-lhe sua ação e seu discurso. A condição primeira para a busca do Tao é colocar-se em disponibilidade, estar livre, de maneira a captar a tênue música que nos vem da origem e que

4. Chuang-tse à escuta do Tao

nunca cessou, apesar dos ruídos parasitas de todo tipo: ativismo, consciência de desempenhar um papel bem definido no universo ou, de modo mais geral, confiança depositada no discurso, obstáculo maior na caminhada do Tao pela simples razão de que esse discurso não é natural.

Para Chuang-tse existe *o* Tao, ou seja, a realidade como totalidade, e existem taos, ou seja, recortes parciais desta realidade. Acontece que o termo chinês cobre as duas acepções: designa o Caminho, mas também os caminhos entendidos como métodos, técnicas ou abordagens particulares a esta ou àquela corrente e, em sua acepção verbal, significa também "falar" ou "dizer". Em relação à realidade original e totalizante que é o Tao, os taos não são senão os recortes humanos e sociais operados pelo discurso. Recorte: é precisamente este o sentido primeiro do termo *bian*, escrito quase indiferentemente com o radical da palavra ou da lâmina (辯 ou 辨), que encontramos a propósito de Mo-tse e que designa a atividade favorita dos "argumentadores" contemporâneos de Chuang-tse[9].

Este, por sua vez, lança mão de todos os meios disponíveis, usa de todos os procedimentos para ridicularizar a razão discursiva e denunciar-lhe a futilidade. No *Zhuangzi* as palavras são muitíssimas vezes tomadas num sentido diferente ou mesmo contrário ao que elas têm no linguajar comum: forma suprema de ironia! Chuang-tse parece ter sido um dos raros pensadores chineses a compreender que o humor é mais eficaz e devastador do que um longo discurso. Ele gosta muito do diálogo contínuo ou da anedota paradoxal que acaba num toque de *nonsense* destinado a provocar um sobressalto, ou mesmo um salto para uma verdade que não é a da lógica comum – procedimento reutilizado muito mais tarde pelo budismo Zen. Em particular, Chuang-tse adora colocar suas próprias idéias na boca de Confúcio, utilizado fora de contexto contrário. Um outro procedimento consiste em iniciar uma discussão pseudológica com todas as aparências da racionalidade, mas terminando no completo delírio:

Chuang-tse e Huizi passeiam ao logo do dique sobre o rio Hao. Chuang-tse exclama: "Olha como estes peixes saem e se divertem à vontade! Eis o verdadeiro prazer dos peixes!"

Huizi: "Mas você não é um peixe – como você sabe o que é o prazer dos peixes?"

Chuang-tse: "Mas você não é eu – como você sabe que eu não sei o que é o prazer dos peixes?"

Huizi: "Eu não sou você, portanto não sei na verdade o que está em você. Mas você na verdade não é um peixe, portanto é evidente que você não sabe o que é o prazer dos peixes!"

Chuang-tse: "Voltemos ao ponto de partida, por favor. Você me perguntou como eu sabia o que é o prazer dos peixes: de modo que, para me fazer esta pergunta, você sabia que eu o sabia. Pois bem, eu o sei permanecendo aqui, na beira do rio!"[10]

Os paradoxos de Hui Shi

Este diálogo bucólico põe em cena Chuang-tse e seu mestre e amigo Huizi ou Hui Shi (apr. 380-305). Os dois têm, porém, posições opostas no tocante à linguagem: enquanto Chuang-tse não perde ocasião de espicaçá-la como demasiadamente relativa para ser um instrumento de referência, Hui Shi esforça-se por fazer dela um instrumento ideal. Nisto ele é representativo de uma corrente que adquire importância em pleno período dos Reinos Combatentes, a corrente dos "argumentadores" ou dos "lógicos". Aguardando retornar a este tema mais longamente, parece oportuno, aproveitando a digressão desse passeio ao longo do rio, delimitar a personalidade filosófica de Hui Shi, a fim de compreender melhor a de Chuang-tse[11]. De acordo com o último capítulo do *Zhuangzi*, as obras de Hui Shi "encheriam cinco charretes", mas delas infelizmente não subsiste senão uma série de dez proposições:

4. Chuang-tse à escuta do Tao

1. O Muito-Grande não tem exterior: chamamo-lo o Grande Um; o Muito-Pequeno não tem interior: chamamo-lo o Pequeno Um.

2. O que não tem espessura não pode ser acumulado, e no entanto mede mil léguas.

3. O céu é tão baixo como a terra, as montanhas estão no mesmo nível que os pântanos.

4. O sol está ao mesmo tempo no meio-dia e no poente, um ser ao mesmo tempo vive e morre.

5. Uma grande semelhança difere de uma pequena semelhança: é o que chamamos pequena diferença; que as dez mil coisas sejam ao mesmo tempo em tudo semelhantes e em tudo diferentes: é o que chamamos grande diferença.

6. O Sul é sem limites, tendo embora um limite.

7. Vou a Yue (no extremo sul) hoje e cheguei ali ontem.

8. Anéis de jade entrelaçados podem ser separados.

9. Conheço o centro do universo: está ao norte de Yan (no extremo norte) e ao sul de Yue (no extremo sul).

10. Mesmo que vosso amor se estenda às dez mil coisas, o Céu-Terra não é senão um[12].

Estes dez paradoxos podem ser agrupados sob três temas principais. Parece ser predominante o tema da relatividade do espaço: as proposições 1, 2, 3, 6, 8, 9 tendem cada uma a mostrar que toda medida quantitativa e toda distinção espacial são ilusórias, sem qualquer caráter de realidade. Vem em seguida o tema da relatividade do tempo, ilustrado nas proposições 4 e 7: as distinções de tempo, como as de espaço, são de fato estabelecidas artificialmente pelo homem e não têm qualquer realidade em si mesmas. Por fim, Hui Shi vai mais longe, mostrando a relatividade das próprias noções de semelhança e diferença. A razão humana tem tendência a agrupar tudo o que lhe parece "semelhante" e a distinguir tudo o que lhe parece "diferente". Ora, estas noções não podem servir de critérios, porque elas próprias são relativas, como se diz na proposição 5, que encontra sua conclusão e sua moral na proposição final: "O Céu-Terra não é senão uma coisa só".

O pássaro gigante e a rã

Os paradoxos de Hui Shi tendem a desacreditar as distinções, particularmente espácio-temporais, mostrando que todas se reduzem a uma contradição: não sobra então mais que a linguagem como referência confiável. Mas a partir dessas contradições não falta mais que um passo para fazer aparecer a relatividade do próprio discurso, cujo papel analítico consiste precisamente em fazer distinções. Hui Shi não dá este passo, ele permanece aquém: quando denuncia a relatividade das distinções e das designações, sua finalidade é apenas chegar a uma linguagem e a um discurso mais rigorosos. Quanto a Chuang-tse, este dá o passo mais do que alegremente, não hesitando em desacreditar totalmente a linguagem e, através dela, a razão discursiva:

> A rã no fundo do poço não pode falar do oceano, confinada como está em seu buraco. O inseto que vive apenas um verão não pode falar do gelo, limitado como está a uma única estação. O letrado tacanho não pode falar do Tao, prisioneiro que é daquilo que aprendeu[13].

Aqui Chuang-tse não se contenta em ironizar sobre a relatividade de todas as coisas: ele indica que o Tao abre uma perspectiva radicalmente diferente, incomensurável com nossa percepção habitual. O primeiro capítulo do *Zhuangzi* abre-se com um grande sopro sobre um peixe gigante que se transforma num imenso pássaro planando sobre os mares:

> No oceano do Norte vive um peixe, que se chama Kun. Ninguém sabe quantas mil léguas ele mede de tamanho. Ele se transforma em pássaro, chamado Peng. Ninguém sabe quantas mil léguas ele mede de envergadura. Quando alça vôo, suas asas se abrem como as nuvens do céu. [...]

4. Chuang-tse à escuta do Tao

> Uma codorniz zomba dele: "Onde vai ele, desse jeito? Eu, com dois ou três saltos, estou no ar e, apenas alguns passos mais adiante, pouso novamente batendo as asas no meio dos caniços. Mais alto que isso é impossível voar, mas esse aí aonde pensa que vai?"[14]

A incomensurabilidade que separa o pássaro gigante e a codorniz nos faz perceber a que ponto aquilo que chamamos de "conhecimento" depende da perspectiva, relativa e limitativa, na qual nos colocamos. Eis como Chuang-tse chega a interpretar à sua maneira o paradoxo de Hui Shi:

> No universo não há nada maior que a ponta fina de um cabelo de outono, e o monte Tai é pequeno. Ninguém vive mais que uma criança natimorta, e Peng Zu (o Matusalém chinês) morreu jovem. O Céu-Terra foi gerado comigo: as dez mil coisas e eu não somos senão um.
>
> Agora que nós não somos senão um, posso ainda dizer alguma coisa? Mas agora que eu disse que não somos senão um, posso ainda dizer que eu nada disse? O um e o que digo dele são dois, e dois e um são três. A partir disso, o melhor dos matemáticos não chegará ao fim de seus cálculos, menos ainda um homem comum! Portanto, se, passando do nada a alguma coisa, já se chega a três, o que será quando se passar de alguma coisa a alguma outra coisa. Ainda é preferível não passar de nada a nada, e a afirmação "é isso", fundamento de todo o resto, não terá mais razão de ser[15].

O que aqui é posto em questão, de modo irônico, já não é apenas a utilização que se faz da linguagem, mas a própria linguagem. A linguagem que se pretende "fundamento de todo o resto" tem razão de ser? Tem ela uma razão *tout court*? Ou até tem ela, pura e simplesmente, razão? Se a reflexão sobre a linguagem é o denominador comum de todas as correntes de pensamento dos Reinos Combatentes, ninguém foi mais longe do que Chuang-tse na empresa de demolir sistematicamente o único instrumento de que a razão humana dispõe. Aliás, é esta que é visada quando se põe novamente em questão a linguagem como fundamento de nossa relação com o mundo.

Para Chuang-tse a linguagem nada pode nos dizer sobre a verdadeira natureza das coisas, por ser ela quem põe não só os nomes que damos às coisas, mas ao mesmo tempo estas mesmas coisas. Postulando ao mesmo tempo os "nomes" (*ming* 名) e as "realidades" (*shi* 實), a linguagem não passa efetivamente de um recorte artificial e arbitrário da realidade, cuja vã pretensão de constituir, senão um meio de conhecimento, pelo menos um poder sobre a realidade, evidencia-se em afirmações do tipo "É isso" (*shi* 是) ou "Não é isso" (*fei* 非).

"É isso", "não é isso"

O essencial da reflexão filosófica de Chuang-tse sobre a relatividade da linguagem e da razão discursiva está contido no capítulo II, que faz chegar até nós sem interferência a voz de Chuang-tse e nos dá a impressão de ouvi-lo pensar em voz alta. Seu título Qi *wu lun* 齊物論, que podemos traduzir aproximativamente como "O nivelamento que torna todas as coisas equivalentes"[16], fica esclarecido pela passagem seguinte:

> A sabedoria dos antigos alcançou às vezes pontos altos. Que pontos altos? Os que pensam que nunca começou a haver coisas distintas atingiram a sabedoria suprema, total, à qual nada mais se pode acrescentar. Em seguida vêm os que pensam que há coisas, mas que nunca começou a haver delimitações entre elas. Por fim vêm os que pensam que há delimitações, mas que nunca começou a haver oposições entre "é isso" e "não é isso". Quando são apresentadas tais oposições, é o Tao que é eclipsado. [...]
>
> Ora, no Tao nunca houve nem sequer um início de delimitação, como também nunca houve na linguagem um início de permanência. Desde que se diz "é isso", há um limite. Se me permitirdes, eu vos direi o que limita: esquerda e direita, análises e julga-

4. Chuang-tse à escuta do Tao

mentos, recortes (*fen* 分) e distinções (*bian* 辨), debates e polêmicas[17]...

Chuang-tse não fala do discurso em termos absolutos de "verdadeiro"/"falso", mas em termos de "é isso"/"não é isso". Ora, o que é que permite decidir que "é isso" é um ponto de referência absoluto? E o que é que permite decidir que alguma coisa "é isso" ou não o é? Para Chuang-tse semelhante afirmação nada mais faz senão abrir uma perspectiva própria ao locutor, ela não vale senão para ele e no interior desta perspectiva apenas. Neste sentido, confrontar o "é isso" de um determinado locutor com o "é isso" de um outro locutor não tem nenhum valor, já que não existe terreno comum de avaliação entre duas perspectivas puramente subjetivas. É precisamente a imagem que Chuang-tse se faz das argúcias (*bian* 辯) a que se entregam as diferentes correntes de pensamento de seu tempo e que ele se contenta em rejeitar sem dar razão a nenhuma delas:

> Supondo que comecemos a argumentar, você e eu, e que você leve a melhor sobre mim, e não eu sobre você, significaria isso de uma vez por todas que é você que tem razão e eu estou errado? E se sou eu que levo a melhor sobre você, e não você sobre mim, quer dizer que sou eu que tenho razão e você está errado? Ou será que cada um de nós em parte teria razão e em parte estaria errado? Teríamos ambos razão, ou estaríamos ambos errados? Se nós não somos capazes de resolver nós mesmos nossas desavenças, outros estariam numa confusão mental ainda maior. A quem apelar como árbitro? Se este alguém está de acordo com você, como pode por isso mesmo ser árbitro? Se ele está de acordo comigo, como pode por isso mesmo ser árbitro? E se ele não está de acordo nem comigo nem com você, como poderá então arbitrar? Mas se ele está de acordo com você e também comigo, é possível a arbitragem? Portanto, se ninguém, seja eu, seja você ou um terceiro, é capaz de resolver nossas desavenças, teremos ainda algum outro a quem apelar?[18]

Como conhecer?

Se Chuang-tse se declara contra a validade da linguagem, não é que esta nos forneça uma representação falseada da realidade: o que Chuang-tse questiona é nada menos que a própria capacidade da linguagem de ter qualquer poder sobre a realidade, ou seja, de conhecer:

> O conhecimento deve ter sobre o que apoiar-se para poder calhar perfeitamente (*dang* 當). Ora, justamente aquilo sobre o que ele se apóia não é fixo[19].

Chad Hansen mostrou que "conhecer" (*zhi* 知) em chinês antigo implica não tanto a noção de um conteúdo, verdadeiro ou falso, quanto uma aptidão que permite ou não calhar perfeitamente[20]. "Saber" seria mais um "saber como" do que um "saber que". A questão que se levanta não é "o que podemos conhecer?", mas "como conhecemos?", "que validade pode ter nosso conhecimento?" Nossa pretensa aptidão de conhecer está no centro de um diálogo entre dois personagens, dos quais um procura em vão forçar o outro a admitir que ele conhece alguma coisa:

> – Você conheceria o que nas coisas pode ser unanimemente considerado verdadeiro?
>
> – Como eu o conheceria?
>
> – Quer dizer que você conhece o que você não conhece?
>
> – Como eu o conheceria?
>
> – Bom! então quer dizer que nada conhece nada?
>
> – Como eu o saberia? Ou antes, permita-me tentar dizer isto: como saberia eu que aquilo que chamo de "conhecimento" não é ignorância? E como saberia eu que aquilo que chamo de "ignorância" não é conhecimento?[21]

E o velho Confúcio é apontado como aquele que crê "conhecer" alguma coisa: não diz ele a seu discípulo Zilu: "Você

4. Chuang-tse à escuta do Tao

quer que eu lhe ensine o que é o conhecimento? Saber que se sabe quando se sabe, e saber que não se sabe quando não se sabe, isso é o conhecimento"?[22] O *Zhuangzi* nos fornece uma maliciosa paródia da famosa passagem dos *Analectos* em que Confúcio se vangloria de aos quarenta anos "não ter nenhuma dúvida", aos cinqüenta "conhecer o decreto do Céu" e aos sessenta ter "um ouvido perfeitamente afinado":

> Aos sessenta anos, Confúcio não havia feito senão mudar de opinião sessenta vezes. Cada vez que ele começava dizendo "É isso", concluía "Não é isso". Eu não conheço ainda nada que eu afirme agora, mas que eu não terei que negar cinqüenta e nove vezes[23].

Esquecer o discurso

Em pleno séc. IV-III, quando estavam no auge as discussões entre confucianos, moístas e sofistas, Chuang-tse é obrigado a constatar que não há motivo mais forte para dar razão a uns e não aos outros. O que o leva a perguntar-se: será a razão razoável? E sobretudo: pode ela realmente pretender encontrar um ponto de apoio em algum lugar, agarrar-se a alguma coisa, ou mesmo ser ela própria aquilo a que se agarrar? A razão analítica não sabe funcionar senão com base no princípio da exclusão do terceiro: Determinada coisa "é isso" ou não o é. Ora, para Chuang-tse, é um engodo pretender afirmar alguma coisa, já que é possível, simultaneamente, afirmar seu contrário.

São ridicularizados os que pretendem conhecer ou afirmar o que quer que seja, todos os pensadores que, sem exceção, acreditaram poder propor um tao positivo. Chuang-tse, por sua vez, representa a alternativa, a que toma partido de não tomar partido, de nada afirmar. Se uma contradição se revela impossível de resolver, não resta senão dissolvê-la. Numa passagem bem conhecida, construída em espiral, Chuang-tse mostra que, a partir do discurso, pode-se regressar até ao infinito, até ser tomado por uma espécie de vertigem:

> Há o começo.
>
> Há o ainda não ter começado a ter um começo.
>
> Há o ainda não ter começado a não começar a ter um começo.
>
> Há o há (*you* 有) e há o não-há (*wu* 無).
>
> Há o ainda não ter começado a não ter começado a haver o não-há.
>
> E eis que há o não-há.
>
> Mas ainda não conhecemos o que há ou o que não há realmente no há e no não-há. Ora, quanto a mim, eu já disse alguma coisa, mas ainda não sei se aquilo que eu disse dizia alguma coisa, ou na realidade não dizia nada[24].

Tomados por tal vertigem e por tal sentimento de absurdidade, não estaríamos no direito de rejeitar em bloco a linguagem? Se Chuang-tse se compraz em sublinhar as propriedades autodissolventes da linguagem, será no entanto para recusá-la totalmente, ou será em vista de outra coisa? Em alguns capítulos "externos" e "mistos" do *Zhuangzi* esboçam-se duas tendências. A primeira, que se manifesta principalmente no capítulo 22, parece seduzida pela tentação de destruir a linguagem, dando grande destaque ao absurdo. Uma outra tendência, explicitada nos capítulos 17 e 25, parece prevalecer no pensamento de Chuang-tse: a linguagem pode ser "esquecida" em vista de outra coisa, haveria um para-além da linguagem.

Nessa perspectiva, o sábio aparece como aquele que não se deixa apanhar, alienar pela linguagem e suas pretensões a "postular alguma coisa" e a servir assim de referência absoluta. Mesmo que a linguagem não deva ser levada a sério, deve ser utilizada com pleno conhecimento de causa, ou seja, como algo que cria do nada um mundo artificialmente limitado e limitativo. Resta a possibilidade de zombar dela inventando uma linguagem nova, que não seja mais um simples instrumento de discussão e de distinção entre "é isso" e "não é isso". Apenas o sábio conhece a realidade em sua autenticidade, pelo

4. Chuang-tse à escuta do Tao

fato de não perder nunca de vista a perspectiva do Tao e – para além da linguagem – o sentido:

> Os homens que estão à procura do Tao acreditam encontrá-lo nos escritos. Mas os escritos não valem mais que a palavra. Sem dúvida, a palavra tem um valor, mas este reside no sentido. Ora, o sentido se refere a algo, mas este algo não pode ser comunicado pelas palavras. No entanto, é por causa deste algo que os homens atribuem valor às palavras e transmitem os livros. Tudo isso, por mais que o mundo lhe dê valor, eu acho que não o merece, porque aquilo a que se dá valor não é o que há de mais precioso[25].

E Chuang-tse conclui: "Aquele que sabe não fala, aquele que fala não sabe", paradoxo que encontramos encabeçando o *Laozi* 56 e que exprime um sonho, o de chegar a renunciar ao discurso:

> A razão de ser da nassa está no peixe; uma vez pego o peixe, esquece-se a nassa.
>
> A razão de ser da armadilha está na lebre; uma vez capturada a lebre, esquece-se a armadilha.
>
> A razão de ser das palavras está no sentido; uma vez captado o sentido, esquecem-se as palavras.
>
> Onde encontrarei aquele que sabe esquecer as palavras para lhe dizer duas palavras?[26]

O discurso pode cobrir certo domínio e levar até a certo ponto, para além do qual só resta mergulhar no esquecimento para fundir-se numa outra ordem:

> Desde que as coisas existem, o discurso pode dominá-las, o conhecimento pode dar uma visão global delas, esse é o ponto supremo do mundo das coisas. Mas aquele que contempla o Tao não as persegue até ao ponto em que elas desaparecem, ele não remonta até ao ponto onde elas têm seu início: este ponto é o ponto onde pára a discussão[27].

Como um peixe no Tao

> Confúcio diz: "Os peixes vivem entre eles na água, os homens vivem entre eles no Tao. Para os seres que evoluem na água basta cavar um açude para que encontrem ali sua subsistência. Para aqueles que evoluem no Tao, basta-lhes permanecer inativos para que sua vida siga seu curso. É o que me leva a dizer que os peixes esquecem-se entre si nos rios e lagos, e os homens esquecem-se entre si na arte de seguir o Tao"[28].

A metáfora aquática é sem dúvida – e os pensadores chineses de todos os partidos perceberam-no muito bem – a mais apta para evocar o Tao: a água segue um curso natural que segue e contorna os relevos em vez de procurar modificá-los, ao passo que o homem não pára de resistir-lhe ou de criar-lhe obstáculos: através das instituições, da linguagem, de tudo aquilo que tende a fixar normas, a impor quadros permanentes:

> Confúcio contemplava as quedas de Lüliang. A água caía de uma altura de trezentos pés e em seguida descia rapidamente fazendo espuma por quarenta léguas. Uma tartaruga ou um crocodilo não poderiam nadar ali, mas não é que Confúcio viu um homem nadando nesse lugar! Pensou que era um infeliz que queria morrer e deu ordem a seus discípulos de costear o rio para tirá-lo de lá. Mas, algumas centenas de passos mais adiante, o homem saiu da água e, cabelos ao vento, começou a passear pela margem cantando.

> Confúcio alcançou-o e lhe disse: "Pensei que eras um demônio, mas, olhando mais de perto, vejo que és um homem em carne e osso. Posso perguntar-te se tens um tao para sobrenadar assim?

> – Não, respondeu o homem, não tenho nenhum. Parti do dado original (*gu* 故), desenvolvi minha natureza (*xing* 性) e cheguei ao destino (*ming* 命). Mergulho com a água que cai e venho à tona com a

água que reflui, sigo o tao da água sem procurar impor meu eu, e é assim que sobrenado".

Confúcio perguntou então: "O que queres dizer com 'partir do dado original, desenvolver sua natureza e chegar ao destino'?"

O homem respondeu: "Nasci nestas colinas e aqui estou em casa: eis o dado. Cresci na água e nela encontro-me em meu elemento: é minha natureza. É assim sem eu saber por que: esse é o destino"[29].

A mão e o espírito

Para entrar na corrente do Tao, Chuang-tse, assim como o nadador, abandona a "resolução de aprender", ponto de partida do projeto confuciano, para procurar do lado do "saber-fazer" (*savoir-faire*, tino, habilidade), do "toque de mão" instintivo e no entanto adquirido do artesão. Apreender o Tao é uma experiência que não se pode exprimir nem transmitir pelas palavras. Enquanto o intelecto nunca pode conhecer nada com certeza, a mão sabe o que ela faz com uma segurança infalível, ela sabe fazer o que a linguagem não sabe dizer. Mas este saber-fazer da mão não é em si senão uma metáfora para designar um certo tipo de conhecimento privilegiado pelos pensadores chineses: um conhecimento que não resultaria da aquisição de um conteúdo, mas de um processo de aprendizado como o de um ofício, que não se adquire num dia, mas que "entra" imperceptivelmente.

A metáfora artesanal encontra-se ilustrada e desenvolvida em muitas historietas. Uma das mais famosas é sem dúvida a do cozinheiro Ding no capítulo 3 intitulado "Da maneira essencial de nutrir o princípio vital":

> O cozinheiro Ding trincha um boi para o príncipe Wenhui. Ele dá palmadas com a mão, apóia com o ombro, bate com o pé, faz vergar com o joelho, ouve-se os ossos do animal estalarem por todas as partes, e a lâmina penetrar nas carnes, tudo em cadên-

cia, ora segundo a dança da Floresta das Amoreiras, ora segundo o ritmo do Jingshou[30].

O príncipe Wenhui exclama: "Bravo! Que maravilha poder atingir uma técnica tão perfeita!"

O cozinheiro Ding põe de lado o cutelo e responde: "O que vosso criado mais procura é o Tao, depois de deixar para trás a simples técnica.

No início, quando comecei a trinchar bois, não via senão bois inteiros ao meu redor. Ao cabo de três anos, eu não via mais o boi inteiro. Agora, eu não o percebo mais com os olhos, mas o apreendo através do espírito (*shen* 神). Lá onde pára o conhecimento sensorial, é o desejo do espírito que tem livre curso.

Conformando-se com as linhas condutoras naturais (*LI* 理)[31], meu cutelo talha ao longo dos grandes interstícios, deixa-se guiar pelas principais cavidades, segue seu caminho necessário; jamais toca nos ligamentos nem nos tendões, e menos ainda nos ossos. Um bom cozinheiro muda de cutelo uma vez por ano, pois ele corta; um cozinheiro mediano muda uma vez por mês, pois ele pica em pedaços. O cutelo de vosso criado tem dezenove anos de uso, trinchou milhares de bois, mas a lâmina é como que nova, apenas saída do rebolo. Vede esta articulação: ela tem um interstício; ora, a lâmina do cutelo não tem espessura. Se cortardes num interstício com alguma coisa que não tem espessura, podereis passar ali vossa lâmina comodamente, e ainda com folga! É por isso que, ao cabo de dezenove anos, meu cutelo é como que novo, apenas saído do rebolo.

Dito isto, cada vez que chego a uma articulação complexa, vejo primeiro onde está a dificuldade e me preparo com cuidado. Meu olhar se fixa, meus gestos tornam-se mais lentos: vê-se mal e mal o movimento da lâmina e, de um só golpe, o nó é cortado, esboroa-se como um torrão de terra. E eu, eu fico com o cutelo na mão, olho tudo ao meu redor, feliz, e depois o limpo e o coloco em seu lugar".

4. Chuang-tse à escuta do Tao

> E o príncipe Wenhui conclui: "Excelente! Após ouvir as palavras do cozinheiro Ding, sei como nutrir o espírito vital!"[32]

Nesta célebre passagem é descrita uma verdadeira "fenomenologia da atividade"[33]. Trata-se de um saber-fazer bem preciso, e não de um estado de vaga e serena espontaneidade. Encontramos aqui uma idéia ligada na China a toda prática ao mesmo tempo física e espiritual: a idéia de *gongfu* 功夫. Este termo, popularizado – embora num sentido um tanto redutor – pelo gênero cinematográfico do *kung-fu*, designa o tempo e a energia que se dedica a uma prática com a finalidade de atingir um certo nível – idéia que se aproximaria com boas razões da noção de "treinamento", no sentido esportivo, cara a Michel Serres. Trata-se, portanto, do aprendizado de um saber-fazer que não se transmite pelas palavras:

> Certo dia em que o duque Huan está ocupado lendo na sala, e o segeiro Pian a talhar uma roda ao sopé da escadaria, este último põe de lado o cinzel e o malho, sobe os degraus da escada e pergunta ao duque: "Posso perguntar-vos o que estais lendo?"
>
> Responde o duque: "São as palavras dos sábios.
>
> – Mas estes sábios estão vivos?
>
> – Não, estão mortos há muito tempo.
>
> – Então, conclui o segeiro, o que estais lendo não é senão os detritos dos antigos!"
>
> E o duque Huan exclama: "Aquilo que leio, como um segeiro ousaria discutir? Se souberes justificar-te, tudo bem; se não, morrerás".
>
> O segeiro Pian disse então: "Vosso criado vê as coisas a partir de sua humilde experiência. Para talhar uma roda, um golpe dado com muita suavidade não corta; se for dado com muita força, resvala na madeira. Nem forte demais nem suave demais: eu tenho o golpe na mão e a reação no espírito. Há nisto uma habilidade que não pode ser expressa em palavras. Eu não pude ensiná-la a meu filho, como também

ele não pôde aprendê-la de mim, de modo que aos sessenta anos eis-me ainda a talhar rodas. Os antigos levaram consigo para a morte tudo aquilo que não puderam transmitir; assim, portanto, o que estais lendo não é senão os detritos dos antigos!"[34]

O segeiro fala de uma experiência comparável à do cozinheiro Ding: quando chega a um nó delicado, ele suspende seu gesto, concentra a atenção até tudo ficar claro para ele e, então, corta com um só golpe. Neste instante há identificação perfeita entre a mão e o espírito, concomitância entre a segurança da primeira e a lucidez do segundo que não passa pela intermediação do intelecto. O termo *shen* 神, que originariamente designa o divino ou o espiritual, chega, como o termo *ling* 靈 ("maravilhoso", "mágico"), com o qual muitas vezes é associado, a evocar o espírito quando está no apogeu da vida, da espontaneidade, do natural, e que se move sem qualquer entrave, o entrave que poderia representar todo esforço de reflexão, de conceitualização ou de formulação. O movimento do *shen* não é, porém, o da inconsciência, e menos ainda do inconsciente, mas o do esquecimento da consciência. Isso não pode ser descrito por palavras: somente pode evocá-lo a perfeição fulgurante do gesto que, através de muita prática e apuramento, já não é mais consciente. O espírito está então "totalmente à vontade e permanece neste estado, ao ponto de esquecer-se de que está todo feliz em seu estar-à-vontade"[35].

O espontâneo como num espelho

A história do cozinheiro Ding, como a do segeiro Pian, ilustra um tema central do pensamento taoísta: o espontâneo (do latim *sponte sua*, que traduz muito bem *ziran* 自然, literalmente "por si mesmo assim"). Esta espontaneidade, longe de exaltar uma liberdade qualquer à maneira romântica, deveria, pelo contrário, ser associada ao "inevitável" (*bu de yi* 不得已), ao "caminho necessário" seguido pelo cutelo do cozinheiro, ou ainda ao "destino" evocado pelo nadador. Ao passo que o

4. Chuang-tse à escuta do Tao

romantismo privilegia a intensidade da emoção espontânea, o "grito do coração", correndo o risco de deformar a realidade através da subjetividade, Chuang-tse faz questão, pelo contrário, de precisar que "no espontâneo, que consiste em pôr-se de acordo com as coisas, não há lugar para o eu", à semelhança do nadador que "segue o tao da água sem procurar impor seu eu".

O espontâneo, ensina-nos o cozinheiro Ding, é alcançado ao preço de uma concentração intensa numa situação pontual, que exige um máximo de lucidez e de clarividência, ultrapassando a tendência habitual a julgar, a classificar. Um ato não será, portanto, "por si mesmo assim" senão com a condição de "nada ajuntar à vida", de seguir ou de refletir perfeitamente a situação tal como ela se apresenta, à maneira de um espelho que reflete sem paixão as coisas como elas são. A "lucidez", a "clarividência" do sábio são as do espelho, metáfora recorrente ao longo de todo o *Zhuangzi*:

> O homem completo faz de seu coração um espelho. Ele não se apega às coisas, como tampouco vai ao encontro delas. Contenta-se em responder a elas, sem procurar retê-las. Assim ele é capaz de dominar as coisas sem ser atingido nele mesmo[36].

Esta passagem é comentada da seguinte maneira pelo pensador chinês contemporâneo Tang Junyi: "Geralmente, nós conhecemos as coisas através dos conceitos e dos nomes. Quando estes são aplicados às coisas que se apresentam à nossa atenção, nós vamos ao encontro delas. Neste caso, a mente não é puramente receptiva. A única maneira de remediar esta maneira comum de pensar é transcender e abandonar nossos conceitos e nomes habituais, a fim de permitir que se faça o vazio em nossa mente. Então a mente se torna puramente receptiva e está pronta a acolher as coisas plenamente, e assim todas as coisas se nos tornam transparentes. Produz-se então iluminação e esquecimento de si"[37].

Assim, o sábio é aquele que "não sendo ele próprio coisificado pelas coisas, é capaz de tratar as coisas como coisas"[38]:

> Quando o Santo atinge a quietude, ele não a atinge pelo fato de dizer para si que a quietude é boa; sua quietude vem do fato de nenhuma das mil coisas chegar a perturbar seu coração. Quando a água está calma, vemos nela com toda a nitidez o menor fio de barba ou de sobrancelha; ela está perfeitamente plana, como o nível do carpinteiro, e o melhor artesão a tomará como norma. Se até a água é clara quando está calma, quanto mais a quietude do espírito essencial (*jingshen* 精神), o coração do Santo, reflexo do Céu-Terra, espelho das mil coisas![39]
>
> Nele mesmo, não há ponto fixo.
> As coisas, ao tomarem forma, manifestam-se por si mesmas.
> No movimento, ele é como a água.
> Na quietude, como o espelho.
> Na resposta, como o eco[40].

Sonho ou realidade

O pensamento de Chuang-tse respira em dois tempos: começa por combater radicalmente a razão e o discurso, mostrando que todos os princípios que supostamente fundamentam o conhecimento e a ação carecem eles mesmos de fundamentos. Em seguida, uma vez que tudo foi demolido, coloca-se a questão de saber o que resta: nada mais que o natural e o espontâneo, aquilo que é "por si mesmo assim" e que basta refletir tal como ele é, como um espelho. Em vez de ser um irracional, Chuang-tse é um anti-racionalista. Ele não trata a realidade como um puro produto da imaginação, contentando-se em duvidar que a razão analítica possa nos mostrar o que o mundo é e em admitir sem discussão que só nos resta tomá-lo tal como ele é. Esta nuança aparece no famoso sonho de Chuang-tse-borboleta:

> Um dia, Chuang Zhou sonhava que era uma borboleta: estava todo contente de ser borboleta. Que

4. Chuang-tse à escuta do Tao

liberdade! Que fantasia! Havia esquecido que ele era Zhou. De repente, acorda e se encontra novamente todo espantado na pele de Zhou. Mas ele não sabe mais se foi Zhou que sonhou que era borboleta, ou se foi uma borboleta que sonhou que era Zhou. Mas entre Zhou e a borboleta deve haver uma distinção: é isso que chamamos de transformação das coisas[41].

Aqui, a intenção não é dizer: o que importam as coisas já que tudo é sonho *e não* realidade! O problema, para Chuang-tse, é justamente que não há meio de saber se aquele que fala está em estado de vigília *ou* de sonho, da mesma forma que não há meio de saber se o que pensamos conhecer é conhecimento *ou* ignorância:

Sonhamos que estamos participando de uma festa: chegada a aurora, choramos. À noite, choramos; no dia seguinte de manhã, saímos para caçar. Enquanto sonhamos, não sabemos que é um sonho. Em nosso sonho, explicamos um outro sonho, e só ao despertar é que ficamos sabendo que era um sonho. E só no momento do grande despertar é que saberemos que era um grande sonho. Apenas os tolos se julgam despertos, estão até perfeitamente certos disso. Príncipes, pastores, todos unidos nesta mesma certeza! Confúcio e vocês nada mais fazem do que sonhar; e eu, que digo que vocês estão sonhando, estou também em sonho[42].

Esta maravilhosa meditação não deixa de evocar a fórmula igualmente bela de Pascal:

Não poderia ser que esta metade da vida não passe, ela própria, de um sonho, no qual os outros estão encaixados, sonho do qual acordamos na morte? [...] Quem sabe se esta outra metade da vida, na qual pensamos estar acordados, não é um outro sono um pouco diferente do primeiro?[43]

Homem ou Céu

A meditação sobre a distinção, totalmente relativa, entre estado de vigília e estado de sonho deve ser reintegrada numa meditação mais geral sobre a distinção, igualmente relativa segundo Chuang-tse, entre o que se refere ao Homem e o que se refere ao Céu (ou ao Tao). Distinção tradicional no pensamento chinês, particularmente na corrente confuciana, na qual são nitidamente delimitados, de uma parte, o domínio do Homem, ou seja, o campo dentro do qual ele pode pretender exercer uma ação, e, de outro, aquilo que ultrapassa este campo e sobre o qual o Homem não pode agir, a saber, o Céu:

> O que é da alçada do Céu? O que é da alçada do Homem? Resposta: O fato de que bois e cavalos têm quatro patas é da alçada do Céu; pôr rédeas na cabeça dos cavalos e furar o focinho dos bois é da alçada do Homem[44].

Ora, para Chuang-tse, esta distinção deve ser recusada como todas as outras: como saber o que, em nós, é da alçada do Homem e o que é da alçada do Céu? Da mesma forma como não posso jamais estar certo de fazer alguma coisa realmente em estado de vigília em vez de estar simplesmente sonhando que o faço, é-me impossível determinar com certeza se o agente de minhas ações sou eu mesmo ou é o Céu que age em mim.

Na verdade, cada vez que minha ação é voluntária, cada vez que ela procura "impor meu eu" indo à contracorrente do curso natural das coisas, ela é da alçada do Homem ou daquilo que os taoístas chamam de *wei* 為, o agir-que-força a natureza. Quando, ao contrário, a ação vai no sentido das coisas, quando ela se deixa levar pela corrente, como o nadador que "segue o tao da água sem procurar impor seu eu", ela é da alçada do natural (ou seja, do Céu ou do Tao), ou ainda do *wuwei* 無為, o não-agir, ou melhor, o agir-que-segue a natureza, que não impõe nenhuma coação. Tudo aquilo que no homem quer, analisa, constrói, faz distinções (em suma, tudo aquilo que entraria

4. Chuang-tse à escuta do Tao

na definição do ego) não representa senão a parte periférica de seu ser. Somente quando ele a abandona é que o homem reencontra seu centro – que não é outro senão a parte do Céu:

> Conhecer aquilo que depende da ação do Céu e aquilo que depende da ação do Homem, eis o conhecimento supremo. Aquele que conhece a ação do Céu vive da vida do Céu. Aquele que conhece a ação do Homem serve-se daquilo que ele conhece por seu intelecto para alimentar aquilo que seu intelecto não conhece. Chegar ao fim dos anos concedidos pelo Céu sem ser ceifado a meio caminho é alcançar a plenitude do conhecimento[45].

> Chuang-tse diz: "Conhecer o Tao é fácil; o que não é fácil é não falar dele. Conhecê-lo e não falar dele é o meio para alcançar o Céu; conhecê-lo e falar dele é o meio para alcançar o Homem. Os antigos reportavam-se ao Céu e desdenhavam o Homem"[46].

O ideal seria que o homem se desfizesse não somente de sua natureza propriamente humana (*xing* 性), que o pensamento confuciano faz derivar do Céu, mas que em Chuang-tse, ao contrário, aparece como a parte incômoda que impede a verdadeira natureza do homem de fluir de fonte celeste, mas também de suas "características intrínsecas" (*qing* 情) que são as emoções e os sentimentos:

> Huizi (Hui Shi) diz certo dia a Chuang-tse: "É possível que um homem não tenha as características do humano?"
>
> Chuang-tse lhe responde: "Perfeitamente".
>
> Huizi: "Se um homem não tem essas características, o que é que permite chamá-lo de 'homem'?"
>
> Chuang-tse: "O Tao lhe deu seu aspecto, o Céu lhe deu sua forma, como poderíamos não chamá-lo de 'homem'?"
>
> Huizi: "Mas, dado que o chamamos de 'homem', como poderíamos negar-lhe aquilo que o caracteriza?"

> Chuang-tse: "O fato de afirmar: 'É isso', 'Não é isso', eis o que considero como característico do humano. Para mim, estar privado disto é não deixar-se afetar interiormente por seus gostos e suas aversões, ter como norma seguir o curso natural sem pretender trazer alguma coisa para a vida".
>
> Huizi: "Se o homem não traz nada para a vida, como poderia ele sequer existir?"
>
> Chuang-tse: "O Tao lhe deu seu aspecto, o Céu sua forma, baste-lhe não deixar-se afetar interiormente por seus gostos e suas aversões. Considera-te antes a ti mesmo:
> Sempre a dispersar tua força espiritual.
> Sempre a desperdiçar tua energia essencial.
> Sempre a tagarelar apoiado contra uma árvore
> Até adormeceres sobre tua estercúlia.
> O corpo que o Céu te deu
> Tu o usas a fim de discutir sobre o 'duro' e sobre o 'branco'"[47].

O homem verdadeiro

Enquanto o homem confuciano é convidado a exaltar sua humanidade, Chuang-tse o exorta, pelo contrário, a fazê-la entrar em fusão com o Tao:

> O homem excepcional não é excepcional senão aos olhos dos homens, mas está no mesmo nível que o Céu. Não se diz porventura: "O homem de baixa condição aos olhos do Céu é homem de bem aos olhos dos homens; e o homem de bem aos olhos dos homens é homem de baixa condição aos olhos do Céu"?[48]

No *Zhuangzi* esboça-se um elemento importante da tradição taoísta posterior: a figura do Santo, do "homem verdadeiro" (*zhenren* 真人), aquele que "permanece um" ao ponto de nele não existir mais nem sequer demarcação entre Céu e

4. Chuang-tse à escuta do Tao

Homem[49]. Segundo Isabelle Robinet, "às questões que Chuang-tse coloca e que ele deixa em suspenso no plano do discurso e da conceitualização, o Santo é a única resposta, que se situa num outro nível. [...] Isento de toda preocupação moral, política ou social, de toda inquietude metafísica, de toda procura de eficácia, de todo conflito interno ou externo, de toda carência e de toda busca, ele tem o espírito livre e vive em perfeita unidade com ele próprio e com todas as coisas. Ele goza assim de uma total plenitude (ou integridade, *quan* 全) que lhe confere uma grande força, e reveste-se de uma dimensão cósmica"[50].

A força do Santo é descrita diversas vezes como invencível, inalterável, pois é a própria força, ou "virtude" (*de* 德), do Tao:

> Aquele que possui a força suprema, o fogo não pode queimá-lo nem a água afogá-lo, o calor e o frio não podem afetá-lo, os pássaros e os animais selvagens dilacerá-lo. Não que ele desdenhe tudo isso, mas ele está vigilante na segurança como no perigo, sereno na desgraça como na felicidade, prudente em seus avanços como em seus recuos; não há nada que o possa afetar. Não se diz: "O Céu está no interior, o Homem está no exterior"? Quanto à força, não depende senão do Céu[51].

> O homem completo tem algo de divino. Mesmo que houvesse um calor capaz de abrasar os grandes pântanos, ele não seria queimado; mesmo que houvesse um frio capaz de fazer gelar o rio Amarelo e o rio Han, ele não ficaria enregelado; mesmo que houvesse rajadas de trovão capazes de despedaçar as montanhas e furacões capazes de enfurecer o oceano, ele não ficaria apavorado. Um tal homem cavalgaria as nuvens e a bruma, montaria o sol e a lua, e iria muito além dos Quatro Mares. Se até a vida e a morte o deixam indiferente, que dizer das futilidades que são o lucro e a perda![52]

É mediante esta "potência espiritual divina" (*shen* 神) que o homem verdadeiro funde-se com o Tao, experiência descrita como uma "viagem do espírito" (*shenyou* 神遊), vôo místico ou êxtase que deixa o corpo "como torrão de terra" ou "madeira seca" e o coração como "cinza apagada"[53].

Preservar a energia essencial

A força que o Santo haure na força do Tao é de natureza espiritual, não se importando com o mundo físico: é a quintessência do *qi* 氣, que é ao mesmo tempo energia vital e influxo espiritual. Sendo o corpo percebido como *qi* no estado mais denso e mais compacto, este, para entrar em fusão com o Tao, deve ser refinado o mais possível até chegar à tenuidade e à subtilidade de seu estado "quintessencial" (*jing* 精), ou seja, ao estado espiritual (*shen* 神). O composto *jingshen* 精神, que traduz a noção de espírito na língua moderna, designa o *qi* naquilo que ele tem de mais sutil e mais intangível, permanecendo embora perfeitamente concreto.

Este necessário refinamento, não somente do corpo físico em seu peso e sua falta de mobilidade, mas também de um ego demasiadamente pesado para entrar na fluidez do Tao, pode ser atingido mediante práticas bem concretas, agrupadas sob a designação genérica de "trabalho sobre o *qi*" (*qigong* 氣功), que não é senão um aspecto do *gongfu* 功夫 mencionado anteriormente[54]: domínio da respiração, ginástica, meditação ("sentado no esquecimento", *zuowang* 坐忘), disciplina sexual etc. O *Zhuangzi* prefere a designação mais poética de "jejum do coração" (*xinzhai* 心齋), descrito num diálogo que põe em cena Confúcio e seu discípulo preferido Yan Hui:

> A Hui, que solicita o ensinamento do Mestre sobre o jejum do coração, Confúcio responde: "Unifica tua intenção. Em vez de escutar com o ouvido, escuta com o coração. Em vez de escutar com o coração, escuta com o *qi*. A audição detém-se no ouvido, o coração detém-se naquilo que se harmoniza

4. Chuang-tse à escuta do Tao

com ele. O *qi* é o vazio que acolhe todas as coisas. Ora, somente o Tao acumula o vazio. Este vazio é o jejum do coração"[55].

Uma passagem famosa num capítulo "externo" do *Zhuangzi* alude a práticas respiratórias e ginásticas que prefiguram os exercícios do *taijiquan* 太極拳 :

> Soprar e respirar, expirar e inspirar, expelir o ar usado e absorver ar fresco, espreguiçar-se à maneira do urso ou do pássaro que estende as asas, tudo isso não visa senão a longevidade. É o que é apreciado pelo praticante que se esforça por guiar e induzir a energia, pelo homem que quer alimentar seu corpo, ou por quem espera viver tanto quanto Peng Zu[56].

Para Chuang-tse, a fusão com o Tao não é uma serena imersão no Grande Todo; ela não se consegue senão ao preço de uma longa e regular prática de refinamento, cujo resultado não consiste em abismar-se numa totalidade indiferenciada, mas em considerar as coisas como o faria um espelho, não para ter domínio sobre elas, mas ao contrário para desapegar-se delas.

Desapego supremo

Chuang-tse não nega a relação do homem com o mundo. O Santo é simplesmente aquele que consegue manter esta relação sem deixar-se "coisificar pelas coisas": está aqui toda a diferença em relação à perspectiva budista, que recorre, no entanto, à mesma imagem do espelho. Para Chuang-tse, é preciso libertar-se, esvaziar-se do mundo, mas não para negá-lo em nome de sua impermanência, tema budista por excelência. Ao contrário, fundindo-se com o Tao, o homem reencontra seu centro e não é mais afetado por aquilo que a mente humana considera ordinariamente como sofrimento: declínio, doença, morte. Em Chuang-tse, e em todo o pensamento antigo em geral, o problema do sofrimento e da morte não é nunca colocado de frente, justamente porque sofrimento e morte não são percebidos como mal absoluto, mas antes como fazendo parte do processo natural:

> O Tao não tem nem fim nem começo. Os seres conhecem morte e vida, sem nunca ter a garantia de sua realização. Ora vazios, ora cheios, não consistem em formas fixas. Os anos não podem ser retidos, como tampouco o tempo suspenso. Declínio e crescimento, plenitude e vazio, tudo acaba apenas para recomeçar[57].

Para retomar as palavras de Isabelle Robinet, "por serem cíclicos, o tempo e o mundo dos taoístas permitem um recomeço, um renascimento; são um tempo e um mundo de eternas transformações. A particularidade, nitidamente declarada, deste tempo circular é ser reversível, ao contrário, dizem os taoístas, do tempo ordinário dos homens, que não tem retorno e encaminha-se vectorialmente para um fim, a morte"[58]. Nesta perspectiva, até a coisa mais trágica para um ser humano, sua própria morte, sua própria decomposição, já não lhe parece mais horrível se ele toma consciência de que ela não é senão uma das muitas fases de transformação do Tao. Prova disso é a atitude, aparentemente provocadora e eminentemente contrária aos ritos, de Chuang-tse por ocasião da morte de sua mulher:

> Quando a mulher de Chuang-tse morreu, Huizi (Hui Shi) veio apresentar suas condolências. Encontrou Chuang-tse acocorado, joelhos afastados, ocupado em bater numa panela e cantar.
>
> Huizi lhe diz: "Quando alguém viveu com uma pessoa, criou filhos e envelheceu com ela, já é um cúmulo não chorar sua morte; o que dizer, então, desta maneira de bater numa panela cantando!"
>
> Chuang-tse respondeu: "Tu te enganas. No momento de sua morte, como não teria eu sentido a imensidão da perda? Pus-me então a remontar à sua origem: houve um tempo em que ainda não havia a vida. Não apenas não havia a vida, mas houve

4. Chuang-tse à escuta do Tao

um tempo em que não havia forma. Não apenas não havia forma, mas houve um tempo em que não havia *qi*. Misturado no amorfo, alguma coisa se transformou, e houve o *qi*; alguma coisa no *qi* se transformou, e houve as formas; alguma coisa nas formas se transformou, e houve a vida. Ora, agora, após uma outra transformação, ela se foi para a morte, acompanhando assim o ciclo das quatro estações: primavera, verão, outono, inverno. No momento em que ela se deitou para dormir na maior das mansões, eu não pude senão chorá-la; mas veio-me a idéia de que eu não compreendia nada do destino, e por isso deixei de chorar"[59].

Quando o homem deixa de agitar-se, de querer, de impor às coisas seus esquemas de pensamento e seu modo de ação, quando ele se contenta em estar à escuta e em refletir as coisas tais como elas são, numa palavra, quando ele dá de mão às coisas, que lhe resta como modo de existência fundamental? O nascimento, o crescimento, o declínio e a morte: todos eles processos espontâneos, naturais, que dependem do Céu. É este o nosso "destino celeste", que no entanto é o mais difícil de aceitar porque queremos sempre decidir, sempre escolher; nossa maneira e nossa razão de ser é querer.

É por isso que Chuang-tse propõe passar a um nível totalmente diferente, abrindo bruscamente uma perspectiva em profundidade, onde se percebe de uma só vez – no que pode ser considerado uma iluminação – o infinito, o insondável do Tao, que sorve a mente como um turbilhão numa regressão sem fundo. Ao lado da tentação de abandonar-se à vertigem, a mente não pode deixar de colocar-se a questão última da existência de um "criador" (*zaowuzhe* 造物者), evocada diversas vezes no *Zhuangzi*, mas que permaneceu em suspenso:

O Céu gira? A Terra é fixa?
O sol e a lua disputam seu lugar entre si?
Quem preside a tudo isso? Quem o coordena?
Quem, sem nada fazer, lhe confere impulso e movimento?

Pensar-se-á numa mola, num mecanismo com movimento inelutável (*perpetuum mobile*)? Imaginar-se-á que tudo isso se move e gira sobre si mesmo sem poder parar?[60]

Notas do capítulo 4

1. Note-se que, na literatura taoísta, o Tao é muitas vezes simbolizado pela música. Sob a cacofonia dos taos, o *Zhuangzi* sonha encontrar a harmonia primeira do Tao, como no cap. 33: "A multiplicidade dos taos e das técnicas dilacera a unidade do mundo".

2. Em nossa opção de, contrariamente ao costume estabelecido, apresentar o *Zhuangzi* antes do *Laozi*, seguimos o eminente sinólogo britânico Angus C. GRAHAM, mesmo que este permaneça prudente: "Pelo fato de os 'capítulos internos' [do *Zhuangzi*] não fornecerem nenhuma indicação clara de um conhecimento do *Laozi*, este último é abordado sem inconveniente depois de Chuang-tse, embora não haja prova positiva de que seja mais tardio", cf. *Disputers of the Tao. Philosophical Argument in Ancient China*, La Salle (Illinois), Open Court, 1989, p. 217-218.

3. Cf., no entanto, a boa tradução de Angus C. GRAHAM, *The Book of Lieh-tzu*, Londres, John Murray, 1961.

4. Cf. Isabelle ROBINET, *Histoire du taoïsme des origines au XIVe siècle*, Paris, Cerf, 1991; Herrlee G. CREEL, *What is Taoism? And Other Studies in Chinese Cultural History*, University of Chicago Press, 1970; Holmes WELCH, *Taoism: The Parting of the Way*, Boston, Beacon Press, 1957, ed. revista 1965; Nathan SIVIN, "On the Word 'Taoist' as a Source of Perplexity: With Special Reference to the Relations of Science and Religion in Traditional China", *History of Religions*, 17/3-4 (1978), p. 303-330. Cf. também o balanço dos estudos taoístas feito no importante artigo, acompanhado de uma bibliografia exaustiva, de Anna SEIDEL, "Chronicle of Taoist Studies", *Cahiers d'Extrême-Asie*, 5 (1989-1990), p. 223-347; e Knut WALF, *Westliche Taoismus-Bibliographie*, 3ª ed., Essen, 1992.

5. Por ocasião de uma conferência não publicada, pronunciada em novembro de 1991 na Escola Normal Superior, e à qual este capítulo muito deve. Pode-se consultar a tradução integral de Burton WATSON, *The Complete Works of Chuang Tzu*, Nova York, Columbia University Press, 1968. A tradução francesa de LIOU Kia-hway, *Oeuvre complète de Tchouang-tseu*, Paris, Unesco, 1969, é infelizmente pouco recomendável. Para os sete "capítulos internos", a melhor tradução continua sen-

4. Chuang-tse à escuta do Tao

do a de Angus C. GRAHAM, *Chuang-tzu. The Seven Inner Chapters and Other Writings from the Book Chuang-tzu*, Londres, Allen and Unwin, 1981; existe uma tradução em francês, bastante livre e com poucas notas, de Jean-Claude PASTOR, *Zhuangzi (Tchouang-tseu), les chapitres intérieurs*, Paris, Cerf, 1990.

Entre os numerosos estudos sobre o *Zhuangzi*, cf. especialmente: Martin BUBER, *Reden und Gleichnisse des Tschuang-Tse*, Leipzig, Insel, 1910; CHANG Tsung-tung, *Metaphysik, Erkenntnis und praktische Philosophie im Chuang-Tzu*, Frankfurt, Klostermann, 1982; Victor H. MAIR (ed.), *Experimental Essays on Chuang Tzu*, Honolulu, University of Hawaii Press, 1983; Paul KJELLBERG e Philip J. IVANHOE (eds.), *Essays on Skepticism, Relativism, and Ethics in the Zhuangzi*, Albany, State University of New York Press, 1996; Roger T. AMES (ed.), *Wandering at Ease in the Zhuangzi*, Albany, State University of New York Press, 1988; Jean-François BILLETER, *Leçons sur Tchouang-tseu*, Paris, Editions Allia, 2002.

6. Cf. *Shiji (Memórias históricas)*, cap. 63.

7. Isabelle ROBINET, em sua *Histoire du taoïsme*, p. 42, aproxima do *Zhuangzi* a tradição das *Elegias de Chu (Chuci)*, conjunto de poemas datado do séc. III-II e oriundo do veio xamanista do Sul da China.

8. *Zhuangzi* 17, p. 266-267. A edição utilizada aqui é o *Zhuangzi jishi* de GUO Qingfan, na série ZZJC.

9. Cf. cap. 3, "Introdução à argumentação no *Mozi*", e cap. 5, "Os lógicos".

10. *Zhuangzi* 17, p. 267-268.

11. Sobre Hui Shi, cf. Ignace KOU Pao-koh, *Deux Sophistes chinois: Houei Che et Kong-souen Long*, Paris PUF, 1953; Ralf MORITZ, *Hui Shi und die Entwicklung des philosophischen Denkens im alten China*, Berlim, Akademie, 1973; Jean-Paul REDING, *Les fondements philosophiques de la rhétorique chez des sophistes grecs e chez les sophistes chinois*, Berna, Peter Lang, 1985, p. 274-385, e "Greek and Chinese Categories: A Reexamination of the Problem of Linguistic Relativism", *Philosophy East and West*, 36/4 (1986), p. 349-374; Lisa RAPHALS, *Knowing Words: Wisdom and Cunning in China and Greece*, Cornell University Press, 1992.

12. *Zhuangzi* 33, p. 476-477 (a numeração das proposições é da autora).

13. *Zhuangzi* 17, p. 248.

14. *Zhuangzi* 1, p. 1-2 e 8.

15. *Zhuangzi* 2, p. 39-40.

16. Sobre este capítulo, cf. a tradução parcial e o estudo de Jean-François BILLETER, "Arrêt, vision et langage: Essai d'interprétation du *Ts'i wou-louen* de Tchouang-tseu", *Philosophie*, 44 (1994), p. 12-51.

17. *Zhuangzi* 2, p. 36-40.

18. *Zhuangzi* 2, p. 50-51.

19. *Zhuangzi* 6, p. 102. Sobre o significado técnico da palavra *dang* ("calhar perfeitamente", "corresponder à realidade") cf. cap. 5, "Concepção instrumental da linguagem".

20. Cf. *Language and Logic*, p. 64. Note-se que o termo *zhi*, na passagem do *Zhuangzi* 2 acima citada, foi traduzido por "arbitrar". Sobre a questão do conhecimento e como contraponto às teses de HANSEN, cf. Christoph HARBSMEIER, "Conceptions of Knowledge in Ancient China", em Hans LENK e Gregor PAUL (eds.), *Epistemological Issues in Classical Chinese Philosophy*, Albany, State University of New York Press, 1993, p. 11-30.

21. *Zhuangzi* 2, p. 43-44.

22. *Analectos* II,17.

23. *Zhuangzi* 27, p. 410. Para uma passagem paralela que põe em cena um personagem próximo de Confúcio, cf. *Zhuangzi* 25, p. 390.

24. *Zhuangzi* 2, p. 38-9. Esta passagem precede imediatamente a interpretação irônica dos paradoxos de Hui Shi citada acima na nota 15.

25. *Zhuangzi* 13, p. 217.

26. *Zhuangzi* 26, p. 407.

27. *Zhuangzi* 25, p. 394-395.

28. *Zhuangzi* 6, p. 123.

29. *Zhuangzi* 19, p. 288-289.

30. Trata-se de danças rituais, associadas respectivamente ao rei Cheng Tang, fundador da dinastia Shang, e ao soberano mítico Yao.

31. Sobre *LI*, noção-chave que aqui Chuang-tse ajuda a elaborar de maneira determinante e que será precisada e enriquecida ao longo da história do pensamento chinês, cf. acima cap. 1, "Ordem e rito".

32. *Zhuangzi* 3, p. 55-58.

33. Para uma interpretação interessante desta passagem e das seguintes, cf. Jean-François BILLETER, "Pensée occidentale et pensée chinoise: le regard et l'acte", em *Différences, Valeurs, Hiérarchie: Textes offerts à Louis Dumont*, Paris, Ed. de l'EHESS, 1984, p. 25-51.

34. *Zhuangzi* 13, p. 217-218.

35. *Zhuangzi* 19, p. 290.

4. Chuang-tse à escuta do Tao

36. *Zhuangzi* 7, p. 138. Sobre o tema do espelho, cf. o belo ensaio de Paul DEMIÉVILLE, "Le miroir spirituel", retomado em *Choix d'études bouddhiques (1929-1970)*, Leiden, Brill, 1973.

37. "The Individual and the World in Chinese Methodology", em Charles A. MOORE (ed.), *The Chinese Mind: Essentials of Chinese Philosophy and Culture*, Honolulu, University of Hawaii Press, 1967, p. 272.

38. *Zhuangzi* 11, p. 178.

39. *Zhuangzi* 13, p. 204.

40. *Zhuangzi* 33, p. 473.

41. *Zhuangzi* 2, p. 53-54.

42. *Zhuangzi* 2, p. 49-50.

43. *Pensées*, em *Pascal, Oeuvres complètes*, Paris, Éd. du Seuil, col. "L'Intégrale", 1963, p. 514 (Lafuma n. 131).

44. *Zhuangzi* 17, p. 260.

45. *Zhuangzi* 6, p. 101.

46. *Zhuangzi* 32, p. 453.

47. *Zhuangzi* 5, p. 99-100. "Duro e branco": título de um capítulo do *Gongsun Longzi*, atribuído ao lógico Gongsun Long, sobre o qual cf. cap. 5.

48. *Zhuangzi* 6, p. 124.

49. Cf. *Zhuangzi* 6, p. 108.

50. *Histoire du taoïsme*, p. 38.

51. *Zhuangzi* 17, p. 259-260.

52. *Zhuangzi* 2, p. 45-46.

53. *Zhuangzi* 2, p. 22.

54. Cf. acima, "A mão e a mente".

55. *Zhuangzi* 4, p. 67-68.

56. *Zhuangzi* 15, p. 237. Sobre as técnicas, inspiradas nos movimentos dos animais e que se tornaram correntes sob os Han às vésperas da era cristã, que consistem em "guiar e induzir" (*daoyin*) a energia vital de maneira a permitir-lhe circular livremente por todo o corpo, cf. Livia KOHN e SAKADE Yoshinobu (eds.), *Taoist Meditation and Longevity Techniques*, Ann Arbor, University of Michigan, 1989.

57. *Zhuangzi* 17, p. 259.

58. *Histoire du taoïsme*, p. 21.

59. *Zhuangzi* 18, p. 271.

60. *Zhuangzi* 14, p. 218-219.

5
Discurso e lógica dos Reinos Combatentes

O que está em jogo no discurso

No séc. IV-III, sob os Reinos Combatentes, elaboram-se as noções fundamentais de Tao ("Caminho"), *qi* ("energia vital"), Yin/Yang etc., mas o verdadeiro tema ao redor do qual elas se articulam é o do discurso. A guerra das vassalidades pela hegemonia trava-se também na guerra dos discursos, numa época em que se consolida nos pensadores chineses um verdadeiro fascínio pelos problemas da linguagem. Este fascínio, aliás, acaba por caracterizar todo o período anterior à introdução do budismo, que, a partir do séc. I d.C., traz concepções novas informadas por línguas indo-européias.

A categoria dos *shi* 士, que desde a época de Confúcio começa a emergir à frente das "quatro categorias do povo", não tem como atividade especializada senão o manejo do discurso, ao passo que as três outras (camponeses, artesãos, comerciantes) têm atividades bem determinadas por seu *status* social. Na sociedade hierarquizada dos Zhou, os *shi*, oficiais de graduação subalterna encarregados dos negócios do Estado, representavam a categoria inferior da aristocracia. Com o declínio desta última e o desmoronamento da hierarquia feudal pelo final das Primaveras e Outonos no séc. V a.C., a categoria dos *shi* adquiriu uma importância crescente, acedendo a um *status* social fortemente marcado pelo saber como instrumento de promoção[1]. Assiste-se então a uma especialização intelectual desta categoria, que se outorga um acesso mais amplo

5. Discurso e lógica dos Reinos Combatentes

à escrita, até então reservada aos escribas reais. No momento em que os ritos perdem seu significado na classe nobiliária sob os Reinos Combatentes, os *shi* permanecem os únicos depositários da tradição ritual ou escritural que eles chamam de Tao. Este "Caminho", que eles dizem ter herdado do espírito das instituições antigas e cuja salvaguarda eles assumem como missão, contribui muito para despertar neles a consciência de formar uma categoria à parte.

As diferentes correntes de pensamento oriundas da categoria dos *shi* dos Reinos Combatentes definem-se, em grande parte, em função de sua posição em relação ao discurso. Mostrando-se embora conscientes de seus perigos, os confucianos, cujos representantes mais destacados são Mêncio e Xunzi, não podem fazer outra coisa senão procurar utilizar da melhor forma possível o que permanece um dos trunfos principais da humanidade. Existem, por outro lado, os lógicos, técnicos do discurso que consideram o aperfeiçoamento do discurso um fim em si. Outros, como Lao-tse e Chuang-tse, procuram desacreditar totalmente o discurso e a razão humana em nome de uma realidade mais vasta e mais essencial: o Tao do natural e do espontâneo. Restam aqueles para os quais o discurso não é senão o instrumento de um poder erigido em algo absoluto: os legistas. A única corrente a situar-se fora deste debate é a corrente cosmológica, que, de maneira significativa, não é elaborada senão pelo final dos Reinos Combatentes e se desenvolve sobretudo sob os Han, no momento em que o discurso, após concluir sua missão de unificação do império, deixa de estar no centro das preocupações.

Os lógicos

Assim como muitos autores dos Reinos Combatentes, Hui Shi, um dos lógicos mais conhecidos e amigo de Chuang-tse[2], busca uma solução prática para os problemas da segunda metade do séc. IV e crê encontrá-la num discurso correto, segundo ele o instrumento mais eficaz para adaptar a ação às circunstâncias políticas do momento. Esta preeminência das questões práticas e normativas está certamente na origem de um preconceito muito difundido: o pensamento chinês proporia uma sabedoria muito bela, sem dúvida, mas totalmente desprovida de lógica. No presente capítulo procuraremos justamente mostrar de que maneira o pensamento antigo obedeceu a exigências lógicas, não apenas em sentido amplo, mas também num sentido mais técnico[3].

Antes de serem agrupados no séc. II a.C., na classificação Han, sob o rótulo de "escola das formas e dos nomes" (*xingmingjia* 刑名家), os lógicos, no início conhecidos como especialistas da argumentação (*bian* 辯), passaram da prática à teoria dessa arte particular. Como vimos, o caractere, composto de dois elementos simétricos de cada lado do radical da palavra 言, é muitas vezes intercambiável com seu homófono *bian* 辨, escrito com o radical da lâmina[4]. Trata-se, portanto, de uma operação de recorte, de discriminação, numa palavra, de análise lógica, que consiste em decidir (*de-cidere* = cortar) entre duas afirmações contraditórias:

> Dizer que nenhuma proposição prevalece na argumentação lógica não pode corresponder à realidade (*dang* 當). [...] A argumentação consiste nisto: um diz que é isso, e o outro que não é isso, e quem prevalece é aquele cuja proposição corresponde à realidade[5].

As teorias da escola moísta tardia (do final do séc. IV ao final do séc. III) sobre a lógica, mas também sobre muitos outros assuntos como a geometria, a ótica ou a mecânica, estão contidas no Cânon moísta (*Mojing*), que ocupa atualmente os seis capítulos centrais (40 a 45) do *Mozi*. Estes apresentam a visão coerente de um saber universal que abrangeria quatro disciplinas: conhecimento dos nomes, dos objetos, da maneira de relacioná-los e da maneira de agir[6].

A corrente moísta não faz nenhum segredo de sua decisão racional de voltar as costas às especulações sobre a relação entre Céu e Homem e de buscar para o pensamento ético fun-

5. Discurso e lógica dos Reinos Combatentes

damentos puramente lógicos. Mas, nos domínios tanto da lógica quanto da ética, o que é buscado não é tanto *a* Verdade e sim normas, critérios, pontos de referência para orientar o conhecimento e a ação. Portanto, o perigo inerente ao discurso não é tanto o de cair no erro como não-verdade e sim o de perder os próprios pontos de referência, concluindo, por exemplo, pela similaridade de proposições falsamente paralelas: um ladrão é um homem; mas, apesar do princípio geral de que é condenável matar um homem, não se segue que matar um ladrão equivale a matar um homem[7].

Com o Cânon moísta, o *Gongsun Longzi*, atribuído ao sofista Gongsun Long (inícios do séc. III a.C.), constitui nossa fonte principal relativa à disciplina lógica na China antiga. Na verdade, o texto tal como chegou até nós é uma falsificação dos séc. IV-VI d.C., mas pode-se ao menos atribuir certo grau de autenticidade aos dois primeiros capítulos, "Do cavalo branco" e "Da designação das coisas", de que trataremos mais adiante[8].

A escola dos lógicos apareceu de início sob um aspecto principalmente experimental, exploratório, ou mesmo lúdico, desacreditada pela maioria das outras correntes de pensamento como pura perda de tempo. Sem dúvida, os lógicos da China antiga compartilham com seus homólogos gregos o mesmo fascínio pela linguagem, a mesma impaciência de explorar as possibilidades e os limites de um instrumento que se acaba de descobrir. Ora, como mostra Chuang-tse, a razão como instrumento encontra seus limites no absurdo. Segundo A.C. Graham, enquanto os gregos teriam conseguido superar esta primeira etapa experimental estabelecendo as regras de uma lógica formal, na China o pensamento lógico parece ter mal e mal ultrapassado um estágio embrionário[9].

Concepção instrumental da linguagem

Um ponto comum a todas as correntes preocupadas de perto ou de longe com a questão da linguagem, e em contraste com a tradição filosófica grega, é a ausência de interesse pela definição como portadora de significado e meio de acesso à realidade das coisas. Enquanto os diálogos platônicos se preocupam principalmente em formular as definições mais exatas como meios para atingir o verdadeiro conhecimento, um Confúcio, um Mêncio ou um Lao-tse estão preocupados, pelo contrário, em evitar fornecer definições dos termos no entanto cruciais que eles utilizam: basta-nos, para exemplificar, a maneira pontilhista como Confúcio esboça a noção de *ren* em vez de delinear-lhe os contornos[10].

Esta recusa da definição não se explica apenas pelo temor de que ela seja necessariamente limitativa, mas de modo mais geral por uma diferença de intenção, o importante não sendo o significado teórico que se pode dar a uma noção, mas a maneira como esta deve ser utilizada e, sobretudo, vivida. De modo geral, os pensadores chineses que refletiram sobre a linguagem interessaram-se mais pelo aspecto pragmático da relação entre a linguagem e seus usuários do que pelo aspecto semântico de sua relação com a realidade extralingüística. Em outras palavras, a linguagem importa mais por sua função normativa do que por sua função descritiva, nitidamente privilegiada pela tradição aristotélica. Em vez de interrogar-se sobre seu caráter verdadeiro ou falso, perguntar-se-á prioritariamente qual efeito determinada crença poderá ter sobre os homens, ou quais implicações morais ou sociais poderão ser inferidas de determinada proposição.

O pensamento chinês distingue-se, portanto, em primeiro lugar, pelo acento que coloca na linguagem mais como geradora de comportamentos do que como expressão semântica de um conteúdo[11]. Mas trata-se apenas de uma diferença de acento, pois os pensadores da antiguidade chinesa, e mais particularmente os lógicos, sabiam muito bem distinguir entre uma proposição que é "verdadeira" no sentido de "calhar perfeitamente" (*dang* 當) por adequação à realidade dos fatos e uma proposição admissível, aceitável no sentido de ser logicamente possível (*ke* 可). É o caso, como veremos mais adiante, do paradoxo "Cavalo branco não é cavalo", que, com toda evidência, não corresponde a nenhuma realidade, mas cuja defensabilidade é preciso mostrar. É preciso, portanto, precaver-se contra uma tendência excessiva à modelização, que gostaria de fazer do chinês antigo a ilustração por excelência das teorias lógico-lingüísticas modernas[12].

A teoria dos "nomes de massa"

Os primeiros capítulos do *Gongsun Longzi*, que constituem os textos mais célebres sobre a lógica, são também os mais problemáticos da filosofia chinesa. Formularam-se, particularmente, uma grande quantidade de hipóteses quanto à interpretação do paradoxo do cavalo, mas nenhuma delas conseguiu encontrar uma chave totalmente convincente, fazendo o raciocínio de Gongsun Long parecer irremediavelmente uma espécie de mixórdia de argumentos especiosos. Recentemente Angus C. Graham e Chad Hansen tentaram voltar à questão, mostrando que são os nossos preconceitos que nos fazem considerar a lógica chinesa sob o ângulo errado[13]. Partindo da análise fundada sobre a relação entre o todo e suas partes, seria possível explicar estes textos como formando um conjunto coerente.

Hansen parece fornecer uma chave que, segundo Graham, abre enfim a porta para uma compreensão lógica desses textos, partindo da constatação de que os substantivos em chinês antigo funcionam mais como "nomes de massa" (*mass nouns*) do que como os "nomes contáveis" (*count nouns*: substantivos contáveis, ou seja, sujeitos à enumeração) das línguas indo-européias. Para dar um exemplo, o substantivo "gado" é um nome genérico, não contável se usado sozinho. Só pode ser contado se for acompanhado de um classificador de quantidade: uma cabeça, uma dúzia ou um caminhão de gado designará uma parte em relação ao todo que o termo gado em geral representa. Nisto, o substantivo "gado" se distingue do substantivo "boi", que é contável e que, enquanto tal, pode trazer a marca do singular ou do plural, e designa um indivíduo ou uma unidade, sendo que a soma de vários indivíduos ou unidades constitui uma classe. Podemos resumir dizendo que os nomes contáveis dão lugar à pergunta "um ou mais?", ao passo que os nomes de massa provocam a pergunta "pouco ou muito?" A dificuldade é que a afirmação de Chad Hansen "todos os nomes chineses são nomes de massa" é demasiado peremptória para ser exata, sobretudo aos olhos de um lingüista como Christoph Harbsmeier, que, através de uma análise sintática, mostra que a realidade do chinês antigo é muito mais complexa[14].

Segundo Hansen, raciocinando na base de nomes contáveis, as correntes de pensamento nascidas da tradição aristotélica tendem a conceber a realidade em termos de entidades identificáveis, designadas por nomes comuns ou substantivos. Nessas condições, a realidade aparece como descontínua, e portanto analisável (em átomos, por exemplo). Os pensadores chineses, em contrapartida, percebem a realidade como um todo contínuo, cujas partes se interpenetram e, através de apuramento, assumem formas (*xing* 形) cada vez mais particulares. É precisamente nestes termos que as cosmogonias da China antiga se representam o surgimento do mundo visível, não como criação *ex nihilo* da multiplicidade dos seres por um criador único, mas como processo de diversificação a partir de uma realidade original totalizante, o mais das vezes denominada Tao[15].

Uma concepção derivada de Aristóteles provocaria a problemática seguinte: quando chamo "cavalo" a um cavalo determinado e chamo igualmente "cavalo" a um outro cavalo determinado, o que é que me permite afirmar que estou falando da mesma coisa? A solução dada a esta questão encontra-se na noção de idéia ou de conceito. Não sendo uma "coisa", esta noção introduz uma inevitável dicotomia entre, por um lado, o mundo das coisas sensíveis e, por outro, o mundo das idéias, que se situa fora e acima do primeiro e que não é acessível senão pela mente. Será necessário então escolher entre as "idéias-realidades", que seriam objetos comuns a indivíduos parti-

5. Discurso e lógica dos Reinos Combatentes

culares (é a posição "realista"), e as "idéias-conceitos", comuns a todas as mentes (é a posição "conceptualista").

A concepção nominalista

Resta a terceira solução, que consiste em conceber não as idéias mas os nomes como simples instrumentos que permitem analisar a realidade: esta é a posição "nominalista" que caracteriza a reflexão de todas as correntes da China antiga preocupadas com a questão da linguagem. O interesse recai primeiramente na relação entre nomes (*ming* 名) e realidades (*shi* 實), não sendo as proposições tomadas em consideração senão num estágio mais tardio. Como bem observa Christoph Harbsmeier, "a preocupação principal não está essencialmente associada à relação entre dois termos. Os filósofos chineses da linguagem preocupavam-se principalmente com a relação entre os nomes e as coisas"[16]. Contrariamente à apresentação que disso fizeram alguns historiadores chineses preocupados em responder à acusação de tradicionalismo dogmático, em nenhuma destas teorias da linguagem intervém a noção platônica de "idéias" ou "ideais", nem mesmo de definições ou conceitos que representariam a essência (ou o sentido) dos nomes[17]. Todo o debate que tanto ocupou a escolástica medieval européia sobre a existência ou a não-existência dos universais não é apenas sem sentido no presente caso, mas pode constituir um grande obstáculo à compreensão dos debates chineses sobre a linguagem em sua especificidade.

Sendo a realidade percebida como um todo contínuo, a linguagem (o que os chineses chamam de "os nomes") aparece como um simples instrumento que permite "recortar" (*fen* 分), ou seja, praticar distinções pertinentes. Estes cortes colocam assim em evidência oposições e distinções que podem ser consideradas como outros tantos julgamentos de valor subjetivos e arbitrários. É aqui, com efeito, que se unem as funções descritiva e normativa da linguagem, sendo que o fato de recortar é uma maneira de analisar a realidade mas também de avaliá-la – é precisamente sobre este ponto que recai a crítica de Chuang-tse.

Segundo a interpretação de Hansen, a linguagem nada mais faz do que tomar "massas", como *coisas* recortadas e distintas umas das outras pelas práticas lingüísticas da comunidade, e fixar em cada coisa um nome. Para além do caráter convencional que a filosofia ocidental atribui aos sons ou símbolos utilizados pela comunidade dos locutores, semelhante concepção da linguagem vê a convenção não apenas na relação entre significante e significado, mas também no próprio recorte dos significantes. Nomear não é muito mais do que recortar, fazer distinções, que são elas próprias convencionais enquanto resultado de um consenso no seio da comunidade sobre a maneira de perceber o mundo.

Dito isto, os recortes praticados pelo discurso na realidade são feitos sempre "em situação", na medida em que são provocados por experiências vividas, concretas:

> Admissível (*ke* 可), dizes? Então, que seja admissível. Inadmissível? Então será inadmissível. O Tao se realiza à medida que nós nele caminhamos; as coisas tornam-se o que elas são à medida que nós as chamamos assim[18].

Com o pensamento na China acontece o mesmo que com a pintura de paisagem: os chineses nunca sentiram a necessidade de reconstituir a visão em perspectiva que supõe um ponto de vista ideal. Sempre lhe preferiram uma "perspectiva cavaleira" na qual o olho que olha faz parte da paisagem e evolui com ela. Da mesma forma como na pintura o olhar está sempre "em situação", o intelecto que tenta discernir os pontos de referência está também ele em situação, decide e leva em consideração as coisas à medida que progride no discurso, sem procurar estabelecer regras absolutas e definitivas (como o silogismo). Talvez seja esta uma das razões por que o pensamento lógico chinês nunca forjou para si um dispositivo sistemático de regras formais.

5. Discurso e lógica dos Reinos Combatentes

Podemos distinguir na concepção convencionalista da linguagem, própria da tradição chinesa, duas posições fundamentais. Para os confucianos, os nomes são puramente convencionais, mas há distinções "corretas" que a linguagem é obrigada a refletir: é este o conteúdo da "retificação dos nomes", segundo a qual a convenção lingüística, compreendida como uso normativo da linguagem, permite restabelecer um elo social enfraquecido[19]. O tecido lingüístico vem então paliar as falhas do tecido sociopolítico, restabelecendo a adequação correta entre os nomes e as realidades que eles devem designar. Numa concepção ritualista da linguagem, o simples fato de nomear comporta em si um julgamento de valor. A "retificação dos nomes" tem, portanto, o objetivo de criar uma espécie de linguagem ideal capaz de manter equilíbrio e harmonia no seio das relações sociais. Uma boa ilustração disso é fornecida por um autor do séc. I d.C.:

> Confúcio recusou-se a beber água da Fonte-dos-ladrões, e Zengzi não consentiu em penetrar num bairro chamado Vitória-sobre-a-própria-mãe, a fim de evitar todo contato com qualquer coisa de mau, de sujo, não querendo comprometer sua reputação em lugares que traziam nomes contrários à moral[20].

Mais convencionalista ainda é a posição do *Zhuangzi* e do *Laozi*, para os quais as próprias distinções entre as realidades são impostas pela linguagem, que estabelece ao mesmo tempo os nomes e as realidades. Enquanto a teoria da retificação dos nomes nada mais faz do que colocar a questão da adequação dos nomes às realidades, Chuang-tse denuncia esta questão como um falso problema, já que, para ele, nomes e realidades são simultânea e artificialmente estabelecidos pela linguagem. No capítulo 32 do *Laozi* (onde se trata da madeira bruta, metáfora da unidade original do Tao) aparece em luz crítica a dupla função da linguagem, analítica e avaliativa: "Desde que surgem os *zhi* 制, aparecem os nomes". Este termo *zhi* (cuja grafia comporta o radical da lâmina) pode designar tanto a ação de dissecar quanto toda instituição ou medida tendente a sobrepor certa ordem à realidade. Ora, conclui o capítulo 28, "o Mestre da Arte evita cuidadosamente cortar".

Também a teoria dos moístas tardios pode ser qualificada de nominalista pelo fato de se julgar que um nome "antecipa" (*ju* 舉) uma coisa ou uma porção de realidade. É em função da escala da "antecipação" que convém distinguir entre nomes individuais, genéricos e universais. Um dos grandes centros de interesse da lógica moísta é fixar os critérios de distinção para os nomes genéricos. Dá-se a um objeto o nome de "cavalo" e aplica-se este nome a toda coisa que lhe é semelhante ou do mesmo tipo (*lei* 類). O nome "cavalo" não é, portanto, senão a abreviação de "semelhante ao objeto cavalo", e referir-se a alguma coisa equivale a dizer a que ela se assemelha.

"Cavalo branco não é cavalo"

Pensar em termos de "nomes de massa" implica sobretudo que a relação entre a classe e os membros que a compõem se torna uma simples variante da relação entre o todo e suas partes. Contrariamente à lógica aristotélica, que concebe a definição de uma coisa em particular a partir daquilo que esta coisa não é ou daquilo que ela exclui, a lógica chinesa propõe um modo de identificação por inclusão: uma coisa é um todo que inclui partes, não sendo a parte idêntica ao todo. Esta concepção encontra-se tanto em Gongsun Long como no Cânon moísta.

É sobre esta concepção da relação entre o todo e suas partes que, segundo Hansen, seguido nisto por Graham, Gongsun Long apoiaria a demonstração lógica de seu famoso paradoxo: "Cavalo branco não é cavalo". Enquanto não se abandonar a idéia preconcebida de que Gongsun Long fala em termos de relação entre classe e membro, ou mesmo entre universal e particular, não se chegará a compreender como ele pode pôr num mesmo plano "cavalo" e "branco", forma e cor, elementos que ele apenas separa ou combina. Mas, desde que se compreenda que "cavalo" deve ser considerado como um

5. Discurso e lógica dos Reinos Combatentes

todo, uma massa composta de partes homogêneas em termos de forma, e "branco" como uma outra massa composta de partes homogêneas em termos de cor, pode-se admitir que um cavalo branco é realmente a combinação de uma parte da primeira massa e de uma parte da segunda. Desde que a concepção da linguagem está pautada sobre uma fórmula do tipo "um nome/uma coisa", levantam-se questões como: será que a expressão "cavalo branco" designa uma só coisa ou duas coisas distintas, e, neste último caso, será que uma destas coisas é "o branco"?

Como mostra habilmente Christoph Harbsmeier, que contesta que a palavra *ma* 馬 ("cavalo") seja um nome de massa, não precisa complicar as coisas: Gongsun Long joga simplesmente com duas interpretações – possibilitadas pela indeterminação do chinês antigo – do enunciado *baima fei ma* 白馬非馬: 1) "Um cavalo branco não é um cavalo"; 2) "'Cavalo branco' não é (a mesma coisa que) 'cavalo'". A estratégia de Gongsun Long consistiria, portanto, em deixar o adversário investir furiosamente contra a primeira interpretação, enquanto ele próprio defende tranqüilamente a segunda[21].

Gongsun Long parte do pressuposto de que o todo não é uma de suas partes, pressuposto cuja formulação lógica é dada no Cânon moísta: "'Boi e cavalo' não é 'boi'"[22]. Nestas condições, o todo "cavalo branco" aparece como a combinação de duas partes, uma das quais não é um cavalo. A denominação "cavalo branco" pode, com efeito, ser decomposta em uma cor chamada "branco" e uma forma chamada "cavalo", sendo que a primeira não corresponde à denominação "cavalo":

> "'Um cavalo branco não é um cavalo' é logicamente admissível (*ke* 可)?
>
> – Sim.
>
> – Como assim?
>
> – 'Cavalo' é aquilo que nos permite nomear a forma, 'branco' é aquilo que nos permite nomear a cor. Nomear a cor não é nomear a forma. É por isso que digo: 'Cavalo branco não é cavalo'. [...]

> – Objeção: Consideras um cavalo que tem uma cor como não sendo um cavalo. Ora, no universo inteiro, não se encontram cavalos sem cor. Pode-se admitir que não haja cavalos no universo?
>
> – Resposta: Os cavalos têm sem dúvida uma cor, o que faz com que haja cavalos brancos. Supondo que os cavalos sejam sem cor, e que não haja senão cavalos simplesmente, como distinguiríamos um cavalo branco? Assim, o branco não é o cavalo. 'Cavalo branco' é a combinação de 'cavalo' e de 'branco'. É por isso que digo: 'Cavalo branco não é cavalo'".

Mostrando que não se pode chamar uma combinação por uma só de suas partes, e separando forma e cor, Gongsun Long evoca uma outra objeção: não suprime ele, com isso, toda ligação entre estas duas partes? Com efeito, "cavalo branco" não se contenta em adicionar "cavalo" e "branco" (seja do cavalo, da neve ou do jade), mas é a combinação daquilo que é ao mesmo tempo cavalo e branco. Em outras palavras: "cavalo", que não exclui nenhuma cor, não é a mesma coisa que "cavalo branco", que exclui todas as cores menos o branco:

> "Objeção: Quando estamos na presença de um cavalo branco, não podemos dizer que aí não há cavalo. Aquilo do qual não podemos dizer que aí não há cavalo, não é porventura um cavalo? Se, quando há um cavalo branco, julgamos que aí há um cavalo, por que não seria um cavalo pelo fato de ser branco?
>
> – Resposta: Para alguém que procura um cavalo, um cavalo baio ou preto servirá perfeitamente. Para alguém que procura um cavalo branco, um baio ou um preto não servirá. Supondo que um cavalo branco seja a mesma coisa que um cavalo, aquilo que esses dois indivíduos procurariam seria uma só e a mesma coisa. Seria uma só e a mesma coisa porque o branco não se diferenciaria do cavalo. Mas, se aquilo que eles procuram não se diferencia, como explicar que um cavalo baio ou preto seja admissível no primeiro caso e não no segundo?

5. Discurso e lógica dos Reinos Combatentes

> Que uma coisa seja ao mesmo tempo admissível e não admissível constitui evidentemente uma contradição nos termos. Por conseguinte, um cavalo baio e um cavalo preto são a mesma coisa pelo fato de corresponderem à proposição 'há um cavalo', e não à proposição 'há um cavalo branco': eis uma prova conclusiva de que 'cavalo branco' não é 'cavalo'!"

Desde o início, Gongsun Long nos prende numa alternativa simples: ou "cavalo branco" é a combinação de "cavalo" e de alguma coisa diferente, e nesse caso esta combinação não é o cavalo simplesmente; ou um cavalo branco equivale a um cavalo, e neste caso nada se acrescenta e dizer "cavalo branco" é a mesma coisa que dizer "cavalo". É a posição na qual o objetor se encontra encurralado contra a vontade. Desde que se admite as premissas de que "cavalo branco" é a combinação da forma cavalo e da cor branca, o raciocínio de Gongsun Long é inatacável. Mas o que falseia essas premissas é que a forma cavalo é tratada, da mesma maneira que a cor branca, como uma simples parte do todo que seria o cavalo branco. Em outras palavras, forma (cavalo) e cor (branco) são colocadas no mesmo plano, numa relação de coordenação do tipo "Uma pedra dura e branca", exemplo lógico que encontramos no Cânon moísta:

> A pedra é uma, a qualidade de ser dura e a de ser branca são duas, mas elas estão na pedra[23].

Neste caso poderíamos dizer, à maneira de Gongsun Long, que "A pedra é branca" não é a mesma coisa que "A pedra é dura e branca". Mas é justamente fazendo a aproximação analógica entre o exemplo do cavalo e o da pedra que se percebe aquilo que é falseado no primeiro. Não é possível, com efeito, pôr num mesmo plano as duas partes que seriam a cor branca e a forma cavalo, sendo este em si mesmo um todo ao qual a parte cor se encontra subordinada. Existe, portanto, de fato, entre "cavalo" e "branco" uma relação não de coordenação, mas de subordinação: o cavalo está todo inteiro em sua forma, identifica-se totalmente com ela, ao passo que sua cor não é senão uma parte.

"Da designação das coisas"

O difícil capítulo "Da designação das coisas" (*Zhiwu lun* 指物論), que segue ao "cavalo branco" no *Gongsun Longzi*, foi objeto de interpretações tanto numerosas quanto contraditórias[24]. Na literatura filosófica o termo *zhi* 指 pré-imperial é sobretudo um verbo que significa "apontar o dedo para", "designar". No capítulo 22 do *Xunzi* sobre a "retificação dos nomes", por exemplo, *zhi* significa designar as coisas por meio de nomes. Tomado como substantivo, *zhi* é a designação, o fato de designar, mas também aquilo que é assim designado. No *Gongsun Longzi*, aquilo que é designado são ora as coisas (*wu* 物), ora o mundo como totalidade (*tianxia* 天下). Esta última expressão, que significa literalmente "tudo o que está debaixo do céu", deve aqui ser compreendida no sentido que lhe dá o *Zhuangzi* 21: "O mundo é aquilo no qual as dez mil coisas não fazem senão um". Existe, portanto, o todo que é o mundo, e suas partes que são as coisas. Quando designamos uma coisa, é sempre "sobre o fundo" de mundo: o ato de designar consiste em destacar uma coisa de seu fundo. Mas, o que acontece quando se passa da designação das coisas, ou seja, das partes, à designação do todo que é o mundo? É este o sentido do paradoxo inaugural do ensaio:

> Paradoxo: Quando não se encontra nenhuma coisa que não seja aquilo que é designado, designar não é designar. [...]
>
> Argumentação: "Aquilo que é designado" é aquilo que não há no mundo; "as coisas" é aquilo que há no mundo. Que aquilo que há no mundo seja considerado como sendo aquilo que não há no mundo não é admissível.

O paradoxo resulta do estender a designação de uma coisa particular à designação do todo. Se designamos o mundo como "as coisas", esbarramos com o fato de que estas não são senão partes do mundo. Ora, nenhuma parte do mundo, nenhuma coisa é o mundo, que é, portanto, indesignável. Em

5. Discurso e lógica dos Reinos Combatentes

outras palavras, quando procuramos designar o mundo em sua totalidade, não encontramos objeto para sua designação. O todo, por definição, não é designável, e no entanto todas as suas partes o são. O *Zhuangzi* diverte-se retomando e ridicularizando este paradoxo, que mais tarde entrará no debate em torno da questão: as palavras servem para designar partes, mas podem elas de-signar o todo (isto é, o sentido)?:

> Se você designar uma por uma as cem partes do cavalo sem chegar a obter um cavalo quando ele está ali, atado diante de você, é porque você coloca as cem partes num outro plano para chamá-las "cavalo"[25].

Não resistimos ao desejo de fechar este capítulo decididamente muito cavalar com a deliciosa historieta do *Han Feizi*:

> Ni Yue, um homem de Song, sobressaía na arte de argumentar. Achava que "cavalo branco não é cavalo", amparando-se nos argumentadores da academia Jixia de Qi. No dia em que, montado num cavalo branco, quis passar pela alfândega, foi obrigado, apesar de tudo, a pagar a taxa sobre os cavalos[26]...

Notas do capítulo 5

1. Cf. acima cap. 3, p. 102s.

2. Cf. acima cap. 4, "Os paradoxos de Hui Shi".

3. Cf. Gregor PAUL, "Reflections on the Usage of the Terms 'Logic' and 'Logical'", *Journal of Chinese Philosophy*, 18/1 (1991).

4. Cf. cap. 4, p. 125.

5. *Mojing* (Cânon moísta) B 35, segundo a numeração de Graham (cf. nota seguinte). Sobre a regra lógica do terceiro excluído, cf. Donald LESLIE, *Argument by Contradiction in Pre-Buddhist Chinese Reasoning*, Canberra, Australian National University, 1964.

6. Cf. acima cap. 3 nota 7. O estudo mais aprofundado em língua ocidental sobre a escola moísta tardia continua sendo sem dúvida o de Angus C. GRAHAM, *Later Mohist Logic, Ethics and Science*, Hong Kong, Chinese University Press, 1978. Graham propõe uma reorganização e uma numeração das rubricas do Cânon moísta que seguimos aqui.

7. A lógica moísta parece coincidir aqui com a argumentação de Mêncio sobre o regicídio dos tiranos, cf. cap. 6 nota 8.

8. Para o texto chinês pode-se remeter a numerosas edições, sobretudo à do grande especialista chinês da dialética antiga PANG Pu, *Gongsun Longzi*, Chengdu, Ba Shu shushe, 1989. Para traduções, cf. MEI Yi-pao, "The Kung-sun Lung-tzu, with a Translation into English", *Harvard Journal of Asiatic Studies*, 16 (1953), p. 404-437; Max PERLEBERG, *The Works of Kung-sun Lung-tzu*, Hong Kong, 1952. Cf. também os estudos de Angus C. GRAHAM, "The Composition of Kung-sun Lungtzu", em *Studies in Chinese Philosophy and Philosophical Literature*, Institute of East Asian Studies, Cingapura, 1986, p. 125-166; e de J.E. KANDEL, *Ein Beitrag zur Interpretationsgeschichte des abstrakten Denkens in China: Die Lehren des Kung-sun Lung und deren Aufnahme in der Tradition*, Höchberg, 1976.

9. Cf. *Disputers of the Tao: Philosophical Argumentation in Ancient China*, La Salle (Illinois), Open Court, 1989, p. 76. Sobre a lógica chinesa antiga, cf. também Janusz CHMIELEWSKI, "Notes on Early Chinese Logic", *Rocznik Orientalistyczny*, 26/2 (1963), p. 91-105; 29/2 (1965), p. 117-138; 30/1 (1966), p. 31-52.

10. Cf. cap. 2 notas 11 e 12.

11. Cf. sobretudo Donald J. MUNRO, *The Concept of Man in Early China*, Stanford University Press, 1969, p. 55.

12. Esta é a censura que se poderia dirigir aos trabalhos de Chad HANSEN (sobretudo *Language and Logic in Ancient China*, University of Michigan Press, 1983, e *A Daoist Theory of Chinese Thought*, Oxford University Press, 1992), que apresentam um inegável interesse, pecando embora por um gosto demasiadamente pronunciado pelo jargão matemático e, de forma mais geral, por um excesso de formalização por aplicarem, nem sempre de maneira crítica, as teses da filosofia analítica moderna ao estudo da filosofia chinesa antiga. Em torno da idéia resumida pelo título famoso de J.L. AUSTIN, *How To Do Things With Words* (cf. cap. 2 nota 24), elaborou-se, principalmente no pensamento anglo-saxão, uma concepção pragmática da linguagem, que apresenta o discurso como sendo em si uma forma de ação.

13. Cf. Angus C. GRAHAM, "Kung-sun Lung's Discourse re-read as argument about whole and part", em *Studies in Chinese Philosophy* (referência na nota 8), p. 193-215. Às obras de Chad HANSEN citadas na nota precedente podemos acrescentar seu artigo "Chinese Language, Chinese Philosophy, and 'Truth'", *Journal of Asian Studies*, 44/3 (1985), p. 491-519.

14. Cf. Chad HANSEN, "Language in the Heart-Mind", em Robert E. ALLINSON (ed.), *Understanding the Chinese Mind: The Philosophical Roots*, Oxford University Press, 1989, p. 75-124, e a crítica de Chris-

5. Discurso e lógica dos Reinos Combatentes

toph HARBSMEIER na mesma obra, "Marginalia Sino-logica", p. 155-161. Para uma refutação das teses de HANSEN, cf. HARBSMEIER, "The Mass Noun Hypothesis and the Part Whole Analysis of the White Horse Dialogue", em Henry ROSEMONT Jr. (ed.), *Chinese Texts and Philosophical Contexts: Essays Dedicated to Angus C. Graham*, La Salle (Illinois), Open Court, 1991, p. 49-66. Cf. igualmente Heiner ROETZ, "Validity in Chou Thought: On Chad Hansen and the Pragmatic Turn in Sinology", em Hans LENK e Gregor PAUL (eds.), *Epistemological Issues in Classical Chinese Philosophy*, Albany, State University of New York Press, 1993, p. 69-112.

15. Cf. cap. 10.

16. "Marginalia Sino-logica", p. 128.

17. Cf. em particular HUI Shi, *The Development of the Logical Method in Ancient China*, 1ª ed., Xangai, 1922, reed. Nova York, Paragon Press, 1963; FUNG Yu-lan (FENG Youlan), *Zhongguo zhexue shi*, 1ª ed. Xangai, 1931-1934, traduzido por Derk BODDE, *A History of Chinese Philosophy*, t. I, Princeton University Press, 1952. Hu e Feng, escrevendo na esteira do grande levante antitradicionalista de 4 de maio de 1919, parecem animados sobretudo pela preocupação de mostrar que o pensamento chinês nada tem a aprender do pensamento ocidental, daí a procura desesperada de equivalentes do segundo no primeiro.

18. *Zhuangzi* 2, p. 33-34.

19. Cf. cap. 2, "Retificar os nomes".

20. WANG Chong, *Lunheng* 28 (*Wen Kong*), ed. ZZJC, p. 94. Sobre este autor cf. cap. 12.

21. Cf. "Marginalia Sino-logica", p. 152 e 160.

22. *Mojing* B 67, segundo a numeração de Graham (cf. acima nota 6).

23. *Mojing* B 37, segundo a numeração de Graham.

24. Cf. Angus C. GRAHAM, "Kung-sun Lung's Essay on Meanings and Things", *Journal of Oriental Studies*, 2/2 (1955), p. 282-301; CHENG Chung-ying e Richard H. SWAIN, "Logic and Ontology in the *Chih Wu Lun* of Kung-sun Lung-tzu", *Philosophy East and West*, 20/2 (1970), p. 137-154.

25. *Zhuangzi* 25, p. 392.

26. *Han Feizi* 32, ed. ZZJC, p. 201. Sobre a academia Jixia cf. cap. 8 nota 3.

6
Mêncio, herdeiro espiritual de Confúcio

As primeiras formulações do pensamento chinês foram provocadas por uma situação de crise: deterioração de uma ordem antiga deplorada por Confúcio e introdução de uma ordem nova já perceptível em Mo-tse. Pelo final do séc. IV a.C., o clima intelectual e os dados do problema mudaram: assiste-se então ao surgimento de um discurso que procura a origem de seus próprios questionamentos, elabora um modo de justificação teórica e tende a aperfeiçoar-se a si mesmo como instrumento de racionalidade. É também nesse momento que aparecem no pensamento filosófico temas que as diferentes correntes abordam de forma explícita ou, o mais das vezes, implícita. Nesse sentido, Chuang-tse e Mêncio dão continuidade, entre o fim do séc. IV e o início do séc. III, aos pensamentos fundadores:

> Após a morte de Confúcio (em 479 a.C., segundo a tradição), seus setenta discípulos dispersaram-se e foram de uma corte de senhor feudal a outra. Os mais importantes entre os discípulos tornaram-se ali mestres e ministros. Os menos importantes tornaram-se amigos e tutores dos dignitários ou se retiraram para nunca mais serem vistos. [...] Durante este período havia por toda parte conflitos armados entre os Reinos Combatentes e a corrente confuciana declinou. Apenas nos Estados de Qi e de Lu a tradição erudita perpetuou-se. Durante os reinados dos reis Wei (357-320) e Xuan (319-301) de Qi viveram pessoas como Mêncio e Xunzi, que se-

6. Mêncio, herdeiro espiritual de Confúcio

guiam o ensinamento do Mestre enaltecendo-o, tornado-se célebres entre os contemporâneos por seu saber[1].

Tendo vivido por volta de 380-289 a.c., Mêncio (latinização de Mengzi: Mestre Meng) é contemporâneo de Chuang-tse[2]. Embora, ao que parece, nunca o tenha encontrado e se situe numa perspectiva bem diferente, Mêncio é seu principal interlocutor filosófico, compartilhando com ele numerosos temas de reflexão e questionamentos. Originário de um pequeno Estado limítrofe de Lu, pátria de Confúcio, Mêncio teria estudado junto a um discípulo de Zisi (apr. 485-420 a.C.?), neto do Mestre formado por seu discípulo Zengzi (apr. 505-436 a.C.?) – filiação direta que faz dele o herdeiro espiritual de Confúcio.

O homem de bem diante do príncipe

Através de suas conversações com diversos soberanos de seu tempo, sabemos que Mêncio, como seu modelo, fez um périplo de um Estado a outro quando já beirava os sessenta anos de idade. Encontramos nele o mesmo sentido agudo da "missão celeste" do "homem de bem": perpetuar o Caminho real da antiguidade. Por duas vezes chama a atenção que os tempos estão maduros para a vinda de um novo sábio-rei, vinda que, segundo ele, deve ocorrer a cada quinhentos anos. É provavelmente em busca deste novo sábio que Mêncio se pôs a caminho.

É útil lembrar que, sob os Reinos Combatentes, os letrados serviam no séquito dos soberanos dispostos a mantê-los, enquanto conselheiros itinerantes, um pouco à maneira dos cavaleiros andantes. Durante o período de transição entre a decomposição da feudalidade antiga e a centralização do império, os *shi* 士 (futuros letrados-funcionários da burocracia imperial) conhecem um parêntese – que permaneceu único na história chinesa – de relativa autonomia em face do controle político. Podem então optar por procurar este ou aquele príncipe ou retirar-se segundo sua concepção pessoal do Tao. Mas rapidamente seu estatuto fica definido como *shi* 仕 ("emprego", "função"), numa especialização propriamente política que está na origem do caráter ambíguo e paradoxal da relação do intelectual com o poder na China. Desde o início, parece não haver estatuto específico para o intelectual, na ausência de divisão estanque entre uma *vita activa* ocupada em mudar o mundo e uma *vita contemplativa* dedicada a explicá-lo.

O reconhecimento e a valorização do estatuto do *shi* estão estreitamente associados à tradição confuciana. Nos *Analectos* de Confúcio, o *shi* aparece como aquele que assume geralmente um cargo político à altura de sua competência pessoal, ao mesmo tempo que encarna um ideal ético. Mas é sem dúvida em Mêncio que encontramos, expressa pela primeira vez com tanta força, a consciência de uma distinção, fundamental no pensamento político chinês, entre o ideal moral do "homem de bem" (*junzi* 君子) e o poder efetivo do príncipe (*jun* 君). Mêncio tem uma idéia bem elevada do primeiro, cujo valor moral lhe permite tratar de igual para igual com o segundo, chegando até a opor uma "nobreza do Céu" à nobreza dos homens:

> Mêncio diz: "Há dignidades conferidas pelo Céu e dignidades conferidas pelos homens. Senso do humano e do justo, lealdade e boa-fé, alegria inesgotável proporcionada pelo bem são todas elas dignidades conferidas pelo Céu. Duque, ministro e chanceler, tais são as dignidades conferidas pelos homens" (VI A 16)[3].

> Zengzi (discípulo de Confúcio) dizia: "O que os reis possuem em riquezas, eu o possuo em humanidade; o que eles possuem em graduação, eu o possuo em moralidade. Como não me contentaria eu com tudo isto?" (II B 2).

No Livro V do *Mengzi*, quase inteiramente dedicado à questão das relações entre o príncipe e o *shi*, aparece que o primeiro pode tratar o segundo de três maneiras: como mestre, como amigo ou como servo. Mas logo se percebe que a relação igualitária de amizade dificilmente pode ser mantida:

6. Mêncio, herdeiro espiritual de Confúcio

Zisi (neto de Confúcio) diz [ao soberano de Lu]: "Se considerarmos nossa respectiva posição, vós sois príncipe e eu sou súdito; como ousaria eu travar amizade com um príncipe? Se considerarmos nossa respectiva virtude, vós deveis me servir; como poderíeis vós pretender à minha amizade?"

Não restam, por conseguinte, ao *shi* senão duas possibilidades: servir ao príncipe como ministro, ou manter com ele uma relação de mestre para discípulo. O *shi*, que está ao mesmo tempo muito abaixo do príncipe em virtude do poder efetivo que este detém e muito acima dele em atenção ao seu valor moral pessoal, encontra-se numa posição de súdito segundo o código político e numa posição de mestre segundo o código ético. A ambigüidade da relação entre o príncipe e o *shi* deve-se a que cada um procura exigir do outro um ato de fidelidade, sabendo embora que ele tem necessidade do outro para dotar-se de legitimidade: assim como o poder político precisa adquirir uma legitimidade moral, assim também a autoridade moral procura reconhecimento num estatuto de superioridade. É, portanto, em pleno período dos Reinos Combatentes e por estímulo de Mêncio que o Tao, conjunto dos valores morais e culturais defendidos pelos *shi*, se torna um tema político.

O *Mengzi*, obra polêmica

Enquanto os ditos de Confúcio, um século antes, representavam uma espécie de idade de ouro em que a palavra saía sem esforço, Mêncio deve passar seu tempo preparando-se para a guerra, lançando mão de todos os meios para enfrentar os desafios e defender-se dos ataques. Na época em que se enfrentam "cem escolas", Mêncio tem que enfrentar forte concorrência: além do Caminho de Chuang-tse, surge um discurso legista com Shen Buhai e Shang Yang; há também os estrategistas, conhecidos sobretudo através do *Sunzi bingfa* (*A arte da guerra segundo Mestre Sun*), os diplomatas que pregam alianças "verticais e horizontais" (Norte-Sul e Leste-Oeste), os sofistas, os adeptos do "Divino Agricultor", sem esquecer a tão amaldiçoada escola de Mo-tse.

Jean Levi esboça um quadro assustador desse período, em que predominam estratagemas e ardis, em que "as condutas não são julgadas pelo critério da moral mas pelo da eficácia", em que "o egoísmo, o cinismo e a ambição são tamanhos que todas as ações heróicas ou virtuosas das hagiografias antigas são reinterpretadas como exemplos de amoralismo e a generosidade e a grandeza de alma são atitudes tão estranhas à mentalidade do tempo que são simplesmente inconcebíveis. No séc. IV-III, parece impossível que uma conduta virtuosa e desinteressada possa ser ditada por outra coisa que não a estupidez"[4]. Neste contexto, Mêncio parece um campeão um tanto solitário daquilo que seus contemporâneos viam sem dúvida como idealismo lamurriento. Mas, seguindo o exemplo de Confúcio, que "tenta apesar de tudo, embora sabendo que é tempo perdido" (*Analectos* XIV,41), Mêncio assume a missão de defender o ensinamento do Mestre contra tudo e contra todos, de muni-lo com respostas e justificações diante das questões e objeções das outras correntes. Em seu combate, ele é assim levado a precisar certas intuições que Confúcio se contentara em lançar, e às vezes até a adotar pontos de vista ou métodos próprios de outras correntes, não hesitando, por exemplo, em recorrer à técnica dos lógicos ou em integrar em seu discurso noções ou questões tomadas de Chuang-tse.

Percebe-se no *Mengzi* um tom nitidamente polêmico e defensivo, totalmente ausente dos *Analectos*, destinado mais a convencer terceiros do que a instruir discípulos já devotados. Enquanto o ensinamento de Confúcio é recolhido na forma de fragmentos que o reduzem muitas vezes a aforismos lacônicos, no *Mengzi* acontece sua transformação num discurso afinado e afiado como instrumento dialético, dando valor filosófico a uma obra notavelmente homogênea e desenvolvida, provavelmente compilada por discípulos de Mêncio, que teria talvez vivido o suficiente para retomar ele próprio o texto.

6. Mêncio, herdeiro espiritual de Confúcio

A força de persuasão do "humano"

A mensagem ético-política que Mêncio procura passar aos soberanos que encontra resume-se assim: a melhor maneira de governar é pôr em prática o senso do humano, o *ren*. Mensagem que se situa na linha da aposta confuciana no homem, mas que, no séc. IV, ressoa com tão pouca força de convicção diante das teorias pragmáticas, e mesmo cínicas, dos legistas, estrategistas e outros diplomatas, que o historiador Sima Qian chega a esta constatação desiludida:

> Mêncio queria transmitir as virtudes de Yao, de Shun e das Três Dinastias, de maneira que nenhum dos senhores que ele procurava queria ouvi-lo[5].

Num tal contexto, como dar um mínimo de credibilidade à idéia do governo através do *ren*, central em toda a teoria política confuciana? Mêncio responde que esse é o único modo de governar fundamentado no consenso, fator unificador e garantia de coesão e de estabilidade. Com efeito, um soberano que trata seus súditos com humanidade, como se fosse "pai e mãe do povo", os atrai naturalmente a si. Mêncio retoma aqui a oposição, estabelecida nos *Analectos*, entre o ideal político de humanidade e o princípio do governo através da força e da coerção, mas é a ele que se deve a distinção, tornada clássica, entre "Caminho real" e "caminho hegemônico":

> Mêncio tem uma entrevista com o rei Xiang de Liang. Ao sair, declara: "Olhando-o de longe, não me pareceu um soberano. Olhando de perto, nada notei nele que inspirasse respeito. Perguntou-me abruptamente: 'Como pode o império encontrar a estabilidade?'
>
> Eu lhe respondi: 'Encontrá-la-á na unidade'.
>
> – Quem poderá realizar esta unidade?
>
> – Aquele que não encontra prazer em massacrar os homens.
>
> – Mas a esse que poderá outorgar o império?

– Não se encontrará ninguém no império que não esteja disposto a outorgar-lho. Vossa Majestade já observou brotos de arroz? Se não chove no sétimo e no oitavo mês, os brotos secam. Mas logo que o céu se cobre de nuvens espessas e a chuva cai em torrentes, os brotos começam a proliferar: quem poderia então opor-se a isso? Ora, entre os condutores de homens hoje não há ninguém que não sinta prazer em massacrar. Se se encontrasse um só que nisso não sentisse prazer, então o povo inteiro do império se voltaria para ele e todos os olhares convergiriam sobre ele. Se fosse assim, certamente o povo viria para ele, à semelhança da água que escorre naturalmente para baixo. E quando a água cai abundantemente quem poderia opor-se a ela?"[6] (I A 6).

Neste dito, que é dirigido a um condutor de homens, ficamos impressionados com a escolha das metáforas orgânicas (os brotos de arroz) e naturais (a água cuja natureza é escorrer para baixo): elas aparecem aqui no discurso político, mas as encontraremos novamente no discurso ético, em particular sobre a natureza humana[7]. É preciso sublinhar igualmente, nesta passagem, o tema econômico do poder de atração que um soberano confuciano exerceria sobre as populações: sob os Reinos Combatentes, o poderio de um Estado media-se pelo número de seus habitantes, e Estados com ambições expansionistas procuravam por todos os meios atrair a população de Estados vizinhos para seu território. Mêncio apresenta o *ren* como um desses meios, que, para ele, é o único que funciona verdadeiramente e a longo prazo.

Um outro argumento destinado a pleitear em favor do *ren* aos olhos dos soberanos é que eles encontram no povo a fonte de sua legitimidade. Trata-se, no entanto, de uma legitimidade mais moral do que política, e "o povo" não é na verdade senão a expressão do mandato do Céu, a sanção moral que justifica a instauração de uma dinastia. O sinal de que um soberano é aceito pelo Céu é dado pelo povo quando se volta naturalmente para ele, entregando-lhe assim o império por própria

6. Mêncio, herdeiro espiritual de Confúcio

iniciativa e manifestando a vontade celeste de outorgar-lhe o mandato:

> Mêncio diz: "O Filho do Céu pode propor ao Céu qualquer um [para sucedê-lo], mas não tem o poder de obrigar o Céu a dar-lhe o império. [...] Yao propôs Shun ao Céu, e o Céu o aceitou; ele o apresentou ao povo e o povo o aceitou. [...] Está dito na 'Grande Declaração' (do *Livro dos Documentos*]: 'O Céu vê como meu povo vê; o Céu ouve como meu povo ouve'. Estas palavras confirmam o que eu disse" (V A 5).

Este suposto papel do povo como sanção moral é um elemento, não novo mas radicalizado por Mêncio. Mesmo que se possa pensar que as noções de Céu e de povo estão aqui apenas para homologar os precedentes históricos e a instituição estabelecida da transmissão hereditária, resta que Mêncio assume a conseqüência lógica da preponderância concedida ao povo: se o soberano, comparado a um barco, não se mostra mais digno do mandato, torna-se legítimo para o povo que o sustenta derrubá-lo (no sentido mais literal da palavra!):

> Mêncio diz: "O povo vem em primeiro lugar, os altares da Terra e do Painço (símbolos do poder político) vêm em seguida, e o soberano só vem em último lugar. É ganhando para si o povo da base que alguém se torna Filho do Céu" (VII B 14).

Mêncio leva a lógica tão longe que chega a tomar em consideração o dever de regicídio:

> O rei Xuan de Qi pergunta: "É admissível que um ministro assassine seu soberano?"
>
> Resposta de Mêncio: "Aquele que rouba o senso do humano (*ren*) é um ladrão; aquele que destrói o senso do justo é um vândalo. Ora, um ladrão ou um vândalo é um simples homem. Quanto a mim, que eu saiba [no caso da execução Zhouxin, último rei dos Shang, pelo rei Wu, fundador da dinastia Zhou] é o simples homem Zhouxin que foi punido, e não um soberano que foi assassinado"[8] (I B 8).

Mêncio vai, portanto, bem longe, até o fim daquilo que estava implicado no governo através do *ren* de Confúcio: uma concepção do poder em que o ético levaria a melhor sobre o político. Idéia que persistirá ao longo de toda a história chinesa, no próprio âmago das instituições (sobretudo sob a forma do dever de repreensão do conselheiro confuciano diante do imperador, que iria em seguida institucionalizar-se na função de censor) e ainda na época moderna: no movimento de crítica política da "primavera de Pequim" de 1989 permanecia viva a idéia de que os dirigentes da vez haviam perdido o mandato.

Mas nem por isso este fato faz de Mêncio um "democrata", se é que esta palavra tem sentido no contexto da China antiga. Assim como Mo-tse, que no entanto havia preconizado o princípio de "promover os mais capazes", também Mêncio não sai do esquema tradicional autoritarista e piramidal. O governo através do *ren* não implica uma supressão da hierarquia política e social, pelo contrário: o *ren* é o melhor garante da hierarquia, já que constitui uma justificação moral da mesma. É porque os superiores tratam seus inferiores com humanidade que estes últimos, por reciprocidade, reconhecerão "naturalmente" sua superioridade. Assim encontra-se justificada, em termos morais, a divisão entre o trabalho manual atribuído aos governados e o trabalho intelectual reservado aos que os governam:

> Governar o império será porventura a única coisa que se possa fazer cultivando a terra? Há atividades próprias dos grandes homens, há outras para os medíocres. Além disso, para satisfazer as necessidades de uma única pessoa é preciso o trabalho de cem artesãos. Se cada um precisasse fazer tudo ele mesmo antes de poder servir-se, teria que correr por toda parte sem parar. Por isso se diz: alguns põem a trabalhar sua mente, outros sua força física. Os primeiros governam, os outros são governados. Os governados alimentam; os governantes são alimentados. É este o princípio que prevalece em todo o universo (III A 4).

6. Mêncio, herdeiro espiritual de Confúcio

Há aqui uma resposta manifesta à corrente que apela ao Divino Agricultor, Shennong. Tornara-se prática corrente entre os fundadores de escolas de pensamento desde Confúcio apelar para soberanos míticos que representam este ou aquele ideal político. Confúcio refere-se aos sábios-reis míticos Yao e Shun, seguido nisto pela escola moísta que, no entanto, acaba privilegiando a figura de Yu o Grande, fundador da dinastia Xia, que empenhou-se pessoalmente para controlar as inundações. Quanto a Shennong, ele encarna um ideal político segundo o qual cada um, a começar pelo soberano, deve poder prover as próprias necessidades cultivando ele próprio a terra[9].

Esta divisão do trabalho entre trabalhos "intelectuais" e trabalhos "manuais" é um motivo recorrente na literatura antiga desde o séc. VI, marcando assim a especialização dos *shi*, que no séc. IV-III aparecem cada vez mais como técnicos da política. Enquanto o pensamento de Confúcio estava totalmente "estendido sobre um fio único" e rejeitava toda idéia de especialização, Mêncio, pressionado de todos os lados por questões urgentes e concretas, não pode contentar-se em manter um discurso puramente ético, mas deve também responder no plano político e econômico aos moístas, bem como aos adeptos do Divino Agricultor. Como diz o ditado: Palavras não enchem barriga. Confúcio já estava convencido de que a educação moral só pode atuar num terreno que não conhece penúria material maior[10]. Um exemplo bem conhecido da visão econômica de Mêncio é a descrição idealizada do modelo dos "campos em tabuleiro" (*jingtian* 井田), que teria sido inspirado nas instituições rituais antigas, particularmente as do início dos Zhou:

> Ninguém será enterrado, ninguém irá estabelecer-se fora da comunidade rural. Os campos de uma mesma aldeia farão parte de um tabuleiro (*jing* 井)[11]. Tanto exterior como interiormente, [os membros da comunidade] serão amigos, prestar-se-ão socorro mútuo nas vigílias e apoio mútuo na doença; somente então as cem famílias serão uma só na harmonia.

Cem *li* quadradas delimitarão um tabuleiro, contando cada tabuleiro novecentos ares. No centro ficará o campo comum. Oito famílias explorarão cem ares cada uma para prover as suas próprias necessidades, ocupando-se embora em comum do campo central. Somente após terminar o trabalho comum é que cada um tomará a liberdade de dedicar-se a seus próprios afazeres: é este o sinal distintivo da condição camponesa (III A 3).

Uma moralidade fundada na natureza

Todos os discursos de Mêncio – discurso político, econômico ou de outro tipo – tendem a demonstrar a paradoxal eficácia do *ren*. Mas o que faz dele não apenas um herdeiro de Confúcio, mas um pensador de pleno direito, é sua concepção da natureza humana, que permanecerá no centro de toda a reflexão confuciana ulterior. Aquilo que, no Mestre, não era senão uma intuição do senso do humano torna-se, com Mêncio, a afirmação vigorosa da bondade da natureza humana como fundamento da moralidade em sua participação na harmonia cósmica.

Enquanto Confúcio havia falado do decreto do Céu e Mo-tse de sua vontade com perfeita naturalidade, é no momento em que se elabora um discurso filosófico no séc. IV que as relações entre o homem e o Céu causam problema. Para começar, a questão do homem não se concebe senão sobre o pano de fundo do Céu. É no quadro da reflexão sobre o binômio Homem-Céu, verdadeira constante do pensamento chinês, que evoluem as diferentes correntes dos Reinos Combatentes e se coloca a questão de nossa natureza (*xing*), entendida como aquilo que nos é concedido no nascimento pelo Céu: o caractere *xing* 性 comporta o elemento *sheng* 生, que significa "vida", "vir à vida" ou "gerar" (note-se que na palavra "natureza" existe o verbo latino *nascor*, "nascer")[12]. A primeira elaboração desta noção parece remontar à escola de Yang

6. Mêncio, herdeiro espiritual de Confúcio

Zhu (ou Yangzi), presumido ancestral do taoísmo que aparece no *Liezi* para preconizar o princípio de "guardar intacta sua vida ou sua natureza" (*quan sheng* 全生 ou *quan xing* 全性), com tudo o que isto podia comportar de provocador aos olhos dos moralistas consagrados da época – confucianos ou moístas. Os "yangistas" lançaram um desafio que os pensadores do séc. IV são obrigados a aceitar, ou pelo menos não podem permitir-se ignorar. Mêncio resume assim, simplificando-a até à caricatura, a posição de Mestre Yang:

> O princípio de Yangzi era: "Cada um por si". Mesmo se tivesse podido salvar o mundo inteiro arrancando um só fio de cabelo, não o teria feito (VII A 26).

Yang Zhu teria, portanto, pregado o princípio "prototaoísta" de "preservar o princípio vital" em detrimento do senso moral. Ora, o projeto de Mêncio é mostrar que a natureza humana tende para a bondade tão naturalmente como tende para a sua boa conservação, sendo o senso moral tão natural como o princípio vital. O que está realmente em jogo é o seguinte: Qual a parte do homem e qual a parte do Céu no *xing*? A resposta a esta pergunta determina toda uma gama de posições, cujos extremos são, por um lado, o racionalismo exagerado dos moístas tardios, segundo os quais nenhuma parte cabe ao Céu e que de resto não se interessam pela questão do *xing*, e, por outro, o anti-racionalismo de Chuang-tse, para quem quanto mais o homem se entrega ao Céu, tanto melhor ele se sente. Quanto a Mêncio, ele gostaria de chegar a integrar estes dois extremos mostrando que o *xing*, naquilo que tem de mais especificamente humano, a saber, o senso moral, depende do Céu, ou seja, do "natural". Restabelecendo o elo de continuidade entre homem e Céu, Mêncio responde ao mesmo tempo a Mo-tse, que põe toda a ênfase no lado do homem e de sua racionalidade, reduzindo o senso moral a um utilitarismo puramente objetivo, e a Chuang-tse, que a põe no lado do Céu, não podendo o homem fundir-se com o Tao a não ser aceitando abandonar tudo o que o caracteriza como ser humano. Assim as noções de espontaneidade e de não-agir, desenvolvidas principalmente no *Zhuangzi* e no *Laozi*, encontram-se integradas na ação moral dos santos confucianos:

> Mêncio diz: "Em todo lugar sob o Céu, quando se fala da natureza, não se trata de fato senão do dado original (*gu* 故). Ora, o dado original deita raízes no proveitoso. O que há a censurar nos homens de discernimento é sua maneira de forçar as coisas. Se imitassem a maneira como Yu fez escoar as águas, já não haveria nada a censurar em seu discernimento. Yu fez escoar as águas agindo sem esforço. Se os homens de discernimento simplesmente fizessem o mesmo, grande seria na verdade seu discernimento!"[13] (IV B 26).

O que é o vital?

Mêncio desenvolve sua concepção da natureza no início do Livro VI, num célebre debate com um certo Gaozi, cujas palavras têm um colorido moísta, belo exemplo de discussão dialética explorando todos os recursos da lógica e da retórica. No início apresentam-se três posições possíveis: 1) não há nem bom nem mau na natureza; 2) a natureza tem tantas chances de tornar-se boa quanto de tornar-se má; 3) a natureza é boa em alguns, má em outros. Mêncio começa por combater a idéia, abonada por Gaozi, da neutralidade da natureza, que não seria nem boa nem má: para Mêncio a natureza, sendo viva, não pode ser inerte; ela é levada por sua tendência natural para o que é bom (é o sentido da palavra *shan* 善, que muitas vezes é traduzida por "o Bem" em oposição implícita a "o Mal"):

> Gaozi diz: "A natureza é como a madeira de salgueiro, o senso moral como xícaras e tigelas. Produzir senso do humano e senso do justo a partir da natureza humana é como fazer xícaras e tigelas a partir da madeira de salgueiro".

> Mêncio diz: "Serias capaz de fabricar xícaras e tigelas respeitando a natureza própria da madeira de

6. Mêncio, herdeiro espiritual de Confúcio

salgueiro? Na verdade, é fazendo-lhe violência que produzes dela xícaras e tigelas. Significa isso que farás também violência ao homem para extrair dele senso do humano e senso do justo? Se alguma coisa deve levar a humanidade inteira a considerar estas virtudes como calamidades, são justamente tuas palavras!" (VI A 1-2).

Para Gaozi, a natureza é uma matéria bruta como a madeira de salgueiro, que é preciso trabalhar para fazer dela alguma coisa, da mesma maneira como se fabricam xícaras e tigelas. Haveria, portanto, entre natureza humana e senso moral uma relação de exterioridade que Mêncio rejeita com todas as forças. Para ele a natureza humana, pelo próprio fato de ser natureza, é boa, ou seja, predisposta ao senso moral, da mesma forma como a água é, por sua natureza, predisposta a escoar para baixo:

> Gaozi diz: "A natureza humana é como uma água cheia de redemoinhos. Se lhe abrirmos um caminho para o leste, ela escorrerá para o leste; se lhe abrirmos um caminho para o oeste, ela escorrerá para o oeste. A natureza humana não faz distinção entre o que é bom e o que não o é, da mesma forma como a água não distingue entre leste e oeste".
>
> Mêncio diz: "Admitamos que a água não faça esta distinção, mas não a faz ela entre o alto e o baixo? A natureza humana é boa, da mesma forma como a água escorre para baixo. Não existe homem sem bondade, da mesma forma como não existe água que não escorra para baixo. Sem dúvida, se deres uma pancada nela, poderás fazer esguichar água mais alto que tua cabeça. E se a canalizares represando-a, poderás até fazê-la manter-se no alto de uma montanha. Mas será essa a natureza própria da água? Ela não faz senão obedecer à força. O homem pode ser levado a fazer o mal, mas então sua natureza sofre violência"[14] (VI A 2).

Se Mêncio e Gaozi concordam em dizer que o *xing* 性 outra coisa não é senão o *sheng* 生, ou seja, o processo vital, seus pontos de vista divergem quanto à definição deste. Para Gaozi, o vital reduz-se ao biológico, aos instintos primários e animais como a fome, o medo do frio, o instinto sexual. Para Mêncio, é algo mais. Há no homem, segundo ele, algo tão primário como a fome e o sexo: o sentimento empático que torna insuportável (*buren* 不忍) o espetáculo do sofrimento dos outros. É nesta reação humana espontânea diante do intolerável que Mêncio vê a manifestação evidente da presença intrínseca da moralidade no homem:

> Mêncio diz: "Todo homem tem um coração que reage ao intolerável. [...] Suponhamos que algumas pessoas vejam de repente uma criança a ponto de cair num poço: todos terão uma reação de pavor e de empatia que não será motivada nem pelo desejo de estar em boas relações com os pais, nem pela preocupação com uma boa reputação junto aos vizinhos e amigos, nem pela aversão aos gritos da criança.
>
> Portanto, parece que, sem um coração que se compadece dos outros, não se é humano; sem um coração que sente vergonha, não se é humano; sem um coração marcado pela modéstia e pela deferência, não se é humano; sem um coração que distingue o verdadeiro do falso, não se é humano. Um coração que se compadece é o germe do senso do humano; um coração que sente vergonha é o germe do senso do justo; um coração marcado pela modéstia e pela deferência é o germe do senso ritual; um coração que distingue o verdadeiro do falso é o germe do discernimento. O homem possui em si estes quatro germes, da mesma forma como possui quatro membros. Possuir estes quatro germes e dizer-se incapaz [de desenvolvê-los] é prejudicar-se a si mesmo; dizer que seu príncipe é incapaz, é prejudicar seu príncipe.
>
> Quem quer que, possuindo em si os quatro germes, puder desenvolvê-los ao máximo, será como o fogo que arde ou como a fonte que jorra. Bastaria ser ca-

6. Mêncio, herdeiro espiritual de Confúcio

paz de desenvolvê-los, e poderia ver o mundo ser-lhe confiado; se for incapaz, não saberá nem sequer servir a seu pai e à sua mãe" (II A 6).

Fisiologia moral

No princípio vital que o homem tem em comum com o animal, Mêncio pretende descobrir sinais de um senso moral igualmente instintivo, "germes" de bondade, para tecer a metáfora vegetal já evocada anteriormente[15]. Constrói uma bela e elevada imagem do homem, que ele vê crescer em bondade como uma árvore cresce reta:

> O que o homem de bem considera como sua natureza não pode ser aumentado, mesmo que faça grandes coisas, nem ser diminuído, mesmo que viva na pobreza, pois é a sorte que lhe coube. O que o homem de bem considera como sua natureza – senso do humano, senso do justo, senso dos ritos e discernimento – deita raízes no coração, mas brilha no rosto, corre pela espinha dorsal e espalha-se pelos quatro membros, os quais, sem nenhuma necessidade de discurso, o deixam transparecer (VII A 21).

Esta extraordinária descrição do homem de bem ilustra uma espécie de tropismo, de fisiologia moral na qual o corpo tem sua moralidade que a razão desconhece. O que irriga os quatro germes e circula nos quatro membros não é outra coisa senão um influxo vital descrito como uma "energia transbordante" (*haoran zhi qi* 浩然之氣):

> É um *qi* imenso e vigoroso. Se for nutrido de retidão sem sofrer dano, enche todo o espaço entre o Céu e a Terra. É o *qi* pelo qual são postos em adequação o senso moral e o Tao, sem o que ele definha. Ele nasce da prática cumulativa do senso moral e não de atos pontuais. Por pouco que o comportamento não esteja de acordo com o coração, ele definha. Por isso digo que Gaozi nunca compreendeu o que é o senso moral, pelo fato de ele consi-

derá-lo exterior. É preciso trabalhar nele, mas sem procurar corrigi-lo; não deixar seu coração esquecê-lo, mas sem querer ajudá-lo a crescer; e sobretudo não fazer como o homem de Song.

Um homem de Song, desolado por não ver os brotos de sua plantação crescerem com bastante rapidez, teve a idéia de ajudá-los dando-lhes um puxão. Entrando em casa apressadamente, disse aos da família: "Estou bastante cansado hoje, ajudei os germes a crescer". Imediatamente, seu filho saiu correndo para ver, mas os brotos já haviam secado. No mundo são raros os que não ajudam os germes a crescer. Os que abandonam, convencidos de que é tempo perdido, são os que negligenciam o cultivo dos brotos; mas os que forçam o crescimento são os que puxam os brotos: esforço não só inútil, mas prejudicial (II A 2).

Mêncio faz aqui a ligação entre a valorização taoísta da energia vital e a concepção confuciana da natureza humana como moral. A historieta do homem de Song fornece uma ilustração disto: se deixamos a primeira seguir seu curso, ela se porá naturalmente no sentido da segunda, numa direção diametralmente oposta aos taoístas – a começar por Chuang-tse – que vêem na moralidade um dos principais obstáculos à livre circulação do *qi*[16]. Para Mêncio, há uma inclinação natural para a parte moral, presente em todo homem em estado de germes, pela simples e sadia razão de que ela é a mais salutar. Em suma, fazer o bem faz bem. A natureza humana é, portanto, boa no sentido de que ela é fundamentalmente sadia, se não se encontrar pervertida por fatores externos.

O coração/mente

Para Mêncio, o que distingue o homem do animal não é outra coisa senão sua natureza moral. Na perspectiva confuciana, é ao próprio homem que incumbe distinguir-se do animal bruto, já que sua superioridade não é adquirida desde o início

6. Mêncio, herdeiro espiritual de Confúcio

em virtude, por exemplo, de alguma origem divina – pense-se na idéia bíblica de que, de todas as criaturas, apenas o homem é concebido à imagem de Deus. Trata-se, portanto, nada menos que de pôr em evidência o que exatamente faz com que um homem seja humano:

> Mêncio diz: "O que distingue o homem do animal é quase nada. As pessoas comuns fazem pouco caso dele, o homem de bem é o único a preservá-lo" (IV B 19).

Este "quase nada" a que o homem de bem está tão apegado, Mêncio o chama de "mente original" (*benxin* 本心) ou "mente fundamentalmente boa" (*liangxin* 良心)[17]. "Quase nada" minúsculo, mas também infinito: uma vez que o homem se distancia do animal, suas virtualidades morais podem desdobrar-se indefinidamente, pois não se acaba nunca de ser sempre mais humano.

O *xin* 心, que designa ao mesmo tempo a mente e o coração, é para Mêncio uma forma exclusivamente humana de sensibilidade: a faculdade de sentir, de desejar e de querer, mas também de pensar o que é sentido, desejado e querido. É interessante notar que, contrariamente à distinção familiar a um europeu entre a cabeça, sede do pensamento puro, e o coração, sede das emoções e das paixões, o *xin* é o órgão ao mesmo tempo dos afetos e do intelecto. O ser humano deve ser considerado como um todo no qual nem sequer se sonharia em dissociar o corpo do coração/mente, sendo que um não é um simples aglomerado de carne e o outro tampouco é uma faculdade pensante desencarnada, pela simples razão de que ambos são, da mesma maneira que o resto dos seres vivos, constituídos de energia vital. Toda vez que se tratar de *xin*, traduzido por razões de simplicidade por "mente", convirá incluir neste termo todo este pressuposto que ele veicula implicitamente. Lembremos que as seis disciplinas de base da educação do homem de bem – ritos, música, tiro ao arco, condução de carro, caligrafia, aritmética – são tanto físicas como espirituais. Para Mêncio, usar sua mente, isto é, sua faculdade propriamente humana de pensar o que se sente, é pender naturalmente, ou inclinar sua intencionalidade, para a parte mais nobre da natureza humana:

> Gongduzi pergunta: "Os homens são todos igualmente homens; mas, enquanto alguns são grandes homens, outros são pequenos. Por quê?"
>
> Resposta de Mêncio: "Os que se entregam à sua parte maior saem engrandecidos, os que se entregam à sua parte menor encontram-se diminuídos.
>
> – Sendo os homens todos igualmente homens, por que alguns escolhem a parte maior enquanto outros escolhem a parte menor?
>
> – Os órgãos sensoriais não têm a faculdade de pensar e deixam-se obnubilar pelas coisas exteriores. Sendo simples coisas em contato com outras coisas, os sentidos nada mais fazem do que deixar-se atrair por elas. O órgão que é o coração/mente tem a faculdade de pensar. Se ele pensa, poderá compreender as coisas; mas, se ele não pensa, não poderá compreendê-las. É com isto que o Céu nos dotou. Por pouco que comecemos a organizar aquilo que há de grande em nós, o pequeno não poderá predominar. Não é preciso mais que isso para tornar-se um grande homem" (VI A 14-15).

Todo homem pode tornar-se um santo

Existe, portanto, na concepção menciana da natureza humana, uma visão globalizante, totalizante do homem, que nos apresenta o desenvolvimento coordenado e harmonioso das predisposições morais da "parte maior" de cada indivíduo e simultaneamente das predisposições biológicas de sua "parte menor", sendo que apenas a primeira pode ser considerada como propriamente humana, pelo fato de incluir o ser pensante, moral e social. O processo de humanização até ao infinito parte da situação existencial do ser humano ordinário aqui-e-agora e integra progressivamente neste dado uma di-

6. Mêncio, herdeiro espiritual de Confúcio

mensão cada vez mais ampla, até incluir "o Céu-Terra e as dez mil coisas". Bondade ordinária e santidade quase divina estão em relação de continuidade, de tal maneira que é possível passar de uma à outra numa progressão gradual.

A possibilidade de um acesso progressivo à santidade, fundada na unidade intrínseca da natureza humana, resume-se em fórmulas que se tornaram célebres: "Qualquer um pode tornar-se Yao ou Shun" ou "Shun era um homem, exatamente como eu" (IV B 28). Não relegando mais, como o fazia Confúcio, as figuras dos santos a uma antiguidade inacessível, Mêncio abre o caminho, retomado continuamente pela renovação confuciana dos Song a partir do séc. X, para a possibilidade de atingir a santidade a partir da natureza humana ordinária, que é a mesma para todos, já que saiu do Céu, ou seja, está inscrita no natural:

> Tomemos o exemplo da cevada. Espalhamos a semente, depois a cobrimos de terra. O tipo de terra escolhido é o mesmo, bem como o momento de semear. A cevada brota maravilhosamente e, a partir do solstício de verão, está perfeitamente madura. Se há diferença, é apenas porque os solos são mais ou menos férteis, as chuvas e o orvalho mais ou menos benfazejos e o trabalho do homem mais ou menos importante.
>
> As coisas de uma mesma natureza são todas semelhantes, por que seria diferente com os homens? Não há nenhuma diferença de natureza entre os santos e nós. Mestre Long dizia: "Se vejo um sapateiro fabricar calçados para alguém do qual ele não conhece o número, posso estar certo de que ele não fabricará cestos". Todos os calçados se assemelham, pelo fato de todos os pés terem algo em comum. [...]
>
> Em todos os seres humanos a boca tem a mesma capacidade de apreciar os sabores, o ouvido de escutar os sons, o olho de admirar as cores. Será que o coração/mente seria o único a não ter capacidade

comum? O que é, portanto, que todas as mentes têm em comum? É um mesmo princípio inerente (*LI* 理), é um mesmo senso moral (*yi* 義). Os sábios nada mais fizeram senão descobrir antes de nós aquilo que nossas mentes têm em comum. É assim que princípio e senso moral causam em nossa mente o mesmo prazer que as carnes causam em nosso paladar (VI A 7).

Natureza e destino

Em Mêncio a natureza humana tal como ele a concebe encarrega-se da visão totalizante do homem como ser ético contida no *ren* confuciano. Desta forma, este encontra-se no mesmo plano que o senso do justo, o senso dos ritos e o discernimento, os quatro "germes" de bondade inerentes à natureza humana. Portanto, sendo a capacidade de agir moralmente indissociável da capacidade de discernir o verdadeiro do falso, a sabedoria consiste sobretudo num conhecimento, não tanto no sentido de uma cognição e mais no sentido de uma identificação na experiência vivida. Trata-se de alcançar uma visão de conjunto de todo o potencial da natureza humana, que deve permitir reintegrar cada inclinação na linha da natureza:

> Mêncio diz: "Quem esgota o potencial de seu coração/ mente conhece sua natureza (*xing* 性). Ora, conhecer sua natureza é conhecer o Céu. Preservar perfeitamente sua mente e nutrir sua natureza é a maneira de servir ao Céu. É então indiferente morrer jovem ou velho: a autodisciplina permite aguardar serenamente a morte, e é assim que as pessoas controlam seu destino (*ming* 命)".

> Mêncio diz: "Não há nada que não seja destino. Trata-se, portanto, de aceitar o que está na linha do destino. Assim, os que conhecem o destino não ficam junto a um muro que ameaça ruir. Aquele que morre tendo chegado ao fim de seu caminho segue a linha do destino: mas morrer prisioneiro nos gri-

6. Mêncio, herdeiro espiritual de Confúcio

lhões [por um crime que se cometeu] não é estar na linha certa" (VII A 1-2).

Referindo-se a Confúcio, que aos cinqüenta anos dizia conhecer o "decreto do Céu" (*tianming* 天命), Mêncio revela aqui sua intenção: reconciliar e integrar as duas dimensões do homem e do Céu numa interação dinâmica entre o *xing* e o *ming*. O *xing* é a natureza propriamente humana, mas originalmente proveniente do Céu. Este termo não é, portanto, puramente descritivo, mas comporta uma dimensão prescritiva pelo fato de designar a natureza do homem não somente tal qual é dada, mas também e sobretudo em sua ascensão ao ser ético. A natureza humana contém moralidade em "germes": aqui está sua parte celeste (e sua dimensão prescritiva), mas cabe ao homem desenvolvê-la.

No *xing* tudo já está presente: nada mais resta senão atualizá-lo. Quanto ao *ming*, é aquilo que é decretado pelo Céu, mas é também aquilo que incumbe ao homem conhecer por sua mente e concluir por sua natureza. Existe, portanto, também no *ming* a dupla dimensão prescritiva (o Céu tem como decreto a obrigação moral) e descritiva (o decreto celeste é o que ele é e não sanciona necessariamente a conduta humana). As relações entre o Céu e o homem obedecem assim a uma dialética do *xing* e do *ming*, do descritivo e do prescritivo:

> Mêncio diz: "As reações da boca aos sabores, do olho às cores, do ouvido aos sons, do nariz aos odores, de todo o corpo ao bem-estar, dependem da natureza humana (*xing*). Mas elas são inevitáveis (*ming*), e por isso o homem de bem não as considera como sendo apenas *xing*. As atitudes de humanidade para com um pai ou um filho, de senso moral para com um soberano ou um ministro, de senso ritual para com um convidado ou um hóspede, de discernimento diante dos homens capazes, do sábio diante do Tao do Céu, dependem do *ming*. Mas elas pertencem à nossa natureza humana (*xing*), e por isso o homem de bem não as considera como sendo apenas destino inelutável (*ming*)" (VII B 24).

O que dizer do mal?

Depois de Mêncio ter mostrado que a natureza humana, longe de ser neutra, é naturalmente predisposta à bondade, resta explicar aquilo que nela é mau, porque, afinal, somos obrigados a constatar o mal nos comportamentos humanos. Mêncio não procura negar esta evidência, mas está persuadido de que um homem mau não é intrinsecamente mau: não é sua natureza primária que está em questão, é que talvez não tenha desenvolvido seu fundo de bondade ou sequer tenha tomado consciência de sua existência:

> As características intrínsecas do homem (*qing* 情) tornam-no capaz de ser bom. É isto que entendo por sua "bondade". Mas, se ele começa a ser mau, não será certamente culpa de seu potencial (*cai* 才, que ele recebeu do Céu). [...] Senso do humano, senso do justo, senso dos ritos e discernimento não foram colados em nós exteriormente; estão justamente dentro de nós, mas seria preciso ainda tomar consciência deles[18] (VI A 6).

Toda nossa moralidade repousa, portanto, sobre uma simples tomada de consciência, a consciência de nossa própria natureza. Mêncio a compara a uma trilha de montanha, que, se for transitada e conservada, torna-se um verdadeiro caminho. Mas, se ficar abandonada durante algum tempo, será invadida pelas ervas daninhas até desaparecer completamente (VII B 21). Nosso potencial, que é bom, apenas precisa realizar-se, está pronto a fazê-lo a qualquer momento. Não nos tornamos maus senão de tanto esquecê-lo ou perdê-lo de vista; mas, ao contrário da queda e da perda do paraíso, que nos são narradas na Bíblia, aqui não há nada de definitivo. Assim como a realização de nosso potencial nunca está garantida de uma vez por todas, assim também sua perda nunca é irremediável.

Para Mêncio, o ser humano é levado para o bem não apenas por sua natureza, mas também por seu destino. Dizer que a vida humana não é senão um dado biológico ao qual nos agar-

6. Mêncio, herdeiro espiritual de Confúcio

raríamos com um instinto de conservação significa dizer que ela está dotada de um destino moral – ela tem um sentido, e este sentido é moral. A questão de saber *por que* eu deveria comportar-me moralmente nem sequer é levantada, uma vez que eu tenha reconhecido minha própria natureza em toda sua humanidade. Aqui, a vontade como princípio subjetivo, individual, de autodeterminação de suas ações não é levada em consideração, a não ser como expressão do egoísmo. O "mal" não pode, com efeito, ter outro conteúdo senão o egoísmo, que consiste em negar a solidariedade radical dos seres vivos com a ilusória intenção de viver apenas para si (cf. por exemplo VII A 25).

Nessa concepção da natureza simplesmente não há lugar para o Mal, na medida em que não é levada em consideração a vontade individual livre de escolher entre Bem e Mal: para Mêncio, como para todos os confucianos, o Caminho é único: ou fazemos todo o possível para nele caminhar, ou o perdemos de vista: "Não há, resume Mêncio citando Confúcio, senão dois caminhos possíveis: o *ren* e a ausência de *ren* (IV A 2). O Mestre havia deixado em sua visão do homem a marca indelével de um otimismo inveterado que encontramos no próprio fundamento do espírito confuciano e que torna impossível toda dramatização da condição humana, à maneira do discurso bíblico ou búdico. Aplicando-se a mostrar que na natureza humana não há nada de mau em si, provindo o mal e o sofrimento apenas de uma insuficiência de humanidade, Mêncio se dispensa, como todos os pensadores chineses antes da chegada do budismo, de colocar frontalmente a questão do mal[19].

A humanidade como responsabilidade

Se não existe, na perspectiva confuciana, lugar para o Mal em si como tampouco para alguma idéia de liberdade ou de livre-arbítrio, existe sem dúvida um senso de responsabilidade que nos faz assumir plenamente o encargo que nos é confiado pelo Céu. Tudo depende da determinação de cada um de tomar nas mãos seu destino moral ou, como diz Mêncio, de o "pôr de pé" ou "organizar" (*li ming* 立命)[20]. Este senso de responsabilidade, longe de ser o apanágio de alguns santos, está tão profundamente inscrito em cada um de nós que se impõe por si mesmo, sobretudo numa situação limite:

> Mêncio diz: "Gosto do peixe, mas gosto também das patas de urso. Se não posso ter os dois, deixo o peixe e fico com as patas de urso. Amo a vida, mas amo também o senso moral. Se não posso ter os dois, renuncio à vida para conservar o senso moral. Sem dúvida amo a vida, mas há alguma coisa que amo ainda mais do que a vida, e por isso não vou agarrar-me a ela a qualquer preço. Sem dúvida temo a morte, mas há alguma coisa que temo ainda mais do que a morte, e por isso não vou evitar o perigo a qualquer preço.
>
> Se o homem amasse a vida mais que qualquer outra coisa, não faria tudo para conservá-la? Se temesse a morte mais que qualquer outra coisa, não faria tudo para evitar o perigo? Ora, nem sempre ele faz tudo para salvar sua vida, como também nem sempre faz tudo para escapar ao perigo. O que mostra muito bem que existe algo que o homem ama mais que a vida e algo que ele teme mais que a morte. Os sábios não são os únicos a possuir este espírito; é um bem comum a todos, mas só os sábios não o perdem jamais"[21] (VI A 10).

O que é, portanto, que se impõe a nós com tanta evidência a ponto de nos fazer renunciar à nossa própria vida? Não é outra coisa senão a humanidade de nossa natureza: o que faz de nós seres humanos, o que faz com que, dando crédito a Mêncio, o mais miserável dos mendigos prefira morrer de fome a aceitar alimento que lhe jogarem na frente como se lança comida a um cão. Mêncio não tem outra escolha senão postular a bondade do homem como inscrita em sua natureza e como prescrita por sua vocação, não tendo como encontrar para a moralidade um fundamento exterior ao homem – Deus, imperativo categórico

ou promessa do paraíso após a morte. Só o homem é responsável por sua própria natureza moral:
> O senso do humano (*ren* 仁) é o próprio homem (*ren* 人) (VII B 16).

Centralidade e autenticidade

Compartilhamos com os seres e o mundo que nos cercam a percepção de uma comunidade de existência que se traduz em termos humanos pelo *ren*. O fundamento absoluto da moralidade reside, portanto, em nossa própria humanidade, mas nosso máximo denominador comum deve ser procurado em nossa parte mais profunda e, portanto, a mais escondida, a mais desconhecida: aquela que Mêncio chama de "celeste" ou "autêntica", abrindo assim um grande caminho que conhecerá um imenso sucesso na renovação confuciana a partir dos Song no séc. XI, e que passa pela formulação poderosa de dois grandes textos: o *Zhongyong* (*O Invariável Meio*) e o *Daxue* (*O Grande Estudo*)[22]. Textos soberbos, cuja força de expressão e cujo alcance globalizante, e mesmo universal, contrastam com o teor do tratado ritualista donde são extraídos. O *Zhongyong*, tradicionalmente atribuído ao neto de Confúcio, Zisi, é mais provavelmente o resultado de um trabalho cumulativo feito entre os seguidores de Mêncio e que, como o *Mengzi*, representa um pensamento confuciano que levaria em consideração as objeções de Chuang-tse (daí a hipótese, muitas vezes apresentada, de influências taoizantes). Eis a célebre passagem de abertura:

> Aquilo que o Céu destina (*tianming*) ao homem é sua natureza (*xing*); seguir sua natureza é o Tao; cultivar o Tao é o ensino.
>
> O Tao não pode ser abandonado nem por um instante; se pudesse sê-lo, não seria mais o Tao. Por isso o homem de bem está à espreita mesmo daquilo que ele não vê, está alerta mesmo para aquilo que ele não ouve: não há nada mais visível do que

> aquilo que está escondido, nada mais manifesto do que aquilo que está latente. É por isso que o homem de bem permanece tão vigilante quando está só consigo mesmo.
>
> Enquanto prazer, cólera, tristeza e alegria não se manifestaram, é o Meio. Quando se manifestam sem ultrapassar a justa medida, é a harmonia. O Meio é o grande fundamento do universo, a harmonia é seu Tao universal. Se o Meio e a harmonia forem levados ao seu cume, o Céu-Terra encontrará seu lugar e as dez mil coisas seus recursos[23].

Nesta grandiosa abertura, o "Meio" (zhong 中), que, como sublinhamos, não corresponde absolutamente a alguma eqüidistância[24], aparece logo de início como a própria lei do Tao. Enquanto força ativa, ele é o fundamento constitutivo do universo e ao mesmo tempo seu modo de funcionamento. Sem ele o Tao seria incapaz de gerar a vida e, *a fortiori*, de assegurar sua perenidade e suas transformações na harmonia. Princípio de constância na justeza, é ele que mantém a energia vital em sua integridade e em sua medida, é nele que são conservadas inteiras as virtualidades dos seres bem como suas promessas de transformação. Na ordem humana, o *zhong* leva em conta as evoluções e as situações particulares, mas deve representar cada vez a parte melhor, a mais exigente, sempre voltada para o alto, para o "bem supremo" (*zhishan* 至善). É ilimitada a confiança que os confucianos depositam no destino do homem e no poder equilibrante do Meio justo, constante e, portanto, realizável (*yong* 庸).

Assim, as emoções humanas, inclusive a cólera e a tristeza, nada têm de nefasto em si. Enquanto não se manifestaram à maneira de germes que afloram à superfície do solo, enquanto não são expressas em seus contornos e em suas características, elas evoluem em fusão com o Tao e permanecem naturalmente em conformidade com a centralidade. Em sua passagem à manifestação, importa que elas permaneçam no senso da medida, condição necessária para que aconteça a harmonia (*he* 和). Esta "medida" teria a ver mais com a música do que

6. Mêncio, herdeiro espiritual de Confúcio

com uma firme decisão teórica ou arbitrária de moderação: o termo chinês *jie* 節 designa originariamente os nós do bambu, cujo crescimento marcam com um ritmo vital; de forma mais ampla, evoca o sopro íntegro e ritmado que anima o universo. Enquanto o composto *jieqi* 節氣 (medida-sopro) veio a designar as estações e as festas que marcam o ritmo do tempo vital, seu inverso *qijie* 氣節 (sopro-medida) qualifica a retidão moral de um homem movido pelo sopro íntegro.

Nesta passagem inaugural celebra-se a unidade entre o Céu e o homem, sendo a natureza do segundo proveniente do primeiro. Realizando em si mesmo o Meio e a harmonia, o homem reencontra sua parte celeste que o *Zhongyong*, na esteira de Mêncio (IV A 12), chama de *cheng* 誠 Parece preferível compreender este termo, geralmente traduzido por "sinceridade", em termos de "autenticidade", no sentido do ideal taoísta do "homem verdadeiro" (*zhenren* 真人)[25]. Composto pelo radical da palavra 言 e pelo elemento 成 (igualmente pronunciado *cheng* e que significa "realizar", "cumprir"), *cheng* designa – mais que uma "sinceridade" no sentido psicológico demasiadamente estrito – a realização, o cumprimento da parte celeste em cada ser humano:

> A autenticidade é o Tao do Céu. Tornar-se autêntico é o Tao do Homem. A autenticidade permanece no Meio sem se violentar, ela chega à meta sem sequer nela pensar. Caminhar naturalmente permanecendo no Tao do Meio, eis o próprio do Santo. Tornar-se autêntico é escolher o bem para nunca mais largá-lo (§ 20).

A apreensão do Céu por parte do homem não se faz fora do próprio homem. O Céu não é, portanto, um além do homem, um alhures acessível apenas mediante um grande salto (a morte ou a graça): o Céu é a parte mais autêntica do homem enquanto ser capaz de transcender-se a si mesmo cada vez mais em sua própria humanidade:

> Sob o Céu somente a autenticidade perfeita é capaz de ir até o fundo da natureza. Ser capaz de ir

até o fundo da natureza é ser capaz de ir até o fundo da natureza do homem, o que significa ir até o fundo da natureza de todos os seres. Quem é capaz disso está em condições de participar do processo generativo do Céu-Terra; participar deste processo é formar uma tríade com o Céu e a Terra (§ 22).

Isto ecoa Mêncio, para quem é "autêntico" aquele que realiza plenamente sua humanidade, depois de tomar consciência de que sua existência está em estreita interdependência e integração com o conjunto de todos os outros:

> Mêncio diz: "As dez mil coisas estão presentes em mim em sua totalidade. Há alegria maior do que ver, examinando-me a mim mesmo, que eu sou autêntico? Pode alguém, em sua busca de humanidade, estar mais perto da meta do que quando se aplica à mansidão?" (VII A 4).

Na perspectiva confuciana o projeto ético e a busca de santidade não são concebidos fora da unidade entre o Céu e o Homem:

> A autenticidade (*cheng* 誠) é aquilo que se realiza por si mesmo (*zicheng* 自成); o Caminho é aquilo que está em marcha por si mesmo. A autenticidade é o fim e o começo de todas as coisas; sem ela nada pode existir. É por isso que o homem de bem tem tanto empenho em tornar-se autêntico. A autenticidade não consiste somente em realizar-se a si mesmo, mas é por ela que se realizam todas as coisas. Realizar-se a si mesmo é humanidade; permitir às coisas que se realizem é sabedoria. Sem sua busca de humanidade são estas as virtudes próprias da natureza, que constituem o Caminho unindo o exterior e o interior. É assim que, postas em prática em tempo oportuno, elas sempre calham perfeitamente (§ 25).

Aqui está a palavra-chave: a autenticidade nada mais é que o próprio Tao em sua capacidade infinita de dar vida aos seres, de transformá-los, de harmonizá-los. O Santo, sendo

6. Mêncio, herdeiro espiritual de Confúcio

plenamente autêntico – realizando sua própria humanidade e ao mesmo tempo permitindo aos outros realizá-la – não faz senão participar do processo criativo do Céu. Nenhum outro texto celebrou com tanto vigor a participação plena e total do homem no processo cósmico, nenhum evocou com tanto lirismo o deslumbramento original perante a multiplicação infinita e a perfeita harmonia das coisas da natureza: tudo já está ali, e não há motivo para procurar alhures qualquer verdade:

> A autenticidade perfeita jamais pára. Não parando nunca, ela dura eternamente. Sendo eterna, ela faz aparecer seus efeitos. Manifestando seus efeitos, ela se propaga infinitamente. Propagando-se infinitamente, ela é vasta e profunda. Em sua vastidão e em sua profundidade, ela é excelsa e luminosa. Vasta e profunda, ela sustenta os seres. Excelsa e luminosa, ela os cobre. Infinita e eterna, ela os aperfeiçoa. Vasta e profunda à semelhança da Terra, excelsa e luminosa à semelhança do Céu, de extensão e duração sem limite, ela se manifesta sem deixar-se ver, se transforma sem se mover, aperfeiçoa no não-agir. [...]
>
> Aparentemente o Céu é apenas uma massa luminosa; mas em sua infinitude ele é a imensidão onde estão suspensos o sol, a lua e as estrelas, englobando as dez mil coisas. A Terra é apenas um punhado de gleba; mas, em seus espaços e em seus abismos, ela sustém os montes Hua e Yue como ciscos de palha e contém os rios e oceanos sem perder deles uma só gota, sustentando as dez mil coisas. A montanha não é senão uma pitada de seixos; mas, em seu porte majestoso, ela dá vida às plantas e às árvores e abriga os pássaros e os animais selvagens, portadora de tesouros escondidos. Quanto à água, ela caberia numa colher; mas, em suas profundezas insondáveis, ela dá vida aos monstros das águas profundas, aos dragões, aos peixes e às tartarugas, abundante em riquezas e recursos (§ 26).

Dizer, como Mêncio, que "as dez mil coisas estão presentes em sua totalidade em mim" é dizer que tudo está aí desde o início, na "mente original", como a planta desenvolvida está toda inteira na semente. O aprender confuciano não tem, portanto, outra vocação senão encontrar e reanimar alguma coisa já presente:

> O Tao do estudo e da experiência (*xuewen* 學問) nada mais é do que pôr-se em busca do espírito original que foi perdido de vista (VI A 11).

Vemos, assim, como Mêncio quis responder a Chuang-tse, o qual, por sua vez, privilegiou o lado do Céu, não deixando ao homem senão um único objetivo: reencontrar sua parte celeste, ou seja, o natural ou a Origem. Mêncio, integrando a parte natural do Céu e, na seqüência, a parte da energia vital, esforça-se por reordenar a parte humana. Veremos como Xunzi, um pouco mais tarde, privilegiará decididamente o lado do homem. Mas, enquanto este outro grande nome do confucionismo pré-imperial interpreta o ensinamento do Mestre num sentido ritualista e normativo, é à visão ao mesmo tempo ética e cosmológica inspirada em Mêncio que caberá a última palavra a partir do II milênio.

Notas do capítulo 6

1. *Shiji* (*Memórias históricas*), cap. 121, ed. Pequim, Zhonghua shuju, 1972, p. 3116.

2. Para alguns dados biográficos cf. *Shiji*, cap. 74.

3. O *Mengzi* apresenta-se em sete livros, cada um subdividido em duas partes A e B e tendo como título as duas primeiras palavras do texto, à maneira dos *Analectos*. As referências são dadas sob sua forma tradicional: o número romano corresponde ao Livro, seguido da menção A ou B, e por fim o número arábico indica o número da seção.

Pode-se consultar a tradução francesa de Séraphin COUVREUR, *Oeuvres de Meng Tzeu em Les Quatre Livres*, 1895, reed. Paris, Cathasia, 1950, ou a tradução inglesa de D.C. LAU, *Mencius*, Harmondsworth, Penguin Books, 1970, reedição revista com o texto chinês, Hong Kong, Chinese University Press, 1984. Sobre o *Mengzi* cf. os estudos de David

S. NIVISON em *The Ways of Confucianism. Investigations in Chinese Philosophy*, Chicago e La Salle, Open Court, 1907; e de SHUN Kwong-loi, *Mencius and Early Chinese Thought*, Stanford University Press, 1997.

Para o título da obra, conserva-se a transcrição do chinês, ao passo que o personagem é designado sob sua forma latinizada, mais familiar, da mesma forma como Confúcio para designar Mestre Kong.

4. *Les Fonctionnaires divins*, Paris, Éd. du Seuil, 1989, p. 65 e 53-54.

5. *Shiji (Memórias históricas)* 74, p. 2343.

6. O rei Xiang de Liang: os senhores feudais da época dos Reinos Combatentes, embora permanecendo sempre nominalmente vassalos da realeza Zhou, arrogam-se doravante o título de rei, como acontece em Liang. Sobre a distinção entre "Caminho real" e "caminho hegemônico" cf. *Mengzi* II A 3.

7. Mêncio gosta das metáforas orgânicas, particularmente vegetais. Cf. *Mengzi* VI A 7-8-13-14, onde se trata do crescimento do trigo, de uma montanha arborizada, do cultivo das árvores etc.

Para a metáfora da água cf. abaixo nota 14 e *Mengzi* IV A 9: "O povo volta-se para o homem de *ren* como os animais para os espaços selvagens ou como a água corre para baixo". Sobre estas metáforas cf. Sarah ALLAN, *The Way of Water and Sprouts of Virtue*, Albany, State University of New York Press, 1997.

8. Sobre o argumento segundo o qual um ladrão é um homem, mas matar um ladrão não significa matar um homem, cf. cap. 5 nota 7 sobre o Cânon moísta.

9. Cf. A.C. GRAHAM, "The Nung-chia 'School of the Tillers' and the Origins of Peasant Utopianism in China", *Bulletin of the School of Oriental and African Studies*, 42/1 (1971).

10. Cf., por exemplo, *Analectos* XIII,9. Cf. Jörg SCHUMACHER, *Über den Begriff des Nützlichen bei Mengzi*, Berna, Peter Lang, 1993.

11. A grafia do termo, que significa "poço", define um tabuleiro de oito quadrados dispostos ao redor de um quadrado central.

12. Cf. Roger T. AMES, "The Mencian Conception of ren xing: Does it mean 'Human Nature'?", em Henry ROSEMONT Jr. (ed.), *Chinese Texts and Philosophical Contexts: Essays Dedicated to Angus C. Graham*, La Salle (Illinois), Open Court, 1991, p. 143-175. Este artigo faz referência a Angus C. GRAHAM, "The Background of the Mencian Theory of Human Nature", reproduzido em *Studies in Chinese Philosophy and Philosophical Literature*, Albany, State University of New York Press, 1990. Cf. também o número especial "Human 'Nature' in

Chinese Philosophy" da revista *Philosophy East and West*, 47/1 (1997); e Maurizio SCARPARI, *La concezione della natura in Confucio e Mencio*, Veneza, Cafoscarina, 1991.

13. Note-se que o termo traduzido por "dado original" encontra-se também na historieta do nadador do *Zhuangzi* 19, cf. cap. 4 nota 29. Yu é o fundador mítico da dinastia Xia.

14. Para a metáfora da água cf. acima nota 7. Esta metáfora parece ser compartilhada por outras correntes de pensamento, como atestam o *Laozi* e os textos de estratégia, cf. abaixo cap. 7, "A metáfora da água". Sobre o raciocínio analógico que Mêncio desenvolve a partir desta metáfora, cf. por exemplo o estudo de Alexei VOLKOV, "Analogical reasoning in ancient China: some examples", *Extrême-Orient, Extrême-Occident*, 14 (1992), p. 15-37.

15. Cf. acima nota 7.

16. A este respeito cf. o cap. 49 do *Guanzi*, intitulado *Neiye* ("A obra interior"), que atesta um estágio primitivo de desenvolvimento da noção de *qi*, concebido ao mesmo tempo como natural e ético, sendo saúde moral sinônimo de saúde física. Sobre o *Guanzi* cf. abaixo cap. 9 nota 2, e cap. 10 nota 5.

17. Mêncio fala também de "mente humana e moral", de "mente que reage ao intolerável" ou ainda de "mente do recém-nascido" (imagem que reencontramos no *Laozi*, cf. cap. 7, "Retorno ao natural").

18. Assim como o "dado original" (cf. acima nota 13), o termo *qing* ("características intrínsecas") faz parte também do vocabulário e da problemática de Chuang-tse (cf. cap. 4, p. 145). Sobre a evolução semântica deste termo na literatura pré-imperial, cf. Anne CHENG, "Émotions et sagesse dans la Chine ancienne: l'élaboration de la notion de *qing* dans les textes philosophiques des Royaumes Combattants jusqu'aux Han", *Études chinoises*, 18/1-2 (1999), p. 31-58.

19. A confiança depositada por Mêncio na natureza humana não deixa de evocar a de Jean-Jacques Rousseau, situando-se embora numa problemática bem diferente. Sobre esta questão, cf. François JULLIEN, "Essai: 'Fonder' la morale, ou comment légitimer la transcendance de la moralité sans le support du dogme ou de la foi (au travers du *Mencius*)", *Extrême-Orient, Extrême-Occident*, 6 (1985), p. 40-42; e *Fonder la morale. Dialogue de Mencius avec un philosophe des Lumières*, Paris, Grasset, 1995.

20. Cf. *Mengzi* VII A 1. Em II A 6 e VI A 15, Mêncio fala de "pôr de pé sua determinação" (*li zhi* 立志).

6. Mêncio, herdeiro espiritual de Confúcio

21. Isto lembra a injunção de Confúcio: "O adepto resoluto do Caminho, o verdadeiro homem de *ren*, longe de apegar-se à vida em prejuízo do ren, sacrificá-la-ia em caso de necessidade para que o *ren* viva" (*Analectos*, XV,8), cf. acima cap. 2, "A missão sagrada do homem de bem".

22. Estes dois textos (já evocados no cap. 2, cf. notas 13, 16 e 28) constituem respectivamente os capítulos 31 e 42 do *Tratado dos Ritos* (*Liji*), compilado por volta do séc. III-II. Alguns manuscritos em placas de bambu, recentemente descobertos em Guodian (cf. abaixo cap. 7 nota 7), parecem confirmar a filiação entre esses textos e a corrente menciana. Pode-se consultar a tradução francesa (que reproduz também o texto chinês) de Séraphin COUVREUR, *La Grande Étude e L'Invariable Milieu* em *Les Quatre Livres*, reed. Paris, Cathasia, 1949. Cf. também as traduções do *Zhongyong* em inglês por TU Wei-ming, *Centrality and Commonality: An Essay on Confucian Religiousness*, Albany, State University of New York Press, 1989; e por Roger T. AMES e David L. HALL, *Focusing the Familiar – A Translation and Philosophical Interpretation of the Zhongyong*, Honolulu, University of Hawaii Press, 2001; e em francês por François JULLIEN, *Zhong Yong. La régulation à usage ordinaire*, Paris, Imprimerie nationale, 1993. Cf. também Peter WEBER-SCHÄFER, *Der Edle der Weise. Oikumenische und Imperiale Repräsentation der Menschheit im Chung-yung*, Munique, Beck, 1963.

23. Para o último parágrafo, cf. cap. 11, p. 317.

24. Cf. a Introdução, "Centralidade".

25. Cf. acima cap. 4, "O homem verdadeiro".

7
O Tao do não-agir no *Laozi*

Segundo a lenda, que faz dele um contemporâneo de Confúcio que teria vivido no séc. VI-V, Lao-tse (Laozi ou Lao-tzu) inauguraria o "caminho taoísta", e Chuang-tse estaria apenas na posição de sucessor. No entanto, como vimos, um exame crítico dos textos e as descobertas arqueológicas recentes modificaram consideravelmente a concepção tradicional do taoísmo, termo que não é muito mais que uma etiqueta colada *a posteriori* sobre uma realidade que de resto é bastante complexa[1].

Enquanto Chuang-tse teria vivido no séc. IV, a existência do *Laozi* como obra não é atestada antes de 250 a.C., data que tende a ser confirmada pela natureza de suas grandes preocupações, características do período final dos Reinos Combatentes, imediatamente anterior à unificação do império chinês em 221 a.C.[2] Sob muitos aspectos, o *Laozi* aparece como uma obra representativa da "segunda onda" evocada acima[3], que parece distinguir-se da primeira por um pensamento menos especulativo e um endurecimento acerca dos temas políticos em jogo no momento. Nas pegadas de Confúcio, ao idealismo de um Mêncio sucede, como veremos no capítulo seguinte, o realismo de Xunzi; paralelamente, após o pensamento contemplativo de Chuang-tse vem, com o *Laozi*, o tempo do agir – embora concebido (e este não é o menor dos paradoxos!) sobre o modo do não-agir[4].

7. O Tao do não-agir no *Laozi*

A lenda

Como no caso de Chuang-tse, convém fazer distinção entre o texto e o personagem ao qual ele é atribuído. No presente caso, sobre Lao-tse ("o velho Mestre" – provavelmente um pseudônimo) não se sabe nada de certo, nem mesmo se existiu realmente. Como Chuang-tse, ele seria originário do reino de Chu, cuja cultura, como vimos, desenvolve-se à margem da tradição ritualista das "regiões centrais". Sua biografia nas *Memórias históricas* lhe constrói um estado civil bem preciso e detalhado – demais para ser verdadeiro – atribuindo-lhe um nome de família muito comum na China, Li 李 ("ameixeira"), o mesmo com o qual nosso personagem foi dado à luz ao final de uma gestação que durou sessenta e dois anos, o que lhe valeu, desde o nascimento, a alcunha de "a velha criança" (outro sentido possível de Lao-tse). Quanto ao seu nome pessoal Er 耳 e ao cognome Dan 聃, ambos fazem referência às suas orelhas que eram muito compridas, sinal indiscutível de sabedoria. Na época em que era encarregado da conservação dos arquivos dos Zhou, Confúcio teria vindo pessoalmente consultá-lo sobre uma questão ritual:

> Lao-tse lhe disse: "O bom comerciante esconde bem no fundo seus tesouros e faz como se os seus cofres estivessem vazios; o homem de bem transborda de virtude, mas seu rosto e sua expressão não manifestam senão idiotia". [...]
>
> Confúcio voltou e disse a seus discípulos: "Os pássaros, sei que eles podem voar; os peixes, sei que podem nadar; os animais selvagens, sei que podem correr. O que corre pode ser pego nas redes, o que nada pode ser pego no anzol e o que voa pode ser pego com a flecha. Mas, quanto ao dragão, não posso saber como, cavalgando ventos e nuvens, ele se eleva até o céu. Ora, hoje, vi Lao-tse. Pois bem! Ele é como o dragão!"[5]

Sempre segundo a lenda, Lao-tse, desanimado pelo declínio dos Zhou, teria partido para o oeste. Ao chegar ao último posto de controle antes da estepe, o guarda do posto lhe disse: "Já que estais prestes a retirar-vos do mundo, peço vos digneis compor para mim um livro". Então Lao-tse escreveu as cerca de cinco mil palavras do *Livro do Caminho e de sua Virtude* (*Tao-te king* [*Daodejing*] 道德經), "depois partiu e ninguém sabe onde morreu", o que tornou possível, como veremos mais adiante, sua recuperação no quadro do budismo[6].

O texto

Se uma auréola de lenda cerca o personagem, a obra que traz seu nome, igualmente conhecida sob o título acima mencionado (*Laozi*), tem uma existência histórica atestada[7]. Apresenta-se numa forma totalmente diferente de todas as obras que a precederam: em vez de uma exposição didática em forma de perguntas e respostas, à maneira dos *Analectos* ou do *Mengzi*, temos uma série de poemas ritmados e rimados de uma concisão extrema, de estilo único, obscuro de tanta simplicidade.

Se as estrofes do *Laozi* podem ser qualificadas como poéticas, não nos apresentam um pensamento filosófico "posto em versos": é o próprio pensamento que procede por aforismos, metáforas, saltos bruscos de um assunto a outro, comparações brilhantes. Assim como o *Zhuangzi*, também o *Laozi* está à procura de uma forma de linguagem apta, se não a apreender, pelo menos a apontar para o indizível. Como observa Isabelle Robinet, a forma poética e escandida do *Laozi* "sugere que ele adquiria supostamente uma força encantatória através da repetição ritmada de recitações que reforçam uma prática, que estava destinado a ser cantado e memorizado, como se fez em certas seitas religiosas"[8]. O conteúdo evita deliberadamente toda referência que poderia fornecer algum elemento para datar ou situar o texto (lugares, acontecimentos, personagens históricos etc.). Daí o número impressionante de interpretações possíveis e de traduções existentes[9]. A obra pode, com efeito, ser lida e aplicada em diversos planos ao mesmo tempo: cultura

7. O Tao do não-agir no *Laozi*

individual do "não-agir", aplicação deste princípio à arte de governar ou às artes de combate, busca de métodos de vida longa de que Lao-tse seria o ancestral etc.[10]

O não-agir

Mesmo que comporte alguns aspectos esotéricos, o *Laozi* tenta, como toda obra filosófica, responder a preocupações dominantes em sua época, cuja natureza, por falta de outros pontos de referência, constitui talvez o melhor indício para datar o texto no fim dos Reinos Combatentes. Num contexto em que os principados mais poderosos chegam a lutar até à morte pela hegemonia, o problema mais urgente é saber como sair do círculo vicioso da violência, como sobreviver no meio de superpotências que se exterminam mutuamente. Preocupações que permanecem sempre atuais...

O *Laozi* começa por rejeitar explicitamente tanto o moralismo confuciano quanto o ativismo moísta, empregando deliberadamente seus próprios termos para acusá-los de ter provocado o declínio do Tao:

> Abandona a promoção dos mais capazes,
> E o povo deixará de batalhar (n. 3).
> Abandona tua sabedoria e teu discernimento,
> E o povo tirará cem vezes proveito.
> Abandona teu senso do humano e do justo,
> E o povo reencontrará o amor de pai a filho (n. 19).
> Do abandono do grande Caminho nasceram senso do humano e do justo.
> Do surgimento da inteligência e do discernimento nasceu o grande embuste.
> Da discórdia dos seis laços de parentesco[11] nasceram piedade filial e amor paternal.
> Da confusão e do caos no reino nasceram fidelidade e lealdade (n. 18).

A resposta do *Laozi*, por mais paradoxal que seja, é "nada fazer", permanecer no "não-agir" (*wuwei* 無為)[12]. Portanto, a melhor maneira de obviar à pilhagem, à tirania, ao massacre, à usurpação seria não agir. Para além do aspecto propositalmente provocador do paradoxo, cultivado como arte de pensar ao longo de todo o livro, é preciso tentar discernir o que se entende por "não-agir". O *Laozi* parte da constatação, aliás muito simples e ao alcance de todos, de que, tanto no mundo natural quanto no mundo humano, a força acaba sempre voltando-se contra si mesma:

> Não procures primar pelas armas
> Pois primar pelas armas convida ao revide (n. 30).
> Aquele que age destruirá.
> Aquele que se apodera perderá.
> O Santo, não agindo sobre nada, nada destrói.
> Não se apoderando de nada, nada tem a perder (n. 64).

Assim, o não-agir visa romper o círculo da violência. De que maneira? Absorvendo a agressão, abstendo-se de agredir em troca para não cair no revide, na escalada sem fim, e para, no final das contas, fazer com que a agressão se torne inútil.

A metáfora da água

A fim de ilustrar seu paradoxo central, conhecido desde meados do séc. III por ser a estratégia que consiste em vencer cedendo, o *Laozi* recorre a uma metáfora privilegiada nos textos filosóficos dos Reinos Combatentes: a água. Vale lembrar que já encontramos esta metáfora no *Mengzi*, no qual a tendência natural da água de escorrer para baixo é colocada em relação analógica com a predisposição da natureza humana à bondade. No *Laozi*, em que ocupa um lugar de destaque, a metáfora é utilizada de maneira um pouco diferente, evocando com vigor os tratados de estratégia como *A arte da guerra segundo Sunzi*:

7. O Tao do não-agir no *Laozi*

> A disposição das tropas é à semelhança da água. Assim como a água tende a evitar qualquer altura para escorrer para baixo, assim as tropas tenderão a evitar os pontos fortes do inimigo para atacar seus pontos fracos; assim como a água determina seu curso em função do terreno, assim as tropas determinam sua estratégia vitoriosa em função do inimigo[13].

No *Laozi* a água representa o elemento mais humilde, o mais insignificante na aparência, que, embora não resistindo a nada, vence no entanto a resistência de matérias consideradas as mais sólidas:

> O homem do bem supremo é como a água.
> A água benéfica a tudo não é rival de nada.
> Ela permanece nos baixios desprezados por todos.
> Do Caminho ela está bem próxima (n. 8).
> Nada no mundo é mais flexível e mais fraco do que a água.
> Mas para atacar o duro e o forte nada a sobrepuja.
> Nada pode tomar seu lugar.
> Que a fraqueza vence a força
> E a flexibilidade vence a dureza
> Não há ninguém sob o Céu que não o saiba,
> Embora ninguém o possa praticar (n. 78).

Esta metáfora da água encontra-se em muitos pensadores chineses, freqüentemente associada com o Tao de que ela é a figuração por excelência: assim como o Tao, a água jorra de uma fonte única e constante, embora manifestando-se sob uma multiplicidade infinita de formas; inapreensível e lábil por natureza, ela encontra-se no último limite entre o nada e o algo, entre o não-há (*wu* 無) e o há (*you* 有), e passa por infinitas transformações.

A água está no centro de toda uma rede metafórica. Pelo fato de escorrer sempre para o mais baixo, ela é aquilo para o qual todo o resto conflui, evocando assim a imagem do Vale. Em sua humildade (e sua umidade!) ela é, no entanto, aquilo que dá vida a todas as coisas, sendo nisto símbolo do feminino, do Yin que conquista o Yang mais por atração do que por coação. Da figura do feminino chegamos assim naturalmente à da Mãe, que para o *Laozi* se torna nada menos que uma das designações do próprio Caminho, "Mãe das dez mil coisas". É preciso lembrar aqui a predominância, no pensamento chinês, do tema da geração e do modelo orgânico, generativo, em todas as representações – religiosas, cosmológicas e mesmo "científicas". O *Laozi* privilegia particularmente a parte do feminino, em comparação com a ordem confuciana, eminentemente Yang e centrada na figura do Pai:

> O espírito do Vale não morre.
> Chama-se misterioso feminino.
> A porta do misterioso feminino
> Chama-se raiz do Céu-Terra.
> Um delicado fio – quase que não existe –
> E no entanto, por mais que sirva, jamais se gasta (n. 6).

A água e as metáforas associadas estão presentes para ilustrar este paradoxo: o fraco consegue triunfar sobre o forte, o flexível sobre o rígido. Trata-se não de demonstrar a brilhante desforra de um Davi contra um Golias, mas de neutralizar a violência colocando-se abaixo do agressor, pois o que provoca a agressão é colocar o outro em posição de inferioridade. Esta idéia, diga-se de passagem, está na base das técnicas de combate nas artes marciais chinesas que emigraram para as outras culturas extremo-orientais (lembremos que *judô* é a pronuncia japonesa de *roudao* 柔道, "o caminho do flexível", empréstimo tomado diretamente do *Laozi*).

Em conclusão, o não-agir prevalece sobre o agir mais por atração do que por coação, mais pela maneira de ser que pela maneira de ter ou de fazer. Temos aqui um terreno comum com o ritualismo confuciano, que, também ele, repousa sobre a eficácia de um Tao harmonioso:

7. O Tao do não-agir no *Laozi*

> O Mestre diz: "Quem melhor que Shun soube governar pelo não-agir? O que era a ação para ele? Bastava-lhe, para fazer reinar a paz, ficar sentado com toda a dignidade voltado para o sul".
>
> Quem governa unicamente pela força moral (*de* 德) é comparável à estrela polar, imóvel sobre seu eixo, mas centro de atração de todos os planetas[14].

A aproximação com a corrente confuciana tem o mérito de nos fazer compreender que o "não-agir" não consiste em "nada fazer" no sentido de cruzar os braços passivamente, mas em abster-se de toda ação agressiva, dirigida, intencional, intervencionista, a fim de deixar agir a eficácia absoluta, a força invisível (*de*) do Tao. O não-agir é o que o *Laozi* chama de "agir sem rastro", pois "aquele que sabe andar não deixa rastro" (n. 27). O Santo é aquele que "ajuda as dez mil coisas a viver segundo sua natureza, abstendo-se de intervir" (n. 64), aquele que "dá a vida sem dela se apropriar, age sem disso se prevalecer, conclui sua obra sem a ela apegar-se" (n. 2).

Paradoxo

A mensagem do *Laozi* começa, portanto, por um paradoxo-choque que foi imediatamente captado por seu primeiro público: "Lao Dan valorizava a fraqueza", resume o *Lüshi Chunqiu* (*Primaveras e Outonos do senhor Lü*), obra sintética compilada às vésperas do império pelo final do séc. III a.C.[15] O paradoxo consiste em ir em sentido diametralmente oposto aos hábitos de pensamento: preferir o fraco ao forte, o não-agir ao agir, o feminino ao masculino, o estar embaixo ao estar em cima, a ignorância ao conhecimento etc. O *Laozi* fala de "preferir" e não de manter apenas o fraco com exclusão do forte, pois os pares de opostos no pensamento chinês nunca são de natureza exclusiva, mas complementar, estando os contrários em relação não lógica mas orgânica e cíclica, segundo o modelo generativo do par Yin/Yang. Ora, o paradoxo mais radical consiste certamente em dizer que o nada vale mais que o algo, que o vazio vale mais que o cheio, que o não-há (*wu* 無) prevalece sobre o há (*you* 有):

> Trinta raios convergem para o cubo da roda
> Mas é justamente lá onde não há nada que está a utilidade do carro.
> Molda-se a argila para fazer um recipiente
> Mas é lá onde não há nada que está a utilidade do recipiente.
> Abrem-se portas e janelas para fazer um quarto
> Mas é lá onde não há nada que está a utilidade do quarto.
> Assim o há apresenta comodidades que o não-há transforma em utilidade (n. 11).

O paradoxo chega aqui ao seu cúmulo: a ausência teria mais presença do que aquilo que está presente, o vazio teria uma eficácia que o cheio não tem. Em sua vontade de radicalização, o *Laozi* tem a fórmula mais rude e direta que o *Zhuangzi*, que se contenta na maior parte do tempo em falar com ironia sobre a relatividade das coisas. Em vez das perguntas "Como posso saber que aquilo que chamo de 'conhecimento' não é ignorância? E como posso saber que aquilo que chamo de 'ignorância' não é conhecimento?"[16], o *Laozi* afirma:

> Ver o conhecimento como não-conhecimento, eis o que é bom.
> Ver o não-conhecimento como conhecimento, aí está o mal.
> Somos curados de um mal que consideramos um mal.
> O sábio não passa mal: é seu mal que passa mal.
> Quanto a ele, ele vai muito bem! (n. 71).

O paradoxo que vai contra os hábitos intelectuais e os valores convencionais tem por função mostrar que postular alguma coisa é postular, por isso mesmo, seu contrário. As distinções e as oposições que fazemos por hábito ou por convenção não têm, portanto, nenhum valor em si mesmas:

7. O Tao do não-agir no *Laozi*

> Quando cada um considera o belo como belo vem o feio.
> Quando cada um considera o bom como bom vem o mau.
> Há e não-há engendram-se.
> Cômodo e incômodo se completam.
> Longo e curto remetem um ao outro.
> Alto e baixo inclinam-se um para o outro.
> Música e barulho harmonizam-se.
> Frente e atrás se seguem (n. 2).

Amoralidade do natural

Bem cedo percebeu-se que todos esses paradoxos fundamentam-se na constatação de uma lei natural: a lei cíclica, segundo a qual tudo o que é forte, duro, superior foi originalmente fraco, mole, inferior e está destinado a tornar-se novamente forte, duro, superior:

> Toda árvore, todo ser nasce fraco e delicado.
> Murcho e seco, ele morre. [...]
> O que é grande e forte está mais embaixo.
> Mais alto está o flexível e o fraco (n. 76).

É no fraco e no passivo que o forte e o ativo têm sua origem; ora, todas as coisas, mais cedo ou mais tarde, são obrigadas a retornar à origem: "Os seres, chegados ao seu auge, não podem senão retornar". Em virtude desta lógica natural, segundo a qual todas as coisas que sobem deverão necessariamente voltar a descer, o fato de reforçar a força de um inimigo pode, em último caso, servir para apressar sua queda:

> O que é para ser fechado
> É preciso primeiro abrir.
> Primeiro consolidar
> O que é para vergar.
> Primeiro favorecer
> O que é para destruir.
> E primeiro dar

O que é para tomar.
Isto se chama iluminação sutil.
O flexível vence o duro, o fraco vence o forte (n. 36).

Esta "iluminação sutil" está na origem da "tolerância" taoísta (*ci* 慈), da qual se trata no *Laozi* 67 e que não tem a ver nem com o amor cristão nem com a compaixão budista. O sábio manifesta para com os seres a tolerância do Céu e da Terra no sentido de que, como estes, ele "não vive para si mesmo" (n. 7). Não se trata aqui absolutamente de motivação moral, mas antes de uma lei natural: assim como o curso de água mais baixo é "rei" dos cursos de água superiores, já que é ele que se enriquece com a água deles, assim o Santo taoísta, colocando-se abaixo dos outros, faz com que os outros acabem por ir no mesmo sentido que ele. É o que se chama "agir pelo não-agir".

Isso é importante: se o Santo do *Laozi* faz o inverso do que se faz habitualmente, não é nem por cálculo nem por desejo de distinguir-se; não é com a finalidade de tornar-se o mais forte que ele se faz humilde e fraco, é simplesmente porque a lei natural de todas as coisas é ir de baixo para cima e depois retornar à fonte. Ora, esta lei a humanidade em sua grande estupidez se esforça por contrariá-la constantemente, empenhando-se em conquistar poder e posição de superioridade. Em vez de afadigar-se em nadar contra a corrente (caso em que, na melhor das hipóteses, fica-se no mesmo lugar), o *Laozi* propõe entrar novamente na corrente, deixar-se levar pela onda. Exatamente como o nadador do *Zhuangzi*, que "segue o Tao da água sem procurar impor-lhe seu eu", o *Laozi* compreendeu que, para quem está no tubo da onda, o único meio de não submergir e afogar-se é deixar-se levar, sabendo que assim ele não pode senão tornar a subir.

Esta metáfora da água e da corrente, que retorna mais uma vez, vem indicar aqui que a ruptura entre o natural e a moralidade, ou, em outras palavras, entre o Céu e o Homem, está consumada. Lembremos que também Mêncio havia ex-

7. O Tao do não-agir no *Laozi*

plorado a metáfora aquática, mas foi para mostrar que a natureza vai no sentido da moralidade: a natureza humana está predisposta à bondade da mesma forma como a água está predisposta a escorrer para baixo[17]. Para o *Laozi*, ao contrário, a natureza (ou seja, o Céu) é totalmente desprovida de senso moral:

> O Céu-Terra é desprovido de humanidade (*ren*),
> Tratando as dez mil coisas como cães de palha.
> O Santo é desprovido de humanidade,
> Tratando as cem famílias como cães de palha.
> Entre Céu e Terra
> Não é como que um imenso fole de forja?
> Vazio e no entanto inesgotável.
> Em ação, ele ventila sempre mais.
> Palavrório demasiado esgota-se bem depressa.
> É melhor permanecer no centro (n. 5).

Enquanto os confucianos valorizam o Meio, precário e movediço equilíbrio gerador de harmonia, os taoístas estão em busca do centro, ou seja, da Origem:

> O Tao é vazio.
> Por mais que o enchamos, jamais transborda.
> Deste sem-fundo as dez mil coisas têm sua origem.
> Ele embota todos os gumes.
> Desfaz todos os nós.
> Harmoniza todas as luzes.
> Faz um só de todos os grãos de poeira.
> Existe, ao que parece, desde sempre.
> De quem é filho? Ignoro-o.
> Antes mesmo do Soberano do alto
> Creio que ele existia (n. 4).

Esta equiparação do centro com a Origem dará lugar, nas práticas espirituais e religiosas, a uma espacialização simbólica. Para os taoístas o mundo "está orientado para o centro, mas também para o alto, que não são senão um. O taoísta constrói o centro e ali se coloca, mas deve também assegurar o elo entre o alto e o baixo, entre subir e descer, o que ele faz usando diversos instrumentos simbólicos, como, por exemplo, instâncias cósmicas divinizadas ou os trigramas (do *Livro das Mutações*)"[18].

Valor político do não-agir

Nesta amoralidade o *Laozi* não deixa de expor-se aos ataques do legismo, mesmo que este, em vez de condenar como vãs e inúteis a agressão e a força, rejeite todo princípio moral unicamente para justificá-las[19]. De maneira significativa, o *Laozi* está na base de certas noções fundamentais do legismo, chegando a constituir uma fonte direta de inspiração para seu maior teórico Han Feizi. No centro da reflexão política legista encontra-se o não-agir, apresentado no *Laozi* como princípio de não-interferência:

> Abandona a promoção dos mais capazes,
> E o povo deixará de batalhar.
> Não valorizes as coisas raras,
> E o povo deixará de roubar.
> Não exibas o que leva à cobiça,
> E o povo terá o espírito em paz.
> Assim apresenta-se o governo do Santo:
> Esvaziar as mentes.
> Encher os estômagos.
> Enfraquecer as vontades.
> Fortificar os ossos.
> Manter sempre o povo a salvo do saber e do desejo.
> Fazer com que os maus nada ousem fazer.
> Agir pelo não-agir
> E tudo estará em ordem (n. 3).

Em outras palavras, quanto mais a vida do povo for simples e frugal, tanto mais fácil será governá-lo no não-agir, ou seja, sem que o soberano precise intervir nos assuntos de um Estado onde tudo segue seu curso natural. Mas encontramos

7. O Tao do não-agir no *Laozi*

também neste poema a expressão daquilo que se tornará o totalitarismo legista: "Esvaziar as mentes, encher os estômagos". Assim instaura-se uma ordem fundada no assegurar um conforto material mínimo e no manter na ignorância os governados, a quem se poupa de pensar ou mesmo de interessar-se por algum progresso tecnológico:

> Um Estado se governa pela retidão.
> Uma guerra se trava através da surpresa.
> Mas é pelo não-fazer que se conquista o mundo.
> Como o sei?
> Assim!
> Quanto mais reinam no mundo tabus e interditos
> Tanto mais o povo empobrece.
> Quanto mais o povo possui armas cortantes
> Tanto mais estragos causa a desordem no Estado.
> Quanto mais abundam astúcia e habilidade
> Tanto mais se vêem frutos estranhos.
> Quanto mais se multiplicam leis e decretos
> Tanto mais abundam os bandidos.
> Assim diz o Santo:
> Pratico o não-agir: o povo evolui por si mesmo.
> Tenho amor à quietude: por si mesmo ele se corrige.
> Permaneço sem nada fazer: por si mesmo ele prospera.
> Permaneço sem desejo: por si mesmo ele volta à simplicidade (n. 57).

A existência de uma teoria política no *Laozi* pode surpreender, se confiarmos numa concepção já amplamente difundida do taoísmo como doutrina de sabedoria individual. Com efeito, apenas o *Zhuangzi* se pronuncia em favor de um descomprometimento deliberado em relação ao político, que, no *Laozi*, representa, pelo contrário, um aspecto primordial da prática do Tao enquanto domínio de aplicação por excelência do não-agir. Veremos como os legistas percebem uma analogia entre o sábio taoísta e o soberano, entre "governo de si mesmo" e "governo do Estado" (*zhishen zhiguo* 治身治國), para retomar o comentário de Heshang gong (apr. séc. II a.C.). De fato, o *Laozi* pode ser lido em primeiro plano como um tratado político cuja divisa seria: "Reger um grande Estado é como fritar pequenos peixes!" (n. 60).

Retorno ao natural

Não agir é, portanto, abster-se de toda ação que seja intencional, dirigida, em virtude do princípio de que uma ação só pode ser realmente eficaz se ela for no sentido do natural. O tema central do não-agir leva assim ao do retorno à natureza original. Assim como vimos o primeiro associado à água, o segundo é evocado por imagens como a madeira bruta, a seda bruta ou o recém-nascido[20]:

>Conhece em ti o masculino.
>Adere ao feminino.
>Torna-te ravina do mundo.
>Ser ravina do mundo
>É unir-se à Virtude constante.
>É retornar à infância.
>
>Conhece em ti o branco.
>Adere ao negro.
>Torna-te norma do mundo.
>Ser norma do mundo
>É comungar na Virtude constante.
>É retornar ao ilimitado.
>
>Conhece em ti a glória.
>Adere ao infortúnio.
>Torna-te vale do mundo.
>Ser vale do mundo
>É ter em abundância a Virtude constante.
>É retornar à simplicidade da madeira bruta.

7. O Tao do não-agir no *Laozi*

> O bloco do simples primordial
> É retalhado em utensílios.
> Mas o Santo é o bloco virgem
> Que ele adota como ministro
> Pois o Mestre da Arte abstém-se de cortar (n. 28).

Quanto ao recém-nascido, ao qual o *Laozi* retorna longamente por diversas vezes, representa a energia vital em estado puro, que todo ser deriva da própria força do Tao (o *de* 德, traduzido convencionalmente, mas de forma inadequada, por Virtude), o sopro original (*yuanqi* 元氣) ainda intacto, força não dirigida, não canalizada. Ora, toda a vida humana é um processo contínuo de diminuição deste sopro, que só poderemos inverter cultivando e nutrindo seu *qi*:

> Aquele que contém a Virtude em abundância
> Pode ser comparado ao recém-nascido.
> Vespas, escorpiões, serpentes venenosas não o picam.
> Os animais selvagens não se lançam sobre ele.
> As aves de rapina não o arrebatam.
> Seus ossos são frágeis e seus músculos fracos, mas seu pulso é firme.
> Ele não conhece ainda a união do macho e da fêmea,
> Mas seu pênis é ereto,
> Repleto de essência vital.
> Berra o dia todo sem ficar rouco,
> Repleto de harmonia!
> Conhecer a harmonia é o Constante.
> Conhecer o Constante é a iluminação.
> Dar valor demasiado à vida é mau para a vida.
> Deixar a mente dirigir o sopro é fazer-lhe violência.
> Todo ser chegado à força da idade caminha para seu declínio.
> Isso se chama "a contrapelo do Tao".
> A contrapelo do Tao corre para a morte (n. 55).
> Podes fazer tua alma abraçar o Um
> Numa união indissolúvel?
> Podes, concentrando teu sopro, tornar-te
> Tão flexível quanto um recém-nascido?

Podes purificar tua visão interior
Até torná-la imaculada?
Podes afeiçoar-te ao povo e governar o Estado
Sem usar tua inteligência?
Podes abrir e fechar as portas do Céu
Desempenhando o papel feminino?
Podes tudo ver e tudo conhecer
Cultivando o não-agir? (n. 10).

Retorno à Origem

O não-agir aparece como uma forma de voltar ao nosso estado de natureza tal qual era por ocasião de nosso nascimento. O retorno à infância evoca aqui não a inocência, mas a Origem perdida. A perda da Origem é sentida efetivamente no contato com as crianças pequenas: sabendo embora que nós mesmos passamos por ela, temos o sentimento de que tudo se apagou, donde uma certa dificuldade de reatar com este estado original.

No plano coletivo, trata-se também de voltar ao nascimento da humanidade, a um estado original, anterior à formação de sociedades organizadas e institucionalizadas. Na contracorrente das teorias antropológicas modernas, o *Laozi* sonha com um estado primitivo livre de toda forma de agressão ou de coação da sociedade sobre os indivíduos, onde a ausência de moral, de leis, de castigos não leva os indivíduos a serem agressivos uns contra os outros, e onde não há, portanto, nem guerra, nem conflito, nem mesmo espírito de competição ou vontade de dominação. Sonho que se traduz na visão idílica de pequenas comunidades autárquicas, bastante próximas para ouvir o galo e o cachorro do vizinho, mas bastante afastadas para evitar os conflitos:

> É um povoado pequeno quase sem habitantes.
> Mesmo que tivessem instrumentos para dez ou cem pessoas,

7. O Tao do não-agir no *Laozi*

>Eles não se serviriam delas.
>Temem a morte e não vão longe.
>Mesmo que tivessem barcos e carros,
>Não os usariam.
>Mesmo que tivessem armas e armaduras,
>Não fariam ostentação delas.
>Têm em grande estima o cordel com nós.
>Acham sua comida saborosa,
>Suas vestes convenientes,
>Suas moradias cômodas,
>Seus costumes agradáveis.
>Deste povoado a seu vizinho
>Ouve-se o cantar do galo bem como o latir do cachorro.
>Mas ambos morrerão de velhice
>Sem se terem confrontado[21] (n. 80).

Há no *Laozi* a convicção fundamental de que o homem, em sua natureza original, pré-social, está inteiramente privado de agressividade. Este estado original é descrito num retrato ideal do Santo taoísta, aquele que "não tem boa aparência", mas "sabe mamar na Mãe", ou seja, haurir diretamente na Origem, na fonte do Tao:

>Abandona o estudo (o *xue* 學 confuciano) e com isso a preocupação.
>Qual a diferença entre sim e não?
>Qual a diferença entre bom e mau?
>Devo eu assustar-me com aquilo que assusta o outro?
>Que insondável absurdo!
>Cada um se excita e se dilata
>Como se festejasse no sacrifício do boi
>Ou subisse às torres da primavera.
>Só eu permaneço em paz, imperturbável,
>Como uma criança pequena que ainda não riu.
>Sozinho, isolado como um sem-teto.
>Cada um amontoa e entesoura.
>Só eu pareço despojado.
>Como sou ingênuo!

> Como sou idiota!
> Todos parecem muito espertos.
> Só eu me calo.
> Flutuando como o mar
> Vou para lá e para cá continuamente.
> Cada um tem algum negócio.
> Só eu me abstenho.
> Grosseiro e teimoso.
> Por que tão singular?
> Eu sei mamar em minha Mãe (n. 20).

O Tao

Os temas do não-agir e da natureza bruta original implicam o tema do retorno: retorno à Origem, ao Tao. Assim como Chuang-tse faz distinção entre os taos e o Tao, esta palavra no *Laozi* não designa apenas um caminho (o do não-agir), mas o Caminho, ou seja, nada mais nada menos que a realidade última, em sua totalidade, em seu princípio e em sua origem. Assim, o Tao é a primeiríssima palavra do *Laozi*, mesmo que nunca cheguemos a conhecer a última:

> O Tao que pode ser dito não é o Tao constante.
> O nome que pode nomeá-lo não é o nome constante.
> Sem-nome: começo do Céu-Terra.
> Com-nome: Mãe das dez mil coisas.
> Assim no Sem-desejo constante, consideremos o germe.
> No Com-desejo constante, consideremos o termo[22] (n. 1).

Desde os dois primeiros versos é evocada a questão do indizível, o que logo de saída situa o Caminho do *Laozi* à margem dos outros caminhos, estes completamente dizíveis. A noção essencial e total de Tao, colocada em paralelo com o "nome", é compreendida desde o início em termos de linguagem. De acordo com os quatro versos seguintes, o Tao comporta um aspecto indizível e um aspecto dizível, um aspecto

7. O Tao do não-agir no *Laozi*

"sem" (*wu* 無) e um aspecto "com" ou "tendo" (*you* 有). Enquanto Origem absoluta, antes de produzir o Céu-Terra, o Tao é inominável (não-nomeável); mas no próprio fato de produzir o Céu-Terra, na vinda à manifestação, ele se torna nomeável e assume o nome de "Mãe das dez mil coisas".

Nestes primeiros versos, construídos em paralelos, o indizível é evocado não nas palavras, mas no equilíbrio das frases. Para não se deixar aprisionar no enunciado de uma proposição (seja afirmativa ou negativa), o *Laozi* enuncia imediatamente seu contrário, procedendo assim como um funâmbulo sobre o fio do indizível: ele faz um movimento de maromba à direita, um movimento à esquerda e, graças a este equilíbrio, avança com uma "insustentável leveza". Este primeiro poema termina assim:

> Dois, provenientes de uma mesma fonte, mas trazendo nomes diferentes.
> Este dois-um chama-se mistério.
> Mistério para além do mistério.
> Porta de toda maravilha.

Mistério, portanto, este duplo aspecto do Tao, que no entanto permanece um: o Tao é Constante indizível ao mesmo tempo que engloba toda a realidade dizível, as duas realidades não sendo dissociáveis. Vale dizer que o Constante ou o Um não são o absoluto por trás do mutante ou do múltiplo, à semelhança de uma realidade por trás do véu das aparências. Vimos que o ceticismo de Chuang-tse não recai tanto sobre a dicotomia aparências/realidade quanto sobre a dicotomia linguagem/realidade. As oposições que a linguagem introduz entre constante e mutante, entre um e múltiplo, são com efeito designações para uma única e mesma coisa: "Dois, provenientes de uma mesma fonte mas trazendo nomes diferentes". Terá captado o "mistério para além do mistério" aquele que tiver compreendido que mesmo o há e o não-há não constituem duas realidades distintas.

Na perspectiva do *Laozi*, não são os nossos sentidos que nos enganam, permitindo-nos captar apenas aparências. Na origem de nossa irrisória certeza de ter controle sobre a realidade estão as distinções que nós nela praticamos através das categorias da linguagem. São essas distinções que falseiam e limitam nossas funções sensoriais e que suscitam nossos "desejos", impulsos a ir num sentido ou noutro, enquanto o Tao é quietude:

> O Tao encontra sua constância no não-agir.
> Ora, por ele tudo se realiza.
> Se os reis e senhores ao menos se ativessem a ele,
> As dez mil coisas se transformariam por si mesmas.
> Por pouco que a mutação se torne veleidade de agir,
> A simplicidade-sem-nome poderia serená-la,
> Pois a simplicidade-sem-nome é também sem-desejo.
> O sem-desejo atinge-se pela quietude
> E o mundo se determina então por si mesmo (n. 37).

Do Tao às dez mil coisas

Constante e Um não são transcendentes em relação ao mutante e ao múltiplo. Muito pelo contrário: a realidade em toda a sua simplicidade decorre deles diretamente, organicamente, numa relação de geração e não num ato de criação *ex nihilo*[23]:

> O Tao gera o Um.
> O Um gera o Dois.
> O Dois gera o Três.
> O Três, as dez mil coisas.
> As dez mil coisas levam o Yin nas costas e o Yang nos braços.
> Misturando seus sopros (*chongqi* 沖氣), eles realizam a harmonia (n. 42).

7. O Tao do não-agir no *Laozi*

Esta passagem, muitas vezes citada porque aberta a diversos níveis de leitura, pode particularmente ser interpretada em termos cosmogônicos. O Tao gera o Um, ou seja, o todo que é o real e cuja unidade se manifesta no sopro original (*yuanqi*). O dinamismo do sopro, que é o próprio modo de existência do Tao, significa que o Um não é monolítico e congelado em sua unidade e em sua unicidade, mas se diversifica na dualidade dos sopros do Yin/Yang, ou do Céu-Terra. Mas a dualidade não é um fim em si: ela ficaria bloqueada num face-a-face estéril se não fosse animada pela relação ternária que introduz a possibilidade de mutação e de transformação. Assim a dualidade dos sopros Yin/Yang encontra-se dinamizada pelo vazio (outro sentido de *chongqi* 沖氣, às vezes substituído por *zhongqi* 中氣, "sopro mediano"). Em termos cosmológicos, muito valorizados sob os Han, esta relação ternária se traduz na tríade Céu-Terra-Homem[24]. O três representa uma relação ao mesmo tempo fechada e aberta, que se basta a si mesma ao mesmo tempo que é capaz do infinito, que diz o todo do universo visível e invisível em sua unicidade, embora levando em conta a multiplicidade que o compõe. Algumas interpretações do final dos Han vêem na dualidade Céu-Terra a representação por excelência do espaço, ao passo que o ritmo ternário (nascimento, maturação, morte) representa o próprio movimento do tempo e do devir. A partir da relação ternária, com efeito, tudo se torna possível: o três abre para o múltiplo até ao infinito. Na passagem do Tao para as dez mil coisas, assiste-se ao desdobramento do Um no múltiplo, processo no qual se pode ver o sopro original, de qualidade infinitamente sutil, subdividir-se, diversificar-se em *qi* de qualidade cada vez mais grosseira, densa e compacta.

Esta aspiração a um retorno à unidade perdida encontra-se em outras culturas, mas o que permanece específico do pensamento chinês é a continuidade assegurada pelo vaivém constante entre o não-há e o há, entre o invisível e o visível. A dificuldade de designar o indesignável, o que é ao mesmo tempo Um e múltiplo, simultaneamente indizível e dizível, é um tema recorrente no *Laozi*:

> Existe um ser formado no caos,
> Nascido antes de Céu e Terra.
> Silêncio! Vazio!
> Permanece só, inalterável
> Circulando por toda parte sem esgotar-se.
> Pode-se ver nele a Mãe do mundo.
> Não sabendo o seu nome, chamo-o Tao.
> Por falta de outro nome, eu o chamaria grande.
> Grande para dizer que ele se derrama.
> Derramando-se, estende-se ao longe.
> Chegado ao extremo longínquo, ele retorna (n. 25).

Via negativa ou mística?

Eis a palavra: "retorno" (*fan* 反). É aqui que se encontram o segredo do Tao e o de sua apreensão, como se diz num poema que, em poucas palavras, apresenta a quintessência do *Laozi*:

> O retorno é o próprio movimento do Tao.
> O fraco é a própria eficácia do Tao.
> As dez mil coisas sob o Céu nascem do há
> E o há nasce do não-há (n. 40).

Como vimos, o retorno é antes de mais nada retorno – regresso, diriam alguns – a um estado primitivo de natureza bruta: estado de fraqueza do recém-nascido para o indivíduo, estado de natureza não agressiva para a humanidade em seu conjunto. Regressando ainda mais, volta-se ao estado puro e simples do "há" e, levando mais longe o retorno, volta-se ao "não-há-ainda" ou, mais exatamente, àquilo que ainda não se manifestou: estado verdadeiramente original de fusão, de não-dependência total, que o *Laozi*, assim como o *Zhuangzi*, chama de "por si mesmo assim" (*ziran* 自然), "o que é evidente" na pura espontaneidade:

7. O Tao do não-agir no *Laozi*

> Portanto, grande é o Tao.
> Grande é o Céu.
> Grande é a Terra
> Como o é o soberano dos homens.
> Há no mundo quatro grandes.
> O soberano é um deles.
> O Homem modela-se pela Terra.
> A Terra pelo Céu.
> O Céu pelo Tao
> E o Tao pelo que é evidente (n. 25).

O processo de apreensão do Tao é, portanto, um processo "aos recuos", "a contrapelo" de todo procedimento habitual, uma "via negativa":

> Praticar o aprender é crescer a cada dia.
> Praticar o Tao é decrescer a cada dia.
> Decrescer para além do decrescer, até atingir o não-agir.
> Nada fazer e nada há que não seja feito (n. 48).

É explícita a oposição ao caminho confuciano, fundado no aprender, que é um caminhar para frente, progressivo e cumulativo. Para o *Laozi*, "praticar o Tao" é caminhar por um caminho sem caminho a fim de "aprender a desaprender" (n. 64), "decrescer", reduzir ao cada-vez-mais-simples, até atingir uma apreensão imediata das coisas e uma eficácia em contato direto com elas. É precisamente esta eficácia imediata e irresistível que é designada pelo *de* 德, Virtude, ou melhor, força do Tao. Este, sendo o indiferenciado por excelência, não pode ser apreendido senão através da força de suas operações, de suas manifestações, de sua ação. Ora, que ação seria mais eficaz do que aquela que se deixa levar pela onipotência do Tao? Que coisa resistiria a uma ação que vai no mesmo sentido que ela?

Nesta perspectiva, o não-agir levado ao extremo chega a uma atitude existencial: ser na sua maior simplicidade. Pois, mesmo na maneira de ser, há uma maneira de ser alguém, de querer afirmar-se, de "impor seu eu" como diz o *Zhuangzi*:

> O Céu dura, a Terra persiste.
> O que é que os faz persistir e durar?
> É que eles não vivem para si mesmos.
> É isso que os faz viver para a eternidade.
> Assim o Santo põe sua pessoa em recuo.
> Ela encontra-se no primeiro plano.
> Ele a expõe.
> É assim que ela é preservada.
> Não está ele sem um eu próprio?
> Por isso mesmo seu eu realiza-se (n. 7).

Toda forma de espiritualidade começa por um "largar", por uma renúncia ao eu limitado e limitativo. Poderíamos qualificar o retorno de que fala o *Laozi* como experiência mística, com a diferença de que, em vez de esforçar-se para ir *além* da experiência vivida, para além do Bem e do Mal, ele se esforça para retornar *aquém*, até absorver completamente o há no não-há. Neste sentido, a mística taoísta aparece como a única dimensão espiritual, antes da introdução do budismo no pensamento chinês, a tomar uma direção diferente da aposta confuciana no homem:

> Quem sabe não fala.
> Quem fala não sabe.
> Mantém a boca fechada.
> Mantém a porta fechada.
> Embota todo gume.
> Desata todos os nós.
> Harmoniza toda Luz.
> Mistura toda poeira.
> Aqui está a Unidade misteriosa (n. 56).
> Atinge o vazio supremo.
> Mantém em ti a quietude.
> Na manifestação abundante das coisas
> Contemplo seu retorno.
> Pois cada coisa, após florescer,
> Retorna à sua raiz.

Retorno à raiz chama-se quietude.
– Retorno ao destino.
Retorno ao destino chama-se Constante.
Conhecer o Constante chama-se iluminação (n. 16).

Notas do capítulo 7

1. Cf. acima cap. 4 notas 2 e 4.

2. Segundo Isabelle ROBINET, "parece que o texto dataria do final do séc. IV ou do início do séc. III a.C. e representaria o ponto de chegada de uma tradição oral já antiga", cf. "Polysémisme du texte canonique et syncrétisme des interprétations: Étude taxinomique des commentaires du *Daode jing* au sein de la tradition chinoise", *Extrême-Orient, Extrême-Occident*, 5 (1984), p. 27. A mesma datação é retomada em sua *Histoire du taoïsme des origines au XIVe siècle*, Paris, Cerf, 1991, p. 33. Em sua notícia sobre o *Laozi*, William G. BOLTZ cita GU Jiegang e D.C. LAU, que chegam a datar a constituição do *Laozi*, enquanto texto, no final do séc. III, ou mesmo no início do séc. II a.C., cf. Michael LOEWE (ed.), *Early Chinese Texts. A Bibliographical Guide*, Berkeley, University of California, 1993, p. 270-271.

3. Cf. início do cap. 4.

4. H.G. CREEL fala do "contemplative Taoism" [Taoísmo contemplativo] de Chuang-tse em oposição ao "purposive Taoism" [Taoísmo útil] do *Laozi*, cf. "On Two Aspects in Early Taoism", em *What is Taoism? And Other Studies in Chinese Cultural History*, University of Chicago Press, 1970, p. 37-47.

5. *Shiji* (*Memórias históricas*) 63, p. 2140.
A descrição do sábio taoísta sob os traços de um mercador que esconde seus tesouros parece fazer eco a Confúcio, que, à pergunta feita por seu discípulo Zigong: "Suponhamos que possuísseis uma pérola rara. Guardá-la-íeis num cofre ou a venderíeis por um bom preço?", responde: "Eu a venderia, sem dúvida, eu a venderia; mas ainda estou aguardando o amante de verdadeiros valores" (*Analectos* IX,12).

6. Cf. cap. 14 nota 21.

7. A obra, tal como chegou até nós no texto estabelecido nos séc. II e III d.C. pelos comentários de Heshang gong e de Wang Bi, está dividida em 81 estâncias ou poemas agrupados em duas grandes partes: o *Livro do Caminho*, *Daojing* (poemas 1 a 37) e o *Livro da Virtude* (ou força do Tao), *Dejing* (poemas 38 a 81). Esta ordem encontra-se invertida no manuscrito do *Laozi* descoberto em 1973, numa tumba do início dos

Han (séc. II a.C.), em Mawangdui (província de Hunan). Cf. a tradução de Robert G. HENRICKS, *Lao-tzu Te-Tao Ching: A New Translation Based on the Recently Discovered Ma-wang-tui Texts*, Nova York, Ballantine Books, 1989.

Mais recentemente ainda, diversas recensões parciais do *Laozi* em ripas de bambu foram encontradas em Guodian (província de Hubei) em 1993, numa tumba da época dos Reinos Combatentes, e complicam ainda um pouco mais os problemas de datação do texto. Cf. as traduções de Robert G. HENRICKS, *Lao Tzu's Tao Te Ching: A Translation of the Startling New Documents found at Guodian*, Nova York, Columbia University Press, 2000; e de Moss ROBERTS, *Dao De Jing. The Book of the Way*, Berkeley, 2001, bem como os estudos incluídos em Sarah ALLAN e Crispin WILLIAMS (eds.), *The Guodian Laozi: Proceedings of the International Conference, Dartmouth College, May 1998*, Berkeley, Early China Special Monograph Series n. 5 (2000); e em Carine DEFOORT e XING Wen (eds.), número especial de *Contemporary Chinese Thought: Guodian, Part I*, vol. 32/1 (2000).

8. *Histoire du taoïsme*, p. 36. Para a história exegética cf., do mesmo autor, *Les Commentaires du Tao Tö King jusqu'au VIIe siècle*, Paris, Collège de France, Institut des hautes études chinoises, 1977.

9. Em nossa tradução, daremos preferência, embora modificando-a muitas vezes, à tradução de François HOUANG e Pierre LEYRIS, *La Voie et sa vertu, Tao-te-king*, Paris, Éd. du Seuil, 1979: embora totalmente desprovida de aparato crítico, ela tem o mérito de ser fiel à concisão, à qualidade poética e mnemotécnica do texto. Para traduções anotadas que se tornaram clássicas, cf. em inglês Arthur WALEY, *The Way and its Power: A Study of the Tao Te Ching and its Place in Chinese Thought*, Londres, Allen and Unwin, 1934; em francês J.J.L. DUYVENDAK, *Tao Tö King. Le Livre de la Voie e de la Vertu*, 1949, reed. Paris, Adrien Maisonneuve, 1981.

10. A partir dos Han, comentários como o de Heshang gong (provavelmente séc. II d.C.), o *Xiang'er* (fim do séc. II) e o *Jiejie* (o mais tardar início do séc. IV) tornam explícitas as alusões que, nas fórmulas misteriosas do *Laozi*, seriam feitas a práticas de longevidade: "alimentação do princípio vital", meditação, ascese, "alquimia interna" etc.

11. Os seis laços de parentesco são as relações fundamentais para os confucianos: pai/filho, irmão mais velho/irmão mais novo, marido/mulher, e a recíproca.

12. A noção aparece em 57 dos 81 poemas do *Laozi*.

7. O Tao do não-agir no *Laozi*

13. *Sunzi* (*A arte da guerra segundo Sunzi*) 6, ed. ZZJC, p. 101-102. Para uma tradução deste texto para o inglês, cf. Roger AMES, *Sun-tzu. The Art of Warfare: A New Translation Incorporating the Recently Discovered Yin-ch'üeh-shan Texts*, Nova York, Ballantine Books, 1993. O mesmo autor, em colaboração com D.C. LAU, traduziu um outro tratado de arte da guerra do séc. IV a.C., o *Sun Bin bingfa*, com o título de *Sun Pin. The Art of Warfare*, Nova York, Ballantine Books, 1996. Para uma tradução em francês, cf. Jean LEVI, *Sun Tzu. L'art de la guerre*, Hachette, 1999.

14. *Analectos* XV,4 e II,1. Sobre o "não-agir" cf. cap. 2 nota 26.

15. Sobre esta obra cf. cap. 10 nota 2.

16. *Zhuangzi* 2, cf. cap. 4 nota 21.

17. Cf. cap. 6 nota 14.

18. Isabelle ROBINET, *Histoire du taoïsme*, p. 23. Sobre o *Livro das Mutações* cf. adiante cap. 11.

19. Sobre os legistas cf. abaixo, cap. 9.

20. Note-se que "madeira bruta" (*pu* ...) e "seda bruta" (*su* ...) combinam-se no chinês moderno para designar a simplicidade.

21. A visão primitivista de pequenas comunidades vivendo em autarquia, desenvolvida também no *Liezi*, parece inspirada no ideal da corrente que se reporta a Shennong, o "Divino Agricultor". Não deixa de lembrar também a evocação dos "campos em tabuleiro" de Mêncio (cf. cap. 6 notas 9 e 11). O cordel com nós corresponde ao mito de uma comunicação primitiva não discursiva.

22. "O Tao que pode ser dito" pode ser compreendido também como: "O Tao do qual se pode falar" ou "O Tao que pode ser designado como Tao".

23. Sobre este tema cf. R.P. PEERENBOOM, "Cosmogony, the Taoist Way", *Journal of Chinese Philosophy*, 17 (1990), p. 157-174.

24. Sobre esta tríade cf. Anne CHENG, "De la place de l'homme dans l'univers: la conception de la triade Ciel-Terre-Homme à la fin de l'antiquité chinoise", *Extrême-Orient, Extrême Occident*, 3 (1983), p. 11-12. Segundo o *Taipingjing* (*Livro da grande paz*), texto taoísta do séc. II-III (sobre o qual cf. abaixo, cap. 12 nota 67): "Todo ser saiu do sopro original. [...] O sopro original, confuso de início, concentrou-se espontaneamente para formar o Um, que se chamou Céu; depois dividiu-se para dar à luz o Yin que deu a Terra, o que se chamou Dois; depois, subindo para o Céu e descendo para a Terra, o Yin e o Yang misturaram-se e deram à luz o Homem, o que se chamou Três".

8
Xunzi, herdeiro realista de Confúcio

Assim como o *Laozi*, o *Xunzi* parece representativo de uma "segunda onda" na aventura filosófica dos Reinos Combatentes. Assim como no *Laozi* se percebia uma visão do Tao menos contemplativa do que no *Zhuangzi*, o *Xunzi* impressiona desde o início pelo vigor do discurso – e mesmo por um endurecimento do tom – em relação à mensagem confuciana do *Mengzi*. Mais ainda do que Mêncio, Xunzi impõe-se como polemista: seu pensamento constrói-se na e pela controvérsia e, nem sempre tendo consciência do fato, nutre-se das idéias que ele critica.

Foi dito muitas vezes que Mêncio e Xunzi representam duas faces diferentes mas complementares da herança confuciana. Enquanto o primeiro apresentaria a face idealista, confirmando a aposta no homem por sua convicção de que a natureza humana é boa, o segundo faria sobressair a face realista em todo seu vigor e rigor. O lado "homem de ação" de Xunzi devia mesmo valer-lhe ser aproximado dos legistas: não é por acaso que ele contou entre seus mais eminentes discípulos Han Feizi, que deu ao legismo sua carta de nobreza filosófica, e Li Si, ministro de métodos autoritários daquele que iria tornar-se o Primeiro Imperador da China. De maneira significativa, a "Grande Revolução cultural proletária" (de 1966 a 1976), que reduziu os debates entre todas as correntes de pensamento dos Reinos Combatentes à "luta entre a linha confuciana e a linha legista", sentiu a necessidade de ligar a esta última um Xunzi, considerado no entanto desde sempre um confuciano genuíno.

8. Xunzi, herdeiro realista de Confúcio

Resta que o *Xunzi* se distingue nitidamente, a começar pela forma, do *Mengzi*. Enquanto se supõe que este reconstitui conversações entre o Mestre e diversos interlocutores à maneira dos *Analectos*, o *Xunzi* é constituído por 32 capítulos, formando cada qual um tratado teórico sobre um tema preciso e as trocas de perguntas-respostas ocorrendo apenas de maneira fictícia entre um objetor imaginário e o autor presumido[1]. Junto com o *Han Feizi* (composto, é bom lembrar, por um discípulo), o *Xunzi* é a única obra conhecida da antiguidade chinesa a apresentar-se como um discurso elaborado, construído e contínuo. Marca assim uma etapa decisiva no encaminhamento do pensamento chinês pré-imperial para um discurso cada vez mais articulado e racional, ao mesmo tempo que representa um modelo de estilo e de clareza de elocução.

Retrato de um confuciano no fim do mundo

A data de nascimento de Xunzi, incerta, é situada entre 340 e 305 a.C., no momento em que Mêncio é um homem maduro[2]. Nascido em Zhao, no norte da China dos Reinos Combatentes, Xunzi estabeleceu-se bem cedo na famosa academia Jixia de Qi, um dos "Estados centrais" de tradição ritualista donde provinham Confúcio e Mêncio. Esta academia acabara de ser fundada nessa época por vontade de soberanos preocupados em aliar o prestígio cultural à sua política de hegemonia[3]. É particularmente o rei Xuan de Qi (r. 319-301 a.C.), que Mêncio conheceu pessoalmente[4], quem estimula os letrados de todos os principados a vir a Jixia, oferecendo-lhes todas as comodidades para prosseguir seus estudos e expor suas doutrinas. A tal ponto que a academia torna-se, no início do séc. III a.C., um dos principais centros de atividade cultural e o ponto de encontro dos grandes pensadores da época. É aqui que Xunzi tem todo o tempo disponível para polir suas armas de polemista e de defensor da causa confuciana diante dos representantes das correntes rivais.

O estabelecimento da academia Jixia assinala o apogeu do reconhecimento, por parte do poder político, do prestígio moral e intelectual dos *shi* 士. No quadro desta instituição, estes últimos adquirem um estatuto claramente definido de detentores do saber, honrados com a designação de "mestres" (*xiansheng* 先生). Embora não desempenhem nenhum cargo governamental, ocupam um posto equivalente ao de oficiais superiores na hierarquia burocrática e são pagos e mantidos para confrontar suas diferentes concepções do Tao, tendo como única função "discutir e não governar"[5]. Com a institucionalização do estatuto dos *shi*, assiste-se à instalação de um dispositivo pelo menos paradoxal: a criação de um espaço de descomprometimento do político por parte do próprio poder político. Assim como este está consciente de não poder assentar sua legitimidade apenas sobre o uso da força e de precisar recorrer à autoridade moral, assim os diferentes taos provenientes da efervescência intelectual dos Reinos Combatentes são levados a lutar pela hegemonia, ou seja, por uma posição de dominação que lhes permitiria unificar os espíritos. Daí a reivindicação de cada uma das correntes de representar o autêntico e único Tao, desde então compreendido em termos de "princípio de ordem" (*zhidao* 治道), como é o caso no *Xunzi*.

Parece que, por volta de 255, é oferecido a Xunzi um posto de alto magistrado no reino meridional de Chu, onde teria permanecido até à morte, também esta de data desconhecida. Mesmo que, com certeza, não tenha vivido o suficiente para ver a unificação final do império por Qin em 221 a.C., Xunzi foi testemunha do fim oficial e definitivo da dinastia Zhou em 256, que marca a derrocada de todo um mundo antigo e que explica em grande parte sua interpretação lúcida e sem concessões do ensinamento confuciano. Estes poucos elementos biográficos, aliás muito controversos, nos dão a imagem de um grande espírito habituado à polêmica e, querendo ou não, engajado em responsabilidades políticas a serviço da maior potência do momento. Causa, portanto, pouca surpresa que sua visão do homem difira um pouco daquela de seus predecessores. Xunzi não esconde, por exemplo, uma certa admiração pela eficácia do governo de Qin, terreno de experimentação das teorias políticas legistas, que ele teve ocasião de visitar pessoalmente[6]. Mas, como bom confuciano, continua pensando que toda a potência militar de Qin não seria suficiente para derrubar um soberano que governasse com humanidade e gozasse, de acordo com a idéia de Mêncio, do apoio do povo: seria como "tentar quebrar uma rocha bombardeando-a com ovos ou remexer água fervente com o dedo"[7]. O que Xunzi censura aos legistas não é tanto seu recurso à força – afastando-se assim de Mêncio, muito mais intransigente neste ponto – e sim o uso exclusivo que dela fazem. Para ele, o ideal seria uma maneira de governar que aliasse humanidade e castigos, carisma moral e manejo do poder, prefiguração do confucionismo Han que servirá de base a um discurso moral confuciano através de métodos coercitivos legistas.

O homem diante do Céu

Na perspectiva intelectual dos Reinos Combatentes, Xunzi aparece como pensador "adulto", que concebe o homem de pé diante do Céu, e não mais dependente dele. O capítulo 17 do *Xunzi* dedicado inteiramente ao Céu – fato único na história do confucionismo pré-imperial – atesta o surgimento de um pensamento cosmológico e naturalista elaborado ao longo dos séc. IV-III. Neste período de declínio final da realeza Zhou, a questão do Céu tornou-se incontornável, ao ponto de a própria noção de Tao, central em todo o pensamento chinês, se confundir doravante com a de Céu ou de natural. Lembremos que Mêncio havia abordado a questão, mas pelo atalho ético do "destino celeste" do homem.

Xunzi, por sua vez, dissocia claramente o domínio cosmológico do Céu do domínio ético-político do homem. Mas, como já observamos a propósito dos pares de opostos no pensamento chinês, esta dissociação não tem um caráter exclusivo, formando o Céu e o homem um *continuum* no qual o segundo é o complemento do primeiro. Na visão de Xunzi, o homem completa a obra cósmica do Céu e da Terra, com os quais forma uma tríade, mediante sua capacidade de "distinguir"[8]:

> A marcha do Céu é constante. [...] Por isso, quem conhece claramente a demarcação entre Céu e Homem é completo. Aquilo que se realiza sem que tenha havido ação, aquilo que se obtém sem que tenha havido busca, é o que diz respeito à obra do Céu. Sobre este domínio um homem, mesmo com a mais profunda reflexão, não terá qualquer influência; por maiores que sejam suas capacidades, ele não poderá explorá-las; por mais aguda que seja sua perspicácia, ele não poderá exercê-la. É o que se chama não rivalizar com a obra do Céu.
>
> O Céu tem suas estações, a Terra suas riquezas, o Homem sua ordem. Assim eles podem formar uma tríade. Querer participar desta tríade, desdenhando aquilo que a torna possível, eis a ilusão.
>
> As estrelas giram em perfeita ordem, o sol e a lua brilham alternadamente, as quatro estações se sucedem, Yin e Yang operam sua grande transformação, vento e chuva propagam-se por toda parte, as dez mil coisas encontram cada uma a harmonia exigida para sua geração e o alimento necessário para sua conclusão. Ora, todo este processo permanece invisível, visíveis são apenas seus resultados: isso se chama espírito. Não há ninguém que o conheça no estado consumado, ninguém que o conheça enquanto sem-forma: isso se chama Céu. Apenas o Santo não procura conhecer o Céu[9].

Na contracorrente da tendência, cada vez mais acentuada em seu tempo, a estabelecer uma relação de correspondência entre Céu e homem, Xunzi traça a linha de demarcação que, segundo ele, os separa; mas, fazendo isso, ele reserva um lugar de primeira qualidade ao homem erigido em terceira potência cósmica, cuja ordem é independente das estações do Céu e das riquezas da Terra:

8. Xunzi, herdeiro realista de Confúcio

> Ordem e caos são obra do Céu? Eu digo que sol e lua, estrelas, planetas e constelações eram os mesmos para Yu (sábio-rei fundador da dinastia Xia) e Jie (arquétipo do tirano sanguinário, último soberano desta mesma dinastia). Com Yu reinou a ordem, com Jie o caos. Ordem e caos não são, portanto, obra do Céu.
>
> Seriam obra das estações? Proliferação e crescimento na primavera e no verão, colheita e armazenamento no outono e no inverno eram igualmente os mesmos para Yu e Jie. Com Yu reinou a ordem, com Jie o caos. Ordem e caos não são tampouco obra das estações.
>
> Seriam obra da Terra? Quem ganha a Terra vive, quem a perde morre: princípios que valiam tanto para Yu quanto para Jie. Com Yu reinou a ordem, com Jie o caos. Ordem e caos não são obra da Terra[10].

Todo o começo deste capítulo dedicado ao Céu é a resposta de Xunzi às correntes cosmologistas de seu tempo, das quais ele retoma deliberadamente a terminologia divinatória. Enquanto todas as especulações da escola Yin/Yang e da tradição associada ao *Livro das Mutações* se fundamentam inteiramente sobre a noção de "ressonâncias" entre mundo natural e acontecimentos humanos[11], Xunzi insiste, pelo contrário, na "distinção entre Céu e Homem", não tendo este último senão que administrar da melhor forma o domínio sobre o qual ele tem influência e abster-se de se lançar em vãs especulações sobre aquilo que o ultrapassa:

> Quando estrelas caem ou árvores assobiam, as pessoas, aterrorizadas, perguntam à porfia: "O que é isso?" Para mim, não é absolutamente nada: nada mais que mudanças do Céu e da Terra, transformações do Yin e do Yang, coisas que acontecem raramente. Ficar intrigado com isso, que seja! Mas ter medo, certamente não!
>
> Eclipses do sol ou da lua, ventos ou chuvas fora de época, aparições ocasionais de estrelas estranhas

têm acontecido desde sempre. Num Estado governado de maneira estável por um soberano esclarecido, mesmo que estes fenômenos acontecessem em série, não causariam dano algum. Num Estado governado de maneira perigosa por um soberano obtuso, mesmo que nunca acontecessem, isso nada mudaria. Pois a queda das estrelas, os assobios das árvores não são senão mudanças do Céu e da Terra, transformações do Yin e do Yang. Ficar intrigado com isso, que seja! Mas ter medo, certamente não! [...]

Quando chove depois de se executar a dança da chuva, o que é que isso significa? Nada. É exatamente como se chovesse sem que a dança tivesse sido executada. Realizar o rito para "salvar" o sol e a lua dos eclipses, executar a dança da chuva em período de seca, praticar a adivinhação antes de tomar importantes decisões, tudo isso não visa obter aquilo que se pede, mas manter viva a cultura. Aquilo que para o homem de bem é cultural, o povo o considera sobrenatural. A primeira atitude é fasta, a segunda nefasta[12].

Xunzi mostra aqui um racionalismo cheio de bom senso, que inspirará o de um Wang Chong sob os Han, com o risco de terminar com todo impulso de curiosidade ou todo esforço de investigação científica. Para ele, cabe ao homem não descobrir o universo como ele é, num esforço de conhecimento puro, e portanto vão e inútil, mas ordená-lo (*LI* 理). A esta noção, que no *Zhuangzi* designava um princípio natural inerente às coisas, Xunzi é sem dúvida o primeiro a atribuir uma verdadeira função estruturante e ordenadora. A passagem que segue parece brincar propositalmente com a homofonia entre *LI*, princípio de ordem, e *li* 禮, senso ritual[13]:

No Céu e na Terra começa a geração; nos ritos (*li*) e no senso moral começa o ordenamento. Na origem dos ritos e do senso moral está o homem de bem que os pratica até compenetrar-se deles, os repete sem parar e os ama mais que tudo.

8. Xunzi, herdeiro realista de Confúcio

> Assim o Céu e a Terra geram o homem de bem, o homem de bem estrutura (*LI*) o Céu e a Terra. O homem de bem forma com o Céu e a Terra uma tríade, nele as dez mil coisas encontram sua soma total, ele é um pai e uma mãe para o povo.
>
> Sem o homem de bem, o Céu e a Terra não teriam nenhuma estrutura, os ritos e o senso moral nenhuma organização: não haveria, em cima, nem príncipe nem senhor, e, embaixo, nem pai nem filho. Seria o caos absoluto. Príncipe e ministro, pai e filho, primogênito e benjamim, marido e mulher: todas estas são relações que não começam senão para terminar e não terminam senão para recomeçar, compartilhando com o Céu e a Terra a mesma estrutura, com as dez mil gerações a mesma perenidade. Eis o grande fundamento[14].

Esta tomada de posição a respeito do Céu, cujo domínio é bem distinto do domínio do Homem, é característica não apenas do pensamento de Xunzi, com incidências sobre todos os aspetos de seu pensamento, mas também do contexto intelectual da época. Enquanto a onda precedente concebia o homem numa relação de continuidade com o Céu – Chuang-tse puxava para o Céu e Mêncio para o homem, mas nos dois sentidos havia continuidade –, Xunzi opera claramente a distinção: de um lado, o Céu faz trabalho de geração e, do outro, o Homem cumpre seu papel de ordenador. Diante de Xunzi, que, como bom confuciano, toma partido pelo Homem, instala-se o *Laozi*, que, também ele, dissocia radicalmente o Céu do Homem, mas para melhor identificá-lo com o que ele chama de Tao.

"A natureza humana é má"

Todo o *Xunzi* pode ser lido como a apologia militante de um humanismo ritualista em face da preponderância crescente dos modos de pensamento naturalistas no séc. III a.C. Estes tendem a isolar a corrente confuciana, cujo fundamento ritual é posto novamente em questão por causa de seu caráter especificamente humano, cultural e não natural. Em semelhante contexto, é necessário todo o vigor de um Xunzi para salvar a herança confuciana, reafirmando e legitimando os ritos como valor humano fundamental. A obra é assim construída sobre um duplo paradoxo: o homem, sendo embora um animal proveniente da natureza, possui contudo a capacidade de cultivar em si a sabedoria e a harmonia social nascidas de ritos não naturais, que ultrapassam no entanto tudo quanto a natureza humana pode comportar de inato.

Este duplo paradoxo encontra-se ilustrado no capítulo 23, cujo título, "A natureza humana é má", constitui por si só todo um programa. Enquanto as idéias de Mêncio sobre a questão devem ser reconstituídas a partir de diálogos esparsos, o *Xunzi* apresenta uma exposição que pretende ser sistemática, testemunha de uma nítida evolução da técnica de argumentação no seio da corrente confuciana. O capítulo começa com uma aparente declaração de guerra a Mêncio, do qual Xunzi, não contente em incriminar todos os adversários do confucionismo, não se priva de atacar a "seita", sem dúvida porque esta não concordava suficientemente com ele:

> A natureza do homem é má (*xing e* 性惡): o que nela há de bom é fabricado (*wei* 偽).
>
> Naquilo que a natureza humana tem de inato, há o amor ao lucro; se o homem segue esta tendência, aparecem cobiça e rivalidade, desaparecem deferência e modéstia. No inato, há ódio e inveja; se for seguida esta tendência, aparecem crime e infâmia, desaparecem lealdade e confiança. No inato, há os desejos dos ouvidos e dos olhos, há o gosto pela música e pelo sexo. Se for seguida esta tendência, aparecem excesso e desordem, desaparecem ritos e senso moral, cultura (*wen* 文) e estrutura (*LI* 理).
>
> Se, portanto, dermos livre curso à natureza do homem (*xing* 性), se seguirmos a tendência de suas características intrínsecas (*qing* 情), não podere-

8. Xunzi, herdeiro realista de Confúcio

> mos senão começar com a luta pelos bens, prosseguir no sentido contrário à sua justa repartição e à sua boa organização, e terminar na violência. É necessário, portanto, fazer intervir a transformação operada pelos mestres e pelas normas, bem como o Tao dos ritos e do senso moral, para poder em seguida começar na deferência e na modéstia, ir no sentido da cultura e da estrutura, e terminar num Estado ordenado. Considerando as coisas desta maneira, é claro que a natureza humana é má e que aquilo que ela tem de bom é fabricado[15].

Para ilustrar seu pensamento, Xunzi emprega propositalmente metáforas opostas ao espírito de Mêncio, que recusava até mesmo a metáfora das tigelas e das xícaras que se fabricam a partir da madeira de salgueiro com o risco de fazer-lhe violência: a natureza humana deve, ao contrário, ser endireitada pela força como madeira torta, afiada como metal embotado, imagens de uma brutalidade calculada bastante evocadoras do espírito legista que gostaria de refundir o homem no molde das leis.

Todo o capítulo 23 parece construído como uma refutação de Mêncio, mas Xunzi na verdade nada mais faz do que deslocar o debate. Em vez de contentar-se em sustentar o contrário, afirmando que nossa natureza é má, ele procura mostrar que, entendida como o conjunto de nossas predisposições instintivas e biológicas, ela não inclui nada de intrinsecamente ético – e é nisto que ela é "má":

> A natureza do homem é desejar saciar-se quando está com fome, esquentar-se quando sente frio, repousar quando está cansado. Esta é a natureza característica (*qingxing* 情性) do homem. Ora, vemos homens famintos que, vendo pessoas mais velhas do que eles, não se atrevem passar à frente deles para comer – sinal de deferência – e outros que, apesar do cansaço, não se atrevem a descansar – por solicitude de servir aos outros –, de tal forma que há filhos e irmãos mais novos deferentes e dispos-

tos a servir ao pai e aos irmãos mais velhos: estes dois comportamentos são, porém, contrários à natureza humana (*xing* 性) e vão a contrapelo das suas características intrínsecas (*qing* 情)[16].

Se a natureza humana se reduz aos apetites animais, a origem do senso moral deve ser procurada em outro lugar, no esforço de cultura de que o homem é capaz – neste sentido "aquilo que a natureza humana tem de bom é fabricado":

> Mêncio disse: "A natureza do homem disposto a aprender é boa". Eu digo que não é assim. É não conhecer a natureza do homem, por não ver a distinção entre aquilo que, nele, é natural e aquilo que é fabricado.
>
> Ora, a natureza é obra do Céu, ela não pode ser aprendida, neste ponto nada podemos fazer. Os ritos e o senso moral, por sua vez, são gerados pelo Santo: o homem torna-se capaz deles por educação, ele os realiza graças a muito trabalho. Aquilo que não pode ser aprendido, aquilo em que nada podemos fazer depende do Céu: é o que chamo de o "natural". Aquilo de que nos tornamos capazes pela educação, aquilo que realizamos graças a muito trabalho depende do homem: é o que chamo de o "fabricado". É esta a distinção entre natural e fabricado[17].

Nesta passagem, em que entra em polêmica aberta com Mêncio, coisa rara nos textos filosóficos da China antiga, Xunzi precisa que, também para ele, nossa natureza procede do Céu – mas trata-se de um Céu amoral (como o concebem os taoístas, os legistas e todas as correntes não confucianas em geral); para Mêncio, ao contrário, é justamente porque procede do Céu que nossa natureza possui germes de moralidade. Existe, portanto, segundo Xunzi, a natureza bruta, gerada por um Céu percebido como amoral, e, por outro lado, o "fabricado", ou seja, todo o trabalho desenvolvido pelo homem para fazer de si mesmo um ser humano. Com toda certeza, é esta parte que interessa a Xunzi: nela reside a humanidade do homem e não em sua "natureza" – reduzida, como para os adversários de Mêncio, ao dado puramente animal e biológico. Assim Xunzi desloca, mais do que inverte, o debate iniciado por seu ilustre antecessor.

Natureza e cultura

Para Mêncio, desde o início o homem se distingue do animal pela bondade inerente à sua natureza. Para Xunzi, o inato, que ele descreve como amor ao lucro, ódio e inveja, desejos sensuais, não contém nada que predisponha a natureza humana à moralidade. O homem não emerge da animalidade senão pela força de sua inteligência. É esta que lhe faz compreender que seu interesse está do lado da ordem, noção onipresente no pensamento de Xunzi ao ponto de nele suplantar a de bondade. O homem é suscetível de moralidade por sua capacidade de discernimento (*zhi* 智), que lhe apresenta o que é mais vantajoso para ele, a saber, uma ordem harmoniosa que lhe permitirá satisfazer seus desejos, idéia moísta por excelência. O *zhi*, que figura entre os quatro "germes de moralidade" de Mêncio como capacidade intrínseca de discernimento moral, torna-se em Xunzi sobretudo uma forma de inteligência feita de bom senso. Rendemo-nos assim à evidência de que as pulsões da natureza bruta são "más" apenas na medida em quem são anárquicas e de que basta-nos pôr ordem nelas para poder satisfazê-las.

Ora, esta inteligência é obra do coração/mente (*xin* 心), que julga se uma ação empreendida para satisfazer um desejo é admissível moralmente (*ke* 可) ou se é apenas materialmente possível (*neng* 能). Enquanto, em Mêncio, o coração/mente vem enriquecer o potencial moral da natureza humana, o de Xunzi é tratado em termos moístas, utilitaristas, como capacidade de escolher pesando os prós e os contras, ilustrada pela metáfora da balança, retomada também esta do *Mozi*[18]. O julgamento moral exprime-se doravante em termos tomados da lógica moísta, situando-se a alternativa entre o admissível e o não-admissível.

A inegável marca moísta encontra-se, no entanto, corrigida pela intenção de conjunto que permanece propriamente confuciana e ritualista. Mesmo um ato tão instintivo como o de comer para satisfazer a fome pode ser refinado e elevado para adquirir um sentido cultural e, portanto, ético, particularmente no ato ritualizado em que a satisfação primária dos instintos encontra-se de certa forma transcendida graças à capacidade própria do homem de dar sentido a seus atos. Na análise daquilo que constitui nossa humanidade, Xunzi passa portanto da natureza bruta, animal, ao coração/mente, faculdade especificamente humana de julgar e de atribuir valores e, com isso, de transformar a natureza em ser ético. Em outras palavras, a natureza humana deve evidentemente ser definida em termos biológicos, mas comporta também a capacidade de "fazer distinções", ou seja, de refinar e de trabalhar suas próprias disposições instintivas. E assim Xunzi, partindo de uma concepção moizante da natureza humana, acaba encontrando-se com a visão confuciana.

Xunzi quis, sem dúvida, responder à idéia taoísta e naturalista da amoralidade do Céu e, portanto, do homem, e reafirmar a dimensão e o lugar do homem em face do Céu. Por isso, exagera o valor do esforço humano, chegando até a empregar um termo específico para designar o que ele entende por "fabricado": o termo *wei* 偽, composto de *wei* 為 ("fazer", "agir"), ao qual vem acrescentar-se o radical do homem 人, como que para desafiar mais diretamente os taoístas, adeptos do não-humano e do não-agir. Esta parte de "fabricado" na natureza humana implica que todas as qualidades éticas são adquiridas graças a muito aprendizado. Daí a importância primordial que reveste para Xunzi o aprender, no plano individual e coletivo, mediante o qual a experiência acumulada no tempo assume a forma da cultura (*wen* 文). Ao contrário de Mêncio, Xunzi vê nossa humanidade não em nossa natureza, mas em nossa cultura. Não há nenhum outro ser no mundo que trabalhe assim a brutalidade da natureza mediante o apuramento da cultura:

8. Xunzi, herdeiro realista de Confúcio

> A natureza é a raiz e o original, a matéria bruta; o fabricado é aquilo que é desenvolvido até ao desabrochamento completo através da cultura e dos ritos. Sem a natureza, o fabricado não teria nenhum apoio para trabalhar; sem o fabricado, a natureza não teria nenhum meio de aperfeiçoar-se. Só quando natural e fabricado se unem é que o Santo atinge um renome único e as obras do universo inteiro chegam à perfeição. É por isso que se diz: "Da união do Céu e da Terra nascem as dez mil coisas; do encontro do Yin e do Yang surgem as mudanças e transformações; da combinação da natureza e do fabricado nasceu a ordem no mundo"[19].

Em oposição frontal a Mêncio, Xunzi insiste na idéia de que a moralidade não tem absolutamente sua fonte na natureza humana. De maneira significativa, o senso moral de que ele fala já não é mais associado, como ocorria em Mêncio, ao senso do humano (*renyi* 仁義), mas aos ritos (*liyi* 禮義), chegando a dizê-lo "fabricado" pelos santos da mesma forma como recipientes e utensílios são modelados pelos oleiros e os artesãos:

> Pergunta: Se a natureza humana é má, donde vêm então os ritos e o senso moral?
>
> Resposta: Os ritos e o senso moral nasceram da fabricação dos santos, não foram gerados originariamente pela natureza humana. Assim, quando o oleiro trabalha a argila para dela fazer recipientes, estes nascem da fabricação do oleiro e não de sua natureza. Quando o artesão esculpe a madeira para dela fazer utensílios, estes nascem da fabricação do artesão e não de sua natureza. O Santo, de tanto refletir e exercer sua parte de fabricado, está em condições de produzir ritos e senso moral, de suscitar regras e normas; estas nascem da fabricação do Santo, não de sua natureza. [...]
>
> Questão: Os ritos e o senso moral, a parte acumulada de fabricado, estão na natureza do homem e assim o Santo está em condições de produzi-los.

Resposta: Absolutamente. O oleiro que trabalha a argila produz um vaso; será que por isso a argila do vaso está na natureza do oleiro? O artesão que esculpe a madeira produz um instrumento; será que por isso a madeira do instrumento está na natureza do artesão? Existe entre o Santo e os ritos e o senso moral a mesma relação de produção como entre o oleiro e a argila; como podemos dizer então que os ritos e o senso moral, a parte acumulada de fabricado, estão na natureza do homem?[20]

Neste diálogo entre Xunzi e um objetor fictício, a moralidade apresentada como um produto da "fabricação" dos santos para fins utilitários, da mesma forma como recipientes e utensílios, teria tido motivo para revoltar Mêncio. Enquanto este rejeitara de imediato a analogia com o oleiro e o artesão precisamente para mostrar que o senso moral é inerente à nossa natureza, Xunzi afirma, pelo contrário, que a moralidade é uma pura fabricação, totalmente exterior à natureza humana, indo assim ao encontro das idéias moístas e legistas. Mas, em notório contraste com estes últimos, Xunzi dedica-se a fazer da moralidade uma "segunda natureza" para o homem, dizendo dos santos que eles "geram" (*sheng* 生) a moralidade da mesma forma que o Céu gera nossa natureza.

Os ritos

Falando do senso moral em termos de ritos e não mais de humanidade, Xunzi distancia-se nitidamente de Mêncio no quadro da herança do Mestre. Através de suas posições respectivas, o debate sobre a natureza humana faz sobressair as duas noções-chave, complementares e indissociáveis, do humanismo confuciano: o senso do humano (*ren*) e os ritos (*li*).

Quando Mêncio põe o acento no *ren*, do qual nossa natureza, gerada pelo Céu, possuiria os germes, ele aposta na dimensão subjetiva da espontaneidade. Xunzi, por sua vez, corta o cordão umbilical que ligava o homem ao Céu e, por isso,

8. Xunzi, herdeiro realista de Confúcio

já não pode recorrer senão a critérios objetivos de humanidade – valor do esforço e do trabalho, inteligência, cultura – que dependem todos da dimensão ritual. Com toda certeza, Xunzi toma muita coisa do espírito moísta, mas aquilo que o distingue deste é precisamente sua fé bem confuciana na eficácia dos ritos. Em contraste com o que poderíamos chamar de idealismo de Mêncio, Xunzi instaura um humanismo enérgico ao reafirmar o lugar específico do homem de pé em face do Céu:

> A água e o fogo possuem a energia (*qi*) mas não a vida, as plantas e as árvores têm a vida mas não a consciência, os pássaros e os animais têm a consciência mas não o senso moral. O homem que possui a energia, a vida, a consciência e, além disso, o senso moral, é portanto o ser mais nobre sob o Céu.
>
> Ele não tem a força do boi, nem corre tão rápido como o cavalo, e no entanto o boi e o cavalo estão a seu serviço. Por quê? É porque ele é capaz de viver em sociedade, ao contrário dos animais. O que é que torna os homens capazes de viver em sociedade? O princípio de partilha (*fen* 分). O que é que faz com que a partilha seja eficaz? O senso moral. Assim, partilhar em virtude do senso moral leva à harmonia, harmonizar leva à unidade, unificar leva ao aumento das forças, aumentar as forças leva ao poder, e o poder permite dominar as coisas. É o que permite aos homens viver em paz em suas casas. Quer sigam o movimento das quatro estações, quer organizem as dez mil coisas para o maior proveito do mundo inteiro, não há aqui nenhum segredo: é que eles compreenderam o princípio de partilha em virtude do senso moral[21].

Este texto admirável pelo vigor e a concisão reserva ao homem um lugar único no universo. O segredo de seu sucesso reside, segundo Xunzi, no *fen* 分, princípio de partilha eqüitativa dos recursos, mas também de hierarquização social. Este empréstimo, direto mas não reconhecido, do moísmo tardio é de primordial importância, pois explica o aparecimento dos ritos e da moralidade:

> Se permanecemos separados sem dependência mútua, vivemos na pobreza; mas se vivemos em sociedade sem princípio de partilha, combatemos entre nós para nossa sobrevivência[22].
>
> O que faz com que um homem seja homem? É sua capacidade de fazer distinções. [...] Portanto, no Tao do Homem não há nada que não tenha distinções. Das distinções, nenhuma é mais nobre que a partilha; e das partilhas, nenhuma é mais nobre que os ritos[23].

Sendo assim, quase não causa espanto que Xunzi consagre aos ritos um capítulo inteiro, que inicia da seguinte maneira:

> Qual a origem dos ritos? O homem em seu nascimento tem desejos. Se não consegue o que deseja, ele não terá paz enquanto nos os satisfizer. Se ele procura satisfazê-los sem estabelecer para si uma medida e sem partilhar limites, há necessariamente competição. Esta provoca a desordem, que acarreta o esgotamento dos recursos. Os reis da antiguidade, por aversão à desordem, estabeleceram ritos e senso moral em vista de uma partilha que satisfaria os desejos dos homens e responderia às suas necessidades, de modo que os desejos não fossem jamais excessivos em relação aos bens e os bens estivessem sempre em correspondência com os desejos, desejos e bens desenvolvendo-se por seu apoio mútuo. É esta a origem dos ritos[24].

Nesta passagem está claro que Xunzi procura abrir um caminho especificamente confuciano entre os taoístas e os moístas. Para os primeiros, se o homem deseja dissolver-se em sua parte celeste, isto é, no Tao, ele deve começar por desembaraçar-se de seus desejos (o primeiro poema do *Laozi* insiste no "sem-desejo constante"). Xunzi, por sua vez, escolhe a parte do homem com tudo o que ela implica, a começar por seus desejos, que – é forçoso constatá-lo – bastam os sentidos para despertar. No moísmo, os desejos são levados em conta, mas numa perspectiva pessimista, já que, não podendo jamais ser

8. Xunzi, herdeiro realista de Confúcio

totalmente satisfeitos, são fontes de eternos conflitos. Xunzi vê uma maneira de satisfazê-los no princípio de partilha ritual que refreia os desejos, estimulando a produção dos bens. Rejeitando os ritos, os moístas privam-se de fato de um princípio regulador... da oferta e da procura!

É, portanto, a partir de uma análise objetiva, antropológica, amplamente inspirada no *Mozi*, que Xunzi justifica a prática dos ritos: na origem da humanidade era a luta pela posse dos bens, geradora de desordem. Daí a necessidade de equilibrar a avidez de cada um pelo princípio da partilha inscrito no senso ritual, que se torna então o critério objetivo de distinção entre humanidade e animalidade, em lugar do critério interior e subjetivo que era o coração/mente em Mêncio. O que não impede Xunzi de ter acentos tão líricos a propósito da beleza dos ritos como Mêncio a propósito do coração: as linhas estruturantes que o homem de bem lê na natureza tornam-se as linhas de força de sua cultura, de que os ritos são a expressão por excelência. Mesmo que Xunzi os compare às vezes às balizas nos cursos de água, os ritos não se reduzem ao papel de parapeito diante do caos, exigidos por uma visão pessimista da natureza humana. Fornecem, ao contrário, a Xunzi a ocasião para reafirmar o credo confuciano que aposta no homem e em sua perfectibilidade, e para abrir a possibilidade de uma solução consensual dos conflitos, particularmente diante dos legistas para quem só vale a força da lei.

Nomes e realidades

O princípio ritual e consensual, eminentemente confuciano, da partilha (*fen* 分) encontra uma brilhante ilustração na "retificação dos nomes" (*zhengming* 正名)[25]. Este tema tipicamente confuciano é tratado no capítulo 22, dedicado à relação entre os nomes e as coisas, que constitui uma espécie de compêndio do Cânon moísta sobre a lógica para uso dos confucianos, ao mesmo tempo que uma refutação dos métodos dos lógicos. Neste contexto, a noção de partilha ou de divisão (lembremos que *fen* significa primeiramente "cortar", "recortar") corresponde à idéia de que nomear é primeiramente dividir, demarcar, traçar linhas de pertinência entre o semelhante e o diferente. Encontramos aqui uma concepção taxonômica do mundo como campo de objetos naturalmente ordenados em conjuntos, segundo os princípios fundamentais de identidade e de diferença, que o homem tem a capacidade natural de distinguir:

> Quando os sábios-reis instituíram os nomes, os nomes foram fixados e as realidades distinguidas. Seu Tao era praticado e sua intenção corretamente compreendida; o povo era então rigorosamente guiado e unificado. Começou-se então a procurar subtilezas nas palavras e a inventar palavras a torto e a direito, a fim de semear a desordem na retificação dos nomes, semeando assim a dúvida nas mentes e suscitando muitos litígios: foi a grande perversão. [...]
>
> Agora que os sábios-reis não existem mais, a salvaguarda dos nomes foi afrouxada, aparecem palavras bizarras, nomes e realidades são confundidos. Visto que a configuração do verdadeiro e do falso perdeu sua nitidez, por mais que haja responsáveis pela salvaguarda da lei e letrados encarregados de enunciar os princípios, também eles estão mergulhados na confusão. [...]
>
> Os homens de discernimento estabeleceram princípios de divisão e de distinção e instituíram nomes para designar as realidades, com a finalidade primeira de traçar os limites entre o nobre e o vil, mas também de distinguir entre o semelhante e o diferente[26].

Toda a teoria da retificação dos nomes gira em torno da idéia de que conhecer é, na verdade, reconhecer distinções de categorias qualitativas preexistentes. Daí uma osmose perfeita entre epistemologia e ética, pertencendo o princípio de divisão ao mesmo tempo ao conhecimento objetivo e ao julgamento de valor. O Santo é por excelência aquele que é capaz

8. Xunzi, herdeiro realista de Confúcio

de classificar as situações segundo suas implicações éticas e a elas reagir de maneira apropriada, isto é, ritual. Mas, da mesma forma que os ritos, os nomes, sendo criados pela convenção, não têm qualquer necessidade intrínseca:

> Os nomes não são apropriados de maneira definitiva; são fixados por convenção. Apenas depois de estabelecida a convenção e instituído o costume é que os consideramos apropriados e que todos os que se afastam da convenção são considerados inapropriados. Os nomes não denominam esta ou aquela realidade de maneira definitiva; sua correspondência é fixada por convenção. Só depois de estabelecida a convenção e instituído o costume é que os consideramos como denominando esta ou aquela realidade[27].

O convencionalismo declarado de Xunzi, posto ao serviço da primazia que ele atribui à noção de ordem, vai num sentido mais conservador do que o vitalismo de Mêncio. Para Xunzi, é preferível preservar o *statu quo*, mesmo sabendo que é perfeitamente arbitrário e convencional, do que arriscar-se a cair na anarquia de tanto querer submeter as coisas a um novo exame. Mêncio, ao contrário, expõe-se a este risco dando valor de referência suprema ao coração/mente, fonte interior e intrínseca de moralidade:

> A realidade não sendo explícita, foi denominada; estas denominações não sendo explícitas, foram articuladas; estas articulações não sendo explícitas, fizeram-se discursos sobre elas; estes discursos não sendo explícitos, fez-se a crítica dos mesmos. Assim, a articulação das designações e a crítica dos discursos serviram para estabelecer o *corpus* escrito, a primeira das tarefas da realeza.

> Quando se ouve um nome, explicita-se uma realidade: é assim que nos servimos dos nomes. Ligá-los para fazer deles um texto é acoplar os nomes. Ser capaz de servir-se deles e de acoplá-los é conhecer os nomes. Com os nomes articulamos as realida-

des. Nos enunciados, tomando os nomes de diferentes realidades, exprimimos uma concepção. Na crítica dos discursos tomamos os nomes numa referência inalterada às realidades que eles designam para explicitar o Tao, considerado positiva ou negativamente.

A articulação das denominações é o instrumento da crítica dos discursos. A crítica dos discursos é aquilo pelo qual a mente dá figura ao Tao. A mente é o artesão mestre do Tao. O Tao é aquilo que estrutura a ordem. Se a mente está em harmonia com o Tao, o discurso em harmonia com a mente, o enunciado em harmonia com o discurso, os nomes articulados após terem sido retificados, os dados reais explicitados segundo suas características intrínsecas, então as diferenças são distinguidas sem erro e as categorias deduzidas sem arbitrariedade. O que é aceito é conforme ao texto, o que é criticado é totalmente reexaminado, de tal forma que o Tao é retificado e a perversão criticada, da mesma forma como o curvo e o retilíneo são determinados com o fio-de-prumo[28].

O *Xunzi*, panorama das idéias dos Reinos Combatentes

O pensamento de Xunzi é um pensamento complexo, porque pretende tomar em consideração todas as questões, todos os temas que apareceram nas diversas correntes dos Reinos Combatentes, integrando-os num conjunto estruturado e coerente: tarefa realmente tremenda! Ora, o eixo central que mantém a coesão do conjunto é constituído pelos ritos. Xunzi combate sem dúvida em todas as frentes, mas é para defender aquilo que considera o próprio coração da herança confuciana: o espírito ritual e sua cultura no homem:

> Os ritos têm três fundamentos: o Céu e a Terra são o fundamento da geração, os ancestrais são o fundamento da espécie, os soberanos e os senhores são

8. Xunzi, herdeiro realista de Confúcio

o fundamento da ordem. Sem o Céu e a Terra, como o homem seria gerado? Sem os ancestrais, donde descenderia ele? Sem soberano nem senhor, como conceber a ordem? Se faltasse um só destes três elementos, não haveria para o homem nenhum ponto fixo. Ora, pelos ritos ele serve o Céu no alto e a Terra embaixo, honra seus ancestrais e exalta seu soberano e seu senhor: são estes os três fundamentos dos ritos[29].

Os ritos são, portanto, aquilo que religa o homem ao universo, às suas origens e ao seu destino. A idéia subjacente que percorre todo o *Xunzi* como um fio vermelho é que a organização estruturante dos ritos nada mais faz do que adotar e reproduzir a da natureza. Xunzi encontra assim a resposta à difusão do pensamento naturalista, integrando-o em sua própria visão e acrescentando-lhe uma outra dimensão, a do Homem. É isso que explica as aparentes contradições em sua concepção da natureza (outro nome para o Tao ou o Céu): ora eticamente neutra, tal como se apresenta no pensamento naturalista, ora normativa, teleológica e fonte de valor ético, na tradição dos *Analectos* e do *Mengzi*. Por um lado, Xunzi nega a possibilidade de o natural ser fonte de valores e, por outro, restabelece uma continuidade entre uma natureza normativa e uma humanidade ritualizada. Estas aparentes contradições se resolvem no projeto central do *Xunzi* de neutralizar o descrédito lançado pelo pensamento naturalista sobre o ritualismo confuciano. E é o Homem que sai vitorioso deste embate com o Céu.

Embora integrando as críticas mais radicais dirigidas contra a visão do homem própria de Confúcio, Xunzi foi seu melhor defensor em sua vibrante apologia da cultura que constitui nossa humanidade. É que ele desfrutava de um ponto de vista privilegiado, panorâmico e sinótico, sobre as "cem escolas" dos Reinos Combatentes. No capítulo 21, intitulado "Dissipar as obnubilações", Xunzi atreve-se a passar em revista os pensadores de sua época, censurando cada um deles por ter-se deixado "obnubilar" por uma idéia fixa, privando-se assim de uma visão completa das coisas:

> Mo-tse, obnubilado pela utilidade, não compreendia os requintes da cultura. Songzi, obnubilado pelos desejos, não sabia como satisfazê-los. Shen Dao, obnubilado pela lei, não reconhecia o valor pessoal. Shen Buhai, obnubilado pela função do poder, não reconhecia a da inteligência. Hui Shi, obnubilado pelo discurso, não compreendia nada da realidade. Chuang-tse, obnubilado pelo Céu, não compreendia nada do Homem. [...] Cada uma destas doutrinas não representa senão um pedacinho do Tao. Ora, o Tao concretiza os princípios constantes, levando em consideração todas as mudanças: como um só pedacinho poderia bastar para apreendê-lo?[30]

Todas estas "obnubilações" são outras tantas "vistas unilaterais e parciais" que tornam a mente "cega para a grande estrutura de conjunto" (*dali* 大理). Para Xunzi trata-se de purificar a mente para pô-la em condições de perceber o mundo exterior sem confusão, em toda a nitidez de suas distinções e sem perder de vista seu aspecto de totalidade bem ordenada. Assim como a água de uma bacia é pura e permite um discernimento optimal enquanto está calma, mas perde a nitidez quando é agitada,

> assim também a mente, se for guiada pelo princípio estruturante (*LI*) e alimentada de pureza, é capaz de determinar o verdadeiro e o falso, de resolver toda suspeita e toda dúvida. Mas, basta deixar-se distrair um pouco pelo menor objeto de fora e seu equilíbrio fica comprometido no exterior, ela fica transtornada interiormente e se torna incapaz de julgar até mesmo sobre as especificidades mais grosseiras[31].

Ao mesmo tempo que constitui uma soma e uma avaliação crítica de todo o pensamento pré-imperial, o *Xunzi* anuncia, no início do império sob os Han, a preeminência de um confucionismo mesclado de legismo que leva a melhor sobre a

8. Xunzi, herdeiro realista de Confúcio

inspiração menciana. Esta só irá reaparecer por volta do séc. X, no momento em que Mêncio aparece como o único representante da transmissão ortodoxa do Tao confuciano. Com efeito, os dois principais herdeiros de Confúcio representam os dois grandes pólos de seu ensinamento, criando assim uma tensão que iria dinamizar a tradição confuciana durante dois milênios.

Notas do capítulo 8

1. Alguns elementos fazem pensar que o *Xunzi* não deveria ser atribuído a um autor único, mas a uma escola que se reportava ao ensinamento de Mestre Xun.

2. Cf. a biografia de Xunzi colocada depois da de Mêncio no cap. 74 do *Shiji* (*Memórias históricas*).

3. No Estado de Yan, outro pretendente à hegemonia, criou-se a academia Jieshi, calcada sobre o modelo de Jixia, cf. *Shiji* 74, p. 2345.

4. Cf. cap. 6 nota 1.

5. *Shiji* 46, p. 1895.

6. Cf. o cap. 8 do *Xunzi*, onde se trata de sua entrevista com o rei Zhao de Qin (r. 306-251 a.C.).

7. *Xunzi* 15, ed. ZZJC, p. 177. Todo este capítulo 15 é dirigido contra os legistas. Existe uma boa tradução integral do *Xunzi* para o inglês feita por John KNOBLOCK, *Xunzi. A Translation and Study of the Complete Works*, 3 vols., Stanford University Press, 1988, 1990 e 1994. Cf. também em alemão Hermann KÖSTER, *Hsün-tzu ins Deutsche übertragen*, Kaldenkirchen, Steyler, 1967, e em francês Ivan KAMENAROVIC, *Xunzi (Siun Tseu)*, Paris, Cerf, 1987. Para um estudo já antigo, cf. Homer H. DUBS, *Hsüntze, the Moulder of Ancient Confucianism*, seguido de uma tradução parcial, *The Works of Hsüntze*, Londres, Probsthain, 1927 e 1928.

8. Trata-se do termo *bian* 辨, cujo sucesso no discurso racional dos Reinos Combatentes conhecemos e que retorna nada menos que 75 vezes no *Xunzi*.

9. *Xunzi* 17, p. 205-206.

10. *Ibid.*, p. 207-208.

11. Cf. adiante cap. 10 e 11.

12. *Xunzi* 17, p. 209-211.

13. Para distinguir os dois homófonos, lembremos que a transcrição do termo que significa "princípio estruturante" é dada em maiúsculas, cf. cap. 1 nota 14.

14. *Xunzi* 9, p. 103-104.

15. *Xunzi* 23, p. 289.

16. *Ibid.*, p. 291. Para a utilização da noção *qing* ("características intrínsecas") por Chuang-tse e Mêncio cf. cap. 4, p. 145 e cap. 6, p. 196.

17. *Ibid.*, p. 290. Sobre "a natureza humana é má" e a controvérsia com Mêncio existe abundante literatura crítica: cf. sobretudo Homer H. DUBS, "Mencius and Sündz on Human nature", *Philosophy East and West*, 6 (1956), p. 213-222; D.C. LAU, "Theories of Human Nature in Mencius and Shyuntzy (Xunzi)", *Bulletin of the School of Oriental and African Studies*, 15 (1953), p. 541-565; Maurizio SCARPARI, *Xunzi e il problema del male*, Veneza, Cafoscarina, 1997, e "Mencius and Xunzi on human nature: the concept of moral autonomy in the early Confucian tradition", *Annali di Ca' Foscari* (Veneza) XXXVII/3 (1998), p. 467-500; Bryan W. VAN NORDEN, "Mengzi and Xunzi: Two Views of Human Agency", *International Philosophical Quarterly*, 32 (1992), p. 161-184; Philip J. IVANHOE, "Human Nature and Moral Understanding in Xunzi", *International Philosophical Quarterly*, 34 (1994), p. 167-175.

18. *Xunzi* 21, p. 263.

19. *Xunzi* 19, p. 243.

20. *Xunzi* 23, p. 291 e 294.

21. *Xunzi* 9, p. 104-105.

22. *Xunzi* 10, p. 113.

23. *Xunzi* 5, p. 50.

24. *Xunzi* 19, p. 231. Algumas seções do *Xunzi*, e particularmente deste cap. 19 dedicado aos ritos, são retomadas no *Tratado dos Ritos (Liji)* e no *Tratado dos Ritos de Dai o Velho (Da Dai Liji)*, que datam do início da época imperial (séc. II a.C.). Sobre o *Tratado dos Ritos* cf. acima cap. 2 nota 32. Para o *Tratado dos Ritos de Dai o Velho* existe uma tradução parcial e pouco satisfatória de Benedykt GRYNPAS, *Les Écrits de Tai l'Ancien e le Petit Calendrier des Hia*, Paris, Adrien Maisonneuve, 1972.

25. Sobre este tema confuciano cf. acima cap. 2, "Retificar os nomes". Cf. J.J.L. DUYVENDAK, "Hsün-tzu on the Rectification of Names", *T'oung Pao*, 23 (1924), p. 221-254; Redouane DJAMOURI, "Théorie de la 'rectification des dénominations' et réflexion linguistique chez Xunzi", em Karine CHEMLA e François MARTIN (eds.), *Extrême-Ori-*

8. Xunzi, herdeiro realista de Confúcio

ent, Extrême-Occident, 15 (*Le Juste Nom*), Presses de l'université de Vincennes, 1993, p. 55-74.

26. *Xunzi* 22, p. 275-276.

27. *Ibid.*, p. 279. Sobre o "convencionalismo" das teorias da linguagem na antiguidade chinesa, cf. acima cap. 5, "A concepção nominalista".

28. *Ibid.*, p. 280-281, tradução francesa (ligeiramente modificada) de Léon VANDERMEERSCH, *La Voie royale*, t. II, p. 523-524.

29. *Xunzi* 19, p. 233.

30. *Xunzi* 21, p. 261-262, Sobre Mo-tse cf. acima cap. 3. Songzi, ou Song Xing, partidário da idéia taoizante de que "os desejos essenciais são reduzidos", é refutado no *Xunzi* 18. Shen Dao e Shen Buhai são dois pensadores associados ao legismo (cf. adiante cap. 9). Hui Shi é o famoso lógico, amigo de Chuang-tse, evocado no cap. 4.

31. *Ibid.*, p. 267.

9
Os legistas

Como muitas outras correntes dos Reinos Combatentes, o legismo não propõe, no início, um pensamento filosófico, mas uma teoria política resultante de um conjunto de práticas[1]. De maneira significativa, a maioria das obras classificadas como legistas têm como títulos nomes de ministros célebres, a começar pelo *Guanzi*. O título desta compilação de escritos diversos que datam do séc. IV ao séc. II faz referência ao ministro Guan Zhong, que fez do duque Huan de Qi (r. 685-643) o primeiro soberano da China das Primaveras e Outonos e a quem Confúcio prestou homenagem, sem no entanto aprovar seus métodos[2]. Da mesma forma, o *Lizi*, obra hoje perdida, refere-se a Li Kui, ministro do marquês Wen de Wei (r. 424-397 a.C.), e o *Shenzi* a Shen Buhai, ministro do Estado de Han, morto em 337 a.C.[3] Quanto ao *Shangjun shu* (*Livro do príncipe Shang*), é atribuído a Shang Yang, ministro de Qin, embora com toda probabilidade composto cerca de um século após sua morte ocorrida em 338 a.C.[4] Reflete as reformas sem precedente realizadas por Shang Yang, que permitiram a Qin tornar-se o último soberano dos Reinos Combatentes, aquele que deveria conseguir, em 221 a.C., unificar pela primeira vez o mundo chinês num império poderoso e duradouro.

Raras exceções às obras associadas a grandes homens de Estado citadas acima: o *Shenzi* (escrito de maneira diferente do primeiro), de que restam apenas fragmentos, é atribuído a Shen Dao, atuante por volta de 310 a.C. na famosa academia Jixia, pela qual passaram igualmente Mêncio e Xunzi[5]. Enfim, e

9. Os legistas

sobretudo: o *Han Feizi*, do nome do teórico morto em 233 a.C., que fez a síntese do pensamento legista[6]. Todas as correntes de pensamento antigas preocupam-se muito com política (no sentido chinês de arte e maneira de organizar o mundo, *zhi* 治), mas ninguém tão exclusivamente como os legistas, que procuram sobretudo a maneira mais eficaz de preservar e de reforçar um Estado. Muitos escritos legistas apresentam-se assim como manuais para uso dos soberanos, contendo a maneira de utilizar o poder e resumindo-se a algumas fórmulas simples:

> Como um soberano há de encorajar seu povo? Pela função e pela graduação. Como um Estado aumentará seu poderio? Pela agricultura e pela guerra[7].

Antropologia legista

Se os escritos legistas são antes de tudo manuais que nada mais fazem senão sistematizar e teorizar práticas existentes, estas acabaram por constituir-se em metodologia, e até em verdadeira concepção do mundo: os legistas são provavelmente os primeiros pensadores políticos na China a tomar como ponto de partida o homem e a sociedade não como deveriam ser, mas como são – até em sua realidade mais inaceitável. Não se preocupando com nenhum preconceito, com nenhuma idéia já pronta, fazem tábua rasa da tradição. Em pleno período dos Reinos Combatentes, aliás, já não é muito original rejeitar as referências à antiguidade e à tradição; todo mundo o faz, os taoístas, os moístas, os legistas; quase não sobram senão os confucianos para agarrar-se a elas, e olhe lá! Num capítulo intitulado "Contra os doze mestres", Xunzi incrimina, com a pugnacidade e a intransigência que lhe são peculiares, diversos adversários, sem sequer poupar os de seu próprio partido, como Mêncio:

> Tomar sumariamente como modelo os antigos reis sem compreender seu sistema, e multiplicar no entanto a erudição com grandes objetivos, desenvolvendo confusamente os estudos e as idéias; cons-

truir sobre velharias passadas uma teoria especialmente relacionada aos cinco elementos, abusando de distorções ilógicas, refugiando-se misticamente no indizível, concluindo proposições sem explicações; e embelezar então seu discurso com fórmulas de respeito, declarando: "Eis o que disseram homens de bem de outrora"; é o que Zisi pregou e Mêncio repete[8].

Esta falta de respeito pela tradição dá lugar nos legistas a uma concepção e uma metodologia "antropológicas" com ressonâncias bem modernas. Em vez da referência à antiguidade como autoridade estabelece-se uma análise propriamente histórica, fundada na idéia de que, para agir eficazmente, é preciso viver com seu tempo e adaptar-se às mudanças. É esse o sentido de uma historieta do *Han Feizi*, que fez sucesso ao ponto de ainda ser moeda corrente na língua atual sob a forma de um ditado: "ficar ao pé do toco espreitando a lebre":

> Havia no Estado de Song um homem que lavrava seu campo, no meio do qual havia um toco. Eis que uma lebre em plena corrida vem chocar-se contra o toco; tendo quebrado o pescoço, morre no mesmo instante. Então o homem abandona o arado e põe-se a vigiar o toco na esperança de que outras lebres viessem jogar-se contra ele. Mas nunca apareceram outras lebres, e nosso simplório tornou-se alvo de chacota de todo o Estado de Song[9].

A recusa da referência à antiguidade ou a toda forma de precedente como argumento de autoridade exprime-se, desde o início do *Livro do príncipe Shang*, num debate travado em presença do duque Xiao de Qin (r. 361-338 a.C.). Trata-se de "refletir sobre as mudanças nos negócios da época, discutir sobre o fundamento para retificar as normas (*fa* 法) e procurar o método (tao 道) para dirigir o povo":

> Shang Yang diz: "Nem todas as gerações passadas tinham as mesmas doutrinas; qual antiguidade tomaremos como norma? Os imperadores e os reis sucediam-se sem se assemelharem; que ritual to-

9. Os legistas

maremos como modelo? Fuxi e Shennong (o Divino Agricultor) dispensavam seu ensinamento sem jamais punir. O Imperador Amarelo, Yao e Shun puniam, mas poupando as famílias dos condenados. Quanto aos reis Wen e Wu, estabeleciam cada qual normas adaptadas aos tempos e instituíam ritos em função das circunstâncias. Ritos e normas sendo fixados segundo os tempos, a menor instituição ou o menor decreto era apropriado, o menor armamento ou o menor equipamento correspondia a seu uso. Na opinião de vosso servidor, há mais de um tao para pôr ordem numa época, e o bem-estar do Estado não se baseia necessariamente no modelo antigo"[10].

Os legistas propõem uma análise quase malthusiana dos inícios da humanidade, que eles dividem em três grandes períodos, marcados por uma competição cada vez mais feroz à medida que aumenta a população:

No momento em que apareceram Céu e Terra nasceram os homens. Nesse tempo eles conheciam sua mãe, mas não seu pai. Seu tao consistia em ater-se aos laços de parentesco e em privilegiar o egoísmo. O apego à parentela desembocou na exclusão, o egoísmo na precariedade. Com o aumento da população, esta tendência à exclusão e à precariedade desembocou na desordem.

Nesse tempo, os homens procuravam dominar e ajustar contas entre si pela força. A vontade de dominação leva à competição, o ajuste de contas pela força ao litígio. Sem qualquer princípio de retidão para resolver os litígios, ninguém está seguro de terminar seus dias. Foi então que os homens de valor estabeleceram a probidade e a retidão e apregoaram o altruísmo, e o povo pôs-se a estimar a virtude da humanidade (*ren*). Nesse tempo, o apego à parentela desapareceu em proveito da promoção dos mais capazes.

Os que têm senso do humano são todos levados a amar os outros, ao passo que os mais capazes têm por tao superar-se uns aos outros. Com o aumento da população e na ausência de qualquer controle, de tanto querer superar-se uns aos outros, chegou-se à desordem. Foi então que os sábios que vieram depois instauraram divisões (*fen* 分) entre as terras, entre os bens e entre homens e mulheres. Sendo inconcebíveis divisões instauradas sem controle, eles estabeleceram interditos. Sendo inconcebíveis interditos sem pessoas encarregadas de sua aplicação, instituíram funcionários. Sendo inconcebíveis funcionários instituídos sem ninguém para unificá-los, estabeleceram um soberano. No momento em que estabeleceram o soberano, a promoção dos mais capazes desapareceu em proveito da primazia da graduação.

Resumindo, na antiguidade reinavam o apego à parentela e o egoísmo; depois promoveram-se os mais capazes e deu-se valor à humanidade; hoje concede-se a primazia à graduação e a dignidade à função[11].

Uma análise semelhante encontra-se em Han Fei:

Na antiguidade os homens não lavravam, porque os frutos das plantas e das árvores bastavam para alimentar-se; as mulheres não teciam, porque as peles dos animais bastavam para se vestir. Os homens tinham o bastante para poder viver sem trabalho, eram pouco numerosos com recursos em excesso, e por isso não havia lutas entre eles. Por isso viviam em boa ordem sem que lhes fossem prodigalizadas grandes recompensas ou infligidos pesados castigos.

Hoje em dia, não é raro que um homem tenha cinco filhos, os quais têm por sua vez cinco cada um; o avô ainda não morreu e já tem vinte e cinco netos. É por isso que os homens são numerosos e os recursos raros, o trabalho é árduo para magros resultados; por isso há conflitos e, mesmo duplicando as re-

9. Os legistas

compensas e tornando mais pesados os castigos, não se evitaria a desordem. [...]

Portanto, a facilidade com que se permutavam os bens na antiguidade não provinha da humanidade; é que os bens eram abundantes, e mais nada! A violência com que são disputados hoje não é vilania; é que eles se tornam por demais raros[12].

Nestas duas descrições dos inícios da história humana, a progressão geométrica é constatada objetivamente sem fazer juízo de valor: ela não é nem declinante como para os taoístas, nem teleológica como para os confucianos. A análise parte de uma observação que seríamos tentados a qualificar como antropológica e sociológica, nos antípodas da convicção confuciana de que a natureza do homem é fundamentalmente moral, assim como sua relação com o mundo.

Na China dos Reinos Combatentes acabam por impor-se e opor-se "de um lado, os que afirmam a primazia da moralidade pessoal; do outro, os que não atribuem eficácia senão à posição ocupada. [...] De um lado, os que pertencem, ao menos em espírito, aos antigos círculos de corte são apegados aos valores do ritual e da tradição, e servirão como 'letrados' junto aos príncipes; do outro, os que são abertos à influência do mundo da empresa e do negócio – que experimenta então um desenvolvimento extraordinário na China – e projetam sua visão, ao mesmo tempo realista e conquistadora, sobre a gestão não só do poder mas também de todo o corpo social"[13]. Em sua oposição ao ritualismo confuciano, os legistas unem-se aos moístas e, de certa maneira, aos taoístas. Mas, ao contrário destes últimos, que propõem um caminho diferente, os legistas pretendem ser os verdadeiros coveiros de toda a ordem confuciana, que assim acaba confundindo-se com a ordem feudal Zhou, substituindo o espírito ritual por aquilo que eles consideram um princípio objetivo e absoluto, auto-suficiente e autojustificante: a lei.

A lei

O termo *fa* 法, que é traduzido aqui por "lei" e dá seu nome ao "legismo", encontra-se nos textos antigos com o sentido geral de norma à qual referir-se ou de modelo ao qual conformar-se. Muitíssimas vezes é associado aos instrumentos geométricos de medida e de precisão que servem como referências universais, como o compasso (*gui* 規) e o esquadro (*ju* 矩) do carpinteiro. A combinação destes dois termos deu um binômio, *guiju* 規矩, que designa ainda na língua moderna o conjunto das regras a respeitar. O compasso, o esquadro, bem como o fio-de-prumo são imagens recorrentes no discurso legista, ao lado da balança (*quan* 權, que designa, por derivação, o poder)[14], para ilustrar a exatidão e a objetividade da lei:

> A balança serve para determinar o número que corresponde ao peso. Se os homens não procuram agir sobre ela, certamente não é por aversão ao lucro: é que o contrapeso não pode, no interesse deles, aumentar ou diminuir o número, nem o fiel da balança tornar a carga mais leve ou mais pesada. Os homens não procuram agir sobre ela pela simples razão de que sabem que isso seria inútil.
>
> Da mesma forma, quando reina um soberano esclarecido, os funcionários não têm tempo para manipular a lei, nem os magistrados para agir por sua própria conta. Sabendo que seria inútil procurar agir sobre eles, não se lhes oferece suborno. Quando a balança espera sua carga, reta e igual, os patifes e os desleais não têm tempo para fazer triunfar seu interesse pessoal[15].

Com um instrumento como a balança, basta deixar estabilizar-se o fiel, sem que seja necessária uma intervenção subjetiva e moral do utilizador. Contrariamente a Mêncio e mesmo a Xunzi, para os quais a lei, se deve ser levada em conta, não pode bastar e deve ter por fundamento uma ética de humanidade e de benevolência, os legistas estimam que a força da lei basta-se a si mesma, sendo muito mais eficaz do que o laço mais forte, o do sangue:

9. Os legistas

> O amor de uma mãe por seu filho é o dobro do amor do pai, mas as ordens do pai ao filho valem dez vezes as da mãe. Os magistrados não têm nenhum amor ao povo, mas suas ordens valem dez mil vezes as de um pai[16].

Basta, portanto, comparar os atos de um homem com a lei, que, uma vez editada, vale para todos. No processo de objetivação das leis, sua colocação por escrito, tornada pública sob a forma de códigos, foi uma etapa decisiva. Em 536 a.C., Zichan, primeiro-ministro de Zheng, mandava pela primeira vez gravar a lei penal em bronze. Assim, desde o séc. VI foram feitas as primeiras invectivas contra a ordem feudal fundada sobre as relações rituais entre uma pessoa e outra. Uma vez publicada a lei, presumia-se que ninguém a ignorava e ninguém a ela escapava, o que estabelecia a igualdade de todos perante a lei e ia de encontro ao famoso adágio do *Tratado dos ritos*: "Os ritos não descem até o povo comum, as punições não sobem até os grandes dignitários"[17]:

> Unificar as punições é fazer com que elas não comportem nenhuma distinção de classe ou graduação. Desde os ministros e generais até aos dignitários e simples súditos, quem quer que desobedeça aos decretos reais, infrinja os interditos do Estado ou introduza a desordem nas instituições é condenado à morte sem remissão. A pena não é reduzida nem mesmo se o crime foi precedido de atos meritórios, a lei é aplicada mesmo se a falta foi precedida de um comportamento exemplar. Os ministros mais leais e os filhos mais piedosos que cometem uma falta devem ser julgados em função da gravidade desta. Os magistrados que não aplicam as leis régias, mesmo que sejam modelos de respeito à lei e de sua função, são condenados à morte sem remissão, recaindo a pena sobre três gerações[18].

O antigo código das regras rituais perfeitamente interiorizadas deu lugar à lei positiva, objetivada. Objeto de uma elaboração teórica no *Livro do príncipe Shang*, retomada no *Han*

Feizi, ela deve ser tomada essencialmente no sentido penal pelo fato de ter a função de fixar recompensas e punições. O que Han Fei chama de "os dois manípulos" e nós preferiríamos chamar de "recompensa e punição" fornece com efeito, segundo os legistas, os únicos estímulos capazes de exercer alguma influência sobre a natureza humana, reduzida àquilo que ela ama e não ama, não encontrando nela seu lugar as motivações de ordem moral:

> Os homens só são governáveis porque têm paixões. Por isso, um príncipe deve prestar atenção à cobiça de seus povos. É sobre ela que repousa toda a eficácia do sistema das penas e das recompensas: estando na natureza dos homens o cobiçar as recompensas e temer as punições, o príncipe pode esperar, graças a estas, canalizar as forças dos seus súditos[19].

Por uma ironia talvez voluntária, Shang Yang deturpa a metáfora de Mêncio, para quem a natureza humana é boa da mesma forma como a água escorre para baixo, tomando-a como ilustração de uma tese diametralmente oposta:

> Está na natureza dos homens correr atrás do lucro como a água segue a linha de maior inclinação. São seus interesses egoístas que movem os homens. E o soberano detém a fonte de todas as riquezas[20].

A posição de força

Em sua teoria política, os legistas dissociam, da mesma maneira, poder e moralidade, opondo-se aos confucianos, para os quais o poder de um soberano deve-se essencialmente à sua força moral ou virtude (*de* 德). Esta convicção pressupõe, porém, que o soberano seja bom: estamos, portanto, em pleno ideal. Os legistas, que não vêem senão a realidade, sabem que os bons soberanos não são muitos. O problema está, portanto, em assegurar um funcionamento eficaz do poder, abstraindo do valor moral e pessoal do soberano da vez. A resposta é dada, ao menos em parte, pela noção de "posição

9. Os legistas

de força" (*shi* 勢), elaborada primeiro por Shen Dao[21]. É dela, e não de alguma autoridade moral qualquer, que procede o poder. Na contradição entre estas duas fontes de poder cristaliza-se a oposição entres as teorias políticas confuciana e legista. Uma historieta do *Han Feizi* está na origem do binômio *maodun* 矛盾 (que significa literalmente "lança-escudo"), consagrado na língua moderna para designar a "contradição" e posto em destaque por um dos escritos mais célebres do Grande Timoneiro Mao:

> Um homem que fazia comércio de lanças e escudos elogiava seus escudos, tão sólidos que nada podia perfurá-los. E emendava logo um elogio de suas lanças: "Elas têm a ponta tão afiada que não há nada que não perfurem". Alguém lhe objetou: "E se eu tentasse perfurar um dos teus escudos com uma de tuas lanças?" O outro teve muita dificuldade em responder.
>
> Um "escudo inatacável" e uma "lança irresistível" são uma contradição nos termos. Dizer que o tao do valor moral não pode ser detido e, por outro lado, que o tao da posição de força pode tudo deter, é cair na contradição da lança e do escudo. Aparece, portanto, claramente que valor moral e posição de força não podem coexistir[22].

O poder não é mais ligado ao valor pessoal do soberano, fundamento de todo o pensamento político confuciano, mas à eficácia das instituições, que fazem respeitar a lei e a posição de força. Esta, independente de toda subjetividade, é, à semelhança da balança, um instrumento perfeitamente neutro, que pode ser manipulado por qualquer um.

As técnicas

Vemos aqui o espírito aristocrático e ritualista dar lugar a uma mentalidade nova, institucional e burocrática. Não basta, com efeito, que sejam respeitadas a lei e a posição de força encarnadas pelo soberano, é preciso ainda que haja boas correias de transmissão do poder e da autoridade entre o soberano e o povo. A ligação entre a cabeça e os membros é assegurada por um corpo de burocratas, sobre o qual o soberano mantém o controle mediante um conjunto de "técnicas" (*shu* 術) cuja concepção primeira cabe a Shen Buhai e através das quais o poder encontra-se delegado, permanecendo embora submetido a um controle direto e severo:

> Enquanto Shen Buhai fala das técnicas, Shang Yang faz as leis. As técnicas consistem em atribuir os postos em virtude das capacidades, em comparar a realidade dos fatos e a denominação da função, em segurar firmemente os manípulos que dão a vida ou a morte e em testar as competências de todos os ministros. Eis o que o soberano detém.
>
> As leis consistem em tornar públicos os editos nos órgãos governamentais, em imprimir nos corações o caráter inelutável das penas, ficando as recompensas reservadas aos que observam a lei e as punições aos que infringem os decretos. Eis o que rege os ministros.
>
> Se o soberano não aplica as técnicas, os abusos reinarão em cima; se os ministros não aplicam a lei, a desordem grassará embaixo. Destas duas coisas, nenhuma é facultativa: são os dois instrumentos indispensáveis aos imperadores e aos reis[23].

A própria idéia de "técnica" política, à qual Confúcio declara sua oposição diversas vezes, encontra sua origem sem dúvida no princípio moísta da "promoção dos mais capazes", ao qual vem ajuntar-se a idéia expressa aqui por Han Fei de "comparar a realidade dos fatos (*shi* 實) e a denominação da função (*ming* 名)". Aqui a preocupação não é mais de ordem ritualista, como na "retificação dos nomes" cara aos confucianos, ou teórica como no debate dos lógicos sobre a adequação entre o nome e a coisa por ele designada, porém mais especificamente política. O "nome" (*ming*) designa neste contexto o título ou denominação de uma função com a competência requerida para exercê-la, e a "realidade" (*shi*) ou "forma" (*xing* 形, às vezes escrito 刑, "punições") deve ser compreendida como a maneira como a função é efetivamente exercida na prática[24]. Trata-se, com efeito, de verificar a adequação entre a competência nominal e a competência real, eterno problema da administração chinesa, para o qual uma das soluções foi a instituição do sistema dos exames para o recrutamento dos funcionários. Ao soberano não resta senão verificar que o desempenho real corresponda exatamente ao título ostentado, em outras palavras, que haja adequação entre "formas e nomes" (*xingming* 刑名), e dispensar recompensas ou punições conforme o caso:

> Certo dia, o marquês Zhao de Han, caindo de bêbado, adormeceu. O encarregado dos chapéus, vendo que o marquês estava com frio, cobriu-o com um manto. Quando acordou, o marquês ficou agradavelmente surpreso e perguntou a seus servos: "Quem de vocês me cobriu com este manto?" Responderam-lhe que fora o encarregado dos chapéus. O marquês puniu então tanto o encarregado dos mantos quanto o encarregado dos chapéus, o primeiro por ter faltado a seu dever e o segundo por tê-lo ultrapassado. Não que o marquês não tivesse horror ao frio, mas ele considerava que o fato de um funcionário usurpar os deveres de outro era muito mais prejudicial que o frio. Assim, o soberano esclarecido que está à frente de seus ministros não os deixa ultrapassar sua função a fim de obter gratificações, como tampouco vangloriar-se de promessas verbais que não seriam seguidas pelos fatos[25].

O Tao totalitário do *Han Feizi*

As três idéias-mestras dos textos legistas – lei, posição de força e técnicas de controle – delineiam um pensamento totalitário do poder em estado puro, centrado exclusivamente na figura do soberano[26]. Mas, ao contrário das convicções demasiadamente idealistas dos confucianos, é um pensamento político que, logicamente, deve funcionar: os legistas compreenderam pelo menos que não se governa com boas intenções, mas com instituições sólidas.

No *corpus* dos textos legistas, que, como vimos, constituem na maior parte manuais práticos sobre o manejo do poder para uso dos soberanos, o *Han Feizi* constitui uma exceção, sendo o único a procurar um fundamento filosófico para sua teoria política. Nascido no início do séc. III e "descendente direto dos duques de Han", de que trazia o nome[27], Han Fei foi sem dúvida, entre os pensadores da China antiga, junto com o príncipe Shang, um dos raros a fazer parte da alta nobreza. Com efeito, Confúcio, Mo-tse, Mêncio, Chuang-tse, Xunzi e os outros eram todos representantes da categoria dos *shi*[28], posição social intermédia que explica, pelo menos em parte, sua liberdade de pensamento e de movimento: iam e vinham de um Estado para outro, ofereciam seus serviços a todo soberano que quisesse empregá-los, ou, pelo contrário, retiravam-se da sociedade para viver como ermitões. Em contraposição, Han Fei, por causa de seus laços familiares, permaneceu até o fim leal ao soberano de Han, embora ameaçado cada vez mais por Qin, seu vizinho imediato ao oeste.

Han Fei teve como mestre Xunzi, de quem falamos no capítulo precedente, e como condiscípulo Li Si, que iria tornar-se primeiro-ministro de Qin e artífice da unificação do império[29]. Quando foi enviado como embaixador de Han junto ao futuro Primeiro Imperador da China, então soberano bem jovem que subira ao trono de Qin em 246 a.C., foi acolhido por Li Si, que, por causa de calúnias, mandou prendê-lo e obrigou-o ao suicídio em 233 a.C. Ironia trágica a condenação de Han Fei por um antigo condiscípulo, que iria unificar o império sobre a base das próprias idéias dele! Mas morrer de morte violenta, condenado por leis que a própria pessoa promulgou, parece ser um traço característico do destino dos legistas: Shang Yang morrera esquartejado em 339 a.C. O próprio Li Si acabou cortado ao meio em 208 a.C.

9. Os legistas

Foi por ser gago e ter "a dicção difícil" – deficiência muito grave numa época em que a eloqüência e a retórica figuravam entre as armas políticas mais eficazes – que Han Fei teria preferido escrever, o que nos rendeu uma obra de discurso burilado e lapidado como um diamante. Assim como o *Xunzi*, o *Han Feizi* apresenta-se sob a forma de capítulos, em número de 55, tratando cada um de um tema preciso de maneira bem organizada. O livro apresenta uma visão de conjunto das idéias e das noções-chave que retornam, com diversos graus de importância, na literatura legista e das quais faz uma síntese, dando-lhes um fundamento filosófico tomado do *Laozi*. Han Fei tinha, com efeito, "uma predileção pelo estudo das formas e dos nomes (*xingming* 刑名), da lei (*fa* 法) e das técnicas políticas (*shu* 術); mas a fonte última de seu pensamento encontra-se em Huang e Lao"[30]. "Huang" designa Huangdi, o mítico Imperador Amarelo, ao qual se refere a tradição taoísta, e "Lao" está em lugar de Lao-tse[31].

Esta curiosa combinação de uma teoria política autoritária com o pensamento do Tao não é, portanto, tão paradoxal como parece: já notamos o preconceito de amoralidade comum ao taoísmo e ao legismo, com a diferença de que o primeiro recusa toda coação – de que, segundo ele, a moral é uma forma – ao passo que o segundo serve-se da amoralidade para justificar o uso da força. Ora, o discurso legista, particularmente o de Han Fei, realiza uma proeza e ao mesmo tempo uma espécie de prestidigitação magistral: apagar esta diferença praticando "a desnaturação mais completa da fraseologia taoísta sobre a natureza"[32].

Nos capítulos 20 e 21, intitulados respectivamente "Explicação" e "Ilustração do *Laozi*", o *Han Feizi* propõe uma leitura legista ao mesmo tempo que o primeiríssimo comentário conhecido deste texto. A noção central de lei está apresentada aqui de forma pura e simples em termos de Tao: "A lei penal nada mais faz do que concorrer para a ordem do universo; ela é a razão natural (*LI* 理) concretizando-se em direito criminal ao contato com a sociedade"[33]. Vemos aqui Han Fei retomar por própria conta um pressuposto comum a todas as formas de pensamento da antiguidade chinesa, o de continuidade – e mesmo identidade – entre ordem natural e ordem humana. Mas, fazendo isso, ele inverte a visão taoísta do Homem em harmonia com o Céu, ajustando a ordem natural às exigências da ordem humana.

Assim as metáforas do compasso, do esquadro, da balança e do fio-de-prumo, onipresentes no discurso legista mas exemplos de perversão da natureza aos olhos de um Chuang-tse, tornam-se no *Han Feizi* os garantes da sobreposição da ordem natural à ordem sociopolítica. A instrumentalidade chega assim a caracterizar o próprio Tao. À imagem da balança, o Tao que engloba todos os contrários é perfeitamente indiferente e neutro em relação aos projetos humanos, cujo êxito ou fracasso depende inteiramente da maneira como utilizamos seus princípios intrínsecos. Inversamente, assim como o Tao, o instrumento de medida ou de referência regula por si mesmo. Não há qualquer necessidade de intervenção humana, com tudo o que ela pode comportar de subjetivo, de afetivo, de moralizante. A ordem perfeita é conseguida quando todas as coisas por si mesmas vêm alinhar-se pelo fio-de-prumo. Então não há necessidade de agir ou de intervir. Assim o *Guanzi* pode unir "não-agir" taoísta e "técnica" legista num termo que fará sucesso nos textos e nas práticas taoístas posteriores:

> O Tao do não-agir consiste em seguir (*yin* 因). Seguir é nada acrescentar, nada suprimir. Seguir a forma de alguma coisa para dar-lhe um nome, esta é a técnica do seguir[34].

Assim como a lei é descrita em termos de Tao, o soberano legista assume os traços do Santo taoísta, estando o primeiro acima das leis exatamente como o segundo se situa acima das distinções convencionais. À maneira do Santo que se retira do mundo, o príncipe subtrai-se aos olhares atrás de biombos e se retira para o mais profundo de seus palácios a fim de preservar todo o mistério que deve cercar a fonte do poder. Assim como o Santo, o príncipe pratica o não-agir, entendido como eficá-

9. Os legistas

cia absoluta – aquela que não precisa agir: enquanto força de todo poder, ele não tem necessidade de exercê-lo. Prova disto é o seguinte poema do *Han Feizi*, cuja própria forma, ritmada e rimada, não deixa de lembrar a do *Laozi*:

> O poder não lucra sendo exibido,
> Pois é puro não-agir.
> A atividade se estende aos quatro orientes.
> Mas a chave está no centro.
> O Santo detém a chave:
> A ele aproveita a atividade dos quatro orientes.
> Vazio, ele aguarda:
> Espontaneamente todos trabalham para ele.
> Nele, todo o universo entre os Quatro Mares
> Dirigindo o Yin para manifestar o Yang.
> À sua esquerda e à sua direita, todos prontos a servi-lo.
> Sua porta está aberta: tudo lhe convém.
> Ele nada tem a mudar, nada a modificar.
> Basta-lhe marchar com os dois manípulos,
> Com um passo que nunca acaba,
> Pois é a própria razão das coisas (*LI* 理) que ele segue.
> Cada coisa tem sua função,
> Cada matéria sua aplicação.
> Quando cada um está em seu lugar
> De cima para baixo age o não-agir:
> O galo espera a aurora,
> A doninha caça os ratos.
> A cada aptidão seu emprego,
> Ao príncipe absolutamente nada.
> Caso mostre o que sabe fazer,
> Os negócios não irão melhor.
> Caso se vanglorie de suas competências,
> Procurarão enganá-lo.
> Caso se mostre brilhante e indulgente,
> Tirarão proveito disto.
> Desde que príncipe e súditos invertem seus papéis,
> O Estado não conhece mais ordem nem paz[35].

Notas do capítulo 9

1. Cf. Léon VANDERMEERSCH, *La Formation du légisme. Recherches sur la constitution d'une philosophie politique caractéristique de la Chine ancienne*, Paris, École française d'Extrême-Orient, 1965.

2. Cf. *Analectos* III,22; XIV,10, 17 e 18. Para a interpretação das virtudes confucianas como tendo sua fonte na lei, cf. *Guanzi* 45, ed. ZZJC, p. 256: "O que chamamos humanidade, senso do justo, ritos e música, tudo isso procede da lei". Para uma tradução inglesa do *Guanzi*, cf. W. Allyn RICKETT, *Guanzi. Political, Economic and Philosophical Essays from Early China*, Princeton University Press, 2 vols., 1985 e 1988. Sobre o *Guanzi* cf. também abaixo cap. 10, p. 282.

3. Cf. Herrlee G. CREEL, *Shen Pu-hai: A Chinese Political Philosopher of the 4th Century B.C.*, University of Chicago Press, 1974.

4. Para uma tradução francesa do *Shangjun shu*, cf. Jean LEVI, *Le Livre du prince Shang*, Paris, Flammarion, 1981. Cf. também a tradução ao inglês de J.J.L. DUYVENDAK, *The Book of Lord Shang*, Londres, Probsthain, 1928.

5. Sobre a academia Jixia cf. acima cap. 8 nota 3. Para uma tradução ao inglês do *Shenzi*, cf. Paul M. THOMPSON, *The Shen Tzu Fragments*, Oxford University Press, 1979.

6. Para uma tradução ao inglês, cf. W.K. LIAO, *The Complete Works of Han Fei Tzu. A Classic of Chinese Political Science*, 2 vols., Londres, Probsthain, 1959. Existe uma tradução recente para o francês feita por Jean LEVI, *Han-Fei-tse ou le Tao du Prince*, Éd. du Seuil, 1999. Cf também os estudos de WANG Hsiao-po e Leo S. CHANG, *The Philosophical Foundations of Han Fei's Political Theory*, Honolulu, University of Hawaii Press, 1986; e Bertil LUNDAHL, *Han Fei Zi: the Man and the Work*, Estocolmo, Institute of Oriental Languages, 1992.

7. *Shangjun shu* (*Livro do príncipe Shang*), cap. 3, ed. ZZJC p. 5.

8. *Xunzi* 6, ed. ZZJC, p. 59. Zisi é o neto de Confúcio.

9. *Han Feizi* 49, ed. ZZJC, p. 339.

10. *Shangjun shu* 1, p. 2.

11. *Shangjun shu* 7, p. 15-16.

12. *Han Feizi* 49, p. 339-341.

13. Cf. François JULLIEN, *La Propension des choses. Pour une histoire de l'efficacité en Chine*, Paris, Éd. du Seuil, 1992, p. 41-42.

14. Lembremos que a unificação dos pesos e medidas foi uma das primeiras decisões tomadas por Qin Shihuang para unificar o império.

9. Os legistas

15. *Guanzi* 67, p. 346.

16. *Han Feizi* 46, p. 320.

17. *Liji* (*Tratado dos Ritos*), cap. 1, *Quli*, tradução Séraphin COUVREUR, *Mémoires sur les bienséances et les cérémonies*, reed. em 2 vols., Paris, Cathasia, 1950, t. I, p. 53.

18. *Shangjun shu* 17, p. 29.

19. *Shangjun shu*, tradução de Jean LEVI, *Le Livre du prince Shang*, p. 107.

20. *Ibid.*, p. 170.

21. Esta noção é tratada na obra (citada na nota 13) de François JULLIEN, que a traduz por "propensão".

22. *Han Feizi* 40, p. 239-300.

23. *Han Feizi* 43, p. 304.

24. Cf., a este respeito, H.G. CREEL, "The Meaning of Hsing-ming", em *What is Taoism? And Other Studies in Chinese Cultural History*, University of Chicago Press, 1970, p. 79-91. A interpretação de Creel é submetida à discussão em John MAKEHAM, *Name and Actuality in Early Chinese Thought*, Albany, State University of New York Press, 1994, p, 69s (cf. também p. 166-169 sobre a grafia de *xing* 刑).

25. *Han Feizi* 7, p. 28. O marquês Zhao de Han é o soberano a quem Shen Buhai servia.

26. Jean Levi dá uma imagem terrificante e desmonta habilmente os mecanismos daquilo que ela chama de "pensamento axadrezado" dos Reinos Combatentes, de um cinismo e de uma brutalidade quase inimagináveis, cf. *Les Fonctionnaires divins*, Paris, Éd. du Seuil, 1989.

27. Cf. a biografia de Han Fei em *Shiji* (*Memórias históricas*) 63, p. 2146. Han era uma pequena vassalidade da China do Norte, que se tornou reino de pleno direito no momento da divisão de Jin em três Estados distintos: Han, Wei e Zhao. A divisão foi reconhecida oficialmente pelos Zhou em 403 a.C., data que para alguns historiadores marca o início dos Reinos Combatentes.

28. Sobre os *shi* cf. cap. 2 nota 4, cap. 3 nota 4, cap. 6, "O homem de bem diante do príncipe" e cap. 8, "Retrato de um confuciano no fim do mundo".

29. Cf. Derk BODDE, *China's First Unifier: A Study of the Ch'in Dynasty as Seen in the Life of Li Ssu (280?-208 B.C.)*, Leiden, Brill, 1938.

30. *Shiji* (*Memórias históricas*) 63, p. 2146. Note-se que Sima Qian achou por bem agrupar neste mesmo capítulo as biografias de quatro grandes nomes do taoísmo e do legismo: Lao-tse, Chuang-tse, Shen Bu-hai e Han Feizi.

31. Na época em que Sima Qian fala, bem no início da dinastia Han (séc. II a.C.), época que, após a unificação do mundo chinês por Qin, inaugura a era imperial, o *Laozi* é conhecido e interpretado no quadro da corrente "Huang-Lao" então predominante, cf. início do cap. 12.

32. Cf. Jean LEVI, *Les fonctionnaires divins*, p. 114.

33. *Ibid.*, p. 115.

34. *Guanzi* 36, p. 221.

35. *Han Feizi* 8, p. 30.

10
O pensamento cosmológico

Correntes de pensamento da natureza

As primeiras escolas filosóficas da China antiga, a confuciana e a moísta, procuravam definir valores sobrepondo ao mundo natural modos de interpretação humanista como o ritualismo estético e o utilitarismo racionalista. Desde que os ritos, que haviam informado todo o pensamento antigo, se desagregam ao mesmo tempo que as instituições dos Zhou, a referência ao curso natural das coisas torna-se preponderante, possibilitando a formulação sistematizada de um pensamento cosmológico. Sob os Reinos Combatentes formam-se diversas correntes de pensamento, que têm como terreno comum procurar na natureza a fonte de toda sabedoria, a começar pelo taoísmo "primitivo" do *Zhuangzi* e, até certo ponto, do *Laozi*. É particularmente em função de um novo modelo de autoridade que se elabora uma cosmologia que aparece como a sanção natural da ordem política[1].

Semelhante projeto encontra uma ilustração no *Lüshi Chunqiu* (*Primaveras e Outonos do senhor Lü*), obra coletiva e sintética compilada no Estado de Qin por volta de 241-235 a.C. por conta de Lü Buwei, ministro do futuro Primeiro Imperador[2]. Esta compilação, representativa da vontade de síntese predominante às vésperas e na aurora do império, compreende uma série de capítulos que trariam a marca de Yang Zhu, pensador comumente considerado "prototaoísta", do qual não restou nenhum escrito[3]. Estes capítulos chamados "yanguistas" exaltam a preservação da integridade física como ponto de ancoragem do natural, preconizando "conservar sua vida ou sua natureza intacta" – o que os taoístas chamarão "preservar o princípio vital" nem que seja em detrimento do senso moral. Semelhante idéia só podia atrair sobre Yang Zhu a ira de Mêncio, que não hesita em apresentá-lo como sua "sombra negra" da mesma forma que Mo-tse[4].

Aproximadamente na mesma época do *Lüshi Chunqiu*, na outra extremidade da China, no Estado de Qi, era compilada uma outra obra de caráter sincrético, o *Guanzi*, na qual figura igualmente uma série de capítulos[5] que apresentam um programa de preservação do eu físico concebido como extensão da ordem cósmica: o quietismo, a supressão dos desejos e a estrita disciplina das atividades do corpo como, por exemplo, a alimentação constituem o caminho de acesso ao grande sopro cósmico e, com isso, ao controle da realidade material. Estes textos atestam a existência de um pensamento que alguns gostam de qualificar como "materialista" e que foi provavelmente elaborado nos círculos da academia Jixia de Qi[6].

Uma forma mais completa – e mais conhecida – deste "materialismo de Jixia" encontra-se no naturalismo Yin/Yang, associado à figura ao mesmo tempo obscura e célebre de Zou Yan. Graças às poucas informações fornecidas no capítulo 74 das *Memórias históricas*, sabemos que ele foi um personagem importante na academia Jixia entre as épocas de Mêncio e de Xunzi, por volta de 300 a.C. Mesmo que brotadas de meios marginais, exteriores às escolas filosóficas dos Reinos Combatentes, parece que as idéias de Zou Yan se impuseram graças ao interesse mostrado por certos soberanos, a começar pelo Primeiro Imperador. O historiador Sima Qian sublinha o elo entre o naturalismo cosmológico de Zou Yan e as práticas visando a imortalidade próprias dos meios dos *fangshi* 方士, designação genérica que agrupa todos os que "se dedicavam à astrologia, à medicina, à adivinhação, à magia, à geomancia, bem como aos métodos de longevidade e aos arroubos extáticos. Ideologicamente muito próximos da escola do Yin/Yang e das Cinco Fases, eram geralmente indagadores solitários que procuravam encontrar leis nos fenômenos naturais; eram os de-

10. O pensamento cosmológico

tentores de um saber paralelo transmitido de mestre a discípulo, ora ao pé do ouvido, ora mediante escritos secretos"[7]. Estes especialistas de artes e de técnicas mais ou menos ocultas eram na maioria originários de Qi e de Yan, estados costeiros do Nordeste da China, onde predominavam as especulações a respeito do sobrenatural, em contraste com a cultura ritualista de Lu, pátria de Confúcio:

> Eles praticavam artes visando atingir uma imortalidade mágica, que faria seu corpo evadir-se para ser dissolvido e transformado, apoiando-se para isso em seus cultos aos espíritos divinos. Zou Yan, com suas teorias sobre o Yin e o Yang, gozava de grande fama entre os senhores feudais. E os *fangshi* que viviam ao longo das costas de Qi e de Yan transmitiam sua arte, sem ser capazes de compreendê-la[8].

No começo era o *qi*

A origem da palavra *qi* 氣 permanece misteriosa, sendo que nenhuma grafia que pudesse corresponder ao seu significado atual pôde ser identificada com certeza nas inscrições Shang ou Zhou. O caractere em uso hoje parece simbolizar vapor elevando-se acima do arroz que está sendo cozido. Como em outras civilizações[9], o *qi* aparece fundamentalmente como o sopro da vida, que, na visão chinesa, tem como característica operar e circular segundo um ritmo binário: inspiração/expiração e, a prazo mais longo, condensação no nascimento/dissolução na morte.

Todavia, mais ainda do que o sopro que anima os seres vivos, o *qi* é o princípio de realidade único e uno que dá forma a todas as coisas e a todos os seres no universo, o que implica que não existe delimitação entre os seres humanos e o resto do mundo: "O universo se autocria perpetuamente numa evolução constante (uma de suas denominações é 'as dez mil transformações'), em perpétua gênese e perpétuo devir, a partir de um material único, o Sopro (ou energia) primordial (*yuanqi* 元氣), que não é nem matéria nem espírito"[10]. Cada coisa nada mais é do que um aspecto e um estado de maior ou menor condensação. Como diz Chuang-tse, "o homem deve a vida a uma condensação de *qi*. Enquanto ele se condensa, é a vida; mas, logo que se dispersa, é a morte"[11], ou seja, o retorno ao estado de potencialidade indefinida.

Com efeito, o *qi* "não é uma substância que teria uma existência determinável, fora das formas que ela assume. [...] Temos assim, por um lado, a energia que, sem lhes ser exterior, é distinta das formas concretas, enquanto é sua fonte, ou seja, a potencialidade indefinida e infinita, e enquanto permanece quando estas formas concretas desaparecem, e, por outro, as formas assumidas por esta energia, que nada mais são do que ela própria. Em razão dessa dupla possibilidade de parar numa forma e de ultrapassá-la, este *qi* 'informa (à maneira do oleiro) e transforma' (*zaohua* 造化) todas as coisas, numa operação de duas caras [...], já que define a forma definitiva, mas também muda-a constantemente"[12].

Como vimos a propósito da fisiologia moral de Mêncio, não existe delimitação entre saúde física, que é plenitude e integridade do *qi* tal qual nós o recebemos no nascimento, e saúde moral: cultivando nosso *qi*, trabalhamos em nossa cultura moral pessoal, e o Santo é aquele que sabe manter uma perfeita integridade tanto física quanto moral. Fazendo sua a idéia de que o corpo vivo resulta da condensação do sopro vital, a medicina chinesa aplicou-se desde o início a observar-lhe o funcionamento. Ela faz, particularmente, a distinção entre o "sopro íntegro" (*zhengqi* 正氣), que, estando em harmonia com o sopro primordial, é garantia de saúde, e os "sopros viciados" (*xieqi* 邪氣), que, introduzindo desequilíbrios no organismo, provocam a doença.

Yin e Yang

Todas as correntes que acabamos de descrever caracterizam-se por sua comum busca de uma relação entre o homem

10. O pensamento cosmológico

e o cosmos. Poderíamos ver nelas uma "antropo-cosmologia", ou seja, uma forma de pensamento correlativa que emprega relações de analogia entre o Céu e o Homem. Na classificação efetuada no séc. II a.C. por Sima Qian em suas *Memórias históricas*, ela é designada como "a escola do Yin/Yang e das Cinco Fases" (*yinyang wuxing jia* 陰陽五行家), etiqueta colada *a posteriori*, que agrupa duas noções, inicialmente distintas, cuja origem exata permanece mal conhecida[13]. No *Comentário de Zuo*, do séc. IV a.C., um sábio médico fala de "seis sopros (*qi*) celestes":

> Os seis sopros são Yin (sombra) e Yang (sol), vento e chuva, obscuridade e luz. Distinguem-se em quatro estações e ordenam-se em cinco articulações [do ano][14].

A complementaridade do Yin e do Yang remonta sem dúvida a um fundo bem antigo, mas só relativamente tarde encontra uma formulação explícita nos textos. Assim como o *Comentário de Zuo*, o *Livro das Odes* ainda não apresenta Yin e Yang como associados numa noção abstrata de dualidade, mas como designando fenômenos concretos, resultados da observação empírica: a alternância do dia e da noite, do verão e do inverno, do calor e do frio etc. O Yang (cuja grafia 陽 contém o elemento "sol" 日) representa a luz, o brilho solar, a encosta ensolarada de uma montanha ou o sol saindo das nuvens, em oposição ao Yin (陰, escrito com o elemento "nuvem" 云), que evoca a sombra, a encosta fria e úmida da montanha ou o sol escondendo-se nas nuvens.

Apenas sob os Reinos Combatentes, nos séc. IV-III a.C., é que Yin e Yang começam a ser percebidos como os dois sopros primordiais ou princípios cósmicos que, por sua alternância e sua interação, presidem ao surgimento e à evolução do universo. No famoso capítulo 42 do *Laozi*, onde se diz que "o Tao gera o Um, o Um gera o Dois, o Dois gera o Três, o Três gera as dez mil coisas", o Dois nascido da unidade do Tao é compreendido como a dualidade dos sopros Yin e Yang saídos da unidade do sopro original[15]. Yin e Yang representam, portanto, "o princípio da diferença que cria atração, bem como do devir e da multiplicidade que eles produzem por suas combinações; mas também, pela correlação estreita que os une, são as testemunhas da Unidade de fundo subjacente ao mundo"[16]. Na mesma época, o *Grande comentário* do *Livro das Mutações* resume assim a alternância destes dois princípios: "Um Yin, um Yang, assim é o Tao"[17]. O Yang, princípio dinâmico, e o Yin, princípio de repouso, alternam-se numa "fórmula rítmica do regime da vida", para retomar a expressão de Marcel Granet, que observa que "em vez de constatar sucessões de fenômenos, os chineses registram alternâncias de aspecto"[18].

O ritmo binário Yin/Yang é o ritmo fundamental que anima o princípio vital: o *qi* que se move, se abre, se estende é Yang; quando retorna à quietude e se dobra sobre si mesmo, ele é Yin. Quando um ser vem à existência, seu *qi* move-se para o exterior em sua fase Yang, depois estabiliza-se na fase de recolhimento Yin para fixar-se numa forma duradoura. Em outras palavras, Yin e Yang não designam duas forças opostas que se aplicariam ao *qi* concebido como matéria inerte, uma pondo-a em movimento e a outra em repouso, mas são duas fases do *qi* constantemente em circulação, em expansão/contração. Wang Chong, um autor dos Han do séc. I d.C., ilustra da seguinte forma este duplo processo:

> Em pleno inverno, é o *qi* gelado que prevalece e a água se condensa em gelo. Na primavera, o *qi* fica morno e o gelo derrete-se em água. A vida do homem entre Céu e Terra é à imagem do gelo: os *qi* Yin e Yang coagulam-se num ser humano que, chegado ao fim de seus dias, morre para tornar-se novamente *qi* indiferenciado[19].

O par Yin/Yang, tornado assim protótipo de toda dualidade, pode servir de paradigma para todos os pares (Céu/Terra, em cima/embaixo, parte da frente/parte de trás, masculino/feminino etc.). Embora de naturezas contrárias, Yin e Yang são ao mesmo tempo solidários e complementares: um não pode agir sem o outro, o declínio de um significando ao

10. O pensamento cosmológico

mesmo tempo o desenvolvimento do outro. Nisto a dualidade do Yin e do Yang é a característica por excelência do pensamento chinês, que gosta de conceber os contrários como complementares e não como mutuamente excludentes. Mesmo colocado em posição de superioridade, o Yang não exclui o Yin da maneira como o bem exclui o mal, a verdade exclui o erro ou o absoluto exclui o relativo.

As Cinco Fases

Aos "seis sopros celestes" mencionados pelo *Comentário de Zuo* correspondem os "cinco agentes" (*wuxing* 五行) enumerados no "Grande Plano" do *Livro dos Documentos*:

> Os cinco agentes são: água, fogo, madeira, metal, terra. Está na natureza da água molhar e correr para baixo; na do fogo queimar e elevar-se aos ares; na da madeira ser curvada e endireitada; na do metal ser maleável e aceitar a forma que se lhe dá; na da terra prestar-se ao cultivo e à colheita. A água que molha e corre para baixo torna-se salgada; o fogo que queima e se eleva torna-se amargo; a madeira, curvada e endireitada, torna-se ácida; o metal, que muda de forma em sua maleabilidade, torna-se acre; a terra, sendo cultivada, adquire um sabor doce[20].

A tradução convencionalmente adotada de *wuxing* por "Cinco Elementos" apresenta de início o inconveniente de não explicar o aspecto dinâmico da palavra *xing* 行 ("andar", "ir", "agir"). Além disso, nela não há nada de comum com os quatro elementos ou raízes (*rhizomata*), constitutivos do universo – fogo, céu, terra e ar – discernidos por Empédocles no séc. V a.C.: os "Cinco Agentes" não são o resultado de uma análise, mas parece terem sido encarados originariamente sob um ângulo essencialmente funcional, mais como processos do que como substâncias[21].

Pelo fim dos Reinos Combatentes, no séc. III, a alternância dos dois sopros primordiais Yin e Yang encontra-se combinada com os *wuxing* percebidos como cinco fases ou porções de tempo (dia, estação, ano, dinastia) correspondendo a qualidades determinadas que se sucedem ciclicamente em pontos de referência fixados no espaço. Podemos representar esta combinação pelo esquema seguinte:

YANG CRESCENTE		DÁ LUGAR A	YIN CRESCENTE	
Madeira	Fogo	Terra	Metal	Água
primavera	verão	transição	outono	inverno
leste	sul	centro	oeste	norte
verde	vermelho	amarelo	branco	preto

Na passagem dos *wuxing* de seu sentido funcional para uma representação cíclica, a figura de Zou Yan, evocada acima, parece ter desempenhado um papel decisivo através da elaboração de toda uma cosmologia fundada na interação do Yin e do Yang e na sucessão daquilo que ele chama de as "Cinco Virtudes (ou Potências)" (*wude* 五德). O *Lüshi Chunqiu* (*Primaveras e Outonos do senhor Lü*) apresenta o ciclo em correlação com o destino histórico das dinastias:

> Cada vez que um imperador ou um rei está prestes a aceder ao trono, o Céu nunca deixa de fazer aparecer primeiro um sinal de bom augúrio ao povo aqui embaixo.
>
> Quando da acessão do Imperador Amarelo, o Céu fez aparecer formigas e minhocas gigantes. O Imperador Amarelo disse: "É a energia da Terra que prevalece". Por conseguinte, privilegiou a cor amarela e concentrou suas atividades na terra.
>
> Quando da acessão de Yu (fundador da dinastia Xia), o Céu fez aparecer plantas e árvores que não morriam no outono e no inverno. Yu disse: "É a

10. O pensamento cosmológico

energia da Madeira que prevalece". Por conseguinte, privilegiou a cor verde e concentrou suas atividades na madeira.

Quando da acessão de Tang (fundador da dinastia Shang), o Céu fez aparecer lâminas de metal que surgiram da água. Tang disse: "É a energia do Metal que prevalece". Por conseguinte, privilegiou a cor branca e concentrou suas atividades no metal.

Quando da acessão do rei Wen (fundador da dinastia Zhou), o Céu fez aparecer primeiro fogo: pássaros vermelhos trazendo no bico escritos de cinabre vieram pousar sobre o altar dos Zhou. O Rei Wen disse: "É a energia do Fogo que prevalece". Por conseguinte, privilegiou a cor vermelha e concentrou suas atividades no fogo.

Ao fogo sucederá necessariamente a Água. O Céu fará aparecer a predominância da energia da Água. Por conseguinte, convirá privilegiar a cor preta e concentrar suas atividades na água. Ninguém sabe quando virá o reinado da Água, mas quando esta fase chegar ao fim, dará novamente lugar à Terra[22].

As Cinco Fases são apresentadas aqui num ciclo de conquista em que a terra é trabalhada pela madeira do arado, o arado é cortado pelo metal do machado, o metal é fundido pelo fogo, o fogo é apagado pela água e a água é represada pela terra. De maneira análoga, segundo um esquema que vale primeiramente por seu alcance político, uma dinastia é suplantada por outra quando seu poder ou "virtude" se esgota. Desde 221 a.C., ao mesmo tempo que se atribui o título de "Primeiro Augusto Imperador"[23], o soberano de Qin preocupa-se em integrar seu reino na continuidade de um ciclo dinástico traduzido em termos cosmológicos. Assim sua maneira repressiva de governar, fortemente inspirada nas idéias legistas, encontra uma justificação na "ascensão da potência da Água", cúmulo do Yin, que se manifesta politicamente por um regime de punições, em oposição aos valores Yang de humanidade e de benevolência:

> O Primeiro Imperador apresentou a teoria do ciclo das Cinco Potências, segundo a qual Zhou havia detido a potência do Fogo. Já que Qin havia suplantado Zhou e que [cada potência] sucede àquela que ela não pode conquistar, eis que começava a vigorar a potência da Água. Mudou o calendário [...], escolheu o preto como cor das vestes, bandeiras e estandartes, e designou o seis como número de base: os sinetes e os gorros oficiais mediam todos seis polegadas, as carruagens seis pés. O duplo passo era de seis pés, e as equipagens de seis cavalos. O rio Amarelo foi rebatizado com o nome de "rio cuja potência é a água", a fim de saudar a ascensão da potência da Água. Com força, dureza e extrema severidade, todas as coisas eram resolvidas pelas leis. É pelo castigo e pela repressão, pela recusa de toda humanidade e benevolência, de todo espírito de conciliação e de justiça que devia ser alcançada a conformidade com a posição numérica atribuída na sucessão das Cinco Potências. A conseqüência foi uma aplicação estrita e implacável das leis[24].

A aplicação do ciclo dos Cinco Agentes (ou Fases) à sucessão das dinastias encontra-se concretizada aqui pela primeira vez. O tema político devia permanecer, sob os Han, no centro da sistematização dos esquemas cosmológicos e da elaboração da noção de soberania imperial. Com a unificação do império, tornava-se de fato indispensável dominar este novo formalismo para ter uma chance de ser ouvido na corte: foi a partir disto que a cosmologia correlativa foi realmente integrada em cada corrente de pensamento, que não podia mais permitir-se ignorá-la.

Espaço e tempo cosmológicos

O *Lüshi Chunqiu* contém capítulos onde se combinam a concepção cosmológica e sua implicação política sob a forma

10. O pensamento cosmológico

de um calendário que regulamenta a conduta do soberano ao longo do ano e que se encontra novamente nos "mandamentos mensais" do *Tratado dos Ritos*. Essas disposições assumem um caráter eminentemente ritual e cosmológico, já que são ritmadas no tempo pela sucessão dos meses e das estações, que se traduz no espaço pela deambulação do Filho do Céu através das salas do Palácio das Luzes de que se falará mais adiante. Eis, a título de exemplo, os "mandamentos" para o primeiro mês do ano:

> No primeiro mês da primavera, o sol está em Pégaso. À noite, Orion está no meio de seu curso; de manhã é a cauda [do Escorpião]. Os dias mais propícios são os dias *jia* e *yi*. Reina então em posição de Soberano do alto Tai Hao (ou seja, o Soberano verde) com a assistência de Goumang.
>
> A espécie zoológica que domina é a dos escamíferos. A nota do tom que domina é *jue*; o tubo sonoro conveniente é o *taicu*. O número apropriado é o 8. O sabor apropriado é o ácido. O odor apropriado é o rançoso. O culto dos espíritos da casa dirige-se então ao espírito da porta. Por ocasião dos sacrifícios, o baço é tomado como porção melhor.
>
> O vento do leste provoca o degelo. As espécies zoológicas em hibernação começam a acordar da letargia. Os peixes afloram novamente à superfície sob o gelo. As lontras fazem oferendas de peixe. Os gansos selvagens, grandes e pequenos, retornam.
>
> O Filho do Céu permanece na sala adjacente da esquerda [do Palácio das Luzes] do jovem Yang. Sobe na carruagem com guizos, que está atrelada aos cavalos chamados "dragões azulados" e que traz o estandarte verde. Está vestido de verde e traz [no gorro e à cintura] berloques de jade azulado. Alimenta-se de trigo e carne de carneiro. Os utensílios de que se serve são cinzelados com motivos de brotos de legumes. [...]

> Neste mês o Filho do Céu, no dia propício, dirige uma prece ao Soberano do alto pedindo uma boa colheita. Escolhe-se um dia favorável em que o próprio Filho do Céu carrega o arado; coloca-o no carro de um oficial que traz a couraça. Acompanhado pelos Três duques e os Nove ministros, pelos vassalos e os oficiais domésticos, lavra pessoalmente o campo do Soberano do alto. [...]
>
> Neste mês, os sopros do Céu descem, os da Terra sobem. Céu e Terra estão em harmonia, plantas e árvores cobrem-se de botões. O rei ordena a organização dos trabalhos agrícolas. [...]
>
> É proibido derrubar as árvores. Evita-se deitar ao chão os ninhos, matar os filhotes dos animais, os embriões no ventre das fêmeas, e os filhotes dos passarinhos começam a voar. Poupa-se os filhotes de animais e os ovos[25].

O comportamento ritualizado prescrito nos menores detalhes por estes "mandamentos mensais" transmite a visão de um universo que, desde o curso dos astros até aos trabalhos da terra, desde o Filho do Céu até ao povo simples, equilibra-se por si mesmo, sem intervenção especial, e que, por mais confuciano que seja, não deixa de evocar o não-agir taoísta.

O esforço de sistematização cosmológica associado a Zou Yan tende a integrar num esquema único o par do Yin e do Yang, paradigma de todos os outros, e a sucessão das Cinco Fases transformada em matriz de todas as séries de cinco (ou de quatro com a adição de um elemento central)[26]. Foi sem dúvida por causa de sua combinação com as quatro estações que o ciclo das Cinco Fases, inicialmente de conquista, transformou-se, com o advento da dinastia Han, num ciclo mais pacífico de geração[27]:

10. O pensamento cosmológico

CICLO ORIGINAL DE CONQUISTA	CICLO DE GERAÇÃO
Terra (represa a água)	Madeira (pega fogo)
Madeira (lavra a terra)	Fogo (reduz-se a cinzas)
Metal (corta a madeira)	Terra (produz os metais)
Fogo (funde o metal)	Metal (liqüefaz-se na fundição)
Água (apaga o fogo)	Água (nutre a madeira)

Mesmo que os dois ciclos pareçam por natureza incompatíveis, é notável que o de geração possa imbricar-se de forma sistemática no de conquista, cada fase gerando o predecessor imediato da fase que ela conquista, ou, segundo a fórmula das *Memórias históricas*, cada fase sucedendo àquela que ela não pode conquistar[28].

Na base da série das Cinco Fases dispostas em ciclo de geração encontra-se, portanto, a relação temporal das quatro estações, acompanhada da relação espacial dos quatro orientes ou pontos cardeais. Estas quatro balizas fazem referência às posições do sol em seu ciclo recorrente ao mesmo tempo no espaço e no tempo:

        sul
      verão
  (grande Yang)

leste   oeste
primavera   centro   outono
(jovem Yang)   (jovem Yin)

       norte
     inverno
 (grande Yin)

Esta dupla quadratura espácio-temporal é ilustrada no arranjo do mundo feito pelo imperador mítico Yao, como o descreve o *Livro dos Documentos*:

> Então [após ter unificado o mundo, o imperador Yao] ordenou a Xi e a He que, respeitando o vasto céu, calculassem segundo um calendário e determinassem a forma dos movimentos do sol, da lua e das estrelas, para dispensar piedosamente o tempo aos homens.
>
> Ordenou especialmente ao jovem aprendiz Xi que se instalasse entre os Yuyi, no lugar chamado Vale luminoso, para ali acolher respeitosamente o sol nascente e determinar os trabalhos do Leste. Pela média da duração dos dias e pela estrela do Pássaro obtém-se exatamente o meio da primavera. O povo se dispersa então pelos campos; os pássaros e os animais se reproduzem.
>
> Continuou ordenando a Xi, o benjamim, que se instalasse entre os Nanjiao, para determinar as mudanças do Sul e manifestar seu respeito ao sol no solstício. Pelo mais longo dos dias e pela estrela do Fogo calcula-se exatamente o meio do verão. O povo então prossegue [os esforços que começou na primavera]; os pássaros e os animais despem-se de sua plumagem e de seus pêlos.
>
> Ordenou especialmente ao jovem aprendiz He que se instalasse no Oeste, no lugar chamado Vale sombrio, para ali despedir respeitosamente do sol poente e determinar os últimos arremates do Oeste. Pela média da duração das noites e pela estrela Xu obtém-se exatamente o meio do outono. O povo então repousa; os pássaros e os animais renovam a plumagem e os pêlos.
>
> Continuou ordenando a He, o benjamim, que se instalasse nas regiões setentrionais, no lugar chamado Capital tenebrosa, para ali examinar as mudanças associadas ao Norte. Pelo mais curto dos dias e

10. O pensamento cosmológico

pela estrela Mao obtém-se exatamente o meio do inverno. O povo então permanece no calor das casas; os pássaros e os animais adquirem uma plumagem e pêlos aveludados.

O imperador diz: "Oh! vós, Xi e He! O ciclo do ano é de trezentos dias, seis décadas e seis dias. Com um mês intercalar, fixai as quatro estações e completai o ano, para arranjar como convém as cem funções e fazer brilhar todas as atividades"[29].

No plano espacial, 4 e 5 combinam-se sem dificuldade, já que às 4 direções vem somar-se o Centro, setorização quinária atestada desde os Shang. Mas, no plano temporal, é mais difícil atribuir um centro na sucessão das quatro estações:

primavera (Madeira) – verão (Fogo) – ? (Terra) – outono (Metal) – inverno (Água)

Daí as soluções, muito engenhosas mas apesar disso artificiais, que consistem em acrescentar uma estação intermediária no final do sexto mês ou um sexto mês desligado do verão para formar uma estação distinta. Todas essas especulações, que podem parecer fúteis e sem fundamento, atestam no entanto uma certa visão do mundo que concebe os próprios números não como entidades fixas, mas como capazes de mutações no quadro de uma combinatória.

O Palácio das Luzes

Assim como se tenta por todos os meios combinar a seqüência das Cinco Fases com a disposição dos quatro orientes, também se tenta de modo mais geral traduzir o espaço em termos de tempo e vice-versa. O quadrado, que desde o séc. II a.C. se impõe como figuração do espaço por excelência, apresenta-se muitas vezes quadriculado num tabuleiro de três casas de cada lado, 9 no total[30]. Desta maneira, o 4, espacial e estático, torna-se gerador do 3 e do 9, números do devir e da mutação:

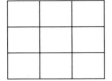

O quadrado com 9 casas, composto de 8 quadrados ao redor de um quadrado central, reproduz a configuração dos 4 orientes ao redor do centro – quatro salas dispostas à maneira de uma cruz grega ao redor de uma sala central – suposta arquitetura do Palácio das Luzes (*mingtang* 明堂), cuja fundação remontaria ao início da dinastia Zhou. Representa o centro, sede da realeza, donde se propaga, como uma luz irradiante, o governo real. Como explica Léon Vandermeersch, o plano do palácio corresponde a uma norma, não jurídica, mas cosmológica: estava "edificado fora do recinto da capital, no subúrbio sul, que [...] o montículo redondo do grande sacrifício solsticial ao Céu marcava como pólo cósmico. Sua cobertura, de colmo, era redonda como a abóbada celeste, enquanto o corpo do edifício era quadrado como a terra. Compunha-se de quatro partes, orientadas para o leste, para o sul, para o oeste e para o norte em torno de um vestíbulo central. [...] Esta construção fora evidentemente calculada por homotetia com a configuração dos principais pólos da espácio-temporalidade, norma formal de todas as formas. [...] Era ali, com efeito, que a cada mês o rei 'era posto ao par da lua nova' antes de notificá-la aos senhores feudais, os quais, por sua vez, proclamavam-lhe o mandato cada um em seu grande templo ancestral. Assim, todos os empreendimentos eram deslanchados de acordo com a lunação nascente. O rei ocupava ritualmente seu lugar, durante toda a duração da lua, na sala correspondente do Palácio das Luzes, onde sua instalação tinha o sentido de presidir à execução das aplicações convenientes da norma cósmica"[31].

A disposição em quadrado ou em cruz grega encontra-se novamente nos misteriosos dispositivos do Diagrama do Rio

10. O pensamento cosmológico

(*Hetu* 河圖) e do Escrito do Luo (*Luoshu* 洛書)[32]. Segundo a literatura apócrifa dos Han, o Diagrama aparecido nas costas de um cavalo-dragão no meio do rio Amarelo é uma figuração dos números 1 a 10, dispostos em 4 quadrados imbricados uns nos outros, estando os números ímpares representados por círculos brancos e os números pares por círculos negros. No centro encontra-se o 5 em forma de cruz grega. Esta está cercada por um quadrado representando o número 10, ao redor do qual estão dispostos 1, 2, 3 e 4. O quadrado externo é formado por 6, 7, 8 e 9, correspondendo respectivamente a 1, 2, 3 e 4. Quanto ao Escrito que teria saído do rio Luo sobre o casco de uma tartaruga, é composto de constelações de 4, 9, 2, 3, 5, 7, 8, 1 e 6 pontos, dispostos num "quadrado mágico", no qual qualquer série de 3 números somados na horizontal, na vertical ou em diagonal dá invariavelmente um total de 15. Todos estes números possuem um forte potencial simbólico na tradição cosmológica chinesa em virtude de suas múltiplas associações, sobretudo com as figuras do *Livro das Mutações*, de que trataremos no capítulo seguinte.

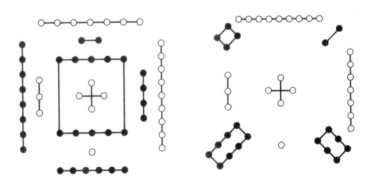

"Diagrama do Rio"   "Escrito do Luo"

Notas do capítulo 10

1. Cf. Mark Edward LEWIS, *Sanctioned Violence in Early China*, Albany, State University of New York Press, 1990; WANG Aihe, *Cosmology and Political Culture in Early China*, Cambridge University Press, 2000.

2. As traduções em línguas européias são as de Richard WILHELM, *Frühling und Herbst des Lü Bu we*, Jena, Diederichs, 1928; Ivan P. KAMENAROVIC, *Printemps et automnes de Lü Buwei*, Cerf, 1998; John KNOBLOCK e Jeffrey RIEGEL, *The Annals of Lü Buwei. A Complete Study and Translation*, Stanford University Press, 2000. Cf. os artigos de Marc KALINOWSKI, "Les justifications historiques du gouvernement idéal dans le *Lüshi Chunqiu*" e "Cosmologie et gouvernement naturel dans le *Lüshi Chunqiu*", *Bulletin de l'École française d'Extrême-Orient* 68 (1980), p. 155-208 e 71 (1982), p. 169-216.

3. Cf. em particular A.C. GRAHAM, *Disputers of the Tao*, p. 170s, cujas teorias sobre o "yanguismo" são contestadas por Robert ENO, *The Confucian Creation of Heaven: Philosophy and the Defense of Ritual Mastery*, Albany, State University of New York Press, 1990.

4. Cf. acima cap. 6, "Uma moralidade fundada na natureza".

5. Trata-se de quatro capítulos (*Guanzi* 36, 37, 38 e 49), dos quais o último, intitulado *Neiye* ("A obra interior"), já foi mencionado no cap. 6 nota 16. Sobre o *Guanzi* cf. cap. 9 nota 2.

6. Cf. acima cap. 8 nota 3.

7. Isabelle ROBINET, *Histoire du taoïsme*, p. 43. Sendo que o termo *fang* 方 significa tanto "arte", "procedimento", "técnica" quanto "direção" ou "região", a expressão *fangshi*, que originalmente talvez designasse exorcismos da época Zhou, poderia muito bem aplicar-se de forma mais geral a especialistas vindos dos quatro orientes, detentores de um saber técnico, mágico ou esotérico. Sobre a escola do Yin/Yang e dos Cinco Agentes, cf. um pouco adiante.

8. *Shiji* (*Memórias históricas*) 28, p. 1369. Os anais do reinado do Primeiro Imperador falam das repetidas mas infrutíferas expedições que ele lançou, aconselhado pelos *fangshi*, em direção às ilhas dos imortais detentores do segredo da imortalidade, cf. *Shiji* 6, p. 247.

9. Cf. U. LIBBRECHT, "Prâna = Pneuma = Chi?", em Wilt L. IDEMA e Erik ZÜRCHER (eds.), *Thought and Law in Qin and Han China: Studies dedicated to Anthony Hulsewé on the occasion of his 80th Birthday*, Leiden, Brill, 1990, p. 42-62.

10. O pensamento cosmológico

10. Isabelle ROBINET, *Histoire du taoïsme*, p. 14. A.C. GRAHAM acredita encontrar a primeira ocorrência conhecida da expressão *yuanqi* ("energia primordial") no *Heguanzi* (*O mestre com a touca de faisão*), texto sincrético datado provavelmente do final do séc. III a.C., cf. "A Neglected Pre-Han Philosophical Text: *Ho-Kuan-Tzu*", *Bulletin of the School of Oriental and African Studies*, 52/3 (1989), p. 497-532, e "The Way and the One in *Ho-kuan-tzu*", em Hans LENK e Gregor PAUL (eds.), *Epistemological Issues in Classical Chinese Philosophy*, Albany, State University of New York Press, 1993, p. 31-43.

11. *Zhuangzi* 22, ed. *Zhuangzi jishi* de GUO Qingfan, ZZJC, p. 320.

12. Isabelle ROBINET, *Histoire du taoïsme*, p. 15.

13. Cf. Angus C. GRAHAM, *Yin/Yang and the Nature of Correlative Thinking*, Cingapura, Institute of East Asian Philosophies, 1986.

14. *Zuozhuan*, Zhao, ano 1 (540 a.c.), tradução de Séraphin COUVREUR, *Tch'ouen Ts' iou et Tso Tchouan, la Chronique de la principauté de Lou*, reed. em 3 vols., Paris, Cathasia, 1951, t. III, p. 37. Sobre o *Zuozhuan*, cf. cap. 2 nota 2.

15. Cf. acima cap. 7, "Do Tao às dez mil coisas".

16. Isabelle ROBINET, *Histoire du taoïsme*, p. 17.

17. Cf. sob este subtítulo no capítulo seguinte.

18. *La Pensée chinoise*, 1934, reed. Paris, Albin Michel, 1968, p. 111 e 272.

19. *Lunheng*, cap. 61 ("Da morte"), ed. ZZJC, p. 204. Sobre Wang Chong cf. adiante cap. 12.

20. *Shujing* (*Livro dos Documentos*), cap. *Hongfan* ("Grande Plano"), tradução de Séraphin COUVREUR, *Chou King, les Annales de la Chine*, reed. Paris, Cathasia, 1950, p. 196-197. Sobre o *Livro dos Documentos* cf. acima cap. 2 nota 30. Como o resto do livro, o capítulo *Hongfan* pretende datar do início da dinastia Zhou por volta do séc. XI a.C.; na verdade, é bem mais tardio, embora provavelmente não muito posterior ao final do séc. IV a.C. Cf. Michael NYLAN, *The Shifting Center: The Original "Great Plan" and Later Readings*, Monumenta Serica, 1992.

21. Cf. John S. MAJOR, "Note on the Translation of Two Technical Terms in Chinese Science: *Wu-hsing* and *Hsiu*", *Early China*, 2 (1976), p. 1-3; Michael FRIEDRICH e Michael LACKNER, "Once Again: The Concept of *Wu-hsing*", *Early China*, 9-10 (1983-1985), p. 218-219.

22. *Lüshi Chunqiu* 13,2 (*Yingtong*), ed. ZZJC, p. 126-127. Cf. também *Shiji* 74, p. 2344.

23. Sobre este título, que faz referência à divindade suprema dos Shang, cf. cap. 1, "Do 'Soberano do alto' ao 'Céu'".

24. *Shiji* (*Memórias históricas*) 6, p. 237-238.

25. *Liji* (*Tratado dos Ritos*), cap. *Yueling* ("Mandamentos mensais"), cf. tradução de Seraphin COUVREUR, *Li Ki. Mémoires sur les bienséances et les céremonies*, reed. em 2 vols., Paris, Cathasia, 1950, t. I, p. 330-337. Sobre o *Tratado dos Ritos* cf. acima cap. 2 nota 32.

26. Cf. acima a citação do *Lüshi Chunqiu* (*Primaveras e Outonos do senhor Lü*), na nota 22.

27. Segundo Michael LOEWE, o ciclo de conquista é o mais antigo, o ciclo de geração não aparecendo senão sob os Han anteriores (206 a.C.-6 d.C.), cf. "Water, Earth and Fire: The Symbols of the Han Dynasty", em *Divination, Mythology and Monarchy in Han China*, Cambridge University Press, 1994, p. 57.

28. Cf. acima a citação do *Shiji* 6 na nota 24.

29. *Shujing* (*Livro dos Documentos*), cap. *Yaodian* ("Regra de Yao"), tradução Séraphin COUVREUR, *Chou King*, p. 3-8. Cf. acima cap. 1 nota 12.

30. Esquema já encontrado nos "campos em tabuleiro" de que se trata no *Mengzi*, cf. acima cap. 6 nota 11. Sobre a concepção do espaço, cf. Anne CHENG, "La notion d'espace dans la pensée traditionnelle chinoise", em *Asies* 2 (*Aménager l'espace*), Presses de l'université de Paris-Sorbonne, 1994, p. 33-43; e Vera DOROFEEVA-LICHTMANN, "Conception of Terrestrial Organization in the *Shan hai jing*", *Bulletin de l'École française d'Extrême-Orient*, 82 (1995), p. 57-110.

31. *La Voie royale*, t. II, p. 383-384.

32. Sobre esses misteriosos diagramas, cuja existência é atestada a partir dos Reinos Combatentes e que figuram agora em tratados de geomancia, cf. John B. HENDERSON, *The Development and Decline of Chinese Cosmology*, Nova York, Columbia University Press, 1984 (cf. particularmente o capítulo sobre "Geometrical cosmography in early China"); John S. MAJOR, "The Five Phases, Magic Squares and Schematic Cosmography", em Henry ROSEMONT Jr. (ed.), *Explorations in Early Chinese Cosmology*, Chico (Calif.), Scholars Press, 1984, p. 133-136.

11
O Livro das Mutações

Uma das fontes essenciais do pensamento cosmológico, e da filosofia chinesa em geral, é sem dúvida alguma o *Livro das Mutações* (*Yijing* 易經), também conhecido em chinês sob o título de *Mutações dos Zhou* (*Zhouyi* 周易)[1]. É por isso que lhe consagramos um capítulo inteiro que encerra o ciclo do pensamento pré-imperial. Embora inspirando-se num fundo muito antigo que informou todo o pensamento chinês, parece que o *Yijing*, enquanto fonte textual, só foi composto tardiamente, no período final dos Reinos Combatentes. Muitas vezes mencionado como primeiro dos Cinco Clássicos confucianos reconhecidos sob os Han, distingue-se no entanto dos quatro outros (*Odes, Documentos, Ritos, Anais das Primaveras e Outonos*) que constituem outras tantas referências para o humanismo confuciano[2]. A longa e rica tradição interpretativa que se formou ao redor do *Yi* confere-lhe um valor de tratado cosmológico e simbólico de alcance eterno e universal. Na verdade, em todas as épocas e em todas as correntes, não encontramos nenhum pensador chinês importante que não se tenha inspirado nas *Mutações*, ao ponto de nele projetar sua própria visão das coisas. Único em seu gênero, sem equivalente em outras civilizações, é um livro tanto de vida quanto de conhecimento, que contém toda a visão especificamente chinesa dos movimentos do universo e de sua relação com a existência humana.

Origens divinatórias

Embora a origem e a composição deste livro estejam sujeitas a muitas controvérsias, pode-se considerar que se trata em primeiro lugar de um sistema de notação de atos de adivinhação. As práticas divinatórias conhecidas da China arcaica remontam à época dos Shang, quando a adivinhação se faz mediante interpretação das fissuras que resultam da queima de omoplatas de ovinos ou de bovinos ou de carapaças de tartaruga[3]. Se o *Livro das Mutações* trazia primeiro o título de *Mutações dos Zhou*, o motivo é provavelmente que no início dos Zhou, por volta do séc. XI antes de nossa era, as manipulações de ossos ou de carapaças parecem dar lugar a um novo modo de adivinhação fundado na divisão de caules de milefólio. Da leitura do desenho resultante do fissuramento de objetos materiais e que supostamente reproduz uma configuração determinada do real, passa-se a um nível de interpretação menos imediato, mais abstrato, fundado no cálculo e nos números. Esta mudança na técnica divinatória assinala sem dúvida a passagem definitiva de uma mentalidade religiosa a um pensamento naturalista, e os sinais passam a ser vistos como a figuração de uma situação emergente e não mais como a manifestação da vontade dos espíritos. Como se trabalhava com o milefólio? "Tratava-se de obter, como sinal cifrado da natureza do fenômeno contemplado, um número [...] que não podia ser senão 6, 7, 8 ou 9. A operação era repetida seis vezes seguidas [...]. Os seis resultados, em vez de serem expressos por números, eram expressos por monogramas (chamados *yao* 爻) [...], que não eram senão de dois tipos, porque se levava em consideração sobretudo as propriedades do par e do ímpar. As bases 7 e 9, ímpares, interpretadas como significativas do princípio masculino, eram expressas pela notação de um traço longo e contínuo; as bases 6 e 8, pares, interpretadas como significativas do princípio feminino, eram expressas pela notação de dois traços curtos, separados por uma descontinuidade, mas tendo ambos juntos a mesma dimensão que o traço longo das bases ímpares. À medida

11. O Livro das Mutações

que eram obtidas as seis bases, o milefoliomante dispunha suas expressões monogramáticas umas sobre as outras até formar uma figura chamada *gua* 卦, termo técnico que traduziremos por *hexagrama*, mas que se aplica também a cada um dos dois *trigramas* mais elementares nos quais podia ser decomposta a figura hexagramática"[4].

Após manipulação e divisão dos caules de milefólio, obtinham-se 64 hexagramas, que representavam todas as sobreposições possíveis de seis monogramas inteiros (—) e quebrados (– –) e que era possível decompor em oito trigramas de base:

qian 乾 — — —	*kun* 坤 – – – – – –
gen 艮 — – – – –	*dui* 兌 – – – – —
kan 坎 – – — – –	*li* 離 — – – —
zhen 震 — – – – –	*xun* 巽 – – — —

O *Livro das Mutações* parece ter sido originariamente um simples instrumento de adivinhação, ou mesmo uma "miscelânea de julgamentos divinatórios num primeiro nível, do tipo 'Favorável ao sudoeste, desfavorável ao nordeste', e de provérbios ou ditados rimados mas muitas vezes truncados"[5]. Dois pesquisadores americanos tentaram reconstruir o *Yi* em seu estado original, chegando a conclusões opostas quanto à sua composição: Edward Shaughnessy data seu núcleo original no fim do séc. XI a.C. e vê nele a composição consciente de um ou mais editores, tendo o texto permanecido sujeito a modificações até à sua estabilização definitiva no séc. I-II d.C.; para Richard Kunst, pelo contrário, "no início trata-se de uma antologia, transmitida oralmente numa evolução contínua, de presságios com seus prognósticos, de ditos populares, de anedotas históricas e de palavras de sabedoria sobre a natureza, que foram agrupados num manual ao redor de um dispositivo de hexagramas, com suas linhas inteiras e quebradas, obra de adivinhos que se fundamentavam na manipulação de caules de milefólio para obter oráculos"[6].

Canonização das *Mutações*

No *Comentário de Zuo*, geralmente datado em meados do séc. IV a.C., encontramos as primeiras citações conhecidas do *Yi*, que aparece neste estágio ainda como um manual de adivinhação consultado por homens de Estado sobre assuntos de ordem pessoal ou o mais das vezes de ordem política[7]. Se não é mencionado como texto no *Xunzi*, que no entanto já qualifica os outros quatro livros como Clássicos, e se, contrariamente a estes últimos, ele escapa ao auto-de-fé ordenado pelo Primeiro Imperador em 213 a.C., é porque sem dúvida, às vésperas do império, ainda não fazia parte do Cânon confuciano[8].

Apenas no início dos Han (séc. II a.C.) é que sua integração no *corpus* dos Cinco Clássicos lhe confere um *status* canônico até então problemático. Enquanto as *Odes*, os *Documentos*, os *Ritos* e as *Primaveras e Outonos* teriam sido compostos ou pelo menos remanejados por Confúcio, este não menciona jamais as *Mutações*, salvo numa frase dos *Analectos* cujo sentido é mais do que incerto. É no momento em que o livro é elevado ao *status* de canônico que sua ligação com Confúcio é fortemente sublinhada:

> Na velhice, Confúcio teve grande alegria com as *Mutações*, pondo em ordem os comentários *Tuan*, *Xici*, *Xiang*, *Shuogua* e *Wenyan*. Lia as *Mutações*

11. O Livro das Mutações

[com tanto ardor] que os cordões que ligavam as ripas de bambu se romperam por três vezes[9].

Os comentários aqui enumerados fazem parte das "Dez Asas" que vieram a ser incorporadas ao núcleo original das *Mutações*, atribuído, por uma vontade de canonização, a sábios míticos da antiguidade. Segundo a tradição mais comumente aceita desde os Han, a invenção dos oito trigramas dever-se-ia ao legendário Fuxi; seu desdobramento em 64 hexagramas, acompanhados de suas sentenças divinatórias (*guaci* 卦辭), é o mais das vezes atribuído ao rei Wen; quanto às sentenças sobre cada uma das linhas (*yaoci* 爻辭), seriam obra do duque de Zhou:

> Outrora, quando Fu Xi reinava como rei sobre o mundo, levantou os olhos para contemplar as configurações observáveis no Céu, depois abaixou-os para observar os modelos sobre a Terra. Olhou atentamente os sinais dos pássaros e as pegadas dos animais selvagens, em conformidade com as variações da Terra. O que estava próximo, julgou-o a partir dele mesmo; o que estava longe, julgou-o a partir das coisas. Foi então que inventou os oito trigramas, a fim de penetrar a eficácia dos seres numinosos e de classificar a multiplicidade das dez mil coisas[10].

As Dez Asas, tradicionalmente atribuídas a Confúcio, são mais provavelmente o resultado de uma sedimentação de textos que começa sob os Reinos Combatentes, para estabilizar-se apenas no início dos Han, por volta de 200 a.C.[11] Representam a "recuperação" de uma obra originalmente divinatória por parte da corrente confuciana no momento em que esta procura, como tantas outras, um fundamento cosmológico. Com a floração do pensamento naturalista descrita no capítulo anterior, era necessário que a escola confuciana, até então preocupada principalmente com o Tao do Homem, se decidisse a integrar nele o Tao do Céu. Os comentários (*zhuan* 傳) que são as Dez Asas decompõem-se da seguinte maneira:

– 1 e 2: o comentário *tuan* 彖, composto de duas partes, que traz um "julgamento" sobre um hexagrama em seu conjunto e sobre a sentença divinatória que o acompanha.

– 3 e 4: o comentário *xiang* 象, a "imagem", igualmente em duas partes. Como seu próprio nome indica, ele tem por objeto o hexagrama tomado como figuração de uma situação divinatória. A "grande imagem" vem reforçar o comentário *tuan* interpretando no plano figurativo a sentença referente ao conjunto, ao passo que as "pequenas imagens" interpretam as sentenças referentes a cada uma das linhas.

Pode-se recapitular assim o conjunto dos textos e comentários ligados a um hexagrama (*gua*): existe primeiramente a sentença divinatória (*guaci*) referente ao conjunto da figura; esta sentença é, por sua vez, objeto de um "julgamento" chamado *tuan* e de um comentário figurativo (*xiang*). No interior de um hexagrama determinado, cada monograma ou linha (*yao*) vem acompanhado de uma sentença divinatória (*yaoci*), sobre a qual recai igualmente um comentário figurativo.

– 5 e 6: o *Grande Comentário* (*Dazhuan* 大傳) ou "Sentenças anexas" (*Xici* 繫辭), que constitui não um comentário sobre cada hexagrama ou sobre cada sentença, mas um verdadeiro tratado em duas partes sobre o *Yi* tomado como um todo coerente. É o *Grande Comentário*, geralmente datado no início dos Han, que, elevando o *Yi* da categoria de simples manual de adivinhação à de tratado cosmológico, representa sem dúvida a mais bela fórmula de integração confuciana entre o Céu e o Homem.

– 7: o *Wenyan* 文言 (Comentário sobre as palavras do texto), muito desenvolvido, trata no entanto apenas dos dois primeiros hexagramas, *qian* e *kun*.

– 8, 9 e 10: respectivamente, o *Shuogua* 説卦 (Explicação das figuras), *Xugua* 序卦 (Seqüência das figuras) e *Zagua* 雜卦 (Mistura de figuras), apresentam considerações diversas sobre os nomes das figuras, bem como sobre sua ordem de sucessão ou sua disposição. Cada uma delas traz, com efeito, um

11. O Livro das Mutações

nome que parece ter alguma relação com as características gerais da situação que lhe corresponde. Por exemplo, o hexagrama 53 (*jian* 漸, "gradual") fala de um vôo de gansos selvagens aproximando-se da costa, imagem que sugere talvez a idéia de uma situação que se desenvolve lenta e gradualmente. No tocante à disposição dos oito trigramas de base, destacam-se dois modelos principais a partir do séc. II a.C. sob os Han: o "Diagrama anterior ao Céu" (*Xiantian tu* 先天圖) e o "Diagrama posterior ao Céu" (*Houtian tu* 後天圖)[12].

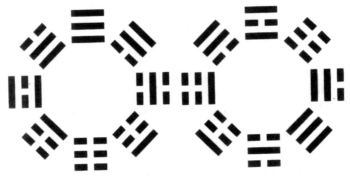

"Diagrama anterior ao Céu"   "Diagrama posterior ao Céu"

"Um Yin, um Yang, assim é o Tao"

Estamos, portanto, em presença de uma obra complexa, com muitas camadas, sendo que o próprio título comporta diversos sentidos possíveis: como adjetivo, *yi* 易 significa "fácil", "cômodo"; numa acepção verbal, designa o processo de mutação (a tradição vê na origem deste caractere a representação de uma espécie de lagarto ou camaleão). Outros termos servem para expressar a mudança de maneira mais específica. No *Grande Comentário*, a palavra *bian* 變 – em oposição a *hua* 化, que evoca antes uma transformação gradual e sem conflito, quase mágica[13] – designa o princípio de alternância do Yin e do Yang ou de conversão de um no outro, figurado pela sobreposição das linhas contínuas e das linhas quebradas:

A mutação que se esgota só pode converter-se em sua alternativa (*bian* 變); convertendo-se, ela só pode penetrar até o fim (*tong* 通); penetrando até o fim, ela só pode perdurar.

Já que fechar uma porta chama-se *kun* (Yin) e abri-la chama-se *qian* (Yang), fechar e depois abrir chama-se "alternar"; alternar num vaivém incessante se chama "penetrar até o fim"[14].

Nas *Mutações*, "o Yang representado por uma linha contínua é chamado 'rígido'; é o idêntico a si mesmo; o Yin representado por uma linha descontínua é chamado 'maleável'; é a abertura à diferença. Enquanto unidade, o Yang 'começa': toda identidade, todo indivíduo começa pelo Um, por um princípio de continuidade, de identidade consigo mesmo, opondo-se ao outro, o diferente, que o delimita. É por isso que o Yin 'conclui'"[15]. Assim, o primeiro trigrama (ou hexagrama) *qian*, o "iniciador", composto unicamente por linhas contínuas, simboliza o Céu, ou seja, a energia Yang em expansão que não cessa de difundir-se e de animar a Terra. No plano humano, é identificado com a virtude do Sábio que exerce sua influência transformadora no mundo:

> A marcha do Céu é irresistível em sua força; por isso, o homem de bem deve fortificar-se sem cessar[16].

Em correlação com *kun*, o "receptivo", composto exclusivamente por linhas quebradas Yin, *qian* representa a totalidade da realidade, todas as outras imagens não evocando senão situações particulares:

> Um Yin, um Yang, assim é o Tao[17].

Combinando os dois primeiros sentidos de *yi*, chega-se à idéia de que não há nada mais fácil do que a mutação, já que ela está inscrita na ordem natural das coisas: um ser vivo nunca é definido ou definitivo, ele já contém em si o princípio de sua própria transformação:

> A vida que gera a vida, assim é a mutação[18].

11. O Livro das Mutações

A mutação deve ser sempre reintegrada, na perspectiva mais ampla de uma harmonia e de uma continuidade preeminentes, em relação de equivalência com o Tao. Em virtude de seu título, o *Yi* faz da mutação o princípio estruturante do cosmos, maneira de lembrar que o retorno é o próprio movimento do Tao. Parece, aliás, que Tao e *yi* são dois aspectos de uma só e mesma coisa: enquanto o primeiro designa a unidade original à qual todas as coisas retornam, o segundo é seu aspecto manifesto; juntos, eles evocam a diversificação ou multiplicação do há em seu desdobramento a partir do não-há, a fonte inominada. Desdobramento que se realiza a partir do Um num ritmo binário (2, depois 4, depois 8, depois 64) descrito no *Grande Comentário*, que é revelador pôr em paralelo com um texto de inspiração cosmológica sobre a origem da música, tirado das *Primaveras e Outonos do senhor Lü*, e com o famoso capítulo 42 do *Laozi*:

> Assim, portanto, nas *Mutações*, a Cumeeira suprema (*taiji* 太極) gera os dois modelos (*yi* 儀). Os dois modelos geram as quatro imagens (*xiang* 象), que geram os oito trigramas (*gua* 卦). Estes determinam o favorável e o desfavorável. A determinação do favorável e do desfavorável gera as grandes obras[19].

> [A música] tem sua raiz no Grande Um. Do Grande Um saíram os dois modelos, dos dois modelos saíram Yin e Yang. Yin e Yang modificam-se e transformam-se, um em cima e o outro embaixo. [...] As quatro estações se sucedem [...]. As dez mil coisas encontram assim sua origem: elas adquirem consistência no Grande Um e se transformam no Yin/Yang[20].

> O Tao gera o Um.
> O Um gera o Dois.
> O Dois gera o Três,
> E o Três gera as dez mil coisas[21].

Estes três textos, que datam aproximadamente da mesma época, evocam, cada um à sua maneira, um processo que se desdobra em direção ao infinito da multiplicidade a partir de uma origem única, inominável e impossível de imaginar se permanecemos no interior do processo – formulação perfeita daquilo que o pensamento chinês entende por Tao.

As *Mutações* como combinatória figurativa

O *Grande Comentário* mostra as coisas e os seres em sua evolução e indica a maneira correta de apreendê-los, favoráveis ou desfavoráveis. De modo mais geral, os comentários das *Mutações* apresentam os trigramas ou hexagramas como resultando de uma observação direta do real e estruturando em pontilhado o universo:

> Uma vez realizadas todas as possibilidades de mutação, [os hexagramas] formam os sinais (*wen* 文) do Céu-Terra; uma vez esgotado todo o potencial dos números, eles determinam as imagens das coisas do mundo[22].

A noção de "imagem" é assim explicada no *Han Feizi*:

> Os homens raramente vêem um elefante (*xiang* 象) vivo, mas quando encontram a carcaça de um elefante morto, baseiam-se nesta visão para imaginá-lo vivo. Por isso, tudo o que serve para formar para si uma idéia ou uma imagem é chamado *xiang* 象[23].

Xiang é, portanto, a imagem ou a "figuração" que nos fazemos de uma coisa ou de um fenômeno:

> Portanto, as *Mutações* são imagens (*xiang* 象) no sentido de que são à semelhança (*xiang* 像) das coisas. [...] As linhas [dos hexagramas] reproduzem os movimentos do mundo[24].

A linguagem constituída pela combinatória dos hexagramas apresenta uma figuração ou configuração estruturada e estruturante de um mundo onde tudo é sinal: comportamentos, corpos, gestos "são decifrados como sobreposições de linhas hexagramáticas, que se tornam substitutos deles através do jogo simbólico das correspondências. [...] O mundo, em todas as suas manifestações, é uma coleção de diagramas oraculares. [...] Constelado de símbolos e de sinais, é um livro de magia que transmite os segredos do tempo a quem possui a chave de sua decifração. Tudo se cobre de significação, tudo é significativo"[25]. Com efeito, Wang Chong, pensador dos Han do séc. I d.C., tende a uma concepção naturalista e não mais mágica da adivinhação:

> Na época das Primaveras e Outonos, quando os ministros e os dignitários se reuniam, observavam os comportamentos inabituais, auscultavam os relatos estranhos. Se o sinal era bom, estava evidente que a situação era favorável, e se o sinal era mau, devia-se aguardar alguma desgraça. Prever uma sorte boa ou má, antecipar aquilo que ainda não é, não depende de um conhecimento mágico, mas simplesmente da indução a partir de sinais[26].

É um potencial simbólico inesgotável a rica combinatória desta vasta rede de monogramas, trigramas e hexagramas, reflexos e correlatos de todos os processos e formas do universo natural bem como das circunstâncias infinitamente variadas da vida humana – inclusive as mais sujeitas à dúvida e à contingência. Assim, a única série dos oito trigramas foi associada aos elementos e fenômenos naturais, mas também às relações familiares, às categorias sociais etc.[27] Quando os trigramas se combinam por sua vez em 64 hexagramas[28], a riqueza de associação adquire uma amplidão e cobre um campo desconhecidos pela cosmologia primitiva, que se limitava ao par Yin/Yang e aos Cinco Agentes. Enquanto esta última operava a partir de uma "ciência do concreto", os hexagramas das *Mutações*, através da complexidade de sua combinatória, abrem a possibilidade de uma verdadeira linguagem figurativa. Um exemplo disso é a maneira como um hexagrama se transforma em outro, implicando, por associação de idéias ou de imagens, um deslocamento de sentido: a transformação do hexagrama 48 (*jing*, "o poço") no hexagrama 5 (*xu*, "a espera") pela simples modificação da linha inferior leva a interpretar o poço, fonte inesgotável, como imagem da perseverança e da paciência; inversamente, a espera deve ser entendida não como amarga resignação, mas como intensa expectativa da resolução de não se precipitar antes da hora para o fim desejado.

Esta exploração do potencial figurativo do *Yi* culmina no "estudo das imagens e dos números" (*xiangshuxue* 象數學), expressão que talvez tenha origem no *Comentário de Zuo*:

> As carapaças de tartaruga formam as imagens, os caules de milefólio os números. As coisas nascem, depois vêm as imagens. Depois das imagens vem a profusão e desta nascem os números[29].

Se "as imagens e os números" fazem inicialmente referência à adivinhação utilizando as carapaças e o milefólio, elas cobrem, a partir dos Han, o conjunto das técnicas mânticas relacionadas, de perto ou de longe, com o *Livro das Mutações*. Começa-se então a brincar à saciedade com todas as possibilidades entre hexagramas: negação (transformação de um hexagrama em seu negativo linha por linha), inversão (hexagrama lido ao contrário), modificação de linhas, "trigramas nucleares" (linhas 2-3-4 e 3-4-5) etc.[30] Mas, ao fazer isso, o formidável potencial figurativo das *Mutações* encontra-se canalizado e compartimentado numa grade que acaba limitando-se a um jogo puramente mecânico.

Interpretação das *Mutações*

Certas regras de interpretação dos hexagramas provêm do comentário *tuan* (o "julgamento"): a primeira combina a noção de centralidade (*zhong* 中, o "Meio" confuciano) com a tradicional divisão do hexagrama em dois trigramas, inferior e superior (lembremos que a figura, seja de três ou de seis linhas, é lida de baixo para cima). Nesta perspectiva, as linhas segunda e quinta, estando situadas no meio de seu trigrama respectivo, estão em condições de levar em conta a situação em sua evolução e determinar o lugar adequado e o momento propício para a ação. Uma segunda regra diz respeito à posição

11. O Livro das Mutações

"correta" (*zheng* 正), segundo a qual as linhas ímpares são em princípio Yang (inteiros) e as linhas pares são Yin (quebrados). Na figura ideal, as linhas 3 e 5 deveriam, portanto, ser Yang – particularmente a 5, chamada "o soberano" – enquanto que as linhas 2 e 4 deveriam ser Yin. Acontece, por conseguinte, um efeito de deslocamento, desfavorável em princípio, quando uma linha Yang está em posição Yin, ou vice-versa. Enfim, pode ocorrer um fenômeno de "ressonância" (*ying* 應) entre as linhas correspondentes dos dois trigramas (1-4, 2-5, 3-6): se, por exemplo, a primeira linha é Yang e a quarta Yin, elas estão em ressonância propícia.

Podemos, portanto, considerar que o *Livro das Mutações*, através de uma multiplicidade de situações, inicia na ciência da centralidade os que o consultam. Mas, na simbólica que lhe é própria, não existe justamente uma figura ideal, como tampouco existe um esquema preestabelecido[31]. As inúmeras exceções nos casos de figuras estereotipadas não são feitas para confirmar a regra; mas, pelo contrário, fazem com que as regras não sejam habituais num domínio onde se trata de responder a conjunturas ou a situações sempre únicas. Afinal, a palavra-chave não é "mutação", que significa justamente que uma situação nunca é estática e que, portanto, não é possível fixar regras, mesmo para um caso determinado de figura? Com efeito, a resposta consiste não numa reação-tipo, mas em deslocar e reformular o problema à medida que a situação evolui, à maneira do jogo de xadrez ou da análise moderna: "Sistemas fechados e dinâmicos, no interior dos quais se manifestam tensões, rupturas, mutações, atrações e repulsas, os hexagramas não deixam de ter analogia com os tabuleiros de xadrez, onde basta o deslocamento de uma única peça para modificar toda a configuração e mudar o sentido geral do conjunto, bloqueando certas possibilidades de ação, abrindo outras, enfraquecendo ou reforçando esta ou aquela posição. Sempre interpretados aos pares, os hexagramas traduzem situações transitórias cujo sentido e tendências neles contidos não aparecem senão em sua transformação"[32].

Talvez o leitor tenha percebido que os comentários das *Mutações* dedicam-se a interpretar ora o conjunto dos 64 hexagramas como um todo organizado, ora cada um dos hexagramas como um processo determinado de evolução. No primeiro caso, referem-se à passagem ou transformação de uma figura em outra. No segundo, cada hexagrama representa uma situação: "O diagrama divinatório não é de forma alguma uma simples indicação daquilo que acontecerá, mas a figura da própria estrutura do acontecimento considerado"[33]. Ora, a situação divinatória, longe de estar fixada ou desembocar no impasse da tragédia grega, é constantemente dinâmica e evolutiva: poderíamos dizer, com efeito, que existe desenvolvimento, desdobramento, e mesmo manifestação à medida que ela evolui de uma linha para outra. Só uma tal dinâmica permite descobrir a verdade última da figura, ou seja, da situação que ela representa. Daí o alcance ao mesmo tempo humano e cósmico dos hexagramas do *Yi*, que, em seu conjunto, podem ser tomados como a ampla evolução de uma situação. Os dois últimos hexagramas, que alternam regularmente linhas Yin e Yang em duas ordens diferentes, estão aí para significar que a eficácia e a realização autênticas dos dois hexagramas iniciais (*qian* composto apenas por linhas Yang e *kun* por linhas Yin) não estão em sua posição respectiva, tomada em si isoladamente, mas em sua interpenetração e interação harmoniosas. A ordem de sucessão também não deixa de ter um significado: ao penúltimo hexagrama *jiji* 既濟 ("Tendo atravessado o rio") sucede paradoxalmente *weiji* 未濟 ("Não tendo ainda atravessado o rio"), que tem a palavra fim ou conclusão:

> Com plena confiança, bebe-se vinho. Nenhuma desaprovação. Mas se alguém molha a cabeça, certamente ele a perde.

Esta lição, que nos ensina a não procurar o excesso a fim de administrar a possibilidade do devir, nos traz de volta ao primeiro hexagrama *qian*, que conclui com uma advertência do mesmo tipo:

> Dragão orgulhoso terá que se arrepender.

11. O Livro das Mutações

O "minúsculo esboço"

> O Mestre (Confúcio) diz: "Conhecer o minúsculo esboço (*ji* 幾) não participa do espírito em seu apogeu (*shen* 神)? O homem de bem não adula seus superiores, como também não maltrata seus inferiores: é que ele conhece o esboço minúsculo. O minúsculo é o imperceptível começo do movimento, o primeiro sinal visível do favorável [ou do desfavorável]. O homem de bem, logo que vê o minúsculo, passa à ação, sem esperar o fim do dia"[34].

Nas *Mutações* encontra-se a formulação mais acabada da extrema atenção que o pensamento chinês presta àquilo que está em germe, àquilo que ainda está apenas em gestação: "Toda a ciência divinatória do *Yijing* baseia-se no postulado de que o futuro já está no presente em estado de germe. [...] Assim o *ji*, na fraseologia divinatória, designa a potencialidade, ou antes o estágio em que o não-ser se cristaliza em ser"[35]. O *ji* 幾 (minúsculo esboço ou início) é muitas vezes posto no lugar de *ji* 機 (mola cósmica)[36]. Nos dois casos, ele é aquilo que põe em movimento as coisas, minúsculo momento entre a quietude e o movimento, entre a potência virtual e o ato real: "Entre a pura latência e a completa atualização existe, portanto, este estágio intermediário que exige tanto mais nossa atenção porque deve permitir ao mesmo tempo a previsão e a retificação. Se a evolução do processo não pode ser codificada (segundo um modelo determinado de antemão), nem por isso ela deixa de ser observável, analisável e, portanto, em certa medida, também modificável. Daí o grande interesse que prestam a esta noção de estágio inicial os comentários do *Livro das Mutações*, já que é através dela que o homem pode efetivamente apreender o devir em curso e dominá-lo"[37].

O minúsculo (*ji* 幾), o tênue (*wei* 微), o quintessencial (*jing* 精), o germe (*duan* 端): outros tantos termos diferentes para designar uma única e mesma noção particularmente atuante no domínio médico. Toda a arte do médico está, com efeito, em reconhecer e interpretar os sinais mais sutis que asseguram a precisão do diagnóstico enquanto a doença está apenas no início, ou até antes mesmo que ela se manifeste[38]. De modo mais geral, uma situação, seja qual for, nunca é um dado congelado; ela é a prefiguração (ou a imagem *xiang* 象) da chegada a um resultado final. Está em estado de germe aquilo que já é, embora não sendo ainda completamente. Quem compreendeu isto parte de uma simples constatação de fato: "Um desvio de um fio de cabelo leva a um erro de dez mil léguas" e se distingue do comum dos mortais: "O tolo não vê nem mesmo aquilo que está concluído, o sábio vê aquilo que ainda não está em germe"[39]. Da mesma forma, o *Laozi* mostra-se atento aos fenômenos antes mesmo que tomem forma (*weixing* 未形) e antes que aconteçam (*cheng* 成):

> O que está em repouso é fácil de reter.
> O que não eclodiu é fácil de prevenir.
> O que ainda é frágil é fácil de quebrar.
> O que ainda é tênue é fácil de dissipar.
> O agir encontra-se no que ainda não é.
> A ordem se instaura antes que irrompa a desordem.
> Esta árvore que enche teus braços nasceu de um germe minúsculo.
> Esta torre com seus nove andares nasceu de uma pequena colina.
> Este périplo de mil léguas começou sob teus pés.
> [...]
> Sê atento tanto ao termo quanto ao germe
> E jamais conhecerás o fracasso[40].

O minúsculo esboço não indica apenas a passagem quase imperceptível do latente ao manifesto, mas também a continuidade entre natureza e ética, tendo "aquilo que deveria ser" brotado diretamente "daquilo que é". É o que se diz no início do *Invariável Meio*:

> Enquanto prazer, cólera, tristeza e alegria não se manifestaram (*weifa* 未發), é o Meio (ou o equilí-

11. O Livro das Mutações

brio interno, *zhong* 中). Quando se manifestam (*yifa* 已發) sem ultrapassar a justa medida, é a harmonia (na ação, *he* 和). O Meio é o grande fundamento do universo, a harmonia é seu Tao universal. Se o Meio e a harmonia forem levados ao seu cume, o Céu-Terra encontrará seu lugar e as dez mil coisas seus recursos[41].

É nesta passagem da indeterminação e da quietude à atividade e ao movimento que será pensado o aparecimento dos maus impulsos, ou o que chamaríamos a questão do mal. Na perspectiva chinesa, é mau tudo aquilo que se opõe à vida, à circulação da energia, em outras palavras, tudo aquilo que tende a enrijecer, a endurecer em formas determinadas, como o sugere o *Huainanzi* (*O Mestre de Huainan*), suma taoísta do séc. II a.C.:

> O homem é quieto (*jing* 靜) de nascença; é a natureza que ele recebe do Céu. Sob a influência das coisas, produz-se nele o movimento (*dong* 動): temos aqui uma deterioração de sua natureza. Seu espírito responde às coisas que se apresentam, e assim seu conhecimento entra em movimento. O conhecimento o põe em contato com as coisas, e assim nascem nele o amor e o ódio, que fazem as coisas tomarem forma; e o conhecimento, atraído para o exterior, não pode mais retornar a si mesmo. Assim é destruída nele a ordem celeste (*tianli* 天理). Os que são iniciados ao Tao não trocam o Céu pelo Homem[42].

"A montante das formas, a jusante das formas"

O mundo é concebido aqui como um conjunto onde tudo está ligado, sem rupturas; onde nada é absoluto, independente, separado; onde o invisível, longe de ter uma existência distinta, está presente no visível em estado de sinais. O minúsculo início, por mais tênue e inapreensível que seja, está ali para atestar o vaivém cíclico entre manifesto e latente, entre o que os sentidos percebem e o que lhes escapa. De maneira análoga, o sistema figurativo elaborado nas *Mutações* serve de mediador entre a linguagem discursiva e o indizível. Com efeito, a figura não é a representação ou a reprodução de uma coisa, mas é um estágio no processo de sua formação, o qual passa pela manifestação (*cheng* 成) antes de chegar à imagem (*xiang* 象), e depois à forma (*xing* 形) para chegar ao objeto concreto (*qi* 器):

> Fechar e depois abrir chama-se "alternar"; alternar num vaivém incessante se chama "penetrar até o fim". Uma vez que aquilo que prospera por toda parte é visível, torna-se imagem; uma vez que esta imagem toma forma, torna-se objeto concreto. [...] O que está a montante das formas (*xing er shang* 形而上) chama-se Tao; o que está a jusante (*xing er xia* 形而下) chama-se objetos concretos (*qi* 器). O que os transforma e os rege é a alternância; quando esta se estende à ação, ela prospera por toda parte[43].

No processo contínuo de formação das coisas, as imagens são princípios estruturantes que, "a montante", dependem do Céu, enquanto as formas, "a jusante", são representações determinadas, concretas e particulares que dependem da Terra. Se as imagens tomam formas perceptíveis que, enquanto tais, fornecem dados concretos e úteis para a experiência e o comportamento, a natureza intrínseca da realidade que elas representam é, em compensação, impossível de ser apreendida pelo discurso:

> O que está escrito não pode esgotar o sentido das palavras. As palavras não podem esgotar o sentido das idéias. Significa isto que é impossível captar as idéias dos santos? O Mestre diz: "Os santos estabeleceram as imagens a fim de fazer uma exposição completa de suas idéias; conceberam os hexagramas para esgotar o verdadeiro e o falso; acrescentaram explicações [aos hexagramas] para esgotar o sentido de suas palavras; captaram [o sentido das]

mutações dos hexagramas, compreenderam seu processo, e isto a fim de fazer uma exposição completa daquilo que é vantajoso para as coisas"[44].

Encontramos aqui novamente uma problemática já formulada em termos semelhantes acerca do tema do "Grande Homem" em alguns capítulos do *Zhuangzi*[45]. Esta realidade última, que está fora do alcance das formas e do discurso, outra coisa não é senão o Tao, de que só o sábio ou o "Grande Homem" pode ter idéia e no qual ele penetra atendo-se ao princípio eminentemente taoísta do não-agir. É próprio do sábio apreender de maneira imediata – sem mediação – o princípio que rege toda situação e de a ela responder infalivelmente da maneira mais apropriada. Mas é também a ele que incumbe recorrer à mediação da linguagem figurativa para permitir ao comum dos mortais perceberem o sentido último, o Tao.

Mesmo se a expressão *xing er shang* 形而上 ("a montante das formas visíveis") iria tornar-se a expressão consagrada na língua moderna para designar a metafísica, resta que "o pensamento chinês antigo não se interessa pelo absoluto do ser. Ele procura não o que fundamenta o ser – problema metafísico – mas o que pode explicar como a multiplicidade extraordinariamente diversificada das 'dez mil coisas' funciona num mesmo movimento, o movimento do universo – problema cosmológico"[46]. A alternância cíclica Yin/Yang é a matriz da oscilação entre aquilo que é apenas iminente, ainda imperceptível em sua sutileza, e aquilo que se manifesta, entre a quietude da latência e o movimento da ação, entre o Tao como fonte de ser e as coisas concretas ou, para anunciar uma dicotomia que fará sucesso ao longo da história intelectual chinesa, entre a constituição fundamental (*benti* 本體) e sua manifestação funcional no mundo da experiência (*fayong* 發用). Este constante vaivém, que é justamente o que precisamos entender pela expressão "realidade como mutação", torna inútil todo esforço de definir uma "metafísica" que estaria "além" do físico.

No *Grande Comentário*, vemos a corrente confuciana dotar-se de uma dimensão cosmológica fortemente inspirada no naturalismo taoísta. Não é, portanto, por acaso que os pensadores posteriores que tentaram retornar às fontes de uma reflexão global e fundamental, de Wang Bi no séc. III d.C. a Zhou Dunyi no séc. XI, as tenham procurado tanto no *Grande Comentário* quanto numa inspiração taoizante. Mêncio, que percebia a continuidade entre Céu e Homem numa moralidade diretamente brotada da natureza, já havia pressentido que o humanismo confuciano iria ser reintegrado num contexto mais amplo para cobrar todo seu sentido:

> Um Yin, um Yang, assim é o Tao. É no bem que ele perdura, é na natureza humana que ele se realiza[47].

Estas frases simples do *Grande Comentário* fazem a junção entre uma concepção da bondade humana e uma visão do Tao para além de toda ética, síntese magistral de diversas correntes (confuciana, taoísta, cosmologista), tão característica do espírito que predomina às vésperas e no início dos Han. Visão totalizante que se resume numa fórmula que evoca a grande tríade cara a Xunzi:

> O *Yi* é um livro ao mesmo tempo de vasto alcance e completo em conteúdo. Nele residem o Tao do Céu, o Tao da Terra e o Tao do Homem. Associando estas Três Potências (*sancai* 三才) e duplicando-as, obtém-se seis linhas. Estas seis linhas não representam outra coisa senão o Tao das Três Potências[48].

Senso da oportunidade

A simbólica derivada das *Mutações* apresenta, portanto, um sistema fechado e ao mesmo tempo aberto, característico do pensamento divinatório, que não depende tanto do discurso e sim de uma visão intuitiva, sintética e instantânea. À imagem das coisas em perpétua mutação e, no entanto, integra-

11. O Livro das Mutações

das na unidade do cosmos, o Santo é uma só coisa com o Tao mas também com suas múltiplas mutações: trata-se para ele, como diz Xunzi, de pôr-se em condição tanto de "responder às mudanças" quanto de difundir ao seu redor uma influência transformadora:

> Ele responde às mudanças e se dobra ao movimento do tempo, agindo no momento oportuno e adaptando-se à situação. Através de mil movimentos e dez mil mudanças, seu tao permanece um[49].

Esta exigência de adaptação à mutação traduz-se em primeiro lugar na noção de "oportunidade" (*shi* 時), que concebe o tempo não como escoamento homogêneo e regular, mas como processo constituído de momentos mais ou menos favoráveis. Noção desenvolvida em particular em dois textos associados ao movimento de Mêncio: o *Grande Estudo* e o *Invariável Meio*:

> Cada coisa tem raízes e ramos, os acontecimentos não acabam senão para recomeçar. Conhecer a correta ordem de sucessão das coisas é estar próximo do Tao.
>
> Apenas encontrando sua consumação é que as coisas não terminam senão para recomeçar, sem o que elas nem sequer podem existir. Por isso, o homem de bem atribui o maior valor a esta consumação. [...] É neste sentido que ele exerce [sua virtude] no momento mais oportuno[50].

Aqui o universo aparece como um campo em perpétua mutação, onde as coisas não têm contornos individuais fixos e onde os acontecimentos não têm balizas temporais preestabelecidas – universo de situações que se transformam constantemente em novas configurações. O sábio nele se integra como sendo aquele que conhece e, em certa medida, orienta o fluxo dos acontecimentos. A cosmologia elaborada em torno das *Mutações* está no cerne de toda uma visão do mundo que encontra sua primeira expressão acabada sob os Han. O capítulo seguinte propõe-se investigar, ao mesmo tempo, em que pontos ela está intimamente associada à dinastia Han e em que pontos ela permanecerá especificamente chinesa por muitos séculos.

Notas do capítulo 11

1. A tradução em língua ocidental mais freqüentemente usada é a de Richard WILHELM, *I Ging. Das Buch der Wandlungen*, Jena, Diederichs,1924, traduzida por sua vez para o inglês por Cary F. BAYNES com o título *I Ching or Book of Changes*, Nova York, Bollingen Foundation, 1950, para o francês por Étienne PERROT com o título *Yi King, le Livre des transformations*, Paris, Librairie de Médicis, 1973, e para o português com o título *I Ching. O livro das Mutações*, São Paulo, Pensamento, 1993. Em francês pode-se igualmente consultar a tradução antiga de P.-L.-F. PHILASTRE, *Le Yi King ou Livre des changements de la dynastie des Tsheou*, 1ª ed. 1885-1893, reed. Paris, Adrien Maisonneuve, 1982. A tradução de Edward L. SHAUGHNESSY, *I Ching, The Classic of Changes*, Nova York, Ballantine Books, 1997, leva em consideração as descobertas arqueológicas mais recentes.

2. Cf. cap. 2, "Confúcio e a formação dos textos canônicos".

3. Cf. cap. 1, "A racionalidade divinatória".

4. Léon VANDERMEERSCH, *La Voie royale*, t. II, p. 302-303.

5. Nathan SIVIN, resenha da tradução de John BLOEFELD. *I Ching. The Book of Change*, em *Harvard Journal of Asiatic Studies*, 26 (1966).

6. Richard A. KUNST, citado em Kidder SMITH et al., *Sung Dynasty Uses of the I Ching*, Princeton University Press, 1990, p. 11. Cf. sua tese "The Original *Yijing*: A Text, Phonetic Transcription, Translation and Indexes, with Sample Glosses", Ann Arbor, University Microfilms International, 1985. A de Edward SHAUGHNESSY intitula-se "The Composition of the *Zhouyi*", Ann Arbor, University Microfilms International, 1983.

7. O *Comentário de Zuo* (*Zuozhuan*), sobre o qual cf. cap. 2 nota 2, contém mais de vinte citações das *Mutações*, que se escalonam entre 672 e 485 a.C.

8. Sobre o auto-de-fé de 213 a.C. cf. abaixo cap. 12 nota 3.

9. *Shiji* (*Memórias históricas*), concluídos por volta de 100 a.C., cap. 47, p. 1937. Lembremos que, na antiguidade chinesa, escrevia-se sobre ripas de bambu (uma coluna de caracteres por ripa) ligadas por cordões, enrolando-se o conjunto à maneira de uma veneziana; isso explica que os

11. O Livro das Mutações

capítulos das obras sejam designados como "rolos" (*juan* 卷). Sobre a questão da relação entre Confúcio e as *Mutações*, cf. Homer H. DUBS, "Did Confucius Study the *Book of Changes?*", *T'oung Pao*, 25 (1975).

10. *Xici* (*Grande Comentário*) B 2. O *Grande Comentário*, como veremos mais adiante, comporta duas partes, designadas A e B, e o número que segue corresponde à seção.

11. Sobre as Dez Asas, cf. Willard PETERSON, "Making Connections: 'Commentary on the Attached Verbalizations' of the *Book of Change*", *Harvard Journal of Asiatic Studies*, 42/1 (1982). Sua atribuição a Confúcio é objeto de críticas desde os Song, cf. Iulian K. SHCHUTSKII, *Researches on the I Ching*, Princeton University Press, 1979. Hellmut WILHELM sublinha seu caráter heterogêneo e muito pouco canônico em *Eight Lectures on the I Ching*, Princeton University Press, 1960, p. 66. Do mesmo autor, cf. também *Heaven, Earth and Man in the "Book of Changes"*, Seattle, University of Washington Press, 1977. Cf. por fim, Gerhard SCHMITT, *Sprüche der Wandlungen auf ihrem geistesgeschichtlichen Hintergrund*, Berlim, Akademie, 1970.

12. Sob os Han os hexagramas aparecem também em diversas disposições, como o atesta o manuscrito mais antigo que possuímos do *Livro das Mutações*, descoberto numa tumba do início dos Han em Mawangdui (província de Hunan), no qual os 64 hexagramas são apresentados numa seqüência e em grafias diferentes da versão tradicional.

13. Note-se que, no *Zhuangzi*, *hua* poderia ser considerado um termo "técnico" para designar a transmutação do *qi* (energia) em *shen* (espírito) no Santo, o "homem verdadeiro". Sobre a associação de *hua* e *shen* no *Grande Comentário*, cf. Gerald SWANSON, "The Concept of Change in the *Great Commentary*", em Henry ROSEMONT Jr. (ed.), *Explorations in Early Chinese Cosmology*, Chico (Calif.), Scholars Press, p. 72.

14. Cf. *Xici* (*Grande Comentário*), B 2 e A 11.

15. Isabelle ROBINET, *Histoire du taoïsme*, p. 16.

16. Primeiro hexagrama *qian*, comentário sobre a imagem (*xiang*).

17. *Xici* (*Grande Comentário*) A 5.

18. *Ibid.*

19. *Xici* (*Grande Comentário*) A 11. Na expressão *taiji*, *ji* designa a viga de cumeeira de um edifício e, por extensão, um ponto focal para além do qual não se pode ir; *taiji*, a "viga de cumeeira suprema", evoca portanto este ponto-limite a partir do qual se desdobra a jusante a infinita multiplicidade do real. Os "dois modelos" designam a linha contínua (Yang) e a linha quebrada (Yin). As "quatro imagens" são as quatro combinações possíveis destes dois tipos de linhas. Observe-se a progressão matemática 1-2-4-8, que também pode ser escrita 2^0, 2^1, 2^2, 2^3.

20. *Lüshi Chunqiu* (*Primaveras e Outonos do senhor Lü*), 5,2 (*Dayue*), ed. ZZJC, p. 46.

21. *Laozi* 42, cf. acima cap. 7, "Do Tao às dez mil coisas" e cap. 10 nota 15.

22. *Xici* (*Grande Comentário*) A 10.

23. *Han Feizi* 20, ed. ZZJC, p. 108.

24. *Xici* (*Grande Comentário*) B 3.

25. Jean LEVI, *Les Fonctionnaires divins*, p. 41-42.

26. *Lunheng* 77 (*Shizhi*), ed. ZZJC, p. 154.

27. Segundo o comentário sobre a imagem (*xiang*), o trigrama *qian* é Céu, *kun* é Terra, *gen* montanha, *dui* pântano, *zhen* trovão, *xun* vento, *kan* água e *li* fogo.

Um dos comentários das Dez Asas, o *Shuogua* (*Explicação das figuras*), representativo do processo de sistematização que iria desembocar na cosmologia correlativa dos Han, desenvolve as associações de cada trigrama com uma das Cinco Fases, uma estação do ano, um animal, uma parte do corpo etc. Ao trigrama *kan*, por exemplo, são associados a água (o perigo), o inverno, o porco e os ouvidos.

28. Kidder SMITH observa que no séc. VII a.C., como atesta o *Comentário de Zuo*, a adivinhação através das *Mutações* faz referência essencialmente aos trigramas, ao passo que a partir da era imperial são os hexagramas que prevalecem, cf. *Sung Dynasty Uses of the I Ching*, p. 17.

Sobre a combinatória dos hexagramas, cf. F. VAN DER BLIJ, "Combinatorial Aspects of the Hexagrams in the Chinese *Book of Changes*", *Scripta Mathematica*, 28/1 (1967), p. 37-49.

29. *Zuozhuan*, Xi, ano 15. O *Comentário de Zuo* lembra aqui a mudança decisiva do modo de adivinhação que ocorre ente os Shang e os Zhou, passando da leitura das fissuras sobre ossos ou carapaças ao cálculo numérico fundado na manipulação de caules de milefólio, cf. acima "Origens divinatórias".

30. Sobre diferentes métodos divinatórios correntes a partir do séc. III-II, cf. Marc KALINOWSKI, "Les instruments astro-calendériques des Han et la méthode *liuren*", *Bulletin de l'École française d'Extrême-Orient*, 72 (1983), p. 309-419, e "La divination par les nombres dans les manuscrits de Dunhuang", em Isabelle ANG e Pierre-Étienne WILL (eds.), *Nombres, Astres, Plantes et Viscères: sept essais sur l'histoire des sciences et des techniques en Asie orientale*, Paris, Collège de France, Institut des hautes études chinoises, 1994, p. 37-88.

11. O Livro das Mutações

31. Sobre as "regras" de interpretação das figuras das *Mutações*, cf. Léon VANDERMEERSCH, *La Voie royale*, t. II, p. 304s.

32. Jacques GERNET, "Sur la notion de changement", em *L'Intelligence de la Chine*, p. 324-325.

33. Léon VANDERMEERSCH, *La Voie royale*, t. II, p. 295.

34. *Xici* (*Grande Comentário*) B 5. Sobre o *shen* como estado máximo de vitalidade e de lucidez do espírito cf. cap. 4, p. 140.

35. Jean LEVI, *Les Fonctionnaires divins*, p. 35-36.

36. Sobre estes dois termos conexos, homófonos e muitas vezes glosados um pelo outro, cf. Isabelle, ROBINET, "*Primus movens* et création récurrente", *Taoist Resources*, 5/2 (1994), p. 29-68.

37. François JULLIEN, *Procès ou Création. Une introduction à la pensée des lettrés chinois (Essai de problématique interculturelle)*, Paris, Éd. du Seuil, 1989, p. 209. Cf. também, do mesmo autor, *Figures de l'immanence. Pour une lecture philosophique du Yi king, le Classique du changement*, Paris, Grasset, 1993.

38. Cf. a biografia do famoso médico da antiguidade, Pian Que, no cap. 105 do *Shiji* (*Memórias históricas*).

39. *Shangjun shu* (*Livro do príncipe Shang*) 1, ed. ZZJC, p. 1.

40. *Laozi* 64.

41. Esta passagem do *Zhongyong*, § 1, é citada integralmente no cap. 6, p. 200.

42. *Huainanzi* 1, ed. ZZJC, p. 4, tradução de Paul DEMIÉVILLE, "Le miroir spirituel", em *Choix d'études bouddhiques*, Leiden, Brill, 1973, p. 13-139. Sobre o *Huainanzi* cf. adiante cap. 12.

43. *Xici* (*Grande Comentário*) A 11-12.

44. *Xici* (*Grande Comentário*) A 12.

45. Cf. A.C. GRAHAM, *Disputers of the Tao*, p. 204-210.

46. Léon VANDERMEERSCH, "Tradition chinoise et religion", em *Catholicisme et Sociétés asiatiques*, Paris e Tóquio, L'Harmattan e Sophia University, 1988, p. 28-29.

47. *Xici* (*Grande Comentário*) A 5.

48. *Xici* (*Grande Comentário*) B 10. Sobre a tríade de Xunzi, cf. acima cap. 8 notas 9 e 10. Sobre as "Três Potências", particularmente na tradição das *Mutações*, cf. Anne CHENG, "De la place de l'homme dans l'univers: la conception de la triade Ciel-Terre-Homme à la fin de l'antiquité chinoise", *Extrême-Orient, Extrême-Occident*, 3 (1983), p. 11-12.

49. *Xunzi* 8, ed. ZZJC, p. 87.

50. *Daxue* (*O Grande Estudo*) 1 e *Zhongyong* (*O Invariável Meio*) 25. Trata-se de dois capítulos do *Tratado dos Ritos* (*Liji*), cf. acima cap. 6 nota 22.

Terceira Parte

Adaptação da herança (séc. III a.C.-séc. IV d.C.)

12
A visão holista dos Han

Até aqui tratamos do período inaugural da história do pensamento chinês, durante o qual tudo foi posto na mesa e delineado: os dados preliminares, os trunfos, os temas importantes, as escolhas decisivas para o futuro. Constituiu-se assim um conjunto de discursos que encontram uma primeira forma de sistematização sob a dinastia dos Han (206 a.C.-220 d.C.). Distinguimos aqui os Han anteriores (206 a.C.-9 d.C.) ou ocidentais por causa da localização de sua capital Chang'an (a atual Xi'an) e, após o interregno de Wang Mang, fundador e único soberano da efêmera dinastia Xin (9-23 d.C.), os Han posteriores (25-220 d.C.), chamados orientais após a transferência da capital para Luoyang. No decurso dos quatro séculos que duram os Han, ao mesmo tempo que se criam instituições e hábitos políticos que irão desempenhar um papel determinante no sistema imperial chinês durante seus dois mil anos de existência, define-se a consciência de uma identidade propriamente chinesa, fundada sobre um conjunto de noções implícitas comuns e sobre um pensamento já formalizado. A visão do mundo característica dos Han ultrapassa de longe, portanto, os limites históricos da dinastia que deu seu nome à etnia dominante e à língua: é a partir de então que os chineses começam a perceber-se como "os participantes de uma mesma civilização"[1].

Os Han têm a fama de terem sido pouco criativos no plano do pensamento, ocupado antes de mais nada em ordenar e classificar a proliferação de idéias que o precedeu. Após a efervescência intelectual dos Reinos Combatentes, em que os pensadores conheceram uma liberdade de movimento e de pensamento sem precedente nem equivalente ulterior, e após o bom encaminhamento e a uniformização impostos por Qin, os Han representam uma fase de ruminação que transforma as inovações em valores adquiridos, em tradição. Por toda parte, há uma azáfama de colecionar, registrar, catalogar. Para citar apenas alguns exemplos, foi criado um "Bureau da música" para recolher as canções, odes e outras baladas populares locais, enquanto são consignados nos anais dinásticos os usos e costumes das diversas regiões do império[2].

A herança intelectual e o *corpus* escritural passam essencialmente por trabalhos de inventário e de catalogação, sobretudo após o traumatismo do auto-de-fé ordenado pelo Primeiro Imperador Qin em 213 a.C.[3] O primeiro – e um dos maiores – dos historiadores chineses, Sima Qian (145?-86?), reproduz em suas *Memórias históricas* (*Shiji*) a classificação das "escolas" ou "famílias" de pensamento (*jia* 家) dos Reinos Combatentes, efetuada por seu pai Sima Tan[4]. Mas, para além deste trabalho de etiquetagem, o pensamento dos Han tem o mérito de elaborar uma visão do mundo coerente e sintética propriamente chinesa, antes da chegada, a partir do início da era cristã, do budismo, que vai transtornar todas as regras do jogo e os dados do problema, introduzindo questões e temas novos.

"Diferentes caminhos para chegar ao mesmo ponto"[5]: esta é uma das fórmulas que retornam quase sempre nos textos Han. A diversidade dos taos próprios dos pensadores dos Reinos Combatentes não é, com efeito, senão a dos pontos de vista sobre a realidade una do Tao, como o diz o último capítulo do *Zhuangzi*:

> Quando o mundo mergulhou na desordem, santos e sábios esconderam-se e o Tao foi dividido, cada um sob o Céu tomou uma parcela dele para se impor. É como acontece com o ouvido, a vista e o olfato, que têm cada qual seu uso, mas não se comuni-

12. A visão holista dos Han

cam: as cem escolas, na proliferação de suas técnicas, têm todas elas técnicas excelentes, úteis para este ou aquele momento, mas nenhuma abrange a globalidade. Aquele que possui apenas uma parte delas recorta a beleza do Céu-Terra e fragmenta o princípio das dez mil coisas[6].

Com toda certeza, a nova visão dos Han está em busca de um ponto de vista panorâmico a partir do qual seja possível não somente ter uma visão de conjunto sobre a proliferação das correntes que precederam, mas também integrá-las num conjunto coerente e sem exclusão. Semelhante projeto caracteriza já os escritos do final dos Reinos Combatentes, a começar pelo *Xunzi*, mas impõe-se em textos do início da época imperial, como o *Lüshi Chunqiu*, composto em Qin por volta de 241-235 a.C., e o *Huainanzi*, apresentado um século mais tarde, em 139 a.C., ao imperador Wu dos Han por seu tio Liu An, rei de Huainan[7].

A corrente "Huang-Lao"

A dinastia Han foi fundada por Liu Bang, mais conhecido por seu nome de imperador Gaozu, homem do povo simples, rude e grosseiro, que se tornou célebre por ter urinado no gorro cerimonial de um dos letrados da corte com os quais o diálogo se manifesta difícil:

> Lu Jia não parava de falar dos Clássicos ao imperador Gao. Irritado, este perguntou: "Eu conquistei o império a cavalo, que necessidade tenho destes Clássicos?" Lu Jia respondeu: "É a cavalo que se conquista o império, mas será a cavalo que o império é governado? Os reis Tang e Wu tomaram certamente o poder à viva força, mas foi pela harmonia que o mantiveram. Saber manejar ao mesmo tempo as armas e a cultura, eis a arte de durar"[8].

Foi o mesmo Lu Jia que aconselhou o novo imperador a tomar distância em relação à dinastia precedente, que devera "fortuna e poder" à aplicação das idéias legistas:

Quanto mais complicamos as coisas, tanto mais reina a desordem. Quanto mais numerosas são as leis, tanto mais se generalizam as infrações. Quanto mais se reina pelas armas, mais inimigos se tem. Se os Qin perderam o império, não foi por falta de vontade de fazer reinar a ordem, foi porque trataram o povo com crueldade e abusaram das punições[9].

Mesmo se o imperador fundador acabou por deixar-se convencer pelos letrados confucianos da necessidade de estabelecer ritos oficiais, a primeira corrente a dominar a corte dos Han (primeira metade do séc. II a.C.) é a corrente chamada "do Imperador Amarelo e de Lao-tse" (Huang-Lao). O que geralmente se inclui nesta denominação é um fenômeno ainda mal definido precisamente pelo fato de que todos os testemunhos da época o supõem conhecido. Hoje este fenômeno está um pouco esclarecido pela descoberta em 1973 de uma série de manuscritos numa tumba em Mawangdui (província de Hunan). Nesta tumba, que data do início dos Han, foi encontrado o mais antigo manuscrito do *Laozi* até hoje conhecido, acompanhado de quatro textos geralmente ligados à tradição do Imperador Amarelo[10]. Uma das preocupações centrais que dele se destacam é a de fornecer ao soberano um guia e técnicas para o exercício do poder, concebido como parte integrante da ordem universal constituída pelo Tao.

Como vimos nas *Memórias históricas*, o Huang-Lao é associado tanto a autores taoístas quanto a autores legistas, a começar por Han Feizi:

> O Tao não é duplo, por isso é chamado Um. Por isso, o soberano esclarecido privilegia a figura solitária do Tao. Soberano e ministro não partilham o mesmo tao; [...] o soberano empunha o nome e o ministro imita a forma. Quando formas e nomes se confundem, há concórdia e harmonia entre superior e inferior[11].

A adequação "das formas e dos nomes" (*xingming* 刑名), no próprio coração do pensamento Huang-Lao, representa a

12. A visão holista dos Han

ancoragem da noção de lei na noção de Tao, ou seja, da ordem política na ordem natural. Nos quatro textos de Mawangdui retorna a idéia de que é o Tao que gera a lei, e que é preciso fazer remontar o fundamento da lei ao começo do cosmos. Uma vez instaurado o dispositivo político que supostamente reproduz o curso do Tao, o soberano não tem "nada mais a fazer senão permanecer tranqüilo". Seu papel limita-se a garantir que "formas" e "nomes" estejam em perfeito acordo e a vigiar o bom andamento desta ordem política ideal. Ele aparece assim sob as feições do sábio taoísta, que, à imagem do Tao, é ao mesmo tempo centro "vazio" e gerador das infinitas mutações do universo.

Parece, portanto, que, no contexto conflituoso do final dos Reinos Combatentes, o *Laozi* e o Huang-Lao atribuem a mesma primazia ao Tao, mas divergem quanto à sua aplicação no domínio humano. O primeiro vê uma maneira de pôr um fim às cobiças das grandes potências através da instauração de pequenas comunidades autárquicas, que não estariam organizadas nem sobre o princípio do lucro nem segundo uma estrutura hierárquica. O Huang-Lao, no qual vemos despontar a ideologia do império centralizado, encontra, pelo contrário, na ordem natural a justificação de uma ordem sociopolítica fortemente hierarquizada: assim como as montanhas são altas e os vales são baixos, assim como o Yang está no alto e o Yin embaixo, alguns são feitos para governar e outros para serem governados. De maneira sintomática, as noções de lei e de adequação das formas e dos nomes são finalmente absorvidas na noção de "não-agir", que, por conseguinte, não tende mais a uma fusão com a ordem natural, mas consiste para cada um em cumprir o papel que lhe foi assinalado. Neste sentido, o *Huainanzi* é provavelmente a obra mais representativa do início dos Han:

> O Céu não tem apenas uma única estação, a Terra apenas uma única riqueza, o Homem apenas uma única atividade. Assim, não há profissões sem multiplicidade de técnicas, não há percursos sem mul-

tiplicidade de direções. [...] Tudo tem uma função apropriada à sua natureza, cada coisa tem sua utilização apropriada[12].

Enquanto o *Laozi* se empenha em apresentar a figura do Santo como soberano ideal, a tradição proveniente do Imperador Amarelo está associada mais especificamente à busca de imortalidade. Parece que a corrente Huang-Lao remonta ao início do séc. IV a.C. no Estado de Qi, cujo antagonismo com a cultura ritualista de Lu é conhecido. Dever-se-ia ligá-la à academia Jixia e ao meio dos *fangshi* – adivinhos, médicos, mágicos que, devido à sua busca do segredo da vida longa, eram muito estimados pelos grandes deste mundo[13]. Com efeito, sua tradição iria conhecer um apogeu sob o reinado do imperador Wu dos Han (140-87 a.C.), tão apaixonado por técnicas de imortalidade como seu ilustre predecessor, o Primeiro Imperador. A figura do sábio, ao mesmo tempo santo e soberano ideal, pivô central do universo, percorre todo o *Huainanzi*:

> Tendo o Céu como dossel de carruagem, não há nada que não o cubra; tendo a Terra como caixa de carruagem, não há nada que não o carregue; tendo as quatro estações como corcéis, não há nada que não esteja a seu serviço. [...] Por isso, ele é rápido sem agitar-se e vai longe sem fatigar-se: empunhando o cabo da essência do Tao, entrega-se a longos passeios pela imensidão terrestre. Longe de intervir ativamente nos negócios do mundo, empurra-os no sentido de seu movimento natural; longe de procurar sondar as mil transformações dos seres, esforça-se por trazer tudo de volta às tendências essenciais[14].

O *Huainanzi*

No *Huainanzi*, ensaio de síntese de toda a especulação antiga numa perspectiva taoizante cuja influência impregnará todo o pensamento Han, está exposta uma concepção do começo do mundo não como criação, mas como desdobramento da rea-

12. A visão holista dos Han

lidade em três tempos a partir do "sopro original" (*yuanqi*). Este começa por diferenciar-se em Yin e Yang, em Céu e Terra, depois particulariza-se através das quatro estações, para enfim diversificar-se até ao infinito nas dez mil coisas, seguindo um processo de "formação-transformação" (*zaohua* 造化):

> Como o Céu e a Terra ainda não estavam formados, e tudo era vasto, imenso, obscuro e sem aspecto, isso foi chamado de Grande Começo. O Tao começou nas imensidões vazias. Estas geraram o universo, do qual nasceu o *qi*. Este assumiu então contornos. O que era puro e leve elevou-se e espalhou-se para dar o Céu. O que era pesado e grosseiro aglomerou-se e coagulou-se para dar a Terra. A concentração pouco densa do puro e do sutil foi fácil; mas a coagulação compacta do pesado e do grosseiro foi difícil. Por isso o Céu foi concluído primeiro e a Terra formada somente depois.
>
> As essências reunidas do Céu e da Terra deram o Yin e o Yang. As essências concentradas do Yin e do Yang deram as quatro estações. As essências dispersas das quatro estações deram as dez mil coisas. O sopro quente do Yang em acumulação gerou o fogo, e a essência do sopro do fogo deu o sol. O sopro frio do Yin em acumulação deu a água, e a essência do sopro da água deu a lua[15]. [...]
>
> Dos sopros rejeitados pelo Céu, os que são soltos dão o vento; dos sopros contidos pela Terra, os que são harmoniosos dão a chuva. [...] Os animais com pêlos e plumas são as espécies que andam e que voam: por isso dependem do Yang. Os animais com carapaça e escamas são as espécies que se encolhem e se escondem: por isso dependem do Yin. [...] Os seres de uma mesma espécie empurram-se uns aos outros, a raiz e os ramos se correspondem[16].

Encontram-se esboçadas aqui a origem do cosmos e sua evolução segundo uma cadeia de oposições binárias a partir da unidade do Tao e do *qi* original, que, indiferenciado, traz em si o princípio de formação e de transformação dos seres: Tao → *qi* → límpido/turvo → Céu/Terra → Yang/Yin → quente/frio → fogo/água → sol/lua etc. A partir daqui elabora-se toda uma "cosmologia correlativa" na qual "explicar e induzir é localizar no interior do esquema (*pattern*)"[17]. Nesta rede de correlações, nenhum distanciamento e nenhuma crítica é possível: tudo é previsto, dado de antemão. É a própria malhagem da rede que faz as vezes de explicação, não sendo testada em nenhum momento sua adequação ao real.

Uma vez armada a rede e ordenadas as coisas por "categorias" (*lei* 類), pode-se proceder por analogia "levando (o raciocínio) de uma categoria à outra" (*tuilei* 推類), ou seja, inferindo por analogia um fenômeno ainda desconhecido a partir de um fenômeno aparentado que procede da mesma categoria. As afinidades ou analogias que é possível discernir entre certas categorias estão no cerne da "ressonância" (*ganying* 感應, literalmente "estimular e responder à estimulação"), pela qual, segundo a cosmologia correlativa, se explicam todos os fenômenos naturais. No capítulo 6 do *Huainanzi* que lhe é consagrado, a ressonância aparece no início como um fenômeno puramente físico de vibração do *qi*, como se produz entre dois instrumentos de música[18]:

> Ora, a ressonância entre as categorias de seres é misteriosa e inapreensível. Não se pode nem justificá-la pelo conhecimento nem explicá-la pela discussão. Assim, quando o vento do leste se eleva, o vinho fermenta e transborda[19]. [...]
>
> Quando o Santo reina, ele traz em seu coração o Tao sem jamais falar, e no entanto sua influência benfazeja atinge os dez mil povos. Quando o príncipe e o ministro se olham de través, segmentos de halo opostos aparecem no céu [de cada lado do sol]. É a prova de que os sopros espirituais estão em ressonância uns em relação com os outros. Assim, as nuvens de montanha tomam a forma de ervas selvagens; as nuvens de rio, a forma de escamas de

12. A visão holista dos Han

peixe; as nuvens de seca, a forma de espirais de fumaça; as nuvens de torrente, a forma de águas espumantes. Cada ser é estimulado por aquilo que a ele se assemelha pela forma e pela categoria. [...]

Quando o afinador de alaúde toca a corda *gong* [num instrumento], a mesma corda [num outro instrumento] responde por ressonância. E quando dedilha a corda *jiao* [num instrumento] a mesma corda [num outro instrumento] põe-se a vibrar. É o fenômeno da harmonia mútua entre notas semelhantes. Suponhamos agora que o afinador modifique a afinação de uma das cordas de tal maneira que ela não corresponda a nenhuma das cinco notas (da escala pentatônica chinesa) e que, quando ela é tocada, as vinte e cinco cordas [de cada um dos instrumentos] se ponham todas a ressonar: não teríamos então a idéia daquilo que ainda não se diferenciou em sons e que no entanto comanda todas as notas?[20]

Em virtude desta visão correlativa, o Homem, enquanto agente cósmico, é posto em relação termo a termo com o Céu e a Terra:

O Céu tem suas quatro estações, seus cinco agentes, suas nove divisões e seus trezentos e sessenta e seis dias; da mesma maneira, o Homem tem seus quatro membros, suas cinco vísceras, seus nove orifícios e suas trezentas e sessenta e seis junturas. O Céu conhece vento, chuva, frio e calor; da mesma maneira, o Homem toma e dá, conhece alegria e cólera. Assim, sua bílis é nuvem, seus pulmões sopro, seu baço vento, seus rins chuva, seu fígado trovão. Com o Céu e a Terra, o Homem constitui uma terceira força da qual o espírito é o senhor[21].

Cosmologia correlativa e pensamento científico

No final de um período farto e complexo no plano das idéias, são quadros de pensamento provenientes de meios originalmente exteriores às escolas filosóficas – astrônomos, adivinhos, médicos, mágicos, mestres de música etc. – que se impõem duradouramente como modelos intelectuais. Por este caminho escuso, encontra-se tapado o fosso que se havia aberto entre o natural e o humano, sendo a moralidade reintegrada definitivamente na ordem cósmica. O pensamento correlativo, "antropo-cosmológico", celebra portanto o reencontro da unidade entre o Céu e o Homem, que caracteriza o pensamento Han e lhe confere a força de uma visão globalizante.

Mas esta unidade foi restabelecida antes que o homem tivesse tido o tempo de pensar-se como uma exceção num universo moralmente neutro à maneira de Xunzi e de Han Fei, ou de desenvolver suas investigações lógicas no prolongamento dos sofistas e dos moístas tardios. Em outras palavras, a unidade entre o Céu e o Homem tornou a fechar-se antes que o pensamento chinês, talvez instado demais a dar sustentação à unificação política mediante uma harmonização ideológica, tenha tido a possibilidade de empenhar-se num processo propriamente científico. Se é fora de propósito lançar um juízo de valor, resta que o modelo correlativo tem como característica não deixar qualquer espaço para o distanciamento, ou seja, para a "descoberta do como se descobre", que alguns situam no coração da revolução científica ocorrida na Europa por volta de 1600. Nas redes correlativas, não se reserva qualquer espaço à dimensão "*metá*": a consciência e a inteligência humanas estão numa imersão total que não lhes permite elaborar o universo circundante como objeto de conhecimento. Isto não está em contradição com o fato de que a inteligência chinesa, como mostraram amplamente os trabalhos dirigidos por Joseph Needham, é de tipo causal no tocante à inventividade prática e tecnológica[22].

Com efeito, o problema de saber se o pensamento cosmológico pode fazer as vezes de pensamento científico ou se o estorva é um falso problema na medida em que, situando-se numa perspectiva mais simbólica do que cognitiva, ele se empenha menos em conhecer do que em manter no mundo humano

12. A visão holista dos Han

um equilíbrio constante segundo o modelo mais incontestável, o do curso natural das coisas. Ficamos impressionados com a divergência cada vez mais acentuada, embora tardiamente reconhecida e aceita, entre as concepções da cosmologia tradicional e as da astronomia que se desenvolve a partir dos Han. Curiosamente, a observação empírica de numerosas anomalias nos movimentos dos astros não levou os astrônomos a rejeitar a forma de pensamento que subjaz às especulações numerológicas, mas cuja incapacidade de prever os fenômenos celestes é manifesta desde os Han: uma visão do mundo que privilegia a regularidade, o equilíbrio e a harmonia no cosmos[23].

Existe, sem dúvida, um lado tranqüilizador neste tipo de relação com o mundo, em que fatos e valores são uma só coisa. Ao contrário do pensamento científico pós-cartesiano que, desembaraçou o cosmos de toda noção de valores, doravante reservados à subjetividade humana, o pensamento chinês lhes preservou quanto ao essencial uma origem cósmica. Na cosmologia correlativa, o homem lê no universo não só os princípios estruturantes, mas também as linhas de conduta que devem ser seguidas. O calendário ritual dos "Mandamentos mensais" do *Tratado dos Ritos* ou o calendário médico do *Cânon interno do Imperador Amarelo* não são apenas descritivos, mas também prescritivos[24]. Não existe hiato entre o que é e o que deveria ser, cabendo a primazia à interação natural entre o homem e seu meio ambiente.

Todo o esforço do pensamento cosmológico tende a representar o Estado como natural, o político como orgânico. A visão que os Han têm do equilíbrio interno do universo vem acompanhada de uma concepção quase medical do corpo político (lembremos que a palavra *zhi* 治 significa ao mesmo tempo "cuidar" e "pôr em ordem"). Assim, a astronomia é para o político o que medicina e fisiognomonia são para o corpo humano: assim como perturbar a ordem macrocósmica provocaria caos e anarquia, negligenciar a ordem microcósmica provocaria doença e desequilíbrio. É sem dúvida este aspecto tranqüilizador de uma harmonia realizada entre a atividade humana e o mundo circundante que explica em grande parte a perenidade dos esquemas cosmológicos. Estes encontram sua expressão mais desenvolvida e mais acabada sob os Han; mas, embora a dinastia desapareça no início do séc. III d.C., a visão do mundo que a havia caracterizado se perpetua para muito além, apesar do surgimento de um pensamento mais rigorosamente científico que só acabará de afirmar-se verdadeiramente no séc. XVII.

O culto da unidade

Após um período inicial em que predomina a ideologia do não-agir própria da corrente "Huang-Lao", a centralização do mundo Han realiza-se efetivamente sob o reinado do imperador Wu (140-87 a.C.). O "Um supremo" (*Taiyi* 太一) torna-se então o objeto de um culto imperial[25] cujo alcance claramente político aparece na "grande unificação" (*da yitong* 大一統) tão exaltada durante a primeira metade da dinastia. A palavra *tong* 統 designa etimologicamente a extremidade exterior do fio de um casulo de seda, donde a idéia de sucessão contínua e de poder unificador. Tendo a fundação da dinastia por um plebeu vulgar transtornado as noções tradicionais de legitimidade, procura-se doravante justificar o reinado da casa dos Han mediante uma intervenção direta do Céu.

O imperador Wu, cujo reinado marca uma enérgica retomada do poder central, tem a astuciosa idéia de associar o mandato celeste à caução de Confúcio, o que lhe permite num mesmo lance desembaraçar-se da influente facção da imperatriz viúva apaixonada pelo Huang-Lao e dotar-se de um novo dispositivo de legitimação. Seu golpe de gênio político foi ter compreendido o papel que podem desempenhar os letrados confucianos na elaboração de uma nova ideologia destinada a servir de base à ordem imperial Han. É ele que, por própria iniciativa, os convida a apresentar, sob forma de memórias, seus conselhos sobre o bom andamento do gover-

12. A visão holista dos Han

no. Os de Dong Zhongshu, ao que parece, mereceram particularmente sua atenção:

> Em nossos dias, cada um dos mestres preconiza seu próprio tao, os homens proferem discursos diferentes, as cem escolas divergem em seus métodos e não chegam a um acordo em suas idéias. Por isso os governantes têm muita dificuldade de manter a unidade e, pelo fato de as leis e as instituições não pararem de mudar, os governados não sabem mais em que confiar. Vosso servidor, estúpido como é, pensa que se deve cortar o acesso e impedir a promoção de tudo quanto não se encontra nas Seis Artes e nos métodos de Confúcio, e que deve-se dar um fim definitivo às teorias viciosas e depravadas. Somente então as normas poderão ser unificadas e os princípios clarificados, e o povo saberá a que se conformar[26].

É, portanto, a vontade de unificar e de controlar as mentes dos servidores do Estado que preside ao edito de 136 a.C., pelo qual o imperador Wu instituiu cadeiras imperiais para os "doutores" sobre os Cinco Clássicos confucianos, com exclusão de qualquer outro *corpus*, depois ao de 124 a.C., que cria a Academia imperial onde são formadas promoções destinadas a alimentar, após exame, as fileiras da burocracia. Estão aqui os germes do conhecido sistema de recrutamento dos funcionários através dos concursos mandarínicos. É sob os Han, cuja legitimidade se proclama fundada não mais no princípio do nascimento e sim do mérito, que a corrente confuciana se torna um fenômeno de massa: instituição de um culto imperial a Confúcio, outorga de privilégios a seus descendentes e, sobretudo, exigência de uma reputação moral de "sabedoria e competência" e de um perfeito conhecimento dos Clássicos para o acesso às funções administrativas.

Dong Zhongshu (apr. 195-115)

Na reforma ideológica que acompanha a centralização do império, Dong Zhongshu desempenha um papel determinante, fornecendo ao novo regime fundamentos cosmológicos provenientes dos Reinos Combatentes[27]. Todo seu pensamento pressupõe, com efeito, a visão do universo como conjunto orgânico regido pelo Céu, "ancestral das dez mil coisas" e, enquanto tal, fonte direta e natural de autoridade e de legitimidade dinástica:

> O pai é o céu do filho. O Céu é o céu do pai. Nada pôde jamais ser gerado sem o concurso do Céu. O Céu é o ancestral das dez mil coisas. Sem o Céu, nenhuma delas poderia ser gerada[28].

É do Céu que procede a ordem tanto natural quanto moral e política; é a ele que tudo obedece, a começar pelo imperador, Filho do Céu e obrigado a agir à semelhanças do Céu:

> É na primavera que o Céu gera; é no senso do humano que o soberano dos homens ama seu povo. No verão o Céu faz crescer; pela virtude o soberano alimenta seu povo. Pela geada, o Céu mata a vegetação; pelos castigos o soberano pune. Deste ponto de vista, a relação manifesta entre o Céu e o Homem é o Tao que liga passado e presente[29].

As premissas da teoria política de Dong Zhongshu podem, portanto, ser resumidas na seguinte fórmula: "Conformidade dos homens ao soberano, conformidade do soberano ao Céu"[30]. A etimologia pelo menos fantasista fornecida para o caractere *wang* 王 ("rei") – três traços horizontais ligados por um traço vertical – vê nele o soberano como pivô central na interseção entre o Céu, a Terra e o Homem:

> O Céu, a Terra e o Homem são as raízes dos dez mil seres. O Céu os gera, a Terra os nutre, o Homem os completa. O Céu os gera como um pai, a Terra lhes prodigaliza do que alimentar-se e vestir-se, o Homem os aperfeiçoa pelos ritos e pela música. Os três estão ligados como braços e pernas, não formam senão um só corpo: nenhum pode faltar[31].

A importância desta concepção no confucionismo Han mede-se pela novidade que introduz em relação à de Jia Yi

12. A visão holista dos Han

(200-168 a.C.). Este, em seu *Livro novo* (*Xinshu*), tentara estabelecer um tipo de controle sobre a autocracia totalitária instaurada pelos Qin e retomada durante os primeiros reinados Han, tornando o imperador responsável diante do povo segundo a tradição derivada de Mêncio. Para Dong Zhongshu, que assim orienta a visão política confuciana por um caminho novo, o imperador é responsável diante do Céu. Pelo próprio fato de ser o representante do Céu, ele não pode governar de maneira puramente arbitrária, mas deve conformar-se a um modelo tanto mais coativo pelo fato de ser celeste: o Tao.

O gênio de Dong Zhongshu e dos ideólogos Han em geral consiste em ter relacionado a ordem sociopolítica hierarquizada com a regulação natural do universo. Por conseguinte, os fundamentos do poder não podem ser de caráter formal ou legal, mas devem ser de caráter cósmico. A ordem de subordinação das cinco relações humanas fundamentais (pai-filho, soberano-ministro, esposo-esposa, irmão mais velho-irmão mais novo, amigo-amigo) encontra-se assim fundada por natureza na ordem cíclica das Cinco Fases, cujo interesse político se cristaliza nos debates sobre a fase a ser adotada pela dinastia[32]. O pensamento do Dong Zhongshu é bem representativo da visão – própria do otimismo triunfante dos Han anteriores – de uma ordem orgânica e globalizante, na qual preponderá o modelo da coesão dos membros no seio de uma mesma família. Dificilmente é por acaso que uma das questões centrais da época Han consiste em determinar se é preciso privilegiar a lealdade do súdito para com seu soberano (*zhong* 忠) ou a piedade filial (*xiao* 孝). Na perspectiva cosmológica de Dong Zhongshu, elas são, tanto uma como a outra, tão naturais como a submissão da Terra ao Céu e do Yin ao Yang[33].

Estabelecendo uma relação de interação entre Céu e Homem, Dong Zhongshu fornece à ordem hierárquica sua melhor garantia de constância e de equilíbrio, a da ordem natural, ao mesmo tempo que instaura uma forma de crítica política caucionada pelo Céu. Através de suas advertências e repreensões ao imperador, mais ou menos abrigadas por trás da interpretação dos preságios, os letrados têm em mãos doravante uma arma política temível que, de fato, contribui para limitar a arbitrariedade do poder imperial. A noção de ressonância presta-se particularmente a uma exploração política na teoria das "calamidades e prodígios" apresentados como outras tantas advertências e sanções celestes, "correspondendo" (*ying* 應) aos desequilíbrios do mundo humano.

O confucionismo dos Han anteriores apresenta-se, portanto, sob uma luz bem diferente do ensinamento original de Confúcio: em sua busca por uma nova unidade, tanto política quanto cultural, ele é levado a tender, nas pegadas de Xunzi, para o pólo da autoridade e das normas institucionais (ou seja, a "dimensão externa da realeza", *waiwang* 外王) em detrimento da introspecção e do valor pessoal (a "dimensão interior da santidade", *neisheng* 內聖) privilegiados por Mêncio[34].

A batalha dos Clássicos

Após a proscrição de sua cultura por Qin e o auto-de-fé de 213 a.C.[35], os letrados confucianos do início dos Han vêem-se na qualidade de guardiães de uma tradição parcialmente perdida e fragmentada, que é preciso restaurar em sua unidade e coerência. Encontrando-se a figura de Confúcio doravante no centro do dispositivo de legitimação da dinastia, o trabalho dos exegetas Han consiste em associar a ele o mais estreitamente possível todo o processo de canonização de textos estabelecidos em versões que variam segundo as escolas e as tradições de comentários.

Enquanto ideólogo da "grande unificação", Dong Zhongshu procura justificativas em sua leitura dos Clássicos, a começar pelos *Anais das Primaveras e Outonos* (*Chunqiu*), sobre os quais apresenta um ensinamento de "doutor" na tradição de Gongyang. Nas pegadas de Mêncio, que por primeiro atribuiu a Confúcio a redação desta crônica puramente histórica[36], o comentário de Gongyang descodifica, na própria formulação do texto, "palavras sutis portadoras de uma grande

12. A visão holista dos Han

mensagem" (*weiyan dayi* 微言大義), através das quais o Mestre teria distribuído "louvores e repreensões" sobre os fatos passados tomados como outras tantas lições para o presente.

Podemos ver assim nas *Primaveras e Outonos* uma grade de referência ou um manual de precedentes, que podem ser utilizados em todos os domínios, inclusive para decidir casos de justiça, como faz Dong Zhongshu, pela primeira vez ao que parece[37]. Vemos ocorrer aqui uma síntese entre a força coercitiva da lei tal qual a concebem os legistas e a obrigação moral estabelecida pelos ritos confucianos, sendo que o único contrapeso ao alcance universal da primeira é a autoridade particularizante dos segundos. O poder da lei que não admite exceção encontra-se assim suavizado pelo particularismo dos ritos que reservam tratamentos diferenciados em função do *status* pessoal, da natureza das relações, das circunstâncias sociais etc. Como bom confuciano, parece que Dong Zhongshu privilegiou a interpretação ritual em oposição à pura objetividade da lei, justificando por exemplo o comportamento de um pai que se abstém de denunciar o filho, ou o de uma mulher que assassina o marido por este haver faltado a seu dever filial. Esta síntese entre a ética confuciana e as instituições legistas, entre os ritos e a lei, e de forma mais geral entre a norma constante (*jing* 經, termo que designa igualmente os Clássicos) e a "adaptação às circunstâncias" (*quan* 權, imagem do fiel da balança, cara aos legistas), constitui uma eminente manifestação daquilo que se convencionou chamar de "confucionização do legismo" sob os Han anteriores[38].

Segundo a exegese da escola Gongyang, as *Primaveras e Outonos* conteriam o ensinamento esotérico de Confúcio, que aparece menos sob as feições de um grande sábio e mais sob as de um profeta visionário, travestido de "rei sem coroa" encarregado da missão celeste de prever para a dinastia Zhou em ruínas um digno sucessor, que não é outro senão a dinastia Han:

> Confúcio via o futuro e sua presciência não tinha limites. Sabia que os Han sucederiam a um período de grandes perturbações. Por isso, compôs normas

para eliminar a desordem, a fim de que fossem transmitidas à posteridade[39].

Isto nos leva naturalmente a curiosos escritos conhecidos sob o termo genérico de apócrifos (*chenwei* 讖緯, literalmente "textos de prognóstico e de trama"), que tiveram sucesso sob reinados carentes de legitimidade entre o fim dos Han anteriores e o início dos Han posteriores, passando pelo interregno de Wang Mang[40]. Esta literatura muito heterogênea é constituída principalmente por textos de natureza profética ou oracular, aos quais acrescentam-se "apócrifos" propriamente ditos. Os *wei* 緯 designam, com efeito, os fios de trama que vêm entrelaçar-se nos fios de urdidura (*jing* 經) que são os Clássicos e respondem sem dúvida à necessidade de guarnecer os textos canônicos com um fio esotérico. Trata-se sem dúvida de tradições antigas associadas ao ambiente dos especialistas em técnicas mais ou menos ocultas (*fangshi*), misturadas com escritos ou diagramas mágicos "descobertos" sob os Han por motivos evidentemente políticos. Numa palavra: um grande baú no qual todo mundo – letrados confucianos bem como detentores de saberes de todos os gêneros – podia encontrar alguma vantagem: revelações, profecias, imaginário político codificado, mas também etimologias, glosas, dados pseudocientíficos de astrologia, numerologia, geomancia, fisiognomonia etc.[41]

É persuadindo os soberanos Han da necessidade de recorrerem aos seus conhecimentos sobre a tradição passada para a gestão do presente que os letrados têm acesso aos círculos do poder. Daí a importância dos debates travados sucessivamente na corte, por iniciativa e em presença do imperador, sobre questões econômicas como os monopólios de Estado sobre o sal e o ferro (81 a.C.)[42], mas também sobre problemas mais acadêmicos como a integração no currículo oficial de certas tradições exegéticas sobre os Clássicos[43].

A presença do imperador nessas reuniões mostra muito bem que mesmo os debates aparentemente mais eruditos comportam um interesse político de extrema importância. É

12. A visão holista dos Han

o caso da controvérsia que opôs os partidários dos Clássicos em "versões antigas" (*guwen* 古文) aos adeptos das "versões modernas" (*jinwen* 今文), que monopolizavam então as cadeiras da Academia imperial. Sob os Han, os Clássicos chamados "modernos" eram as versões oficiais transmitidas em caligrafia clerical corrente no início dos Han, após a uniformização das grafias sob os Qin. No entanto, pela metade do séc. II a.C. começaram a aparecer versões dos Clássicos em estilos "antigos", ou seja, em diversas formas de caligrafia sigilar em uso antes dos Qin. Por serem de grafia mais antiga e terem sido pretensamente encontradas nas paredes da residência de Confúcio em Lu, estas versões podiam reivindicar uma autenticidade maior do que aquelas, transcritas a partir dos Qin, que gozavam de um reconhecimento oficial. Daí surgiu uma controvérsia que iria marcar a constituição, sob os Han, do *corpus* canônico confuciano e cujo alcance iria ultrapassar o estrito domínio filológico para revestir um caráter ideológico[44].

A polêmica inflamou-se no momento em que Liu Xin (32 a.C.?-23 d.C.), bibliotecário dos Arquivos imperiais, quis tornar oficiais alguns textos que ele pretendia ter ali descoberto: o *Comentário de Zuo* (*Zuozhuan*), que Liu Xin relacionava com as *Primaveras e Outonos*, bem como uma versão "antiga" do *Livro dos Documentos*. Após terem devidamente obtido cátedras no extremo final dos Han anteriores e durante o interregno de Wang Mang (9-23 d.C.), estes textos continuaram a ganhar em influência ao longo dos Han posteriores, apesar da vontade manifestada pelo imperador Guangwu (r. 25-57 d.C.) de restaurar os Han ao mesmo tempo que os Clássicos em caligrafia moderna. Estes últimos, após a queda da dinastia, iriam mergulhar num longo esquecimento do qual só iriam reemergir em plena dinastia Qing, pelo final do séc. XVIII[45].

Essas vicissitudes mostram até que ponto o que nós consideraríamos como questões puramente intelectuais representavam, sob os Han, uma questão abertamente política. Para os "doutores" da Academia imperial, tratava-se de defender sua posição privilegiada de detentores da ortodoxia e para os imperadores de privilegiar os textos cujo conteúdo ideológico melhor se adequava à sua preocupação de legitimidade (sendo Wang Mang, sob esta perspectiva, um caso exemplar). Estes textos tornam-se assim objeto de debates na corte e de comentários chamados "por capítulos e versículos", exercício exegético de um gênero novo que consistia em longas e prolixas digressões sobre as implicações morais e políticas de uma palavra ou de uma frase. O que dá lugar a um verdadeiro excesso nas sutilezas e argúcias escolásticas, vigorosamente denunciado por seus adversários[46].

A controvérsia entre partidários dos Clássicos em escrita "moderna" e em escrita "antiga" acabou assim por englobar a oposição entre dois tipos de letrados: aos exegetas das escolas oficiais, dedicados a especular sobre a interpretação a dar à mínima fórmula no sentido aprovado pelo patrocínio imperial, opõem-se letrados menos preocupados com sua carreira e mais com o espírito dos textos. Quem invoca a tradição dos Clássicos "antigos" são, portanto, eruditos autênticos, que se interessam pela etimologia e pela filologia e que estão na origem da maioria dos numerosos dicionários e obras lexicais produzidos sob os Han, como o *Fangyan* (*Repertório de expressões dialetais*) de Yang Xiong ou o *Shuowen jiezi* (*Dicionário etimológico*) de Xu Shen, terminado em 100 d.C.[47]

Yang Xiong (53 a.C.-18 d.C.)

No momento em que o interesse ideológico e político da concepção dos Clássicos domina os espíritos, alguns letrados puros e duros, e por isso marginalizados, não se contentam em comentar, mas tentam inovar. Yang Xiong é um deles. Originário de Chengdu (no antigo reino de Chu e atual província de Sichuan), começa por seguir o exemplo de seus ilustres compatriotas e predecessores, os poetas Qu Yuan (apr. 340-apr. 278 a.C.) e Sima Xiangru (179-118 a.C.), compondo numerosos poemas do tipo *fu* em voga sob os Han[48]. Mas, chegado à maturidade, entrega-se ao estudo dos textos confi-

12. A visão holista dos Han

ados aos seus cuidados nos Arquivos imperiais, sem por isso ceder nem à exegese oficial "por capítulos e versículos" nem às intrigas políticas, ao ponto de ser cognominado "o eremita de corte".

Para Yang Xiong não há maiores fontes de inspiração do que os *Analectos* de Confúcio e o *Livro das Mutações*, e por isso ele compõe "imitações" dos mesmos, respectivamente no *Fayan* (*Palavras modelos*), que esboça em forma dialogada um ideal de sabedoria para o homem[49], e no *Taixuanjing* (*Livro do Mistério supremo*), que procura decodificar as operações do Céu-Terra. Vasta construção que pretende imitar o *Yijing*, ao mesmo tempo que o sistematiza, e que não hesita em atribuir-se o título de Clássico, o *Taixuanjing* conhece um sucesso considerável entre os contemporâneos, apesar de uma linguagem propositalmente hermética[50]. Fiel a seu modelo, comporta uma parte canônica seguida de comentários e utiliza um método de adivinhação derivado da divisão dos caules de milefólio. À dualidade das linhas Yang (um segmento contínuo) e Yin (dois segmentos), Yang Xiong acrescenta uma linha de três segmentos. Estes três tipos de linhas combinam-se, não sobre seis posições, como nas *Mutações*, mas sobre quatro. Em vez de ser feita segundo o modo binário a partir da alternância Yin/Yang, a diversificação no *Taixuanjing* se faz segundo o modo ternário, tendo por matriz a tríade Céu-Terra-Homem, o que dá 81 combinações possíveis. O conjunto do dispositivo apresenta supostamente uma representação simbólica do universo e de suas mutações mais sistemática do que o *Yijing*, consistindo o projeto de Yang Xiong em colocar suas figuras tetragramáticas em correspondência com as divisões do ano. Trata-se nada menos que de relacionar os esquemas cosmológicos com a ciência calendar, ou mesmo com os conhecimentos astronômicos correntes sob os Han[51].

A cosmologia de Yang Xiong integra, como deve ser, as quatro estações (que são no tempo o que os quatro orientes são no espaço) bem como as Cinco Fases e, como ocorre em muitos exegetas Han sobre as *Mutações*, os números são percebidos como um princípio de sincronicidade que regula as correspondências entre o cósmico e o humano. Esta representação esquemática dos processos naturais, contrariamente à visão teleológica de Dong Zhongshu, não comporta nenhum julgamento de valor, não estando o Yin e o Yang, por exemplo, numa relação de superior a inferior, mas numa alternância em pé de igualdade. Yang Xiong tende a substituir a noção de "mutação" (*yi* 易) pela de *xuan* 玄, termo tomado do primeiro capítulo do *Laozi* e geralmente traduzido por "mistério", que designa originalmente o azul, tão profundo que se torna negro. Esta noção está, portanto, associada de maneira privilegiada ao Céu, a tal ponto que Taixuan 太玄 não será senão um outro nome, ou mesmo uma outra forma, de Taiyi 太一, o "Um supremo" ao qual era prestado um culto imperial sob os Han. *Xuan* evoca assim a dimensão misteriosa, obscura e no entanto globalizante que o *Laozi* atribui ao Tao:

> *Xuan* é aquilo que obscuramente faz acontecer as dez mil espécies de coisas sem que se lhe veja a forma.
>
> O Céu, pelo fato de não ser visível, é *xuan*; a Terra, pelo fato de não ter formas, é *xuan*[52].

Em outras palavras, *xuan* não é senão uma designação do sopro uno e original (*yuanqi*), o qual, diversificando-se (primeiro na dualidade Yin/Yang, e depois nas Cinco Fases etc.), faz aparecer por si mesmo as dez mil coisas. Nisto Yang Xiong, cuja concepção opõe-se tanto à cosmologia teleológica de Dong Zhongshu quanto ao "estudo do Mistério" (*xuanxue* 玄學) que iria fazer as delícias de Wang Bi no período imediatamente posterior aos Han, herdou o naturalismo da academia Jixia, retomado depois dele por racionalistas como Huan Tan (apr. 43 a.C.-28 d.C.), o matemático astrônomo Zhang Heng (78-139 d.C.) e sobretudo Wang Chong[53].

Wang Chong (27-apr.100 d.C.)

Se Yang Xiong foi um "eremita de corte", Wang Chong foi, se não um eremita simplesmente, pelo menos um margi-

12. A visão holista dos Han

nal, provavelmente menos por opção do que por força das circunstâncias. Após inícios promissores na Academia imperial, parece que seu temperamento crítico e desconfiado atraiu sobre ele bem depressa aborrecimentos com seus superiores e o levou a contentar-se com uma carreira provincial e subalterna que o deixou amargo[54]. Sua obra-prima, o *Lunheng* (título geralmente traduzido por "Ensaios críticos", mas que significa literalmente "Teorias postas na balança"), distancia-se da massa da literatura Han por seu projeto e seu discurso bem pessoais de autor, com toda sua exigência de lucidez intelectual e sua vontade deliberadamente crítica:

> O *Lunheng* propõe-se colocar as teorias na balança e restabelecer o equilíbrio entre o verdadeiro e o falacioso, sem construir belas frases e discursos ornamentados, destinados a ilustrar uma visão extraordinária. Encontra seu ponto de partida nos erros humanos e incrimina com feroz determinação os costumes deste tempo, cuja natureza é gostar excessivamente de histórias extraordinárias e deleitar-se com literatura vã[55].

Aos olhos da modernidade, semelhante declaração de princípios não deixou de fazer de Wang Chong o campeão do racionalismo numa época de obscurantismo e de superstições. Olhando mais de perto, é forçoso reconhecer que seu pensamento, embora *a priori* crítico, só funciona no interior do esquema cosmológico preestabelecido: à semelhança de Dong Zhongshu, cujas teses no entanto ele não perde ocasião de atacar, Wang Chong crê na astrologia, na fisiognomonia, nos sinais anunciadores de acontecimentos importantes, e até retoma sem discussão certas superstições de seu tempo. Se Wang Chong é provavelmente o único pensador Han a submeter à prova do senso comum a noção de ressonância onipresente em sua época, sua crítica permanece no interior de seu objeto, sem jamais chegar a libertar-se dela e tomar a distância necessária para fundamentar uma epistemologia. Permanecendo apenas no plano empírico, sua argumentação limita-se àquilo que é verificável pelo fato de sua proximidade, pela simples razão de que "é permanecendo sob o telhado que se percebe que ele foge"[56]. O fenômeno de ressonância não pode, portanto, verificar-se senão entre seres ou coisas bastante próximas para poderem entrar em interação. Nas pegadas de Xunzi, para quem o Céu é insensível às vicissitudes humanas, Wang Chong dedica-se a mostrar que a ressonância não funciona entre o Céu e o mundo humano, encarecendo a desproporção física e a distância espacial que os separam:

> O Céu é um corpo e neste aspecto não difere da Terra. Todos os corpos têm orelhas na cabeça: não existe corpo com orelhas separadas dele. O Céu está a diversos milhares de léguas de distância dos homens, as orelhas no corpo do Céu deveriam portanto perceber palavras que vêm da mesma distância, o que é impossível. Quando um homem está no alto de uma torre, não chega nem a ver o corpo das formigas no solo e, com mais razão, não escuta seu ruído, porque as formigas são muito menores do que o homem e seu ruído não consegue atravessar um espaço tão grande. O Céu é muito mais alto que o cume de uma torre, e o homem é muito menor em relação ao Céu do que as formigas em relação a ele mesmo. É falso, portanto, afirmar que o Céu reage por sinais favoráveis ou desfavoráveis às palavras boas ou más do homem[57].

Aparece com bastante clareza que Wang Chong não critica a noção de ressonância em si como fenômeno físico, mas apenas a despoja da intencionalidade e da dimensão teleológica de que se encontra investida desde Dong Zhongshu. Não vê nela, por sua vez, senão um processo puramente natural e espontâneo, o "por si mesmo assim" (*ziran* 自然) dos taoístas, passando assim por precursor das Seis Dinastias. É em nome deste naturalismo, que concebe toda realidade em termos de energia (*qi*), que Wang Chong rejeita toda idéia de justiça imanente, sobretudo a crença na imortalidade e na existência dos espíritos. Ele é levado, assim, a uma visão determinista

12. A visão holista dos Han

dominada pela obsessão do destino (*ming* 命): ninguém pode ter a garantia de que uma boa conduta assegurará um bom destino, pelo fato simplesmente natural de que diversos ciclos de *qi* atuando em diferentes níveis (dinástico, regional etc.) podem interferir no *qi* que rege a existência individual, à maneira de ondas contrárias que acabam por neutralizar-se:

> As relações que um homem mantém com seus superiores, os dissabores que encontra em sua carreira, tudo isso é questão de destino. Há um que decide sobre a vida e a morte, a longevidade ou o desaparecimento prematuro; há um que decide sobre uma posição elevada ou humilde, sobre a riqueza ou a pobreza. Desde os reis e príncipes até os homens comuns, desde os santos e os sábios até os últimos dos imbecis, dentre todos os seres que têm cabeça, olhos, sangue, não há nenhum que escape ao destino[58].

A visão determinista de Wang Chong tem suas incidências sobre sua concepção da natureza humana:

> A natureza do homem mediano depende de sua educação: se ela é boa, ele se tornará bom; se ela é má, ele se tornará mau. Somente as pessoas extremamente boas ou extremamente más não mudam, seja qual for sua educação. Por isso Confúcio diz: "Somente as pessoas sumamente inteligentes e as pessoas sumamente estúpidas não mudam". Certas naturezas são tão boas ou tão más que mesmo a melhor educação nada pode fazer[59].

Se Confúcio é citado aqui como uma autoridade, em outros lugares ele é "questionado"[60]. Numa época em que os exegetas dos "textos modernos" o transformaram numa figura sacrossanta, quase divinizada, não ver nele senão um pensador, mesmo que o mais eminente, suscetível de ser discutido, e mesmo contestado, não é apenas uma característica dos partidários dos "textos antigos", mas a maneira de ser de um espírito crítico particularmente audacioso. Sendo assim, é tanto mais espantoso que este grande carrasco de embustes intelectuais julgue no entanto bom (ou prudente) consagrar um capítulo à "glória dos Han", elogio ditirâmbico da *pax sinica* estabelecida pela dinastia:

> Os bárbaros do Noroeste fazem parte hoje do império, os selvagens de ontem vestem roupas de corte, os que passeavam de cabeça descoberta trazem um gorro, os que andavam descalços trazem calçados. As terras pedregosas tornaram-se campos férteis, os solos mais irregulares estão aplainados. Os revoltados e os insubmissos foram transformados em súditos dóceis e virtuosos. Se isto não é a idade da Grande Paz (*taiping* 太平), o que é então?[61]

O espírito crítico de Wang Chong parece ter tido ao menos alguma relação com sua posição, desejada ou suportada, de letrado situado à margem da esfera do poder central, posição que ele compartilha com a maioria dos grandes nomes associados à tradição dos "textos antigos", afastada do *establishment* ideológico e institucional durante os dois séculos dos Han anteriores. No entanto, em comparação com o extraordinário otimismo que animou esta primeira parte da dinastia, a segunda parece em posição de recesso.

Os Han posteriores (25-220 d.C.)

Após o efêmero parêntese aberto por Wang Mang (9-23) e sua restauração pelo imperador Guangwu (r. 25-57), a dinastia Han não apresenta mais o mesmo rosto: após dever seu poder a uma visão unitária na qual o soberano é o pivô do mundo humano e cósmico, ela deve doravante enfrentar tendências centrífugas sempre mais fortes. Após o fracasso retumbante de Wang Mang diante das esperanças nele depositadas pelos confucianos idealistas, após a restauração conservadora da ortodoxia que ocorre na primeira parte da dinastia, os letrados dos Han posteriores desinteressam-se cada vez mais do papel que até então desempenhavam no funcionamento do poder imperial. São obrigados a reconhecer que

12. A visão holista dos Han

nem os imperadores Han nem Wang Mang realizaram a "Grande Paz" na qual um Wang Chong ainda se esforça por acreditar apesar de tudo[62].

À desilusão moral dos letrados vem somar-se um sentimento de desânimo em face da exegese tal como é praticada na Academia imperial. Os eruditos autênticos reagrupam-se na maioria ao redor da tradição dos "textos antigos". Alguns, como Ma Rong (79-166) e seu ilustre discípulo, o grande exegeta Zheng Xuan (127-200), fundam escolas privadas que tendem a suplantar a Academia no domínio dos estudos clássicos. É ao redor destes centros animados por letrados prestigiosos que se forma um mundo intelectual paralelo, que dominará a cena após a queda dos Han e no qual são perceptíveis os primeiros sinais de um renovado interesse pelos textos taoístas.

A partir do reinado do imperador Huan (146-168) observa-se, em homens de sólida reputação no plano local, uma tendência crescente a recusar-se a servir nas fileiras da burocracia, conquistando assim a aprovação geral por sua opção moral, a tal ponto que o eremitismo protestatário acaba tornando-se moda. O antagonismo entre estes confucianos "puros" e os eunucos que os afastaram do cargo de conselheiros junto aos imperadores explode em luta aberta pelo poder em 166. Os partidários ligados ao movimento dos "julgamentos puros" (*qingyi* 清議) são então atingidos por uma proscrição, são privados do acesso às funções governamentais e encarcerados[63]. Estas perseguições, as primeiras de uma série que iria pontilhar a história imperial, marcam o início do fim para os Han.

Na desorganização geral dos letrados sob os Han posteriores, duas atitudes continuam possíveis: ou endurecer-se numa posição mais pragmática e utilitarista bebendo nas fontes de inspiração legista, ou refugiar-se numa pureza e numa autonomia individuais, longe das responsabilidades políticas, à maneira taoísta. Alguns confucianos como Wang Fu (apr. 85-165), Cui Shi (apr. 110-170), Zhongchang Tong (nascido em 180) ou Xu Gan (170-217)[64] optam pela primeira solução, esforçando-se por recentrar seu pensamento sobre as urgentes necessidades do momento, sobretudo o problema levantado pelo recrutamento de funcionários cuja virtude e capacidade não repousassem unicamente sobre seu renome, mas sobre uma real competência. No ocaso dos Han reaparece, portanto, o tema da adequação entre nomes e realidades, que estivera em destaque na corrente Huang-Lao no início da dinastia e que iria alimentar toda uma reflexão sobre a noção de talento e seus critérios.

Para prevenir a falência da dinastia, a alternativa à busca pragmática de métodos de governo mais eficazes é o recurso ao fundo taoísta. A predileção pelo *Laozi* e pelo *Zhuangzi*, banidos dos estudos oficiais desde o estabelecimento do monopólio dos Clássicos confucianos pelo imperador Wu, reaparece desde meados dos Han posteriores em grandes letrados que se desobrigam cada vez mais de seu papel de sustentáculo da dinastia, à medida que esta cai sob a dependência do gineceu (clãs das imperatrizes e eunucos). A partir do início do séc. II d.C. sucedem-se reinados de curta duração ou de imperadores-crianças que se desviam da tradição canônica para interessar-se por cultos menos austeros, como o de Lao-tse divinizado ou mesmo do Buda, cujo nome começa a circular na China a partir do séc. I d.C.[65]

É neste momento que aparece um taoísmo coletivo que, pela primeira vez em sua história, toma uma forma organizada, e até institucionalizada, sobretudo na seita dos Turbantes Amarelos no centro e no Leste[66]. Liderada por Zhang Jue, ela condena a dinastia Han em decomposição e proclama o advento iminente do reinado da Terra (donde a cor amarela dos turbantes), que deve, segundo o ciclo de geração dos Cinco Agentes, suceder ao Fogo dos Han. É em virtude desta crença milenarista na realização imediata da era da "Grande Paz" que o Caminho do mesmo nome, inspirando-se no *Livro da Grande Paz* (*Taipingjing*)[67], desencadeia contra os Han uma revolta em 184, ano inaugural de um novo ciclo de sessenta anos.

Os Han conseguem, no entanto, esmagar a revolta, enquanto na província de Sichuan se desenvolve, sob a égide de

12. A visão holista dos Han

Zhang Daoling, o Caminho dos Cinco Alqueires de arroz (por referência à contribuição que deviam dar seus adeptos), mais conhecido pelo nome de "Caminho dos Mestres celestes". A seita adquiriu importância considerável chegando a formar um verdadeiro Estado, com seus exércitos e suas divisões administrativas organizadas segundo modelos cosmológicos, sob a direção dos descendentes de Zhang Daoling, cuja linhagem se perpetua até hoje[68].

Notas do capítulo 12

1. Jacques GERNET, *L'Intelligence de la Chine. Le social e le mental*, Paris, Gallimard, 1994, p. 135. Cf. o livro ricamente ilustrado de Michèle PIRAZZOLI-T'SERSTEVENS, *La Chine des Han, histoire et civilisation*, Friburgo (Suíça), Office du livre, 1982.

2. Cf., por exemplo, o "Tratado sobre a geografia" do *Han shu* (*Anais dos Han anteriores*) ou o *Fengsu tongyi* (*Suma dos usos e costumes*) de Ying Shao (segunda metade do séc. II d.C.).

3. Em 213 a.C., por ordem do Primeiro Imperador, as cópias oficiais de textos considerados canônicos na tradição confuciana foram destruídas pelo fogo, ao mesmo tempo que alguns letrados eram condenados a ser enterrados vivos. Mas é preciso levar em conta a demonização de Qin, feita pelos Han num espírito de propaganda, e lembrar o elemento de continuidade entre os estudos clássicos dos Qin e os do início dos Han. Cf. Jens Ostergard PETERSEN, "Which books did the First Emperor of Ch'in burn? On the meaning of *pai chia* in early Chinese sources", *Monumenta Serica*, 43 (1995), p. 1-52.

4. O *Shiji*, concluído em 91 a.C., é uma das fontes principais de informações sobre o período Han (cf. acima cap. 2 nota 2), com o *Han shu* (*Anais dos Han anteriores*), redigido quase dois séculos mais tarde por Ban Gu (32-92), entre 74 e 84 d.C. Para a classificação de Sima Tan, cf. *Shiji* 130 e *Han Shu* 88, bem como a análise de Benjamin E. WALLACKER, "Han Confucianism and Confucius in Han", em David T. ROY e Tsuen-hsuin TSIEN (eds.), *Ancient China: Studies in Early Civilization*, Hong Kong, Chinese University Press, 1978, p. 217-218.

Acerca da noção de "escolas" na China antiga, Nathan SIVIN (cf. *Philosophy East and West*, 42/1 [1992] p. 27) observa que, ao contrário da concepção grega de escola formada de oradores e de polemistas em praça pública, ela corresponde muito mais a classificações bibliográficas do que a agrupamentos de pessoas. Na China as escolas distinguiam-se entre si por preservarem e transmitirem *corpus* diferentes de textos escritos, numa linhagem de transmissão que se assemelhava muito a uma filiação (donde a palavras *jia* 家, que designa o clã). Sivin cita o caso do *Laozi* e do *Zhuangzi*, que se viram agrupados sob a etiqueta de "escola" taoísta (*daojia* 道家) pela simples razão de que tradições de interpretação sobre estes dois textos encontravam-se no mesmo setor da biblioteca imperial.

5. *Huainanzi* (*Mestre de Huainan*) 20, ed. ZZJC, p. 353. Uma fórmula semelhante encontra-se, por exemplo, no *Fengsu tongyi* (*Suma dos usos e costumes*) 5, ed. ZZJC, p. 35.

6. *Zhuangzi* 33, ed. *Zhuangzi jishi* de GUO Qingfan do ZZJC, p. 462-463. Este último capítulo, tardio, poderia muito bem datar do início dos Han.

7. Sobre o *Lüshi Chunqiu* (*Primaveras e Outonos do senhor Lü*) cf. acima cap. 10 nota 2. Sobre o *Huainanzi* (*O Mestre de Huainan*), cf. mais adiante.

8. *Shiji* (*Memórias históricas*) 97, p. 2699. Os reis Tang e Wu são os fundadores respectivos das dinastias antigas dos Shang e dos Zhou.

9. *Xinyu* (*Novas Palavras*), cap. 4 ("Não-agir"), ed. ZZJC, p. 7. Cf. a tradução do *Xinyu* para o inglês por KU Mei-kao, *A Chinese Mirror for Magistrates: The Hsin-yü of Lu Chia*, Canberra, Australian National University, 1988.

10. Alguns vêem aqui os "Quatro Clássicos do Imperador Amarelo", mencionados no "Tratado bibliográfico" dos *Anais dos Han anteriores* (*Han shu yiwenzhi*). Pode-se encontrar a tradução de alguns extratos em Jean LEVI, *Dangers du discours (Stratégies du pouvoir IVe et IIIe siècles av. J.-C.)*, Aix-en-Provence, Alinéa, 1985. Cf. igualmente Michael LOEWE, *Chinese Ideas of Life and Death: Faith, Myth and Reason in the Han Period*, Londres, Allen and Unwin, 1982; e Robin D.S. YATES, *Five Lost Classics. Tao, Huanglao, and Yin-Yang in Han China*, Nova York, 1997.

11. *Han Feizi* 8, ed. ZZJC, p. 32. Cf. acima cap. 9 notas 24 e 25.

12. *Huainanzi* 20, ed. ZZJC, p. 353.

13. Sobre os *fangshi*, cf. acima cap. 10 nota 7.

14. *Huainanzi* 1, ed. ZZJC, p. 3.

15. As "essências" (*jing* 精) constituem a forma mais sutil da energia primordial, do *qi*.

16. *Huainanzi* 3, ed. ZZJC, p. 35-36. Para uma tradução em inglês, cf. John S. MAJOR, *Heaven and Earth in Early Han Thought: Chapters*

12. A visão holista dos Han

Three, Four and Five of the Huainanzi, Albany, State University of New York Press, 1993. Para uma tradução parcial do *Huainanzi* em francês (cap. 1, 7, 11, 13 e 18), cf. Claude LARRE, Isabelle ROBINET, Élisabeth ROCHAT DE LA VALLÉE, *Les Grands Traités du Huainan zi*, Paris, Cerf, 1993. Cf. também Harold D. ROTH, *The Textual History of the Huai-nan Tzu*, Ann Arbor, American Association for Asian Studies, 1992; e Griet VANKEERBERGHEN, *Huainanzi and Liu An's Claim to Moral Authority*, Albany, State University of New York Press, 2001.

Esta cosmogonia, na qual vemos os sopros leves Yang elevar-se para formar o Céu e os sopros densos Yin descer para formar a Terra, reclama uma divisão análoga no ser humano entre dois tipos de almas que procuram deixar o corpo para retornar à origem: as almas *hun* aspiram a elevar-se para o Céu por serem Yang e as almas *po* a retornar à Terra por causa de sua natureza Yin.

17. A.C. GRAHAM, *Disputers of the Tao*, p. 320.

18. A título de exemplo, a invenção do primeiro aparelho de detecção de terremotos, desde o tempo dos Han, em 132 d.C., "aplica uma noção de ação à distância, que [...] é de origem mágica" (Jacques GERNET, *L'Intelligence de la Chine*, p. 253). Trata-se da ressonância de que se fala no cap. 6 do *Huainanzi*, sobre o qual cf. Charles LE BLANC, *Huai-nan Tzu: Philosophical Synthesis in Early Han Thought*, Hong Kong University Press, 1985.

19. A ressonância entre o Leste e o azedo deve-se à sua pertença comum à categoria Madeira.

20. *Huainanzi* 6, p. 90-92. A pergunta final da citação evoca o "Grande Som" (o que ainda não começou a diferenciar-se em sons particulares) do *Laozi*.

21. *Huainanzi* 7, p. 100.

22. Cf. Joseph NEEDHAM, *La Science chinoise et l'Occident* (trad. de *The Grand Titration*), Paris, Éd. du Seuil, 1973, bem como a monumental *Science and Civilization in China*, Cambridge University Press; cf. também Nathan SIVIN, "Why the scientific revolution did not take place in China – or didn't it?", em *Chinese Science*, 5 (1982), p. 45-66; HO Peng Yoke, *Li, Qi and Shu: An Introduction to Science and Civilization in China*, Hong Kong University Press, 1985.

23. Cf. John B. HENDERSON, *The Development and Decline of Chinese Cosmology*, Nova York, Columbia University Press, 1984, cap. 3.

24. Sobre os "Mandamentos mensais" cf. acima cap. 10 nota 25. O *Cânon interno do Imperador Amarelo* (*Huangdi neijing*), geralmente datado no séc. I a.c., evoca a rede cósmica tecida pelo par Yin/Yang e as Cinco Fases, bem como as correlações entre o mundo natural (macrocosmo), o corpo humano (microcosmo) e o modelo Han do Estado imperial. Cf. a exposição bem abastecida de Nathan SIVIN, "Huang ti nei ching", em Michael LOEWE (ed.), *Early Chinese Texts: Bibliographical Guide*, Berkeley, University of California, 1993, p. 196-215. Cf. também Donald J. HARPER, *Early Chinese Medical Literature: The Mawangdui Medical Manuscripts*, Londres e Nova York, Kegan Paul International, 1998.

25. Foi em 113 a.C. que o imperador Wu, a conselho dos *fangshi* (cf. cap. 10 notas 7 e 8), teria prestado pela primeira vez um culto ao "Um supremo", ao qual vinha associar-se o do "Céu-Um" e da "Terra-Uma" para formar os "Três-Um", cf. *Shiji* (*Memórias históricas*) 28, p. 1394, e *Han shu* (*Anais dos Han anteriores*) 6, p. 185 e 25 A, p. 1230. Cf. Kristofer SCHIPPER, *L'Empereur Wou des Han dans la légende taoïste, Han Wu-ti nei-tchouan*, Paris, École française d'Extrême-Orient, 1965.

26. Memorial de Dong Zhongshu, citado em *Han shu* (*Anais dos Han anteriores*) 56, p. 2523. As "Seis Artes" designam aqui os Seis Clássicos confucianos (*Mutações, Documentos, Odes, Primaveras e Outonos, Ritos* com o acréscimo do *Livro da Música*, já desaparecido enquanto texto sob os Han).

27. Cf. Marianne BUJARD, "La vie de Dong Zhongshu: énigmes et hypothèses", *Journal asiatique*, 280/1-2 (1992), p. 145-217.

28. *Chunqiu fanlu* 70, ed. *Xinbian zhuzi jicheng*, Pequim, Zhonghua shuju, 1992, p. 410. O *Chunqiu fanlu* (*Profusão de orvalho sobre as Primaveras e Outonos*), obra atribuída a Dong Zhongshu, levanta enormes problemas de autenticidade, que os eruditos geralmente preferiram deixar de lado. Vários pesquisadores tentaram recentemente colocar novamente um pouco de ordem neste "chop-suey textual", para retomar a expressão de Gary ARBUCKLE, cf. "Restoring Dong Zhongshu (BCE 195-115): An Experiment in Historical and Philosophical Reconstruction", tese de PhD., University of British Columbia, 1991. Cf. igualmente Sarah QUEEN, *From Chronicle to Canon: The Hermeneutics of the Spring and Autumn Annals according to Tung Chung-shu*, Cambridge University Press, 1966. E, por fim, Marianne BUJARD, *Le Sacrifice au Ciel dans la Chine ancienne. Théorie et pratique sous les Han occidentaux*, Paris, École française d'Extrême-Orient, 2001. Existe uma tradução para o alemão dos seis primeiros capítulos por Robert GASSMANN, *Tung Chung-shu Ch'un-ch'iu Fanlu: Üppiger Tau des Frühling- und Herbst-Klassikers: Übersetzung und Annotation der Kapitel eins bis sechs*, Berna, Peter Lang, 1988.

12. A visão holista dos Han

29. *Han shu* (*Anais dos Han anteriores*) 56, p. 2515. Cf. a tradução para o inglês de Homer H. DUBS, *The History of the Former Han Dynasty by Pan Ku*, 3 vols., Baltimore, Waverly Press, 1938-1955.

30. *Chunqiu fanlu* 2, p. 31.

31. *Chunqiu fanlu* 19, p. 168.

32. Escolhendo a Terra em 104 a.C., os Han expressam uma vontade de distanciar-se de Qin, associado ao reinado da Água. Quando Wang Mang situa sua dinastia Xin (9-23 d.C.) na fase da Terra em virtude do ciclo de geração e não mais de conquista, ele reivindica uma legitimidade natural que desmente sua reputação de usurpador. Esta encontra-se, no entanto, reafirmada pelo imperador Guangwu ao restaurar a dinastia Han sob o signo do Fogo em 25 d.C. Cf. Michael LOEWE, "Water, Earth and Fire: the Symbols of the Han Dynasty", republicado em *Divination, Mythology and Monarchy in Han China*, Cambridge University Press, 1994, p. 55-60. Cf. também, do mesmo autor, a obra indispensável sobre os Han anteriores, *Crisis and Conflict in Han China, 104 BC to AD 9*, Londres, Allen and Unwin, 1974.

Sobre o ciclo das Cinco Fases cf. cap. 10. A partir dos Han o esquema quinário impõe-se em toda parte, encontrando correlações em todos os domínios: as cinco constantes da ética confuciana, os cinco aspectos da natureza humana, os cinco grandes períodos da antiguidade chinesa, os Cinco Clássicos etc.

33. A idéia de combinar a lealdade política com a piedade filial encontra-se no *Livro da piedade filial* (*Xiaojing*), elevado à categoria de Clássico desde sua "descoberta" (vale dizer, sua fabricação) sob os Han anteriores. Tradução para o inglês de Ivan CHEN, *Hsiao ching: The Book of Filial Piety*, 1908, reed. Londres, John Murray, 1968, e para o italiano de Fausto TOMASSINI em *Testi confuciani*, Turim, UTET, 1974.

34. Sobre esta bipolaridade confuciana cf. cap. 2, "Retrato do príncipe enquanto homem de bem".

35. Cf. acima nota 3.

36. Cf. *Mengzi* III B 9 e IV B 21. Cf. também cap. 12 nota 34.

37. O catálogo bibliográfico dos *Anais dos Han anteriores* (*Han shu yiwenzhi*, p. 1714) menciona "Casos de justiça resolvidos por Dong Zhongshu segundo o *Gongyang*", que teriam sido em número de 232 e dos quais não sobram atualmente senão 8 fragmentos. Eles são apresentados e traduzidos por Gary ARBUCKLE em "Former Han Legal Philosophy and the *Gongyang zhuan*", *British Columbia Asian Review*, 1 (1987), p. 1-25.

38. Cf. CH'U T'ung-tsu, *Law and Society in Traditional China*, Paris, Mouton, 1961, p. 278. Cf. também Anne CHENG, "Le statut des lettrés sous les Han", em Charles LE BLANC e Alain ROCHER (eds.), *Tradition et innovation en Chine et au Japon. Regards sur l'histoire intellectuelle*, Presses de l'université de Montréal, 1966, p. 69-92.

Sobre *quan* e a imagem da balança no pensamento legista cf. cap. 9 notas 14 e 15.

39. Assim fala He Xiu (129-182), último representante importante da escola Gongyang sob os Han posteriores, em seu subcomentário sobre toda a última rubrica das *Primaveras e Outonos*. Cf. Anne CHENG, *Étude sur le confucianisme Han: l'élaboration d'une tradition exégétique sur les Classiques*, Paris, Collège de France, Institut des hautes études chinoises, 1985, p. 244-250; e "La Maison des Han: avènement et fin de l'histoire", *Extrême-Orient, Extrême-Occident*, 9 (1986), p. 29-43. Sobre a história textual do *Chunqiu* e de seus principais comentários cf., da mesma autora, "Ch'un ch'iu, Kung yang, Ku liang and Tso chuan", em Michael LOEWE (ed.), *Early Chinese Texts: A Bibliographical Guide* (referências acima na nota 24), p. 67-76.

40. A origem e o conteúdo deste *corpus* de textos permanecem mal conhecidos por causa de proscrições sucessivas, entre 267 e 1273. Cf. Max KALTENMARK, "Les *tch'an-wei*", *Han-hiue*, II/4 (1949), p. 363-373; Jack DULL, "A Historical Introduction to the Apocryphal (*Ch'an-wei*) Texts of the Han Dynasty", tese de PhD., não publicada, da Washington State University, 1966; Anne CHENG, "La trame et la chaîne: aux origines de la constitution d'un corpus canonique au sein de la tradition confucéenne", *Extrême-Orient, Extrême-Occident*, 5 (1984), p. 13-26.

41. Cf. NGO Van Xuyet, *Divination, magie et politique dans la Chine ancienne*, Paris, 1976; e Kenneth J. DE WOSKIN, *Doctors, Diviners and Magicians of Ancient China: Biographies of Fang-shih*, Nova York, Columbia University Press, 1983.

42. A obra conhecida sob o título *Debates sobre o sal e o ferro* (*Yantie lun*) traz o teor destes debates sob a forma de diálogos que atestam acaloradas tensões entre os conselheiros da corte, partidários de um pragmatismo legista, e os letrados, preocupados em resistir ao argumento puramente material em nome dos grandes princípios morais. Para uma tradução ao inglês, cf. Esson M. GALE, *Discourses on Salt and Iron: A Debate on State Control of Commerce and Industry*, 1931, reed. Taipei, Chengwen, 1973. Extratos são traduzidos para o francês por Delphine BAUDRY-WEULERSSE, Jean LEVI e Pierre BAUDRY em *Dispute sur le sel e le fer*, Paris, Seghers, 1978.

43. As mais conhecidas são as reuniões do pavilhão Shiquge em 51 a.C. e da Sala do Tigre Branco em 79 d.C. Esta, a última do gênero sob os Han, inspirou uma grande compilação, o *Bohu tong*, cf. TJAN Tjoe Som, *Po*

12. A visão holista dos Han

Hu T'ung: The Comprehensive Discussions in the White Tiger Hall, 2 vols., Leiden, Brill, 1949 e 1952.

44. Sobre a polêmica entre *jinwen* e *guwen*, cf. Anne CHENG, *Étude sur le confucianisme Han* (citado acima na nota 39); cf. também Michael NYLAN, "The *Chin-wen/Ku-wen* Controversy in Han Times" e Hans VAN ESS, "The Old Text/New Text Controversy: Has the 20th Century got it wrong?", *T'oung Pao*, 80 (1994), p. 82-144 e p. 145-169 respectivamente.

45. Sobre o ressurgimento da contenda entre "textos modernos" e "textos antigos" sob os Qing cf. cap. 22.

46. Cf. *Han shu* (*Anais dos Han anteriores*) 30, p. 1723-1724 e 88, p, 3620. Verdadeiros recordes são atingidos neste domínio, como o comentário de cem mil palavras sobre os dois caracteres *Yao dian*, que formam o título de um capítulo do *Livro dos Documentos*. A inflação dos comentários é proporcional à dos efetivos. Quando são criadas cátedras na Academia imperial sob o reinado do imperador Wu, uma única escola de interpretação é admitida para cada um dos Cinco Clássicos. No final dos Han anteriores o número total de escolas já se eleva a uma vintena. No decurso do mesmo período o número de alunos da Academia imperial passa de cinqüenta para três mil, e depois para trinta mil sob os Han posteriores.

47. Sobre o *Fangyan*, cf. Paul L.-M. SERRUYS, *The Chinese Dialects of Han Time according to Fang Yen*, Berkeley, University of California Press, 1959. Sobre o *Shuowen jiezi*, cf. Françoise BOTTÉRO, *Sémantisme et classification dans l'écriture chinoise. Les systèmes de classement des caractères par clés du Shuowen jiezi au Kangxi zidian*, Collège de France, Institut des hautes études chinoises, 1996.

48. Cf. David R. KNECHTGES, *The Han Rhapsody: A Study of the Fu of Yang Hsiung (53 B.C.-A.D. 8)*, Cambridge University Press, 1976. Biografia de Yang Xiong em *Han shu* (*Anais dos Han anteriores*) 87 A-B, traduzida por David R. KNECHTGES, *The Han shu Biography of Yang Xiong (53 B.C.-A.D. 18)*, Center for Asian Studies, Arizona State University, 1982.

49. Cf. Erwin Ritter VON ZACH, *Yang Hsiungs Fa-yen (Worte strenger Ermahnung)*, 1939, reed. San Francisco, Chinese Materials Center, 1976.

50. Sobre o *Taixuanjing*, cf. a monumental tradução de Michael NYLAN, *The Canon of the Supreme Mystery by Yang Hsiung. A Translation of the T'ai hsüan ching*, Albany, State University of New York Press, 1993.

51. Sobre os cálculos calendáricos cf. Nathan SIVIN, "Cosmos and Computation in Early Chinese Mathematical Astronomy", *T'oung Pao*, 55 (1969), p. 5-19. Sobre os modelos astronômicos predominantes sob os Han, cf. NAKAYAMA Shigeru, "Early Chinese Cosmology", em *A History of Japanese Astronomy: Chinese Background and Western Impact*, Cambridge, 1969, p. 24-40.

52. *Taixuanjing*, comentários *Xuanli* ("Evolução do mistério") e *Xuangao* ("Revelação do mistério").

53. Sobre Wang Bi, cf. cap. seguinte. Sobre o naturalismo de Jixia, cf. cap. 8 nota 3 e cap. 10 nota 6. Para uma tradução ao inglês das obras de Huan Tan, cf. Timoteus POKORA, *Hsin lun (New Treatise) and Other Writings by Huan T'an (43 B.C.-28 A.D.)*, Ann Arbor, University of Michigan, 1965.

54. Cf. sua biografia em *Hou Han shu (Anais dos Han posteriores)* 49. Sobre Wang Chong e seu pensamento pode-se consultar Nicolas ZUFFEREY, *Wang Chong (27-97?). Connaissance, politique et vérité en Chine ancienne*, Berna, Peter Lang, 1995.

55. *Lunheng* 84 (*Duizuo*), ed. ZZJC, p. 280. A única tradução integral do *Lunheng* em língua ocidental continua sendo a de Alfred FORKE, *Lunheng: Part I, Philosophical Essays of Wang Ch'ung; Part II, Miscellaneous Essays of Wang Ch'ung*, 1907 e 1911, reed. Nova York, Paragon Book Gallery, 1962. Cf. também a tradução de extratos para o francês por Nicolas ZUFFEREY, *Discussions critiques (Lunheng) de Wang Chong*, Gallimard, 1997.

56. *Lunheng* 33 (*Daning*), p. 118.

57. *Lunheng* 17 (*Bianxu*), p. 42.

58. *Lunheng* 3 (*Minglu*), p. 5. Sobre a questão do destino sob os Han, cf. HSU Cho-yun, "The Concept of Predestination and Fate in the Han", *Early China*, 1 (1975), p. 51-56.

59. *Lunheng* 13 (*Benxing*), p. 29. A citação de Confúcio é tirada dos *Analectos* XVII,3.

60. É o sentido do cap. 28 (*Wen Kong*). Cf. Nicolas ZUFFEREY, "Pourquoi Wang Chong critique-t-il Confucius?", *Études chinoises*, 14/1 (1995), p. 25-54.

61. *Lunheng* 57 (*Xuan Han*), p. 191.

62. Cf. Michael LOEWE, "The failure of the Confucian ethic in Later Han times", republicado em *Divination, Mythology and Monarchy in Han China*, Cambridge University Press, 1994, p. 249-266.

63. O movimento dos "julgamentos puros" era uma reação dos letrados, tradicionais conselheiros do poder imperial, à crescente influência dos clãs das imperatrizes, e depois dos eunucos. Cf. Rafe DE CRESPIGNY, "Politics and Philosophy under the Government of Emperor Huan

(159-168 A.D.)", *T'oung Pao*, 66 (1980), p. 41-83; e "Political Protest in Imperial China: the Great Proscription of Later Han (A.D. 167-184)", *Papers of Far Eastern History* (Canberra), 11 (1975), p. 1-36.

64. Todos eles autores de tratados, dos quais o de Wang Fu, *Palavras de um homem oculto* (*Qianfu lun*), teve um grande número de traduções (integrais ou parciais), cf. Ivan KAMENAROVIC, *Wang Fu, Propos d'un ermite*, Paris, Cerf, 1992; Margaret J. PEARSON, *Wang Fu and the Comments of a Recluse*, Tempe, Arizona State University, 1989; Anne BEHNKE KINNEY, *The Art of the Han Essay: Wang Fu's Ch'in-fu lun*, Arizona State University, 1990. Sobre o tratado de Xu Gan, o *Zhong lun* (*Palavras que acertam no alvo*), cf. John MAKEHAM, *Name and Actuality in Early Chinese Thought*, Albany, State University of New York Press, 1994. Sobre Wang Fu, Cui Shi e Zongchang Tong, cf. Étienne BALAZS, "La crise sociale et la philosophie politique à la fin des Han", *T'oung Pao*, 39 (1949), republicado em *La Bureaucratie céleste: Recherches sur l'économie et la société de la Chine traditionnelle*, Paris, Gallimard, 1968, p. 71-107.

65. Sobre o culto de Lao-tse divinizado, cf. Anna SEIDEL, *La Divinisation de Lao tseu dans le taoïsme des Han*, École française d'Extrême-Orient, 1969. A partir de 151, quando o monge parto An Shigao empreende na China suas traduções do sânscrito, o interesse pelo ensinamento do Buda torna-se moda (cf. abaixo cap. 14 nota 12).

66. Cf. Rolf A. STEIN, "Remarques sur les mouvements du taoïsme politico-religieux au IIe siècle apr. J.-C.", *T'oung Pao*, 50 (1963), p. 1-78.

67. Sobre este texto, que data em parte do séc. I ou II d.C., mas foi remanejado por volta do séc. IV, e que inspirou tanto a seita dos Turbantes Amarelos quanto a dos Mestres celestes, cf. Isabelle ROBINET, *Histoire du taoïsme*, p. 76-79. Cf. também Werner EICHHORN, "T'ai-p'ing und T'ai-p'ing Religion", *Mitteilungen des Instituts für Orientforschung der deutschen Akademie der Wissenschaften* (Berlim), 5/1 (1957), p. 113-140; Timoteus POKORA, "On the Origins of the Notions *T'ai-p'ing* and *Da-t'ung* in Chinese Philosophy", *Archiv Orientalni* (Praga), 29 (1961), p. 448-454; Max KALTENMARK, "The Ideology of the *T'ai-p'ing ching*", em Holmes WELCH e Anna SEIDEL (eds.), *Facets of Taoism*, New Haven, Yale University Press, 1979, p. 19-52; B.J. MANSVELT-BECK, "The Date of the *Taiping jing*", *T'oung Pao*, 66 (1980), p. 149-182.

68. Sobre o taoísmo como conjunto de práticas religiosas vivas, cf. Kristofer SCHIPPER, *Le Corps taoïste: corps physique, corps social*, Paris, Fayard, 1982; Michael SASO, *The Teachings of Taoist Master Chuang*, New Haven, Yale University Press, 1978; e Isabelle ROBINET, *Introduction à l'alchimie intérieure taoïste. De l'unité e de la multiplicité*, Paris, Cerf, 1995.

13
A renovação intelectual dos séc. III-IV

Com a derrocada dos Han no início do séc. III d.C., é todo um mundo que desmorona. Nos últimos reinados da dinastia agonizante, o império cai sob o controle efetivo de homens fortes, dentre os quais o general Cao Cao (155-220) acaba por apoderar-se do poder em 220, tornando-se seu filho mais velho Cao Pi (187-226) o primeiro imperador da dinastia Wei (220-265). Esta controla apenas o Norte e deve partilhar o território chinês com Shu no Sudoeste e Wu no Sudeste: é a época chamada dos "Três Reinos". A própria dinastia efêmera Wei é marcada pela rivalidade contínua entre os dois clãs Cao e Sima, conseguindo este último finalmente estabelecer a dinastia Jin (265-420). A desintegração do império Han marca o início de um período de divisão entre o Norte e o Sul que dura quatro séculos, conhecido pelo nome de Seis Dinastias, e que só termina com a reunificação do império chinês pelos Sui em 589.

Mas é precisamente esta situação de desintegração que, após quatro séculos de visão unitária, libera os espíritos e a criatividade, dando aos debates intelectuais um impulso sem precedentes desde os Reinos Combatentes e abrindo amplamente o caminho para a influência budista. Após a saturação de comentários exegéticos e de elucubrações numerológicas a que chegou o pensamento no final dos Han, quase não resta aos letrados senão escolher entre a moralização do confucionismo tradicional e a busca de um caminho diferente em domínios até então ocultados ou pouco explorados, como por

13. A renovação intelectual dos séc. III-IV

exemplo as fontes do taoísmo filosófico ou do budismo recém-introduzido. A herança da ética confuciana dos Han é então conhecida sob a designação genérica de "doutrina dos nomes" (*mingjiao* 名教), que consiste essencialmente em cultivar uma reputação, sobretudo de piedade filial, transformada desde os Han posteriores em meio de ascensão sociopolítica. O "nome" designa aqui o renome, mas refere-se também à exigência de adequação entre "nomes" e "realidades", central nas preocupações do final dos Han, que têm por objeto a correspondência entre competências e funções e as relações entre natureza intrínseca (*xing* 性) e capacidades ou talentos inatos (*cai* 才). Em seu ensaio sobre *Os quatro fundamentos* (*Siben lun*), Zhong Hui (225-264), feroz defensor da doutrina dos nomes, apresenta todas as relações possíveis entre natureza moral e capacidade, ou seja, entre valor humano e qualidade de inteligência, a fim de determinar se esta última é boa moralmente. É também a questão que se coloca Liu Shao (apr. 180-apr. 240) em seu *Tratado dos caracteres*:

> Se tomarmos a humanidade e o discernimento como entidades distintas que atuam independentemente uma da outra, é a humanidade que prevalece. Mas, se as combinarmos fazendo-as atuar em conjunto, então é o discernimento que desempenha o papel principal[1].

Com o crescente desinteresse, sensível desde os Han posteriores, dos letrados em face de seu papel tradicional de pilares da burocracia imperial, surge uma crítica da doutrina dos nomes e do moralismo confuciano, germe novo de um espírito antitradicional que invoca a espontaneidade taoísta. Este novo espírito, de que Wang Chong parece ser um precursor desde os Han, inspira o poeta Xi Kang (223-262) em seu ensaio intitulado *Livrar-se do eu*:

> Não tendo orgulho em seu coração, [o homem de bem] pode ultrapassar a doutrina dos nomes para entregar-se ao espontâneo (*ziran* 自然)[2].

"Conversações puras" e "estudo do Mistério"

O desinteresse político dos letrados, muitos dos quais aspiram a um modo de vida "puro" e sem coações, traduz-se, sob as dinastias Wei e Jin, na voga das "conversações puras" (*qingtan* 清談), que aparecem como a ricochete dos "julgamentos puros" (*qingyi* 清議) do final dos Han. A *Nova coletânea de ditos mundanos* atesta o lado elitista e brilhante dessas discussões entre intelectuais espirituais e refinados[3]. Este fenômeno vem às vezes acompanhado de comportamentos iconoclastas, associados particularmente ao espírito anárquico e antinaturalista dos "sete sábios do bosque de bambus", que se reúnem na casa de Xi Kang e chocam seus contemporâneos embebedando-se, passeando totalmente nus e mijando em público[4].

Na primeira metade do séc. III desenha-se, sobretudo com Wang Bi e He Yan, um movimento de pensamento que dá um novo curso à história intelectual após os Han. Nota-se então uma passagem das elaborações sobre "os nomes e os princípios" (*mingli* 名理) ao "estudo do Mistério" (*xuanxue* 玄學), que se distancia radicalmente do confucionismo cosmológico-político dos Han. A palavra *xuan* 玄 ("misterioso", "insondável"), semanticamente próxima de *yuan* 遠 "longínquo" – ao mesmo tempo longe das preocupações do "aqui e agora" e fora do alcance do entendimento humano – faz referência ao "mistério para além do mistério" do capítulo inaugural do *Laozi*. Este texto, com o *Zhuangzi* e o *Livro das Mutações*, forma uma trindade conhecida no séc. III-IV sob o nome de "Três Mistérios", principais fontes de inspiração para uma corrente intelectual que no entanto é inexato qualificar, como se faz muitas vezes, de "neotaoísmo". Trata-se, com efeito, não tanto de um simples ressurgimento do taoísmo filosófico dos Reinos Combatentes e sim de uma reorientação das grandes preocupações em pensadores de formação confuciana como He Yan ou Wang Bi. De um interesse pelas correlações cosmológicas, eles passam a uma reflexão fundamental sobre as relações entre a realidade manifesta (o há, *you* 有) e o fundo indiferenciado (o não-há, *wu* 無). Ao passo que, sob os Han, as especulações de Yang Xiong sobre o "Mistério supremo" só se concebiam sobre um fundo de pensamento correlativo e utilizavam a mesma terminologia que Dong Zhongshu[5], o "insondável" de que fala Wang Bi caracteriza nem mais nem menos que o "fundamento constitutivo original" (*benti* 本體).

Wang Bi (226-249)

É num contexto conturbado, em que muitos dos seus contemporâneos têm uma vida atormentada ou brutalmente abreviada, que Wang Bi nasce e morre de doença aos 23 anos. Gênio precoce e brilhante conversador, apaixona-se desde a idade de dez anos pelo *Zhuangzi* e pelo *Laozi*, comprazendo-se embora em dissertar sobre o Tao confuciano. De fato, ele deixa como única obra comentários que se tornaram canônicos sobre o *Laozi*, sobre o *Livro das Mutações*, mas também sobre os *Analectos* de Confúcio[6]. Sob a proteção de He Yan (apr. 190-249), o jovem prodígio é introduzido num dos círculos de "conversações puras" mais brilhantes e mais prestigiados junto à dinastia Wei:

> He Yan julgava que o Santo não conhece nem contentamento, nem cólera, nem tristeza, nem alegria, apresentando argumentos extremamente sutis para sustentar sua tese. Zhong Hui e outros assumiram e levaram adiante esta idéia. Mas Wang Bi não estava de acordo: para ele, o que o Santo tem de superior aos outros homens é sua clarividência divina, ao passo que aquilo que ele tem de comum com eles são precisamente as cinco emoções. Por causa da superioridade de seu espírito, ele está em condições de encarnar a harmonia mediana para penetrar a fundo o indiferenciado (*wu*). Pelo fato de compartilhar com o comum dos mortais as cinco emoções, ele não pode responder às coisas sem tristeza ou sem alegria; no entanto, as emoções do Santo respondem às coisas de tal maneira que não ficam

apegadas a elas. Ora, sob o pretexto de que não existe apego às coisas, dizer que também não há resposta é cometer um erro grosseiro[7].

A questão de saber se a natureza do Santo é um si mesma impassível e imóvel ou se as paixões e emoções são parte integrante dela é tema de um debate secular. Significativa é a posição de Wang Bi, para quem o Santo é ao mesmo tempo superior ao comum dos homens pelo fato de possuir uma "clarividência divina" que o faz encarnar o "indiferenciado" como bom sábio taoísta, e no entanto dotado como os outros homens de um natural humano mediante o qual ele "responde" aos seres, às coisas e aos acontecimentos e que lhe permite exercer sua influência sobre o mundo humano na tradição confuciana.

Entre indiferenciado e manifestado

A intuição central do pensamento de Wang Bi é a da unidade que subjaz a todos os entes, como o exprime o início de seu curto tratado sobre as *Mutações*:

> O múltiplo não pode governar o múltiplo; aquele que governa o múltiplo é o Supremo-Solitário (o soberano, o único). O movente não pode reger o movente; aquele que rege os movimentos do mundo é aquele que está ligado ao Uno. Assim, o que permite ao múltiplo manter-se em sua coesão é que ele tem um senhor que realiza sua unidade. O que permite ao movente manter-se no dinamismo é que sua fonte é necessariamente única. Nenhum ser pode ser aberrante, cada um procede necessariamente de um princípio (*LI* 理). Para congregá-los, os seres têm um ancestral comum; para reuni-los, têm uma origem comum. Por isso, eles são diversos mas não desordenados, múltiplos mas não confusos[8].

Através de uma concepção do *Livro das Mutações* não como manual divinatório ou numerológico que era sob os

13. A renovação intelectual dos séc. III-IV

Han, mas como figuração do universo em sua totalidade e unidade, Wang Bi rejeita de imediato a idéia de uma multiplicidade irredutível que excluiria toda ligação entre as coisas. Ele afirma que os seres têm um "senhor"[9], um princípio único: o *wu* 無, termo que ele retoma do *Laozi*. Enquanto negação de *you* 有, que significa "ter" ou 'haver", 'há", *wu* designa o "não-há", não no sentido de nada ou de não-ser, mas no sentido de que ele "não tem" as determinações e a finitude do há, no sentido de que, não estando ainda manifestado, ele não tem os contornos da realidade visível. Como diz Wang Bi, os seres em sua infinita multiplicidade não podem estar aí por si mesmos, eles procedem necessariamente de um fundo único. Sendo assim, o indiferenciado não pode ser uma entidade que se opõe ao manifesto, ele é "aquilo pelo qual" (*suoyi* 所以) o há está aí. Para retomar a formulação de He Yan:

> O há, enquanto estando-aí, depende do não-há para estar aí; os fenômenos enquanto tais derivam do ainda-não-há sua realização[10].

Fórmula assim completada por Wang Bi:

> O que ainda não é não pode manifestar-se pelo não-há, deve fazê-lo pelo que já está aí[11].

A complementaridade entre "o que ainda não é" e "o que já está efetivamente aí" pode ser compreendida como a relação entre o "fundamento constitutivo" (*ti* 體) e sua "aplicação" (*yong* 用). Este último termo, que Wang Bi retoma do *Laozi* 11, no qual designa a eficácia paradoxal do não-há, e que ele acopla pela primeira vez ao "fundamento constitutivo", é "aquilo pelo qual" todo ser advém à manifestação:

> As dez mil coisas, em toda a sua nobreza, encontram sua eficácia (*yong*) no indiferenciado, na falta do qual elas são incapazes de dar-se uma constituição (*ti*). Se abandonam o indiferenciado para aceder à manifestação, perdem então aquilo que constitui sua grandeza[12].

Existe, portanto, entre o fundamento latente e sua manifestação, a mesma relação intrínseca que existe entre a raiz (*ben* 本) invisível, e no entanto essencial, e os ramos (*mo* 末), cuja ostentação é o sinal manifesto. Nesta imagem comum a todo o pensamento chinês para evocar a distinção entre o essencial e o acessório, a raiz designa em Wang Bi mais especificamente o aspecto primordial do Um e os ramos designam a multiplicidade de suas manifestações:

> O Tao do espontâneo é como uma árvore. Quanto mais substância acumula, tanto mais se afasta da raiz. Quanto menos acumula, tanto mais se aproxima do fundamento. Acumular é afastar-se de sua verdade [...]; contentar-se com pouco é captar o fundamento[13].

Esta passagem inspira-se evidentemente no *Laozi* 48:

> Aprender é crescer dia a dia.
> Seguir o Tao é decrescer dia a dia,
> Decrescer e decrescer ainda mais, até ao não-agir[14].

Wang Bi retoma por sua conta o paradoxo de um processo decrescente que visa na verdade uma concentração mais forte, pois trata-se de reduzir (no sentido em que se diz "reduzir" uma solução para torná-la mais concentrada) o acessório ao essencial. O múltiplo se condensa assim no Um, que tem como equivalente, no *Grande Comentário* às *Mutações*, a "Cumeeira suprema" (*taiji* 太極). Ora, para Wang Bi este "Um" ou "Cumeeira suprema" não é outra coisa senão o não-há, noção que ele radicaliza – no sentido próprio do termo – transformando-a na raiz de seu pensamento e dos entes em geral. Enquanto o *Laozi* parece privilegiar o processo de geração sucessiva[15], Wang Bi funde numa noção única o Um, o Tao e o *wu*. Este indiferenciado, que, para o *Laozi*, não era senão um aspecto do Tao, ocupa um lugar tão central na interpretação de Wang Bi que acaba por anexar todas as outras noções, ao ponto de reduzir o próprio Tao a uma simples denominação:

> O Tao é uma denominação do *wu*. Já que não há nada que o indiferenciado não penetre, nada de que ele não seja a origem, temos boas razões para

chamá-lo de Tao, que é silêncio, sem existência manifestada e que não pode ser figurado[16].

Discurso, imagem, sentido

Sendo o indiferenciado promovido por Wang Bi à categoria de absoluto, levanta-se a questão de sua apreensão pelo discurso, tal como esta é formulada pelo *Laozi* em sua célebre abertura: "O Tao que pode ser dito não é o Tao constante". Wang Bi exprime à sua maneira esta incapacidade de dizer o que não é dizível:

> Gostaríamos de dizer que isso é presença, mas não se lhe vê a forma. Gostaríamos de dizer que isso é ausência, mas as dez mil coisas dele saíram.
>
> Gostaríamos de dizer que ele não está aí (*wu*), e no entanto ele realiza todas as coisas. Gostaríamos de dizer que ele está aí (*you*), e no entanto não se lhe vê a forma[17].

Do mesmo modo He Yan:

> Aquilo de que se fala e que não é dizível, aquilo que se nomeia e que não é nomeável, aquilo que se vê e que não tem forma, aquilo que se ouve e que não tem som, é o Tao em sua totalidade[18].

Aqui procura-se formular a contradição própria a toda tentativa de apreender o absoluto, fora de toda finitude; ora, a abordagem não pode ser feita senão pelo discurso, que, por sua própria natureza, impõe determinações. Afirmar o absoluto, já é determiná-lo:

> Se há delimitação (*fen* 分), perde-se o absoluto. [...] Todos os seres têm uma designação, um nome, que por isso mesmo lhes nega o absoluto.
>
> Desde que há nome, há delimitação; desde que há forma, há finitude[19].

"Nomes" e "formas" são equivalentes: são delimitações que instauram inevitavelmente a distinção e a diferenciação na Unidade original (a palavra *fen* 分, escrita com o elemento "faca" 刀 e significando "recortar", equivale ao nosso prefixo *di-* ou *dis-*). Desde que se percebe, distingue, nomeia, não se atinge o absoluto. O capítulo 2 do *Zhuangzi* já dizia:

> O Tao não conhece distinções. A linguagem não pode se referir ao eterno. É porque existe a linguagem que existem demarcações. [...] O Grande Tao não tem nome; uma verdadeira discussão é, com efeito, uma discussão onde não se fala. [...] O Tao que é exposto não é o Tao; a palavra que discute o pró e o contra não esgota seu tema. [...] Por isso, aquele que sabe discutir sem falar, que conhece o Tao inefável, é chamado o Tesouro do Céu[20].

Uma anedota biográfica nos relata uma visita que Wang Bi, antes ainda de completar vinte anos de idade, teria feito a Pei Hui, grande personagem conceituado por seu conhecimento do *Laozi* e das *Mutações*:

> Pei Hui, surpreso por ver [em Wang Bi uma inteligência tão precoce], formulou-lhe a seguinte questão: "O indiferenciado é evidentemente aquilo de que as dez mil coisas dependem para realizar-se. Ora, o Santo (Confúcio) recusava-se a falar a respeito, ao passo que Lao-tse era inesgotável sobre este tema. Como você explica isso?"
>
> Wang Bi respondeu: "É que o Santo encarnava o indiferenciado, que, de resto, não é comunicável; por isso jamais falava dele. Lao-tse, por sua vez, não estando senão no manifestado, falava constantemente do indiferenciado de que era deficiente"[21].

Bela amostra, na verdade, da sutileza dos raciocínios de Wang Bi, habituado à técnica do debate lógico herdado dos sofistas dos Reinos Combatentes e posto novamente em moda nas "conversações puras" do séc. III. Num paradoxo proposital, Confúcio vê-se colocado acima de Lao-tse e Chuang-tse pelo fato de ter aderido ao indiferenciado de forma tão perfeita que não teve necessidade de falar dele, ao passo que os dois

13. A renovação intelectual dos séc. III-IV

mestres taoístas, instalados no domínio da realidade manifesta e do discurso explícito, não cessaram de falar dele por não terem podido encarná-lo.

A contradição inerente a toda tentativa de apreender o absoluto cristaliza-se no próprio paradoxo da linguagem, que diz o que ela diz e ao mesmo tempo remete a outra coisa. Na relação analógica estabelecida por Wang Bi em seu comentário sobre o hexagrama 24 (*fu* "O retorno") das *Mutações*, a palavra é para o silêncio o que o manifestado é para o indiferenciado:

> *Fu*, o retorno, significa retornar à raiz. O Céu-Terra faz da raiz seu coração. Todo movimento que cessa torna-se quietude, sem que a quietude seja o oposto do movimento; toda palavra que se cala torna-se silêncio, sem que o silêncio seja o oposto da palavra. Assim, por mais que o Céu-Terra seja vasto e rico das dez mil coisas, seja sacudido pelo trovão e o sopro do vento, conheça muitas transformações e dez mil mutações, ele encontra sua verdadeira raiz na quietude do indiferenciado (*wu*) supremo. Por isso, quando cessa todo movimento sobre a terra aparece o coração do Céu-Terra[22].

Assim como o indiferenciado não é concebido negativamente como nada ou ausência de todo ente, assim o silêncio não é concebido como mutismo ou ausência de palavra, mas pelo contrário como um para-além da palavra: aquilo que a palavra não é capaz de exprimir. Inversamente, assim como o visível tem por função manifestar o invisível, apontar na direção de sua origem, assim a palavra pode indicar o caminho de um retorno à verdade silenciosa. Sobre a questão da apreensão do absoluto pela linguagem bem como sobre a noção de *wu*, Wang Bi leva a reflexão mais longe do que seus predecessores taoístas, indicando uma possibilidade de apreender o Tao como indiferenciado (enquanto não está limitado pelo modo da existência manifestada) num movimento de retorno (*fan* 反), que é, segundo o *Laozi* 40, "o próprio movimento do Tao". Já que o Tao não pode ser apreendido positivamente por nenhuma definição ou determinação, não resta senão aproximar-se dele não frontalmente, mas às avessas.

Se o manifesto tem uma raiz que se descobre por um movimento de retorno, existe, segundo Wang Bi, uma possibilidade de voltar do sentido literal do discurso, manifestado nos "nomes" e nas "formas", ao sentido oculto, escondido como a raiz, passando pela mediação das "imagens", ou seja, das figuras das *Mutações*. Ele considera assim a relação entre três níveis: o das sentenças ligadas aos hexagramas ou a cada uma de suas linhas e, de modo mais geral, das palavras ou do discurso (*yan* 言); o das figuras hexagramáticas ou "imagens" (*xiang* 象); e, por fim, o da significação dos hexagramas e, mais amplamente, do sentido (*yi* 意). Estes termos fazem referência a uma frase do *Grande Comentário* sobre as *Mutações*: "As palavras não podem esgotar o sentido das idéias: significa isto que é impossível captar as idéias dos santos?"[23], ponto de partida de todo um debate, entre os séc. II e IV, sobre a natureza da realidade fundamental: é ela "mistério" insondável e indizível, ou ao contrário – enquanto mundo humano e fenomenal – sensível e acessível? Semelhante questão implica outras que assumem uma linha sociopolítica: se a realidade fundamental é indizível, os "nomes", as palavras, o discurso, e com eles o funcionamento da sociedade e a divisão que ela produz (leis, títulos, funções), não são senão formas convencionais que nunca atingem aquilo que supostamente deveriam designar, embora lhes aconteça permitir adivinhar-lhes a presença. É esta a convicção de Wang Bi:

> A imagem é aquilo que manifesta o sentido. As palavras são aquilo que explica a imagem. Para ir até o fundo do sentido, nada melhor que a figura; para ir até o fundo da imagem, nada melhor que as palavras. A palavra nasce da imagem, por isso podemos perscrutar as palavras para considerar a imagem. A imagem nasce da idéia, por isso podemos perscrutar a imagem para considerar o sentido. É a imagem que permite ir até o fundo do sentido, são as pala-

13. A renovação intelectual dos séc. III-IV

> vras que permitem esclarecer a imagem. Assim, portanto, as palavras são feitas para explicar a imagem, mas, uma vez captada a imagem, podemos esquecer as palavras. A imagem é feita para fixar o sentido, mas, uma vez captado o sentido, podemos esquecer a imagem. É como a armadilha, cuja razão de ser está na lebre: uma vez capturada a lebre, esquecemos a armadilha. Ou como a nassa, cuja razão de ser está no peixe: uma vez apanhado o peixe, esquecemos a nassa. Ora, as palavras são a armadilha que captura a imagem; a imagem é a nassa que apanha a idéia.
>
> Por isso, aquele que se detém nas palavras nunca chegará à imagem; aquele que se detém na imagem nunca chegará ao sentido. A imagem nasce do sentido; mas, se nos detemos na imagem, aquilo em que nos detemos não é realmente a imagem. As palavras nascem da imagem; mas, se nos detemos nas palavras, aquilo em que nos detemos não são realmente as palavras. Por isso, é esquecendo a imagem que se chega ao sentido; e é esquecendo as palavras que se chega à imagem. A apreensão do sentido está no esquecimento da imagem, e a apreensão da imagem está no esquecimento das palavras[24].

Wang Bi volta aqui à discussão lançada pelo *Zhuangzi*, e depois retomada pelo *Grande Comentário* às *Mutações*, sobre a relação entre discurso manifesto e sentido implícito. Enquanto no *Grande Comentário* as sentenças explicitam as figuras que são os hexagramas e que por sua vez manifestam o significado subjacente deixado pelos sábios, Wang Bi tenta levar mais longe sua reflexão tomando emprestado do *Zhuangzi* o tema do esquecimento do discurso: é através de sucessivos "esquecimentos" (primeiro do discurso, depois das imagens) que se tem acesso ao sentido. Não se trata de ir procurar o sentido em referentes exteriores, mas de encontrá-lo no próprio âmago do discurso – procedendo a uma redução (no sentido químico indicado acima[25]).

Uma mesma relação intrínseca liga figura e sentido, visível e invisível: a figura brotou do sentido pelo fato de ela ser sua manifestação; mas, para captar o sentido a partir da figura, não basta simplesmente inverter o exterior e o interior, é preciso efetuar um verdadeiro movimento de "retorno à raiz", à unidade original, tema caro ao *Laozi*. Encontramos aqui a mesma oscilação entre dito e não-dito que ocorre entre realidade visível e invisível: a palavra depende do não-dito para se dizer, mas o não-dito precisa da palavra para se exprimir. Através desta reflexão sobre a linguagem, Wang Bi desenvolve a idéia de que é possível abordar o Tao inefável – artigo de fé tipicamente confuciano – por meio de um retorno que parte da linguagem mas termina no esquecimento da linguagem – tema eminentemente taoísta.

Entre indiferenciado e princípio estruturante

Para Wang Bi, o Tao é inefável, inominável, impossível de apreender pela linguagem ou pelos sentidos, mas comporta um princípio de inteligibilidade pelo fato de ser, à semelhança do Tao, "constante":

> O Tao tem sua grande constância e o princípio (*LI* 理) sua estrutura geral[26].

O *LI*, termo que Wang Bi retoma do *Zhuangzi* e que ele contribui para elaborar um pouco mais, designa o caráter estruturado e estruturante do mundo, manifestação do Tao. O Tao em si está, portanto, para além de toda descrição, mas sua constância revela uma estrutura significante inteligível, pelo menos para o sábio. No comentário de Wang Bi sobre as *Mutações*, este princípio de inteligibilidade, denominado "*LI* supremo" e qualificado como "fundamental" e como "necessário", é "aquilo pelo qual tudo é assim" (*suoyiran* 所以然)[27]. A concepção de uma ordem intrínseca aos seres e às coisas constitui provavelmente um dos elementos mais originais do pensamento de Wang Bi e parece tanto mais importante pelo fato

13. A renovação intelectual dos séc. III-IV

de anunciar a grande reflexão "neoconfuciana" sobre o princípio a partir do séc. XI[28].

A "constância" do Tao esboça uma estrutura na qual os seres e fenômenos mais diversos em sua multiplicidade encontram sua origem comum numa unidade fundamental. Existe, portanto, uma espécie de dialética entre a unidade do indiferenciado (*wu*) e o princípio estruturante da realidade (*LI*), entre o fundamento constitutivo (*ti*) e sua aplicação prática (*yong*), pela qual o Tao inefável e sua manifestação que é o mundo encontram seu equilíbrio harmonioso. O princípio estruturante através do qual se manifesta a espontaneidade do Tao é descrito no *Laozi* 25:

> O Homem guia-se pela Terra.
> A Terra pelo Céu.
> O Céu pelo Tao
> E o Tao por si mesmo (*ziran*).

Esta noção de *ziran* ("por si mesmo assim"), que Wang Bi compreende essencialmente em termos de *suoyiran* ("aquilo pelo qual tudo é assim"), desempenha um papel axial na dialética entre indiferenciado e princípio estruturante, em outras palavras, entre um aspecto "negativo" e um aspecto "positivo" do Tao, que é ausência de toda determinação, mas cuja presença no mundo é sentida realmente. Qualificar o Tao de indiferenciado poderia, com efeito, encantoná-lo na dimensão mística de uma *via negativa*, mas a noção de um princípio estruturante vem pôr um termo a toda tentação de permanecer num silêncio apofático exaltando a ação do Tao na natureza.

Guo Xiang (apr. 252-312)

Nos antípodas do pensamento de Wang Bi, centrado no poder estruturante do indiferenciado, encontramos o imanentismo puro, e até místico, de Guo Xiang, para quem os seres e as coisas procedem deles mesmos e não se mantêm na existência senão pelas relações que os mantêm juntos, não tendo surgido de uma fonte única de ser – vontade pessoal ou princípio fundamental[29]. Guo Xiang expõe sua concepção em seu comentário sobre o *Zhuangzi*[30], cuja idéia central é esvaziar o indiferenciado (*wu*) de Wang Bi de toda substância e de toda efetividade:

> O que Lao-tse e Chuang-tse chamam *wu* 無, o que é? Isto significa simplesmente que aquilo que dá vida aos seres não é um ser (*wu wu* 無物) e que os seres vivem por si mesmos[31].

Para Guo Xiang o *wu* não é a fonte do mundo fenomênico como a concebe Wang Bi, mas deve ser entendido como o puro e simples contrário do há (*you*), ou seja, como não-há, "não-existente", sendo impossível a passagem de um ao outro ou a transformação de um no outro:

> Assim como o não-há (*wu*) não pode transformar-se em há (*you*), também o há não pode transformar-se em não-há. Sendo assim, por mais que os seres se transformem de uma infinidade de maneiras, nunca poderão não existir. Por isso, nunca houve um tempo em que não existia nada; sempre houve alguma coisa[32].

O *wu* de Guo Xiang é "a afirmação de uma não-contingência do mundo, do caráter de realidade absoluta deste mundo"[33]. Nisto, ele põe resolutamente um termo à oscilação jamais estabilizada (o que Isabelle Robinet chama de "epochê") de Chuang-tse e junta-se a Pei Wei (267-300), autor do *Chongyou lun* (*Da preeminência do há*), que afirma em face de Wang Bi que o começo do mundo não é o *wu*. Poder-se-ia pensar que, na perspectiva de Guo Xiang, o infinito das mutações possíveis esbarra contra o limite entre o há e o não-há, mas na verdade justamente pelo fato de para além do há não haver nada é que as mutações podem desdobrar-se em toda sua infinidade. Todo o pensamento de Guo Xiang gira em torno da idéia de que não existe nem origem nem princípio explicativo (*suoyiran* 所以然) para justificar o há; tudo depende daquilo que os taoístas chamam "por si mesmo assim" (*zi-*

13. A renovação intelectual dos séc. III-IV

ran 自然), o *sponte sua* latino: todo ser se cria por si mesmo (*zizao* 自造), gera-se por si mesmo (*zisheng* 自生), obtém-se por si mesmo (*zide* 自得) etc.:

> Visto que o não-há não está aí, ele não pode gerar o há. Ora, antes que o há seja gerado, ele mesmo não pode gerar. Por quem, portanto, é ele mesmo gerado? Ele mesmo se gera a si próprio, e ponto final! O que não significa que haja um "eu" que gera. Assim como o eu é incapaz de gerar os seres, assim também estes são incapazes de gerar o eu. O eu é, portanto, por si mesmo assim. Que ele seja por si mesmo o que ele é, isso se chama o natural (*tianran* 天然, literalmente: "aquilo que procede do Céu"). Natural, ou seja, sem que haja ação (para fazê-lo ser desta ou daquela maneira). Por isso chamamo-lo de celeste: exprimir-se assim é pôr em evidência a espontaneidade. [...]

> Assim, cada coisa se gera por si mesma, e não surgiu de nenhuma outra. Tal é o Tao do Céu. [...] Cada um dos seres é por si mesmo assim (*ziran*) e ninguém sabe por que (*suoyiran*) ele é assim. Por isso, por mais que difiram por suas formas, eles tanto mais têm em comum o fato de serem assim. [...] Qual é o ser que os faz germinar? Eles são assim por si mesmos, e ponto final!

> A questão é: existe um criador ou não? Se não existe, então quem pode criar os seres? Se existe, ele não pode ser suficiente para fazer ser todas as formas. Assim, quando está claro que todas as formas são seres por si mesmas, só então pode-se começar a falar de criação; por isso, quando nos colocamos no mundo onde há seres, tudo, mesmo uma sombra, se transforma por si mesma numa treva misteriosa. Portanto, o que cria os seres não é um senhor, e cada ser se cria em si mesmo. Criando-se cada ser em si mesmo, ele não depende de nada. Isto é a justa norma do Céu-Terra. [...] Quando compreendemos este princípio (*LI* 理), fazemos retornar as dez mil

coisas à sua origem no interior delas mesmas em vez de fazê-las depender de alguma coisa exterior[34].

Guo Xiang substitui, portanto, o "aquilo pelo qual" indiferenciado de Wang Bi pelo puro "há", que não pode ser senão "por si mesmo assim", retomando uma noção que percorre como um fio ininterrupto todo o pensamento taoísta, a noção de um princípio espontâneo de ser e de ação:

> O Céu-Terra é o nome genérico das dez mil coisas. O Céu-Terra encontra seu fundamento constitutivo nas dez mil coisas, mas estas encontram necessariamente sua linha no espontâneo. O espontâneo é aquilo que é, sem que haja ação, por si mesmo assim[35].

O poeta Ruan Ji (210-263), um dos "sete sábios do bosque de bambus", escreve na mesma linha:

> O Céu-Terra nasceu do espontâneo, as dez mil coisas nasceram do Céu-Terra. Fora do espontâneo não há nada; daí o nome do Céu-Terra[36].

Para Guo Xiang, ao contrário de Wang Bi, o visível não advém sobre um fundo de invisível; o Tao é insondável precisamente porque não tem fundo – não há nada mais que aquilo que se dá a ver (aqui está todo o sentido do "por si mesmo"). Nesta perspectiva, o Tao não designa a origem, ele nada mais é que o nome dado à espontaneidade dos seres. Por conseguinte, tudo só pode acontecer "bruscamente", "inopinadamente" ou – para retomar a expressão do *Laozi* 57 – "assim!":

> Consideremos o nascimento dos seres: não há um que não nasça de uma só vez por si mesmo[37].

O processo infinitamente jorrante da autocriação comporta em si mesmo um princípio de individuação, o *fenming* 分命 ("destino recebido em partilha"), "o aspecto particularizante que ao mesmo tempo manifesta e circunda sua potência de vida, lhe dá forma e existência concreta. Este *fenming* tem um aspecto universal, como o fato de ser limitado na duração (o nascimento e a morte) e um outro pessoal (as "capacida-

13. A renovação intelectual dos séc. III-IV

des"); mas seu caráter geral é ser inevitável e imposto"[38]. Isso poderia insinuar um determinismo total, e mesmo totalitário, mas aí está o paradoxo, já expresso no *Zhuangzi*: é "encontrando a paz em seus próprios limites" que podemos entregar-nos ao "livre curso" de que fala Chuang-tse. Somente a "coincidência maravilhosa" ou "fusão misteriosa"[39] com seus limites e seu destino permite o jorrar espontâneo e incessantemente renovado do há, ou seja, da energia vital (*qi*):

> Não existe coisa alguma que não aceite sua sorte e que não coincida com seus próprios limites[40].

A autocriação não acontece, portanto, sem auto-regulação, o que faz do princípio estruturante interno às coisas (*LI* 理) um outro termo para designar o espontâneo:

> Não existe nenhum ser que não tenha seu princípio, basta-lhe conformar-se a ele.
>
> Todos os seres existem por si mesmos, eis a verdade: eles não se fazem existir uns aos outros. Basta deixá-los aturar um pouco assim, e o princípio se instalará por si mesmo[41].

Sobre a descrição que o *Zhuangzi* faz do "homem completo", que, "numa inundação que chega ao Céu, não se afogaria e, numa seca capaz de derreter metais e pedras e queimar terra e montanhas, não sentiria calor demasiado, Guo Xiang comenta:

> Onde quer que vá, ele está em paz, e por isso está à vontade em todo lugar. Se lhe é indiferente viver ou morrer, o que lhe será afogar-se ou sentir demasiado calor! Se o homem completo não é afetado pelas calamidades, não é porque ele as evita. É que ele anda retamente seguindo seu princípio e assim, naturalmente, não cai jamais na desgraça[42].

Semelhante princípio de ordem inscrito no natural, uma vez aplicado no domínio das relações sociopolíticas, nos remete ao pensamento da adequação entre "nomes" e "formas", que havia predominado na aurora da era imperial e havia ressurgido pelo final dos Han. Para Guo Xiang "o governo perfeito deixa funcionar as distinções hierárquicas que existem como fazendo parte da ordem natural", ao passo que Wang Bi "concebe uma sociedade ideal que seria sem classes e que lembra a utopia igualitária da Grande Paz"[43]. Mas nem por isso o pensamento de Guo Xiang pode ser reduzido a uma ideologia totalitária, já que "não existe nem interior nem exterior, tudo é igualmente iluminado"[44]. Enquanto Wang Bi poderia ser suspeito de procurar o mistério onde ele não está, para Guo Xiang não existe nem dentro nem fora, o mistério *é* o mundo real: tudo já está aí e não há nada fora disso.

Para retomar a fórmula de Isabelle Robinet, Guo Xiang leva a interpretação do *Zhuangzi* na direção de um "racionalismo místico" que erigiria "o mundo como absoluto" pelo fato de "não ter causa: não existe nada além dele; mas ele é infinito em sua renovação; sem causa, ele é sem fundo. [...] Assim, a morte é apagada como também o nascimento: nada se perde, já que nada se cria; o indivíduo é tragado na eternidade total e una da natureza, no tempo eterno das transformações sem começo nem fim"[45]. Essa perfeita adequação, ou mesmo identidade, entre o absoluto e o relativo torna esse pensamento eminentemente adaptável ao imanentismo do budismo Maaiana. De fato, o comentário de Guo Xiang revela-se fundamental na integração do budismo pelos letrados chineses em termos tomados do *Zhuangzi*[46].

Tradição taoísta

Se o "estudo do Mistério" voltou a pôr em destaque o *Laozi* e o *Zhuangzi*, viu-se classificado como "neotaoísta" injustamente, pois conheceu uma elaboração distinta do taoísmo propriamente dito que se desenvolve como corrente religiosa, erudita e técnica sobretudo a partir dos Han posteriores. Pensadores como Wang Bi e He Yan são característicos da tradição intelectual do Norte, herdeira da exegese confuciana dos Clássicos em "escrita antiga". Como já vimos, esta última se havia constituído em grande parte sob os Han como reação à

13. A renovação intelectual dos séc. III-IV

corrente dominante dos "Clássicos modernos", que, em seu recurso à literatura apócrifa, tinha um terreno comum com os "mágicos" (*fangshi*), cujas numerosas afinidades e semelhanças com os taoístas não deixamos de revelar[47].

Um dos textos que constituem um ponto de encontro entre todos estes meios é o *Zhouyi cantongqi* (*A tripla conformidade segundo o Livro das Mutações*)[48], atribuído ao misterioso Wei Boyang, que teria vivido no séc. II d.C. Esta obra trata da produção do cinábrio, que serve para fabricar a pílula da imortalidade, um dos temas principais das pesquisas e experiências taoístas. O processo alquímico é exposto através da simbólica dos trigramas e hexagramas, combinada com os sinais cíclicos (sobretudo a série denária chamada dos "troncos celestes") e com os movimentos do sol e da lua, outras tantas correspondências que já encontramos nos exegetas dos Han.

Quanto à conduta intelectual de um Wang Bi, que procura fazer do indiferenciado um absoluto, chegando até a anexar-lhe o Tao, é interessante notar que o *Cantongqi*, na pura tradição cosmológica, assimila o Tao ao Um ou à "energia primordial da Cumeeira suprema" de que se trata nos apócrifos sobre as *Mutações*. Ocorre o mesmo em Ge Hong (apr. 283-343), autor do *Baopuzi* (*O Mestre que abraça a simplicidade*) e figura emblemática da tradição letrada, individualista e alquimista da China do Sul, fortemente marcada pelos mágicos e taoístas dos Han:

> Quando se conhece o Um, tudo está realizado. Para quem conhece o Um, não há nada que ele ignore. Para quem não conhece o Um, não há nada que ele possa conhecer. O Tao se manifesta primeiro no Um. É, portanto, de um valor incomparável[49].

Como observa Isabelle Robinet, as especulações numerológicas sobre as *Mutações*, "tão ativas sob os Han, quase desapareceram do cenário oficial depois deles, ao passo que foram prosseguidas ativamente durante todo o tempo nos meios taoístas, que mantiveram assim a tradição delas e fizeram com que fossem herdadas sob os Song pelo neoconfucionismo, o qual então nada mais fez do que retomar a tocha cuja chama fora mantida e ainda é mantida pelo taoísmo"[50].

Notas do capítulo 13

1. *Renwu zhi* (*Tratado dos caracteres*), ed. SBCK, B, p. 26b. Para traduções deste tratado de caracterologia, cf. John K. SHRYOCK, *The Study of Human Abilities. The Jen Wu Chih of Liu Shao*, New Haven, American Oriental Society, 1937; Anne-Marie LARA, *Traité des caractères*, Paris, Gallimard, 1997.

2. *Shisi lun* (*Livrar-se do eu*). Este ensaio foi traduzido por Donald HOLZMAN em *La Vie et la Pensée de Hi K'ang (223-262)*, Leiden, Brill, 1957. Para uma tradução ao inglês dos ensaios de Xi Kang, que compreendem também *Nutrir o princípio vital* (*Yangsheng lun*) e *Não há alegria nem tristeza que subsista na música* (*Sheng wu aile lun*), cf. Robert G. HENRICKS, *Philosophy and Argumentation in Third-Century China. The Essays of Hsi K'ang*, Princeton University Press, 1983.

3. A composição da *Nova coletânea de ditos mundanos* (*Shishuo xinyu*), um florilégio de opiniões, apotegmas, diálogos e disputas verbais dos meios aristocráticos do séc. III ao séc. V, é geralmente atribuída ao príncipe Liu Yiqing (403-444). Cf. a tradução para o inglês de Richard B. MATHER, *Shih-shuo Hsin-yü. A New Account of Tales of the World, by Liu I-ch'ing with Commentary by Liu Chün*, Minneapolis, University of Minnesota Press, 1976.

4. Cf. Donald HOLZMAN, "Les sept sages du bosquet de bambous et la société chinoise de leur temps", *T'oung Pao*, 44 (1956), p. 317-346, e Étienne BALAZS, "Entre révolte nihiliste et évasion mystique: Les courants intellectuels en Chine au IIIe siècle de notre ère", em *La Bureaucratie céleste*, Paris, Gallimard, 1968, p. 108-135.

5. Sobre Dong Zhongshu e Yang Xiong cf. no capítulo precedente.

6. Note-se que Ma Rong (79-166), um dos maiores representantes da tradição exegética sobre os Clássicos em "escrita antiga" sob os Han posteriores, havia composto o primeiro comentário confuciano sobre o *Laozi* e um comentário sobre as *Mutações*, sendo nisto precursor de Wang Bi, cuja exegese é importante compreendê-la em função desta herança confuciana. Cf. M. Jerzy KÜNSTLER, *Ma Jong, vie et oeuvre*, Varsóvia, 1969.

7. *Wei shu* (*Anais da dinastia Wei*) 28, em *Sanguo zhi* (*Crônica dos Três Reinos*), Pequim, Zhonghua shuju, 1959, p. 795. A "harmonia mediana" é uma alusão ao *Laozi* 42, cf. acima cap. 7, "Do Tao às dez mil coisas".

13. A renovação intelectual dos séc. III-IV

8. *Zhou Yi lüeli* (*Observações gerais sobre o Livro das Mutações*), cap. *Ming tuan* ("Explicação dos julgamentos sobre os hexagramas"), p. 591, na edição das obras completas de Wang Bi por LOU Yulie, *Wang Bi ji jiaoshi*, Pequim, Zhonghua shuju, 1980. Sobre o *Livro das Mutações*, cf. cap. 11. Para uma tradução deste Clássico com o comentário de Wang Bi, como também de seu *Zhou Yi lüeli*, cf. Richard John LYNN, *The Classic of Changes. A New Translation of the I Ching as Interpreted by Wang Bi*, Nova York, Columbia University Press, 1994.

9. Cf. o comentário de Wang Bi ao *Laozi* 47, 49 e 70. Existem numerosas traduções e estudos do comentário de Wang Bi sobre o *Laozi*: cf. Paul J. LIN, *A Translation of Lao Tzu's Tao Te Ching and Wang Pi's Commentary*, Ann Arbor, University of Michigan, 1977; Ariane RUMP e CHAN Wing-tsit, *Commentary on the Lao Tzu by Wang Pi*, Honolulu, University Press of Hawaii, 1979; J. LYNN, *The Classic of the Way and Virtue. A New Translation of Tao-te Ching of Laozi as Interpreted by Wang Bi*, Nova York, Columbia University Press, 1999; Rudolf G. WAGNER, *The Craft of a Chinese Commentator: Wang Bi on the Laozi*, Albany, State University of New York Press, 2000; cf. também a obra de Alan CHAN citada adiante na nota 16.

10. *Daolun* (*Sobre o Tao*), citado por Zhang Zhan (início do séc. IV) em seu comentário ao *Liezi*, ed. SBCK, 1, p. 2b.

11. Wang Bi citado por seu contemporâneo Han Kangbo à margem do *Grande Comentário* sobre as *Mutações*.

12. Comentário ao *Laozi* 38. Este primeiro acoplamento do "fundamento constitutivo" (*ti*) e de sua "função" ou "aplicação" (*yong*), que só aparece esta única vez nos escritos de Wang Bi, terá muito sucesso no contexto budista, e depois neoconfuciano a partir dos Song. Para o *Laozi* 11 cf. acima cap. 7, "Paradoxo".

13. Comentário ao *Laozi* 22.

14. Sobre esta passagem cf. acima cap. 7, "Via negativa ou mística?"

15. Cf. *Laozi* 40, onde as dez mil coisas são geradas pelo há, que por sua vez é gerado pelo não-há, e *Laozi* 42, onde o Um, gerado pelo Tao, gera por sua vez a multiplicidade dos seres.

16. Comentário aos *Analectos* VII,6. Esta fusão é ainda mais evidente quando se faz a comparação com a perspectiva, fortemente tingida de cosmologismo Han, do comentário de Heshang gong (o "Velho da beira do rio") sobre o *Laozi*, no qual o lugar central é ocupado pela noção do Um, e não pela noção de não-manifestado reduzida à idéia de vazio. Cf. Alan K.L. CHAN, *Two Visions of the Way. A Study of the Wang Pi and the Ho-shang Kung Commentaries on the Lao-Tzu*, Albany, State University of New York Press, 1991; e Isabelle ROBINET, *Les Commentaires du Tao Tö King jusqu'au VIIe siècle*, Paris, Collège de France, Institut des hautes études chinoises, 1977.

17. Comentário ao *Laozi* 6 e 14.

18. *Daolun* (*Sobre o Tao*), citado por Zhang Zhan em seu comentário ao *Liezi*, ed. SBCK, 1, p. 2b.

19. Comentário ao *Laozi* 25 e 38.

20. Sobre a linguagem como recorte cf. cap. 4, "'É isto', 'não é isto'".

21. *Wei shu* (*Anais da dinastia Wei*) 28, em *Sanguo zhi* (*Crônica dos Três Reinos*), Pequim, Zhonghua shuju, p. 795.

22. Comentário sobre o julgamento (*tuan*) do hexagrama 24 (*Fu*復), ed. Lou Yulie (referência na nota 8), p. 336-337.

23. Cf. *Xici* (*Grande Comentário*) A 12. Cf. cap. 11 nota 44.

24. *Zhou Yi lüeli* (*Observações gerais sobre o Livro das Mutações*), cap. *Ming xiang* ("Explicação das figuras hexagramáticas"). As imagens da armadilha para lebre e da nassa para peixe são tomadas do *Zhuangzi* 26, cf. acima cap. 4 nota 26.

25. Cf. p. 372.

26. Comentário ao *Laozi* 47.

27. Sobre a elaboração da noção de LI, termo que encontramos oito vezes no comentário de Wang Bi, ao passo que não aparece nenhuma vez no próprio texto do *Laozi*, cf. Anne CHENG, "*Yi*: mutation ou changement? Quelques réflexions sur le commentaire de Wang Bi (226-249) au *Livre des Mutations*", em Viviane ALLETON e Alexeï VOLKOV (eds.), *Notions et perceptions du changement en Chine*, Paris, Collège de France, Institut des hautes études chinoises, 1994; e "LI 理 ou la leçon des choses", *Philosophies* n. 44 (1994), Paris, Éd. de Minuit, p. 52-71.

28. Cf. cap. 18.

29. Cf. a biografia de Guo Xiang no *Jin shu* (*Anais da dinastia Jin*) 50. Sobre seu pensamento, Isabelle ROBINET, "Kouo Siang ou le monde comme absolu", *T'oung Pao*, 69 (1983), p. 73-107.

30. Este comentário sobre o *Zhuangzi*, um dos mais antigos que chegaram até nós, cujo texto Guo Xiang remodela na única versão que conhecemos hoje, teria retomado – ao ponto de ter sido suspeito de plágio – o comentário de seu contemporâneo Xiang Xiu (apr. 223-apr. 300), um dos "sete sábios do bosque de bambus". Cf. Livia KNAUL, "Lost *Chuang-tzu* passages", *Journal of Chinese Religions*, 10 (1982), p. 53-79.

31. Comentário ao *Zhuangzi* 11, ed. *Zhuangzi jishi* de GUO Qingfan, ZZJC, p. 173.

13. A renovação intelectual dos séc. III-IV

32. Comentário ao *Zhuangzi* 22, p. 332.

33. Isabelle ROBINET, "Kouo Siang ou le monde comme absolu", p. 100.

34. Comentário ao *Zhuangzi* 2, p. 24-26 e 53.

35. Comentário ao *Zhuangzi* 1, p. 10.

36. Cf. seu curto ensaio sobre o *Zhuangzi* (*Da Zhuang lun*), traduzido para o inglês por Donald HOLZMAN, *Poetry and Politics. The Life and Works of Juan Chi (210-263)*, Cambridge University Press, 1976.

37. Comentário ao *Zhuangzi* 2, p. 22.

38. Isabelle ROBINET, "Kouo Siang ou le monde comme absolu", p. 81.

39. Alusão ao *Lozi* 56.

40. Comentário ao *Zhuangzi* 2, p. 24.

41. Comentário ao *Zhuangzi* 22, p. 325 e 2, p. 27.

42. Comentário ao *Zhuangzi* 1, p. 17.

43. Isabelle ROBINET, "Kouo Siang ou le monde comme absolu", p. 102.

44. Comentário ao *Zhuangzi* 2, p. 22.

45. "Kouo Siang ou le monde comme absolu", p. 91s.

46. O comentário de Guo Xiang sobre o *Zhuangzi* contém formulações que se encontram ao mesmo tempo na escola budista do Mâdhyamika e na escola taoísta do "Duplo Mistério", sobre as quais cf. adiante cap. 15 notas 3 e 9.

47. Sobre os Clássicos "modernos" e "antigos" cf. cap. 12, "A batalha dos Clássicos". Sobre os *fangshi* cf. cap. 10 nota 7 e cap. 12 nota 13.

48. Esta obra alquímica, atribuída a um autor Han mas talvez muito posterior, está integrada na grande suma taoísta, o *Daozang*. O título é interpretado de maneiras diversas como significando "Tripla conformidade entre os caminhos do Céu, da Terra e do Homem" ou "Tripla conformidade entre os caminhos das *Mutações*, do taoísmo e da alquimia". Cf. FUKUI Kojun, "A Study of *Chou-i Ts'an-t'ung-ch'i*", *Acta Asiatica*, 24 (1974), p. 19-32.

49. *Baopuzi neipian* (*Tratado interno do Mestre que abraça a simplicidade*), cap. 18, ed. ZZJC, p. 92, tradução de Kristofer SCHIPPER em *Le Corps taoïste: corps physique, corps social*, Paris, Fayard, 1982, p. 175. Para o *Baopuzi neipian* (*Tratado interno*), cf. as traduções de James R. WARE, *Alchemy, Medicine and Religion in the China of A.D. 320*, 1966, reed. Nova York, Dover, 1981, e de Philippe CHE, *Ge Hong. La Voie des divins immortels. Les chapitres discursifs du Baopuzi neipian*, Gallimard, 1999. Para o *Baopuzi waipian* (*Tratado externo*), cf. Jay SAILEY, *The Master Who Embraces Simplicity. A Study of the Philoso-*

pher Ko Hung, A.D. 283-343, San Francisco, Chinese Materials Center, 1978. Sobre Ge Hong cf. Gertrud GÜNTSCH, *Ko Hung. Das Shen-hsien chuan und das Erscheinungsbild eines Hsien*, Berna, Peter Lang, 1988.

50. *Histoire du taoïsme*, p. 50. Da mesma autora, cf. *Introduction à l'alchimie intérieure*, Paris, Cerf, 1995.

Quarta Parte

A grande revolução budista
(séc. I-X)

14
Os inícios da aventura budista na China (séc. I-IV)

Quando, por volta dos séc. III e IV, desmoronam toda uma visão do mundo e um sistema de valores forjados durante os quatro séculos da dinastia Han e se reafirmam as aspirações individuais, o budismo vindo da Índia traz uma nova maneira de conceber a existência, revolucionando completamente as percepções chinesas – processo histórico que terá como resultado uma verdadeira assimilação sob os Tang a partir do séc. VIII.

As origens indianas do budismo

Na Índia, onde ela representa já uma reviravolta, a aventura budista começa com Gautama Sakyamuni (apr. 560-480 a.C.), contemporâneo de Confúcio. Príncipe herdeiro de um pequeno reino aos pés do Himalaia, foi educado numa vida de luxo e de prazeres, que ele abandona para abraçar a vida de religioso mendicante, após ter tido – por ocasião de quatro saídas em que é surpreendido sucessivamente pela visão de um velho, de um doente, de um cadáver e de um monge munido de sua tigela de esmoler – a revelação de que "tudo é ilusão (*mâyâ*)". Aos 35 anos, tendo atingido a iluminação sob a árvore da Iluminação (*bodhi*), é conhecido como o Buda, "o Iluminado". Em seguida, passa o resto da vida a ensinar (sua primeira pregação é o famoso sermão de Benares) e morre em *parinirvâna* com a idade de 80 anos.

A mensagem budista impõe-se como universal, transcendendo as limitações dos rituais védicos, do intelectualismo dos *Upanixades* e da sociedade de castas. Incorpora, no entanto, alguns elementos do pensamento indiano como as noções de carma (*karma*) e de renascimento, fundamentos de uma teoria segundo a qual os carmas ou ações de cada ser animado em suas existências anteriores determinam o que ele irá tornar-se nas existências futuras. A existência, com efeito, não está limitada por um começo e um fim; é preciso antes imaginar uma concatenação indefinida de existências sob formas diferentes (deuses, homens, animais, seres infernais...) segundo o bom ou mau carma acumulado no decurso das existências anteriores.

A palavra carma significa fato ou ato. Todo ato produz um resultado ou um fruto, bom ou mau. O ato não é, portanto, pontual e neutro, ele é portador de suas próprias conseqüências: "Tudo quanto existe representa um processo cármico: seres animados ou inanimados, os animais, os homens e os próprios deuses não existem senão numa existência serial feita de causas e de frutos, na qual o instante e o ato presentes são condicionados pelos que precedem e condicionam os que seguem"[1]. A lei do carma faz, portanto, com que os seres, renascendo segundo a natureza e a qualidade de seus atos passados, sejam os "herdeiros" desses atos. Tudo acontece como se os atos fossem portadores de genes, fazendo do carma uma teoria "genética" da ação. Atesta-o o seguinte diálogo entre o monge indiano Nâgasena e o rei indo-helênico Milinda (Menandro, séc. II a.C.), ávido por conhecer a doutrina budista:

> – Nâgasena, por que nem todos os homens são semelhantes? Por que têm eles uma vida longa ou breve? Por que são vigorosos ou doentios, belos ou feios, influentes ou impotentes, ricos ou pobres, de boa família ou de baixa extração, inteligentes ou tolos?
>
> – E por que, grande rei, nem todas as plantas são semelhantes? Por que são elas, conforme sua espécie, azedas, salgadas, amargas, ácidas, adstringentes ou doces?

14. Os inícios da aventura budista na China

– Por causa da diferença das sementes, suponho.

– Da mesma forma, os homens diferem em razão da diferença dos atos. O Bem-aventurado (o Buda) disse: "Os seres têm como patrimônio seu carma, eles são os herdeiros, os descendentes, os pais, os vassalos de seu carma: é o carma que divide os homens em superiores e inferiores"[2].

A imagem das sementes tornou-se clássica para descrever o processo cármico, no qual os bons ou maus renascimentos não são recompensas ou castigos, mas simplesmente o resultado natural de certos tipos de ações. A contribuição do budismo para a teoria do carma é ter posto o acento não sobre o próprio ato em sua facticidade, mas sobre a intencionalidade, da qual o ato não é senão a manifestação. É a intenção, o impulso psicológico que é gerador de carma, iniciando assim uma seqüência de causas que culminam no fruto. Por isso o budismo visa primeiramente erradicar a intencionalidade, a perpétua tensão-para, numa palavra, o desejo percebido como *duhkha*. Este termo designa o estado de insatisfação e de mal-estar permanentes que caracterizam a condição de todo ser ligado e submetido à roda do *samsâra* (da raiz *sar-*, que significa "escoar-se" e que evoca a "perpétua errância", o fluxo constante e universal dos seres vivos). A crença na transmigração, profundamente arraigada na cultura indiana, corresponde ao sentimento da ausência, ligada a um estado condicionado, de plenitude e de permanência na perfeição. Como o diz muito bem Teresa de Ávila: "Nosso desejo é sem remédio".

Toda existência é *duhkha* pelo fato de ser impermanência. Nossa maior ilusão – e esta é uma intuição central do budismo – é a convicção que temos de constituir cada qual um "eu" permanente: aqui reside o obstáculo maior que impede de atingir o Absoluto. Segundo a teoria do "não-eu" (*anâtman*), o ser humano reduz-se a cinco agregados (*skandha*) de puros fenômenos (forma corporal, sensações, percepções, formações mentais, consciência), que constituem a matéria-prima daquilo que o senso comum chama de "individualidade". A ilusão consiste em sobrepor a estes agregados de fenômenos a noção de um "eu" que lhes confere uma aparência de unidade e de permanência, mas nada mais faz do que ligar-nos à roda das existências. Como o diz com tanta precisão Bernard Faure, "a noção da ausência de eu é sem dúvida a que distingue mais nitidamente o budismo das outras doutrinas filosóficas ou religiosas. É também a mais difícil de compreender, a tal ponto contradiz nossa convicção mais íntima. [...] É toda a ontologia, a crença no ser e em sua substância, que desaparece. Já não há mais no coração dos seres e das coisas esta centelha de realidade última, este *âtman* que para os hindus é a parcela individual de absoluto, o vestígio do princípio último ou Brahman no fundo de si mesmo. Não encontramos, por trás de todos os estados emocionais ou psíquicos, dos pensamentos e das ações, nenhum princípio federador ou unificador imutável, que poderíamos qualificar de eu. Há pensamento, mas não pensador. A noção de agente, de uma presença atuante por trás dos atos, não é senão um erro produzido pela linguagem. [...] Não há nada nem ninguém por trás: nem sujeito nem senso subjetivo"[3].

A meta última consiste em pôr um fim à engrenagem do desejo: uma vez extinto o desejo, todo carma deixa de acontecer e o ciclo dos renascimentos termina, sinal de que foi atingido o nirvana (*nirvâna*). Mais que sair da roda do *samsâra*, trata-se de alcançar o meio, o meão, o espaço vazio infinito que é o único a escapar ao perpétuo girar da roda. É deste centro apaziguado que se pode tomar consciência de *duhkha* e do caos do *samsâra*, onde vive o homem exteriorizado, constantemente descentrado.

Os Quatro Selos da Lei budista

O "tudo é *duhkha*" constitui a primeira das Quatro Nobres Verdades, ou Selos da Lei búdica (Darma [*Dharma*]), pregadas pelo Buda em seu sermão de Benares logo após sua iluminação:

14. Os inícios da aventura budista na China

> Eis, ó bhikkhus (monges), a Nobre Verdade sobre *duhkha*. O nascimento é *duhkha*, a velhice é *duhkha*, a doença é *duhkha*, a morte é *duhkha*; estar unido àquilo que não se ama é *duhkha*, estar separado daquilo que se ama é *duhkha*, não ter o que se deseja é *duhkha*; em resumo, os cinco agregados de apego (*skandha*) são *duhkha*.
>
> Eis a Nobre Verdade sobre a causa de *duhkha*. É esta sede (desejo, *tanha*) que produz a re-existência e re-devir, que está ligada a uma avidez apaixonada e que encontra uma nova fruição ora aqui, ora ali, ou seja, a sede dos prazeres dos sentidos, a sede da existência e do devir, e a sede da não-existência (auto-aniquilação).
>
> Eis a Nobre Verdade sobre a cessação de *duhkha*. É a cessação completa desta sede: abandoná-la, renunciar a ela, libertar-se dela, desligar-se dela.
>
> Eis a Nobre Verdade sobre o Caminho que leva à cessação de *duhkha*. É o Nobre Caminho Óctuplo, a saber: a visão adequada, o pensamento adequado, a palavra adequada, a ação adequada, o meio de vida adequado, o esforço adequado, a atenção adequada, a concentração adequada[4].

Com uma só pincelada, o Buda coloca as grandes questões fundamentais com uma radicalidade que parecerá inédita aos olhos dos pensadores chineses. Muitas vezes apresentado como um médico, ele começa por apresentar um diagnóstico implacável da condição humana, totalmente subjugada e atravessada pela realidade de *duhkha*, da qual só é possível libertar-se pelo salto da salvação. Estamos longe das discussões confucianas sobre o que convém entender por "natureza humana". O ensinamento original do Buda é sobretudo uma doutrina da salvação, ao mesmo tempo terapêutica e sabedoria, que desconfia das especulações tão características, no entanto, dos desdobramentos ulteriores do budismo indiano, provocados pela necessidade de convencer espíritos habituados à lógica e à dialética.

A vocação prioritariamente prática do ensinamento do Buda é desenvolvida no "caminho óctuplo" da quarta verdade. As oito ramificações designam todos os caminhos de que dispomos em nossa jornada para a salvação e que são de três ordens: aquilo que o sermão de Benares chama de "ação, meio de vida e esforço adequados" depende da prática moral, a "atenção e concentração adequadas" correspondem à disciplina mental da meditação ou contemplação, e por fim a "visão, pensamento e palavra adequados" pertencem ao campo da sabedoria. As diferentes escolas do budismo diferenciar-se-ão menos no tocante à intuição de base do que no tocante aos métodos de chegar à iluminação.

A disciplina moral constitui uma etapa preparatória de pôr-se em condições para a prática espiritual. Suas regras diferem conforme essa prática se refira aos monges ou aos leigos. A comunidade monástica (*sangha*) é considerada uma elite, sendo a vida do leigo *a priori* pouco compatível com as exigências da espiritualidade. Como em toda forma de vida monacal, existe um conjunto de regras (*vinaya*, que acaba constituindo todo um segmento da literatura budista): não violência, pobreza, celibato. Esta última regra foi provavelmente o alvo da mais forte resistência na sociedade chinesa, tão profundamente ancorada no culto da família e da descendência. Para os chineses, entrar nas ordens era literalmente "deixar a família" (*chu jia* 出家) e, por conseguinte, renunciar ao mesmo tempo a servir aos pais e a perpetuar a descendência. Além disso, a formação de um clero que ultrapassava as estruturas familiares e políticas constituía um fenômeno social sem precedentes na China e iria provocar as mais violentas reações e perseguições antibudistas.

No que concerne aos leigos, cujas chances de alcançar o nirvana parecem mais reduzidas, o acento é posto na idéia de acumulação de mérito (carma), mais acessível do que as noções abstratas e as duras exigências da Lei budista. O código básico de moralidade do leigo resume-se na recitação das "três jóias" e na observância dos "cinco preceitos". As "três

14. Os inícios da aventura budista na China

jóias" são três fórmulas fáceis de reter e devem ser recitadas por três vezes:

> Eu me refugio no Buda.
> Eu me refugio no Darma.
> Eu me refugio no Sangha.

Quanto aos cinco preceitos, consistem em não destruir a vida, não roubar, não cometer adultério, não mentir e abster-se de bebidas inebriantes[5].

A disciplina mental diz respeito a um conjunto de práticas designadas pelo termo geral ioga (*yoga*)[6]. Uma vez que o corpo foi tornado totalmente apto para a vida espiritual, pode-se praticar a contemplação ou concentração (*samâdhi*, que tem uma raiz comum com o grego *synthesis*), estreitando o campo da atenção segundo um modo e por um tempo determinados pela vontade, a fim de chegar a um estado de calma total, à semelhança de um espelho ou de um lago sem ondulações. Trata-se de disciplinar a mente, de focalizar o campo da atenção de modo a não mais ser distraído pela realidade exterior, objeto contínuo de desejo e de cobiça, para chegar ao princípio último da sabedoria.

Esta sabedoria (*prajnâ*), que representa o termo do caminho espiritual budista, é entendida como a "contemplação metódica dos darmas" ou, em termos paradoxais, a "apreensão" do real, tornada possível pela percepção de que não há, precisamente, nada a apreender. A *prajnâ* é a capacidade a que se chega, pela prática metódica da contemplação, de ver a realidade tal como ela é, sem ilusão, ou seja, de ver que as únicas coisas que "existem" realmente nada mais são do que agregados de fenômenos impermanentes ou darmas. Resultado final de uma análise que procede por redução, os darmas são aquilo a que se reduzem, em última análise, os elementos da experiência. Designam as coisas tais quais são, desprovidas de natureza própria (*sva-bhâva*), em sua pura "assindade" (*tathatâ*, o ser-assim) e na ausência de todo "enfaixamento" conceitual, para retomar a expressão do Buda. A "assindade" "é o fato de que, com absoluta certeza, as coisas são 'assim', de que sua verdadeira natureza consiste na ausência de toda outra determinação que não seja um puro estar-aí. Poderíamos dizer que, se o nirvana (*nirvâna*) é pura ausência, a *tathatâ* é pura presença: dois pontos de vista diametralmente opostos sobre a mesma verdade absoluta"[7]. Em suma, o termo darma designa ao mesmo tempo as coisas e a verdade sobre as coisas: quando os darmas estão estabelecidos em sua verdadeira natureza, identificam-se com o Darma, ou seja, com a Lei budista (traduzida em chinês por *fa* 法).

Evolução histórica do budismo indiano

O budismo original, conhecido no Cânon páli do Teravada e no Cânon sânscrito do Sarvâstivâda, indica um caminho de salvação que cada indivíduo pode percorrer por si, cujo ideal é encanardo pelo *arhat*, o "sem retorno". É em reação a esta concepção considerada demasiado estreita que começa a desenhar-se, por volta de 250 a.C., uma tendência nova, conhecida pelo nome de "Grande Veículo" (Maaiana), que acusa o budismo antigo de não ser senão um "Pequeno Veículo" (Hinaiana). Enquanto a salvação, originalmente, era concebível quase só para a elite monástica, o Maaiana pretende abrir o caminho da salvação a todos os seres vivos, que supostamente possuem dentro de si a natureza-de-Buda e, portanto, são capazes de conhecer a iluminação. Em lugar do *arhat*, que, tendo obtido a salvação para si mesmo, não age por sua vez em favor dos seres sofredores, o Grande Veículo propõe um ideal de compaixão universal encarnado pelo Bodisatva (Bodhisattva), o "ser de Iluminação", que se abstém de entrar ele próprio em nirvana enquanto não tiver feito nele entrar todos os seres. Em conclusão, o Maaiana denuncia a contradição inerente ao fato de conceber o absoluto como negação de todas as coisas (a negação – dita, pensada ou efetuada – do mundo relativo constitui ao mesmo tempo sua afirmação: ela não se opõe a ele senão postulando-o) e à procura do estado de *arhat* apenas para si mesmo, o que equivale a reafirmar o eu individual.

14. Os inícios da aventura budista na China

O Maaiana começou por exprimir-se em toda uma literatura de sutras (*sûtra*), termo que originariamente significa "fio"[8] e que, no budismo, designa todo texto considerado palavra autêntica do Buda. No *corpus* canônico budista, o mais volumoso entre as grandes tradições antigas, os sutras não representam senão um dos "Três Cestos" (*Tripitaka*), contendo os outros dois a literatura do *Vinaya* sobre a vida monástica, e a dos tratados e comentários (*sâstra* ou *Abhidharma*, "análise da Lei").

Depois de ter permanecido confinado no vale do Ganges durante dois séculos após a morte do Buda, seu ensinamento começa, por volta de meados do séc. III a.C., precisamente no momento em que se universaliza em sua forma maaianista, a difundir-se em todas as direções: ao sul para o Ceilão, ao noroeste para Gândhâra, a Caxemira e o reino dos citas, depois ao longo das rotas da Ásia central que convergem em Dunhuang em território chinês. Enquanto o Hinaiana iria permanecer implantado na Ásia do Sul (Ceilão, Birmânia, Camboja, Tailândia, Laos), a tendência mais liberal iria conhecer uma expansão sem precedentes em direção à China e todo o "mundo chinizado" (Japão, Coréia, Vietnã, Tibete).

O budismo na China dos Han

Quando, a partir do séc. I d.C., se manifestam os primeiros sinais de uma presença budista em território chinês, estamos no início de um longo e colossal processo de assimilação do budismo indiano pela cultura chinesa, processo que duraria diversos séculos e teria repercussões profundas, e mesmo insuspeitadas. É preciso lembrar que o budismo foi, antes da chegada do cristianismo, a primeira expressão de uma espiritualidade universal e ao mesmo tempo de uma cultura estrangeira a introduzir-se numa China que acabava de forjar-se um sentimento muito forte de sua identidade Han. É graças a uma desorganização ao mesmo tempo física e moral do mundo chinês após a derrocada dos Han, seguida de três séculos de divisão, que o budismo deita raízes profundas na China, penetrando onde a mentalidade confuciana revelou-se deficiente: para além de todas as distinções hierárquicas, é a todos os homens que se dirigem o folclore do além – paraíso ou inferno –, a doutrina do carma que coloca todos no mesmo barco, e sobretudo o ideal da budeidade do qual todos nós possuímos os germes e que podemos fazer desabrochar com a intercessão dos Bodisatvas.

Segundo a lenda, a aventura budista na China começa sob os Han posteriores, numa noite em que o imperador Ming (r. 58-75) viu em sonho uma divindade dourada voar diante de seu palácio. Tendo sido identificada como sendo o Buda, foram despachados emissários para o Oeste para saber mais sobre ele e foi por ocasião de seu retorno que teria sido construído na capital, Luoyang, o mosteiro do Cavalo Branco[9]. Segundo o *Mouzi lihuo lun* (*Como Mestre Mou tira nossas dúvidas*), que teria sido composto no sul da China pelo final do séc. II por um chinês convertido ao budismo, os emissários enviados pelo imperador Ming teriam retornado com um *Sutra em 42 seções*[10]. Na verdade, existem desde o séc. I vestígios incontestáveis da presença budista na China[11]. Muito cedo organiza-se em Luoyang um centro de tradução, sob a tutela de monges estrangeiros vindos da Pártia, da Cítia, da Índia ou de Sogdiana. O mais célebre, An Shigao, um monge parta chegado a Luoyang por volta de 148 sob o reinado do imperador Huan, passaria cerca de vinte anos na China propagando a fé budista e formando monges chineses, dos quais o primeiro chamava-se Yan Fotiao (final do séc. II)[12].

Sob os Han, o interesse pelo budismo concentra-se de início na imortalidade da alma bem como no ciclo dos renascimentos e no carma. Estas noções são primeiramente compreendidas, no contexto da mentalidade religiosa taoísta, em termos de "transmissão do fardo": sendo o bem ou o mal cometido pelos ancestrais capaz de influenciar o destino dos descendentes, o indivíduo é passível de sanções por faltas cometidas por seus ascendentes. Mas, enquanto os taoístas se prendem

14. Os inícios da aventura budista na China

ao caráter coletivo da sanção, a responsabilidade individual introduzida pela concepção budista do carma aparece como novidade[13].

Os chineses sentem de início alguma dificuldade em conceber reencarnações sucessivas sem supor a existência de uma entidade permanente para servir-lhes de base. Daí a idéia de uma "alma espiritual" e imortal (*shenling* 神靈), que transmigra através do ciclo dos renascimentos, enquanto o corpo material se desintegra na morte. Esta idéia nada mais faz do que retomar a crença taoísta num além espiritual – e mesmo físico – do corpo. Um texto composto provavelmente pelo fim do séc. IV, sob a dinastia Jin, atesta a concepção chinesa da "reencarnação":

> Excelentes são estas palavras de Mestre Xiang[14]: "O que é o Céu? É o nome genérico das dez mil coisas. O que é o homem? É um ser do Céu entre os outros". Daqui se conclui que as dez mil coisas são enumeráveis, enquanto o Céu-Terra é ilimitado. Assim, as transformações ilimitadas não podem proceder das dez mil coisas. Mas, se os seres não se reencarnassem, o Céu-Terra teria um fim. Ora, ele não o tem, o que prova que a reencarnação existe. Nos tratados antigos diz-se também que "os dez mil germes elevam-se e depois caem novamente; todos os seres vivos declinam sucessivamente". Os santos que compuseram as *Mutações* já exploraram toda a sua potencialidade suprema. "Tendo explorado a fundo os espíritos, eles conheciam as transformações", "tendo penetrado a fundo a estrutura [do universo], eles compreendiam perfeitamente a natureza"[15].
>
> Se até os espíritos podem ser explorados a fundo, é impossível que aquilo que tem forma não seja enumerável. Assim, portanto, os homens e as coisas são em números determinados, o eu e o outro têm fronteiras fixadas. O existente não pode transformar-se para tornar-se não-existente, o outro não pode transformar-se para tornar-se o eu. [Os seres] se conden-

sam e depois se dispersam, desaparecem e depois reaparecem, giram num ciclo sem fim. [...]

A isto acrescente-se que o espírito e a matéria formam um par natural. Quando o par se separa ou se une, temos as transformações que são morte e vida. Quando a matéria se condensa ou se dispersa, temos as tendências que são ida e retorno. Todo homem, todo ser, em suas transformações, tem tendência a ir; mas todo ir tem sua raiz, e por isso ele retorna àquilo que ele é desde sempre. Assim como a dispersão é confusão, assim também a condensação não pode ser desordem. Quanto mais longe se vai [para a morte], tanto mais próximo é o retorno [para a vida]. [...].

Portanto, toda vida vivida no presente é uma vida já vivida no passado. O que se passou antes desta vida é a vida anterior. Se não sabemos o que o corpo se torna, esta idéia nos permanece obscura. Sem conhecer o despertar final, como pretender possuir a iluminação? Aquele que fala hoje sabe apenas que seu eu passado não é o de hoje, mas ela não sabe que seu eu de hoje é ainda o do passado. Aquele que é capaz de compreender, pondo num mesmo plano morte e vida, diz também que morte e vida são como vigília e sono[16]. Como é verdade o que diz![17]

Budismo do Norte e budismo do Sul

Podemos distinguir três grandes fases na grande aventura do budismo na China: numa fase preparatória (séc. III-IV), ele se vê arrastado pelas controvérsias chinesas da época. Apenas no período seguinte (séc. V-VI) é que suas origens indianas são plenamente reconhecidas e assumidas. Com o grande florescimento cultural que a China conhece sob os Tang (séc. VII-VIII), o budismo recomeça a chinizar-se, mas desta vez com conhecimento de causa, o que permite falar de verdadeira assimilação.

14. Os inícios da aventura budista na China

O primeiro período é marcado no plano histórico pela divisão da China em dinastias do Norte e do Sul, tendo como conseqüência o desenvolvimento de um budismo do Norte e de um budismo do Sul. Em 311, Luoyang, capital dinástica dos Jin (265-420), cai nas mãos dos invasores Xiongnu (conhecidos na Europa pelo nome de hunos), seguida por Chang'an em 316. Estas duas datas assinalam o fim do controle chinês sobre o Norte por um período de três séculos, até à reunificação do território pelos Sui em 589. O poder imperial chinês é obrigado a emigrar para o Sul e instalar-se em Jiankang (atual Nanquim), seguido por numerosos oficiais, letrados e monges. A vida volta então à normalidade sob os Jin orientais, onde se forma um budismo intelectual próprio da classe letrada. Esta tenta relacionar com sua própria tradição cultural a mensagem budista, compreendida então essencialmente em termos tomados do "estudo do Mistério"[18].

Este budismo do Sul difere radicalmente daquele que se desenvolve no Norte, sob a égide de reinados não chineses, que fazem do budismo uma religião de Estado. Menos inclinados à literatura e à filosofia, ali os monges são utilizados como conselheiros políticos, ou mesmo militares, e apreciados por seus poderes ocultos. Na China do Norte, colocada sob o poder discricionário dos "bárbaros" e lacerada pela guerra, predomina um budismo devocional, preocupado sobretudo com moralidade, meditação e prática religiosa. Em comparação, o Sul aparece mais privilegiado materialmente, mas no plano intelectual e espiritual herda o espírito insensível e desabusado das "conversações puras", doravante degenerado em hedonismo decadente. A classe letrada, que tradicionalmente se mobilizava em torno de sua missão moral e política de salvaguarda do Tao, deixa-se doravante invadir por um ceticismo que encontra ecos no tema budista do "tudo é transitório".

É a partir desta divisão entre o Norte e o Sul que começam a distinguir-se dois estilos de tradução dos textos budistas: no final dos Han, as traduções tinham elaborado uma linguagem convencional que correspondia ao objetivo bastante sumário de traduzir os textos sânscritos de maneira simples, livre mas inteligível. A partir do séc. IV começa a desenvolver-se no Sul um estilo muito mais refinado, senão literário, próprio para traduzir textos curtos ou narrativos capazes de interessar um público mais culto.

Dhyâna e *Prajnâ*

Desde o início do séc. III, logo após a queda dos Han, esboçam-se na abordagem chinesa do budismo dois centros principais de interesse, que correspondem às duas grandes asas da doutrina búdica: *dhyâna* (concentração) e *prajnâ* (sabedoria). O termo *dhyâna*, difícil de traduzir, designa no budismo canônico da Índia um conjunto de exercícios, devidamente definidos e graduados, que visam obter diversos estados de concentração e de purificação mentais relacionados ao ioga. O monge parta An Shigao, atuante em Luoyang desde a segunda metade do séc. II, põe o acento nos textos de *dhyâna*, associados sobretudo ao budismo Hinaiana, que tratam essencialmente das técnicas de controle mental, de respiração e de supressão das paixões. Os primeiros textos traduzidos na China referem-se menos às verdades fundamentais do budismo e mais às suas práticas, e muitas traduções são tomadas da terminologia taoísta. Atesta-o o prefácio do monge budista Dao'an (312-385) ao seu comentário sobre o *Anâpâna-sûtra*:

> A *anâpâna* é a expiração e a inspiração. Onde mora o Tao, não há nada que a ele não se conforme; onde reside sua Virtude, não há nada que a ela resista. Por isso a *anâpâna* chega à completude morando na respiração e as quatro *dhyâna* chegam à concentração residindo no corpo. A morada na respiração comporta seis estágios e a residência no corpo quatro etapas. A gradação dos estágios é o "decrescer e decrescer ainda mais, até ao não-agir". A distinção das etapas é "o esquecimento para além do esquecimento, até ao não-desejo"[19].

14. Os inícios da aventura budista na China

O budismo dos Han dirigira-se primeiramente a um público popular pondo a ênfase nas práticas de meditação, mas também no tema da compaixão e da acumulação de carma, que se manifestava sobretudo por donativos à comunidade monástica. Aos olhos de um público já formado nas exigências do taoísmo religioso, para o qual o budismo não era no fundo senão uma variante que abria um novo caminho para a imortalidade[20], era inevitável ocorrer uma amálgama entre os dois, acompanhada de uma tentação de "recuperação" recíproca. Segundo uma concepção taoísta, Lao-tse, após desaparecer no oeste da China, teria prosseguido seu caminho até a Índia, onde teria "convertido os bárbaros" e se teria transformado no Buda. A idéia de que este não seria senão uma reencarnação de Lao-tse encontra sua apoteose no *Sutra sobre a conversão dos bárbaros* (*Huahu jing*). Tema de um famoso debate que iria retomar impulso no séc. IV, e depois nos séc. VI-VII, este sutra, composto na verdade por volta de 300 d.C. para as necessidades da causa, atesta as relações complexas entre budismo e taoísmo[21].

Erik Zürcher[22] fala de um verdadeiro fenômeno de "hibridação" nas camadas populares muito mais que entre a elite, como o atesta a absorção de elementos budistas na escola taoísta da Jóia Sagrada (Lingbao), cujo *corpus* escritural começa, ao que parece, a tomar forma pelo fim do séc. IV. O Lingbao parece ter-se servido do budismo de forma ainda mais deliberada do que o Maoshan (ou Shangqing, "Alta Pureza"), a outra grande corrente do taoísmo do Sul aparecida alguns decênios antes em reação contra os invasores do Norte[23]. É provável, por exemplo, que certas técnicas de visualização (*guan* 觀) próprias do budismo Maaiana tenham estimulado ou pelo menos reforçado noções análogas no taoísmo, ou que a concepção taoísta do escrito talismânico tenha sido fortalecida pela descoberta das fórmulas mágicas (mantras ou *dharanî*) dos sutras budistas.

Para além das práticas de *dhyâna*, a doutrina budista faz a jornada do adepto culminar na sabedoria (*prajnâ*), conjunto de especulações sobre a natureza-de-Buda e a realidade última dos darmas. Na China esta tradição conhece um primeiro sucesso sob o impulso de um cita, Lokaksema (nome chinês: Zhi Loujiachan, muitas vezes abreviado para Zhichan). Chegado a Luoyang, capital dos Han posteriores, por volta de 167, quase ao mesmo tempo que o parta An Shigao, dedica-se à tradução de textos da Prajnâ-pâramitâ (literalmente "perfeição da sabedoria")[24]. Esta representa uma evolução característica do budismo Maaiana na Índia desde o séc. II a.C. e começa a enraizar-se na China, principalmente no budismo intelectual do Sul, pelos meados do séc. III. Paralelamente à influência do budismo sobre o taoísmo religioso, o séc. IV vê desenvolver-se na região do baixo Yangtse uma forma híbrida do "estudo do Mistério", que, à noção de vacuidade própria da Prajnâ-pâramitâ, mistura idéias procedentes dos "Três Mistérios" (o *Laozi* e as *Mutações* na interpretação de Wang Bi, com o *Zhuangzi* editado por Guo Xiang).

Intercâmbios intelectuais no budismo do Sul

É através dos intercâmbios de idéias sobre a vacuidade que o budismo atinge os meios letrados do Sul, então ocupados em especular sobre as relações entre o "fundamento constitutivo" (*benti* 本體) e sua "aplicação"(*fayong* 發用), sendo o primeiro percebido como o não-há (*wu*) equiparado à vacuidade budista, e o segundo como o há (*you*) ou a realidade relativa tal como a percebemos. Assim, as sete primeiras escolas do budismo chinês, que se constituem em grande parte no Sul, se repartem entre os adeptos do *wu*, que invocam Wang Bi, e os do *you*, mais próximos de Guo Xiang. Tentativas, mais ou menos bem-sucedidas, são feitas para relacionar o budismo com o cabedal intelectual chinês, a começar pelo método chamado método do *geyi* 格義 . Utilizado particularmente pelos tradutores e pelos propagadores da Lei budista com a finalidade de torná-la mais diretamente acessível, o método consiste em "fazer coincidir o sentido" ou "acasalar as noções" budistas

14. Os inícios da aventura budista na China

com noções chinesas conhecidas, principalmente taoístas. A título de exemplos, a iluminação (*bodhi*) é entendida em termos de Tao, a extinção (nirvana) em termos de não-agir (*wuwei*), o *arhat* budista é equiparado ao "homem verdadeiro" (*zhenren*) taoísta, a noção de "assindade" (*tathatâ*) encontra-se traduzida pela de "não-existente original" (*benwu*). Este método, que acaba caindo em desuso após a chegada de Kumârajîva em 402, é uma das características principais da fase de implantação do budismo dos séc. III e IV, onde os debates são formulados em termos sobretudo chineses, recorrendo-se aos textos budistas apenas para fornecer combustível à argumentação[25].

Na corte imperial dos Jin orientais, que reinam sobre a China do Sul de 320 a 420, monges e adeptos leigos do budismo misturam-se com as figuras marcantes do mundo literário e artístico da época, como Xie An (320-385), Wang Meng (apr. 309-347), o poeta Xu Xun (séc. IV) ou o famoso calígrafo Wang Xizhi (apr. 307-365). Toda esta alta sociedade revive nas anedotas da *Nova coletânea de ditos mundanos*, atribuída ao príncipe Liu Yiking (403-444)[26]. Um dos monges mais eminentes do séc. IV, Zhi Dun ou Zhi Daolin (314-366), é conhecido por ter-se dedicado às "conversações puras". Autor de um comentário budizante sobre o primeiro capítulo do *Zhuangzi*, Zhi Dun sublinha que nossa relação de geração com o Um, tão exaltada pela cosmologia chinesa, nada mais faz do que nos assujeitar à "roda dos renascimentos" e nos acorrentar a uma existência condicionada percebida como *duhkha*. Deixando de lado as noções de Tao e de Céu, que denotam tradicionalmente a unidade dos entes, Zhi Dun recorre deliberadamente a um termo diferente, o termo *LI* 理, que ele transforma num princípio ontológico, absoluto e transcendente, doravante oposto nos escritos budistas aos objetos ou acontecimentos da experiência empírica (*shi* 事). A distinção de dois níveis, o da "realidade última" e o das "realidades fenomênicas", vem portanto substituir-se à alternância criadora do Yin e do Yang e à relação orgânica entre os seres e seu gerador, o Tao. Zhi Dun conta entre seus discípulos leigos fortes personalidades como Xi Chao (apr. 336-377), que expõe sua visão própria do budismo no *Fengfa yao* (*Pontos essenciais do Darma*)[27].

Não contentes de conviver com a elite letrada, os monges budistas, muitos dos quais oriundos de meios aristocráticos, ou mesmo de famílias principescas, trabalham ativamente em favor da adoção do budismo na corte. Isso será realidade a partir de 381, quando o imperador Xiaowu (r. 373-396) adere oficialmente à doutrina budista e se torna ele próprio um leigo devoto ao ponto de mandar edificar um mosteiro no próprio recinto do palácio. Este entusiasmo imperial não tarda a suscitar reações contra a extravagância das despesas e o intervencionismo clerical nos assuntos do Estado. A concepção confuciana tradicional do poder imperial, supremo porque proveniente do Céu, não vê com bons olhos a intrusão do "Estado dentro do Estado" que a comunidade monástica budista constitui. Considerada na Índia como um corpo autônomo regido por suas próprias leis, escapando à jurisdição das autoridades civis e políticas, ela é composta de monges aos quais o soberano deve respeito. No grande debate que se trava por volta de 340 na corte dos Jin sobre a questão de saber se os monges devem ou não prosternar-se diante do imperador, é a autonomia deles que, num primeiro tempo, obtém uma decisão favorável, defendida sobretudo pelo célebre Huiyuan (334-416):

> Os que entraram nas ordens (lit.: que deixaram a família) moram fora dos limites, cortaram todo laço com os seres. [...] Tais homens, desde que pronunciaram seus votos, começaram por abandonar as frivolidades, a firmeza de seu ideal materializa-se em sua mudança de vestuário. Todos os que entram nas ordens retiram-se do mundo para pôr-se na busca de seu ideal e mudam seus hábitos para realizar seu caminho. Mudar seus hábitos significa que sua atitude exterior já não se conforma mais aos ritos seculares; retirar-se do mundo significa que eles têm obrigação de dar nobreza à sua maneira de ser. [...]

Interiormente, o monge está em desacordo com aquilo que é mais importante nas relações naturais, sem por isso violar a lei da piedade filial; exteriormente, falta à deferência devida à posição do soberano, sem por isso faltar ao respeito. Deste ponto de vista, aparece que aquele que vai além do inconstante e do superficial para procurar a Origem é animado por um princípio profundo e uma intenção sincera. E é evidente que aquele que toma fôlego demasiado para discorrer sobre a virtude da humanidade só tem pouco mérito e poucos efeitos benfazejos[28].

Budismo e dinastias não chinesas do Norte

Enquanto o budismo prospera com a bênção imperial no Sul, o Norte é vítima das incessantes rivalidades entre os chefes não chineses à frente de populações de origem turca ou tibetana. Os primeiros a impor-se são os Xiongnu, que conquistam as capitais chinesas de Luoyang em 311 e de Chang'an em 316. Neste contexto de instabilidade e de insegurança, os monges preferem pôr-se ao serviço dos soberanos como conselheiros, prevalecendo-se às vezes de poderes ocultos para incitar as conversões à Lei budista. Fotudeng, monge originário da Ásia central, chegado a Luoyang por volta de 310 bem no meio dos distúrbios que agitam a China do Norte, põe à disposição do fundador "bárbaro" dos Zhao posteriores (319-352) seus conhecimentos e sua magia, que ele utiliza sobretudo para atrair chuva[29].

É na zona controlada pelos Liang do Norte, no início do séc. V, que se desenvolve um dos grandes centros do budismo chinês: Dunhuang, ponto de convergência das rotas norte e sul através da Ásia central. Tudo começa em 366 com cavernas cavadas diretamente nas encostas das colinas. No decorrer do tempo, são ornadas com esplêndidos afrescos e esculturas, como os da Caverna dos Mil Budas, testemunhos da evolução da arte chinesa entre os séc. IV e XIII.

Todas as dinastias não chinesas que se sucedem no Norte estimulam vigorosamente o desenvolvimento do budismo, que, sendo de origem estrangeira como elas, lhes fornece um fundamento espiritual e uma legitimidade política fora dos valores chineses tradicionais. Em 399, no momento em que os Qin posteriores controlam o norte da China, o monge Faxian deixa a China para dirigir-se à Índia em busca da Lei, inaugurando assim uma longa tradição de peregrinações. Ao retornar em 413, começa a traduzir os textos que trouxe consigo e que se referem principalmente às regras da vida monástica (*Vinaya*).

Alguns grandes monges do século IV: Dao'an, Huiyuan, Daosheng

Originário do norte da China e proveniente de uma família confucionista, Dao'an (312-385) é sem dúvida o monge que mais marcou o séc. IV[30]. Sob a direção de Fotudeng, estuda ao mesmo tempo textos de Prajnâ e de Dhyâna, sobre os quais escreve comentários fortemente marcados de início pelo método do *geyi*, rejeitado mais tarde em nome da exigência de um budismo mais autêntico. Em 365 Dao'an é obrigado pelas guerras que devastam o Norte a refugiar-se no Sul, na atual província de Hubei, onde realiza uma notável obra de promoção do budismo, tanto no plano devocional como no plano textual. Compila o primeiro catálogo de todas as traduções de textos budistas desde os Han[31], formula regras para a vida monástica e inaugura um culto a Maitreya, o Buda vindouro que reside no céu Tusita aguardando o momento de descer à terra. Em 379, Dao'an retorna ao Norte, a Chang'an, onde contribui para a tradução do Cânon da escola antiga do Sarvâstivâda no quadro de uma equipe formada em torno de Sanghabhuti e Sanghadeva, monges originários da Caxemira. Este grupo de tradutores iria preparar o terreno para o grande Kumârajîva, de que trataremos mais adiante[32].

Parece, portanto, que Dao'an desempenhou, neste primeiro período de aclimatação, um papel de "plataforma giratória". Versado tanto na literatura da Prajnâ-pâramita como

14. Os inícios da aventura budista na China

na do "estudo do Mistério", encarna a combinação das culturas chinesa e budista; formado nos textos de Prajnâ bem como de Dhyâna, reúne as duas grande tendências iniciais do budismo Han. É ele também que lança uma ponte entre o budismo do Norte e o do Sul e introduz a literatura Sarvâstivâdin, perpetuada no Sul por seu discípulo Huiyuan. Preparando assim a chegada e o trabalho de Kumârajîva, Dao'an abre caminho para uma nova era na história do budismo na China.

No decurso de sua longa carreira, Dao'an teve discípulos que se contavam às centenas e dos quais o mais famoso foi sem dúvida Huiyuan (334-416). Após ter acreditado encontrar o caminho nos Clássicos confucianos, e depois no *Laozi* e no *Zhuangzi*, tem a revelação da verdade aos vinte e um anos ao ouvir Dao'an falar dos sutras da Prajnâ. Ordena-se imediatamente e em breve encontra-se em condições de ensinar por sua vez as escrituras budistas pelo método do *geyi*. No momento em que Dao'an retorna ao Norte, Huiyuan instala-se no monte Lu (na atual Jiangxi), no mosteiro da Floresta do Leste, desde então conhecido pela pureza de sua disciplina monástica. À semelhança do culto prestado por seu mestre Dao'an a Maitreya, Huiyuan inaugura um culto ao Buda Amitâbha, que reina sobre a "Terra Pura"[33]. Embora não abandone mais sua montanha, Huiyuan goza de uma ampla reputação que lhe vale ser ouvido pelos poderosos, tanto no Norte quanto no Sul, sobretudo no debate evocado acima sobre as relações entre comunidade monástica e poder imperial. Embora estabelecido no Sul, Huiyuan mantém estreitas relações com os budistas do Norte. Sanghadeva, um dos tradutores da literatura Sarvâstivâdin em Chang'an, a introduz no monte Lu, onde vem juntar-se a Huiyan, seguido por seu correligionário Buddhabhadra. Por volta de 405, Huiyuan entra em correspondência com Kumârajîva, recém-chegado a Chang'an[34].

O elo entre Norte e Sul é mantido por um dos discípulos mais importantes de Huiyuan, Daosheng (apr. 360-434). Depois de juntar-se a Huiyuan no monte Lu por volta de 397, coloca-se sob a tutela de Sanghadeva para estudar os textos da escola Sarvâstivâdin. Alguns anos mais tarde, vai a Chang'an, onde se une ao grupo de tradutores de Kumârajîva, antes de retornar ao Sul com o tratado de Sengzhao, "Prajnâ não é conhecimento", que não deixa de atrair a atenção de Huiyuan[35].

É nesta época que ele se concentra no *Sutra do Nirvana*, impondo-se assim como o promotor da escola do mesmo nome na China. Este sutra, que conteria o ensinamento último do Buda, não é muito do gosto da tendência Mâdhyamika representada por Kumârajîva, pelo fato de descrever o nirvana não como vacuidade, mas como estado de pura alegria. Mas é sobre este texto que Daosheng se apóia para defender, apesar de todas as resistências, sua compreensão do Maaiana como caminho de salvação universal: todos os seres, mesmo os que procuram a gratificação de seus desejos, possuem a budeidade. A vacuidade, verdade última dos sutras da Prajnâ, e a natureza-de-Buda (ou budeidade, em sânscrito *buddhatâ*), de que trata o *Sutra do Nirvana*, são uma e a mesma coisa. Esta natureza-de-Buda, presente em cada um, nada mais é do que o "eu verdadeiro" que entra em nirvana, não sendo o *samsâra* senão o itinerário que leva à união final com o Buda.

Após sua introdução por Daosheng, a escola do Nirvana iria despertar um entusiasmo crescente no budismo do Sul, sobretudo no séc. V, sob o reinado do imperador Wu dos Liang, de quem falaremos mais adiante. O pensamento de Daosheng representava, com efeito, uma tendência tipicamente chinesa de levar o mais longe possível a universalização da salvação budista. Além disso, era sem dúvida o primeiro a afirmar que a budeidade se obtém por uma iluminação súbita e total, dando início assim ao grande debate entre gradualistas e subitistas, que iria marcar a escola Zen, resultado final da tradição de Dhyâna na China.

Notas do capítulo 14

1. Cf. Guy BUGAULT, *La Notion de Prajnâ ou de sapience selon les perspectives du Mahâyâna – part de la connaissance et de l'inconnaissance*

14. Os inícios da aventura budista na China

dans l'analogie bouddhique, Paris, Publications de l'Institut de civilisation indienne, 1968, p. 25.

2. O diálogo é tirado do *Milinda-panha* (*As perguntas de Milinda*), redigido em páli (o texto original fala de *kamma*, termo páli para o sânscrito *karma*), cf. a tradução de Louis FINOT, datada de 1923, republicada na coleção "Connaissance de l'Orient", Paris, Gallimard, 1992, p. 111-112.

3. Cf. *Bouddhismes, philosophies et religions*, Flammarion, 1998, p. 170-172.

4. Tradução Walpola RAHULA, *L'Enseignement du Bouddha d'après les textes les plus anciens*, Paris, Éd. du Seuil, 1961, p. 123.

5. Cf. Edward CONZE, *Le Bouddhisme dans son essence et son développement* (trad. de uma obra em inglês de 1951), Paris, col. "Petite Bibliothèque Payot", 1978, p. 99. Do mesmo autor, cf. *Buddhist Scriptures, selected and translated*, Harmondsworth, Penguin Books, 1959. Cf. também TAKAKUSU Junjirô, *The Essentials of Buddhist Philosophy*, 1947, reed. Honolulu, University of Hawaii Press, 1956; William DE BARY (ed.), *The Buddhist Tradition*, Nova York, Modern Library, 1969; Lilian SILBURN (ed.), *Le Bouddhisme*, Fayard, 1977, reed. com o título *Aux sources du bouddhisme*; Peter HARVEY, *An Introduction to Buddhism. Teachings, History and Practices*, Cambridge University Press, 1990 (traduzido para o francês com o título *Le Bouddhisme. Enseignements, histoire, pratiques*, Éd. du Seuil, 1993); Bernard FAURE, *Le Bouddhisme*, Flammarion, col. "Dominos", 1966; e *Bouddhismes, philosophies et religions* (referências na nota 3); Philippe CORNU, *Dictionnaire encyclopédique du bouddhisme*, Éd. du Seuil, 2001.

6. A palavra ioga (*yoga*) (raiz *yuj*-), cujo sentido primitivo é "atrelar", "pôr sob o jugo", pode significar não apenas "unir", mas também, muitíssimas vezes, no passivo, "ser ajustado", evocando assim um "ajustamento interior". O ioga pode ser considerado um empreendimento sistemático de modificação dos estados da consciência através da meditação, o "sonho lúcido", a posse ritual etc., visando reorganizar e modificar a relação consigo mesmo, com seu corpo e com o mundo.

7. Jacques MAY, "La philosophie bouddhique idéaliste", *Études asiatiques*, 25 (1971), p. 315.

8. Encontramos na palavra sânscrita sutra (*sûtra*) a mesma metáfora têxtil que ocorre no português "texto" e no chinês *jing* 經, que, como vimos (cap. 2, p. 93), designa as escrituras sagradas em geral, inclusive as do budismo. Cf. Roger CORLESS, "The Meaning of *Ching* (*Sûtra*?) in Buddhist Chinese", *Journal of Chinese Philosophy*, 3/1 (1975), p. 67-72.

9. Sobre este episódio, que marca simbolicamente a entrada do budismo na China, cf. Henri MASPERO, "Le songe et l'ambassade de l'empereur

Ming", *Bulletin de l'École française d'Extrême-Orient*, 10 (1910), p. 95-130. Do mesmo autor, "Comment le bouddhisme s'est introduit en Chine" (1940), reproduzido em *Le Taoïsme et les religions chinoises*, Gallimard, 1971, p. 279-291. Cf. também Paul DEMIÉVILLE, "La pénétration du bouddhisme dans la tradition philosophique chinoise", *Cahiers d'histoire mondiale* (Unesco, Neuchâtel) 3/1 (1956), p. 1-38.

10. O *Mouzi*, que se apresenta como uma apologia do budismo feita por um convertido chinês sob a forma de perguntas-respostas, é no entanto suspeito. Parece razoável pensar que o núcleo original data do fim dos Han, mas que o texto conheceu acréscimos e retoques até o séc. V. Para uma tradução, cf. Paul PELLIOT, "Meou-tseu, ou les doutes levés", *T'oung Pao*, 19 (1920), p. 255-433; e John P. KEENAN, *How Master Mou Removes our Doubts: A Reader-Response Study and Translation of the Mou-tzu Li-huo lun*, Albany, State University of New York Press, 1994.

Quanto ao pretenso *Sutra em 42 seções*, que, segundo a lenda, seria o primeiro texto budista introduzido na China e o primeiro a ser traduzido para o chinês (por volta de 67 d.C.), é de fato de origem duvidosa e constitui provavelmente um apócrifo.

11. Cf. Erik ZÜRCHER, "Han Buddhism and the Western Region", em W.L. IDEMA e E. ZÜRCHER (eds.), *Thought and Law in Qin and Han China. Studies dedicated to Anthony Hulsewé on the occasion of his eightieth Birthday*, Leiden, Brill, 1990, p. 158-182.

12. Encontramos as biografias de An Shigao e de Yan Fotiao, bem como de todos os monges chineses importantes do sé. II ao IV, no *Gaoseng zhuan (Biografias dos monges eminentes)*, compilado por Huijiao (morto em 554), Pequim, Zhonghua shuju, 1992. Para uma tradução, cf. Robert SHIH, *Biographies des moines éminents (Kao seng tchouan) de Houei-kiao*, Lovaina, Institut orientaliste, 1969.

13. Cf. JAN Yün-hua, "The Chinese Understanding and Assimilation of Karma Doctrine", em Ronald NEUFELDT (ed.), *Karma and Rebirth: Post-Classical Developments*, Albany, State University of New York Press, 1986, p. 145-168.

14. Trata-se de Xiang Xiu (apr. 223-apr. 300), um dos "sete sábios do bosque de bambus", presumido autor de um comentário sobre o *Zhuangzi*, cf. acima cap. 13 nota 30.

15. Citações de dois comentários sobre as *Mutações*, *Xici (Grande Comentário)* B 3, e *Shuogua (Explicação das figuras)* 1.

16. Idéia cara a Chuang-tse, cf. cap. 4, "Sonho ou realidade".

17. *Geng sheng lun (Sobre a reencarnação)* de Luo Han (apr. 300-380), reproduzido na p. 30 do t. I de *Zhongguo fojiao sixiang ziliao xuanbian*

14. Os inícios da aventura budista na China

(*Trechos escolhidos de textos budistas chineses*), compilação em vários volumes editada a partir de 1981 pela Zhonghua shuju de Pequim, na qual se poderá encontrar o texto chinês da maior parte das citações que seguem.

18. Sobre o "estudo do Mistério" cf. capítulo precedente.

19. O *Anâpâna-sutra* foi traduzido sob os Han por An Shigao com o título *Da anban shouyi jing* (*Grande Sutra sobre a atenção aplicada à inspiração e à expiração*). Este prefácio é reproduzido em *Zhongguo fojiao sixiang ziliao xuanbian*, t. I, p. 34. Os quatro *dhyâna* são quatro tipos de meditação, definidos como meios para transcender nossas reações habituais aos estímulos sensoriais. As duas últimas frases citam e parafraseiam o *Laozi* 48 (cf. acima cap. 7, "Via negativa ou mística?").

20. WU Hung, em seu estudo "Buddhist Elements in Early Chinese Art (2nd and 3rd Centuries A.D.)", *Artibus Asiae*, 47 (1986), p. 263-316, observa que, para o comum dos chineses da época Han, o Buda era um deus estrangeiro que havia atingido a imortalidade, que era capaz de voar, de metamorfosear-se e de ajudar as pessoas; enquanto tal, foi colocado no mesmo plano que os imortais taoístas Xi Wangmu (a rainha-mãe do Oeste) e Dong Wanggong (o rei-pai do Leste), e associado como eles aos cultos de imortalidade e aos ritos fúnebres.

21. Sobre o desaparecimento de Lao-tse no Oeste, cf. cap. 7, "A lenda". Para uma boa recapitulação da controvérsia sobre a "conversão dos bárbaros", cf. Kristofer SCHIPPER, "Purity and Strangers: Shifting Boundaries in Medieval Taoism", *T'oung Pao*, 80 (1994), p. 62s. No ano 520, diante do imperador Xiaoming dos Wei do Norte, houve um debate entre budistas e taoístas para determinar quem, Buda ou Lao-tse, vinha em primeiro lugar, usando textos (falsos se necessário) como prova. Assim a falsificação *Qingjingfa xing jing* (*Sutra para propagar a Lei clara e pura*) pretendia que "o Buda havia enviado três discípulos à China para transmitir seus ensinamentos e converter o povo. O Bodisatva Rutong foi chamado Kong Qiu (Confúcio) pelos chineses; o Bodisatva Guangjing foi chamado Yan Hui (discípulo de Confúcio); e Mahâkâsyapa (discípulo do Buda) foi chamado Lao-tse"...

22. Cf. "Buddhist Influence on Early Taoism: A Survey of Scriptural Evidence", *T'oung Pao*, 66 (1980), p. 84-147.

23. Sobre o Maoshan (ou Shangqing) e o Lingbao, pode-se consultar Isabelle ROBINET, *Histoire du taoïsme des origines au XIVe siècle*, Cerf, 1991, cap. 5 e 6, e *La Révélation du Shangqing dans l'histoire du taoïsme*, 2 vols., Paris, Publications de l'École française d'Extrême-Orient, 1984; bem como Stephen BOKENKAMP, "Sources of the Ling-pao Scriptures", em Michel STRICKMANN (ed.), *Tantric and Taoist Stu-*

dies, t. II, Bruxelas, Institut belge des hautes études, 1983, p. 434-486; Michel STRICKMANN, *Le Taoïsme du Mao Chan. Chronique d'une révélation*, Paris, Collège de France, Institut des hautes études chinoises, 1981.

24. Entre os sutras da Prajnâ-pâramitâ, traduzidos desde os Han por Lokaksema, figura um dos mais antigos, o *Astasâhasrikâ* (*A perfeição da sabedoria em 8.000 linhas*), provavelmente do séc. I a.C., que serviu de base para versões ora alongadas ora abreviadas. Os dois primeiros resumos, concluídos no séc. IV, são os famosos *Sutra do Diamante* e *Sutra do Coração*, sempre associados na China e recitados um após o outro. Cf. Edward CONZE, *Buddhist Wisdom Books, Containing the Diamond Sûtra and the Heart Sûtra*, Londres, Allen and Unwin, 1958. Para o *Sutra do Coração*, cf. Donald S. LOPEZ, Jr. (ed.), *The Heart Sûtra Explained: Indian and Tibetan Commentaries*, Albany, State University of New York, Press, 1988. Para o *Sutra do Diamante*, cf. Philippe CORNU e Patrick CARRÉ (trad.), *Soûtra du Diamant – et autres soûtras de la Voie médiane*, Fayard, 2001.

25. Cf. T'ANG Yung-t'ung, "On *ko-yi*, the Earliest Method by which Indian Buddhism and Chinese thought were Synthesized", em W.R. INGE et al., *Radhakrishnan. Comparative Studies in Philosophy Presented in Honour of his Sixtieth Birthday*, Londres, Allen and Unwin, 1951, p. 276-286; e Whalen LAI, "Limits and Failure of *ko-i* (concept-matching) Buddhism", *History of Religions*, 18/3 (1979), p. 238-257.

26. Sobre o *Shishuo xinyu*, cf. acima cap. 13 nota 3. Sobre Xie An, cf. Jean-Pierre DIÉNY, *Portrait anecdotique d'un gentilhomme chinois, Xie An (320-385), d'après le Shishuo xinyu*, Paris, Collège de France, Institut des hautes études chinoises, 1993.

27. Pode-se encontrar passagens traduzidas em Erik ZÜRCHER, *The Buddhist Conquest of China*, 2 vols., Leiden, 1959, t. I, p. 164-176, e em Kenneth CH'EN, *Buddhism in China. A Historical Survey*, Princeton University Press, 1962, p. 70s. Do mesmo autor, cf. *The Chinese Transformation of Buddhism*, Princeton University Press, 1973.

28. Shamen bu jing wangzhe lun (Os monges não são obrigados a demonstrar seu respeito aos reis), 2ª seção intitulada *Chu jia* 出家 (*Entrar nas ordens*, lit. "deixar a família"), texto reproduzido em *Zhongguo fojiao sixiang ziliao xuanbian*, t. I, p. 81s. Sobre esta controvérsia cf. Leon HURVITZ, "'Render unto Caesar' in Early Chinese Buddhism", *Sino-Indian Studies*, 5/3-4 (1957), p. 96-114; e Léon VANDERMEERSCH, "Bouddhisme et pouvoir dans la Chine confucianiste", em *Bouddhismes et sociétés asiatiques*, Paris, L'Harmattan, 1990. Cf. também TSUKAMOTO Zenryiû, *A History of Early Chinese Buddhism from its Intro-*

14. Os inícios da aventura budista na China

duction to the Death of Hui-yüan, traduzido do japonês por Leon HURVITZ, 2 vols., Nova York, 1985. Sobre Huiyuan cf. p. 412s.

29. Cf. Arthur F. WRIGHT, "Fo-t'u-teng", *Harvard Journal of Asiatic Studies*, 11 (1948), p. 322-370.

30. Cf. Arthur E. LINK, "The Biography of Tao-an", *T'oung Pao*, 46 (1958), p. 1-48; "The Taoist Antecedents of Tao-an's Prajnâ Ontology", *History of Religions*, 9 (1969-1970), p. 181-215; (com Leon N. HURVITZ) "Three Prajnâparamitâ Prefaces of Tao-an", *Mélanges de sinologie offerts à Paul Demiéville*, t. II, Paris, Bibliothèque de l'Institut des hautes études chinoises, 1944, p. 403-470.

31. Trata-se do *Zongli zhongjing mulu* (*Catálogo geral dos sutras*), conhecido igualmente sob o título de *An Lu* (*Catálogo de An*), que contém 611 títulos.

32. Sobre a escola do Sarvâstivâda, ou "caminho do realismo integral", cf. acima "Evolução histórica do budismo indiano". Esta escola, baseada na Caxemira, era um ramo do Teravada e, portanto, considerada como Hinaiana, mas possuía um cânon próprio redigido em sânscrito. Sobre Kumârajîva cf. cap. seguinte.

33. Cf. Walter LIEBENTHAL, "Shih Hui-yüan's Buddhism as set forth in his Writings", *Journal of the American Oriental Society*, 70 (1950), p. 243-259. Huiyuan é o autor de um comentário sobre o *Sutra da visualização da longevidade infinita* (*Guan wuliangshou jing*), que desempenhou um papel importante na escola da Terra Pura em seus inícios. Cf. Kenneth K. TANAKA, *The Dawn of Chinese Pure Land Buddhist Doctrine: Ching-ying Hui-yüan's Commentary on the Visualization Sûtra*, Albany, State University of New York Press, 1990. Sobre escola da Terra Pura, cf. adiante cap. 16.

34. Cf. Rudolf G. WAGNER, *Die Fragen Hui-yüans an Kumârajîva*, Berlim, 1969.

35. Sobre Daosheng, cf. Walter LIEBENTHAL, "A Biography of Chu Tao-sheng" e "The World Conception of Chu Tao-sheng", *Monumenta Nipponica*, 11 (1955), p. 64-96 e 13 (1956), p. 73-100. Sobre Sengzhao, discípulo de Kumârajîva, cf. cap. seguinte.

15
O pensamento chinês na encruzilhada dos caminhos
(séc. V-VI)

Kumârajîva e a escola Mâdhyamika

A chegada de Kumârajîva (344-413? ou 350-409) a Chang'an em 402, bem no início do séc. V, inaugura um novo período em que a especificidade da contribuição budista indiana encontra-se plenamente reconhecida na China. Desde então, não se procura mais transpor o pensamento vindo de fora em termos familiares, mas empreendem-se grandes trabalhos de exegese e de tradução diretamente do sânscrito, para os quais apela-se a monges vindos da Índia ou da Seríndia[1].

Nascido em Kucha, uma das principais etapas do Caminho da Seda, Kumârajîva recebe uma formação que lhe permitirá desempenhar um papel determinante no processo de indianização do budismo na China, unindo o estudo dos sutras do Hinaiana e do Maaiana, deslocando-se entres os grandes centros da Seríndia e dominando diversas línguas, entre as quais o chinês. Desde sua chegada a Chang'an em 402, com o concurso de cerca de mil monges, Kumârajîva aplica-se à tradução de uma série impressionante de textos que se tornarão as peças-chave do Cânon budista chinês, a começar pelo *Sutra da Terra Pura*[2]. Kumârajîva empreende em seguida a tradução dos três tratados fundamentais da escola Mâdhyamika[3]. Não contente de ter concluído este trabalho colossal no espa-

15. O pensamento chinês na encruzilhada dos caminhos

ço de alguns anos, Kumârajîva acrescenta-lhe a tradução, entre outras, de dois sutras importantes do Maaiana, o *Sutra do Lótus* e o *Sutra de Vimalakîrti*[4]. Graças a estas traduções o público chinês é verdadeiramente iniciado na literatura Maaiana, sobretudo nos textos da escola Mâdhyamika, que a partir de então é levada a desenvolver-se paralelamente na Índia e na China. O discípulo mais eminente de Kumârajîva, Sengzhao (374-414), contribui ativamente para a difusão desta escola na China do Norte. À semelhança dos três tratados da escola que ele representa, Sengzhao é conhecido por seus três ensaios: "A imutabilidade das coisas", "A vacuidade do irreal", "Prajnâ não é conhecimento"[5].

A escola Mâdhyamika, fundada na Índia por Nâgârjuna e seu discípulo Aryadeva no séc. II d.C., precisamente no momento em que o budismo começa a ser introduzido na China, é a mais representativa da tradição da Prajnâ-pâramitâ e constitui sem dúvida uma das formas mais acabadas do budismo Maaiana. *Mâdhyamika* designa o "caminho médio" entre os dois extremos da existência e da não-existência, da afirmação e da negação, do prazer e da dor. Longe de representar um compromisso qualquer, nem mesmo um equivalente do "Meio" confuciano, ela é o resultado de uma dialética na qual sobressai Nâgârjuna[6].

Pelo fato de as coisas serem todas produzidas por causas e condições, elas não têm realidade independente, não têm natureza própria (*sva-bhâva*). Ora, a *prajnâ*, definida como "contemplação metódica dos darmas" (ou seja, dos elementos de existência cujo fluxo incessante compõe a realidade), consiste em vê-los em sua verdadeira natureza, que em última análise é vazia (*sûnya*). Dizer que os darmas são vazios é dizer precisamente que eles não têm natureza própria, que não podem fundamentar a realidade, já que são fruto da ilusão e dependem de outra coisa para existir.

A concepção dos darmas como vacuidade leva à noção de não-dualidade, que os chineses, com sua habitual economia, traduzem por "não-dois" (*bu er* 不二): não existe dualidade irredutível entre sujeito e objeto, como tampouco entre afirmação e negação ou entre o fluxo das existências (*samsâra*) e sua extinção (nirvana), unindo-se os dois termos da dualidade e confundindo-se finalmente na vacuidade (*sûnyatâ*). Esta, segundo Nâgârjuna, "é aquilo que se mantém exatamente no meio entre a afirmação e a negação, entre a existência e a não-existência, entre a eternidade e a aniquilação". A vacuidade, portanto, não é outra coisa senão o "caminho médio", conclusão de um processo dialético em quatro tempos (ou tetralema) que tende a rejeitar uma idéia como ente, como não-ente, como sendo ao mesmo tempo ente e não-ente, como não sendo nem ente nem não-ente. Semelhante dialética tende, no fundo, a dissolver na vacuidade toda proposição, seja ela afirmação ou negação, escapando assim à armadilha da dualidade.

Todas as coisas são vazias, isto é, vazias de sentido: "Nada advém ao ser / Nada desaparece. Nada é eterno / Nada tem um fim. Nada é diferente / Nada é idêntico. Nada se desloca aqui / Nada se desloca ali". Este jogo, que consiste em afirmar tudo e seu contrário, visa tornar perceptível, quase tangível, a evidência da vacuidade, esvaziando dialeticamente o mental e varrendo todos os conceitos, inclusive o próprio conceito de vacuidade sobre o qual nos apoiamos provisoriamente: o absoluto é vazio, sem conteúdo; vale dizer que a própria vacuidade é vazia. Como observa com muita propriedade Guy Bugault, "de maneira geral os conceitos, sejam quais forem, são como muletas para nossa mente. Ora, a regra de ouro do Bodisatva é não apoiar-se em nada, à semelhança de seu nirvana que é ele próprio sem apoio"[7]. O que Jacques May exprime em outras palavras: "Existe certo abuso de linguagem em dizer que a realidade absoluta se constitui ou se apresenta: sendo pura anulação, ela não pode constituir-se positivamente, e o Mâdhyamika gosta de definir-se como sendo a supressão de todas as posições filosóficas"[8].

Para Nâgârjuna, convém distinguir dois níveis de verdade. A verdade relativa é aquela na qual vivemos e existimos; ela permanece coerente enquanto não for reduzida ao nada pela

15. O pensamento chinês na encruzilhada dos caminhos

irrupção da verdade absoluta, qual um sonho que tem sua coerência enquanto não acordamos. O mundo não existe no sentido absoluto do termo, mas o fato de que o percebemos nos leva a atribuir-lhe uma realidade empírica à qual nos adaptamos. Quanto à verdade absoluta, ela é da ordem da *prajnâ*, que está além de toda noção ou conceito, é incondicionada, indeterminada e indizível. A dialética do Mâdhyamika encontrará um forte eco na escola taoísta chamada do "Duplo Mistério" (Chongxuan), que "compara a afirmação (o *you*) e a negação (o *wu*), a 'via positiva' e a 'via negativa' dos místicos, para rejeitá-las sucessivamente como sendo apenas meios e não fins. Lao-tse transcende as duas vias; o aprofundamento místico passa pelo jogo da dialética destas duas vias, depois por sua coincidência, que é ao mesmo tempo a de todos os contrários: no que concerne à Verdade suprema, toda negação deve desaparecer como não existindo senão em relação à afirmação, e vice-versa"[9].

Polêmicas entre budistas, confucionistas e taoístas nas dinastias do Sul

Os séc. V e VI correspondem ao que os chineses chamam de "dinastias do Norte e do Sul", período de desunião que vai do fim da dinastia Jin em 420 à reunificação do império chinês pelos Sui em 589. Enquanto o Norte é unificado em 440 pela dinastia "bárbara" dos Wei do Norte, no Sul, onde se refugiou a corte imperial chinesa, sucedem-se dinastias efêmeras: Liu Song (420-479), Qi (479-502), Liang (502-557), Chen (557-589). Durante este período, a distinção que se esboça desde o séc. IV entre um budismo do Norte, inclinado mais à prática devocional e meditativa, e um budismo do Sul, caracterizado por um espírito mais intelectual e exegético, não faz senão se confirmar.

As dinastias chinesas do Sul continuam, via de regra, a patrocinar um budismo estreitamente associado à elite social e intelectual. O apogeu é atingido sob o reinado do imperador

Wu (r. 502-549), fundador da dinastia Liang: tomando abertamente como modelo o grande rei indiano Asoka (séc. III a.C.), promove ativamente o budismo ao ponto de ser apelidado de "Bodisatva imperial"[10]. No entanto, é também durante seu reinado que se inicia um projeto de reforma social visando restaurar o papel dos letrados confucianos: as escolas oficiais são reabertas em maior número e o exame dos doutores sobre os Cinco Clássicos é restabelecido em 505.

Entre os séc. V e VI, o número de templos budistas teria quase dobrado e o dos monges mais que triplicado. Não causa muita estranheza, portanto, que não tardem a surgir reações, ao mesmo tempo da parte dos taoístas e dos confucionistas, que, excepcionalmente, põem-se de acordo contra o perigo exterior. Gu Huan (apr. 430-493), adepto, como Tao Hongjing (456-536), do taoísmo da "Alta Pureza" (Shangqing), sublinha em seu *Tratado sobre os bárbaros e os chineses* (*Yi Xia lun*) a inferioridade do budismo, apresentado como uma religião estrangeira destinada a bárbaros[11].

A posição de Gu Huan contrasta, no entanto, com a vontade de sincretismo alardeada no séc. V em obras como o *Tratado sobre Branco e Negro* (*Baihei lun*), composto por volta de 433-435 pelo monge Huilin, contemporâneo de Daosheng. Autor de comentários sobre o *Livro da piedade filial* e sobre o *Zhuangzi*, Huilin parece pensar que confucionismo, taoísmo e budismo se equivalem, como o sugere o título original de seu tratado: *Jun shan lun* (*As três doutrinas são igualmente boas*). Trata-se de uma polêmica fictícia entre uma "escola branca" e uma "escola negra", a primeira representando um budismo letrado e filosófico invocado por Huilin, ao passo que a segunda corresponde a uma tendência taoísta, voltada mais às práticas mágicas e devocionais. O que se ataca aqui é o conjunto das crenças introduzidas para estimular as pessoas comuns a colocar sua fé no budismo, mas que são contrárias ao ensinamento autêntico do Buda: fé numa vida melhor numa "Terra Pura", acumulação de bom carma a fim de comprar um lugar no paraíso mediante seus donativos etc.

15. O pensamento chinês na encruzilhada dos caminhos

Um mestre da Escola Branca dizia: "Os santos chineses ordenam as cem gerações: imenso é seu poder espiritual. Eles conhecem as dez mil transformações do universo, o princípio interno do Céu e do Homem não tem segredo para eles. Seu Caminho não comporta nenhuma obscuridade, seu ensinamento nenhuma falha, sua inteligência é toda sabedoria, por que então confiar em teorias estrangeiras?"

Um taoísta da Escola Negra replica-lhe: "[Os santos chineses] não iluminam o caminho obscuro (o além), eles nunca chegam até às transformações da vida futura. Por mais que exaltem o vazio do coração, não realizam o vazio dos fenômenos. Jamais sua profundidade atinge a [dos santos] do Oeste".

Então Branco, que gostaria de saber por que, pergunta: "Não há nenhuma diferença entre o vazio de que fala Sâkyamuni (o Buda) e aquele de que fala Lao-tse?"

Resposta de Negro: "São duas coisas diferentes. Para Sâkyamuni, as próprias coisas são vacuidade, a vacuidade e as coisas coincidem. Para Lao-tse, o ente (*you*) e o não-ente (*wu*) são duas realidades distintas, o vazio e o ente são diferentes. Como [Sâkyamuni e Lao-tse] falariam da mesma coisa?" [...]

Negro: "O ensinamento de Sâkyamuni não serviria senão para salvar os bárbaros, e não teria nada de válido a oferecer aos chineses?"

Branco: [...] "Amar os seres e abster-se de matar, exaltar o altruísmo, pacificar seu coração e fazer calar seus desejos de honras e de grandeza, [seguir] o Santo do Maaiana em sua vontade de compaixão universal, como poderiam o confucionismo e o taoísmo exceder tudo isso? O que deploro é que a idéia original tenha perdido sua luz e que em sua evolução atual ela se tenha tornado um entrave. [...]

Os que vendem vida futura prejudicam o taoísmo e o budismo, que nada podem nesse caso, ao passo que os que deixam ao obscuro todo seu mistério estão de acordo com o duque de Zhou e Confúcio, que preferiram guardar silêncio. Conclui-se que aquele que discorre com afetação vai necessariamente muito a fundo, aquele que sabe não atinge necessariamente [a verdade], ao passo que aquele que não sabe não está necessariamente privado dela. Mas resta que as seis *pâramitâ* e os cinco preceitos[12] vão de mãos dadas, a lealdade e a obediência (confucianas) e a compaixão (budista) são iguais. Os caminhos diferem mas conduzem à mesma meta"[13].

A controvérsia sobre o corpo e o espírito

Durante todo este segundo período em que a indianidade do budismo é plenamente reconhecida – tanto por seus adeptos quanto por seus detratores – prolonga-se o debate travado desde o séc. III sobre a relação entre espírito e corpo[14]. O grande monge do séc. IV Huiyuan nos deixa uma bela reflexão sobre o tema num ensaio intitulado *A forma corporal se esgota, mas o espírito é indestrutível*:

[Questão:] Nossa parte de energia vital (*qi*) esgota-se nesta vida: quando esta chega a seu termo, a energia se dissolve para fundir-se no não-ser (*wu*). Por mais que o espírito (*shen* 神) seja uma coisa sutil, ele é o resultado das transformações do Yin e do Yang. Estes, transformando-se, dão a vida, e, transformando-se novamente, dão a morte. Sua condensação é começo, sua dispersão é fim. É certo, portanto, que o espírito e o corpo evoluem juntos, seguindo um só e mesmo fio desde a origem. O sutil e o grosseiro não são senão um só *qi* e permanecem juntos para sempre. Enquanto a morada está intacta, o *qi* permanece condensado e há espírito; mas quando a morada é destruída, o *qi* se dispersa e sua luz se extingue. Na dispersão, o que foi recebido retorna à raiz celeste; a extinção é o retorno ao não-ser. Este retorno à extinção final é determina-

15. O pensamento chinês na encruzilhada dos caminhos

do pelo processo natural. Haveria alguém para fazer com que seja assim?

Mas, mesmo supondo que corpo e espírito sejam originariamente distintos, que sejam *qi* diferentes que, de tanto se unir, acabassem por se transformar juntos, restaria que o espírito reside no corpo. Da mesma forma, o fogo reside na madeira: enquanto o corpo está em vida, o espírito se mantém; mas, desde que o corpo é destruído, o espírito se extingue. Quando o corpo se desintegra, o espírito se dispersa, por falta de morada; quando a madeira apodrece, o fogo se extingue, por falta de suporte. Assim é o princípio interno das coisas (*LI*). [...]

Resposta [de Huiyuan]: O que é, portanto, o espírito? É a quintessência [do *qi*] refinada ao ponto de tornar-se espiritual. [...] Chuang-tse proferiu palavras profundas sobre a grande Origem: "O grande torrão (isto é, o universo) me causa inquietação durante a vida, me dá repouso na morte". Ele diz também que a vida é um entrave para o homem, ao passo que a morte é retorno ao autêntico. Assim, sabemos que a vida é a maior das calamidades, ao passo que a não-vida é retorno à raiz. Wenzi relata assim as palavras do Imperador Amarelo: "O corpo conhece a destruição, mas o espírito não muda. Em sua imutabilidade, ele se sobrepõe às mutações e suas transformações não têm fim". Chuang-tse diz também: "Ter atingido a forma humana é uma alegria. Mas, mesmo que ela se transformasse de dez mil maneiras, ainda estaria longe da completude". Sabemos assim que a vida não se esgota numa única transformação e que é de tanto perseguir as coisas que não há retorno. Embora estes dois mestres [Chuang-tse e Wenzi] não tenham descoberto toda a realidade das coisas em seus discursos, aproximaram-se do fundamento delas por ouvir dizer.

Vosso próprio discurso, por não examinar a teoria da alternância entre vida e morte, vos faz pensar erroneamente que o *qi* se condensa e se dissolve numa única transformação. Por não terdes idéia de que o Tao do espírito tem a espiritualidade de uma coisa maravilhosa, julgais que o sutil e o grosseiro encontram um fim comum. Não é lamentável?

Quanto à vossa metáfora do fogo e da madeira, ela é tirada dos escritos dos santos, mas vós perdestes seu sentido correto e a expusestes de maneira obscura, sem tê-la examinado. [...] O fogo que se propaga na madeira é como o espírito que se propaga no corpo. O fogo que se propaga a um outro feixe é como o espírito que se transmite a um outro corpo. [...] Alguém que está na ilusão, vendo o corpo desagregar-se no fim de uma única vida, crê que o desejo de viver do espírito perece com ele; da mesma forma, constatando que o fogo se extingue num único pedaço de madeira, ele pensa que se extinguiu para sempre[15].

A posição de Huiyuan reaparece no ensaio de um contemporâneo, o leigo Zheng Xianzhi (363-427), intitulado *Da indestrutibilidade do espírito*, mas é contradita no séc. VI, sob o reinado do imperador Wu dos Liang, pelo ensaio do letrado confuciano Fan Zhen (450-515?), *Da destrutibilidade do espírito*:

O espírito é o corpo, e o corpo é o espírito. Se o corpo permanece, o espírito permanece; se o corpo desaparece, o espírito é destruído. O corpo é a matéria do espírito; o espírito é a função do corpo. Quando falamos do corpo, entendemos a matéria; quando falamos do espírito, entendemos a função: não podem ser duas coisas diferentes, são simplesmente dois nomes distintos para uma só e a mesma entidade. O espírito é para a matéria o que o gume é para a faca; o corpo é para a função o que a faca é para o gume. O termo "gume" não designa a faca; o termo "faca" não designa o gume. E, no entanto, eliminai o gume e não há mais faca; eliminai a faca e não há mais gume. Nunca se ouviu dizer que o

15. O pensamento chinês na encruzilhada dos caminhos

> gume subsistisse após o desaparecimento da faca! Como o espírito poderia subsistir quando o corpo tiver desaparecido?[16]

As teses de Fan Zhen provocam vivas reações entre os adeptos do budismo, a começar pelo próprio imperador Wu, que se decide a pagar um ensaio, *O espírito é indestrutível*, no qual predomina o ponto de vista da escola do Nirvana, seguido nisso por um bom número de seus conselheiros[17]. Esta refutação intelectual parece bastante indulgente em comparação com o destino reservado pelo mesmo imperador Wu ao confuciano Xun Ji, autor de um *Memorial sobre o budismo*, panfleto que ataca com rara violência os monges, acusados de insubmissão, de imoralidade, de parasitismo e de hipocrisia:

> Hoje monges e monjas ficam preguiçosamente sentados em meditação durante o verão e não matam nem sequer uma formiga, dizendo que respeitam a vida de todo ser vivente. Por um lado, eles desprezam seus governantes e seus pais; por outro, são abusivamente benévolos para com os insetos. Praticam o aborto e matam seus filhos, mas conservam vivos mosquitos e mutucas![18]

Mas a queixa maior continua sendo que essa comunidade, que forma um "Estado dentro do Estado", é fonte de sedição e de subversão, já que não reconhece a autoridade do imperador. Xun Ji leva sua peça de acusação até ao ponto de lançar todas as desordens do período de desunião na conta do budismo, que, segundo ele, pulverizou as "cinco relações" fundamentais da comunidade humana como a concebem os confucianos. Estas críticas acerbas, muitas das quais eram então mais que justificadas, iriam desencadear a ira do imperador Wu e custar a vida a seu autor, executado em 547.

O budismo do Norte nos séc. V e VI

Após submeter o norte da China em 440, a dinastia dos Wei do Norte ou Tuoba Wei, de origem turcomana (Tuoba é a transcrição chinesa do nome étnico dos Tabgatch), assegura um século de relativa continuidade. Após sua derrocada em 534, a dinastia se divide em Wei orientais (534-550) e Wei ocidentais (535-557), os quais dão lugar aos Qi do Norte (550-577) e depois aos Zhou do Norte (557-581), todas dinastias não-chinesas, a última das quais, assim como a dinastia chinesa dos Chen no Sul, deixará os Sui reunificarem o império em 589.

Os primeiros soberanos dos Tuoba Wei adotam o budismo como religião oficial, reduzindo os monges ao *status* de funcionários de Estado, bem diferente daquele de seus homólogos do Sul, onde o princípio de autonomia monástica fora tão energicamente afirmado por Huiyuan. Instala-se então uma verdadeira burocracia preposta aos negócios religiosos, com um "Bureau de supervisão dos benefícios" integrado na administração central e um "Chefe dos *sramana*" (monges budistas) nomeado pelo imperador.

Diante desse processo de oficialização forma-se uma coalizão chefiada pelo taoísta da seita dos Mestres celestes Kou Qianzhi (373-448) e pelo confucionista Cui Hao (381-450), que unem esforços contra o budismo, embora por motivos diferentes: o primeiro sonha com um império taoísta de que ele mesmo assumiria o comando, ao passo que o segundo projeta chinizar o império Tuoba colocando o maior número possível de chineses nas fileiras da burocracia. Este episódio marca uma virada na história dos Mestres celestes e do taoísmo em geral, que, pela primeira vez, é instituído oficialmente como religião de Estado[19]. A ação conjugada dos taoístas e dos confucianos acaba, no presente caso, por desencadear uma das primeiras perseguições antibudistas de envergadura. O edito imperial de 446 ordena destruir todos os sutras, estupas (torres para guardar relíquias) e quadros budistas, e executar todos os monges sem distinção de idade[20].

Foi sem dúvida para obter o perdão desta reação tão breve quanto brutal e para afirmar perante a eternidade a glória do budismo imperial que são esculpidos diretamente na rocha os

Budas e Bodisatvas de Yungang, perto da capital Datong[21]. Estas esculturas representam a primeira fase da arte dos Wei do Norte, ainda influenciada pela de Gândhâra, da Índia e da Ásia central, por intermédio de centros como Dunhuang, e atestam um grande fervor da parte dos leigos que contribuíram para decorar as grutas. Depois da transferência, em 494, da capital Tuoba de Datong para a antiga capital chinesa de Luoyang – sinal de uma vontade de chinização – a estatuária budista desenvolve-se nas grutas de Longmen, que conhecerão um outro período de prosperidade sob os Tang.

Enquanto, nas esculturas dos Wei do Norte, a predileção recai sobre as figuras de Sâkyamuni e de Maitreya, sob os Tang ela recai sobre Amitâbha e Avalokitesvara[22]. O culto de todos esses Budas e Bodisatvas, associados a seus diversos paraísos e "terras puras", atesta uma evolução do Maaiana sob a pressão dos leigos que procuram menos a extinção (nirvana) do que o prolongamento de sua existência numa vida melhor. Desde o séc. IV, Dao'an havia contribuído amplamente para popularizar o culto a Maitreya, "o Benevolente", o futuro Buda do próximo período cósmico, que, enquanto tal, encontra-se no centro de numerosos movimentos messiânicos e apocalípticos[23]. Como todo Bodisatva à espera de tornar-se Buda, ele reside num dos vinte e dois céus da cosmologia budista, o céu Tusita, donde ele vela pelas criaturas.

O fervor religioso de Longmen, que se exprime nos ex-votos gravados por leigos, monges ou associações religiosas, atesta a popularização do budismo, ainda confinado, no decorrer do período precedente, em círculos privilegiados, e seu desvio num sentido maaianista, pondo-se o acento na compaixão e na caridade. A iconografia dos Wei do Norte ilustra, além disso, a aclimatação do budismo à cultura chinesa através do tema de Vimalakîrti conversando com Manjusrî, Bodisatva da Sabedoria Suprema. Vimalakîrti, ao mesmo tempo encarnação do santo leigo e modelo de piedade filial, aparece como uma figura central do Maaiana, que procura precisamente estender a budeidade para fora dos limites muito restritivos do rigorismo monástico, sem deixar de apresentar-se como um ideal confuciano capaz de falar diretamente à mentalidade chinesa.

Xuanzang e a escola Iogacara

Realizando em 589, após três séculos de desunião, a reunificação do espaço chinês, os Sui levam a cabo, com isso mesmo, uma refundição do budismo, até então tributário da divisão entre Norte e Sul e doravante colocado sob a dependência centralizada de uma autoridade imperial única. Desde então, e sobretudo a partir dos Tang, a comunidade monástica chinesa parece reconhecer tacitamente a supremacia do Estado, outro sinal da adaptação do budismo ao contexto chinês.

Durante os séc. V e VI vimos o budismo indianizar-se na China, importando, tais quais, escolas tipicamente indianas. Com a chegada de Kumârajîva, que inaugura este segundo período, é a escola Mâdhyamika que se implanta solidamente em solo chinês. Caída um tanto em declínio após Sengzhao, ela experimenta uma última recuperação de vitalidade sob os Sui com Jizang (549-623). Outra grande escola indiana impõe-se por pouco tempo na China bem no final do período, a do Iogacara (conhecida na China pelo nome de Faxiang), que não podia encontrar melhor representante do que Xuanzang (602-664). Este monge famoso, gigante da tradução tanto quanto Kumârajîva, seguiu o caminho inverso de seu ilustre predecessor, fazendo a viagem à Índia para pesquisar os textos budistas na fonte. Se, do ponto de vista estritamente cronológico, sua efêmera carreira chinesa data do início dos Tang, dos quais trataremos no capítulo seguinte, a escola puramente indiana do Iogacara não corresponde em nada ao espírito das escolas budistas chinesas surgidas no séc. VII-VIII, mas marca antes o paroxismo da vontade de indianização que caracteriza os séc. V e VI – e por isso é tomada em consideração no presente capítulo.

15. O pensamento chinês na encruzilhada dos caminhos

A escola Faxiang (tradução chinesa do sânscrito *dharma-laksana*, "características dos darmas") provém de uma escola indiana fundada sobre os escritos dos irmãos Asanga e Vasubandhu (séc. IV-V). Esta escola, que se desenvolve na Índia até o séc. VII sob o nome de Iogacara ("prática do Ioga"), representa um dos dois grandes sistemas elaborados pelo pensamento maaianista, sendo o outro o "caminho da vacuidade" (Sûnyavâda) da escola Mâdhyamika. Qualificou-se esta escola também de "idealista", em referência à tese do "nada mais que pensamento" (*citta-mâtra*, em chinês *weishi* 唯識), que está no âmago do tratado de Asanga, o *Mahâyâna-samgraha* (*Compêndio do Maaiana*)[24]. A idéia central do Vijnânavâda ("caminho da faculdade cognitiva"), ao qual veio assimilar-se o Iogacara, resume-se com efeito na fórmula de Vasubandhu: "O mundo triplo não é senão pensamento". Em outras palavras, o conjunto do mundo fenomênico, em sua natureza real, não é senão pensamento; o mundo exterior não é senão um produto de nossa consciência e, não tendo existência real, é pura ilusão.

A escola do "nada mais que pensamento" constitui de fato a contrapartida da escola do "nada mais que darma" ou escola Kosa, fundada sobre o *Abhidharma-kosa* (*Tesouro da escolástica*) de Vasubandhu[25], qualificada igualmente de "realista" no seio do budismo Hinaiana, porque está convencida da realidade permanente dos darmas. A escola subscreve a tese da impermanência dos objetos constituídos pelos darmas, mas estes existem desde sempre, sejam quais forem as formas que assumem: em todo objeto e em todo ser, os darmas passados são transmitidos ao presente, e os darmas presentes são por sua vez transmitidos ao futuro. A escola Iogacara, ao contrário, ensina a inexistência dos elementos que constituem a realidade objetiva, mas admite como evidente a realidade da consciência.

Segundo a doutrina budista, como vimos, o homem não é na verdade senão um conjunto de agregados de fenômenos. Nessa concepção, a faculdade cognitiva (*vijnâna*) não passa de um agregado como os outros, levantando embora um problema particular por causa de sua ambivalência. Por um lado, é ela que, dando ao ser humano uma aparência de unidade, é responsável pela mais sólida das ilusões, a da individualidade ou do eu. Toda a experiência do ser humano organiza-se desde então ao redor desta unidade ilusória e – mais grave ainda – seus conteúdos psicológicos não param de alimentar a consciência e, por conseguinte, o sentimento de unidade, sendo a consciência elemento constitutivo não apenas de uma ilusão do eu, mas também de nosso apego a esta ilusão. Por outro lado, enquanto, no plano da verdade relativa, o pensamento pode ser associado com as paixões que não são senão "adventícias", no plano da verdade absoluta ele pode pretender a uma autonomia e a uma pureza perfeitas. A consciência possui em si mesma, portanto, a possibilidade de purificar-se, com a condição de ser bem orientada, de exercer as funções de seu dinamismo psíquico no bom sentido.

Se "tudo não passa de pensamento", em que consiste o pensamento? A escola do Vijnânavâda propõe uma análise bastante arrojada dos processos da cognição, que se decompõe em cinco faculdades sensoriais; uma sexta, a *mano-vijnâna*, tem a função de centralizar e sintetizar as percepções fornecidas pelos cinco sentidos. A sétima faculdade, o *manas* (que tem uma raiz comum com o latim *mens*), constitui propriamente o órgão mental, centro do pensamento (*citta*), que é consciência de si ocupada em pensar, que quer e raciocina a partir de si. A análise distingue enfim uma oitava faculdade, a *âlaya-vijnâna*, "conhecimento de reserva" ou "conhecimento-empório". Ponto de partida de todo o dinamismo psíquico, ela está na base não apenas de toda atividade cognitiva, mas também de toda existência fenomênica, e mesmo de todo o processo de transmigração, pois é nela que vêm depositar-se e armazenar-se as "sementes" ou efeitos do carma desde toda a eternidade. Estas "sementes" ou "germes" são "todas as impressões produzidas na corrente de consciência por todos os fatos físicos e psicológicos de que se tece o devir. Chama-

15. O pensamento chinês na encruzilhada dos caminhos

mo-las 'germes', porque elas estão carregadas de um dinamismo e tendem a frutificar em atos efetivos de conhecimento objetivado; chamamo-las 'impregnações', porque elas impregnam o conhecimento-empório à maneira de um perfume que impregna um tecido. Assim, por exemplo, um movimento de cólera, ele próprio resultado de uma frutificação anterior, vai impregnar o conhecimento-receptáculo que está na base da vida psicológica daquele que o experimenta, e tenderá a produzir efeitos que se manifestarão num futuro mais ou menos longínquo"[26]. Segundo a teoria do carma, todo ato, todo pensamento produz uma impressão sob a forma de energia espiritual que se deposita na *âlaya*. Ora, a marca desta energia permanece mesmo depois de o ato ou o pensamento terem cessado: a *âlaya-vijnâna* constitui, portanto, uma memória, no sentido mais amplo, que assegura certo *continuum*, sem que com isso ele seja associado à individualidade, a um eu particular.

Todas as impressões acumuladas são conservadas neste "conhecimento-empório", aguardando a ocasião de manifestar-se, de ser ativadas. Com efeito, a *âlaya* não é dotada de energia ativa, ela nunca age por si mesma; ela é como um espelho ou uma superfície de águas calmas que só é perturbada pela ação de um agente exterior, permanecendo embora perfeitamente distinta dele. O espelho, que reflete a imagem, mas nem por isso se torna essa imagem, é uma metáfora privilegiada na escola Vijnânavâda – objeto neutro que explica ao mesmo tempo a aparição do mundo objetivo e a percepção ilusória que dele temos[27]. O agente exterior que vem ativar a *âlaya* é o *manas*, na esteira do qual as impressões depositadas no "entreposto" são despertadas de seu estado latente, dormente, e dão lugar à aparição de objetos individualizados e polarizados do ponto de vista cármico. O *manas* é, portanto, o princípio de individuação ou de discriminação que se exerce sobre o conteúdo da *âlaya*, ela própria neutra e não consciente de si mesma. Por essa razão, o *manas* é o agente da ilusão do eu, que, desencadeando os mecanismos da apropriação dos objetos ao eu, contribui vigorosamente para reforçar o dinamismo dos germes e manter o ciclo da transmigração. Desde que o *manas* introduz a dualidade sujeito/objeto, a sexta consciência põe-se automaticamente em movimento, desencadeando todo o processo da percepção, do conhecimento e do julgamento.

Sendo responsável pela idéia do eu e do mundo exterior e, por conseguinte, dos desejos, paixões e ignorância que ela acarreta, o *manas* contamina a pureza da *âlaya*. É sobre ele, portanto, que é preciso trabalhar para que deixe de introduzir discriminações e purifique os germes da *âlaya* de maneira a devolvê-la à sua natureza verdadeira de *vijnapti-mâtratâ* (lit. "natureza daquilo que faz conhecer, sem mais"), a qual nada mais é que o absoluto (*tathatâ*, "assindade") como o concebe o Vijnânavâda. A cultura dos germes de purificação constitui toda a técnica psicofisiológica, conhecida pelo nome de ioga, do caminho que leva à libertação da transmigração.

Pode-se dizer que as escolas Mâdhyamika e Iogacara representam as duas vertentes do Maaiana: a primeira, a vertente negativa da vacuidade, do nirvana, aniquilamento no qual se mergulha por um processo dialético; a segunda, a vertente positiva da iluminação, da *vijnapti-mâtratâ*, absoluto ao qual se chega por um processo "fenomenológico". Enquanto o Mâdhyamika se obstina em abandonar todo conteúdo, em eliminar todo apoio, o Iogacara professa uma intuição do absoluto como vacuidade, Lei por excelência, assindade. A tal ponto que o conteúdo da iluminação tende a ser concebido como uma realidade, ou mesmo como um corpo transposto. Daí a importância das especulações sobre os três corpos (*trikâya*) do Buda no desenvolvimento do budismo religioso e popular, cuja influência foi determinante na China do Norte, na Coréia e no Japão[28]. Para o Mâdhyamika, cuja influência predomina na cultura budista da China do Sul, a iluminação é "a dissolução de todos os significados. Longe de esperar uma resposta a todas as questões ou um conteúdo de revelação, compara-se a irrupção da compreensão a um balde que se rompe e perde o fundo"[29]. Neste sentido, o Mâdhyamika prefigura o

15. O pensamento chinês na encruzilhada dos caminhos

Zen. Quanto ao Iogacara, este encontra seu ponto de ruptura precisamente no deslocamento da pura não-dualidade para uma espécie de monismo idealista, no qual o dinamismo psíquico culmina no conhecimento absoluto da realidade última que transcende todas a "características específicas dos darmas" (*faxiang*)[30].

Esta escola tão puramente indiana do Iogacara conheceu um desenvolvimento sem precedentes na China com Xuanzang, que, antes mesmo de sua ordenação com a idade de vinte e dois anos, tinha por ela um vivo interesse. Foi para obter os textos originais dessa escola que ele empreendeu um périplo de dezessete anos (entre 629 e 645) que o levou aos lugares mais importantes do budismo na Índia. Retornado triunfalmente a Chang'an, foi recebido pelo imperador Taizong dos Tang, interessado menos nas últimas tendências do budismo indiano do que na configuração das "regiões do Oeste", cuja descrição Xuanzang foi convidado a fazer no *Da Tang xiyu ji* (*Relato sobre as regiões a oeste do grande império Tang*)[31]. Graças ao patrocínio imperial, Xuanzang pôde traduzir 76 dos cerca de 600 textos que havia trazido consigo, privilegiando os textos do Iogacara[32]. Apesar dessa proporção aparentemente insignificante, trata-se do mais considerável trabalho de tradução jamais empreendido na China – três vezes mais importante que o de Kumârajîva. Mas, apesar deste esforço titânico e do vigoroso patrocínio dos primeiros soberanos Tang, a escola Faxiang só sobreviveu por pouco tempo a Xuanzang e a seu mais eminente discípulo Kuiji (632-682). Seu espírito era demasiadamente indiano e analítico para despertar um interesse constante na mentalidade chinesa, que iria assimilar à sua maneira a herança budista durante o período de florescimento cultural sem precedentes conhecido pela dinastia Tang.

Notas do capítulo 15

1. O catálogo da exposição *Sérinde, terre de Bouddha: Diz siècles d'art sur la Route de la soie* (editado pela Réunion des musées nationaux,

1955, sob a direção de Jacques GIÈS e Monique COHEN) define a Seríndia como "aquele vasto 'mundo' compreendido entre as influências da Índia e da China – o país dos 'Seres' do geógrafo grego Pausânias (apr. 180 d.C.), designação tirada do próprio nome do bicho-da-seda" (Introdução, p. 17).

2. Este texto, segundo o qual basta ouvir, pronunciar e guardar na mente o nome do Buda Amitâbha para renascer em sua "Terra Pura", iria ter grande sucesso na China, graças à clareza de seu estilo e à simplicidade de sua prática em comparação com os exercícios complexos do Hinaiana. Sobre a escola da Terra Pura cf. cap. 16.

3. A escola Mâdhyamika é conhecida também pelo nome de escola dos Três Tratados: o Tratado em 100 versículos, o Tratado do caminho do meio e o Tratado das doze portas, que acompanham o *Sutra da Prajnâ-pâramitâ (Sutra da Perfeição da sabedoria em 25.000 linhas)*, atribuído a Nâgârjuna.

4. Para o *Sutra do Lótus* cf. cap. seguinte, "A escola Tiantai", e as traduções de Leon HURVITZ, *Scripture of the Lotus Blossom of the Fine Dharma (The Lotus Sûtra), translated from the Chinese of Kumârajîva*, Nova York, Columbia University Press, 1976; Burton WATSON, *The Lotus Sûtra*, Nova York, Columbia University Press, 1993 (versão abreviada publicada com o título *The Essential Lotus. Sections from the Lotus Sutra*, 2001); Jean-Noël ROBERT, *Le Sûtra du Lotus, traduit du chinois*, Fayard, 1997. Para o Sutra de Vimalakirti cf. as traduções de Étienne LAMOTTE, *L'Enseignement de Vimalakîrti (Vimalakîrtinirdesa)*, Lovaina, Peeters, 1987; Burton WATSON, *The Vimalakirti Sûtra, translated from the Chinese Version by Kumarajiva*, Nova York, Columbia University Press, 1997; Patrick CARRÉ, *Soûtra de la liberté inconcevable. Les enseignements de Vimalakîrti*, Fayard, 2001. Sobre o personagem de Vimalakîrti cf. adiante, "O budismo do Norte nos séc. V e VI".

5. Os três ensaios de Sengzhao estão reunidos no *Zhaolun*, uma das obras mais importantes do período de desunião. Cf. a tradução para o inglês de Walter LIEBENTHAL, *The Book of Chao*, Pequim, 1948. Lembremos que o último ensaio, "Prajnâ não é conhecimento", foi levado para o Sul por Daosheng, cf. cap. precedente nota 35.

6. Cf. T.R.V. MURTI, *The Central Philosophy of Buddhism. A Study of the Mâdhyamika System*, Londres, Allen and Unwin, 1955; Richard H. ROBINSON, *Early Mâdhyamika in India and China*, Madison, University of Wisconsin Press, 1967; David J. KALUPAHANA, *Nâgârjuna: The Philosophy of the Middle Way*, Albany, State University of New York Press, 1986; Guy BUGAULT, cap. "Nâgârjuna" e "Logique et dialectique chez Aristote et chez Nâgârjuna", em *L'Inde pense-t-elle?*, Pres-

15. O pensamento chinês na encruzilhada dos caminhos

ses Universitaires de France, 1994; Brian BOCKING, *Nâgârjuna in China. A Translation of the Middle Treatise*, Lewiston, The Edwin Mellen Press, 1995; LIU Ming-wood, *Madhyamika Thought in China*, Leiden, Sinica Leidensia, 1994.

7. Guy BUGAULT, *La notion de prajnâ ou de sapiennce selon les perspectives du Mahâyâna – part de la connaissance et de l'inconnaissance dans l'anagogie bouddhique*, Paris, Publications de l'Institut de civilisation indienne, 1968, p. 187.

8. Jacques MAY, "La philosophie bouddhique de la vacuité", *Studia philosophica* (Annuaire de la Société suisse de philosophie), 18 (1958), p. 127. Cf. também Guy BUGAULT, "Vacuité et bons sens", em *L'Inde pense-t-elle?* (referências na nota 6).

9. Sobre esta escola, que não é representada senão por dois comentários dos Tang (fim do séc. VII), os de Cheng Xuanying e de Li Rong, cf. Isabelle ROBINET, "Polysémisme du texte canonique et syncrétisme des interprétations: étude taxinomique des commentaires du *Daode Jing* au sein de la tradition chinoise", *Extrême-Orient, Extrême-Occident*, 5 (1984), p. 39. Sobre a dupla verdade, cf. Bernard FAURE, *Bouddhismes, philosophies et religions*, Flammarion, 1998, p. 195-219.

10. Concluído no reinado do imperador Wu, o *Chu sanzang jiji* (*Coleção de notas relativas à tradução do Tripitaka*), compilado pelo monge Sengyou (445-518), avalia em 2.073 os textos budistas traduzidos ao chinês ou compostos em chinês até aos Liang. Sengyou é também o compilador do *Hongming ji* (*Coletânea destinada a propagar e esclarecer a Lei budista*), que recolhe 31 textos da autoria de monges, mas também e sobretudo de leigos budistas, visando "defender o budismo dos ataques dirigidos contra ele". Cf. Helwig SCHMIDT-GLINTZER, *Das Hung-ming chi und die Aufnahme des Buddhismus in China*, Wiesbaden, Steiner, 1976. Sobre Sengyou cf. Arthur E. LINK, "Shih Sengyu and his Writings", *Journal of the American Oriental Society*, 80/1 (1960), p. 17-43.

11. Para uma exposição mais ampla sobre Gu Huan, cf. Kenneth CH'EN, "Anti-Buddhist Propaganda during the Nan-ch'ao", *Harvard Journal of Asiatic Studies*, 15 (1952), p. 168-192. Sobre a escola da "Alta Pureza" cf. as referências dadas acima no cap. 14 nota 23. Sobre Tao Hongjing, cf. sobretudo Michel STRICKMANN, "On te Alchemy of T'ao Hungching", em Holmes WELCH e Anna SEIDEL (eds.), *Facets of Taoism. Essays in Chinese Religion*, New Haven, Yale University Press, 1979, p. 123-192.

12. Os "seis *pâramitâ*" são os seis "extremos" de virtudes budistas que permitem atingir a Iluminação: *dâna*, caridade ou generosidade; *sîla*, apego aos preceitos; *ksânti*, paciência; *viriya*, energia; *dhyâna*, meditação; *prajnâ*, sabedoria. Os "cinco preceitos" designam as cinco relações fundamentais para os confucianos entre soberano e súdito, pai e filho, irmão mais velho e irmão mais novo, marido e mulher, e entre amigos.

13. *Baihei lun* (*Tratado sobre Branco e Negro*), incluído no *Song shu* (*Anais da dinastia Liu Song*) 97 e no *Hongming ji* de Sengyou (cf. acima na nota 10) e reproduzido em *Zhongguo fojiao sixiang ziliao xuanbian*, t. I, p. 257-259.

14. Sobre este debate, cf. Walter LIEBENTHAL, "The Immortality of the Soul in Chinese Thought", *Monumenta Nipponica*, 8 (1952), p. 327-397.

15. *Xing jin shen bu mie* (*A forma corporal se esgota, mas o espírito é indestrutível*), reproduzido em *Zhongguo fojiao sixiang ziliao xuanbian*, t. I, p. 85. Note-se que a metáfora do fogo para designar a vida é clássica, cf. Wang Chong, *Lunheng* 61 ("Da morte"), ed. ZZJC, p. 204.

16. *Shen mie lun* (*Da destrutibilidade do espírito*), incluído no *Liang shu* (*Anais da dinastia Liang*) e no *Hongming ji*. A tradução é tomada, com algumas modificações, de Paul MAGNIN, *La vie et l'oeuvre de Huisi (515-577): Les origines de la secte bouddhique chinoise du Tiantai*, Paris, École française d'Extrême-Orient, 1979, p. 146 (a versão do *Hongming ji* apresenta-se em forma de diálogo entre um objetor e Fan Zhen; apenas as réplicas deste são dadas aqui em forma contínua). Para uma tradução integral deste diálogo, cf. Stefan (Étienne) BALAZS, "Der Philosoph Fan Dschen und sein Traktat gegen den Buddhismus", *Sinica*, 7 (1932), p. 220-234; LIU Ming-wood, "Fan Chen's Treatise on the Destructibility of the Spirit and its Buddhist Critics", *Philosophy East and West*, 37/4 (1987), p. 402-428.

17. Cf. Whalen LAI, "Emperor Wu of Liang on the Immortal Soul, *Shen pu mieh*", *Journal of the American Oriental Society*, 101/2 (1981), p. 167-175. Shen Yue (445-513), conselheiro do imperador Wu, é o autor de um ensaio que traz o mesmo título.

18. *Lun fojiao biao* (*Memorial sobre o budismo*), incluído no *Guang hongming ji* (complemento ao *Hongming ji* de Sengyou, compilado em 664 por Daoxuan), tradução de Paul MAGNIN, *La vie et l'oeuvre de Huisi*, p. 150.

19. Cf. Isabelle ROBINET, *Histoire du taoïsme*, p. 81. Cf. também Richard B. MATHER, "K'ou Ch'ien-chih and the Taoist Theocracy at the Northern Wei Court, 425-451", em WELCH e SEIDEL (eds.), *Facets of Taoism* (referências acima na nota 11), p. 103-122.

20. Este primeiro surto repressivo será seguido por diversos outros (sobretudo o de 574), motivados por razões mais políticas e econômicas do

15. O pensamento chinês na encruzilhada dos caminhos

que propriamente religiosas, até chegar ao de 845, que dará uma séria freada ao budismo na China (cf. cap. 16, p. 469).

21. Sobre as grutas de Yungang, cf. James O. CASWELL, *Written and Unwritten: A New History of the Buddhist Caves at Yungang*, Vancouver, 1989.

22. Sobre Amitâbha e Avalokitesvara cf. cap. 16, "A Escola da Terra Pura".

23. Cf. Alan SPONBERG e Helen HARDACRE (eds.), *Maitreya, the Future Buddha*, Cambridge University Press, 1988. Sobre Dao'an, cf. acima cap. 14, "Alguns grandes monges do séc. IV".

24. Tradução francesa de Étienne LAMOTTE, *La Somme du Grand Véhicule d'Asanga*, 2 vols., Lovaina, 1938-1939. Este texto, traduzido por Xuanzang, já fora traduzido, um século antes, pelo monge indiano Paramârtha (499-569), chegado à China no reinado do imperador Wu dos Liang. Cf. Diana Y. PAUL, *Philosophy of Mind in 6th Century China: Paramârtha's Evolution of Consciousness*, Stanford University Press, 1984.

25. Brilhante síntese crítica das doutrinas do budismo antigo, principalmente nas suas escolas do norte e do noroeste da Índia, este texto, traduzido ao chinês por Paramârtha no séc. VI, foi retraduzido um século mais tarde por Xuanzang. Cf. a tradução do sânscrito para o francês por Louis de LA VALLÉE POUSSIN em 3 vols., Paris, 1923-1925.

26. Jacques MAY, "La philosophie bouddhique idéaliste", *Études asiatiques*, 25 (1971), p. 307.

27. Cf. Jacques MAY, "La philosophie bouddhique idéaliste", p. 302-303; e Paul DEMIÉVILLE, "Le miroir spirituel", retomado em *Choix d'études bouddhiques (1929-1970)*, Leiden, Brill, p. 126.

28. Para o budismo antigo do Teravada, o Buda aparece como um mestre humano que viveu na terra para cumprir sua missão antes de entrar em nirvana. No Maaiana, o Buda é concebido como um ser eterno, que encarna a verdade universal e cósmica. Ele não nasce nem morre, mas vive de eternidade em eternidade. Nesta perspectiva, a personalidade de Sâkyamuni reveste pouca importância em comparação com especulações metafísicas sobre o Buda eterno e seu "tríplice corpo": *dharma-kâya* ("corpo da Lei"), transmutação do Buda em sua Lei, designação da verdade absoluta; *sambhoga-kâya* (corpo de gozo comunitário), multiplicação do Buda nos Bodisatvas; *nirmana-kâya* (corpo de transformação), manifestação do Buda sob forma fantasmática, tal como aparece por exemplo em Sâkyamuni.

29. Guy BUGAULT, *La notion de prajnâ ou de sapience selon les perspectives du Mahâyâna* (referências na nota 7), p. 188.

30. Cf. LIU Ming-wood, "The Yogâcâra and Mâdhyamika Interpretation of the Buddha-Nature Concept in Chinese Buddhism", *Philosophy East and West*, 35/2 (1985), p. 171-193. Cf. também G.M. NAGAO, *Mâdhyamika and Yogâcâra*, Albany, State University of New York Press, 1991.

31. As peregrinações de Xuanzang iriam inspirar o famoso romance popular do séc. XVI *Xiyou ji* (*A peregrinação para o oeste*), no qual um papel central é reservado ao rei dos macacos, Sun Wukong. Cf. a tradução de André LÉVY, *La pérégrination vers l'ouest*, Paris, Gallimard, col. "Bibliothèque de la Pléiade", 1991.

Sobre o personagem histórico de Xuanzang, cf. Stanislas JULIEN (trad.), *Histoire de la vie de Hiouen-tshang*, Paris, 1853; René GROUSSET, *Sur les traces du Bouddha*, Librairie Plon, 1957; Alexander L. MAYER e Klaus RÖHRBORN, *Xuanzangs Leben und Werk*, Wiesbaden, 2001.

32. Além do do *Abhidharma-kosa* e do *Mahâyâna-samgraha*, de que já falamos (cf. acima notas 24 e 25), Xuanzang traduziu sobretudo a *Vijnapti-mâtratâ-siddhi* de Dharmapala (*Arremate do nada-mais-que-consciência*, em chinês *Cheng weishi lun*), tradução francesa de Louis de LA VALLÉE POUSSIN, *La Siddhi de Hiuan-tsang*, 3 vols., Paris, Paul Geuthner, 1928-1948.

16
O grande florescimento dos Tang (séc. VII-IX)

Após seis séculos de implantação, o budismo, doravante solidamente enraizado na sociedade e no espírito chinês, chega à sua plena maturidade sob os Tang (618-907). No plano intelectual, a massa de literatura já traduzida permite uma verdadeira assimilação que dará lugar à eclosão de escolas budistas propriamente chinesas. A tradução dos textos budistas representou para os chineses o primeiro esforço de transferência cultural em grande escala[1]. Após as primeiras tentativas institucionaliza-se com Kumârajîva o estabelecimento de departamentos de tradução nos templos, sob os auspícios imperiais. Cada vez mais os monges estrangeiros iniciam-se no chinês; inversamente, os monges chineses conhecem cada vez melhor o sânscrito. Este processo de osmose atinge seu apogeu com monges que se sentem muito à vontade nas duas línguas e que empreendem a grande viagem à Índia, como Xuanzang (602-664) ou Yijing (635-713). Sob os Tang, cuja influência se estende por toda a Ásia central, nota-se uma intensificação do movimento dos peregrinos chineses para os lugares originais do budismo indiano, sinal de que, pela primeira vez, os chineses aceitam descentrar-se e ir buscar a verdade em outros lugares. No momento em que o budismo começa, na própria Índia, a dar lugar ao hinduísmo, estes peregrinos contribuem para perpetuar a mensagem budista, indo bebê-la na fonte e difundindo-a mais para o leste, para a Coréia e o Japão.

A dinastia Tang marca um período de verdadeira eclosão religiosa, no qual introduzem-se na China múltiplas influências provenientes da Ásia central e do Irã (islamismo, nestorianismo, maniqueísmo, mazdeísmo...)[2]. No entanto, os soberanos Tang parecem relativamente menos ardorosos que seus predecessores das dinastias do Sul a abraçar o budismo. O clã imperial começa por afirmar suas afinidades com o taoísmo e a declarar-se descendente de Lao-tse, com o qual compartilha o nome de família Li. Volta-se a dar um lugar de destaque à leitura do *Tao-te king* (honrado com um comentário do próprio imperador Xuanzong), do *Zhuangzi* e do *Liezi*, que chegam a ser tema de algumas provas de exames. Durante toda a dinastia, taoísmo e budismo disputam entre si o patrocínio imperial.

Apesar do processo de budização que atinge seu apogeu sob os Tang, nem por isso a cultura tradicional, confuciana particularmente, está morta. Sob as Seis Dinastias, a literatura exegética elaborada sob os Han prolonga-se em "cotejos de comentários". No séc. VII uma comissão de letrados chefiada por Kong Yingda (574-648) é encarregada, por ordem do imperador, de compilar o *Wujing zhengyi* (*Sentido correto dos Cinco Clássicos*)[3], base da educação clássica durante todo o período Tang, destinada a unificar não apenas a erudição confuciana, mas também o mundo intelectual em seu conjunto. Vale lembrar que quase não existe compartimentação ideológica estanque no tipo de erudição procurada pelos letrados ou pelos monges, que compartilham o mesmo senso de continuidade das tradições textuais e muitas vezes provêm da mesma elite social.

No entanto, o clero budista, que no séc. VIII representa o dobro do clero taoísta, constitui doravante uma força com a qual é preciso encontrar um *modus vivendi*. A vontade dos Tang de controlar as instituições budistas, embora patrocinando-as, afirma-se desde os inícios da dinastia e acabará obrigando a comunidade budista a integrar-se nas estruturas estatais. É sobretudo a partir do reinado de Xuanzong (712-756) que a política imperial se esforça por limitar o número de ordenações e o poderio econômico dos mosteiros. Na realidade, a regra de pobreza, fundamental para a vida monástica, não passa então, em muitos casos, de um pio desejo que se presta às acusações de parasitismo. Os mosteiros, em particular, haviam acabado por tornar-se, ao lado das famílias aristocráticas, os maiores proprietários de bens de raiz do império[4].

Chinização do budismo sob os Tang

Desde a época das dinastias do Norte e do Sul haviam aparecido os primeiros germes das escolas do budismo chinês que iriam expandir-se sob os Tang, florescimento doutrinal estreitamente ligado à política de patrocínio imperial praticada em certos reinados[5]. Trata-se doravante de escolas especificamente chinesas, que não são mais importadas da Índia e cujos próprios nomes quase não fazem mais referência ao budismo indiano, mas representam a elaboração e a adaptação da mensagem budista por parte do espírito chinês. Nesse sentido, os Tang assinalam uma etapa decisiva na evolução do budismo na China: em vez de venerarem com temor e tremor, como os exegetas do período precedente, os textos indianos e seus representantes, os fundadores das escolas chinesas, cada uma das quais se reporta a sutras específicos, já não sentem constrangimento em interpretar-lhes o "sentido oculto" em função de sua própria experiência religiosa, sem se preocupar com a fidelidade textual.

Após diversos séculos de traduções e de exegeses, os chineses acabam por aperceber-se de que perderam de vista o objetivo primeiro do budismo: a salvação. É no decorrer deste terceiro período de chinização do budismo que eles se põem a repensar por si mesmos e em seus próprios termos a questão da salvação, da iluminação e dos caminhos para alcançá-la. A reflexão propriamente chinesa tende a concentrar-se na possibilidade de atingir a iluminação nesta vida (de preferência de forma instantânea) e na crença numa salvação universal para todos os seres, o que pressupõe uma leitura pelo menos interpretativa das escrituras.

Por outro lado, começa a fazer-se sentir a necessidade de produzir uma síntese do que até então se apresentara "em desordem" ao público chinês. Com efeito, o budismo jamais tomou a forma de uma doutrina dogmática, e ainda menos de uma Igreja unificada sob o controle de uma autoridade central. Enquanto ensinamento da vacuidade, esta espiritualidade introspectiva contempla uma dimensão interior desprovida de centro, mas, enquanto missionária, está ao mesmo tempo voltada para um exterior desprovido de pólo de autoridade fixo. A presença budista concretiza-se em dezenas de milhares de comunidades monásticas, disseminadas um pouco por toda parte e relativamente independentes umas das outras. Daí a ausência de uma ortodoxia unificada habilitada a excluir as heresias, a rejeição de todo monopólio da verdade – sendo a verdade um assunto relativo de ponto de vista – e a complexa diversificação das escolas e das correntes de pensamento. Na Índia, o pensamento se constituíra através de um processo contínuo e orgânico, muitas vezes comparado ao crescimento e à ramificação do carvalho a partir da bolota. As coisas se passam de forma muito diferente para os chineses, subitamente confrontados com uma quantidade e uma variedade esmagadoras de escrituras de épocas diferentes e o mais das vezes contraditórias[6].

Para superar esta complexidade, recorre-se à noção, característica do Maaiana, de "adaptação às exigências práticas" (*upâya*, em chinês *fangbian* 方便, expressão que veio a significar na língua moderna "cômodo", "prático"). Tendo o Buda compreendido, em seu ensinamento da Lei, que ele devia adaptar-se às diferentes capacidades de compreensão de seus ouvintes, é necessário distinguir diversos níveis de sutileza ou de verdade nos sutras, cujas contradições é preciso explicar, já que supostamente foram formulados pelo próprio Buda. É evidente que cada escola atribui-se o mais alto grau de verdade, sendo as outras escolas consideradas não como heréticas, mas como representando graus inferiores de verdade, revelações apenas parciais destinadas aos que ainda não são maduros. Cada uma das escolas chinesas esforça-se assim por hierarquizar as escrituras em torno de uma doutrina central, segundo esquemas que permitem "diferenciar as fases do ensinamento (do Buda)" (*panjiao* 判教)[7].

A escola Tiantai

A escola Tiantai é a primeira das escolas budistas especificamente chinesas a aparecer sob os Sui. Esta escola, ao fazer a síntese das duas tradições budistas do Norte e do Sul, a da meditação e a da exegese, corrobora a reunificação política do espaço chinês levada a cabo pelos Sui. A escola reconhece como seu fundador efetivo Zhiyi (538-597), que completou e sistematizou suas doutrinas, atribuindo o *status* de patriarca a seus predecessores Huiwen (atuante por volta de 550) e Huisi (515-577)[8]. Depois de estudar com este último, Zhiyi estabeleceu-se nas montanhas Tiantai (na atual província de Zhejiang), que deram seu nome à escola. Eminentemente representativo da vontade chinesa de síntese e chinização do budismo, Zhiyi elabora, no quadro de uma importante reflexão sobre o *panjiao*, um complexo esquema de "cinco períodos e oito ensinamentos" que lhe permite conciliar as prioridades dadas ao *Sutra da Grinalda* pelos budistas do Norte e ao *Sutra do Nirvana* pelos do Sul, fazendo culminar o edifício no *Sutra do Lótus*[9].

De acordo com este sutra, que se tornou um dos textos religiosos mais populares de toda a Ásia oriental, o Buda não veio a este mundo senão para trazer a salvação, ou seja, uma iluminação igual à sua e destinada a todos os viventes sem discriminação. Todo homem, e mesmo todo ser animado, possuindo a natureza-de-Buda (em chinês *foxing* 佛性) pode tornar-se Buda. O universo inteiro torna-se assim Buda em potência, e tudo quanto acontece nada mais é senão manifestação desta natureza-de-Buda: é isto que permite falar de "matriz" ou de "embrião" de Buda (*tathâgata-garbha*). A escola está tão dominada pelo espírito de inclusão que com o nono patriarca, Zhanran

(711-782), ela será levada a reconhecer que a natureza-de-Buda não está presente apenas em todo ser vivo, mas também nas coisas inanimadas, como montanhas, rios e até no menor grão de poeira. A noção Tiantai de salvação universal deve ser situada na direção tomada pelo budismo chinês desde o início do séc. V com Daosheng, que, baseado numa versão incompleta do *Sutra do Nirvana*, havia defendido a idéia de que todo homem, mesmo o mais corrompido, é capaz de alcançar a budeidade. Sob os Tang, a escola Faxiang foi uma das poucas a opôr-se a esta universalidade, distinguindo uma categoria de seres constitucionalmente incapazes de atingir a iluminação[10].

Mas Zhiyi leva a leitura do *Sutra do Lótus* num sentido ainda mais chinês, sublinhando que a budeidade é acessível não apenas a todos, mas também nesta vida, rompendo definitivamente com a tradição do budismo indiano, no qual apenas alguns *arhats* podem esperar alcançar a iluminação, e ainda assim após alguns éones (*kalpa*) de esforços constantes. Se esta visão se adapta à concepção indiana do tempo, não satisfaz absolutamente a exigência chinesa de ver o fruto dos esforços empreendidos aqui e agora. Assim, Zhiyi reconhece a possibilidade de tomar atalhos, lembrando oportunamente a história, contada no *Sutra do Lótus*, de uma menina de oito anos, que, à força de atos de piedade, foi rapidamente transformada em homem, passagem obrigatória para atingir a budeidade.

Em sua dimensão filosófica, a escola Tiantai é a herdeira da dialética do Mâdhyamika[11]. Para evitar que se pense em termos de dicotomia, ela introduz a verdade ternária: vacuidade, impermanência e via média. Sendo todas as coisas sem realidade independente, sem existência em si, podem ser consideradas como vazias. Mas enquanto fenômeno, a coisa goza de uma existência temporária e perceptível pelos sentidos. O fato de uma coisa ser ao mesmo tempo vazia e temporária constitui a verdade média, que não está entre as duas, mas é uma transcendência das duas, e que equivale a sublinhar a idéia de totalidade e de identidade: o todo e suas partes são uma só e a mesma coisa. Em outras palavras, o cosmos em sua totalidade e todos os Budas de todos os tempos podem ser considerados presentes num grão de areia ou na pontinha de um cabelo, donde a célebre fórmula do Tiantai: "Um só pensamento é os três mil mundos".

Além de ilustrar a interpenetração de todos os darmas e a unidade essencial do universo – preocupação tipicamente chinesa –, esta fórmula exprime a identificação entre os fenômenos e o absoluto. O Tiantai é eminentemente representativo da chinização do budismo por levar a concepção do absoluto num sentido imanentista, tomando uma direção resolutamente oposta à visão transcendental própria do budismo original da Índia. Com efeito, é no espírito absoluto que se integram harmoniosamente todos os elementos do mundo numenal puro da budeidade como também do mundo fenomênico impuro marcado pela multiplicidade e pela diversidade infinitas das coisas. Por isso, a escola Tiantai põe o acento na cultura do espírito: a cessação-concentração (*zhi* 止), que leva a tomar consciência da vacuidade de todas as coisas, e a visualização (*guan* 觀), que, para além da vacuidade, percebe as coisas em sua realidade temporária[12].

A escola Huayan

Escola puramente chinesa, como o Tiantai, por não ter nenhum equivalente na Índia, a escola Huayan conhece seu momento de glória sob os Tang, graças ao patrocínio da imperatriz Wu Zhao (mais conhecida pelo nome de Wu Zetian), que deteve o poder efetivo durante todo o final do reinado do imperador Gaozong adoentado, e após sua morte ocorrida em 683. Como a tradição confuciana não permitia a uma mulher reinar, ela encontrou, graças à cumplicidade de monges corruptos que tinham acesso ao palácio imperial e provavelmente faziam parte de seus numerosos amantes, uma fonte de legitimidade política no *Sutra da Grande Nuvem* (*Mahâmegha-sûtra*), que profetizava que, setecentos anos após o desaparecimento do Buda, uma mulher piedosa impor-se-ia como soberana de um império ao qual todos os Estados se submeteriam. Não contente em identificar-se com este personagem, Wu Zhao fez-se passar por uma encarnação de Maitreya, o Buda futuro. Em 690, ela proclamava a nova dinastia Zhou de que foi o único soberano e que terminou em 705, quando o trono foi restituído ao imperador legítimo Zhongzong e a dinastia Tang restabelecida após este entreato feminino, único em toda a história imperial chinesa.

Durante o período em que teve em mãos as rédeas do poder, Wu Zhao tudo fez para apoiar o budismo, de que era uma fervorosa adepta e que além disso contribuíra para legitimar seu reinado. As grutas de Longmen conheceram então sua atividade mais intensa, ao mesmo tempo que se construíam numerosos templos. Sem dúvida por vontade de distanciar-se de seus predecessores favoráveis à escola Faxiang, Wu Zhao patrocinou ativamente a escola Huayan (do nome do *Sutra da Grinalda, Huayan jing*), protegendo pessoalmente seu maior teórico, Fazang (643-712). Este monge de ascendência sogdiana, nascido em Chag'an e perfeitamente chinizado, após um tirocínio na equipe de Xuanzang, cujas concepções indianas e gradualistas não tardou a contestar, colocou suas capacidades ao serviço da tradução do *Sutra da Grinalda* patrocinada pela devota imperatriz[13]. Assim com Zhiyi havia oportunamente reunido o budismo do Norte e do Sul para a maior glória da dinastia Sui, assim Fazang serviu ao reinado de Wu Zetian realizando uma nova síntese das tendências do budismo Tang, caracterizado pela aceitação total do mundo, concebido, no entanto, como o lugar de uma salvação supramundana.

Depois do teórico Fazang, veio uma série de patriarcas que marcaram com suas personalidades o destino da escola. Chengguan (737-838) e seu sucessor Zongmi (780-841)[14], combinando o *Sutra da Grinalda* com outros textos, como o *Tratado do despertar da fé no Maaiana* (*Dacheng qixin lun*)[15], o *Sutra de Vimalakîrti*, o *Sutra do Diamante* e o *Sutra do Nirvana*, introduzem na escola Huayan muitos elementos tomados do Tiantai, mas também do Zen. Assim como o Ti-

16. O grande florescimento dos Tang

antai, o Huayan é levado a reconhecer a possibilidade de uma iluminação súbita, conseqüência direta da idéia de que a natureza-de-Buda está presente em todos os seres. Quanto ao Zen, este precisa que o despertar não passa pelo estudo das escrituras ou pela prática das regras monásticas, mas se realiza no instante fulminante em que a dualidade vacuidade/existência se anula num espírito desapegado de tudo[16].

Se o *Sutra da Grinalda* da escola Huayan tem muitos pontos em comum com o *Sutra do Lótus* venerado pelo Tiantai – principalmente noções religiosas, como o veículo único ou a salvação universal –, é uma obra em muitos aspectos mais complexa no plano filosófico. Uma das idéias mais específicas deste sutra é que o universo não é constituído de elementos (darmas) descontínuos, mas constitui um todo perfeitamente integrado, em que cada parte está organicamente ligada às outras. Segundo a teoria central do Huayan sobre a causalidade através do princípio universal (*dharma-dhâtu*), todos os darmas do universo apareceram simultaneamente. Esta idéia, que implica a autocriação do universo, não deixa de evocar a "criação espontânea" e a "autotransformação" de que falava Guo Xiang no séc. IV[17].

Da mesma forma que o Mâdhyamika e o Tiantai, o Huayan concebe os darmas como vazios. Mas esta vacuidade comporta dois aspectos: enquanto princípio ou númeno (*LI* 理), ela é estática, mas enquanto fenômeno (*shi* 事), ela é dinâmica. Destes dois aspectos indissociáveis da vacuidade, a escola Huayan deriva as duas concepções fundamentais seguintes: por um lado, princípio e fenômeno estão intimamente misturados, mas, ao mesmo tempo, todos os fenômenos não formam senão um único e mesmo todo. Esta posição doutrinal é ilustrada de forma excelente por Fazang em seu famoso *Ensaio sobre o leão de ouro*, composto por ocasião de uma conferência proferida diante da imperatriz Wu Zetian. Tendo ela dificuldade em compreender certas sutilezas do *Sutra da Grinalda*, Fazang ilustrou suas palavras com a ajuda de um leão de ouro que ali se achava: o ouro representa o princípio e o leão representa o conjunto dos fenômenos. Da mesma maneira que o princípio, não tendo forma própria, pode fazer-se presente em qualquer fenômeno que seja, assim o ouro de que o leão é moldado encontra-se em todas as partes do leão e assegura-lhe a identidade. O ouro e o leão coexistem, cada um incluindo o outro: o que significa que cada coisa ou acontecimento no mundo fenomênico é uma manifestação perfeita e acabada do princípio. Em outras palavras, é remetendo todos a um só e mesmo princípio que os fenômenos se identificam entre si.

Fazang, que era evidentemente um notável pedagogo, teria feito, para apoiar sua analogia, uma célebre demonstração dispondo dez espelhos: oito nos pontos cardeais, um em cima e um embaixo, todos voltados um para o outro. No meio estava colocada uma estátua do Buda iluminada por uma tocha. Pôde-se então constatar não apenas que a estátua se refletia em todos os espelhos, mas também que seu reflexo em cada um dos espelhos era igualmente refletido pelos outros espelhos, e isto num sistema de reflexos sem fim que representava a identificação dos fenômenos entre si. Esta apresentação caleidoscópica reflete igualmente a cosmologia do *Sutra da Grinalda*, que coloca no centro do universo uma Terra Pura presidida pelo "Buda do sol", Vairocana. Nas dez direções a partir deste centro parte um número ilimitado de outros mundos, cada um com seu Buda, que refletem perfeitamente a Terra Pura central, ilustrando assim o princípio de interpenetração de todos os fenômenos. Assim como o Tiantai, também o Huayan visa, portanto, reintroduzir no pensamento budista a imanência e a harmonia, mas propõe além disso uma visão totalizante e centralizada, na qual tudo é reconduzido ao centro que é o Buda. Semelhante visão, que não podia senão agradar a monarcas autoritários como Wu Zetian, protótipo do soberano universal dirigindo uma comunidade universal na qual o político e o religioso se apoiariam mutuamente, iria ter uma longa história de sucesso na Coréia e no Japão.

16. O grande florescimento dos Tang

A escola da Terra Pura

Esta escola deriva o nome da "Terra Pura" (sânscrito *Sukhâvatî*, chinês *jingtu*) sobre a qual vela Amitâbha, o "Buda da luz infinita". No *Sutra da Terra Pura*[18], que de resto dá uma idéia bastante sombria da condição humana, o importante não é o esforço pessoal, mas a fé no poder salvador de Amitâbha, que, em sua infinita compaixão pelo oceano dos seres, criou a Terra Pura do Paraíso do Oeste, a fim de que aqueles que nele crêem possam ali renascer. Daí o valor dado à repetição sem fim da fórmula *namo-Amitâbha* ("Veneração de Amitâbha"). Os primeiros adeptos chineses da Terra Pura aparecem já nos séc. III e IV, sob a influência de monges célebres como Zhi Dun e sobretudo Huiyuan, comumente considerado o patriarca fundador da escola na China[19].

O Buda Amitâbha é geralmente assistido em sua tarefa salvadora pelo Bodisatva Avalokitesvara[20]. Este nome, que designaria o "senhor que se vê (ou que baixa os olhos em compaixão?)", foi curiosamente traduzido em chinês por Guanyin, "aquele que percebe os sons" (ou seja, as preces do mundo). No *Sutra da Terra Pura* e no *Sutra do Lótus*, Avalokitesvara aparece sobretudo como um intercessor cheio de compaixão por todos os seres em perigo ou em dificuldade, sobretudo as mulheres desejosas de ter um filho. A partir do séc. V, o Bodisatva é um tema predileto nas grutas de Yungang e de Longmen, mas no século seguinte aumenta ainda mais sua popularidade com o progresso da escola da Terra Pura. Até os Tang e o início dos Song, Guanyin é representado com traços masculinos, muitas vezes com bigode. Mas desde o séc. VIII aparece num sutra tântrico a figura de uma Guanyin vestida de branco, a Tara branca que o budismo tibetano atribui como companheira a Avalokitesvara e que a iconografia chinesa adota a partir do séc. X. Ocasionado por este processo de feminização desenvolve-se o culto popular, e não mais especificamente budista, de uma "Guanyin da maternidade"[21].

O budismo tântrico

O termo tantrismo faz referência ao Tantrayâna, o "veículo daquilo que difunde o conhecimento", igualmente conhecido pelo nome de Vajrayâna ("veículo do diamante-relâmpago"), alusão ao *Sutra sobre a cabeça do Diamante*[22]. Ponto culminante do Maaiana segundo seus adeptos, o budismo tântrico é hoje conhecido no Ocidente principalmente sob sua forma tibetana[23] – os chineses preferem, aliás, falar de "escola esotérica" (*mizong*). O termo *tantra*, traduzido em chinês por *jing*, que se aplica genericamente a qualquer texto canônico, designa o mais da vezes uma categoria de textos que pertencem à literatura esotérica por descreverem principalmente ritos mágicos[24]. O tantrismo, surgido às margens do mundo indiano entre o fim do séc. VII e o início do séc. VIII, inspira-se abundantemente nas mitologias hindus, nas quais a simbólica sexual desempenha um papel preponderante, e pretende possuir revelações feitas não sobre a terra mas sobre o monte Sumeru ou no Akanistha, o mais alto dos céus budistas. Foi por seu aspecto essencialmente prático que o budismo mágico se impusera, sobretudo na China do Norte, desde os inícios do primeiro período, mas o tantrismo propriamente dito só exerceu alguma influência sobre o budismo chinês no séc. VIII sob os Tang[25].

A prática religiosa tântrica, forma particular de ioga, implica o homem inteiro, corpo e espírito, no ato que ele realiza e no mundo que ele assim cria mediante o ritual. A salvação é alcançada não tanto pelo conhecimento e sim por um conjunto de práticas que implicam o corpo (visualização), a palavra (mantra) e o pensamento (meditação sobre a natureza da mente ou da divindade). Um elemento importante do Tantrayâna é a visualização dos mantras, fórmulas estereotipadas compostas por concatenações de sílabas. Veículos de influxo divino, elas são recebidas diretamente de um mestre por transmissão exclusivamente oral. O mantra torna-se então o centro da vida religiosa daquele que o recebeu em posse, por-

16. O grande florescimento dos Tang

que é a mais perfeita manifestação da divindade, presente na própria pronúncia de seu nome. Tais fórmulas, que têm o poder mágico de expulsar ou de submeter os demônios, resumem supostamente os sutras e providenciam "atalhos" para a iluminação. *Om mani padme hum* – "Om! Jóia no lótus Hum" – é um mantra essencial no tantrismo tibetano, e sua simples recitação visa pôr um fim ao ciclo dos renascimentos e permitir a libertação ou o acesso a um paraíso. Encontramo-lo, por esse motivo, inscrito em todo lugar: estandartes, moinhos de oração etc.

A recitação e a visualização das sílabas dos mantras podem vir acompanhadas de mudrás (*mudrâ*). Esta palavra, que significa "selo", designa primeiramente certas posições dos dedos ou das mãos, mas também atitudes corporais que, imitando em geral as da divindade adorada, associam-se à meditação visualizante para provocar e exprimir ao mesmo tempo a fusão com a divindade (*sâdhana*) ou a "cosmização" do adepto que se funde no absoluto. Esta fusão pode ser provocada sobretudo por práticas sexuais e ióguicas, em que a união do macho e da fêmea simboliza a união dos dois aspectos fundamentais do absoluto, que são o método e o conhecimento, ou a vacuidade e a compaixão.

As práticas tântricas de visualização apóiam-se igualmente nos cosmogramas que são os mandalas, definidos na literatura tântrica como os lugares de reunião dos santos ou os altares onde se realizam as cerimônias de consagração. Trata-se de diagramas que delimitam uma área sagrada, orientada e centrada, onde é chamada a residir a divindade, retratada em suas associações cósmicas e representada sob uma aparência corporal ou na forma de letras sânscritas. Na China dos Tang, entre os mais conhecidos figuram dois mandalas complementares, o Vajra-dhâtu, a "matriz adamantina", e o Garbha-dhâtu, a "matriz uterina", baseada no *Sutra do Grande Sol* (*Mahâvairocana-sûtra*), que representa no centro Mahâvairocana e, dispostos em torno dele, os Budas das quatro direções. Estas quatro divindades multiplicam-se em seguida indefinidamente, sob seus diversos aspectos masculino/feminino, benévolo/terrível etc.

Manifestações populares do budismo

Enquanto a vida monástica obedece a um conjunto complexo de regras, a vida dos leigos deve sujeitar-se simplesmente à recitação das "três jóias" e à aplicação dos "cinco preceitos" reforçados pelas "dez boas obras"[26]. Estes poucos princípios cristalizam-se na "regra do Bodisatva", que põe o acento no altruísmo total, na compaixão universal e na firme resolução de salvar todos os seres. Desde o início do séc. V, esta regra torna-se extremamente popular entre os monges e também entre os leigos, até encontrar eco nas escrituras taoístas da época, que, também elas, põem-se a distinguir entre uma prática religiosa puramente exterior, ritualista e mecânica, e um "grande veículo" que seria o caminho real da meditação mística.

Pode-se dizer que a salvação tornada possível, através do Maaiana, a todos os seres vivos sem exceção é uma idéia nova na sociedade chinesa. A vida religiosa é ritmada por festas que, ao contrário dos rituais taoístas e sobretudo confucionistas, reúnem num mesmo júbilo todas as camadas da sociedade, desde o imperador até o povo simples. Para citar apenas algumas: a festa das lanternas, a festa em honra das relíquias do Buda, a Ullambana ou festa dos mortos baseada na lenda budista de Moggallâna (pronúncia páli de Maudgalyâna, um dos dez grandes discípulos de Sâkyamuni, em chinês Mulian), que desceu aos infernos para salvar sua mãe. Na China esta festa, assim como o culto de Vimalakîrti, deve sua grande popularidade à celebração da piedade filial[27].

Outra manifestação do universalismo maaianista, o cuidado em propagar ao máximo a fé budista pôde aproveitar plenamente um avanço importante, o progresso das técnicas de imprensa. Anteriormente, os sutras, como a maior parte dos textos, eram em geral copiados à mão em grandes rolos feitos de folhas de papel coladas umas às outras. Depois teve-se a

16. O grande florescimento dos Tang

idéia de dobrar as folhas em acordeão, de maneira a formar um livro, mais fácil de abrir. Por fim, as folhas, em vez de serem dobradas, vieram a ser encadernadas como o são no livro moderno. O surgimento da litografia no séc. VIII deveu muito ao proselitismo budista: a mais antiga amostra desta técnica que chegou até nós é uma obra contendo extratos do *Sutra do Diamante*, datada de 868, encontrada em Dunhuang e conservada no British Museum. Nas grutas de Dunhuang foram encontrados igualmente numerosos exemplos de *bianwen*, relatos maravilhosos que "bordam" em língua vernácula a partir de histórias budistas. Destinado ao povo iletrado, aquilo que em breve iria tornar-se uma arte de contadores está na origem de um gênero literário novo, mistura de prosa e passagens rimadas que prefigura o romance chinês.

Como o atestam as grutas de Yungang e de Longmen, criaram-se desde os séc. V e VI associações religiosas com a finalidade de obter méritos mediante atos coletivos, como a escultura de estátuas, a organização de jejuns vegetarianos ou de sessões de recitação de sutras. Colocadas sob a égide de mosteiros, essas associações, que chegaram a revestir um caráter sobretudo social como lugares de encontro e de entreajuda, eram chamadas *she* 社, termo que faz referência ao antigo culto praticado no altar do deus do Sol e que, na língua moderna, entra no composto que designa a sociedade (*shehui* 社會). Paralelamente às obras leigas, os mosteiros desempenharam um papel no sustento dos pobres através da criação dos "campos de compaixão", aos quais agregavam-se todos os tipos de instituições caritativas: dispensários, albergues, cantinas etc. Em suma, as instituições budistas cobriam todos os aspectos de vida de um indivíduo, qualquer que fosse sua condição.

A escola Zen

A percepção chinesa do budismo voltou-se bem cedo, e como que naturalmente, para o *dhyâna* (transcrição chinesa *channa* ou *chan* 禪, pronúncia japonesa *zen*), disciplina espiritual preparatória para a *prajnâ*, que tende a pacificar a mente para permitir uma instrospecção com toda quietude no íntimo da consciência e a revelar uma realidade independente dos sentidos e a existência de uma capacidade da mente de transpor o fosso entre finito e infinito, entre relativo e absoluto. A prática de *dhyâna* pode começar por exercícios de controle da respiração[28] ou de concentração da mente num objeto único até sua dissolução. Vimos que o *dhyâna* constitui de imediato, com a *prajnâ*, um centro de interesse maior para os budistas chineses da primeira hora, a começar pelos monges mais eminentes do séc. IV: Dao'an, Huiyuan e Daosheng (um dos primeiros a afirmar a possibilidade da iluminação súbita).

Para obter credibilidade, a escola Zen invoca uma filiação direta e contínua, embora não atestada pelos textos, que remontaria até ao próprio Buda. Certo dia, sobre o monte dos Abutres, ele teria mostrado uma flor à assembléia dos discípulos, mas apenas Kâsyapa compreendeu e sorriu. Então o Buda lhe transmitiu diretamente e em silêncio, fora das escrituras, o Olho da Verdadeira Lei. Um monge vindo da Pérsia, chamado Bodhidharma, vigésimo oitavo patriarca na filiação indiana, por volta de 520 teria importado para a China a "escola Lankâ", do nome do *Lankâvatâra-sûtra*[29], texto que trata essencialmente da iluminação interior, ou seja, da mente.

Após estes inícios que reivindicam abertamente suas origens indianas, o verdadeiro fundador do Zen como escola especificamente chinesa é o patriarca Hongren (602-674), cujo ensinamento se fundamenta no *Sutra do Diamante*[30]. Seu sucessor, Shenxiu (605?-705), teria permanecido o chefe incontestado do Zen da escola do Norte[31] se não tivesse ocorrido, em 734, um lance teatral: um monge do Sul, chamado Shenhui (670?-760), gênio político e pregador muito popular, muito ligado aos grandes poetas da época como Wang Wei (699-759) e Du Fu (712-770), teimava em pôr em dúvida a legitimidade de Shenxiu, pretendendo que a sucessão cabia a um certo Huineng (638-713), que teria recebido secretamen-

16. O grande florescimento dos Tang

te o manto de patriarca das mãos de Hongren. Shenhui dava aos seus ataques uma justificativa doutrinal atacando a noção de iluminação gradual preconizada por Shenxiu, que distinguia quatro etapas na prática de *dhyâna*[32]. Ora, objetava Shenshui, já que a pura sabedoria é indivisível e indiferenciada, a iluminação pode ser alcançada total e instantaneamente. De acordo com os relatos hagiográficos, Huineng era um vendedor ambulante de lenha iletrado, originário da China do Sul, que teria sido empregado por Hongren em seu mosteiro para descascar o arroz no pilão. No dia em que o patriarca teve que encarar sua sucessão, declarou que faria sua escolha com base numa competição de poemas. Shenxiu, que aparecia como o "delfim" designado, propôs o seguinte poema:

> O corpo é a árvore da iluminação.
> A mente é como um espelho límpido.
> Aplicai-vos sem cessar a limpá-lo, a esfregá-lo
> A fim de que esteja sem poeira.

Alguns dias após, podia-se ler ao lado dele este outro poema:

> A iluminação não comporta nenhuma árvore.
> Nem o espelho límpido armação material.
> A natureza-de-Buda é eternamente pura.
> Onde haveria poeira?[33]

Neste poema, atribuído ao humilde descascador de arroz, Hongren teria reconhecido a verdadeira iluminação que mereceu a seu autor tornar-se o sexto patriarca. Se esta história de transmissão secreta é de autenticidade muito duvidosa, a verdade é que a escola do Sul acabou eclipsando completamente a do Norte, que mergulhou no esquecimento. Este "novo Zen" impôs-se na China a partir do séc. VIII com Mazu (709-788, japonês Bashô), chamado também Daoyi, chefe da escola Hongzhou. Sob os Tang predominaram dois ramos principais, o de Linji (morto em 866) e o de Cao Dong, do nome das duas montanhas associadas a seus fundadores, Liangjie (807-869) e Benji (840-901). Estas duas escolas seriam introduzidas no Japão entre o séc. XII e o séc. XIII, sobretudo pelo monge Dôgen (1200-1253), sob as denominações respectivas de Rinzai e Sôtô[34].

A mente do Zen

Para o "novo Zen", o absoluto, ou "natureza-de-Buda" (*foxing* 佛性), é a mente (*xin* 心), como o exprime a fórmula "fazer luz em sua mente é ver a natureza-de-Buda" (*ming xin jian xing* 明心見性). É interessante observar que a denominação "escola Zen" é relativamente tardia: é Zongmi, geralmente associado à escola Huayan, que a adotou no séc. IX em contraposição à denominação "escola da mente" (*xinzong* 心宗):

> A mente é a fonte de todos os darmas. Quais darmas não estariam contidos nesta fonte?[35]

Zongmi dedicou sua vida a uma compilação de palavras ou ditos (*yulu* 語錄) de uma centena de mestres Zen, desde Bodhidharma até ao séc. IX, na qual distingue dez grandes escolas agrupadas em três tendências principais, a começar pelo Zen do Norte encarnado por Shenxiu, ainda sob a influência gradualista do *dhyâna* indiano. No Zen do Sul estão representadas as duas grandes tendências do budismo que predominaram na China no séc. V-VI: de um lado, para a tendência Mâdhyamika centrada na vacuidade, não há "nem mente nem Buda", como proclama a escola chamada da "Montanha da Cabeça de Boi", formada em torno de Farong (594-657). De outro lado, a tendência Iogacara, interessada mais na consciência, preconiza "ser mente, ser Buda", palavra de ordem da escola Hongzhou em torno de Mazu Daoyi[36].

Segundo Paul Demiéville[37], a concepção do absoluto como interior ou como mente é uma contribuição do budismo: até então os chineses haviam concebido o absoluto em termos de "Caminho" (Tao) ou de "princípio" (*LI*) que estrutura o mundo numa totalidade bem ordenada. A noção de mente como absoluto havia sido explicitada nos mínimos detalhes pela doutrina do "nada mais que pensamento" da escola Ioga-

16. O grande florescimento dos Tang

cara, introduzida na China por Xuanzang bem no início dos Tang. Ora, é precisamente contra esta última que o Zen do Sul se constitui em sua "novidade". Por mais que as duas escolas façam da mente seu centro de interesse comum, elas têm da mente concepções diametralmente opostas, a primeira sendo analítica ao passo que a segunda é sintética. O absoluto, expresso no Zen em termos de natureza-de-Buda, é ao mesmo tempo universal (por estar presente em todo ser animado, e mesmo inanimado) e vazio (isto é, indizível, e mesmo inconcebível pelo pensamento). Não pode, portanto, ser apreendido senão num clarão da intuição, de maneira total e instantânea.

A idéia da iluminação súbita, que ocupa um lugar central no Zen, parece remontar na China ao fim do primeiro período, entre o séc. IV e o séc. V, quando Daosheng a introduziu no budismo do Sul. De início ocultada pelo budismo analítico diretamente calcado sobre o modelo indiano do segundo período, esta idéia retorna com força sob os Tang, quando a adaptação do budismo ao solo chinês permite a eclosão da fina flor que é o Zen, supra-sumo de toda a aventura budista na China. Como atesta o concílio de Lhasa[38], durante todo o séc. VIII predomina a controvérsia entre gradualismo e subitismo: "É preciso entender por súbito (*dun* 頓, o *exaiphnês* platônico) um aspecto totalitário da salvação, ligado a uma concepção sintética da realidade [...]: as coisas são consideradas 'de uma só vez', intuitivamente, incondicionalmente, revolucionariamente, ao passo que o 'gradualismo', doutrina analítica, pretende levar ao absoluto por procedimentos graduais (*jian* 漸, o *ephexês* platônico), por uma sucessão progressiva de obras de toda sorte, práticas morais e cultuais, exercícios místicos, estudos intelectuais"[39]. Assim, os dois poemas atribuídos respectivamente a Shenxiu e a Huineng refletem a oposição entre o Zen gradualista do Norte, para o qual, embora originalmente pura, a mente deve preservar-se continuamente das possíveis poluições, e o Zen subitista do Sul, para o qual a mente, sendo fundamentalmente vacuidade, é e permanece pura sem que haja necessidade de purificá-la.

Assim como o Tao dos taoístas, o absoluto do Zen não pode ser expresso senão em termos negativos e abordado às avessas, o que leva Shenhui a encontrar uma fraseologia cara ao "estudo do Mistério":

> A substância do Caminho é ausência de objetos particulares, ela não é comparável a nada, é desprovida de conhecimento, de Iluminação e de atividade de irradiação, desprovida de darma de movimento e de imobilidade. Nela, nem terra espiritual nem terra mental podem ser estabelecidas. Ela é sem ida nem vinda, sem interior nem exterior nem meio, sem localização. Não é quietude. É sem concentração nem distração. É sem vacuidade e sem nome. É ausência de fenomênico, ausência de pensamento, ausência de reflexão. Nem o conhecimento nem a visão podem atingi-la. Ela não pode ser experimentada. A natureza do Caminho é absolutamente inapreensível[40].

Não podendo o absoluto ser apreendido senão de maneira negativa, é preciso fazer o vazio na mente, de modo que já não produza mais nenhum pensamento dotado de conteúdo, ou seja, consciente de si e gerador de carma. Abandonar todo esforço deliberado, todo "projeto" da mente, como por exemplo iniciar-se no ensinamento do Buda, recitar os sutras, adorar as imagens ou executar os rituais, mas também procurar fixar ou purificar sua mente, e mesmo contemplar a vacuidade (que é, ela própria, um objeto). Assim, Xuanjian (782-865) preconiza com toda simplicidade viver da forma mais natural do mundo: vestir-se, comer, fazer suas necessidades, nada mais. A única coisa que conta é a mente, que precisa ser reconduzida à capacidade de pura intuição. Constatamos aqui um retorno à noção bem chinesa de manifestação natural, espontânea (ziran 自然), que é a única a criar as condições para uma iluminação total e súbita:

> Tomemos os fios de um tecido de seda, cujo número é incalculável. Se os reunimos numa corda que colocamos sobre uma prancha e cortamos com um

16. O grande florescimento dos Tang

golpe de espada afiada, no mesmo instante todos os fios serão cortados. Por maior que seja seu número, não resistirão a um só golpe de espada. O mesmo acontece com os que produzem a mente de iluminação (*bodhi*)[41].

Trata-se, portanto, de deixar a mente mover-se completamente à vontade, sem canga nem muletas, a fim de que possa apreender a natureza-de-Buda numa experiência espiritual chamada despertar ou iluminação (*wu* 悟, o *satori* japonês), que, ecoando a temática da vigília e do sonho própria do *Zhuangzi*, designa um estado de unidade indiferenciada no qual nada mais nos afeta. Neste instante, a mente é ao mesmo tempo totalmente ela mesma e o contrário dela mesma: ela é "visão súbita de nossa natureza própria", ou seja, "não-pensamento" (*wunian* 無念):

> União quer dizer visão da ausência de pensamento, penetração da natureza própria. [...] O pensamento na ausência de pensamento é a manifestação da atividade do absoluto[42].

O "não-pensamento" ultrapassa ainda o "pensamento único que contém os três mil mundos" do Tiantai: é o instante de pensamento em que vemos todos os darmas (através da *prajnâ*), mas é também o instante em que nos desapegamos de todo pensamento – "pensamento instantâneo, ou seja, intemporal, [que] se produz desde o momento em que a mente está vazia de todo pensamento, ou seja, de toda noção e de toda oposição"[43]. Segundo o Zen, atingir este estado não é chegar a algum estado superior ou transcendente, é ao contrário ter a revelação de qualquer coisa que está presente em nós desde sempre (o que explica que esta iluminação possa se repetir): a natureza-de-Buda nada mais é do que nossa mente. No fim de contas, a prioridade chinesa não foi desde sempre começar por si mesmo, encontrar sua verdade em si? Não disse Confúcio que o senso do humano (*ren*) começa por si mesmo? Por que procurar em outro lugar o que temos em nós?

As práticas do Zen

Se os diferentes ramos do Zen visam todos a essa perfeita vacuidade da mente, eles preconizam caminhos diferentes para ali chegar. Linji, o fundador de uma escola que iria marcar a história do Zen até o fim do séc. XI com seu espírito iconoclasta, é a favor do método de choque: pegar o adepto de surpresa, de modo a fazê-lo dar um salto qualitativo para fora de seus hábitos mentais para revelar-lhe sua natureza fundamental, para forçá-lo a sair de seus eixos e descobrir em si a parte ignorada mas sempre presente. A meta procurada é libertar a mente de qualquer quadro que seja, romper as estruturas mentais para obter a iluminação total e instantânea, à maneira do traço impecável do calígrafo, imitado por Matisse: gritos, invectivas, golpes de bastão, agressões verbais:

> Tudo que encontrares, fora e mesmo dentro de ti mesmo, mata-o. Se encontrares o Buda, mata o Buda! Se encontrares um patriarca, mata o patriarca! Se encontrares um Arhat, mata o Arhat! Se encontrares teu pai e tua mãe, mata teu pai e tua mãe! Se encontrares teus parentes, mata teus parentes! Eis o meio de te livrares, de escapares da escravidão das coisas; é a evasão, é a independência![44]

Todas estas declarações propositalmente provocantes, que levam o exagero ao ponto de qualificar os Budas e Bodisatvas de "carregadores de estrume" e os sutras de "vulgares folhas de papel que servem apenas para limpar o traseiro", visam desembaraçar-nos da tentação de recorrer às "muletas" ou "pontos de apoio" de que nosso pensamento tanto necessita para sentir que existe. Ao contrário dos métodos ativos e mesmo violentos de Linji, o Cao Dong privilegia o caminho calmo, passivo, da meditação sentada (*zuochan* 坐禪, japonês *zazen*). Esta prática de introspecção silenciosa feita sob a direção de um mestre iria perpetuar-se para além da escola Zen até ser retomada pelos adeptos confucianos do *daoxue* a partir dos Song[45].

16. O grande florescimento dos Tang

Entre os métodos de transmissão de mestre para discípulo privilegiados pelas escolas Zen dos séc. IX e X ficaram célebres os *gong'an* (japonês *kôan*), que designam literalmente "casos jurídicos" que servem como precedentes, mas constituem de fato uma maneira de não dizer as coisas diretamente. Antidiscursos que utilizam as palavras apenas para reduzi-las ao nada do absurdo, espécies de enigmas que o praticante deve resolver (ou, melhor, dissolver) de maneira não intelectual para atingir a iluminação, os *gong'an* situam-se na linhagem do *Zhuangzi*. Eis alguns exemplos:

> Pergunta: O Buda tem a aparência de quê?
> Resposta: De um bastão de estrume seco.
> Pergunta: O que é o Buda?
> Resposta: Três libras de cânhamo[46].

Um *gong'an* pode igualmente lançar uma questão insolúvel: "Qual o ruído de uma mão que aplaude?" ou: "Como fazer para tirar um ganso de uma garrafa sem quebrá-la?" Note-se que todos estes diálogos são formulados em "língua vulgar" (*baihua*, literalmente a "língua branca") que os mestres Zen utilizam deliberadamemte para transmitir uma palavra viva, em oposição à letra morta da língua escrita e do jargão dos sutras – decisão que se revelará determinante para a evolução da literatura chinesa, sobretudo o gênero romanesco.

Ao mesmo tempo que o apogeu do budismo na China, o Zen representa assim a fina flor do espírito chinês tal como se manifesta no taoísmo antigo revisto pelo "estudo do Mistério". No entanto, longe de poder ser reduzido a um simples avatar do taoísmo filosófico, o Zen cristaliza a noção de espontaneidade e lhe dá um sentido na espiritualidade budista, cujo cerne ele encontra ao ir direto ao seu objetivo primeiro: a salvação pela iluminação. Nisto o Zen é bem representativo da soberba liberdade de espírito que caracteriza a cultura dos Tang durante um século em que irá marcar grandes poetas como Wang Wei, Li Bo ou Du Fu, até o momento em que a magnífica prosperidade da dinastia é sacudida pela revolta de

An Lushan, iniciada em 755 e esmagada em 763[47]. Ao mesmo tempo que foi a mais original forma do budismo na China, o Zen será também a mais duradoura, sendo experimentado como propriamente chinês e não apresentando, ao contrário das outras escolas, nenhum caráter propriamente religioso. Além disso, pelo fato de estarem obrigados aos trabalhos manuais quotidianos para prover às suas necessidades, os monges Zen escapam da acusação tradicional de parasitismo. Isso explica que esta escola tenha sido a única, não apenas a sobreviver à grande perseguição antibudista de 845, mas também a continuar prosperando sob os Song até tornar-se a principal referência budista para os cabeças do "neoconfucionismo".

No final dos Tang o budismo, animado pelo espírito missionário do Maaiana, conseguiu estender amplamente sua influência por toda a Ásia oriental, contribuindo, nesta arrancada, para importar para a Coréia e o Japão grande parte da cultura e das instituições chinesas. O êxito do budismo em seu projeto universalista deve-se em grande parte à sua autonomia em relação a uma ordem cultural e social, como o sistema das castas no hinduísmo ou os laços do clã no confucionismo. Foi sem dúvida pelo fato de não prescrever nada ou quase nada a respeito da vida familiar, social e política, que o budismo adaptou-se tão facilmente a todas as formas de instituições, ao ponto de tornar-se na China e no Japão uma espécie de "religião de Estado", tornando-se beneficiário do alto patrocínio imperial.

Por fim, o budismo é uma espiritualidade universal em sua dimensão introspectiva. No entanto, a mente que constitui seu cerne é concebido como vazio, sobretudo de todas as noções ou virtudes morais, o que vai evidentemente contra a idéia confuciana, em particular menciana, de que a natureza humana possui de maneira inata "germes" de moralidade. Foi justamente por representar um imenso desafio aos quadros institucionais e intelectuais aceitos desde séculos pela tradição confuciana que o budismo provocou nesta uma renovação radical de uma amplidão análoga.

16. O grande florescimento dos Tang

Han Yu (768-824) e o "retorno ao antigo"

A mudança de atitude dos letrados, que começa a despontar com a deterioração da ordem Tang no séc. VIII-IX, é perceptível em Han Yu, um dos maiores prosadores da China clássica. Campeão de um "retorno ao antigo" – sobretudo a uma "escrita à antiga" (*guwen* 古文) –, Han Yu pretende ser o herdeiro de uma tradição escrita (*wen*) portadora de valores cuja restauração ele se atribui como missão[48]. Toda a clareza e o vigor de seu estilo são postos a serviço de alguns artigos de fé: enquanto o budismo e o taoísmo, e de modo mais geral toda doutrina estrangeira, são rejeitados como subversivos para a moralidade pública, a ética confuciana é reafirmada como essencial para a estabilidade política e o bem-estar social, embora contra a vontade imperial ou a opinião dos letrados.

A combatividade de Han Yu transparece no memorial que apresentou ao trono em 819, por ocasião da cerimônia anual da recepção de uma relíquia do Buda por parte do imperador em seu palácio. Era a ocasião de uma procissão que atraía multidões levadas por um júbilo e um fervor que o confucionismo estrito de Han Yu via com um ar de reprovação:

> O Buda era um bárbaro cuja língua não era o chinês e cujas maneiras eram de feitio estrangeiro. Seus discursos, suas vestes não eram os prescritos pelos antigos reis; ele não conhecia nem a justa relação entre príncipe e ministro, nem o justo sentimento entre pai e filho.
>
> Imaginemos que ele esteja ainda vivo hoje e que, enviado como embaixador por seu Estado, venha à capital fazer uma visita à corte: Vossa Majestade o receberia cordialmente. Mas ele não teria direito senão a uma única entrevista na sala das audiências, a um único banquete em sua honra, a um único presente em vestuário; depois ele seria reconduzido à fronteira com boa escolta, sem ter tido tempo de semear a confusão na multidão. Ora, eis que ele está morto há muito tempo: seus ossos secos e de-

compostos, seus restos nefastos e nauseabundos têm ainda menos motivo para penetrar no palácio proibido! Não falou Mestre Kong (Confúcio) em "respeitar os espíritos e demônios, mantendo-os à distância"? [...]

Solicito que este osso (a relíquia do Buda) seja entregue a um empregado para ser lançado à água ou ao fogo, a fim de erradicar o mal de uma vez por todas, pôr fim à dúvida em todo o império e prevenir o descaminho das gerações futuras[49].

As convicções de Han Yu estavam longe de serem evidentes no final do Tang, quando os imperadores haviam muitas vezes patrocinado o budismo e o taoísmo: estas censuras a respeito da relíquia do Buda valeram ao autor um desterro para os confins da China do Sul. Mesmo contemporâneos como Liu Zongyuan (773-819)[50] ou Bo Juyi (772-846) estavam imbuídos da legitimidade de uma erudição budista. Han Yu faz parte daqueles grandes confucianos que, paradoxalmente, tiveram que remar contra a corrente do confucionismo institucional para fazer viver a tradição e renová-la. Reafirmando, a despeito de todos os obstáculos, o Tao autêntico, Han Yu assemelhava-se muito a seu herói, Mêncio, cuja voz profética ele reavivava. Aos olhos da renovação confuciana dos Song, que com razão o considera seu santo patrono, foi ele quem reatou o fio do Tao transmitido em linha direta desde Confúcio:

[Este Tao] é aquele que foi transmitido de Yao a Shun, depois a Yu (fundador dos Xia), depois a Tang (fundador dos Shang), depois a Wen, a Wu e ao duque de Zhou (fundador dos Zhou); estes o transmitiram a Confúcio, que o transmitiu a Mêncio; mas, com a morte deste, a transmissão interrompeu-se. Xunzi e Yang Xiong inspiraram-se nele, mas não com suficiente profundidade; falaram dele, mas não com suficiente precisão[51].

E Han Yu conclui este ensaio intitulado *A origem do Tao*, sobre a necessidade de pôr um fim às manobras dos taoístas e dos budistas por meios pelo menos draconianos: "Que sejam reduzidos ao estado leigo, que seus livros sejam queimados e que seus mosteiros sejam transformados em colônias agrícolas". Isto será fato consumado em 845, vinte anos após a morte de Han Yu, por ocasião de uma grande onda de perseguições antibudistas, que, embora motivada por razões mais econômicas do que ideológicas, marca uma interrupção brusca do florescimento do budismo na China. A riqueza dos mosteiros, isentos de impostos, atingia proporções inquietantes para o poder imperial, que manifestou uma crescente vontade de acabar com a comunidade monástica, em grande parte forçada a retornar ao estado leigo, enquanto seus bens eram destruídos ou requisitados. As perseguições precedentes (sobretudo em 446 e 574) tinham-se restringido ao norte da China e seus efeitos haviam sido limitados. A de 845 abrangeu todo o império e, apesar de sua curta duração, desferiu por sua violência um golpe fatal, se não ao espírito, pelo menos à instituição budista. Marcou, ao mesmo tempo, uma primeira reação violenta da identidade cultural chinesa, reação precursora da renovação confuciana dos Song.

Li Ao (apr. 772-836) e o "retorno à natureza fundamental"

Enquanto Han Yu prefigura o vigor e a combatividade dos reformistas dos Song, seu irmão mais moço Li Ao esboça uma corrente mais especulativa em seu *Livro sobre o retorno à natureza fundamental*:

> O que faz com que um homem se torne um santo é sua natureza fundamental (*xing* 性); o que lança a confusão nesta natureza são suas emoções (*qing* 情). [...] Natureza e emoções são inseparáveis uma das outras. Sem a natureza, as emoções não nasceriam de nenhum lugar: as emoções nascem da natureza. As emoções não são tais por si mesmas, elas o são por força da natureza. A natureza não é tal por si mesma, ela é luz por força das emoções.

"A natureza é o decreto do Céu". O Santo é aquele que a obtém sem jamais cair na confusão. As emoções são os movimentos da natureza: os homens comuns são aqueles que nelas se afogam sem jamais conhecer seu fundamento. Significa isto que o Santo é desprovido de emoções? O Santo é silencioso e imóvel. Sem deslocar-se, ele chega ao destino; sem falar, ele comunica sua força espiritual; sem brilhar, ele irradia. Por suas obras, ele forma uma trindade com o Céu e a Terra; por suas transformações, ele se une com o Yin e o Yang. Embora conheça as emoções, nunca é emotivo. Significa isto que o povo comum é desprovido desta natureza? A natureza de um homem comum não difere em nada da natureza do Santo. Todavia, ela é obscurecida pelas emoções com as quais ela está em perpétuo conflito, de maneira que [o homem comum] chega ao final de seus dias sem ter em si mesmo uma visão de sua própria natureza[52].

O contraste entre "natureza" e "emoções" é um tema central em Li Ao, tendo o primeiro termo chegado a designar uma natureza fundamental e permanente, e o segundo características particulares e variáveis. A questão de saber se o Santo pode ser "desprovido de emoções" remonta a Chuang-tse e é tema de debates apaixonados desde o séc. III. À idéia, retomada de Mêncio, de que "a natureza de um homem comum não difere em nada da natureza do Santo" acrescenta-se a de que todo homem possui a natureza-de-Buda.

Vemos aqui um pensador que, preocupado em responder aos desafios lançados pelas interrogações budistas, procura respostas em sua própria cultura. Li Ao repõe em lugar de destaque a tradição sobre as *Mutações* que ilustra o tema cosmológico da união do Homem com o Céu-Terra, bem como O *Grande Estudo* e O *Invariável Meio*, onde a "autenticidade" (*cheng* 誠) ocupa um lugar central. Esta noção, entendida como conclusão do "retorno à natureza fundamental", aparece como o equivalente confuciano da iluminação dos budistas

16. O grande florescimento dos Tang

ou dos taoístas, os quais não deteriam o monopólio dela. Li Ao, que neste sentido parece um precursor dos desdobramentos intelectuais futuros, delineia assim a caminhada da mente para uma "budeidade confuciana". Se seu pensamento representa ainda um estado de fusão entre confucionismo, taoísmo e budismo[53], os confucianos dos Song reafirmarão com vigor o primado do homem em face das concepções taoístas e budistas de um universo indiferente ou ilusório.

Notas do capítulo 16

1. Existem numerosos catálogos de traduções dos textos budistas: depois do *Zongli zhongjing mulu* (*Catálogo geral dos sutras*) de Dao'an de 374 (cf. cap. 14 nota 31) e o *Chu sanzang jiji* (*Coleção de notas concernentes à tradução do Tripitaka*) de Sengyou de 518 (cf. cap. 15 nota 10), um dos mais importantes catálogos dos Tang é o *Kaiyuan shijiao lu* (*Catálogo sobre o budismo da era Kaiyuan*), concluído em 730 por Zhisheng, que iria servir de base para as compilações posteriores. Cf. Paul DEMIÉVILLE, "Le Bouddhisme: les sources chinoises" (153), retomado em *Choix d'études bouddhiques*, Leiden, Brill, 1973.

2. Para uma ilustração concreta pode-se consultar o catálogo da exposição *Sérinde, terre de Bouddha*, citado no cap. precedente nota 1. Cf. também ZHANG Guangda, "Trois exemples d'influences mazdéennes dans la Chine des Tang", *Études chinoises*, 13/1-2 (1994), p. 203-219.

3. Sobre o contexto e a composição do Wujing zhengyi, cf. David McMULLEN, *State and Scholars in T'ang China*, Cambridge University Press, 1988, p. 73; e Howard WECHSLER, *Offerings of Jade and Silk: Ritual and Symbol in the Legitimation of the T'ang Dynasty*, Yale University Press, 1985, p. 47.

4. Sobre a história institucional do budismo sob os Tang, cf. Kenneth CH'EN, *Buddhism in China. A Historical Survey*, Princeton University Press, 1962; e Jacques GERNET, *Les Aspects économiques du bouddhisme dans la société chinoise du Ve au Xe siècle*, Paris, École française d'Extrême-Orient, 1956.

5. Cf. Stanley WEINSTEIN, "Imperial Patronage in the Formation of T'ang Buddhism", em Arthur F. WRIGHT e Denis TWITCHETT (eds.), *Perspectives on the T'ang*, Yale University Press, 1973, p. 265-306. Do mesmo autor, *Buddhism under the T'ang*, Cambridge University Press, 1987.

6. Há os sutras do Hinaiana e do Maaiana, as regras monásticas (*vinaya*) e os tratados escolásticos (*sâstra*), os quais constituem os "Três Cestos" ou Tripitaka (*sanzang*), cf. cap. 14, p. 401. No final dos Tang o Cânon budista chinês pode ser considerado terminado, concluído de um milênio de trabalhos de tradução e de exegese, mesmo que sob os Song ainda sejam feitas algumas traduções esparsas. Por ordem do primeiro imperador dos Song, o Tripitaka foi impresso integralmente em 983. Esta edição, conhecida sob o nome de Shuben (edição de Sichuan, porque impressa em Chengdu), serviu de base para as quatro outras feitas sob os Song, que em seguida difundiram-se na Coréia e no Japão. Entre as edições modernas, as mais numerosas e mais importantes foram feitas no Japão. A mais recente e a mais confiável é o *Taishô shinshû daizôkyô* em cem volumes (Tóquio, publicado entre 1924 e 1934), que leva em conta todas as edições existentes, chinesas mas também coreanas, bem como os cânones sânscrito, páli e tibetano.

7. Cf. sobretudo LIU Ming-wood, "The *p'an-chiao* system of the Hua-yen School in Chinese Buddhism", *T'oung Pao*, 67 (1981), p. 10-47.

8. Sobre Zhiyi, cf. Leon HURVITZ, "Chih-i (538-597), an introduction to the life and ideas of a Chinese Buddhist monk", em *Mélanges chinois et bouddhiques*, t. XII, Bruxelas, 1962. Sobre Huisi, cf. Paul MAGNIN, *La vie et l'oeuvre de Huisi (515-577): les origines de la secte bouddhique chinoise du Tiantai*, Paris, École française d'Extrême-Orient, 1979.

9. O *Sutra do Lótus* (sânscrito *Saddharma-pundarîka*) fora traduzido magnificamente no início do séc. V sob o título de *Miaofa lianhua jing* por Kumârajîva (cf. acima cap. 15 nota 4), omitido no entanto da linhagem patriarcal do Tiantai. Fato significativo: cada uma das escolas Tang elabora uma linhagem de transmissão a partir de patriarcas (*zu* 祖, literalmente "ancestrais") chineses, sendo os tradutores sistematicamente afastados, quando até então haviam sido objeto de uma profunda veneração.

10. Sobre Daosheng cf. cap. 14, "Alguns grandes monges do séc. IV"; sobre a escola Faxiang cf. cap. 15, "Xuanzang e a escola Iogacara".

11. Cf. NG Yu-kwan, *T'ien-t'ai Buddhism and Early Mâdhyamika*, Honolulu, University of Hawaii Press, 1993. Sobre a escola Mâdhyamika, cf. acima início do cap. 15. Sobre a escola Tiantai, cf. também Bruno PETZOLD, *Die Quintessenz der T'ien-t'ai-(Tendai-) Lehre*, Wiesbaden, Steiner, 1982; Paul L. SWANSON, *Foundations of T'ien-t'ai Philosophy: The Flowering of the Two Truths Theory in Chinese Buddhism*, Berkeley, Asian Humanities Press, 1989.

12. As conferências de Zhiyi, editadas em três livros por seu discípulo Guanding (561-632), compõem-se de duas séries sobre o *Sutra do Lótus*, às quais soma-se o *Mohe zhiguan* (*A grande concentração e visuali-*

16. O grande florescimento dos Tang

zação), traduzido parcialmente para o inglês por Neal DONNER e Daniel B. STEVENSON, *The Great Calming and Contemplation: A study and annotated translation of the first chapter of Chih-i's Mo-ho chihkuan*, Honolulu, University of Hawaii Press, 1994.

13. Tratava-se de uma nova tradução, após a de 420 feita por Buddhabhadra, dirigida em 699 pelo mestre khotanês Siksânanda e para a qual foram requisitados membros da equipe de Xuanzang. Uma terceira tradução, parcial, apareceria em 810 sob a direção de Prajnâ.

O *Sutra da Grinalda* (*Avatamsaka-sûtra*), que teria sido enunciado pelo Buda logo após sua iluminação, é um texto maciço e heterogêneo, cujas partes mais antigas provavelmente não remontam senão ao séc. I d.C.

Sobre a escola Huayan cf. Garma C.C. CHANG, *The Buddhist Teaching of Totality. The Philosophy of Hwa-yen Buddhism*, Londres, Allen and Unwin, 1972; Francis H. COOK, *Hua-yen Buddhism: The Jewel Net of Indra*, University Park, Pennsylvania State University Press, 1977.

Sobre o aspecto ideológico do patrocínio da escola Huayan pela imperatriz Wu, cf. Antonino FORTE, *Political Propaganda and Ideology in China at the End of the Seventh Century*, Nápoles, Istituto Universitario Orientale, 1976.

14. Sobre Zongmi, cf. Peter N. GREGORY, *Tsung-mi and the Signification of Buddhism*, Princeton University Press, 1991.Cf. também adiante na nota 35.

15. Atribuído pelo Cânon chinês a Asvaghosa com o título *Mahâyana-sraddhotpâda-sâstra*, o *Dacheng qixin lun* (*Tratado do despertar da fé no Maaiana*) é mais provavelmente um apócrifo chinês, composto na segunda metade do séc. VI, que apresenta uma hábil síntese das principais teses maaianistas chegadas à China nesta época. Cf. Paul DEMIÉVILLE, "Sur l'authenticité du *Ta tch'en K'i sin louen*", *Bulletin de la Maison franco-japonaise*, II/2 (1929). Tradução para o inglês por HAKEDA Yoshito S., *The Awakening of Faith*, Nova York, Columbia University Press, 1967.

Sobre o *Sutra de Vimalakîrti* cf. acima cap. 15 nota 4. Sobre o *Sutra do Diamante* cf. cap. 14 nota 24. Sobre o *Sutra do Nirvana* cf. fim do cap. 14.

16. Sobre o Zen cf. adiante.

17. Sobre Guo Xiang cf. cap. 13.

18. Existem duas versões do *Sutra da Terra Pura* (*Sukhâvatî-vyûha*): uma longa, que insiste numa caminhada progressiva feita de acumulação de bom carma, e uma mais curta, que aposta exclusivamente na fé e na devoção. Foi esta última que alcançou a maior popularidade, por representar a evolução da noção hinaianista de carma contra a idéia maaianista de salvação por intermédios dos Budas e Bodisatvas. A versão longa teve nada menos que dez traduções chinesas, cinco das quais ainda estão conservadas no Cânon chinês; quanto à versão curta, só chegou até nós a tradução de Kumârajîva, intitulada *Sutra de Amitâbha (Amituo jing)*. Cf. Luis GOMEZ, *The Land of Bliss. The Paradise of the Buddha of Measureless Light, Sanskrit and Chinese Versions of the Sukhâvatîvyûha Sutras*, Havaí e Quioto, 1966; e Jérôme DUCOR, *Le Sûtra d'Amida prêché par le Buddha*, Berna, Peter Lang, 1998.

19. Cf. cap. 14 nota 33.

20. Cf. Marie-Therèse DE MALLMANN, *Introduction à l'étude d'Avalokitsvara*, Paris, 1948.

21. Cf. Rolf A. STEIN, "Avalokitesvara/Kouan-yin, un exemple de transformation d'un dieu en déesse", *Cahiers d'Extrême-Asie*, 2 (1986), p. 17-80; e YÜ Chun-fang, *Guanyin: The Chinese Transformation of Avalokitesvara*, Nova York, Columbia University Press, 2000.

22. Traduzido parcialmente para o chinês com o título de *Jingangding jing* pelo mestre tântrico Vajrabodhi, chegado à China em 720 e falecido em 741.

23. Sobre o budismo tibetano, pode-se citar sobretudo D. SNELLGROVE, *Indo-Tibetan Buddhism*, Londres, Serindia Publications, 1987; Anne-Marie BLONDEAU, "Réflexion sur le bouddhisme tantrique", em *Tibet, la route du temps*, Arles, Actes Sud, 1995; KALOU Rinpoché, *La voie du Bouddha selon la tradition tibétaine*, Éd. du Seuil, 1993; Rolf A. STEIN, *La civilisation tibétaine*, Paris, L'Asiathèque, 1987.

24. Para exemplos de tantras tibetanos, cf. D. SNELLGROVE, *The Hevajra Tantra*, Oxford University Press, 1959; *Le miroir du coeur*, Paris, Éd. du Seuil, 1994.

25. Sobre o budismo tântrico na China, cf. CHOU I-liang, "Tantrism in China", *Harvard Journal of Asiatic Studies*, 8 (1945); e Michel STRICKMANN, *Mantras et mandarins. Le bouddhisme tantrique en Chine*, Paris, Gallimard, 1996.

26. Sobre as "três jóias" e os "cinco preceitos" cf. cap. 14 nota 5.

27. Cf. Kenneth K.S. CHEN, "Filial Piety in Chinese Buddhism", *Harvard Journal of Asiatic Studies*, 28 (1968), p. 81-97.

28. Ver o prefácio de Dao'an a seu comentário sobre o *Anâpâna-sûtra*, cf. acima cap. 14 nota 19.

29. A compilação do *Lankâvatâra-sûtra (Descida à ilha de Lankâ ou Ceilão)*, traduzido para o chinês com o título de *Ru Lengjia jing*, parece datar dos séc. III e IV. Para uma tradução ao inglês, cf. SUZUKI Daisetz Teitarô, *The Lakâvatâra-Sûtra*, Londres, Routledge and Kegan Paul, 1932.

16. O grande florescimento dos Tang

Sobre a escola Lankâ, cf. Bernard FAURE, *Le Bouddhisme Ch'an em mal d'histoire: Genèse d'une tradition religieuse dans la Chine des T'ang*, École française d'Extrême-Orient, 1989. Do mesmo autor, cf. *Le Traité de Bodhidharma, première anthologie du bouddhisme Chan*, Éd. Le Mail, 1986, reed. Éd. du Seuil, 2000; *La volonté d'orthodoxie dans le bouddhisme chinois*, Éd. du CNRS, 1988; *The Rhetoric of Immediacy: A Cultural Critique of Chan Buddhism*, Princeton University Press, 1991.

30. Sobre o *Sutra do Diamante* (*Vajracchedikâ-prajnâpâramitâ-sutra*), traduzido para o chinês por Kumârajîva com o título de *Jingang jing*, cf. cap. 14 nota 24.

31. Sobre Shenxiu e a escola do Norte, cf. John R. McRAE, *The Northern School and the Formation of Early Ch'an Buddhism*, Honolulu, University of Hawaii Press, 1986.

32. Sobre este ponto, cf. HU Shih, "Ch'an (Zen) Buddhism in China: its History and Method", *Philosophy East and West*, 3/1 (1953), p. 7.

33. Cf. *Liuzu tanjing* (*Sutra do Estrado do Sexto Patriarca*), tradução Paul DEMIÉVILLE, "Le miroir spirituel", em *Choix d'études bouddhiques (1929-1970)*, Leiden, Brill, 1973, p. 112. Segundo Demiéville, o *Sutra do Estrado* é uma "obra surgida, provavelmente na segunda metade do séc. VIII, em meios pouco letrados onde os ensinamentos de Chenhouei (Shenhui), discípulo de Houei-neng (Huineng), morto em 760, haviam suscitado um movimento de fervor reformista orientado no sentido antiintelectualista e quietista". Note-se que, para o penúltimo versículo – "A natureza-de-Buda é eternamente pura" – existe uma variante: "Fundamentalmente nenhuma coisa existe". Para traduções do *Sutra do Estrado*, cf. CHAN Wing-tsit, *The Platform Scripture*, Nova York, Saint John's University Press, 1963; Philip B. YAMPOLSKY, *The Platform Sutra of the Sixth Patriarch*, Nova York, Columbia University Press, 1967.

Sobre o tema do espelho no budismo, além do artigo de Paul DEMIÉVILLE, "Le miroir spirituel", citado acima, cf. Alex WAYMAN, "The Mirror-like Knowledge in Mahâyâna Buddhist Literature", *Asiatische Studien/Études Asiatiques*, 25 (1971), p. 353-363; "The Mirror as a Pan-Buddhist Metaphor-Simile", *History of Religions*, 13/4 (1974), p. 251-269.

34. Sobre diversos aspectos do Zen chinês e japonês, cf. os testemunhos e artigos reunidos em "Tch'an (Zen): textes chinois fondamentaux, témoignages japonais, expériences vécues contemporaines", *Hermès*, 7 (1970), e "Le Tch'an (Zen), racines et floraisons", *Hermès*, 4 (nouvelle série), Paris, Les Deux Océans, 1985. Cf. também James L. GARDNER, *Zen Buddhism: A Classified Bibliography of Western-Language*

Publications (through 1990), Salt Lake City, 1991. Sobre a evolução do Zen na China e no Japão, cf. CHANG Chung-yuan, *Original Teachings of Ch'an Buddhism. Selected from the Transmission of the Lamp*, Nova York, Pantheon Books, 1969; Heinrich DUMOULIN, *The Development of Chinese Zen after the Sixth Patriarch in the Light of Mumonkan*, Nova York, 1953; Bernard FAURE, *La vision immédiate: nature, éveil et tradition selon le Shôbôgenzô*, Aix-en-Provence, Le Mail, 1987; Pierre NAKIMOVITCH, *Dôgen et les paradoxes de la bouddhéité: Introduction, traduction et commentaire du volume "De la bouddhéité" (Trésor de l'oeil de la loi authentique)*, Genebra, Droz, 1999.

35. Zongmi (sobre o qual cf. acima nota 14), citado por JAN Yünhua, "The Mind as the Buddha-Nature: the Concept of the Absolute in Ch'an Buddhism", *Philosophy East and West*, 31/4 (1981), p. 475. Sobre as relações entre o Huayan e o Zen, cf. Robert M. GIMELLO e Peter N. GREGORY (eds.), *Studies in Ch'an and Hua-yen*, Honolulu, University of Hawaii Press, 1984.

36. Cf. os trechos de Farong apresentados e traduzidos por Catherine DESPEUX em "Le Ch'an (Zen), racines et floraisons" (citado na nota 34). Da mesma tradutora, cf. *Entretiens de Mazu*, Paris, Les Deux Océans, 1980.

37. Cf. "Le miroir spirituel", p. 122-123 (cf. referência na nota 33).

38. Cf. Paul DEMIÉVILLE, *Le Concile de Lhasa: Une controverse sur le quiétisme entre bouddhistes de l'Inde et da la Chine au VIIIe siècle de l'ère chrétienne*, Paris, PUF, 1952.

39. Paul DEMIÉVILLE, "Le miroir spirituel", p. 115 (cf. referência na nota 33). Cf. também Rolf A. STEIN, "Illumination subite ou saisie simultanée: note sur la terminologie chinoise et tibétaine", *Revue de l'histoire des religions*, 169/1 (1971), p. 3-33, onde se mostra que a noção de *dun* contém também a idéia de uma compreensão imediata e simultânea ao mesmo tempo do relativo e do absoluto; e Lewis LANCASTER e Whalen LAI (eds.), *Early Ch'an in China and Tibet*, Berkeley Buddhist Studies, 1983.

40. Tradução Jacques GERNET, *Enretiens du maître de dhyâna Chenhouei du Ho-tsö*, 1949, reed. École française d'Extrême-Orient, 1977, p. 78.

41. Tradução Jacques GERNET, *Chen-houei*, p. 40.

42. *Ibid.*, p. 55.

43. *Ibid.*, p. 10-11.

44. Tradução Paul DEMIÉVILLE, *Entretiens de Lin-tsi*, Paris, Fayard, 1972, p. 117. Note-se que as expressões "escapar da escravidão das coi-

16. O grande florescimento dos Tang

sas" e "independência" (*zizai*自在, literalmente "permanecer em si mesmo") são tomadas de empréstimo do *Zhuangzi*. Paul Demiéville define o espírito iconoclasta de Linji como um "movimento de reforma, de retorno à *praxis* contra a teoria, de antiintelectualismo levado aos limites do racional" (p. 16-17). Sobre Linji, cf. também R.Ch. MÖRTH, *Das Lin-chi lu des Ch'an Meisters Lin-chi Yi-hsüan. Der Versuch einer Systematisierung des Lin-chi lu*, Hamburgo, 1987; Burton WATSON, *The Zen Teachings of Master Lin-chi. A Translation of he Lin-chi lu*, Nova York, Columbia University Press, 1999.

45. Cf. em particular cap. 19, "Disciplina mental".

46. *Anais da falésia verde* (*Biyan lu*), compilados por Xuedou (980-1052). Estes anais contêm uma centena de *gong'an*, que no *Wumen guan* (*A passagem sem porta*) de Wumen (1183-1260) são acompanhados de notas e poemas. Cf. a tradução alemã de W. GUNDERT, *Biyän-lu*, Munique, Hanser, 1960.

47. Sobre este acontecimento determinante na história da dinastia Tang, cf. Robert ROTOURS, *Histoire de Ngan Lou-chan*, Paris PUF, 1962; Edwin G. PULLEYBLANK, *The Background of the Rebellion of An Lu-shan*, Oxford University Press, 1965.

48. Cf. Charles HARTMAN, *Han Yü and the T'ang Search for Unity*, Princeton University Press, 1986. E David L. McMULLEN, "Han Yü: An Alternative Picture", *Harvard Journal of Asiatic Studies*, 49/2 (1989), p. 603-657. Cf. também Edwin G. PULLEYBLANK, "Neo-Confucianism and Neo-Legalism in T'ang Intellectual Life, 755-805", em Arthur WRIGHT (ed.), *The Confucian Persuasion*, Stanford University Press, 1960.

49. *Lun Fogu biao* (*Memorial concernente à relíquia do Buda*), em *Han Yu wenxuan* (*Seleção de escritos de Han Yu*), Pequim, Renmin wenxue chubanshe, 1980, p. 173-174. Para a citação de Confúcio, cf. *Analectos* VI,20.

50. Cf. William H. NIENHAUSER, Jr. et al., *Liu Tsung-yuan*, Nova York, Twayne Publishers, 1973.

51. *Yuandao* (*A origem do Tao*), em *Han Yu wenxuan*, p. 219. Note-se que o monge budista Zongmi é o autor de um *Yuanren lun* (*Sobre a origem do homem*), talvez escrito em resposta ao *Yuandao* de Han Yu, cf. a tradução de Peter N. GREGORY, *Inquiry into the Origin of Humanity. An Annotated Translation of Tsung-mi's Yüan jen lun with a Modern Commentary*, Honolulu, University of Hawaii Press, 1995. Sobre Zongmi, cf. acima notas 14 e 35.

52. *Fuxing shu* (*Livro sobre o retorno à natureza fundamental*), em *Li Wengong ji* (*Obras de Li Ao*), ed. SBCK, 2, p. 5a e seguintes. "A natureza é o decreto do Céu" faz referência à primeira frase do *Invariável Meio*.

53. Como sugere o título da obra de Timothy H. BARRETT, *Li Ao: Buddhist, Taoist or Neo-Confucian?*, Oxford University Press, 1992, onde se encontra uma tradução para o inglês do *Fuxing shu*. Do mesmo autor cf. *Taoism under the T'ang*, Londres, Wellsweep, 1996.

Sobre o taoísmo a partir do final dos Tang, cf. Judith M. BOLTZ, *A Survey of Taoist Literature, Tenth to Seventeenth Centuries*, Berkeley, University of California, Institute of East Asian Studies, 1987; Franciscus VERELLEN, *Du Guangting (850-933), taoïste de cour à la fin de la Chine médiévale*, Paris, Collège de France, Institut des hautes études chinoises, 1989.

Quinta Parte

O pensamento chinês após a assimilação do budismo
(séc. X-XVI)

17
O renascimento confuciano no início dos Song (séc. X-XI)

Por volta do ano 1000 antes de nossa era, a civilização chinesa havia conhecido um momento fundador: com o advento da dinastia Zhou instaurava-se uma visão antropocósmica que iria alimentar as especulações tão fecundas dos Reinos Combatentes e tornar-se por muito tempo uma matriz de representação. Outro tempo forte ocorre por volta do ano 1000 da cristandade, que ao mesmo tempo, na Europa, desenvolve uma grande atividade de construção de catedrais. Alguns não hesitaram em ver nesta virada o advento da modernidade chinesa, outros um equivalente do Renascimento europeu. Assim como esta última teve repercussões até no mundo ocidental moderno, assim também a mutação que ocorreu na China no início dos Song é portadora de uma cultura que iria perdurar durante um milênio, até à aurora do séc. XX.

Desde meados dos Tang, no início do séc. VIII, esboça-se uma transformação capital cuja mola é sobretudo econômica: de uma ordem fundada sobre uma rede de dependências pessoais passa-se a uma outra ordem em que as relações entre os indivíduos são mediatizadas em grande parte pelas leis da economia monetária e da propriedade privada. Sob os Song a propriedade fundiária, de natureza muito diferente da propriedade da aristocracia Tang, constitui a principal base econômica da nova "classe mandarínica", cujo destino iria confundir-se com o do império: "Uma classe cujos membros, com base numa cultura confucionista concebida como uma qualificação moral, passam pelo sistema dos exames para aceder à carreira de funcionário. [...] Não é uma classe fechada, fundada no princípio da ascendência familiar, mas uma classe aberta fundada no princípio da aptidão, em cujas preocupações o saber desempenha um papel de primeiríssimo plano. Foi a perspectiva aberta por essa combinação entre a cultura, o talento e a atividade política que, somada ao dinamismo social produzido pela economia monetária, produziu o vigor e o idealismo excepcionais desta classe"[1].

Após o longo período de tumultos e de fragmentação política que marcam todo o final dos Tang a partir da revolta de An Lushan (entre 755 e 763) e a época chamada das Cinco Dinastias (907-960), abre-se de fato com os Song (960-1279) uma nova era. Embora permaneça constantemente exposta ao riscos de invasões bárbaras, a dinastia apregoa os valores civis próprios dos letrados-funcionários recrutados por meio de exames e leais ao trono imperial. É em grande parte este impulso da categoria dos letrados num contexto de relativa paz e prosperidade que explica os picos de refinamento e de criatividade atingidos pela cultura Song. Com o desenvolvimento dos concursos oficiais de recrutamento impõem-se novas necessidades de educação e a necessidade de fundar escolas[2]. Teriam sido criadas sob os Song cerca de 400 academias privadas, algumas das quais atraíam até mil discípulos; elas constituíam para os letrados estruturas próprias e autônomas, lugares de intercâmbios intelectuais e de práticas cultuais. Este espírito de iniciativa inédito deve ser relacionado com o afrouxamento do controle muito estrito exercido até então pelo poder central sobre os mosteiros, o que resultou na proliferação de associações leigas, budistas ou taoístas, e, paralelamente, de organizações confucianas privadas, educativas ou caritativas, intermediárias entre a célula familiar e a administração local.

Dessa necessidade educativa, bem como da necessidade de reconquistar para os valores morais tradicionais uma sociedade partidária do igualitarismo do taoísmo e do budismo Maaiana, nasce um novo elã confuciano[3]. Convém salientar, a este respeito, o papel determinante desempenhado pelo desenvolvimento das técnicas de reprodução dos escritos, rápidas e baratas, surgidas desde o final dos Tang. Os estudos clássicos, um tanto eclipsados pelo entusiasmo pelo taoísmo e pelo budismo sob os Tang, voltam a ocupar um lugar de destaque e gozam do patrocínio imperial. Podemos ver aqui uma "reação da cultura erudita"[4], possibilitada pelo progresso da imprensa, após a longa fecundação do budismo que havia assumido em grande parte formas populares.

Os grandes homens de ação dos Song do Norte (960-1127)

A prioridade educativa é representada eminentemente pelos "três mestres" do início dos Song: Sun Fu (992-1057), Hu Yuan (993-1059) e Shi Jie (1005-1045)[5]. Contando discípulos aos milhares, eles são os primeiros a transformar as academias privadas (independentes das escolas oficiais) em centros da vida intelectual na China do séc. XI ao séc. XVII e a formar toda uma geração num ideal confuciano revivificado. Na linhagem de Han Yu, eles têm consciência de restabelecer a continuidade do Tao:

> Durante os mil e quinhentos anos transcorridos desde Confúcio, tendo sofrido os estragos feitos por Yang Zhu e Mo-tse, Han Fei, Chuang-tse e Lao-tse, e por fim pelo Buda, o Tao dos antigos reis caiu em desuso[6].

Para estes confucianos "militantes" é tão importante formar as gerações futuras quanto pôr em prática uma certa idéia do Tao com as dimensões do império. Ocorre uma sinergia entre o trabalho educativo e o engajamento político, sendo que os grandes mestres supramencionados apóiam-se todos em homens de Estado dos altos escalões a fim de obter uma difusão mais ampla de seu ensinamento. Por volta de 1043-1044 Fan

Zhongyan (989-1052)[7], nomeado para um cargo importante na corte, empreende uma reforma do sistema dos exames e preconiza, segundo o modelo antigo do início dos Zhou, a instituição de escolas públicas do Estado, visto que a educação era até então o apanágio de escolas privadas. Assim, com Fan Zhongyan no poder e Hu Yuan à frente da escola imperial recém-estabelecida na capital Kaifeng, o projeto educativo dos Song estava traçado em suas grandes linhas, lançando as bases de uma rede de dimensões imperiais que iria permitir às gerações futuras difundir o novo espírito confuciano em todas as camadas da sociedade, à maneira do budismo que ele procurava suplantar.

Como Fan Zhongyan, seu contemporâneo Ouyang Xiu (1007-1072)[8] alia a seus talentos de homem de Estado um gênio polivalente de prosador herdeiro da "escrita à antiga" de Han Yu e de historiador compilador dos anais dos Tang e das Cinco Dinastias. Assim como muitos confucianos engajados na ação, ele se situa na linhagem de Xunzi: seu ideal é reconstituir um mundo que englobaria num todo harmonioso tanto a ordem humana quanto a ordem cósmica, tendo os ritos como fonte única de valores[9]. De maneira significativa, ele quase não se interessa pela tradição inatista proveniente de Mêncio e não vê nas *Mutações* senão critérios de conduta moral definidos pelos santos da antiguidade, que não se importavam com as especulações divinatórias e cosmológicas[10]. Esta nova concepção dos conhecimentos prospera rapidamente, inspirando a confiança num confucionismo revigorado em letrados como Li Gou (1009-1059) e Su Xun (1009-1066), pai do famoso poeta Su Dongpo[11].

Em meados do séc. XI, a nova cultura intelectual impôs-se definitivamente numa geração marcada pela luta política entre Sima Guang (1019-1086) e Wang Anshi (1021-1086). Embora ambos reivindiquem a herança de Ouyang Xiu, sua oposição manifesta sobretudo uma tensão social entre a antiga aristocracia proveniente dos Tang e uma classe emergente de origem plebéia, cada vez mais presente e atuan-

17. O renascimento confuciano no início dos Song

te. Representativo desta, Wang Anshi inicia, no reinado do imperador Shenzong (1067-1085), uma série de reformas que visam reforçar a autoridade do Estado em detrimento dos interesses privados. Esta "nova política" nasce da convicção de que é preciso retornar não à letra mas ao espírito antigo e, de maneira mais geral, de uma vontade de remontar à fonte, para além das instituições e da erudição estabelecidas desde os Han e os Tang[12].

Mas as reformas executadas com pulso de ferro por Wang Anshi estão longe de obter o consenso. Durante os anos 1070, Sima Guang, de seu semi-retiro de Luoyang, dirige um partido de oposição ao qual aderem pensadores de prestígio como Shao Yong ou os irmãos Cheng, e que preconiza reforçar as instituições existentes em vez de criar sempre novas. Partidários e adversários das reformas continuam assim a disputar entre si o poder até 1126, quando a tomada da capital Kaifeng pelos Jürchen da Manchúria marca a derrocada dos Song do Norte e o êxodo da corte para o sul do Yangtse.

O renascimento confuciano

Durante todo o fim do séc. XI, a luta entre Wang Anshi e Sima Guang provoca graves cisões nos meios dos burocratas letrados. O fracasso da "nova política" de Wang Anshi cava um pouco mais o fosso entre os que ainda crêem na possibilidade de reformar as instituições e os que preferem retirar-se para a quietude da especulação filosófica, alternativa que ilustra a dupla dimensão constitutiva do pensamento confuciano: após o fracasso do ideal "exterior da realeza" (*waiwang* 外王), excelentemente ilustrado pelas reformas de Wang Anshi, parece necessário refontalizar-se no ideal "interior da santidade" (*neisheng* 內聖)[13]. Boa parte da capacidade cósmica com que o confucionismo do final dos Zhou e do início dos Han havia revestido a figura do soberano encontra-se desde então transposta para a dimensão interior, mesmo que os letrados ainda se atenham ao seu papel de "conselheiros do príncipe". Desde o séc.

IX-X esboçara-se um retorno à temática da santidade centrada na cultura individual da mente (*xin* 心) como caminho real para restabelecer o elo entre o Homem e o Céu. A reflexão sobre a mente, que, ao contrário da natureza (*xing* 性), quase não tinha sido objeto de debates entre os confucianos desde Mêncio, é devedora tanto da elaboração budista quanto da inspiração menciana. Neste novo interesse pelo papel da mente e suas relações com as coisas exteriores, percebe-se a influência das análises budistas dos processos de consciência e do surgimento do mundo sensível. No entanto, em vez de voltar o olhar para o interior para perceber a mente como natureza-de-Buda, trata-se para os confucianos de reintegrá-la em sua busca de santidade e de distanciar-se da perspectiva budista num ponto crucial: a reflexão sobre a natureza humana, acompanhada da convicção menciana de sua bondade fundamental.

O renascimento confuciano, esboçado desde o final dos Tang e conhecido pela designação convencional de "neoconfucionismo"[14], está ligado ao imenso esforço de repensar inteiramente a tradição, empreendido por uma consciência chinesa trabalhada por cerca de dez séculos de problemática budista. Em seu estilo e em seu modo de apresentação, os escritos dos Song traem a fixação do budismo na própria forma do pensamento chinês. As relações destes confucianos de novo tipo com a herança budista são, portanto, das mais ambíguas, misturando violentas reações de rejeição e assimilação mais ou menos consciente, em seu desejo de reivindicar uma especificidade confuciana sobre um fundo de questionamento budista[15]. Eles não conseguem, com efeito, deixar de impressionar-se com uma espiritualidade que culmina no Zen. A China foi "visitada" pela figura compassiva do Bodisatva, que encontramos em terreno confuciano na famosa frase de Fan Zhongyan: "O homem de bem é o primeiro a se preocupar com os tormentos do mundo e o último a alegrar-se com suas alegrias". A convicção menciana, retomada incessantemente, de que todo homem possui em si o potencial para tornar-se um Yao ou um Shun, é agora relacionada com a idéia de que todo ser possui a "natureza-de-Buda". Por conseguinte, o debate sobre a realização gradual ou instantânea da budeidade é transposto para a problemática confuciana da santidade: enquanto a posição budista tradicional é fundamentalmente gradualista, o espírito do Maaiana, e particularmente o do Zen, vem transtornar os dados do problema, abolindo toda fronteira entre caminhada e iluminação, entre virtualidade e realização e, em última instância, entre conhecimento e ação.

A tradição das *Mutações* e a renovação cosmológica

À margem do confucionismo vigoroso e ativista definido sob os Song do Norte por Ouyang Xiu, desenham-se formas de pensar individuais que iriam, um século mais tarde, ser selecionadas e agrupadas sob a bandeira do *daoxue* (o "estudo do Tao") pelo desejo de ortodoxia de Zhu Xi (1130-1200). Se os autores aqui apresentados não têm como ponto comum senão a etiqueta "neoconfucionista" colada *a posteriori*, resta que todos procuraram dar uma resposta à dúvida radical sobre a realidade das coisas introduzida pelo budismo, reanimando uma forma de especulação cosmológica propriamente chinesa, esquecida desde os Han. Referindo-se a uma tradição anterior ao budismo, eles se esforçam por reencontrar uma identidade cultural supostamente perdida e reconstituir uma visão totalizante e globalizante capaz de repercutir a unidade política reencontrada dos Song.

Após a "conquista" budista, a "reconquista" confuciana passa pela convicção de que não existe senão um só Tao, o "fio único que tudo liga" de Confúcio[16]. Esta preocupação de revelar, na infinita multiplicidade das coisas, uma unidade fundamental que permite uma compreensão total (*tong* 通) é característica dos letrados Tang e Song, contribuindo cada qual com sua síntese, quer se trate do *Tongdian* (*Suma dos textos canônicos*) de Du You (735-812), do *Tongshu* (*Livro que permite compreender as Mutações*) de Zhou Dunyi (1017-1073), do monumental *Zizhi tongjian* (*Espelho completo para uso dos governantes*) de Sima Guang (1019-1086), seguido pelo *Tongzhi* (*Tratado geral*) de Zheng Qiao (1140-1162) e do *Wenxian tongkao* (*Exame geral dos documentos literários*) de Ma Duanlin (1254-1325)[17].

No séc. XI, no início dos Song do Norte, alguns pensadores retornam às fontes da cosmologia correlativa dos Han, que celebra a unidade do Céu e do Homem, e particularmente à tradição das *Mutações*. Alguns de seus aspectos esotéricos, associados aos símbolos e aos números e aplicados na astrologia, na adivinhação ou na alquimia, haviam sido transmitidos de forma mais ou menos oculta nos meios taoístas entre os Han e os Song.

Shao Yong (1012-1077)

Este autodidata dedicado à numerologia, que, durante toda a vida, recusou a carreira política para viver como "recluso da cidade", foi um personagem central apesar de sua marginalidade. Por suas relações, que incluíam entre outros Sima Guang e os irmãos Cheng, Shao Yong ligava-se à tendência conservadora do círculo de Luoyang. Esta metrópole, que sob os Song ainda era um grande centro intelectual e cultural, servia como ponto de reunião para os adeptos do partido "antigo", oposto às reformas da capital Kaifeng realizadas por Wang Anshi entre 1069 e 1072.

Shao Yong teria recebido a ciência dos números através de uma transmissão que remontaria ao taoísta Chen Tuan (apr. 906-989)[18]. É sem dúvida uma das razões pelas quais sua obra completa – uma coletânea de poemas e um tratado de cosmologia, o *Huangji jingshi shu* (*Travessia dos séculos da Augusta Cumeeira*) – viu-se afastada da linha ortodoxa por Zhu Xi e incluída desde o início dos Ming no *Cânon taoísta* (*Daozang*)[19]. Shao Yong assume a tarefa de mostrar a correlação entre a estrutura do Céu-Terra e o conhecimento humano através dos hexagramas das *Mutações*, que, representando situações em evolução, constituem já um estágio de elaboração da realidade.

17. O renascimento confuciano no início dos Song

Trata-se, assim, de explicar a natureza da mutação, mola primeira do dinamismo universal, cuja origem encontra-se na "Cumeeira suprema" (*taiji* 太極), termo que aparece no *Grande Comentário* e que Shao Yong, com outros cosmólogos do séc. XI, contribui para repor em lugar de destaque:

> Portanto, nas *Mutações*, a Cumeeira suprema gera os dois modelos. Os dois modelos geram as quatro imagens, as quais geram os oito trigramas[20].

A evolução do universo a partir da Cumeeira suprema, esboçada pelo *Grande Comentário*, é explicitada por Shao Yong:

> Uma vez que a Cumeeira suprema se divide, instauram-se os dois modelos. Da interação entre o Yang que desce ao encontro do Yin e o Yin que sobe ao encontro do Yang nascem as quatro imagens. Por sua interação, o Yang e o Yin dão origem às quatro imagens do Céu. Por sua interação, o rígido e o maleável dão origem aos quatro emblemas da Terra. Assim surgem os oito trigramas. Os oito trigramas combinam-se entre si, dando origem às dez mil coisas. Assim 1 se divide em 2, 2 em 4, 4 em 8, 8 em 16, 16 em 32, 32 em 64. [...]
>
> 10 se multiplica em 100, 100 em 1.000, 1.000 em 10.000, da mesma forma como uma raiz dá um tronco, o tronco dá galhos, os galhos dão folhas. Quanto maiores são as coisas, tanto menos coisas há; quanto mais tênues são as coisas, tanto mais coisas há. Reúne-as e elas não são senão um, dispersa-as e elas serão dez mil[21].

É da Cumeeira suprema que procedem as diferentes ordens da realidade, como explica Shao Yong em sua paráfrase do *Laozi* 42:

> A Cumeeira suprema é o Um (enquanto é a totalidade indivisível, o Um não pode ser um número). Sem pôr-se em movimento, ele dá origem ao dois. Desde que há o dois, há a potência espiritual (que representa o aspecto dinâmico da realidade e introduz a possibilidade da mutação, enquanto a Cume-

eira suprema permanece imóvel). O espiritual dá origem aos números (que, enquanto aspecto da realidade, são produzidos, portanto, nesta primeira passagem da imobilidade ao movimento). Os números dão origem às imagens. As imagens dão origem aos objetos concretos[22].

Shao Yong retém do budismo a idéia de que existem diferentes níveis de realidade conforme o ponto de vista. Como a concepção de Shao Yong privilegia a estrutura binária, o que representa uma entidade num nível torna-se um par de entidades no nível seguinte, e assim por diante; inversamente, duas entidades acopladas num nível podem formar apenas uma no nível seguinte. Parece que Shao Yong distingue três níveis de estruturação da realidade: a base é constituída pelos objetos apreendidos pelos sentidos; vem em seguida a representação articulada na mente pelas imagens (*xiang* 象) e pelos números (*shu* 數); por fim, esta representação encontra-se ela própria ultrapassada no "verdadeiro conhecimento" (ou "conhecimento absoluto"), unidade primordial da qual todas as coisas procedem em virtude do princípio estruturante (*LI* 理) e à qual todas as coisas retornam na potência espiritual (*shen* 神) do Santo.

Constituição e função

A distinção de diferentes níveis não é apenas descritiva, é também operatória, representando cada um deles um degrau ao mesmo tempo constitutivo (*ti* 體) e funcional (*yong* 用) de estruturação da realidade. A concepção da realidade como estrutura, ou seja, como uma rede caracterizada por certa regularidade, permite pôr em correspondência seus elementos no interior de categorias (ou imagens) e sua descrição em termos de números. No pensamento de Shao Yong, números e imagens desempenham um papel estruturante: constituem um nível de teorização que parte da experiência e dela se serve, e que comporta portanto um aspecto "anterior ao Céu" (*xiantian* 先天)[23], teórico ou "constitutivo", e um aspecto "posterior ao Céu" (*houtian* 後天), experimental ou "funcional". A distinção estabelecida por Shao Yong entre um "antes e um "depois" (subentendido: antes e depois da época mítica dos soberanos civilizadores) introduz uma demarcação entre mundo ainda desprovido de normas e mundo normado, ao mesmo tempo que uma possível passagem entre caos e civilização, entre tempo da natureza e tempo da cultura. No plano da teorização, o "antes" e o "depois" são na realidade dois aspectos simultâneos, visto que a elaboração de nossas categorias de pensamento deriva de nossa experiência e ao mesmo tempo a determina, o que proíbe compreender o "anterior ao Céu" como um *a priori*. Existem, portanto, segundo Shao Yong, dois níveis da realidade que coexistem: o todo, que culmina na Cumeeira suprema, e as partes, ou seja, os números, a multiplicidade infinita das coisas particulares do mundo fenomênico.

Imagens e números

Na seqüência "anterior ao Céu", a vinda ao ser faz-se naturalmente, por divisão e redivisão a partir do um, sem que seja rompida a continuidade do todo às suas partes. O processo de geração sucessiva entre o um, o dois, o quatro etc. é o mesmo como entre a raiz de uma árvore, o tronco, os ramos e as folhas. Assim como para os pensadores dos Han, também para Shao Yong o universo aparece estruturado segundo certos esquemas fundamentais, tendo as coisas e os acontecimentos, segundo ele, uma tendência natural e objetivamente observável a agrupar-se, particularmente em grupos de dois ou de quatro. Shao Yong desenvolve estas séries pautando-se pelo modelo do *Livro do Mistério supremo* (*Taixuanjing*) de Yang Xiong, tecendo uma rede cuja ancoragem na realidade permanece hipotética, mas que em si mesma forma um todo coerente, no interior do qual cada elemento encontra seu lugar[24]. Multiplicando e combinando as séries, Shao Yong leva o sistema das relações analógicas e correlativas ao grau extremo da formalização com o intuito implícito de chegar a uma modelização exaustiva do mundo.

Todas as combinações "tetranômicas" contidas no *Huangji jingshi shu* partem de duas séries derivadas dos comentários às *Mutações*. Trata-se das "quatro imagens" do Céu: Yang extremo, Yin extremo, Yang nascente, Yin nascente; e das "quatro configurações" da Terra: maleabilidade extrema, rigidez extrema, maleabilidade nascente, rigidez nascente[25]. A interação entre o Yin e o Yang produz as quatro estações (tempo), a interação entre o rígido e o maleável produz as quatro direções (espaço). Todas estas séries de quatro, bem como as de oito que elas geram, são formas constitutivas (*ti*), enquanto suas interações são seu funcionamento (*yong*). Neste sentido, as imagens são categorias que representam relações e não apenas instâncias concretas e que funcionam, portanto, como princípios estruturantes.

Mais ainda que as imagens, os números contribuem para dotar a realidade de uma estrutura teórica pelo fato de captarem a regularidade das mutações do universo, permitindo assim o conhecimento totalizante, ou mesmo a presciência do Santo. A combinação dos números encontra-se representada visualmente em Shao Yong sob a forma de diagramas que permitem não apenas visualizar um processo, mas também descobrir de maneira sinótica todo seu potencial combinatório[26]. Assim, Shao Yong gosta de brincar com séries numéricas de doze ou de trinta, que pretendem ser divisões naturais do tempo, mas que na verdade não levam absolutamente em consideração a exatidão astronômica. E com razão: a astronomia a que se faz referência é do tempo dos Han! Para Shao Yong, que concebe os números como categorias e não como meios de quantificação, é muito mais importante elaborar modelos analógicos para explicar a mutação do que verificar sua adequação à realidade.

Conhecimento do princípio e "observação invertida"

Embasando o ordenamento da realidade pelos números, um nível ainda mais fundamental de estruturação é o do princípio (*LI* 理):

17. O renascimento confuciano no início dos Song

> Somente o princípio pode justificar totalmente o Céu, não é o caso das formas visíveis. Como seria possível as técnicas astronômicas justificarem plenamente o Céu através unicamente das formas visíveis?[27]

Não é possível exprimir de forma mais clara que o princípio é de uma ordem diferente da ordem da realidade visível, que pode ser explicada pelas imagens e pelos números. Segundo a expressão do *Grande Comentário*, o princípio está, como o Tao, "a montante das formas"; fonte de sentido, ele constitui um nível oniabrangente de realidade. Para Shao Yong – e é nisto que se reconhece o confuciano – a utilização dos números não pode ser puramente técnica: ela deve ser a característica de um espírito de retidão e de autenticidade (*cheng* 誠):

> A menos que haja uma autenticidade última, é impossível chegar ao estudo dos princípios últimos. No estudo dos princípios das coisas, alguma coisa impossível de compreender não pode ser compreendida à força. Desde que a compreensão é forçada, o eu intervém e, desde que o eu intervém, o universo inteiro cai sob a influência da pura técnica[28].

É preciso, por conseguinte, saber como é possível um conhecimento total e como ele desemboca então na santidade. Sair da perspectiva subjetiva que é a de todos, para tornar-se um com as coisas, eis a meta da "observação das coisas" (*guanwu* 觀物):

> Ora, passado e presente não são senão manhã e tarde entre Céu e Terra. Se consideramos o presente do ponto de vista do presente, então o chamamos de presente. Se consideramos o presente do ponto de vista do futuro, então o presente chama-se passado. Se consideramos o passado do ponto de vista do presente, chamamo-lo de passado. Se o passado se contempla a si mesmo, então o passado chama-se presente. Assim sabemos que o passado não é necessariamente o passado, como também o presente não é necessariamente presente. Tudo é ques-

tão de ponto de vista subjetivo. Como ignorar que, desde a mais remota antiguidade ao mais longínquo futuro, todo homem contempla as coisas a partir de seu próprio ponto de vista?[29]

Fazendo eco a Chuang-tse, para quem o sábio é aquele que "não sendo ele próprio coisificado pelas coisas, é capaz de tratar as coisas como coisas", Shao Yong afirma que "se não as revestirmos com o nosso eu, podemos tratar as coisas como coisas"[30], graças àquilo que ele chama de "observação invertida" (*fanguan* 反觀):

> O que chamamos observação das coisas não é a observação através dos olhos. Mais que de uma observação através dos olhos, trata-se de uma observação através da mente. E mais que de uma observação através da mente, trata-se de uma observação através do princípio. [...]
>
> A capacidade de um espelho de ser claro significa que ele não dissimula nada das formas das dez mil coisas. Embora o espelho nada dissimule, ele não se iguala ao espelho-d'água, que pode fundir as formas das dez mil coisas num todo único. Embora a água possa fundir as formas, ela não se compara à capacidade do Santo de integrar num todo único as características particulares delas. Esta capacidade, o Santo a deve à capacidade de observar as coisas de um ponto de vista invertido, o que significa não observá-las do ponto de vista do eu, mas do seu ponto de vista de coisas. Se é assim, como o eu poderia ainda intrometer-se?
>
> Sabemos, assim, que eu sou outra pessoa e que outra pessoa é eu, eu e outra pessoa sendo ambos, tanto um como o outro, coisas. É pelo fato de podermos servir-nos dos olhos do mundo como se fossem nossos próprios olhos que não há nada que nossos olhos não possam observar. [...] Quem é capaz de realizar as coisas mais vastas, mais extensas, mais elevadas, maiores, sem que por isso se inter-

17. O renascimento confuciano no início dos Song

ponha nenhuma ação, não é ele de um valor espiritual supremo, de uma santidade suprema?[31]

A consciência aparece aqui como um *continuum* que parte da percepção sensorial ordinária para chegar a um estado de união mística. Podemos distinguir aqui três estágios que tendem a suprimir cada vez mais a distinção sujeito/objeto e que correspondem aos três estágios de estruturação da realidade distinguidos acima: o primeiro nível é o da apreensão dos objetos pelos sentidos; vem em seguida a contemplação das coisas pela mente; por fim, a fusão total com as coisas no princípio constitui o "verdadeiro conhecimento" (que os budistas chamam de "verdade absoluta"), no qual sujeito e objeto nada mais são do que um.

A capacidade de induzir a estrutura ou o princípio a partir das características particulares mediante a observação-contemplação (que evoca a "cessação-contemplação" da escola budista do Tiantai[32]) caracteriza o conhecimento excepcional ao qual o Santo chega pelo fato de não estar limitado a um ponto de vista específico. A "observação invertida" é um empréstimo tomado do budismo Zen, no qual ela consiste em "contemplar a mente" (*guanxin* 觀心). A metáfora do espelho, à qual recorre Shao Yong, é igualmente tomada de empréstimo aos budistas e aos taoístas, que falam de "reflexo invertido" (*fanzhao* 反照) ou de "inversão da visão"[33]. Trata-se de perceber as coisas, não mais a partir de si, mas a partir das coisas, respeitando assim a verdade delas. Na mente do Santo, límpida como um espelho, vêm refletir-se sem obstáculo as coisas em sua realidade absoluta, ou seja, em seu princípio. Na "observação invertida", o eu do Santo é transparente até abolir-se totalmente e não mais estorvar a fusão sujeito/objeto, que permite realizar a intuição perfeita.

A palavra *fan* 反, "retorno", termo eminentemente taoísta, evoca o movimento – de que só o Santo é capaz – de retorno à fonte do Tao. Este retorno acontece invertendo o processo de desdobramento do Um ao múltiplo, "subindo" por ele como se sobe um curso d'água. Assim o conhecimento do sábio, que é presciência, atua às avessas:

> Assim, o tempo pode ser conhecido indo contra a corrente, enquanto as coisas sucedem indo no sentido da corrente[34].

Remontando do visível ao invisível e percebendo todas as coisas do ponto de vista total do Tao ou da Cumeeira suprema, o Santo pode, portanto, entrar em confluência com o todo e substituir-se às forças cósmicas, formando uma tríade com o Céu e a Terra. O fato de que "o Santo e o Augusto Céu compartilham o mesmo Tao"[35] significa que a mente do Santo e os processos naturais possuem o mesmo poder estruturante. Esta substituição da tradicional virtude do sábio confuciano pela consciência deixa entrever igualmente uma influência do budismo idealista:

> [O Santo] é capaz, apenas com sua mente, de contemplar dez mil mentes, apenas por sua pessoa de contemplar dez mil pessoas, apenas por sua geração de contemplar dez mil gerações. E também porque é capaz, por sua mente, de manifestar as intenções do Céu, por sua boca as palavras, por sua mão as obras, por sua pessoa as atividades, ele é capaz, ainda, de conhecer, no alto, as estações do Céu, de explorar a fundo, embaixo, os princípios da Terra, de adquirir plena consciência das características particulares das coisas no meio, e de esclarecer em seu conjunto as atividades dos homens. Enfim, ele é capaz de ordenar o Céu-Terra, de imitar o processo criativo, de avaliar o presente e o passado e de situar os homens e as coisas[36].

Junto com Zhou Dunyi, Shao Yong faz parte daqueles pensadores do séc. XI que se interessam pela cosmologia das *Mutações*, mas mantêm poucas relações com a renovação confuciana militante dos irmãos Cheng[37]. Zhu Xi, o grande ordenador da ortodoxia do séc. XII, nutre sentimentos ambíguos a respeito de Shao Yong: reconhecendo embora sua importância, ao ponto de inspirar-se nele em seus estudos sobre as *Mutações*, não escapa à tendência geral de limitar-lhe o pensamento à numerologia e à cosmologia, deixando na sombra sua reflexão sobre o conhecimento do Santo e afastando-o assim da linhagem de transmissão do Tao[38].

Zhou Dunyi (1017-1073)

Contemporâneo de Shao Yong, com o qual no entanto parece nunca ter-se encontrado, Zhou Dunyi levou uma vida correspondente a seu ideal de perfeito equilíbrio entre vida interior e exterior. Adepto da espiritualidade budista e ao mesmo tempo resolutamente engajado em seu tempo, através de uma carreira oficial bem cheia, deixou principalmente dois escritos: o *Taijitu shuo* (*Explicação do Diagrama da Cumeeira suprema*) e o *Tongshu* (*Livro que permite compreender as Mutações*)[39]. Seu pensamento fundamenta-se com efeito no *Livro das Mutações*, que ele é o primeiro, junto com Shao Yong, a recolocar em lugar de destaque no início dos Song, reintroduzindo assim a dimensão cosmológica um tanto perdida de vista desde os Han. Doravante tornou-se difícil ler a *Explicação do Diagrama da Cumeeira suprema*, texto extremamente conciso, esquecendo que Zhu Xi fez dele a referência cosmológica e ontológica por excelência da ortodoxia confuciana por vários séculos:

> Sem-Cumeeira e no entanto Cumeeira suprema! A Cumeeira suprema no movimento dá origem ao Yang, o movimento chegado ao seu auge torna-se quietude, na quietude tem origem o Yin, a quietude chegada ao seu auge retorna ao movimento. Movimento e quietude alternam-se, deitando raiz um no outro. Um Yin, um Yang, de sua divisão surgem os dois modelos. Da transformação do Yang e de sua união com o Yin nascem água, fogo, madeira, metal, terra. Quando estas cinco energias agem numa sucessão harmoniosa, as quatro estações seguem seu curso.

Um ciclo dos Cinco Agentes corresponde a uma alternância do Yin e do Yang. O Yin e o Yang fundem-se na Cumeeira suprema. A Cumeeira suprema encontra sua raiz no Sem-Cumeeira. Os Cinco Agentes nascem cada um com sua natureza própria. O Sem-Cumeeira na sua verdade, o Yin/Yang e os Cinco Agentes em sua quintessência, unem-se misteriosamente e se condensam. O Tao do *qian* torna-se masculino, o Tao do *kun* torna-se feminino[40]. Estas duas energias em interação engendram e transformam as dez mil coisas. As dez mil coisas se reproduzem e proliferam, e suas transformações não têm fim. Apenas o homem, recebendo o melhor, possui a mais alta inteligência. Uma vez que tomou forma concreta, seu espírito desenvolve uma consciência. Os cinco elementos de sua natureza reagem e agem: assim aparece a distinção entre bom e mau, assim se manifestam as dez mil atividades humanas.

O Santo as regula através do Meio, da retidão, da humanidade e da eqüidade (o Tao do Santo nada mais é do que Meio, retidão, humanidade e eqüidade), fundamentando-se na quietude (desde que há ausência de desejos, há quietude)[41]. Ele leva assim a dimensão do homem à sua Cumeeira. O Santo "compartilha com o Céu-Terra a mesma potência espiritual, com o sol e a lua a mesma luz, com as quatro estações a mesma ordem de sucessão, com os espíritos e as divindades as mesmas venturas e desventuras"[42]. O homem de bem as cultiva e conhece boa sorte, o homem de baixa condição as transgride e não conhece senão desventura.

Por isso está dito: "Estabelecer, como Tao do Céu, Yin e Yang; como Tao da Terra, Maleável e Rígido; como Tao do Homem, humanidade e eqüidade". Está dito também: "Seguir a evolução da origem à conclusão é conhecer o que se pode dizer sobre a morte e a vida". Grande é o *Livro das Mutações*! Eis o que ele contém de melhor![43]

"Sem-Cumeeira e no entanto Cumeeira suprema"

Que Zhou Dunyi tenha buscado o diagrama no taoísta Chen Tuan[44] permanece incerto, mas a fonte pelo menos quietista de sua inspiração é incontestável, a começar pela noção de "Sem-Cumeeira" (*wuji* 無極) oriunda diretamente do *Laozi* 28. A fórmula inaugural "Sem-Cumeeira, mas (e/ou) Cumeeira suprema!" (*wuji er taiji* 無極而太極.) será objeto de uma célebre controvérsia no séc. XII entre Zhu Xi e seu contemporâneo Lu Xiangshan, controvérsia que girou principalmente em torno da partícula *er* 而 [45]. Deve-se entender que o Sem-Cumeeira precede a Cumeeira suprema (*wuji* depois *taiji*) segundo a concepção do *Laozi* 40: "As dez mil coisas sob o Céu nascem do há (*you* 有), o há nasce do não-há (*wu* 無)"? Ou o Sem-Cumeeira é simplesmente aposto à Cumeeira suprema (*wuji* e *taiji*), implicando, por conseqüência, que se trata de uma mesma coisa sob dois nomes diferentes? É verdade que, nesta fórmula simples, vê-se o pensamento confuciano reafirmar a noção de Cumeeira suprema oriunda da tradição das *Mutações*, levando em consideração as concepções tanto dos taoístas sobre a relatividade quanto dos budistas sobre a impermanência. A Cumeeira suprema como Sem-Cumeeira designaria assim o absoluto, que os primeiros chamam de "não-há" e os segundos de "vacuidade".

O que se segue a esta fórmula inaugural parece desenvolver a famosa frase do *Grande Comentário* sobre as *Mutações*: "Quieto e sem movimento, incitado e com isso em comunicação universal", da qual encontramos um eco no *Zhuangzi*: "Vazio, ele é quietude; quieto, ele se move; em movimento, ele se realiza"[46]. Ao mesmo tempo ser e não-ser, movimento e quietude, assim é a potência espiritual em oposição às coisas manifestas, como explica Zhou Dunyi em seu *Livro que permite compreender as Mutações*:

> Em movimento quando elas não estão quietas, em quietude quando não se movem, assim são as coisas. Em movimento embora não estando em movi-

mento, em quietude embora não estando em quietude, assim é a potência espiritual (*shen* 神). O que não significa absolutamente que ela não é nem movimento nem quietude: enquanto é impossível às coisas interpenetrarem-se, o espiritual opera maravilhas nas dez mil coisas.

"Quieto e sem movimento", assim é o autêntico (*cheng* 誠). "Incitado e com isso em comunicação universal", assim é o espiritual. Posto em movimento sem ainda ter formas físicas, no limite entre o ente e o não-ente, assim é o minúsculo. O autêntico, sendo quintessencial, irradia sua luz. O espiritual, deixando-se comover, faz maravilhas. O ínfimo, sendo infinitamente sutil, permanece misterioso. Aquele que alia o autêntico, o espiritual e o ínfimo é o Santo[47].

"A santidade nada mais é do que autenticidade"

Por trás desta fórmula breve e simples[48] está toda a tradição herdada de Mêncio, que estabelece uma continuidade entre o fundamento cósmico e a cultura moral. A fonte de inspiração é o famoso capítulo 22 do *Invariável Meio*:

> Sob o Céu somente o sábio que atingiu a suprema autenticidade é capaz de realizar plenamente sua natureza. Sendo capaz disto, ele pode levar outros a realizarem plenamente sua própria natureza. Sendo capaz disto, ele pode levar todas as coisas a realizarem plenamente sua natureza. Sendo capaz disto, está em condições de participar do processo transformador e alimentador do Céu-Terra. Estando em condições de fazer isto, ele está então em condições de formar uma tríade com o Céu-Terra.

A santidade é o objetivo último de todas as considerações cosmológicas que adquirem sentido em sua aplicação ao domínio humano e numa preocupação moral tipicamente confuciana:

17. O renascimento confuciano no início dos Song

> Entre Céu e Terra, o que há de mais honroso é o Tao, e o que há de mais estimável é sua virtude (*de* 德). Mas o que há de mais precioso é o homem; e o que o torna precioso é que ele possui em si o Tao e sua virtude[49].

A santidade é entendida como a perfeita adequação entre o Homem e o Céu-Terra que é a "autenticidade", noção oriunda do *Invariável Meio* e relacionada por Zhou Dunyi com a Cumeeira suprema das *Mutações*. Enquanto Shao Yong, inspirando-se na cosmologia correlativa dos Han, privilegia as especulações sobre a estrutura do universo, aqui põe-se o acento no processo cósmico tomado como o próprio fundamento da natureza e do destino do homem. Zhou Dunyi desenvolve assim a grande idéia de Mêncio: exprimir noções éticas em temos cosmológicos é dizer que a prática moral está fundada na natureza, pois depende de um "princípio celeste" (*tianli* 天理).

O autêntico, caracterizado como silencioso e imóvel, torna-se assim o equivalente ético da Cumeeira suprema, que, sendo também Sem-Cumeeira, encontra-se assimilada ao espiritual e ao minúsculo. Para Zhou Dunyi, a autenticidade é quieta por natureza, mas nem por isso equivale a um quietismo taoísta, visto ser ao mesmo tempo, em virtude de sua função, dinâmica. O Santo, numa perspectiva tipicamente confuciana, é com efeito aquele que "regula os negócios humanos através do Meio, da retidão, da humanidade e da eqüidade".

A questão do mal

"O autêntico mora no não-agir, ele é o esboço minúsculo do bom e do mau"[50]. Esta frase do *Livro que permite compreender as Mutações* foi objeto de muitas discussões, pois aqui está em jogo toda a concepção da natureza humana, preocupação central dos confucianos desde o período pré-imperial. Fundamentalmente, Zhou Dunyi adere à idéia tradicional desde Mêncio de que a natureza humana é originalmente boa, aparecendo o mal apenas no contato com o mundo exterior. Enquanto o taoísmo e o budismo concebem esta influência exterior como corruptora, a ética confuciana torna o homem plenamente responsável: é quando ele se desvia do Meio que o mal faz sua aparição[51]. Assim, a natureza humana originariamente boa seria constitutiva (*ti* 體), ao passo que a dualidade do bem e do mal seria funcional (*yong* 用). No pensamento de Zhou Dunyi, a autenticidade como "minúsculo esboço" (*ji* 幾) viria enriquecer os "quatro germes" de moralidade de que fala Mêncio, fornecendo uma explicação para o aparecimento do mal[52].

O grosso do esforço envidado pela renovação confuciana para repensar o mundo na esteira da problemática budista está centrado na noção de "natureza" (*xing* 性): em face do budismo, que forneceu um diagnóstico sem precedentes sobre a condição humana, é preciso com efeito reintroduzir a noção de natureza humana, que permite articular a visão cosmológica com a concepção ética do mundo. Esta noção, que fora objeto de tantos debates no período pré-imperial, volta com força a ocupar as mentes, sendo que a questão principal é saber se a natureza humana é em si mesma moral, como afirma Mêncio, o que teria como conseqüência levar-nos naturalmente para a santidade. O problema vem da inegável existência do mal no mundo, sublinhada pelo budismo na universalidade de *duhkha*, como também da extrema dificuldade, ou mesmo impossibilidade de fato para a maioria dos seres humanos, de alcançar a santidade.

Tanto para Zhou Dunyi como para Mêncio, trata-se de encontrar um equilíbrio, o Meio entre o total não-agir dos taoístas e o voluntarismo dos confucianos. Como o diz tão bem a historieta do homem simplório de Song, que queria fazer brotar mais depressa seus nabos puxando-os para cima[53], é preciso navegar entre dois extremos igualmente prejudiciais ao processo natural de crescimento: abandonar completamente a cultura moral ou esfalfar-se sistematicamente em fazer o bem, consistindo o Meio em deixar sua bondade natural manifestar-se. O que nos leva a perguntar-nos como fazer para viver uma moralidade que seja espontaneidade; daí a importância que revestem a adequação entre o Céu e o Homem na famosa unidade antropocósmica e a noção de *LI* 理, princípio interior ao mesmo tempo às coisas da natureza e aos negócios humanos.

Pode a santidade ser aprendida?

A renovação confuciana manifesta-se por um frêmito de otimismo, por uma reiteração vigorosa da aposta original de Confúcio no homem, de sua confiança na perfectibilidade da natureza humana. A maioria dos pensadores Song está convencida de que todo homem é não apenas perfectível, mas capaz de tornar-se santo. Mas, ao mesmo tempo em que se retoma a idéia menciana de que "todo homem pode tornar-se um Yao ou um Shun"[54], vê-se afirmada a concepção do Santo como um homem à parte, extra-ordinário. Aqui está toda a "tensão", o "dilema"[55] que cria a dinâmica aberta ao infinito, o elã quase religioso, que caracteriza o espírito confuciano a partir do séc. XI.

Como muitos de seus contemporâneos, Zhou Dunyi compraz-se em evocar o exemplo vivo de Yan Hui, o discípulo preferido de Confúcio, que encarna o ideal do "aprender" e a busca individual da santidade[56]. Por sua vontade constante de progredir, por sua determinação de permanecer no Tao, por seus esforços constantes de que falam os *Analectos* de Confúcio, Yan Hui representa um exemplo concreto ao qual é possível conformar-se, embora ele próprio não tenha atingido a santidade por causa de uma morte prematura. Ele mostra como, tendo nascido como todo homem comum e vivendo em condições materiais medíocres, alguém pode aproximar-se da santidade graças unicamente ao "aprender". Ao mesmo tempo, sua caminhada faz ver com clareza as dificuldades de uma tal busca, que requer uma determinação e uma constância de que a maioria dos seres humanos são realmente incapazes. À pergunta "Pode-se aprender a santidade?" Zhou Dunyi responde afirmativamente:

> Concentrar-se no Um é a regra de ouro. Concentrar-se no Um é estar sem desejo. Estar sem desejo é estar disponível na quietude, e andar retamente no movimento. Estando disponíveis na quietude, somos esclarecidos, e, sendo esclarecidos, compreendemos tudo. Andando retamente no movimento somos equânimes e, sendo equânimes, abraçamos tudo. Sendo esclarecidos e equânimes, compreendendo e abraçando tudo, não estamos bem próximos da meta (a santidade)?[57]

Um e múltiplo

Assim como Shao Yong, Zhou Dunyi interroga-se sobre as relações entre o Um e o múltiplo, tema que fora abordado por Wang Bi no séc. III, e depois elaborado no budismo do Tiantai e do Huayan antes de ser retomado no Zen: "O múltiplo retorna ao Um e o Um se diferencia no múltiplo". Mais ainda que Shao Yong, cuja preocupação primária continua sendo tornar o universo legível ao homem, Zhou Dunyi reintroduz uma dimensão ética propriamente confuciana no "Tao do Santo", que consiste em remontar do múltiplo ao Um:

> Umas manifestas, outras latentes, somente uma consciência superior é capaz de tornar explícitas [as operações do Yin e do Yang]. O Rígido é bom como pode ser mau; vale o mesmo para o Maleável. Permanecer no Meio, nada mais.
>
> As duas energias primordiais e o Cinco Agentes, transformando-se, dão origem às dez mil coisas. Os Cinco [Agentes] diferenciam, ao passo que as duas [energias] constituem a própria realidade. Ora, esses dois não são fundamentalmente senão um. Assim, dez mil não são senão um, e um em sua realidade se divide em dez mil. Dez mil e um têm cada qual seu lugar exato, pequeno e grande têm cada qual sua posição determinada[58].

17. O renascimento confuciano no início dos Song

Ao longo de sua evolução, o pensamento chinês permanece convencido de que o mundo comporta certo grau de inteligibilidade. Enquanto a visão dos Han procura explicar o universo mediante esquematizações numerológicas, este tipo de cosmologia correlativa é novamente questionado pela perspectiva budista, que se interroga muito mais sobre a condição humana do que sobre a relação do homem com o mundo e para a qual nada tem existência absoluta. Para pensadores do início dos Song como Shao Yong, é preciso, após a grande reviravolta budista, reconstituir uma visão do mundo coerente e sintética, um pouco à maneira dos Han. Quanto a Zhou Dunyi, ele tenta ao mesmo tempo repensar a relação do homem com o mundo sem por isso contentar-se em aplicar esquemas e, contra a dúvida radical introduzida pelo budismo, reformular a noção de mudança e de mutação, com o intuito de reviver uma fé totalmente confuciana num universo estruturado e animado por uma força vital fundamentalmente boa. A noção de princípio, nesta perspectiva nova, retoma a idéia de uma inteligibilidade do mundo, ligando-se embora ao problema da natureza e do destino humanos, central na mente dos letrados a partir do séc. IX.

Zhang Zai (1020-1078)

Originário da China do Norte e oriundo de uma família de magistrados, Zhang Zai não tem ainda vinte anos quando toma a iniciativa de escrever sobre estratégia militar a Fan Zhongyan, então no apogeu de sua glória, que o teria aconselhado a interessar-se antes pelos Clássicos, a começar pelo *Invariável Meio*[59]. Zhang Zai mergulha então durante uns dez anos nos estudos, conduzindo-o sua insaciável curiosidade para o budismo e o taoísmo para retornar finalmente ao Tao confuciano, que ele é levado assim a repensar totalmente. Enquanto está ocupado em lecionar sobre as *Mutações* na capital Kaifeng, acontece seu famoso encontro com seus sobrinhos Cheng Hao e Cheng Yi, sem dúvida por ocasião dos exames mandarínicos, nos quais ele passa com sucesso em 1057, no mesmo ano que Cheng Hao. Sua carreira política acaba por levá-lo, em 1069, para junto do imperador, que o convida a participar da "nova política" de Wang Anshi. Mas, azedando-se suas relações com este último, ele se retira para a sua Guanzhong natal, em Hengqu (atual província de Shaanxi), para ali passar o último período de sua vida, o mais frutuoso do ponto de vista filosófico.

Entre as obras de Zhang Zai que chegaram até nós, contamos o *Yishuo* (*Explicações sobre as Mutações*) e seu testamento espiritual, o *Zhengmeng* (*A Iniciação correta*)[60]. A lastimável preservação de seus escritos diz muito sobre o apagamento de Zhang Zai, na "linhagem de transmissão do Tao" estabelecida no séc. XII por Zhu Xi, em proveito de seus sobrinhos, que, após sua morte, recuperaram muitos de seus discípulos ao redor de seu pólo de Luoyang. Apenas sob os Ming e os Qing é que suas obras exerceram uma influência considerável sobre os maiores filósofos, em reação contra a predominância da "escola do princípio" herdada dos irmãos Cheng e de Zhu Xi.

"Tudo se liga no Tao único"

Mais ainda que Shao Yong e Zhou Dunyi, Zhang Zai julga-se capaz de reafirmar a realidade do mundo e a eficácia da ação humana em face do "tudo é ilusão" budista. Como iria dizê-lo um século mais tarde Zhang Shi (1133-1180), contemporâneo de Zhu Xi:

> Quando o budismo fala de ausência de desejos, trata-se para ele de atacar a raiz e arrancar a árvore, de destruir as normas sociais. Trata-se para ele de tragar os princípios que fundamentam a realidade do mundo na voragem da vacuidade e da irrealidade[61].

Em seu prefácio ao *Zhengmeng* (*A Iniciação correta*), Fan Yu, discípulo de Zhang Zai, entrega-se a um arrazoado apaixonado contra o budismo:

17. O renascimento confuciano no início dos Song

> Na verdade, não há senão um só e único Tao. [...] O que faz com que o Céu se mova, com que a Terra sustente, com que o sol e a lua espalhem sua luz, com que os manes e os espíritos difundam seu mistério, com que o vento e as nuvens mudem, com que os rios e riachos fluam, [...] da raiz aos ramos, do alto até embaixo, tudo se liga no Tao único[62].

O Tao confuciano é único porque é o Tao da própria natureza. Se Zhang Zai admite na doutrina budista, que ele passou dez anos da vida estudando, certa parte de verdade, resta, segundo ele, um ponto essencial que ela não entendeu: o laço entre o Homem e o Céu, donde decorre a capacidade inerente à mente humana de se refontalizar diretamente na unidade cósmica:

> Em suas palavras sobre a natureza humana, aparece que o Buda não compreendeu as mutações. Ora, somente após compreender as mutações é que se torna possível ir até ao fundo da natureza humana.
>
> Somente após entender "o fácil e o simples" é que se pode conhecer o difícil e o obscuro. Uma vez entendido o princípio do fácil e do simples, pode-se ligar por um mesmo fio o Tao do universo inteiro[63].

Assim como Shao Yong e Zhou Dunyi, Zhang Zai inspira-se em suas concepções cosmológicas nas *Mutações*, e principalmente no *Grande Comentário*. Mas já não encontramos nele a segurança de uma solidariedade estreita entre o Céu e o Homem, da qual os pensadores dos Zhou e dos Han haviam feito uma espécie de *a priori* e explorado todos os desdobramentos possíveis na "cosmologia correlativa". Após a dissolução desta visão pela vacuidade budista, que considera ilusório o mundo sensível, a renovação confuciana pretende dar novamente vida, substância e legitimidade ao "pensamento único que liga o todo" de Confúcio e reatar com a tradição antiga da unidade entre homem e cosmos, mas com a consciência aguda de que ela é problemática, e mesmo com a obsessão de que ela poderia perder-se se não for repensada e justificada. Assim, a antinomia budista entre os fenômenos (*shi* 事) e o absoluto (*LI* 理) com o qual permanecem inconscientemente impregnados é substituída por pensadores como Zhang Zai pela oposição complementar entre a energia constitutiva das coisas (*qi* 氣) e o princípio cósmico (*LI* 理) – qualificado às vezes como princípio celeste (*tianli* 天理)[64] –, termo antigo cuja significação o budismo havia deturpado e ao qual eles se esforçam por restituir seu sentido primeiro de ordem natural.

QI: vazio e cheio

É em termos de energia vital (*qi*) que Zhang Zai explica a realidade toda, ou seja, o Tao[65]. Para ele, o princípio unificador que permite explicar a infinita multiplicidade é o *qi*. Como em Wang Bi, ele é o fundo indiferenciado (*wu* 無), vazio (*xu* 虛) que torna possível o surgimento de todas as coisas, mas ao mesmo tempo ele é, como em Guo Xiang, tudo "aquilo que há" (*you* 有). O *qi*, numa palavra, *é* a totalidade do Tao:

> O *qi*, em sua origem no Vazio, é puro, um e sem formas; sob o efeito da estimulação, ele dá origem [ao Yin/Yang] e, fazendo isso, condensa-se em imagens visíveis.

> Flutuando, o *qi* se agita e se desloca em todos os sentidos; concentrando-se, constitui-se em matéria e engendra assim a multiplicidade diferenciada dos homens e das coisas. Em seu ciclo sem fim, os dois fundamentos do Yin e do Yang estabelecem a grande norma do Céu-Terra[66].

Assim como Zhou Dunyi foi censurado por ter postulado o Sem-Cumeeira e a quietude como primeiros, assim o "Vazio supremo" (*taixu* 太虛) de Zhang Zai não deixou de irritar por suas conotações taoístas, ou mesmo budistas. Era passar ao lado da intenção primeira de Zhang Zai, que visava precisamente opor-se ao não-há do *Laozi* e à vacuidade budista em seu próprio terreno. Enquanto estas noções tendem a mostrar a natureza relativa ou ilusória de todas as coisas,

17. O renascimento confuciano no início dos Song

Zhang insufla *qi* nelas para afirmar, pelo contrário, que a realidade é bem real:

> O Tao do Céu-Terra nada mais é do que fazer cheio a partir do Vazio extremo. [...] Ao longo do tempo, mesmo o ouro e os metais se desagregam, as mais altas montanhas sofrem erosão, toda coisa que tem forma destrói-se facilmente. Apenas o Vazio supremo, sendo inabalável, é o cúmulo do cheio[67].

Toda realidade, material ou espiritual, depende do *qi* e de suas infinitas transformações. Para Zhang Zai, a realidade em sua totalidade é animada por um duplo processo fundamental, uma espécie de respiração vital em dois tempos: inspiração/expiração, expansão/contração, dispersão/condensação. Segundo este ritmo binário próprio da bipolaridade complementar do Yin (condensação) e do Yang (dispersão), o *qi* indiferenciado se cristaliza nas formas visíveis, depois se dissolve novamente, como a água que se solidifica ao congelar e depois se derrama ao derreter-se[68]. Assim abre-se o *Zhengmeng* (*A Iniciação correta*):

> A Harmonia suprema (*taihe* 太和) é aquilo que se chama Tao. Nela está contida a natureza [de todos os processos]: flutuar/submergir, subir/descer, movimento/repouso, estimulação mútua. É nela que [os processos] encontram sua origem: geração, interação, vitória/derrota, contração/expansão. Em sua chegada ela é ínfima e sutil, "fácil e simples"[69], mas em sua conclusão ela é vasta e grande, rígida e sólida. [...]
>
> Aquilo que se dispersa, se diferencia e pode assumir figura visível é energia vital (*qi* 氣); o que é puro, penetra em toda parte e não pode assumir forma visível é potência espiritual (*shen* 神). A menos que sejam como *qi* em movimento, as forças geradoras [do Céu-Terra] não podem ser consideradas como em Harmonia suprema. [...]
>
> O Vazio supremo não tem formas: é a constituição original do *qi*. A condensação e a dissolução [do *qi*]

são formas temporárias devidas às mudanças e às transformações. [...] Embora o *qi* do Céu-Terra se condense e se disperse, repila e recolha de cem maneiras, enquanto princípio (*LI* 理) ele atua segundo uma ordem infalível. O *qi* é uma coisa que se dissolve para retornar ao sem-forma mantendo-se em sua constituição, e que se condensa para formar figuras sem afastar-se de sua constante.

O Vazio supremo não pode ser senão *qi*, o *qi* não pode senão condensar-se para formar as dez mil coisas, as dez mil coisas não podem senão dissolver-se para retornar ao Vazio supremo. Aparecimento e reabsorção alternam-se num ciclo universalmente necessário. [...] O Vazio supremo é puro; sendo puro ele é sem obstrução; sendo sem obstrução ele é espiritual (*shen*). O contrário do puro é o turvo; o turvo é obstrução e a obstrução dá as formas[70].

"Espiritual" (*shen*) qualificaria, portanto, o *qi* uno e indiferenciado do Vazio supremo, enquanto ainda não se condensou e diversificou nas formas sensíveis. O *qi* é, portanto, a totalidade do Tao, em seu aspecto tanto invisível quanto visível. Zhang Zai comenta assim a fórmula do *Grande Comentário* sobre as *Mutações* "O que está a montante das formas chama-se Tao, o que está a jusante chama-se objetos concretos":

Tudo aquilo que está a montante do informe chama-se Tao. O que é difícil de compreender é simplesmente o ponto de encontro entre há e não-há, entre onde há forma e onde não há forma. O importante é compreender que é deste ponto de vista que procede o *qi*, único capaz de unificar o há e o não-há[71].

Muito antes de ser apanhado pela classificação marxista que quis ver nele um pensador "materialista", Zhang Zai já havia causado problemas a seu sobrinho Cheng Yi, para quem o *qi*, enquanto energia que anima os seres, está "a jusante das formas" e não pode, portanto, caracterizar o Tao, que, enquanto puro princípio, está "a montante". No lado oposto

17. O renascimento confuciano no início dos Song

desta dicotomia, Zhang Zai tem como meta declarada explicar a realidade em sua totalidade, tanto material quanto espiritual, unicamente através da noção de *qi*, cuja dualidade na unidade ele procura formular:

> O *qi* do Vazio supremo é Yin e Yang numa só coisa, e no entanto há dualidade que equivale à de "potência" e "docilidade"[72].

> Uma única coisa com uma dupla constituição, assim é o *qi*. [...] Esta constituição dupla é vazio e cheio, movimento e repouso, condensação e dispersão, claro e turvo, mas fundamentalmente ela é una[73].

> Uma única coisa com uma dupla constituição, assim é o *qi*. Enquanto é um, ele é espiritual (*shen* 神); enquanto é dois, ele é transformação (*hua* 化)[74].

Isto dá a Zhang Zai a oportunidade de censurar tanto os budistas quanto os taoístas por não terem compreendido este mistério do dois-um:

> Os que falam de extinção (os budistas) concebem um início sem retorno; os que se atêm à vida e se agarram ao existente (os taoístas) acreditam que as coisas são imutáveis. Apesar de suas diferenças, todos se juntam em sua incompreensão do Tao. Quer [o *qi*] seja condensado ou dissolvido, é sempre aquilo que me constitui. Não se pode falar da natureza humana senão com aquele que compreendeu que a morte não é aniquilação.

> Quando se compreendeu que o espaço vazio não é senão *qi*, então o há e o não-há, o latente e o manifesto, a mente e as transformações, a natureza humana e o destino são apenas um e não dois. Aquele que, contemplando condensação e dissolução, aparecimento e reabsorção, forma e não-forma, é capaz de remontar à sua fonte primeira, esse compreendeu o sentido profundo das *Mutações*. [...] A condensação e a dissolução do *qi* são para o Vazio

supremo aquilo que o gelo e o derretimento são para a água. Compreender que o Vazio supremo é o *qi* é compreender que não existe não-há[75].

Segundo os budistas, o fato de as coisas aparecerem e desaparecerem do mundo dos seres vivos é uma prova de seu caráter ilusório. Para Zhang Zai, este fenômeno alternado explica-se pelo vaivém entre *qi* potencial indiferenciado e *qi* material diferenciado, diferentes estados de um único e mesmo *qi*, que, quanto a ele, permanece sempre real. A morte, nesta perspectiva, não é nem extinção nem mesmo desaparecimento, ela é apenas transformação do *qi*: o *qi* de um ser se dissolve por ocasião de sua morte para retornar ao estado indiferenciado de Vazio supremo, e o *qi* indiferenciado, condensando-se, dá forma a um outro ser. Realçando a realidade eterna e indestrutível do *qi*, Zhang Zai opõe-se à idéia budista do "tudo é ilusão", com o risco de atrair as suspeitas de Zhu Xi, que vê aqui a porta aberta para a idéia igualmente budista de transmigração!

Unidade da energia, unidade da natureza

Na natureza fundamental, original (*xing* 性), encontramos o mesmo ritmo binário, a mesma respiração em dois tempos como no *qi*:

> Se as coisas podem entrar em interação, é porque todas elas têm em si uma mesma natureza, que se junta e se dispersa, que recolhe e reparte.
>
> A natureza celeste no homem é exatamente comparável à natureza aquática no gelo; embora – congelada ou derretida – [a água] esteja em estados diferentes, enquanto coisa ela permanece uma só[76].

Zhang Zai reencontra aqui a intuição da não-dualidade dos fenômenos e do absoluto, intuição própria do Mâdhyamika e da qual ele tira a mesma conclusão que tirou o Maaiana chinês: todos os seres possuem a natureza-de-Buda. Universalismo através do qual é relida a famosa frase de Mêncio: "As dez mil coisas estão em sua totalidade presentes em mim".

17. O renascimento confuciano no início dos Song

> "Conhecer sua natureza é conhecer o Céu": [isto significa que] Yin e Yang, recolhimento e expansão, são parte integrante de mim[77].

A famosa "Inscrição do oeste", posta em destaque por Cheng Yi[78], é uma reformulação poderosa da mensagem de Mêncio:

> O Céu é meu pai; a Terra é minha mãe. E eu, ser insignificante, encontro meu lugar no meio deles. O que enche o Céu-Terra forma uma só coisa comigo, o que rege o Céu-Terra participa da mesma natureza que eu[79]. Todo homem é meu irmão, todo ser é meu companheiro[80]. O soberano supremo é o filho mais velho de meu pai e de minha mãe, os grandes ministros são seus servidores.
>
> Respeita os anciãos, de maneira a tratar os mais velhos como eles deveriam sê-lo; ama os órfãos e os fracos, de maneira a tratar os mais jovens como eles deveriam sê-lo. O Santo é aquele cuja virtude é uma coisa só [com a do Céu-Terra], o homem de valor é aquele que supera os outros. Todos aqueles que no mundo estão cansados, enfermos, mutilados, doentes, os que estão solitários após perder irmãos, filhos, esposa, marido, todos são meus irmãos, eles que, na adversidade, não sabem a quem se dirigir. [...]
>
> Riquezas, honras, favores e liberalidades asseguram-me a prosperidade na vida; pobreza, condição inferior, preocupação e mágoa levam-me à plena realização pessoal. Na vida seguirei e servirei [ao Céu-Terra]; na morte estarei em paz[81].

Neste magnífico texto, que, apesar de sua brevidade, iria inspirar gerações de pensadores, estão reunidos todos os grandes temas que formam a ossatura do ensinamento confuciano: a afirmação – com uma energia digna de Xunzi – da participação ativa do homem no processo criativo do Céu-Terra; o sentimento da unidade entre os seres e as coisas; a realização do eu individual no seio da comunidade humana. A unidade entre o Céu e o Homem, que fundamenta a moral natural ao mesmo tempo que a natureza moral, exprime-se igualmente em termos tomados de empréstimos ao *Grande Comentário* sobre as *Mutações*:

> A mutação é uma coisa única, mas ela reúne as três potências cósmicas: Céu, Terra e Homem não são senão um. Yin/Yang é seu *qi*, duro-maleável é sua forma, humanidade-moralidade é sua natureza[82].

Zhang Zai explica como o homem, e particularmente o Santo, arremata a obra cósmica:

> O Céu não é senão o *qi* único em movimento; ele "põe em movimento as dez mil coisas" e com isso lhes dá origem, mas não tem coração para compadecer-se delas. Esmagado por preocupações, o Santo não pode ser à imagem do Céu. "O Céu-Terra estabelece as posições, o Santo realiza as potencialidades". É o Santo que ordena as coisas do Céu-Terra e "seu discernimento estende-se às dez mil coisas, seu caminho traz a paz ao universo"[83].

Um pouco mais adiante, Zhang Zai distingue entre o que ele retém e o que ele rejeita do *Laozi*:

> Está dito no *Laozi*: "O Céu-Terra é desprovido de humanidade, ele trata as dez mil coisas como cães de palha": isto é exato. "O Santo é desprovido de humanidade, ele trata as cem famílias como cães de palha": isto, pelo contrário, é anormal. Como poderia o Santo ser desprovido de humanidade? A obsessão que o persegue é justamente carecer de humanidade! Quanto ao Céu-Terra, que idéia poderia ele ter da humanidade? Ele se contenta em "pôr em movimento as dez mil coisas", ao passo que o Santo, através de sua humanidade unicamente, é capaz de "alargar o Caminho"[84].

Embora sua natureza seja proveniente do Céu, o homem não pode realizá-la plenamente a não ser desenvolvendo ao máximo seu potencial de bondade que é o senso do humano (*ren* 仁), ou seja, seguindo perfeitamente o processo cósmico:

17. O renascimento confuciano no início dos Song

esta é a característica própria da autenticidade (*cheng* 誠), noção que, como vimos em Zhou Dunyi, volta a ocupar um lugar central nos pensadores confucianos dos Song e à qual Zhang Zai dedica todo um capítulo de seu *Zhengmeng*:

> A união entre a natureza humana e o Tao celeste reside na autenticidade. O Tao pelo qual o Céu perdura ao infinito chama-se autenticidade. O que permite ao homem dotado de humanidade e ao filho filial servir ao Céu e realizar em si a autenticidade, é persistir simplesmente na humanidade e na piedade filial. É por isso que o homem de bem atribui tanto valor à autenticidade[85].

No entanto, Zhang Zai, embora referindo-se freqüentemente a Mêncio, integra também a herança de Xunzi em sua tentativa de responder à questão do mal. Sua idéia do *qi* permite-lhe precisamente levar em consideração o mal e os desejos humanos. A natureza fundamental, sendo alimentada de *qi* original proveniente do Vazio supremo e indiferenciado, é pura e celeste – Zhang Zai chama-a de "natureza do Céu", *tian zhi xing* 天之性, ou "natureza do Céu-Terra", *tiandi zhi xing* 天地之性:

> A autenticidade é o cheio; o Vazio supremo é o que enche o Céu [...] e a mente. [...] O Vazio é a fonte do senso do humano. [...]. Na raiz do bom está a quietude, na raiz da quietude está o Vazio. [...] O Céu-Terra encontra sua virtude no Vazio, o cúmulo do bem sendo o Vazio[86].

Mas, uma vez que se diferencia nas formas e nos seres particulares, ele é apenas *qi* físico, submetido à tirania dos desejos e dos hábitos. Zhang Zai chama de "natureza de matéria-energia" (*qizhi zhi xing* 氣質之性), ou natureza física, a este *qi* particular a cada indivíduo, que explica as diferenças de qualidade, de talento, de capacidade, que explica a presença dos desejos mais baixos, que adquire maus hábitos, mas que é preciso canalizar e orientar no sentido da natureza fundamental através do aprender:

> A natureza no homem nada tem que não seja bom. Tudo depende de sua capacidade de retornar a este bom. [...] Desde que um ser toma forma, existe natureza física. Por pouco que ele seja apto a retornar à natureza do Céu-Terra, esta é preservada. Por isso existe na natureza física algo que o homem de bem se recusa a considerar como sua natureza. Que um homem seja rígido ou maleável, indolente ou impaciente, capaz ou incapaz, isso se deve a desequilíbrios de seu *qi*. O Céu é na origem uma harmonia a três em perfeito equilíbrio. Alimentar seu *qi* e fazê-lo retornar a esta origem sem pender para um lado ou para o outro é realizar plenamente sua natureza até encontrar o Céu[87].

Distinguir um *qi* puro, celeste, e um *qi* físico, mistura mais ou menos impura de Yin e de Yang, permite, permanecendo embora numa perspectiva naturalista e na convicção menciana de que a natureza humana é boa, explicar a existência do mal. As propensões que marcam o *qi* original no momento em que um ser humano toma forma concreta introduzem excessos num sentido ou noutro, um desequilíbrio ou um desregramento que é preciso remediar. Retomando a idéia menciana de um "conhecimento moral inato" (*liangzhi* 良知)[88], Zhang Zai é o primeiro a estabelecer uma distinção clara – mas sem por isso pôr novamente em questão a unidade fundamental do *qi* – entre "princípio celeste" (*tianli* 天理) e "desejos humanos" (*renyu* 人欲), noções estas que terão um sucesso considerável no desenvolvimento ulterior do pensamento confuciano.

A busca de santidade

No entanto, a idéia da disparidade de *qi* segundo a constituição de cada um, testemunha do realismo de Zhang Zai, não desemboca num determinismo pessimista: como bom confuciano, Zhang Zai permanece confiante nas capacidades de aprendizado que o homem, por sua mente, é único entre os

17. O renascimento confuciano no início dos Song

seres a possuir e que lhe permitem superar tanto os obstáculos exteriores quanto suas próprias taras ou lacunas:

> A mente (*xin* 心) é quem governa a natureza e as emoções[89].

O essencial é colocar na vontade de aprender uma determinação sem falha e incansável:

> Por pouco que alguém esteja "resolvido a aprender", poderá vencer [as deficiências de] seu *qi* e seus maus hábitos[90].

Mas cuidado com os que abandonam ou relaxam um tanto quanto seu esforço!

> Se aquele que aprende pára um só instante, tornar-se-á por isso mesmo uma marionete que só se mexe se alguém a puxa ou sacode, e pára logo que é largada. Esse conhecerá dez mil vidas e dez mil mortes num único dia. Se aquele que aprende pára um só instante, é como se ele morresse, porque é a morte da mente, mesmo que o corpo permaneça com vida; ora, o corpo não é senão uma coisa entre a multidão das coisas do universo. Aquele que aprende não vive são pelo Tao; se o Tao parasse, seria sua morte, pois afinal de contas ele seria apenas uma coisa artificial. Por isso, ele deveria ter sempre diante de si, como advertência, a metáfora da marionete[91].

O pensamento de Zhang Zai é eminentemente representativo do confucionismo renovado dos Song: retornando às intuições originais de Confúcio, este pensamento esforça-se por explicitá-las no sentido da experiência vivida e da prática concreta. Isto aparece da forma mais nítida na exposição do processo do estudo e da busca de santidade. "Aprender é aprender a fazer de si mesmo um ser humano"[92] – é assim que Zhang Zai resume a grande idéia de Confúcio, embora esforçando-se por balizar o mais concretamente possível o caminho distinguindo nele duas etapas principais:

> [O caminho percorrido] entre aquele que resolve aprender e o Mestre Yan [Hui] é uma primeira eta-

pa; entre Mestre Yan e Confúcio é uma outra etapa. Aqui se vê como o progresso é difícil: estas duas etapas são como dois estreitos que é preciso transpor[93].

Zhang Zai recorre aos *Analectos* de Confúcio como testemunho vivo acerca do comportamento do Mestre nas situações concretas. Algumas passagens do *Zhengmeng* dão a impressão de que ele procura identificar-se com Confúcio, consciente de ter uma mensagem importante a transmitir ao mundo e, à semelhança de seu ilustre modelo, frustrado por não ter tido mais influência em vida. Quanto a Yan Hui, o discípulo preferido do Mestre, ele encarna uma etapa decisiva na busca da santidade. É uma dimensão concreta, vivida, que os pensadores dos Song trazem para enriquecer este aspecto tradicional do ensinamento confuciano. Zhang Zai estabelece um verdadeiro programa, que serve de medida para poder julgar até seus contemporâneos próximos, a começar por seus ambiciosos sobrinhos:

> Desde a idade de quatorze anos, os dois irmãos Cheng estavam firmemente decididos a aprender para tornar-se santos, mas agora que estão na casa dos quarenta não atingiram nem mesmo o nível de Yan [Hui] e de Min [Sun]. O Cheng mais moço poderia ser comparado a Mestre Yan, mas temo muito que não se iguale a ele na ausência de egoísmo[94].

Nas duas etapas distinguidas por Zhang Zai, a primeira aparece como um aprendizado fundado no esforço deliberado e constante, como o desejo de conhecer e de aperfeiçoar-se sempre mais, ao passo que a segunda se parece mais com uma evolução natural e espontânea que Zhang Zai chama de "maturação do senso do humano". Este processo leva a um estado descrito em termos que evocam os *Analectos* de Confúcio: "Alguém realiza sua natureza quando segue seu coração e quando tudo se harmoniza com o Céu"[95]. Zhang Zai fala igualmente de uma "iluminação da mente"[96], na qual se abole a distinção entre o eu e os outros, e que lhe inspira, como a muitos outros, a metáfora tipicamente taoísta e budista do espelho:

17. O renascimento confuciano no início dos Song

> No espelho central do princípio celeste aparecem tanto o eu quanto os outros. É como se tivéssemos um espelho aqui: ele só refletirá o que está lá e nós não veríamos nada de nós; mas, colocando o espelho no centro, tudo se refletirá nele. Enquanto o princípio celeste está presente, tanto o eu como as coisas aparecem: não há motivos, portanto, para pôr em evidência o eu, porque também ele é uma coisa. É acostumando-se a desfazer-se de seu eu que a luz se fará por si mesma[97].

Distinguindo duas etapas no caminho para a santidade, Zhang Zai tenta, do mesmo modo que Zhou Dunyi, restabelecer o equilíbrio entre o "não-agir" taoísta e o "agir" confuciano, entre abandonar a terra sem cultivo e obstinar-se em puxar os nabos à maneira do homem de Song[98]. Existe, portanto, na mente do homem a mesma distinção a fazer como no *qi*: enquanto diretamente inspirada pelo Céu, ela é mente "vazia" de todos os preconceitos, capaz de um conhecimento intuitivo, imediato, não dependente dos sentidos, e de um retorno ao Vazio supremo:

> Alargando nossa mente, é possível tornar-nos um só com as coisas do universo. Enquanto não nos tornamos um só com todas as coisas, restará alguma coisa exterior à mente. A mente dos homens comuns limita-se aos marcos estreitos daquilo que eles vêem e ouvem. O Santo realiza plenamente sua natureza e não deixa sua mente ser contrariada por aquilo que ele vê e ouve. No olhar que ele lança sobre o universo não existe coisa alguma que não seja sua. É o que queria dizer Mêncio: "Esgotar o potencial de sua mente é conhecer sua natureza e é também conhecer o Céu". O Céu é imenso ao ponto de não ter exterior, e por isso a mente que continua tendo algo de exterior não pode unir-se à mente do Céu. O conhecimento proveniente da vista e do ouvido (*jianwen zhi zhi* 見聞之知) adquire-se por contato com as coisas, não é o conhecimento pró-

prio da natureza moral (*dexing suo zhi* 德性所知), o qual não deriva daquilo que é visto e ouvido[99].

Mesmo que Zhang Zai indique um programa preciso e concreto que parece pôr ao alcance de todos um ideal de santidade, este permanece um pólo para o qual se há de tender e que nunca será alcançado. O próprio Zhang Zai dá o exemplo de uma mente curiosa, em perpétua busca, que haure sua inspiração das tradições mais variadas, referindo-se tanto às *Mutações*, aos *Analectos* de Confúcio, ao *Mengzi* e ao *Invariável Meio* quanto ao *Zhuangzi* e ao *Laozi*, cujas citações tornam seus escritos verdadeiros mosaicos[100]. Naquilo que nos resta de seu ensinamento sentimos constantemente a marca de um mestre cuja preocupação principal é guiar eficazmente seus discípulos, falando-lhes de uma maneira que os toca diretamente: não sem uma pontinha de humor, Zhang Zai vê aqui a arte do açougueiro Ding, que conhece o menor interstício de seu boi para passar ali sua lâmina![101]

Notas do capítulo 17

1. SHIMADA Kenji, num artigo de 1958, citado por Jean-François BILLETER, *Li Zhi, philosophe maudit (1527-1602). Contribution à une sociologie du mandarinat chinois de la fin des Ming*, Genebra, Droz, 1979, p. 80-81. Sobre esta mudança econômica e social de primeira importância, cf. Mark ELVIN, *The Pattern of the Chinese Past. A Social and Economic Interpretation*, Stanford University Press, 1973.

2. Thomas H.C. LEE fala de uma verdadeira "revolução pedagógica" e de uma "descoberta da infância", cf. "The Discovery of Childhood: Children Education in Sung China (960-1279), em Sigrid PAUL (ed.), *Kultur: Begriff und Wort in China und Japan*, Berlim, D. Reimer Verlag, 1984, p. 159-202; e *Government Education and Examination in Sung China*, Hong Kong, The Chinese University Press, 1985.

3. Note-se que os grandes centros da renovação confuciana estão situados nas zonas mais prósperas tanto do ponto de vista econômico quanto demográfico por volta do fim do Tang e sob os Song (atuais províncias de Sichuan, Jiangxi, Jiangsu, Zhejiang, Fujian, no médio e baixo Yangtse).

4. Jacques GERNET, *L'Intelligence de la Chine*, p. 260. A primeira edição impressa dos Clássicos confucianos é concluída em 951. Thomas F.

17. O renascimento confuciano no início dos Song

CARTER, em sua obra *The Invention of Printing in China and its Spread Westward*, ed. revista e aumentada por L.C. GOODRICH, Nova York, Ronald Press, 1955, p. 83, não hesita em comparar o renascimento confuciano ao que ocorreu no séc. XVI na Europa em torno da redescoberta da literatura clássica e que também deveu muito aos progressos da imprensa. Os confucianos dos Song tinham em relação aos Clássicos uma atitude semelhante à dos escoliastas do Renascimento em relação à Bíblia e a Aristóteles: assumiam como missão redescobrir não uma nova filosofia, mas uma leitura esquecida dos textos canônicos. Cf. igualmente Paul PELLIOT, *Les débuts de l'imprimerie en Chine*, Paris, Adrien Maisonneuve, 1953; Jean-Pierre, DRÈGE, "Des effets de l'imprimerie en Chine sous la dynastie des Song", *Journal asiatique*, 282/2 (1994), p. 391-408; do mesmo autor, *Les Bibliothèques en Chine au temps des manuscrits (jusqu'au Xe siècle)*, École française d'Extrême-Orient, 1991.

5. A designação "três mestres" é do historiador do séc. XVII Huang Zongxi (cf. adiante cap. 21), que lhes dedica os dois primeiros capítulos de seu *Song Yuan xue'an* (*As escolas de letrados dos Song e dos Yuan*), a primeira história das correntes filosóficas do séc. X ao séc. XIV, tratando de 87 letrados em 100 capítulos.

Sobre as concepções políticas de Sun Fu e de alguns outros pensadores dos Song, cf. Alan T. WOOD, *Limits to Autocracy: From Sung Neo-Confucianism to a Doctrine of Political Rights*, Honolulu, University of Hawaii Press, 1995.

6. SUI Jie, *Du Yuandao* (*Lendo "A origem do Tao" de Han Yu*), em *Zulaiji*, ed. *Siku quanshu zhenben*, 7, p. 4b.

7. Cf. James T.C. LIU, "An Early Sung Reformer: Fan Chung-yen", em John K. FAIRBANK (ed.), *Chinese Thought and Institutions*, Chicago University Press, 1957, p. 105-131; Johanna VON FISCHER, "Fan Chung-yen (989-1052): Das Lebensbild eines chinesischen Staatsmannes", *Oriens Extremus*, 2 (1955), p. 39-85.

8. Cf. James T.C. LIU, *Ou-yang Hsiu: An 11th Century Neo-Confucianist*, Stanford University Press, 1967.

9. Os títulos dos seus ensaios ilustram sua vontade de retornar à fonte normativa do confucionismo original: *Dos fundamentos* (*Ben lun*) e *Da transmissão ortodoxa* (*Zhengtong lun*), de que encontramos uma tradução parcial em William DE BARY et al., *Sources of Chinese Tradition*, t. I, p. 386-390.

10. Ouyang Xiu não vê nas Dez Asas senão uma mixórdia incoerente, que ele atribui a autores anônimos e pouco confiáveis: ele é o primeiro a pôr em dúvida a tradicional atribuição a Confúcio particularmente do

Grande Comentário, que no entanto é fonte essencial de inspiração para a corrente cosmológica.

11. Sobre Li Gou, cf. HSIEH Shan-yüan, *The Life and Thought of Li Kou (1009-1059)*, San Francisco, Chinese Materials Center, 1979. Sobe Su Xun e seus filhos cf. adiante cap. 18.

12. Em 1705 Wang Anshi usa (e, segundo alguns, abusa) de seu poder político para impor sua concepção do Tao, introduzindo no programa dos exames e das escolas os *Novos comentários sobre os três Clássicos* (*Odes, Documentos, Ritos dos Zhou*), de sua própria autoria, que prestam mais atenção às grandes idéias do que aos detalhes filológicos e exegéticos dos textos, provocando uma grande indignação nos meios letrados. Cf. James T.C. LIU, *Reform in Sung China: Wang An-shih (1021-1086) and his New Policies*, Harvard University Press, 1959.

13. Sobre esta dupla dimensão do confucionismo clássico, cf. cap. 12 nota 34.

14. Para alguns esclarecimentos mais precisos sobre esta designação, que na verdade é um neologismo da sinologia ocidental, cf. cap. 19 nota 13 e Hoyt Cleveland TILLMAN no debate que o opõe a William Theodore DE BARY, cf. "A New Direction in Confucian Scholarship: Approaches to Examining Differences Between Neo-Confucianism and *Tao-hsüeh*" e "A Reply to Professor de Bary", *Philosophy East and West*, 42/3 (1992), p. 445-474 e 44/1 (1994), p. 135-142.

15. Cf. Peter N. GREGORY e Daniel A. GETZ (eds.), *Buddhism in the Sung*, Honolulu, University of Hawaii Press, 2000; Edward T. CH'IEN, "The Neo-Confucian Confrontation with Buddhism: A Structural and Historical Analysis", *Journal of Chinese Philosophy*, 9 (1982), p. 307-328; Carsun CHANG, "Buddhism as Stimulus to Neo-Confucianism", *Oriens Extremus*, 2 (1955), p. 157-166. Deste mesmo autor, pode-se consultar *The Development of Neo-Confucian Thought*, 2 vols., 1957, reed. Westport (Conn.), Greenwood Press, 1977. Cf. também HUANG Siu-chi, *Essentials of Neo-Confucianism. Eight Major Philosophers of the Song and Ming Period*, Westport, Greenwood Press, 1999.

16. Cf. *Analectos* IV,15 e XV,3. A "conquista budista" é uma alusão à obra de Erik ZÜRCHER, *The Buddhist Conquest of China*, citada no cap. 14 nota 27.

17. As três últimas obras, em particular, atestam uma renovação dos estudos históricos sob os Song no quadro da reafirmação do humanismo confuciano ocultado pelo budismo.

18. Sobre Chen Tuan, conhecido especialista das técnicas taoístas de imortalidade, cf. sua biografia no cap. 457 dos *Anais da dinastia Song*

17. O renascimento confuciano no início dos Song

(*Song shi*), e Livia KNAUL, *Leben und Legende des Ch'en Tuan*, Berna, Peter Lang, 1981.

19. Cf. Michael FREEMAN, "From Adept to Worthy: the Philosophical Career of Shao Yung", *Journal of the American Oriental Society*, 102 (1982), p. 477-491; Anne D. BIRDWHISTELL, *Transition to Neo-Confucianism: Shao Yung on Knowledge and Symbols of Reality*, Stanford University Press, 1989; Don J. WYATT, *The Recluse of Loyiang: Shao Yung and the Moral Evolution of Early Sung Thought*, Honolulu, University of Hawaii Press, 1996. Cf. também a tese de doutorado de Alain ARRAULT, "Shao Yong (1012-1077): Un philosophe poète dans la Chine prémoderne", Université Paris-VII, 1995, que se interessa mais particularmente pelos poemas contidos no *Yichuan jirang ji* (*Coletânea do jogo de fila do rio Yi*).

O *Huangji jingshi shu* (doravante HJJSS) é composto de um calendário perpétuo baseado sobre concepções cosmológicas e que serve de quadro para uma cronologia do soberano mítico Yao às Cinco Dinastias, de uma série de pseudotabelas de rimas e de diversos "capítulos sobe a observação das coisas". A expressão *huangji*, "Augusta Cumeeira", que figura no título, é tomada do capítulo *Hongfan* ("Grande Plano") do *Livro dos Documentos*. As referências serão dadas aqui segundo a edição do *Sibu beiyao* (SBBY).

20. *Xici* (*Grande Comentário*) A 11 (cf. acima cap. 11 nota 19). Sobre a noção de Cumeeira Suprema a partir dos Song, cf. HUANG Siu-chi, "The Concept of T'ai-chi (Supreme Ultimate) in Sung Neo-Confucian Philosophy", *Journal of Chinese Philosophy*, 1/3-4 (1974), p. 275-294; e Isabelle ROBINET, "The Place and Meaning of *Taiji* in Taoist Sources Prior to the Ming Dynasty", *History of Religions*, 29/4 (1990), p. 373-411.

21. HJJSS 7 A, p. 24b. Sobre as "quatro imagens do Céu" e os "quatro emblemas da Terra" cf. adiante nota 25.

22. HJJSS 8 B, p. 23a.

23. A expressão é proveniente do comentário *Wenyan* sobre o primeiro hexagrama *qian* do *Livro da Mutações*: "Ele é anterior ao Céu e o Céu não lhe faz oposição".

24. Sobre Yang Xiong cf. cap. 12.

25. Cf. HJJSS 5, p. 1b. Cf. acima nota 21.

26. Pode-se visualizar alguns diagramas em Kidder SMITH Jr. et al., *Sung Dynasty Uses of the I Ching*, Princeton University Press, 1990, p. 113, 115, 117.

27. HJJSS 8 A, p. 16b.

28. HJJSS 12 B, p. 5a-b.

29. HJJSS 5, p. 14b.

30. *Zhuangzi* 11 (cit. no cap. 4 nota 38) e HJJSS 8 B, p. 27b.

31. HJJSS 6, p. 26b. A última frase é uma citação do *Grande Comentário* às *Mutações*, cf. *Xici* B 3. Em muitos aspectos, a passagem sobre o tema do espelho parece justamente comentar e desenvolver a passagem do *Zhuangzi* 13, ed. *Zhuangzi jishi*, ZZJC, p. 204 (cit. no cap. 4 nota 39).

Sobre a "observação invertida", cf. Anne D. BIRDWHISTELL, "Shao Yung and his Concept of *Fan Kuan*", *Journal of Chinese Philosophy*, 9/4 (1982), p. 367-394.

32. Cf. cap. 16 nota 12.

33. Cf. Paul DEMIÉVILLE, "Le miroir spirituel", republicado em *Choix d'études bouddhiques (1929-1970)*, Leiden, Brill, 1973, p. 122-123.

34. HJJSS 8 B, p. 2b. Isto está inspirado evidentemente no *Shuogua* (*Explicação das figuras das Mutações*) 3: "O exame do passado vai no sentido da corrente. O conhecimento do futuro vai na contracorrente. Por isso o *Livro das Mutações* é a avaliação desta reversão".

35. HJJSS 5, p. 7a-8a.

36. *Ibid.*, p. 5a-6a.

37. Para Cheng Hao (sobre o qual cf. cap. seguinte), contemporâneo e amigo próximo, o pensamento de Shao Yong era uma pura construção da mente, "um castelo no ar", cf. *Yishu* 7, em *Er Cheng ji*, p. 97.

38. Cf. Don J. WYATT, "Chu Hsi's Critique of Shao Yung: One Instance of the Stand Against Fatalism", *Harvard Journal of Asiatic Studies*, 45 (1985), p. 649-666.

39. Os escritos de Zhou Dunyi estão reunidos no *Zhouzi quanshu* (*Obras completas de Mestre Zhou*), compilado em 1756, reed. Taipei, Shangwu, 1978. Pode-se consultar também o *Zhou Dunyi ji* (*Obras de Zhou Dunyi*), Pequim, Zhonghua shuju, 1990. As poucas monografias sobre Zhou Dunyi já são antigas: Werner EICHHORN, *Chou Tun-i. Ein chinesisches Gelehrtenleben aus dem 11. Jahrhundert*, Leipzig, 1936; CHOW Yih-ching, *La Philosophie morale dans le néoconfucianisme (Tcheou Touen-yi)*, Paris, PUF, 1954.

40. *Qian* e *kun* são os nomes dos dois primeiros hexagramas das *Mutações*, totalmente constituídos de linhas Yang e linhas Yin e associados respectivamente ao Céu e à Terra.

41. As anotações entre parênteses são de Zhou Dunyi.

42. Citação do comentário sobre o primeiro hexagrama *qian*.

17. O renascimento confuciano no início dos Song

43. Tradução integral do *Taijitu shuo* (*Explicação do Diagrama da Cumeeira suprema*). As citações do último parágrafo são tiradas do *Shuogua* (*Explicação das figuras*) 2 e do *Grande Comentário às Mutações* (*Xici*) A 4.
44. Cf. acima nota 18.
45. Cf. cap. 19, "Cumeeira suprema ou Sem-Cumeeira?"
46. *Xici* (*Grande Comentário*) A 10 e *Zhuangzi* 13, ed. *Zhuangzi jishi*, ZZJC, p. 205.
47. *Tongshu* (*Livro que permite compreender as Mutações*), § 16 e 4.
48. *Tongshu*, § 2. Cf. também *Tongshu*, § 1: "A autenticidade é o fundamento da santidade".
49. *Tongshu*, § 24.
50. *Tongshu*, § 3.
51. Cf. *Tongshu*, § 27.
52. Sobre "o minúsculo esboço" cf. cap. 11 nota 34; sobre os "quatro germes" cf. *Mengzi* II A 6, citado no cap. 6, p. 188-189.
53. Cf. *Mengzi* II A 2, cit. no cap. 6, "Fisiologia moral".
54. *Mengzi* VI B 2; cf. também VI A 7: "O Santo e eu somos da mesma espécie". Cf. cap. 6, "Todo homem pode tornar-se um santo".
55. Para retomar os termos de TU Wei-ming (*Centrality and Commonality: An Essay on Confucian Religiousness*, Albany, State University of New York Press, 1989, p. 31-32) e de Thomas A. METZGER (*Escape from Predicament: Neo-Confucianism and Chinas' Evolving Political Culture*, Nova York, Columbia University Press, 1977, p. 49).
56. Cf. *Tongshu*, § 10 e 29.
57. *Tongshu*, § 20.
58. *Tongshu*, § 22. Esta passagem irá ser interpretada por Zhu Xi como a prefiguração da famosa fórmula de Cheng Yi: "O princípio é um mas suas particularizações são múltiplas", cf. *Zhuzi yulei* 94, ed. Zhonghua shuju, p. 2374.
59. As relativamente raras informações biográficas sobre Zhang Zai provêm principalmente da biografia composta por um de seus discípulos, Lü Dalin (1047-1093), e daquela do cap. 427 dos *Anais da dinastia Song* (*Song shi*).
60. Este título, que literalmente significa "A reta norma para as mentes obscurecidas" e poderia também ser traduzido por "A disciplina para iniciantes", faz alusão ao julgamento sobre o 4º hexagrama *meng* do *Livro das Mutações*: "Cultivar as mentes obscurecidas [dos que ainda não

aprenderam nada] para colocá-las na retidão: essa é a tarefa do Santo". O objetivo da obra é: "repor no caminho reto os que, ainda 'obscurecidos no Caminho', estão ansiosos à procura de um mestre, fornecer-lhes assim uma disciplina e retificar o sentido das passagens obscuras dos Clássicos", cf. Stéphane FEUILLAS, "Rejoindre le Ciel. Nature et morale dans le Zhengmeng de Zhang Zai (1020-1078)", tese de doutorado não publicada da Universidade Paris-VII, 1966, p. 10. Para uma tradução integral e confiável, cf. Michael FRIEDRICH, Michael LACKNER e Friedrich REIMANN, *Chang Tsai, Rechtes Auflichten/Cheng-meng*, Hamburgo, Meiner, 1966.

Entre as obras perdidas de Zhang Zai estão comentários sobre os *Analectos* de Confúcio e o *Mengzi*, sobre os *Anais das Primaveras e Outonos* e sobre um tratado militar, o *Weiliaozi*, bem como um *Tratado sobre os ritos e a música*. Quanto ao *Jingxue liku* (*Tesouro dos princípios do estudo dos Clássicos*), cuja atribuição a Zhang Zai é incerta, continua sendo sem dúvida um bom reflexo de seu ensinamento.

Faremos aqui referência ao *Zhang Zai ji* (*Obras de Zhang Zai*), ed. Pequim, Zhonghua shuju, 1978. Pode-se consultar a monografia de Ira E. KASOFF, *The Thought of Chang Tsai (1020-1077)*, Cambridge University Press, 1984. Note-se que Kasoff dá a data de 1077 para a morte de Zhang Zai, sem levar em consideração o fato de que ela aconteceu no mês de janeiro do ano seguinte.

61. Citado por Jacques GERNET, *L'Intelligence de la Chine*, p. 307.

62. Prefácio de Fan Yu ao *Zhengmeng* (*A Iniciação correta*), em *Zhang Zai ji*, p. 5-6. Cf. também os ditos antibudistas do próprio Zhang Zai em *Zhengmeng* 17, em *Zhang Zai ji*, p. 64-65.

63. Dito de Zhang Zai sobre o *Grande Comentário* às *Mutações* e citação do *Zhengmeng* 9, em *Zhang Zai ji*, p. 206 e 36. A expressão "o fácil (*yi* 易, que significa igualmente 'mutação') e o simples" vem do *Grande Comentário* (*Xici* A 1).

64. Sobre esta expressão cf. a citação do *Huainanzi* no cap. 11 nota 42.

65. Sobre este tema, cf. HUANG, Siu-chi, "Chang Tsai's Concept of Ch'i", *Philosophy East and West*, 18 (1968), p. 247-260; e "The Moral Point of View of Chang Tsai", *Philosophy East and West*, 21 (1971), p. 141-156. Cf. igualmente T'ANG Chün-yi, "Chang Tsai's Theory of Mind and its Metaphysical Basis", *Philosophy East and West*, 6 (1956), p. 113-136; Anne D. BIRDWHISTELL, "The Concept of Experiential Knowledge in the Thought of Chang Tsai", *Philosophy East and West*, 35 (1985), p. 37-60.

66. *Zhengmeng* 1, em *Zhang Zai ji*, p. 10 e 9.

17. O renascimento confuciano no início dos Song

67. *Zhangzi yulu* (*Ditos transmitidos de Mestre Zhang*), parte II, em *Zhang Zai ji*, p. 325.

68. *Zhengmeng* 2, em *Zhang Zai ji*, p. 12. As referências são ao *Zhuangzi* 22 e ao *Lunheng* 61, citados no cap. 10 notas 11 e 19.

69. Sobre esta expressão cf. acima nota 63.

70. *Zhengmeng* 1, em *Zhang Zai ji*, p. 7-9.

71. *Yishuo* (*Explicações sobre as Mutações*) em *Zhang Zai ji*, p. 207. A citação comentada é tirada do *Xici* A 12, cf. cap. 11 nota 43.

72. Explicação do *Grande Comentário* no *Yishuo*, em *Zhang Zai ji*, p. 231. "Potência" (*jian*) e "docilidade" (*shun*), que caracterizam respectivamente o Yin e o Yang, são associadas aos dois primeiros hexagramas *qian* e *kun* (com um possível jogo de homofonia) no *Xici* (*Grande Comentário*) B 9.

73. Dito sobre o *Shuogua* (*Explicação das figuras*) no *Yishuo*, em *Zhang Zai ji*, p. 233.

74. *Zhengmeng* 2, em *Zhang Zai ji*, p. 10

75. *Zhengmeng* 1, em *Zhang Zai ji*, p. 7 e 8.

76. *Zhengmeng* 5 e 6, em *Zhang Zai ji*, p. 19 e 22.

77. *Zhengmeng* 6, em *Zhang Zai ji*, p. 21. As referências são ao *Mengzi* VII A 1 e 4 (cf. acima cap. 6, p. 194-195 e 202).

78. Duas passagens do último capítulo do *Zhengmeng*, que Zhang Zai havia inscrito sobre as faces leste e oeste de seu estudo, foram rebatizadas com os nomes de "Inscrição do leste" e "Inscrição do oeste" por seu sobrinho Cheng Yi, que considerava esta última como uma "visão ainda nunca alcançada depois de Mêncio". Parece, porém, que a "Inscrição do oeste" foi talvez o único escrito de Zhang Zai a encontrar graça aos olhos dos irmãos Cheng.

79. O que "enche o Céu-Terra" e constitui igualmente meu corpo é o *qi*; o que "rege o Céu-Terra" e é igualmente minha natureza é a bipolaridade Yin/Yang. Cf. *Mengzi* II A 2: "Se [o *qi*] for nutrido pela retidão sem ser afetado de forma nenhuma, ele encherá todo o espaço entre Céu e Terra" (citado no cap. 6, "Fisiologia moral").

80. Alusão aos *Analectos* de Confúcio XII,5: "Entre os Quatro Mares, todos os homens são irmãos" (citado no cap. 2).

81. *Ximing* ("Inscrição do oeste": trata-se do início do cap. 17 do *Zhengmeng*), em *Zhengmeng* 2, em *Zhang Zai ji*, p. 62-63. Cf. Werner EICHHORN, *Die Westinschrift des Chang Tsai: ein Beitrag zur Geistesgeschichte der nördlichen Sung*, Lepizig, Deutsche Morgenländische Gesellschaft, 1939.

82. Dito sobre o *Shuogua* (*Explicação das figuras*) no *Yishuo*, em *Zhang Zai ji*, p. 235.

83. Explicação do *Grande Comentário* no *Yishuo*, em *Zhang Zai ji*, p. 185. As citações são do *Xici* A 5, B 9 e A 4.

84. Explicação do *Grande Comentário* no *Yishuo*, em *Zhang Zai ji*, p. 188-189. As citações são do *Laozi* 25, do *Xici* A 5 e dos *Analectos* de Confúcio XV,29.

85. *Zhengmeng* 6, em *Zhang Zai ji*, p. 20-21.

86. *Zhangzi yulu* (*Ditos transmitidos de Mestre Zhang*), parte II, em *Zhang Zai ji*, p. 324-326. Isto segue, e é exatamente paralelo, à citação da nota 67.

87. *Zhengmeng* 6, em *Zhang Zai ji*, p. 22-23.

88. Cf. *Mengzi* VII B 15.

89. *Xingli shiyi* (*Fragmentos sobre a natureza e o princípio*), em *Zhang Zai ji*, p. 374. Esta pequena fórmula iria ser retomada à porfia pelos irmãos Cheng e por Zhu Xi, cf. cap. 19 nota 34.

90. *Zhangzi yulu* (*Ditos transmitidos de Mestre Zhang*), parte III, em *Zhang Zai ji*, p. 330. A expressão "resolvido a aprender" faz referência aos *Analectos* de Confúcio II,4 (cf. cap. 2 nota 6).

91. *Jingxue liku* (*Tesouro dos princípios do estudo dos Clássicos*), em *Zhang Zai ji*, p. 267.

92. *Zhangzi yulu*, parte II, em *Zhang Zai ji*, p. 321.

93. *Jingxue liku*, em *Zhang Zai ji*, p. 278.

94. *Ibid.*, p. 280. Yan Hui e Min Sun são dois discípulos de Confúcio.

95. Explicação do primeiro hexagrama *qian* das *Mutações* no *Yishuo*, em *Zhang Zai ji*, p. 78. Cf. *Analectos* II,4: "Aos setenta anos eu agia segundo meu coração, sem no entanto transgredir nenhuma norma" (cf. cap. 2 nota 6).

96. Para a "maturação do senso do humano", cf. *Yishuo*, em *Zhang Zai ji*, p. 77 e 216. Para a "iluminação da mente", cf. *Jingxue liku*, em *Zhang Zai ji*, p. 274.

97. *Jingxue liku*, em *Zhang Zai ji*, p. 285. Para um tratamento semelhante do tema do espelho cf. acima sobre Shao Yong na nota 31.

98. Também Zhang Zai faz uma alusão à história do homem de Song relatada no *Mengzi* II A 2, cf. *Yishuo*, em *Zhang Zai ji*, p. 77. Para Zhou Dunyi cf. acima na nota 53.

99. *Zhengmeng* 7, em *Zhang Zai ji*, p. 24. Para a citação de Mêncio, cf. *Mengzi* VII A 1. A distinção entre o "conhecimento proveniente da vista

17. O renascimento confuciano no início dos Song

ou do ouvido" e o "conhecimento próprio da natureza moral" será desenvolvida pelos irmãos Cheng (cap. 18, "Ver o Princípio").

100. A estrutura dos escritos em mosaicos em Zhang Zai e seus sucessores é muito bem demonstrada por Michael LACKNER, "Argumentation par diagrammes: une architecture à base de mots. Le *Ximing* (*l'Inscription occidentale*) depuis Zhang Zai jusqu'au *Yanjitu*" e "Citation et éveil. Quelques remarques à propos de l'emploi de la citation chez Zhang Zai", *Extrême-Orient, Extrême-Occident*, 14 (1992), p. 131-168, e 17 (1995), p. 111-130.

101. Cf. *Yulu chao* (*Suplementos aos Ditos transmitidos de Mestre Zhang*), em *Zhang Zai ji*, p. 335. Trata-se do cozinheiro Ding, de que se fala no *Zhuangzi*, cf. acima cap. 4 nota 32.

18
O pensamento dos Song do Norte (séc. XI) entre cultura e princípio

Os irmãos Su e os irmãos Cheng

Em meados do séc. XI aparece no cenário político e intelectual uma nova geração formada na esteira dos grandes homens de ação do início dos Song. Filho do letrado autodidata de Sichuan Su Xun, Su Shi (1037-1101), conhecido como poeta pelo nome de Su Dongpo, obtém notoriedade em 1057, por ocasião de um exame organizado por Ouyang Xiu, no qual ele passa com seu irmão Su Che (1039-1112)[1]. Ao contrário destes, Cheng Yi (1033-1107) e seu irmão mais velho Cheng Hao (1032-1085)[2] são oriundos de uma família de letrados-burocratas do Norte. Em vez de serem matriculados na escola de Ouyang Xiu como os irmãos Su, eles são enviados, ainda bastante jovens, para junto de Zhou Dunyi. Assim como seu tio Zhang Zai, Cheng Hao dedica primeiramente uns dez anos ao taoísmo e ao budismo, antes de retornar ao Tao confuciano, ao passo que seu irmão mais novo estuda na capital sob a direção de Hu Yuan[3].

Após o êxito nos exames em 1057, no mesmo ano como Su Shi, Cheng Hao e seu tio Zhang Zai abraçam a carreira oficial, enquanto Cheng Yi, que foi reprovado, se retira. No entanto, em oposição às reformas de Wang Anshi, Zhang Zai vê-se obrigado a voltar à sua Guanzhong natal e Cheng Hao a juntar-se a seu irmão em Luoyang, que se transformara num pólo de resistência. Ao contrário dos irmãos Su, os irmãos Cheng dedicam-se então ao ensino e à reflexão filosófica, fundando suas respectivas escolas (é nesta época que eles se ligam por laços de amizade a Shao Yong, seu vizinho em Luoyang). Com a mudança de política que coincide com a morte de seu irmão mais velho em 1085, Cheng Yi, que, embora não tendo feito carreira, havia conquistado uma boa reputação nos círculos anti-reformistas, é nomeado tutor do jovem imperador Zhezong (r. 1085-1100), enquanto Su Shi é chamado à corte para organizar os exames. Embora os dois homens pertençam a facções opostas, conhecem o mesmo tipo de vicissitudes até à sua morte, alternando períodos de favor e de banimento. Para os letrados do final do séc. XI eles inauguram a opção entre dois caminhos possíveis: o refinamento cultural individual e a fé na natureza moral.

Su Shi e o Tao da cultura

Durante seu exílio no Sul em 1079 Su Shi compõe um comentário sobre o *Livro das Mutações*, que ele próprio considera sua obra mais importante[4]. Opinião surpreendente em vista de sua reputação de "homem de cultura" (*wen* 文), emérito em prosa, poesia e caligrafia, mas geralmente considerado diletante na busca do Tao. No início dos Song predomina, com efeito, o *wen* em todas as suas acepções: aptidão literária, tradição textual e domínio civil (em oposição ao militar). Mas, sob o impulso de Ouyang Xiu, o movimento da "escrita à antiga" (*guwen*) herdado de Han Yu tende a ultrapassar a simples imitação das formas antigas, dando-lhe o sentido de uma busca dos princípios constantes.

É sua interpretação bem pessoal da cultura que faz de Su Shi um opositor de Wang Anshi, cujo projeto é "unificar a moralidade a fim de uniformizar os costumes"[5]. Todo o comentário de Su Shi sobre as *Mutações* mostra uma hostilidade profunda a um enquadramento imposto do exterior. Para ele, convencido de que os homens "possuem com certeza em si mesmos a retidão"[6], cabe a cada qual encontrar por si mesmo uma raiz comum. Na oposição entre Wang Anshi e Su Shi enfrentam-se duas concepções do humanismo confuciano: a concepção autoritarista do homem de ação no espírito de Xunzi e a concepção culturalista do homem de *wen*. No mundo intelectual dos Song do Norte, Su Shi representa um humanismo tanto cultural quanto moral, ancorado ao mesmo tempo no *wen* e no Tao, e praticado por letrados que já não são mais exegetas austeros e sim gênios curiosos de tudo, ao mesmo tempo críticos e enciclopédicos.

Como compreender a relação entre o Tao e as infinitas mutações dos seres e dos acontecimentos? A esta pergunta, crucial em sua época, Su Shi responde com a noção de princípio inerente às coisas (*LI* 理), que fundamenta uma unidade intrínseca e não mais imposta do exterior. Ele retoma neste ponto a idéia de Wang Bi de que os seres e os fatos em sua infinita multiplicidade reduzem-se a uma unidade fundamental que lhes dá sentido. Mas, muito mais do que Wang Bi, Su Shi sublinha o alcance sócio-ético dessa unidade: é ela que permite acreditar na possível realização de um mundo harmonioso sob o impulso do sábio. Este, com efeito, age em harmonia com o Tao: ele não tem idéias fixas ou preconcebidas sobre a maneira como as coisas devem ser, deixando-as simplesmente ser segundo seu próprio princípio:

> O Céu-Terra e o Homem dependem de um só e o mesmo princípio. Se o Homem raramente é capaz de assimilar-se ao Céu-Terra, é porque está obnubilado pelas coisas, perturbado pelas suas mudanças e transformações, agitado pela ventura e a desventura, ultrapassado pelo que ele não conhece. Não há mudança e transformação maiores do que as da obscuridade para a luz, não há ventura e desventura mais flagrantes do que a vida e a morte, não há incognoscível mais profundo do que os demônios e os espíritos. Aquele que conhece estas três coisas não pode ser obnubilado por nada. Na ausência de toda

18. O pensamento dos Song do Norte...

obnubilação, nada impede o Homem de assimilar-se ao Céu-Terra[7].

O sábio é aquele que encontra acesso ao princípio das coisas. Su Shi ecoa Chuang-tse e o "não-pensamento" do budismo Zen, preconizando uma "habilidade" ("savoir-faire") ditada pelas próprias coisas mais ao corpo e à potência espiritual (*shen* 神) do que ao intelecto. Assim ressurge naturalmente a imagem do nadador:

> Compreender os princípios em sua essência é esgotar-lhes o sentido. Entrar na dimensão espiritual (*shen*) é realizar plenamente a natureza para chegar ao destino. "Penetrar a fundo o princípio, realizar plenamente sua natureza para completar seu destino" – não é apenas disso que se trata? O objetivo não é nada menos que "aplicar a prática". Tomemos o exemplo da água: saber como se flutua e como se desliza, esgotar todas as transformações possíveis da água e ter os meios para a elas responder, é compreender os princípios em sua essência. Saber como flutuar ou deslizar na água ao ponto de não ser senão uma só coisa com ela, sem ter nem sequer consciência que é água, é entrar na dimensão espiritual. Aquele que flutua e desliza na água e não é senão uma só coisa com ela, sem nem sequer estar consciente de que está na água, distinguir-se-á inevitavelmente na natação e mais ainda na condução de um barco! Isso é "aplicar a prática". Quando um bom nadador pega o leme de um barco, ele tem a mente livre e o corpo relaxado. Por quê? É porque sua prática é eficaz e sua pessoa está em segurança. Quando chego ao ponto de sentir-me em segurança, nada pode vir controlar-me e eu ganho em virtude[8].

O modo de pensar de Su Shi, tomando embora muita coisa do modo de pensar de Chuang-tse, permanece no entanto confuciano em sua intenção: após a busca de uma fusão total com a Origem e a unidade do mundo com que Chuang-tse se teria contentado, vem a fase "descendente" de resposta aos seres e às coisas. Para Su Shi aquilo que permanece autêntico em si quando todo o resto mudou ou desapareceu é a natureza. Completar a unidade de sua natureza, ao ponto de não haver mais distinção entre si e o resto, esse é o destino. Mas saber responder aos seres em suas infinitas transformações pela "aplicação da prática" é o próprio das características naturais que são as emoções (qing 情). Em última análise, estes três termos – natureza, destino, emoções – são equivalentes enquanto apontam para uma realidade única; sua diferença é apenas diferença de aspecto, conforme nos coloquemos no movimento ascendente de busca da fonte (que permite "alcançar" o Tao) ou descendente de nadar na corrente (que é "prática" do Tao). Ora, este duplo movimento não pode sugerir uma dualidade na maneira de viver o Tao, assim como a mão de um artesão (ainda uma imagem tomada de empréstimo a Chuang-tse) não tem necessidade de ser guiada pelo intelecto para executar seu gesto com uma perfeição de que só a natureza é capaz:

> Vale o mesmo para o manejo de um utensílio que não se iguala à própria mão. Esta age naturalmente sem que saibamos como nem por quê. Quando a natureza atinge esse ponto, isso se chama "destino". [...] As emoções são os movimentos da natureza. Quando subimos a corrente, chegamos ao destino, quando a descemos chegamos às emoções. Não há nada que não seja natureza: entre natureza e emoções não há distinção a fazer entre bom e mau. Desde que a natureza se dispersa na ação, ela torna-se emoções, e ponto final! Entre destino e natureza hão há discriminação a fazer entre o que depende do Céu e o que depende do Homem. Desde que se alcança a unidade não havendo mais eu, isso se chama destino, e ponto final![9]

Os irmãos Cheng e o "estudo do Tao"

Sob a influência do espírito e das comunidades Zen surge um fenômeno social e cultural radicalmente novo na China

18. O pensamento dos Song do Norte...

dos Song: o aparecimento de uma comunidade confuciana formando uma rede de relações e invocando uma tradição comum distinta do confucionismo "burocrático" corrente na época. Assim, alguns grupos que se formam a partir do séc. XI, sobretudo em Guanzhong em torno de Zhang Zai e em Luoyang em torno dos irmãos Cheng, recorrem ao "estudo do Tao" (*daoxue* 道學). Este afirma-se por uma vontade de encontrar o acesso livre e direto ao Tao, cujos princípios estão implantados na própria mente, em oposição ao conhecimento do Tao recebido por intermédio da tradição cultural tal como a defende Su Shi. Na mutação dos valores acontecida entre o fim do séc. XI e o fim do séc. XII, os letrados abandonam progressivamente a perspectiva literária e histórica herdada da cultura tradicional em benefício de preocupações principalmente éticas e filosóficas[10]. O *daoxue* é, portanto, uma aspiração a encontrar, para além do confucionismo exegético dos Han e dos Tang, o sopro original do ensinamento de Confúcio, aquele que sentimos presente nos *Analectos*[11].

Os irmãos Cheng compartilham com os pensadores da renovação confuciana, e particularmente com seu tio Zhang Zai, a idéia de que o Tao é um e que é preciso despertá-lo de seu longo sono desde Mêncio. Este foi o primeiro a definir uma linhagem de transmissão do Tao na qual Confúcio aparecia como o herdeiro dos sábios-reis míticos Yao e Shun, passando por Yu, Tang e Wen, fundadores respectivamente das três dinastias da antiguidade[12]. Mil anos mais tarde, a tocha é novamente acesa no final dos Tang por Han Yu, que assume a missão de reencontrar "o ensinamento autêntico" de Confúcio, segundo ele perdido desde Mêncio, afastando com isso Xunzi e os confucianos dos Han. Na esteira de Han Yu, Li Ao confirma a linhagem menciana fazendo passar a transmissão de Confúcio a Mêncio através de Yan Hui, Zengzi e Zisi, discípulos e neto de Confúcio. Alguns séculos mais tarde, Cheng Yi, por ocasião da morte de seu irmão mais velho (cujo cognome Mingdao o transforma naquele que "ilumina o Tao"), saúda-o como o herdeiro do Tao confuciano interrompido há mil e quinhentos anos:

> [Meu irmão] dizia que, desde o desaparecimento de Mêncio, o ensinamento dos santos não era mais transmitido, e ele se atribuíra a missão de fazer reviver "essa cultura"[13].

Desde a mais tenra juventude, os irmãos Cheng, e particularmente o mais novo, parecem convencidos de que é possível retornar ao Tao único pela compreensão global da mensagem dos Clássicos e pelo "aprender" que leva à santidade, ilustrado por Yan Hui, o mais jovem e o mais amado dos discípulos de Confúcio, morto prematuramente. Lembremos o julgamento lançado por Zhang Zai sobre seu sobrinho mais novo: "Ele poderia ser comparado a Mestre Yan [Hui], mas temo muito que não se iguale a ele na ausência de egoísmo"[14]. Vemos despontar o orgulho intelectual de Cheng Yi no ensaio que escreveu, quando tinha pouco mais de vinte anos, sobre "aquilo que Mestre Yan gostava de aprender":

> Seu estudo versava sobre o Tao que leva à santidade. É possível tornar-se santo através do estudo? Sim. Em que consiste este Tao? De todos os concentrados de energia do Céu-Terra, quem recebe o melhor dos Cinco Agentes é o homem. A raiz de seu ser não é senão autenticidade e quietude. Enquanto ela não se desenvolveu, sua natureza moral é completa em seus cinco aspectos: senso do humano, senso do justo, senso dos ritos, discernimento e boa-fé. Quando sua forma corporal aparece e entra em contato com as coisas exteriores, ele é abalado em si mesmo. Deste abalo nascem as sete emoções: alegria, cólera, tristeza, prazer, amor, ódio, desejo. Quando as emoções se tornam mais fortes e violentas, a natureza moral é alterada. O ser iluminado canaliza suas emoções de maneira a harmonizá-las com o Meio, retifica sua mente e alimenta sua natureza. Por isso, dizemos que ele torna naturais suas emoções. Quanto ao ser obtuso, não sabendo como

controlá-las, dá-lhes livre curso até à depravação, a tal ponto que elas entravam sua natureza e acabam por destruí-la. Por isso dizemos que ele torna emocional sua natureza.

O Tao do estudo não consiste em outra coisa senão em retificar sua mente e alimentar sua natureza. Ser autêntico permanecendo exatamente no Meio, assim é o Santo. O homem de bem que quer aprender deve primeiramente ter clareza em sua mente e saber o que deve ser alimentado, e depois empregar todas as suas forças para chegar à meta: é o que se chama "partir da clareza para chegar à autenticidade"[15].

Se os irmãos Cheng jamais reconheceram formalmente Zhou Dunyi como mestre (apesar de Zhu Xi, cujo desejo de elaborar uma linha de transmissão do Tao o levou a estabelecer entre eles uma filiação), retiveram algo de seu ensinamento. Este ensaio da juventude de Cheng Yi é a prova disso, apresentando-se como um verdadeiro comentário sobre a *Explicação do diagrama da Cumeeira suprema*, que, no entanto, passa em silêncio o aspecto cosmológico para dedicar-se longamente à fórmula do *Invariável Meio*: "O decreto do Céu é aquilo que se chama natureza" – natureza própria do homem, que tem, por conseguinte, a tarefa de realizar seu destino moral de acordo com o Tao celeste.

O *LI* como princípio

Como para Zhou Dunyi e Zhang Zai, tornou-se difícil ler os irmãos Cheng fora da síntese feita um século mais tarde por Zhu Xi, que tende às vezes a diluir seus aspectos mais originais e a apagar a marca do budismo, que, por ser vigorosamente negada, nem por isso deixa se ser profunda. Geralmente somos tentados a colocar os dois no mesmo saco sem tentar distinguir as diferenças de acento, quando estamos diante do caso, afinal de contas bastante raro, de irmãos filósofos que, na notável complementaridade de temperamentos contrastantes postos ao serviço de uma mesma intuição, fazem ouvir um pensamento a duas vozes. Enquanto Cheng Hao deixa-se de bom grado levar pelo elã menciano para um lirismo que se exprime em numerosos poemas, Cheng Yi mostra exigência e rigor e mesmo austeridade intelectuais e morais, que, uma vez privilegiadas por Zhu Xi, tornar-se-ão as características dominantes da "escola Cheng-Zhu".

Cheng Yi teve mais tempo que seu irmão mais velho – falecido vinte e dois anos antes dele – de desenvolver uma concepção coerente do *LI* 理 como "princípio". Para ele, com efeito, é o *LI*, e não o *qi* de Zhang Zai, que pode explicar a totalidade do real, por representar ao mesmo tempo o fundamento de todas as coisas e sua disposição intrínseca. É definido da forma mais simples do mundo como "aquilo que faz com que uma coisa seja o que ela é (ou atue como ela atua)" (*suoyiran* 所以然):

> Via de regra, todas as coisas obedecem a um princípio[16].
>
> Que uma árvore floresça na primavera e perca as folhas no outono é um princípio constante. Não existe princípio que a faça florescer permanentemente[17].
>
> Cada coisa tem seu princípio. Por exemplo, aquilo que faz com que (*suoyi* 所以) o fogo seja quente, que a água seja fria, e mesmo aquilo que rege as relações entre soberano e ministro, entre pai e filho: são outros tantos princípios[18].
>
> Que o soberano esteja em posição elevada e o ministro em posição subalterna é um princípio constante do universo[19].

Aqui são colocados em paralelo e num mesmo plano os fenômenos naturais e as relações que ligam os seres humanos. Sendo o princípio ao mesmo tempo natural e ético, uma árvore que floresce na primavera e perde as folhas no outono obedece a um "princípio constante" da mesma forma como um pai é benévolo e um filho é filial. Lembremos que, segundo a

18. O pensamento dos Song do Norte...

"retificação dos nomes" de que se fala nos *Analectos* de Confúcio, apenas um soberano que se comporta segundo o princípio do soberano merece ser chamado de "soberano"[20]. Os irmãos Cheng erigem, portanto, o *LI* 理 em princípio normativo, norma eminentemente ritual (*li* 禮) em virtude da qual cada ser e cada coisa tem um papel próprio a desempenhar para manter a harmonia geral:

> Abster-se de olhar, de escutar, de falar, de mover-se contra o princípio é comportar-se segundo os ritos: os ritos são o princípio. Tudo aquilo que não é princípio celeste não passa de desejos humanos egoístas que farão com que, mesmo tendo a intenção de fazer o bem, ajamos contrariamente aos ritos. Apenas na ausência de todo desejo humano é que tudo será princípio celeste[21].

No *LI* assim concebido há, portanto, uma parte de inteligibilidade ("o que faz com que seja assim", *suoyiran* 所以然), já explicitada por Wang Bi no séc. III, mas também uma parte de normatividade ("o que deve ser assim", *suodangran* 所當然). Em outras palavras, o princípio designa a realidade de uma coisa ao mesmo tempo que sua função (a ser tomada num sentido ritualista). O que significa que, se não existe um princípio pelo qual (*suoyi*) uma coisa é produzida ou destruída, esta coisa não pode existir, mas também que uma coisa que não funciona segundo seu princípio suposto (*suodang*) não é a dita coisa:

> Somente se o princípio existe realmente é que a coisa existe. O princípio donde ela provém, pelo qual ela advém, é o começo da coisa. O princípio no qual ela desaparece, pelo qual ela perece, é seu fim. Na ausência destes princípios, mesmo que a imagem de uma coisa atinja o ouvido ou a vista, não se pode confiar nos próprios ouvidos e nos próprios olhos, e se está no direito de negar que esta coisa exista. [...] É porque o princípio existe realmente que a coisa existe realmente, e é porque a coisa existe realmente que sua função é real. É porque o princípio

existe realmente que nossa mente tem realmente noção dela, e é porque nossa noção dela é real que o fato é real. Tudo isto ilustra [a frase do *Grande Comentário*] "Remontando à origem compreende-se a conclusão". Uma joeira que não serve para joeirar não é uma joeira, uma concha que não serve para tirar o vinho ou a sopa não é uma concha[22].

A joeira que, por não servir para joeirar, não é uma joeira parece-se muito com a "taça quadrada que não é mais quadrada" dos *Analectos* de Confúcio[23]. Ao contrário do que poderia pensar uma mente aristotélica, o *LI* não visa definir as coisas; ele não explica suas propriedades, mas o papel a ser desempenhado por cada uma delas para ocupar seu exato lugar na ordem natural, ou seja, na harmonia moral:

> "Quem diz coisa diz regra". O pai encontra seu repouso na benevolência, o filho na piedade, o soberano na humanidade, o ministro na deferência. Das dez mil coisas e da multidão dos fatos, não há nenhum que não tenha seu lugar próprio: quando cada um o encontra, é a paz; senão, é a confusão. Se o Santo é capaz de governar o universo numa ordem harmoniosa, não é graças à sua capacidade de promulgar regras para as coisas, mas pelo fato de ele repousar numa ordem onde cada um está em seu lugar[24].

O princípio entre Um e múltiplo

Apesar daquilo que ele deve a uma elaboração já longa, o *LI* de Cheng Yi não se confunde com o de seus predecessores: ele não procede, como em Wang Bi, de uma fonte única; diferentemente do de Su Shi, ele não se fundamenta na tradição cultural, como também não implica diferentes níveis de realidade como em Shao Yong. Cheng Yi fala de um princípio presente e atuante em todas as coisas, que não é uma essência ou uma potência transcendente, mas simplesmente a maneira como cada ser participa na operação do Céu-Terra. O budis-

18. O pensamento dos Song do Norte...

mo chinês, particularmente a escola Huayan, havia erigido a noção de *LI* em princípio absoluto, em oposição às manifestações do mundo fenomênico (*shi* 事). Numa discussão sobre o *Sutra da Grinalda*, cuja idéia de harmonia entre princípio e fenômenos inspirou sem dúvida os irmãos Cheng, cada ser ou acontecimento é apresentado como obedecendo a um princípio interno que lhe é próprio, mas que remete a um princípio único e comum:

> Os dez mil princípios reduzem-se a um princípio único[25].

Princípio supremo erigido em equivalente do Tao:

> No alto e embaixo, na raiz e na ponta dos galhos, no interior e no exterior, tudo depende de um só princípio, que não outro senão o Tao.
>
> O que é o Tao do Céu? Nada mais que o Princípio. O Princípio é simplesmente o Tao do Céu[26].

Daí os compostos *tianli* 天理 "princípio celeste", e *daoli* 道理 "princípio do Tao" (sendo este último ainda empregado na língua atual para designar um princípio explicativo ou racional):

> Quando alguma coisa se faz sem que haja ninguém para fazê-la, quando alguma coisa acontece sem que ninguém seja sua causa, é obra do princípio celeste[27].

Notemos igualmente que *LI*, da mesma forma que Tao, pode ser empregado como termo corrente que pode ser traduzido no plural, como também designar um absoluto que só pode ser traduzido no singular. Isso levará Zhu Xi a dizer:

> O Tao é o caminho, os princípios são as linhas que formam seus motivos [...] à maneira das linhas da madeira. [...] A palavra Tao engloba a totalidade, os princípios representam os numerosos veios no interior da palavra Tao. Poderíamos dizer também: a palavra Tao refere-se ao todo, a palavra *LI* refere-se à sua essência[28].

O Céu-Terra só forma um todo porque é percorrido por um só e único princípio. Entre os princípios particulares, próprios a cada coisa, e o Princípio existe uma relação não da realidade ao ideal, mas das partes ao todo, sendo cada parte à imagem do todo:

> A mente de um único homem é a mente do Céu-Terra. O princípio de uma única coisa é o princípio das dez mil coisas. A revolução de um dia é a revolução de todo um ano.
>
> Quem diz comunidade diz unidade, quem diz individualidade diz multiplicidade. Em última análise tudo se reduz ao um, o sentido essencial não pode ser dois. Se as mentes dos homens são tão diferentes como seus rostos, é unicamente pelo fato de sua individualidade[29].

A relação das partes ao todo que as subsume dá o sentido da célebre fórmula "O Princípio é um, mas suas diferenciações são múltiplas" (*li yi er fen shu* 理一而分殊), eminentemente ilustrado pela "Inscrição do oeste" de Zhang Zai[30]. Esta fórmula significa que o Princípio unifica elementos aparentemente díspares e heterogêneos, mantendo-os em suas especificidades, mas também que as categorias e as hierarquias podem manter-se numa unidade e numa harmonia supremas. Um exemplo clássico disto é o microcosmo familiar que forma um todo onde cada membro ocupa no entanto seu lugar e desempenha seu papel próprio. É preciso rejeitar ao mesmo tempo aquilo que tende a endurecer as diferenças e aquilo que tende a diluí-las: são visados, portanto, aqueles que gostariam de estabelecer um Tao para o Céu-Terra e outro para o Homem (distinção originalmente estabelecida por Xunzi), como também os budistas, taoístas e outros moístas que procuram negar ou, pelo menos, apagar as distinções.

"Exame das coisas e expansão do conhecimento"

Esta dupla expressão, que encontramos no início do *Grande Estudo*, recebe novamente um lugar de destaque sob os Song até ocupar um lugar central no "estudo do Tao":

18. O pensamento dos Song do Norte...

> É examinando as coisas (*gewu* 格物) que o conhecimento atinge sua maior expansão (*zhizhi* 致知). Uma vez expandido o conhecimento, a intenção torna-se autêntica; uma vez autêntica a intenção, a mente torna-se reta. É tornando reta sua mente que alguém se aperfeiçoa a si mesmo[31].

Reintegrando-a em sua própria busca do princípio através da expressão coração/mente (*xin* 心), os irmãos Cheng dão um sentido novo à expressão *gewu*[32]:

> Examinar [as coisas] é atingi-las, ou seja, penetrá-las até atingir seu princípio.
>
> A prioridade [na arte de aperfeiçoar-se a si mesmo] é tornar reta sua mente e autêntica sua intenção. A autenticidade da intenção reside na expansão do conhecimento, que reside no exame das coisas. A palavra *ge* significa "chegar", como em "os espíritos dos ancestrais régios chegaram". Cada coisa comporta seu princípio e é este princípio que é preciso penetrar a fundo. Para isso há uma multiplicidade de métodos: ler livros e elucidar os princípios morais mediante a discussão, tratar dos homens e dos fatos do passado e do presente e distinguir o que é justo do que não o é, entrar em contato com os fatos e as coisas e atribuir-lhes o lugar que lhes convém, são outras tantas maneiras de penetrar a fundo o Princípio[33].

A idéia de uma inteligibilidade inerente a um mundo ordenado não leva à procura de um conhecimento empírico, de uma adequação entre as coisas e as estruturas da mente humana, mas visa antes salvar da dúvida budista os fundamentos da conduta ética e dos valores morais. O "exame das coisas" implica um exame de questões de ordem moral e não uma investigação de tipo experimental associada às ciências naturais. Nisto o *daoxue* dos Song mostra-se fiel ao ensinamento original de Confúcio, para quem o estudo consistia sobretudo em aprender uma conduta de vida, não sendo o conhecimento em si senão um objetivo secundário, ou mesmo pernicioso:

> Examinar as coisas para penetrar-lhes a fundo o princípio não significa que seja necessário considerar todas as coisas do universo. Basta penetrá-lo a fundo num ponto, podendo o resto ser deduzido por analogia. Tomemos, por exemplo, a piedade filial: como penetrar a fundo o princípio que constitui a piedade filial? Se não chegamos a compreender bem o princípio de uma coisa, podemos tomar uma outra, começar pelo mais fácil ou pelo mais difícil, em função de nosso próprio nível. É como uma infinidade de caminhos que levam todos à capital, mas basta um só para chegar a ela. Que seja possível ter uma compreensão total depende unicamente do fato de as dez mil coisas compartilharem de um só e o mesmo princípio. Não há um único ser, um único fato, por mais insignificante que seja, que não possua em si este princípio.
>
> As coisas exteriores e eu obedecemos a um mesmo princípio. Desde que compreendemos um, compreendemos o outro, reunindo assim num único Caminho o interior e o exterior. Infinitamente grande, [o Princípio] atinge o mais alto e o mais profundo do Céu-Terra; infinitamente pequeno, ele chega a "aquilo-pelo-qual" (*suoyiran*) da menor coisa. Aquele que aprende deveria avaliar tudo isso. [...] Cada haste de erva, cada planta possui seu princípio e precisa ser examinada. Contemplar o princípio das coisas para examinar-se a si mesmo é estar em condições de esclarecer o Princípio, e assim conhecer tudo onde quer que se vá[34].

A frase muitas vezes repetida "O enriquecimento moral exige gravidade (*jing* 敬) e o progresso no estudo reside na expansão do conhecimento"[35] foi compreendida como o resumo do ensinamento dos irmãos Cheng, que haviam muito bem sentido a necessidade de conciliar o aspecto ao mesmo tempo interior e exterior do esforço moral. Dupla exigência que se inspira sem dúvida nos dois grandes princípios budistas de meditação (*dhyâna*) e de sabedoria (*prajnâ*), mas que se abebera sobretudo na longa reflexão dos pensadores confucianos ao longo dos séculos sobre a origem do mal, tema central das discussões sobre quietude e movimento. Após Mêncio, a natureza humana é concebida como intrinsecamente boa no estado de quietude, o mal não aparecendo senão no movimento ou na atividade. Mas esta concepção apresenta o perigo de levar a um quietismo contra o qual se insurgem os confucianos. A atividade, para permanecer boa, precisa prestar uma atenção impregnada de "gravidade" à articulação entre quietude e movimento:

> Pergunta: Existe algo bom e algo mau na mente?
>
> Resposta: O que depende do Céu é o destino, o que depende do senso moral é o princípio, o que depende do homem é sua natureza, o que comanda o corpo é a mente: na realidade, tudo isto não é senão uma coisa só. A mente é originalmente boa; quando ela se desenvolve no pensamento refletido é que existe tanto algo bom como algo mau; uma vez desenvolvida, ela deve ser considerada como emoções e não mais como mente. Acontece o mesmo com a água, que é água até o momento em que, pondo-se a fluir numa corrente para leste ou para oeste, ela já não é senão fluxo[36].

"Ver o Princípio"

O que se deve perceber nas coisas não é tanto seus contornos ou suas propriedades quanto seu princípio interno que garante a relação harmoniosa entre elas. Se a harmonia importa mais do que as coisas em si mesmas e por si mesmas, não se deve dar demasiado crédito ao testemunho dos sentidos. Segundo Cheng Yi, é possível "ver o Princípio (*jian li* 見理) [...] tão clara e distintamente como uma estrada plana"[37], sem por isso recorrer à percepção sensorial. Reconhecemos aqui a influência do Zen, que fala de "ver em si a natureza-de-Buda" (*jian xing* 見性)[38]. Cheng Yi comenta assim a frase do *Invariá-*

vel Meio "Nada é mais manifesto do que o oculto, nada é mais evidente do que o ínfimo":

> Os homens consideram como evidente e manifesto apenas aquilo que eles vêem e ouvem com os olhos e os ouvidos; aquilo que eles não vêem nem ouvem, consideram-no como oculto e ínfimo. Mas ignoram que o Princípio é tudo aquilo que há de mais evidente. Isto faz pensar naquele homem que, antigamente, ao tocar a cítara, viu um louva-deus atacar uma cigarra; os que o ouviam tocar acreditaram ouvir o som de uma ação de matar [na música]. Ora, a ação de matar não estava senão em sua mente, mas os que ouviam sua cítara tiveram conhecimento disto, não temos aqui a própria evidência?[39]

Os Cheng retomam por própria conta a distinção efetuada por Zhang Zai entre um conhecimento intelectual e objetivo, derivado do mundo exterior por intermédio dos sentidos, e um conhecimento moral puramente interior, intuitivo e imediato:

> O conhecimento proveniente do ouvido e da vista (*wenjian zhi zhi* 聞見之知) não é o conhecimento proveniente da natureza moral (*dexing zhi zhi* 德性之知). Quando a coisa [que é o corpo] entra em contato com outras coisas, esse conhecimento não vem do interior; é o conhecimento que se chama hoje "riqueza de informações e diversidade de capacidades". Quanto ao conhecimento proveniente da natureza moral, ele não depende em nada dos sentidos[40].

Este "conhecimento proveniente da natureza moral", ao qual se tem acesso "vendo o Princípio", é a condição essencial da ação moral. Prova disso é a história do camponês que conheceu – conhecimento íntimo e não apenas teórico – a mordida do tigre:

> O verdadeiro conhecimento não é o conhecimento ordinário. Tive a oportunidade de ver um camponês que fora ferido por um tigre. No momento em

18. O pensamento dos Song do Norte...

que alguém falou de um tigre que atacava as pessoas, todo o mundo ficou tomado de pavor, mas apenas o camponês mudou de cor de maneira muito particular. Ninguém, nem mesmo uma criança bem pequenina, ignora que um tigre pode dilacerar um homem, mas isso ainda não é um verdadeiro conhecimento. O que conta é unicamente um conhecimento semelhante ao do camponês. Assim, os que persistem em fazer o que eles sabem ser mau ainda não têm um verdadeiro conhecimento; se o tivessem, certamente não o fariam mais.

É preciso partir do fundamento que é o conhecimento. Desde que este ganha profundidade, a ação só pode ter resultado positivo. Nunca se viu que alguém tenha o conhecimento sem poder pô-lo em prática. Um conhecimento que não pode ser posto em prática só demonstra sua superficialidade. Se os homens, mesmo esfaimados, se abstêm de comer plantas venenosas, ou de afundar-se na água ou pular no fogo, é porque eles sabem. Quando agem mal, é porque não sabem[41].

O conhecimento íntimo, imediato, leva a uma ação natural, sem esforço, que tem algo em comum com o "não-agir" taoísta:

Desde que alguém é capaz de conhecer e de ver [o Princípio], como poderia ele não comportar-se [em função deste conhecimento]? Desde que toda ação é feita como deve ser feita (*suodang*), não há mais necessidade de fazer intervir a intencionalidade. Se existe tal necessidade, é porque a mente está sob a dominação do eu[42].

Assim, após uma progressão gradual, acontece a iluminação:

Pergunta: No exame das coisas é preciso examiná-las uma por uma, ou basta examinar uma só para conhecer os dez mil princípios?

Resposta: Como é possível? Mesmo um Mestre Yan [Hui] não ousaria pretender compreender todos os princípios a partir do exame de uma só coisa! O que é preciso fazer é examinar um dia uma coisa, no dia seguinte outra e, de tanto acumular experiência, chega um dia em que, tal qual um clarão repentino, ocorre por si mesma uma compreensão total[43].

A propósito das *Mutações*

O temperamento lírico de Cheng Hao leva-o a exaltar como harmonia preestabelecida a unidade antropocósmica desenvolvida por Zhou Dunyi e Zhang Zai:

> Está na ordem do mundo que nada existe isoladamente e sem seu oposto. É assim, não como conseqüência de um arranjo proposital, mas de maneira totalmente espontânea. Cada vez que penso nisto à noite, ponho-me a dançar com os pés e as mãos sem dar-me conta[44].

Embora subscrevendo a mesma perspectiva unitária, Cheng Yi mostra-se mais preocupado em tomar em consideração a diversidade do mundo, como o mostra seu comentário sobre o hexagrama *kui* ("oposição") do *Livro das Mutações*:

> Expandir o que há de comum nos princípios das coisas para ilustrar a aplicação oportuna da oposição, é o Tao pelo qual o Santo reúne as oposições. Reconhecer as coisas idênticas como sendo as mesmas, qualquer um sabe fazê-lo. O Santo, por sua vez, compreende que existe um fundamento comum aos princípios das coisas [mesmo as mais heterogêneas]; assim ele pode reduzir a uma só coisa o universo inteiro e reunir num todo harmonioso as dez mil categorias. Isto é ilustrado por [meio das oposições entre] Céu e Terra, masculino e feminino, e as dez mil coisas. O Céu sendo alto, a Terra baixa, estão em oposição em virtude de sua respectiva constituição. Mas o Yang descendo e o Yin subindo juntam-se e encontram-se em sua obra comum de trans-

18. O pensamento dos Song do Norte...

> formação e de geração. Homem e mulher estão em oposição em virtude de sua respectiva constituição diferente, mas estão em comunicação em seu desejo de unir-se. As coisas estão em oposição pelo fato de serem produzidas numa infinita variedade, mas pertencem a uma mesma categoria pelo fato de compartilharem a mesma harmonia do Céu-Terra e a mesma energia Yin e Yang. As coisas, em suas diferenças, têm seu fundamento num mesmo princípio. É por isso que na imensidão do universo, na multidão dos seres vivos, na infinita diversidade das oposições, apenas o Santo é capaz de encontrar uma unidade comum[45].

O caráter normativo de sua reflexão afasta Cheng Yi das especulações de ordem cosmológica inspiradas nas *Mutações*. Na tradição de seu mestre Hu Yuan, os hexagramas são outras tantas lições morais sobre a vida do letrado confuciano: relações familiares, responsabilidades políticas, processos de educação etc.:

> Nas relações familiares de carne e sangue que existem entre pai e filho, são geralmente as emoções que predominam sobre os ritos, e o sentimento de reconhecimento que prevalece sobre o senso do justo. Apenas aquele que se mantém firme é capaz de não perder o princípio de retidão por causa de seus pendores egoístas[46].

O esforço de moralização preconizado por Cheng Yi começa por uma disciplina pessoal que visa controlar as pulsões egoístas, a fim de recolocá-las na linha do Princípio. Na escala da sociedade, trata-se de remediar uma situação de crise moral devida à mentalidade carreirista da maioria dos letrados[47]. No comentário de Cheng Yi sobre as *Mutações*, a noção de *LI* representa a junção das duas questões essenciais para o *daoxue*: "Como ser um só com o Céu-Terra e as dez mil coisas?" e "Como fundamentar a moralidade?" Para Cheng Yi, ser um só com o mundo, participar de sua grande unidade, *é* agir moralmente. Em outras palavras, o princípio inerente às coisas é moral, da mesma maneira que o mundo físico comporta alto e baixo[48].

É também sua normatividade que coloca o princípio em lugar do "Sem-Cumeeira e no entanto Cumeeira suprema" de que fala Zhou Dunyi e do "Vazio supremo" de Zhang Zai:

> Se, tendo compreendido o Tao do dia e da noite, do fechamento e da abertura, da contração e da dilatação, sabemos o que faz com que seja assim (*suoyiran*), então somos capazes de compreender o funcionamento misterioso do Céu-Terra e de conhecer a fonte original do Tao e de sua virtude[49].

Enquanto Zhou Dunyi procura combinar a quietude taoísta e o movimento confuciano, ou seja, pensar ao mesmo tempo o Um e o múltiplo, Cheng Yi reserva deliberadamente a ação moral ao domínio normativo do princípio, ficando a energia vital (*qi*) encarregada de explicar a parte natural, ou seja, a existência e as transformações das coisas sensíveis. Quanto ao Vazio supremo de Zhang Zai, que no entanto insiste sobre a sua realidade enquanto energia, evoca por demais o tema budista da irrealidade de todas as coisas ao gosto dos irmãos Cheng, que preferem falar da fundamental "realidade do princípio":

> Segundo o princípio do universo, não há nada que, sem movimento, possa perdurar. Desde que há movimento, ele não cessa senão para recomeçar: assim ele é perpétuo e inesgotável. De todos os seres gerados pelo Céu-Terra até às montanhas mais inabaláveis, não há nenhum que não mude. Por isso, permanência não quer dizer fixidez. Uma coisa fixa não pode perdurar. O único que muda no decurso do tempo é o Tao constante[50].

Em resposta a uma carta de Zhang Zai, para quem "a natureza, mesmo inabalável, não pode evitar ser ativa e ser afetada pelas coisas exteriores", Cheng Hao deixa entrever a in-

18. O pensamento dos Song do Norte...

fluência de seus estudos budistas, recusando-se a ver alguma distinção entre interior e exterior:

> Digo [que a natureza é] inabalável por sê-lo tanto na atividade quanto na quietude, por não ir adiante das coisas, e também por não fazer distinção entre dentro e fora. Considerar as coisas de fora como exteriores e chegar a se conformar com isso equivale a considerar sua própria natureza como dividida em interior e exterior. Além disso, se a natureza segue supostamente as coisas que lhe são exteriores, enquanto ela está fora, o que permanece no interior? [...]
>
> O que faz a permanência do Céu-Terra é que sua mente se propaga a todos os seres, sendo embora ausência de mente. O que faz a permanência do Santo é que suas emoções harmonizam-se com todos os acontecimentos, sendo embora ausência de emoções. Por isso a educação do homem de bem é vasta e imparcial; às coisas que se apresentam ele responde em perfeita conformidade[51].

Princípio e energia

Ao contrário de Zhang Zai, a energia (*qi*) não é considerada como primeira pelos irmãos Cheng, para os quais a alternância entre Yin e Yang não é simplesmente a expansão/contração de um *qi* eterno, mas o processo contínuo de geração de *qi* novo e de desaparecimento de *qi* usado. Em vez de pôr o acento sobre a noção cíclica de Cumeeira suprema, que não aparece em seus escritos, os irmãos Cheng preferem falar da "Origem verdadeira", fonte que jorra sem cessar, geradora de *qi* indefinidamente. Eles procuram provavelmente contornar assim o obstáculo da transmigração budista, que ameaçaria a concepção de Zhang Zai, e relativizar o *qi* em relação ao absoluto constante que é o *LI*:

> Dizer que o *qi* usado (lit. "já entrado") deve ainda servir novamente para dar o *qi* em expansão é pas-

sar ao lado das transformações do Céu-Terra. As transformações do Céu-Terra geram espontaneamente, ainda e sempre, sem fim. Que necessidade haveria de tornar a utilizar uma forma já morta, um *qi* já entrado, para as necessidades da criação-transformação (*zaohua* 造化)?

Tomemos um exemplo bem próximo em nosso próprio corpo: a abertura e o fechamento, o vai-e-vem se observam na respiração pelo nariz; mas não é necessário esperar que o ar inspirado tenha entrado para expirar. O *qi* é gerado espontaneamente. O *qi* do homem nasce a partir da Origem verdadeira. O *qi* do Céu gera-se também espontaneamente, ainda e sempre, sem fim.

É como a água do mar, que seca sob a predominância do Yang e que se reconstitui com a predominância do Yin. Ora, não é certamente com um *qi* seco que a maré sobe! A capacidade geradora é espontânea, o vai-e-vem, a contração e a expansão, são apenas princípio. Desde que há crescimento, há declínio; desde que há dia, há noite; desde que há ida, há vinda. Entre Céu e Terra, não é como uma imensa fornalha? O que é que nela não se fundiria?[52]

"A vida que gera a vida sem trégua chama-se mutação": é em virtude disto que o Céu é o Tao. O Céu tem como único Tao gerar. O que se segue deste princípio gerador não é outra coisa senão o bem[53].

Nesta última passagem, a potência geradora do Céu é relacionada com o bem. Na energia perpetuamente jorrante que é o *qi*, os irmãos Cheng vêem o processo universal e eternamente renovado do senso do humano (*ren* 仁). À semelhança da "energia transbordante" (*haoran zhi qi*) de Mêncio[54], o *qi* é moral por ser vida sempre jorrante e, por isso, pura, sadia e boa. Numa perspectiva menciana, o Céu é fonte ao mesmo tempo cósmica e moral e sua potência criadora é princípio tanto de vida quanto de bondade.

Princípio e senso do humano

Se o senso do humano é à imagem de uma energia constantemente renovada, ele é, por essência, princípio. Falando dos *Analectos* de Confúcio, Cheng Yi descreve-o como "o princípio de retidão do universo"[55]: assim como o princípio é primeiro, assim o que sobressai na natureza é o senso do humano, promovido por isso à categoria de noção globalizante, enquanto a tradição confuciana via nele apenas uma das "cinco constantes":

> A natureza é princípio (*xing ji li* 性即理), é o que entendemos por natureza de princípio. Tomado na fonte, não há princípio no universo que não seja bom. Enquanto não forem desenvolvidas, satisfação e cólera, tristeza e alegria jamais são más; mesmo desenvolvidas, enquanto permanecem equilibradas, elas jamais podem ser más, seja o que for que fizerem. Toda vez que se trate de bom e de mau, é sempre o bom que precede o mau[56].

É este caráter original e gerativo do senso do humano que permite ao homem participar da atividade do Céu e dizer, como Mêncio: "As dez mil coisas estão presentes em mim em sua totalidade"[57]. O senso moral é questão de sensibilidade, que é antes de mais nada totalmente física, à flor da pele. É desprovido de senso moral aquele que permanece insensível (sobretudo ao sofrimento dos outros), entorpecido como um membro onde o fluxo vital não circula mais:

> Uma obra de medicina descreve a paralisia das mãos e dos pés como ausência de senso humano (literalmente "não-*ren*", *buren* 不仁): impossível encontrar uma expressão melhor. Aquele que tem o senso do humano é um só com o Céu-Terra e as dez mil coisas, sem que haja nada que não seja ele. Desde que ele tomou consciência disto, onde haveria limites [à sua humanidade]? Se há coisas que não fazem parte de mim, elas não terão naturalmente nenhuma relação comigo. Da mesma forma como a mão

ou o pé abandonados pelo senso humano, nos quais o influxo vital não circula mais, já não fazem mais parte de mim[58].

Será tarefa de Zhu Xi, um século mais tarde, explicitar a relação entre energia, princípio e natureza, ou seja, entre função de produção e função de organização, relação sobre a qual os irmãos Cheng contentam-se em dizer:

> Falar de natureza sem falar de energia é ser incompleto; falar de energia sem falar de natureza é ser pouco esclarecedor. É iludir-se fazer delas duas coisas distintas[59].

Busca de santidade

Ocupando um lugar central na renovação confuciana, a busca da santidade faz parte das primeiras preocupações dos irmãos Cheng, sem dúvida sob a influência de Zhou Dunyi. A santidade não aparece mais como um ideal inacessível reservado a épocas passadas, ela deve ser procurada ativamente aqui, agora e por cada um. Um princípio só é vivo se sua verdade for objeto de uma experiência direta, imediata e radicalmente pessoal, na medida em que não chegamos a ela a não ser por nossos próprios esforços. Não se trata mais de receber passivamente o legado do passado. A santidade tornou-se, por assim dizer, atual, uma experiência possível na vida concreta e que cada um pode "obter por si mesmo e para si mesmo" (*zide* 自得). Esta noção, central na ética do *daoxue*, faz uma vez mais referência a Mêncio:

> O homem de bem mergulha a fundo no Tao por desejo de descobri-lo por si mesmo. Descobrindo-o por si mesmo, sente-se à vontade nele. Sentindo-se à vontade nele, encontra nele riquezas profundas. Encontrando nele riquezas profundas, bebe na fonte em todas as circunstâncias. Por isso o homem de bem faz questão de descobrir por si mesmo[60].

18. O pensamento dos Song do Norte...

Na medida em que alguém a "obtém por si mesmo" (*zide*), a santidade se realiza naturalmente, "por si mesma" (*ziran*):

> Aquele que aprende deve concentrar-se na preservação de sua mente, e não empenhar-se em forçá-la. Deve cultivá-la e nutri-la em profundidade até mergulhar nela inteiramente. Só então ele a descobrirá por si mesmo. Empenhar-se em correr-lhe atrás não passa de um sinal de egoísmo e não basta, afinal de contas, para atingir o Tao[61].

Numa perspectiva tipicamente confuciana, um tal projeto moral encontra seu prolongamento no plano político. Cheng Yi é um dos mestres confucianos dos Song que levou mais a sério a idéia menciana da autoridade do sábio sobre o príncipe. Num memorial ao imperador Yingzong (r. 1064-1068), Cheng Yi lembra-lhe que nada pode ser feito se ele próprio não tomar a decisão de assumir suas responsabilidades:

> Consolidar sua resolução é o fundamento; quando a resolução do soberano está consolidada, o universo inteiro está em ordem. Consolidar sua resolução supõe ser autêntico no mais alto grau e não ter senão um só pensamento: tomar sobre si (*ziren* 自任) o encargo do Tao, conformar-se com o ensinamento dos santos, empenhar-se em praticar o governo dos antigos reis, sem se deixar refrear por sua *entourage* nem perturbar pelo clamor público, de maneira a reconduzir o universo a um estado semelhante às Três Dinastias[62].

Notas do capítulo 18

1. Sobre Su Xun cf. capítulo precedente nota 11.

2. Cheng Hao e Cheng Yi são também conhecidos por seus respectivos apelidos: Mingdao ("que ilumina o Tao") e Yichuan (do nome do rio junto ao qual ele viveu). Para as fontes biográficas, cf. CHAN Wing-tsit em Herbert FRANKE (ed.), *Sung Biographies*, Wiesbaden, Steiner, 1976, p. 174-179; e Angus C. GRAHAM, *Two Chinese Philosophers: Ch'eng Ming-tao and Ch'eng Yi-ch'uan*, Londres, Lund Humphries, 1958,

p. XX nota 2. Esta última monografia continua sendo a mais confiável em língua ocidental sobre os irmãos Cheng.

3. Sobre Hu Yuan cf. capítulo precedente nota 5.

4. Note-se que Su Shi comentou também os *Analectos* de Confúcio, o *Livro dos Documentos* e o *Invariável Meio*, cf. Christian MURCK, "Su Shih's Reading of the Chung-yung", em Susan BUSH e Christian MURCK (eds.), *Theories of the Arts in China*, Princeton University Press, 1983, p. 267-292. Cf. também LIN Yu-tang, *The Gay Genius. The Life and Times of Su Tungpo*, Nova York, J. Day, 1947; Ronald C. EAGAN, *Word, Image and Deed in the Life of Su Shi*, Harvard University Press, 1995.

5. Wang Anshi faz aqui referência ao modelo antigo do *Tratado dos Ritos*, cf. *Linchuan xiansheng wenji* (*Escritos de Wang Anshi*), Xangai, Zhonghua shuju, 1971, p. 794.

6. Comentário sobre o 4º hexagrama *meng* (ao qual também faz referência o *Zhengmeng* de Zhang Zai, cf. cap. precedente nota 60), em *Su Shi Yizhuan* (*Comentário de Su Shi sobre as Mutações*), ed. Congshu jicheng, 1, p. 13.

7. Su Shi Yizhuan, 7, p. 158.

8. Comentário da frase do *Shuogua* (*Explicação das figuras*): "Penetrar a fundo o princípio, realizar plenamente sua natureza para chegar a seu destino", em *Su Shi Yizhuan*, 8, p. 177.

9. Su Shi Yizhuan, 1, p. 3-4.

10. A história ao mesmo tempo social e intelectual desta mutação é o tema da obra de Peter K. BOL, *"This Culture of Ours": Intellectual Transitions in T'ang and Sung China*, Stanford University Press, 1992.

11. Cf. William Theodore DE BARY, *Neo-Confucian Orthodoxy and the Learning of the Mind-and-Heart*, Columbia University Press, 1981, p. 9, e *The Trouble with Confucianism*, Harvard University Press, 1991, p. 9s.

12. Cf. *Mengzi* VII B 38.

13. *Yichuan wenji* (*Escritos de Cheng Yi*) 7, em *Er Cheng ji*, p. 638. A expressão "esta cultura" faz referência aos *Analectos* IX,5: "Ameaçado de morte em Kuang, o Mestre declarou: 'Após a morte do rei Wen, sua cultura (*wen*) não devia viver ainda aqui, em mim? Se o Céu tivesse desejado enterrar esta cultura, ninguém mais teria podido invocá-la como eu o faço. Ora, se não é essa a intenção do Céu, o que teria eu a temer das pessoas de Kuang?'"

O que nos restou do ensinamento dos irmãos Cheng (escritos, comentários sobre os Clássicos, coletâneas de ditos etc.) está reunido sob o título

18. O pensamento dos Song do Norte...

Er Cheng quanshu (*Obras completas dos irmãos Cheng*), especialmente na edição SBBY. A edição moderna utilizada aqui é o *Er Cheng ji* (*Obras dos irmãos Cheng*) em 4 vols., Pequim, Zhonghua shuju, 1981.

14. Cf. cap. precedente nota 94.

15. *Yanzi suohao hexue lun* (*Aquilo que Mestre Yan gostava de aprender*), em *Yichuan wenji* (*Obras de Cheng Yi*) 4, em *Er Cheng ji*, p. 577-578. Cheng Yi teria composto este ensaio em 1056, quando estudava na capital sob a orientação de Hu Yuan (cf. acima nota 3), que havia dado este tema a seus alunos para discorrerem sobre ele e que ficou impressionado pelo trabalho escrito de Cheng Yi. A citação no final desta passagem provém do *Invariável Meio* 21.

16. *Yishu* 18, em *Er Cheng ji*, p. 188. Como no caso da maioria dos grandes mestres, o ensinamento dos irmãos Cheng foi consignado em grande parte por discípulos em forma de notas que foram organizadas por Zhu Xi no séc. XI em duas compilações: o *Henan Chengshi yishu* (*Escritos deixados pelos Cheng de Henan*), abreviado para *Yishu*) e o *Henan Chengshi waishu* (complemento do primeiro, abreviado para *Waishu*).

17. *Waishu* 10, em *Er Cheng ji*, p. 408.

18. *Yishu* 19, em *Er Cheng ji*, p. 247.

19. *Yishu* 18, em *Er Cheng ji*, p. 217.

20. Cf. cap. 2, "Retificar os nomes".

21. *Yishu* 15, em *Er Cheng ji*, p. 144. A primeira frase é uma alusão aos *Analectos* de Confúcio XII,1: "O Mestre diz: Aquilo que é contrário ao ritual, não o olhes, não o ouças; aquilo que é contrário ao ritual, não fales a respeito nem comprometas nisso tuas ações".

Sobre a conivência entre os dois homófonos LI (princípio) e li (rito), cf. cap. 1 nota 14.

22. *Henan Chengshi jingshuo* (*Explicações dos Cheng de Henan sobre os Clássicos*, abreviado para *Jingshuo*) 8, em *Er Cheng ji*, p. 1160.

23. Cf. *Analectos* VI,23.

24. *Yichuan Yizhuan* (*Comentário de Cheng Yi sobre as Mutações*) 4, em *Er Cheng ji*, p. 968.

25. *Yishu* 18, em *Er Cheng ji*, p. 195.

26. *Yishu* 1 e 22 A, em *Er Cheng ji*, p. 3 e 290.

27. *Yishu* 18, em *Er Cheng ji*, p. 215. É uma paráfrase do *Mengzi* V A 6: "Quando alguma coisa se faz sem que haja ninguém para fazê-la, é obra do Céu; quando alguma coisa acontece sem que ninguém seja sua causa, é obra do destino".

28. *Zhuzi yulei* 6, ed. Zhonghua shuju, p. 99.

29. *Yishu* 2 A e 15, em *Er Cheng ji*, p. 13 e 144.

30. Cf. a resposta a Yang Shi sobre a "Inscrição do oeste" em *Yichuan wenji* (*Escritos de Cheng Yi*) 5, em *Er Cheng ji*, p. 609. Sobre a "Inscrição do oeste" cf. capítulo precedente nota 81.

31. *Daxue* (*O Grande Estudo*), parte I (traduzida por inteiro no cap. 2 nota 16).

32. CHAN Wing-tsit lembra que houve até 72 interpretações diferentes! Cf. *Source Book*, p. 561-562.

33. *Yishu* 22 A e 18, em *Er Cheng ji*, p. 277 e 188. A citação "os espíritos dos ancestrais régios chegaram" é tirada do *Livro dos Documentos*, cap. *Yi Ji*.

34. *Yishu* 15 e 18, em *Er Cheng ji*, p. 157 e 193.

35. *Yishu* 18, em *Er Cheng ji*, p. 188.

36. *Ibid.*, p. 204. Há aqui uma alusão ao cap. I do *Invariável Meio* (cf. cap. 11 nota 41).

37. *Yishu* 18, em *Er Cheng ji*, p. 205. Esta desconfiança em relação aos sentidos trai a influência do budismo, bem como as análises às quais se entregam os irmãos Cheng sobre estados de consciência "limites" (sonho, alucinação etc.).

38. Cf. cap. 16, "A mente do Zen".

39. *Yishu* 18, em *Er Cheng ji*, p. 224.

40. *Yishu* 25, em *Er Cheng ji*, p. 317. Para a distinção de Zhang Zai, cf. cap. precedente nota 99.

41. *Yishu* 2 A e 15, em *Er Cheng ji*, p. 16 e 164.

42. *Yishu* 17, em *Er Cheng ji*, p. 181, Note-se que Cheng Yi fala de "agir segundo o não-agir" (*wei wuwei* 為無為 , cf. *Yishu* 18, em *Er Cheng ji*, p. 226.

43. *Yishu* 18, em *Er Cheng ji*, p. 188. Quanto a Yan Hui, a alusão é aos *Analectos* de Confúcio V,8 e VII,8.

44. Citado por Jacques GERNET, *L'Intelligence de la Chine*, p. 312.

45. Comentário do julgamento sobre o 38º hexagrama *kui* ("oposição"), *Yichuan Yizhuan* (*Comentário de Cheng Yi sobre as Mutações*) 3, em *Er Cheng ji*, p. 889.

Este comentário de Cheng Yi sobre as *Mutações* (prefácio datado de 1099) é o único texto chegado até nós completo e claramente atribuível a um dos dois irmãos, e a única verdadeira obra que Cheng Yi jamais escreveu.

18. O pensamento dos Song do Norte...

46. Comentário sobre a segunda linha do 37º hexagrama *jiaren* ("família"), *Yichuan Yizhuan* 3, em *Er Cheng ji*, p. 886.

47. Cf. o memorial que Cheng Yi dirigiu ao imperador Renzong em 1050, aos 17 anos de idade, para criticar com corajosa segurança o estado da sociedade, em *Er Cheng ji*, p. 510-515.

48. *Yishu* 18, em *Er Cheng ji*, p. 225.

49. *Yichuan jingshuo* (*Explicações de Cheng Yi sobre os Clássicos*), em *Er Cheng ji*, p. 1028.

50. Comentário sobre o julgamento do 32º hexagrama *heng* ("permanência"), *Yichuan Yizhuan* 3, em *Er Cheng ji*, p. 862.

51. "Resposta a uma carta de Zhang Zai", *Mingdao xiansheng wenji* (*Escritos de Cheng Hao*) 2, em *Er Cheng ji*, p. 460.

52. *Yishu* 15, em *Er Cheng ji*, p. 48. Os efeitos do Yang e do Yin sobre o mar são os do sol e da lua geradora das marés.

53. *Yishu* 2 A, em *Er Cheng ji*, p. 29. A citação é tirada do *Grande Comentário* ao *Livro das Mutações* (*Xici* A 5).

54. Cf. cap. 6, "Fisiologia moral".

55. *Yichuan jingshuo* (*Explicações de Cheng Yi sobre os Clássicos*), em *Er Cheng ji*, p. 1136.

56. *Yishu* 22 A, em *Er Cheng ji*, p. 292. Como no texto citado acima na nota 36, aqui faz-se referência ao primeiro capítulo do *Invariável Meio*.

57. *Mengzi* VII A 4 (citado no ca. 6, p. 202).

58. *Yishu* 2 A, em *Er Cheng ji*, p. 15. Isto faz eco a *Mengzi* VII A 21 (citado no cap. 6, p. 189).

59. *Yishu* 6, em *Er Cheng ji*, p. 81.

60. *Mengzi* IV B 14.

61. *Yishu* 2 A, em *Er Cheng ji*, p. 14.

62. *Yichuan wenji* (*Escritos de Cheng Yi*) 1, em *Er Cheng ji*, p. 521. A expressão *ziren* vem do *Mengzi* V B 1, onde se trata de "tomar sobre si o peso do mundo". Para uma exortação semelhante de Cheng Hao ao imperador, cf. *Mingdao wenji* (*Escritos de Cheng Hao*) 1, em *Er Cheng ji*, p. 451.

O costume de designar um letrado eminente para ensinar regularmente ao imperador sobre os textos clássicos remonta a 1033, e se perpetuará sob diversas formas até o fim do império.

19
A grande síntese dos Song do Sul (séc. XII)

Zhu Xi (1130-1200) e Lu Xiangshan (1139-1193)

Após a debandada dos Song diante dos Jürchen da Manchúria (ou Jin, 1115-1234) e a restauração em 1127 da dinastia no Sul, em Lin'an (atual Hangzhou)[1], não resta aos letrados, ainda sob o choque da perda do berço cultural chinês, senão tirar as lições das diversas correntes do séc. XI. Enquanto a dinastia havia começado com amplos programas de reformas em âmbito do império, a elite intelectual dos Song do Sul contenta-se em agir no plano local para responder à preocupação educativa que continuou predominante.

Recebido brilhantemente aos exames mandarínicos desde a idade de dezenove anos, Zhu Xi abraça a carreira burocrática com a responsabilidade pelas escolas, pelas bibliotecas e pelos ritos de sua região de origem, a atual província costeira de Fujian[2]. Após um período de fascínio pelo budismo Zen, toma como mestre Li Tong (1093-1163), que o orienta numa busca espiritual propriamente confuciana inspirada em alguns pensadores dos Song do Norte: Zhou Dunyi, Zhang Zai e os irmãos Cheng, cujos escritos ele compila sobretudo no *Jinsi lu* (*Reflexões sobre o que nos toca de perto*), em colaboração com seu amigo Lü Zuqian (1137-1181). É este último que organiza em 1175 seu famoso encontro com Lu Jiuyuan no mosteiro do Lago do Ganso, na atual província de Jiangxi, no decorrer

19. A grande síntese dos Song do Sul

do qual acontece um dos mais célebres debates filosóficos da história chinesa.

Lu Jiuyuan, mais conhecido pelo apelido de Xiangshan (o "Monte do Elefante" de sua Jiangxi natal, para onde se retirou a fim de ensinar), após ter passado nos concursos mandarínicos de que Lü Zuqian era examinador, serviu na burocracia, mas foi sobretudo um mestre cuja palavra simples e direta tocou um auditório bem vasto. À maneira dos mestres Zen, ia direto ao essencial e deixou poucos escritos, ao contrário de seu ilustre contemporâneo Zhu Xi, ao qual tudo concorria para opô-lo[3]. As discussões do mosteiro do Lago do Ganso versam principalmente sobre dois pontos: de um lado, Lu Xiangshan e seu irmão mais velho Lu Jiuling (1132-1180) censuram Zhu Xi por atribuir demasiada importância ao saber livresco e à exegese, desafiando-o a dizer quais livros poderia haver para ler nos tempos remotos antes dos sábios Yao e Shun. Por outro lado, uma discussão sobre a ordem dos hexagramas das *Mutações* forneceu a Lu Xiangshan a oportunidade de lançar-se numa longa exposição sobre seu tema preferido, a mente original. De imediato, confrontam-se duas visões que Lu Xiangshan resume já num poema composto no caminho que o leva ao mosteiro:

> Uma prática simples e fácil revelar-se-á grande e duradoura,
> A preocupação com os detalhes esparsos perder-se-á nas areias[4].

Oposição confirmada pelas testemunhas oculares:

> Durante o encontro do Lago do Ganso, a discussão recaiu sobre a maneira de educar as pessoas. Zhu Xi era de opinião que é preciso levá-las a ampliar seus horizontes e suas leituras antes de reter o essencial. Mas, segundo os irmãos Lu, é preciso primeiramente revelar a mente fundamental do homem, vindo as leituras em seguida. Para Zhu, a maneira dos irmãos Lu era demasiadamente simplista; para estes últimos, a de Zhu era demasiadamente

fragmentada; seguiu-se entre eles um certo desacordo[5].

Em 1179, como prefeito de Nankang em Jiangxi, Zhu Xi consagra-se inteiramente à sua missão educativa, dando numerosas conferências, mandando erguer um templo a Zhou Dunyi e restabelecendo a academia da Gruta do Cervo Branco, que iria desempenhar um papel de primeiro plano no desenvolvimento das academias privadas e na propagação do *daoxue*. Mas toma igualmente medidas concretas para prevenir as inundações e as fomes através da construção de diques e celeiros comunitários. Mas não se pode dizer que a carreira oficial de Zhu Xi, confinada a postos locais, lhe tenha permitido desempenhar um papel político importante[6]. De fato, Zhu Xi não estava disposto a fazer concessões a burocratas cuja corrupção ele nunca deixou de denunciar. Em 1197, pouco antes de sua morte, os ataques dos meios oficiais contra o *daoxue* ("estudo do Caminho"), chamado zombeteiramente de "estudo desencaminhado" (*weixue* 偽學), endureceram-se ao ponto de colocar seu nome numa lista negra e sua vida em perigo[7].

Zhu Xi, apesar de tudo, conseguiu criar, fora do sistema oficial voltado para os exames, a infra-estrutura de academias privadas, o *corpus* de textos e a rede de comunidades escolásticas necessárias para animar um programa educativo coerente[8]. Além da centena de obras que compôs em domínios muito variados[9], comentou um bom número de Clássicos confucianos, a começar pelo *Grande Estudo*, os *Analectos* de Confúcio, o *Mengzi* e o *Invariável Meio*, agrupados nos "Quatro Livros", novo *corpus* canônico que se acrescenta aos Clássicos. Assim, Zhu Xi nada mais faz do que confirmar uma tendência que se esboça desde o final do Tang e o início dos Song: é preciso reencontrar a mente original de Confúcio, do qual Mêncio é designado o herdeiro e o porta-voz, para além da tradição exegética dos Han e dos Tang sobre os Clássicos, que não têm mais a autoridade absoluta de que gozavam até então. Daqui para o futuro, o importante já não é tanto a tradição escritural quanto as reflexões sobre a natureza humana, os fundamentos

19. A grande síntese dos Song do Sul

da moralidade e o lugar do homem no cosmos, para as quais os Quatro Livros são fontes vivas de inspiração[10].

A posição de Zhu Xi em face dos textos canônicos reflete a passagem para uma preocupação existencial, que vai da famosa fórmula de Cheng Yi "A cultura moral exige gravidade e os progressos no estudo residem no desenvolvimento do conhecimento" à fórmula não menos famosa de Lu Xiangshan "Por pouco que, através do estudo, se conheça o fundamento, os Seis Clássicos não são muito mais do que anotações sobre mim (ou seja, sobre a mente, fonte de moralidade)"[11]. A freqüentação dos textos já não visa unicamente a erudição, mas deve trazer uma transformação de toda a pessoa:

> Quando lemos, não nos contentamos em procurar os princípios morais no papel, é preciso procurá-los em si mesmo: "é ali que eles encontram sua realidade e sua aplicação[12].

Pode-se dizer que Zhu Xi foi para os Song do Sul o que Ouyang Xiu havia sido para os Song do Norte, sendo sua ambição nada mais nada menos que reavaliar a tradição cultural em sua totalidade. Mas, muito mais que seu predecessor, Zhu Xi dispunha dos meios intelectuais para operar uma nova e vigorosa síntese na qual Céu e Homem eram novamente relacionados, não mais numa cosmologia correlativa considerada por demais mecânica, mas numa verdadeira sinergia que leva cada indivíduo a cultivar-se a si mesmo, a fim de realizar o desígnio celeste. É este imenso trabalho de síntese ao mesmo tempo ética, cosmológica e canônica – em suma, uma reavaliação do Tao – que iria constituir por diversos séculos um horizonte intelectualmente intransponível.

Do "estudo" à "transmissão" do Tao

No séc. XII, o *daoxue* é representado por uma comunidade ativa, agrupada em torno de mestres como Zhu Xi em Fujian, Lü Zuqian em Zhejiang, Lu Xiangshan em Jiangxi ou ainda Zhang Shi (1133-1180) em Hunan[13]. De uma associação bastante frouxa de pensadores individuais com idéias muito divergentes, passa-se pouco a pouco a uma escola de pensamento que acaba sendo reconhecida como ortodoxia de Estado em meados do séc. XIII e que permanecerá até o início do séc. XX. Este fenômeno vem acompanhado de uma consciência cada vez mais convicta de pertencer a uma comunidade distinta dos letrados-burocratas e de aderir a um projeto comum aplicado em academias onde rituais vêm reforçar o elo entre os adeptos. Inspiradas evidentemente nos mosteiros Zen, são "fundações privadas ou semiprivadas, onde mestres célebres transmitem livremente um ensinamento moral e filosófico que geralmente se apóia numa interpretação dos Clássicos. O termo mais corrente para designá-las é *shuyuan*. Este termo evoca um conjunto de construções enfileiradas que comportam uma biblioteca"[14]. A influência do Zen manifesta-se igualmente pela insistência na transmissão oral: "Até então os intelectuais passavam seu tempo sobretudo comentando os textos clássicos ou redigindo seus próprios tratados, que sempre invocavam a autoridade dos Clássicos. Um outro gênero torna-se moda sob a dinastia Song: os alunos na escola de filósofos famosos anotam, para publicá-las, as conversações que mantêm com seus mestres. Estas conversações postas por escrito (*yulu*) exprimem a atitude dos homens que se consideram sobretudo professores comunicando a seus discípulos o ensinamento inefável dos antigos sábios, que uma formulação por demais elaborada só vem deformar com muita facilidade"[15]. Para além da referência ao modo de transmissão dos mestres Zen, os *yulu* remetem aos mestres da antiguidade, Confúcio e Mêncio, dos quais apenas o ensinamento oral foi transmitido por seus discípulos; eles formam a maior parte do *corpus* confuciano a partir dos Song, a tal ponto que, na corrente derivada de Lu Xiangshan, a expressão escrita é quase abandonada.

A partir do fim do séc. XI e durante todo o séc. XII, o "estudo do Tao" (*daoxue* 道學) tende a dar lugar à "transmissão legítima do Tao (*daotong* 道統), seguindo o modelo da legitimidade dinástica (*zhengtong* 正統) fundada na recepção do mandato celeste[16]. Zhu Xi constrói então do nada uma filiação de acordo não com os textos ou os fatos históricos, mas com sua própria idéia do Tao. Em seu *Jinsi lu* (*Reflexões sobre o que nos toca de perto*)[17], dentre os autores dos Song do Norte são retidos apenas aqueles que, a seu ver, reacenderam a tocha do Tao extinta desde Mêncio: Zhou Dunyi (por ter desenvolvido a noção de Cumeeira suprema), os irmãos Cheng (por terem repensado o Princípio) e Zhang Zai, excluindo Shao Yong considerado influenciado demais pelo ocultismo taoísta. Contra toda evidência, supõe-se que os irmãos Cheng receberam o ensinamento de Zhou Dunyi sobre o Diagrama da Cumeeira suprema – embora jamais tenham feito a mínima alusão a ela e jamais tenham reconhecido Zhou Dunyi como mestre – e Zhang Zai encontra-se colocado atrás de seus sobrinhos. Zhu Xi procura fazer culminar implicitamente a transmissão em sua própria pessoa, sem fazer qualquer menção a seu mestre Li Tong nem a contemporâneos importantes como Lu Xiangshan.

A Cumeeira suprema, unidade do princípio e da energia

Explicitando noções elaboradas um século antes e esclarecendo as relações entre elas, Zhu Xi realiza inegavelmente um colossal trabalho de síntese, ao ponto de ser cognominado o Tomás de Aquino chinês. Enquanto Lu Xiangshan tenta encontrar desde o início a fonte jorrante que para ele é a mente, durante toda sua vida Zhu Xi não terá paz enquanto não compreender o "nó central" onde se articulam a natureza da mente e seu funcionamento. Este ponto de convergência ele o encontra na Cumeeira suprema (*taiji* 太極), noção fundamental na tradição das *Mutações* e reativada por Zhou Dunyi, que ele se esforça por transformar num equivalente do Princípio tão essencial para os irmãos Cheng. As duas noções designam, com efeito, uma unidade que serve de base à multiplicidade, mas enquanto chamá-la "Cumeeira suprema" implica que todas as coisas resultantes da divisão de uma unidade primordial provêm de uma única e mesma origem, chamá-la "Princípio" significa que as coisas são percorridas por uma única e mesma racionalidade, graças à qual pode-se proceder do conhecido para o desconhecido:

> A Cumeeira suprema é simplesmente o princípio do Céu, da Terra e das dez mil coisas. [...] A Cumeeira suprema não é senão uma outra palavra para "Princípio"[18].

Zhu Xi concebe a Cumeeira suprema como o princípio de todos os princípios, ou o "princípio supremo" (que os irmãos Cheng, que se recusam a falar de Cumeeira suprema, chamam de "princípio celeste"), mas ao mesmo tempo como a unidade das dez mil coisas na energia vital (*qi* 氣). É na Cumeeira suprema que se fundamenta a unidade do princípio e da energia, do a-montante e do a-jusante das formas visíveis, do Um e do múltiplo, da "constituição" e da "função". Ora, para pensar princípio e energia como sendo dois e no entanto, o primeiro designando o aspecto constitutivo (*ti* 體) e o segundo o aspecto funcional (*yong* 用)[19], Zhu Xi não pode senão recorrer à noção de Cumeeira suprema, e daí o lugar central que ele é o primeiro a conceder a Zhou Dunyi:

> A Cumeeira suprema relaciona-se ao Tao que está a montante das formas visíveis; Yin e Yang relacionam-se aos objetos concretos que estão a jusante das formas visíveis[20].
>
> Entre Céu e Terra, há ao mesmo tempo princípio e energia. O princípio relaciona-se ao Tao a montante das formas visíveis, é a raiz donde saíram todas as coisas. A energia relaciona-se aos objetos concretos que estão a jusante das formas visíveis, é o meio pelo qual todas as coisas nascem. Assim, no processo de sua geração, homens e coisas são necessariamente dotados deste princípio que lhes dá sua natureza e desta energia que lhes dá suas formas visíveis. Embora não se concebam fora de um corpo, esta natureza

19. A grande síntese dos Song do Sul

> e estas formas distinguem-se claramente, uma dependendo do Tao e as outras dos objetos concretos, distinção que não podemos embaralhar[21].
>
> Olhando do ponto de vista do a-montante das formas, aquilo que é vazio e quieto é constitutivo, ao passo que aquilo que se realiza nos fatos e nas coisas é funcional. Mas, olhando do ponto de vista do a-jusante das formas, pode-se também dizer que fatos e coisas são constitutivos, ao passo que o princípio que se realiza e se revela é funcional. [...] Entre o a-montante e o a-jusante das formas há realmente uma distinção. É preciso ver justamente que um é constitutivo e o outro funcional antes de poder dizer que eles provêm de uma mesma fonte. É preciso ver que um é figura visível e o outro é princípio, antes de poder dizer que não há intervalo entre eles[22].

Isto explicita com toda a evidência o prefácio de Cheng Yi ao seu comentário sobre as *Mutações*:

> Infinitamente sutil, assim é o princípio. Infinitamente manifesta, assim é a figura. Constituição e função provêm de uma mesma fonte, entre manifesto e sutil não há intervalo[23].

Constituição e função formam uma espécie de binômio paradigmático, à maneira de Yin e Yang, sob o qual podemos agrupar os habituais pares Céu/Terra, sutil/manifesto etc. No entanto Zhu Xi insiste muito no fato de que não se trata de categorias distintas, mas de dois aspectos da mesma realidade última que é o Tao. Não apenas não existe constituição sem função ou o inverso, mas podemos dizer que a constituição é função constitutiva e que a função é constituição funcional:

> A Cumeeira suprema contém em si mesma o princípio do movimento e da quietude, mas não se deve ver no movimento e na quietude uma distinção entre constituição e função, já que a quietude é a constituição da Cumeeira suprema e o movimento é sua função. Tomemos por exemplo um leque: há ape-

nas um leque; quando o agitamos, ele é função, mas, quando o guardamos, ele é constituição. Uma vez que o guardamos, ele não é senão um princípio único; mas, quando o agitamos, ele não deixa de ser sempre este único princípio[24].

Aquilo que a constituição é para a função, o princípio o é para a energia:

> No universo nunca houve energia sem princípio, nem princípio sem energia. [...] Desde que há princípio, há energia, mas é o princípio que é fundamental. No fundo, não se pode dizer que um é anterior e o outro posterior. Apenas se fizermos questão absoluta de remontar à origem é que somos obrigados a designar o princípio como anterior. O que não significa que o princípio seja uma entidade à parte; muito pelo contrário, ele é inerente à energia. Caso não houvesse esta energia, o princípio não poderia agarrar-se a nada. [...] Como saber se é o princípio que vem em primeiro lugar e a energia em segundo, ou o inverso? Tudo isso é inverificável. Mas, no plano da idéia, desconfio que a energia opera em função do princípio. Desde que há concentração de energia, há também princípio. Enquanto a energia tem a capacidade de, condensando-se, criar e realizar, o princípio não tem nem intencionalidade, nem projeto, nem capacidade criativa[25].

Percebemos nesta formulação hesitante um pensamento que procura seu caminho, mas não há dúvida alguma de que a distinção entre princípio e energia, entre a montante e a jusante das formas, não pode absolutamente corresponder à distinção própria da linguagem filosófica ocidental entre transcendência e imanência, entre metafísica e física: Zhu Xi indica claramente que existe uma realidade única considerada sob seus dois aspectos, constitutivo e funcional. Este princípio repleto de energia possui, com efeito, uma realidade substancial que o opõe inteiramente à vacuidade budista, denunciada por Zhu Xi como pura constituição dissociada de toda função. É sobre este ponto preciso que se trava por correspondência, em 1188-1189, a controvérsia entre Lu Xiangshan e Zhu Xi sobre a fórmula inaugural da *Explicação do Diagrama da Cumeeira suprema* de Zhou Dunyi: "Sem-Cumeeira e no entanto Cumeeira suprema"[26].

"Cumeeira suprema" ou "Sem-Cumeeira"?

A controvérsia foi iniciada por Lu Xiangshan, para quem a noção de "Sem-Cumeeira", tirada do *Laozi* 28, é uma concessão inadmissível ao taoísmo. A bipartição da noção de Cumeeira parece-lhe inútil, e mesmo perigosa, na medida em que a Cumeeira suprema, acompanhada de sua negação, corre assim o risco de ver-se rejeitada para fora do Tao. A objeção de Lu visa na realidade a Zhu Xi, que se vê censurado por falar da Cumeeira suprema, não mais em termos de energia como era o caso até Zhou Dunyi, mas em termos de princípio, com o risco de fazer dela uma noção transcendente. Ora, para Zhu Xi, o erro de Lu Xiangshan é precisamente dissociar, como o fazem os budistas, constituição (princípio) e função (energia): trata-se, por conseguinte, de convencer seu objetor de que o Sem-Cumeeira (constituição) não é uma entidade separada e superior à Cumeeira suprema (função), mas uma maneira de designar sua unidade indiferenciada. Zhu Xi apega-se manifestamente à noção de Cumeeira suprema como Sem-Cumeeira para melhor preservar-lhe a não-determinação, que é a única a preservar a possibilidade infinita de produção e de transformação:

> Se Mestre Zhou [Dunyi] qualifica [a Cumeeira suprema de] Sem-Cumeeira, é precisamente porque ela não tem nem lugar nem aspecto, considerando que está aí antes das coisas embora perdurando depois que elas fizeram sua aparição, que ela existe fora do Yin/Yang embora operando no interior deles, que ela atravessa o todo e que está presente em toda parte sem que possamos de início atribuir-lhe nenhum som, odor, sombra ou eco[27].

"Sem nenhum som nem odor": esta caracterização das operações do Céu chegará a designar o princípio primeiro de todas as coisas na indeterminação própria a todo absoluto. Está justamente aqui o perigo, farejado por Lu Xiangshan, de um "princípio celeste" "a montante das formas", dissociado do mundo "a jusante das formas", o da realidade cósmica e humana. Para Lu, este princípio tem traços fortemente taoístas de um Tao dissociado da ação humana. Ora, Zhu Xi recusa-se precisamente a ver no Sem-Cumeeira e na Cumeeira suprema etapas distintas no surgimento do manifestado a partir do latente, e todo seu esforço consiste em mostrar que, contrariamente àquilo que pensa seu objetor, não há dualismo na medida em que o primeiro não é senão a realidade antes da manifestação das formas e o segundo é esta mesma realidade após sua manifestação.

> Quando Lao-tse fala de há e de não-há, ele os considera como duas entidades distintas; quando Mestre Zhou fala de há e de não-há, ele os considera como não sendo senão um só. [...] Dizer "Sem-Cumeeira e no entanto Cumeeira suprema" é como falar do "agir do não-agir"[28].

A noção de Cumeeira suprema permite, portanto, a Zhu Xi trazer para um plano cosmológico, e não mais apenas ético, a fórmula de Cheng Yi "O princípio é um mas suas diferenciações são múltiplas", ilustrada pela metáfora da semente, cara aos filósofos chineses:

> Não há senão um princípio único, que as dez mil coisas compartilham como sua substância, mas [ao mesmo tempo] cada uma das dez mil coisas comporta seu próprio princípio. [...] Mas tudo acaba por retornar a um só princípio que se difunde por toda parte. É como uma semente de painço que produz um germe, o qual produz uma flor. Uma vez que a flor é portadora de sementes que voltam a ser painço, retornamos à forma original. Uma espiga contém cem sementes, cada uma das quais forma uma entidade completa. Se estas cem sementes forem

19. A grande síntese dos Song do Sul

> semeadas, cada uma produzirá por sua vez cem entidades. Elas continuarão a reproduzir-se assim indefinidamente: no início é uma única semente que não cessou de subdividir-se. Cada uma das coisas possui um princípio que lhe é próprio, mas todas retornam a um princípio único[29].

As relações das partes para com o todo não são mais percebidas apenas como a fusão da infinita multiplicidade dos seres na harmonia universal, mas também como a unidade do macrocosmo do qual cada coisa não é senão um microcosmo. O que significa que a Cumeeira suprema engloba todas as coisas num todo, mas que ao mesmo tempo cada coisa individual compreende a Cumeeira suprema:

> Fundamentalmente, não há senão uma única Cumeeira suprema, mas cada uma das dez mil coisas recebeu-a em partilha, de tal forma que cada uma a possui em sua totalidade. O mesmo acontece com a lua: não há senão uma lua no céu, mas quando seu reflexo se dispersa sobre rios e lagos, ela é visível em todo lugar sem que se possa dizer que ela está dividida[30].

A imagem da lua lembra a analogia utilizada pela escola budista Huayan: o Um é para o múltiplo o que a lua é para seus reflexos nos dez mil rios, cada reflexo devolvendo a imagem não apenas da lua mas de todos os seus outros reflexos. Todavia a comparação pára por aí, porque para Zhu Xi não se trata de mostrar que o Um e o múltiplo se unem na vacuidade budista, mas, ao contrário, de afirmar a unidade entre a constituição e a função, unidade esta que será o próprio fundamento de toda a reflexão confuciana dos Ming sobre a unidade entre o conhecimento e a ação.

A mente, unidade entre o princípio celeste e os desejos humanos

A questão da natureza humana (*xing* 性), tão fundamental para a ética confuciana, divide os espíritos desde Mêncio e

Xunzi até os primeiros pensadores do *daoxue* dos Song. É então que Cheng Yi, que eleva o Princípio à categoria de noção suprema, repensa toda a concepção menciana, vendo tanto no Céu como em nossa natureza e em nossa mente (*xin* 心) aspectos do Princípio:

> Mêncio dizia que a mente, a natureza e o Céu não dependem senão de um único princípio[31].

Zhu Xi acrescenta a esta nova construção a Cumeeira suprema, que ele transforma, no domínio ético, em fonte do "senso do humano" (*ren* 仁). Enquanto Mêncio liga este último à nossa mente e Cheng Yi à nossa natureza[32], a noção de Cumeeira suprema (unidade entre a constituição e a função) permite a Zhu Xi conceber a mente como unidade entre a natureza (constituição) e as emoções (função):

> A mente é o senhor do corpo. Ela encontra sua constituição na natureza humana e seu funcionamento nas emoções[33].

Zhu Xi nada mais faz senão retomar as idéias de Zhang Zai, para quem "a mente é quem governa a natureza e as emoções", e de Cheng Yi, para quem "a mente é uma, designando ora a constituição ora a função"[34]:

> A natureza é aquilo que ainda não está em movimento, as emoções são aquilo que já está em movimento; quanto à mente, ela abarca as duas coisas. Assim, a mente que ainda não está em movimento é natureza, e quando está em movimento ela é emoções; é o que [Zhang Zai] chama de "mente que governa a natureza e as emoções". Os desejos são produzidos pelas emoções. A mente é como a água: a natureza é a água em sua quietude, as emoções representam a água que flui e os desejos representam a água que se agita. Ora, nestas vagas, há vagas boas e outras más. Entre os desejos, há desejos bons, como quando "eu desejo ser sempre mais humano", e desejos maus, que se precipitam para fora em violentos turbilhões; a maior parte do tempo,

19. A grande síntese dos Song do Sul

estes últimos reduzem a nada o princípio celeste como a água que rompe os diques e destrói tudo à sua passagem. Quando Mêncio diz que "as emoções levam a fazer o bem", ele quer referir-se às emoções cheias de retidão, que provêm de nossa natureza e das quais nenhuma, na origem, é má[35].

Ao contrário de Lu Xiangshan, que, como veremos, se contenta em pôr em equivalência mente e princípio, Zhu Xi considera que na mente só a natureza é princípio por ser concedida pelo Céu. A frase inaugural do *Invariável Meio* "O que é concedido pelo Céu chama-se natureza" é interpretada da seguinte maneira:

> A natureza é o Princípio. O Céu, pelo Yin/Yang e os Cinco Agentes, dá origem e transformação às dez mil coisas, que tomam forma pela energia, estando embora dotadas de princípio[36].

Pelo fato de Zhu Xi conceber a natureza como "princípio celeste", ou, em outras palavras, como "senso do humano" (*ren*), a unidade fundamental da mente permite por sua vez compreender o *ren* – já percebido como energia pelos irmãos Cheng – em termos de princípio. Herdeiro de uma concepção globalizante resumida na fórmula de Cheng Hao "Aquele que tem o senso do humano é um só com o Céu-Terra e as dez mil coisas"[37], Zhu Xi define o *ren* como "o princípio do amor e a virtude da mente", ou seja, a mente do Céu-Terra que dá origem às coisas, o que equivale a fundar a ética confuciana na universalidade do Príncipio[38].

Para Zhu Xi é essencial apresentar a mente como ponto de convergência do princípio (ou seja, da natureza proveniente do Céu) e da energia (cuja maior ou menor pureza diferencia os seres). A energia reveste, com efeito, graus diferentes "de fineza e de grosseria", segundo os obstáculos e obstruções que ela encontra em diferentes seres e que determinam a maior ou menor visibilidade do princípio. Assim se explicam as diferenças de inteligência entre o homem e o animal, mas também entre os próprios homens[39].

O objetivo de toda esta exposição sobre as relações princípio/energia (ou natureza/emoções) é explicar, *num mesmo movimento*, dois fatos: o fato de que nossa natureza é uma e boa porque proveniente do Céu e o fato de acontecer que fazemos o mal. Como explicar que devo fazer esforço para encontrar minha natureza fundamental que é princípio? Trata-se, na verdade, de estabelecer uma continuidade entre a espontaneidade da energia e a exigência do princípio moral. Para começar, de que natureza falamos? Será a "natureza física" (*qizhi zhi xing* 氣質之性) de que falam Zhang Zai e os irmãos Cheng, a cota inata de energia que varia de um indivíduo a outro e que pode ser boa, má ou as duas coisas ao mesmo tempo? Ou será, mais fundamentalmente, a "natureza decretada pelo Céu" (*tianming zhi xing* 天命之性) ou "natureza de moralidade e de princípio" (*yili zhi xing* 義理之性)? Haveria assim a natureza biológica que depende da energia, e a natureza fundamental que depende do princípio. Enquanto a primeira é o que nós temos de comum com o resto dos seres e das coisas, nossa especificidade humana reside na segunda. Assim se explica a distância entre Mêncio, que, ao afirmar que a natureza humana é boa, pensa na natureza proveniente do Céu, e Xunzi, que afirma o contrário, referindo-se por sua vez à natureza física. Portanto, só levando em conta ao mesmo tempo a energia e o princípio é que poderemos ter uma visão completa de nossa natureza:

> A natureza é o princípio que o homem conserva do Céu. A vida é a energia que o homem conserva do Céu. A natureza está a montante das formas visíveis, a energia a jusante. O homem, como todos os seres, vem à existência dotado desta natureza e desta energia. Em termos de energia, o homem e os outros seres quase não diferem pelas faculdades de consciência e de movimento; mas, em termos de princípio, os seres possuiriam todos o senso do humano, do justo, do ritual, todo o discernimento [do homem]? Eis o motivo pelo qual a natureza do ho-

19. A grande síntese dos Song do Sul

mem é inteiramente boa e sua inteligência é superior entre os dez mil seres[40].

Naquilo que o distingue dos outros seres, o homem tem reações que têm a propriedade de mudar com o seu conhecimento. O princípio que estrutura a energia de cada um não é senão uma parte do princípio celeste, que, pelo processo do conhecimento, modifica progressivamente suas reações espontâneas do egoísmo à universalidade, à medida que sua energia se purifica:

> A natureza nada mais é do que princípio. Sendo assim, sem a energia e a matéria do Céu-Terra este princípio não seria mais inerente a nada. Onde a energia é recebida em sua pureza e em sua limpidez, não há nem obscuridade nem obstrução e o princípio pode manifestar-se sem obstáculo. Quando a obstrução é insignificante, é o princípio celeste que triunfa; quando ela se torna mais intensa, são os desejos egoístas que prevalecem. Vê-se, por aí, que a natureza original é inteiramente boa[41].

Aqui, o problema da relação entre desejos humanos e princípio celeste deve ser entendido como a relação entre o todo e suas partes e posto em conexão com "a unidade do Princípio e a diversidade de suas particularizações" de Cheng Yi, em que a realidade do múltiplo e do particular (o eu em toda sua individualidade e seus desejos particulares) é afirmada tanto quanto a universalidade do Princípio (a natureza moral).

"Mente de Tao" e "mente humana"

A mente é ao mesmo tempo princípio e energia, mas deve ser constantemente purificada pelo esforço moral para manter o controle de um sobre a outra. Zhu Xi é levado assim a retomar a distinção, já elaborada por Cheng Yi, entre a "mente de Tao" (*daoxin* 道心) e a "mente humana" (*renxin* 人心). A primeira, que corresponde à natureza moral de que o homem foi dotado pelo Céu, é aquilo que Zhu Xi entende por princípio; a segunda abrange a parte psicofísica da natureza humana, feita de emoções e de desejos que dependem da energia e que, embora não sendo intrinsecamente maus, podem tornar-se egoístas sem o controle da mente de Tao[42].

No entanto, o mal-entendido seria pensar que a mente de Tao é boa, ao passo que a mente humana é má[43]: Zhu Xi está antes à procura de um sutil equilíbrio entre as duas, de maneira a evitar o duplo escolho do ativismo utilitarista e do descompromisso taoísta ou budista. Trata-se de "tomar pé" no mundo humano e, ao mesmo tempo, de "encontrar um ancoradouro para o corpo e a mente" no mundo natural. Aos olhos de Zhu Xi, há um igual perigo em dispensar-se de toda norma e em ser parcimonioso com o natural:

> Se empregamos apenas a mente humana sem reconhecer a mente de Tao, certamente caímos na negligência e no erro. Mas se nos atemos apenas à mente de Tao desdenhando a mente humana, isso equivale a separar natureza moral (*xing* 性) e natureza dada (ou "destino", *ming* 命) em duas entidades distintas; aquilo que chamamos mente de Tao é então vazio e sem existência real, e assim caímos na doutrina budista e taoísta, sem relação nenhuma com as instruções contidas no *Livro de Yu*[44].

As "instruções do *Livro de Yu* (*Yushu*)" aludem a uma passagem de autenticidade duvidosa, os "Conselhos de Yu o Grande" (*Da Yu mo*) no *Livro dos Documentos*, no qual encontramos uma injunção de Shun a seu sucessor Yu o Grande, fundador da antiga dinastia Xia:

> A mente humana não é senão precariedade.
> A mente de Tao não é senão sutileza.
> Apega-te ao essencial e ao Um.
> Apóia-te firmemente no Meio[45].

Estes quatro versos crípticos, que cabem em dezesseis caracteres, acabaram por tornar-se uma contra-senha da renovação confuciana dos Song, interpretada nestes termos por Cheng Yi:

19. A grande síntese dos Song do Sul

> A mente humana, não sendo senão desejos egoístas, comporta o risco de toda precariedade; a mente de Tao, sendo princípio celeste, tem a sutileza do essencial. Desde que os desejos egoístas são eliminados, o princípio celeste aparece em toda a sua clareza[46].

Diante dessa tendência, a seus olhos perigosa, de dissociar duas mentes, Lu Xiangshan esforça-se por encontrar a fonte do princípio celeste na mente humana concebida como uma:

> O princípio do Tao não é outro senão o que temos sob os olhos. Se tivéssemos a capacidade de elevar nossa percepção até o nível dos santos, nunca veríamos outra coisa senão o princípio do Tao que está sob nossos olhos. [...] A teoria do princípio celeste e dos desejos humanos não é, evidentemente, a melhor. Supondo que o Céu seja princípio e que o homem seja desejos, segue-se que Céu e Homem não são a mesma coisa. Uma tal idéia encontra sua fonte em Lao-tse. [...] A maioria dos comentadores entenderam a mente do homem como designando seus desejos, e a mente de Tao como sendo o princípio celeste. Esta interpretação é falsa. A mente é uma, como teria o homem duas mentes?[47]

A unidade da mente segundo Lu Xiangshan

Para opor-se àquilo que lhe parece uma bifurcação entre Céu e Homem, entre princípio celeste e mente humana, e para corrigir a fórmula de Cheng Yi "A natureza é princípio" (*xing ji li* 性即理), Lu Xiangshan lança sua própria fórmula, que continuará sendo o resumo de seu pensamento: "É a mente que é princípio" (*xin ji li* 心即理):

> Mente, só há uma; princípio, só há um. Em última análise tudo equivale a um, o sentido essencial não pode ser dois. Esta mente, este princípio, em nenhum caso pode ser dois[48].

Para Lu Xiangshan a realidade encontra-se toda inteira na unidade e na continuidade da mente:

> As quatro direções com o em cima e o embaixo chamam-se "espaço". O passado e o futuro chamam-se "tempo". O espaço-tempo é minha mente, minha mente é o espaço-tempo. Há milhares de gerações, apareceram santos que participavam desta mente, deste princípio. Dentro de milhares de gerações, aparecerão santos que participarão desta mente, deste princípio. Todos os santos que aparecem entre os Quatro Mares participam desta mente, deste princípio. [...] A realidade intrínseca ao espaço-tempo é a minha própria: a realidade que me é intrínseca é a mesma do espaço-tempo[49].

Ao contrário de Cheng Yi e de Zhu Xi, Lu Xiangshan quase não se interessa pela noção de natureza, dificilmente concebível sem a de princípio celeste. Para ele, a unidade do real e a bondade original da natureza humana são imediatamente presentes, elas pertencem ao já-dado e, enquanto tais, não podem ser apreendidas senão na imediatez da intuição. A um discípulo que lhe pergunta a diferença entre "natureza", "capacidade", "mente", "emoção", Lu limita-se a responder: "Tudo isso vem a dar na mesma, difere apenas a maneira de dizê-lo". Evidentemente, Lu não se interessa por essas questões intelectuais de terminologia: a importância vital está na pulsação das "veias", que "se encontra exclusivamente no senso do humano e do justo"[50].

Acusado de equiparar o Princípio ao Tao, Zhu Xi contra-ataca denunciando em seu objetor uma influência do budismo Zen. Segue-o um de seus discípulos mais eminentes, Chen Chun (1159-1223), que chega a aproximar a noção de mente em Lu Xiangshan da idéia budista de consciência[51]. Mas isto cheira antes a anátema do que a crítica objetiva: Lu contenta-se, no fundo, em levar aos limites extremos o inatismo menciano, mas reivindica seu "pensamento único" alto e bom som, e até com uma ponta de desafio:

19. A grande síntese dos Song do Sul

> Se meu ensinamento difere dos outros, é porque em mim tudo é espontâneo. Por mais que eu tenha dito milhares de palavras, elas não exprimem senão aquilo que está em mim sem acrescentar-lhe nenhum floreio. Alguém dizia de mim recentemente: "À parte esta única frase (de Mêncio, que Lu gosta de citar a cada passo) 'Começa por consolidar o que há de grande em ti', ele não tem nenhuma outra carta na manga". Quando me contaram isso, eu disse: "Nada de mais verdadeiro!"[52]

Mas é forçoso reconhecer que Lu Xiangshan preserva a unidade fundamental da mente à custa de uma desatenção à questão do mal, sobre a qual não acrescenta grande coisa em relação a Mêncio, limitando-se a postular a identidade entre a "natureza no Céu" e a "mente no homem". Embora reconhecendo os possíveis efeitos perversos de uma energia vital impura, ele não os considera obstáculos maiores à unidade entre a mente e o princípio celeste. Numa reflexão intitulada "Basta refletir para obtê-lo [o princípio]", ele afirma com uma convicção totalmente menciana:

> O senso moral e o princípio, tais como se encontram na mente humana, são conferidos pelo Céu e não podem, portanto, ser eliminados. Se alguns se deixam obnubilar pelas coisas exteriores ao ponto de transgredir o princípio e infringir o senso moral, é simplesmente porque não refletem. Por menos que estejam em condição de fazer um verdadeiro exame de consciência e um esforço de reflexão, sua capacidade de distinguir bom e mau e de optar em conformidade terá a mobilidade do invisível, a claridade da luz e a limpidez da certeza.
>
> Os que estudam hoje não aplicam sua mente senão a bagatelas, sem procurar deter-se sobre algo concreto. Mêncio disse: "Quem bebe do potencial de sua mente conhece sua natureza. Ora, conhecer sua natureza é conhecer o Céu". Mente, só há uma: a minha, a de meu amigo, a do sábio de milênios passados, a do sábio de milênios futuros, todas par-

ticipam desta mesma mente. A mente tem uma constituição imensa, e por pouco que eu chegue a beber de seu potencial, já não sou senão uma só coisa com o Céu[53].

Ao contrário de Lu Xiangshan, para quem a mente *é* princípio, Zhu Xi concebe a mente humana como o lugar de revelação do princípio celeste, que no entanto não pode manifestar-se plenamente senão à custa de um esforço constante da mente, caso se deva levar em conta a existência de pulsões más. Para isso é necessário distinguir a mente da natureza. Esta, não sendo senão outra expressão do princípio, do "ainda não manifestado" (*weifa* 未發), está "a montante das formas". Em compensação, a mente, que Zhu Xi, ao contrário de Lu Xiangshan, considera como o "já manifestado" (*yifa* 已發), está "a jusante das formas"[54]; ela deve ser concebida como uma mistura de princípio e de energia capaz de produzir emoções que só podem transformar-se muito facilmente nos "desejos egoístas" próprios do humano.

Em suma, aos olhos de Zhu Xi, Lu Xiangshan não consegue preservar a unidade fundamental entre a mente e o princípio senão às custas de um subjetivismo total que provoca constantemente a pergunta: quando digo "a mente *é* princípio", não pretendo antes dizer que é *minha* mente que é princípio, e neste caso não se deixa a porta aberta a todas as mistificações? Por isso Zhu Xi está constantemente à procura de normas, de referências para testar a validade do princípio: conhecimento da intenção dos santos pelo estudo dos Clássicos, exame das coisas exteriores etc.

Na perspectiva de Lu Xiangshan, a mente vem em primeiro lugar e é a ela que se reduz todo o resto: "Aquilo que enche a mente e dela emana e aquilo que se estende por todo o universo não é outra coisa senão princípio"[55]. Para Zhu Xi, esta primazia da mente representa apenas um dado inicial que deve em seguida encontrar substância no processo da cultura moral, compreendendo todo o trabalho da mente sobre ela mesma como também seu confronto com o mundo exterior. Enquanto

19. A grande síntese dos Song do Sul

Lu concebe a mente na perspectiva atemporal e anistórica da unidade antropocósmica, Zhu Xi, para quem nada está decidido nem dado de antemão, nunca perde de vista o plano histórico e a pretensão culturalista do projeto confuciano.

Disciplina mental

Ao contrário do que Lu Xiangshan gostaria de nos fazer acreditar, Zhu Xi percebe a mente de Tao e a mente humana como uma só e única mente, considerada sob seus dois aspectos: o aspecto moral, que a faz juntar-se ao princípio celeste, e o aspecto estritamente biológico e instintivo. Resta, no entanto, que tanto em Zhu Xi quanto em Cheng Yi sente-se uma vontade de controle, consciente do risco permanente de cair na anarquia. A metáfora da água, cuja tendência a fluir para baixo é em Mêncio tão natural como a tendência da natureza humana a ser boa, assume tons sombrios em Zhu Xi, que compara a mente a uma água suscetível de ser agitada por ondas más[56]. Esta sombra lançada sobre o otimismo menciano explica-se sem dúvida pela influência conjunta de Xunzi e do budismo[57]:

> A mente designa o senhor. Ela permanece senhor tanto no movimento quanto na quietude – não que ela não seja necessária na quietude, e que só torne a sê-lo ao passar ao movimento. Por "senhor" é preciso entender um poder de controle inerente à mente que se difunde por toda parte. A mente unifica e controla a natureza e as emoções, mas sem por isso tornar-se uma coisa só com elas numa vaga entidade sem distinções[58].

Esta obsessão de um "senhor" a presidir a todos os seres vivos não deixa de evocar a elaboração desta idéia por Wang Bi no séc. III, o qual hauria em Chuang-tse e em Mêncio a noção de uma "mente inabalável" (*budong xin* 不動心), mesmo sob o efeito das pressões exteriores[59]. Zhu Xi, por sua vez, fala de um "princípio fixo" a partir do qual torna-se possível enfrentar o "tohu-bohu das dez mil transformações". A disciplina mental necessária para conseguir esse ponto de equilíbrio em que a mente humana se confunde com a mente de Tao é chamada de "regra da mente" (*xinfa* 心法), empréstimo tomado do budismo e do taoísmo. Cheng Yi via já no *Invariável Meio* "a regra da mente transmitida pela escola de Confúcio", alusão à primeira seção onde se trata da "vigilância do homem de bem quando está sozinho consigo mesmo"[60].

No pensamento de Zhu Xi entra, portanto, em consideração a mente não apenas em sua "constituição fundamental" (*benti* 本體), mas também em sua "aplicação funcional" no seio da experiência concreta (*fayong* 發用). Esta exige um "esforço moral deliberado e constante" (*gongfu* 功夫), que se manifesta em certo número de práticas, das quais as mais difundidas são a meditação sentada e a anotação quotidiana de seu exame de consciência, evidentemente retomadas do taoísmo e do budismo. O *jingzuo* 靜坐 (literalmente o "sentado em quietude") é nitidamente inspirado no "sentado no esquecimento" (*zuowang* 坐忘) de Chuang-tse e na meditação sentada (*zuochan* 坐禪) do budismo Zen[61]. Assim, Li Tong, o mestre de Zhu Xi, "purificava sua mente permanecendo sentado silenciosamente, a fim de experimentar o que podia ser o estado no qual prazer, cólera, tristeza e alegria ainda não se manifestaram. E ele compreendeu, com o tempo, que este estado era o grande fundamento de tudo quanto existe no mundo"[62]. Eis a maneira de empregá-lo:

> Sentado na calma, com as pernas cruzadas, os olhos devem olhar a ponta do nariz. É preciso fixar sua mente na parte do corpo que está abaixo do umbigo. Com o tempo, experimenta-se uma sensação de calor e aos poucos sentir-se-á a eficácia [deste método][63].

Trata-se de levar a mente a "ver o Princípio", para retomar a expressão dos irmãos Cheng:

> Se, nos momentos de ociosidade em que não lemos, nos sentamos na calma, isto tem como efeito apaziguar a mente, regular a respiração e fazer ver,

19. A grande síntese dos Song do Sul

num esclarecimento progressivo, o princípio de ordem universal[64].

O "sentado em quietude" leva a experiências que podemos chamar de místicas pelo fato de permitir encontrar a mente original, "ainda não manifestada", ou seja, antes que a atividade mental se exprima sob forma de volições, pensamentos ou sentimentos. Mas Zhu Xi evita cair na tendência quietista associada aos taoístas e aos budistas, ressaltando que mesmo a quietude suprema não pode ser dissociada da atividade própria do homem confuciano:

> "O minúsculo esboço é movimento ainda imperceptível": imperceptível é o movimento em seu começo, no momento exato em que verdadeiro e falso, bom e mau fazem sua aparição. [...] Este início é tão pouco perceptível quanto um fio de cabelo; mas, graças a uma observação aprofundada, a visão se alarga e o princípio do Tao se revela então naturalmente. Este momento do "minúsculo esboço" é o ponto de separação entre o bom e o mau. Desde que temos dele uma percepção clara, há um exame das coisas e, por conseguinte, expansão do conhecimento; da primeira decorre a autenticidade do pensamento, da segunda a retidão do coração e a cultura moral, as quais produzem por sua vez a coesão familiar, a boa ordem do país e a paz universal[65].

Zhu Xi declara falsa a idéia sincretista de que não existe diferença fundamental entre o senso do humano confuciano e a compaixão budista, e de que a única divergência seria de ordem puramente funcional, não propondo o budismo nenhum projeto prático. Para quem procura reencontrar uma fonte de inspiração autenticamente confuciana, esta distinção entre princípio absoluto e prática ética é inaceitável. A fusão total com o princípio – a santidade – não pode ser alcançada senão na prática moral mais concreta, quotidiana e ordinária. Daí a necessidade, para os que ainda não possuem o conhecimento total dos santos, de entregar-se ao estudo do princípio ao mesmo tempo dentro e fora deles mesmos.

"Exame das coisas e expansão do conhecimento"

Em face de Lu Xiangshan, que decide retornar à fonte viva da intuição menciana, a capacidade da mente de refinar-se continuamente e de encontrar sua comunhão primeira com a potência cósmica, Zhu Xi está à procura de uma norma exterior à mente. É por este motivo que ele tem em grande apreço o "exame das coisas" (*gewu*). Na esteira de Cheng Yi, ele toma esta expressão do *Grande Estudo* no sentido de "atingir" as coisas para resgatar-lhes o princípio[66]. Assim é descrito um progresso ético que desemboca numa experiência mística que poderia ser comparada à iluminação budista:

> A frase "A expansão do conhecimento consiste no exame das coisas" significa que, se eu quero expandir meu conhecimento, devo ir até o fundo do princípio de todas as coisas que se apresentarem a mim. A inteligência de todos os homens é dotada de aptidão a conhecer, assim como todas as coisas sob o Céu são dotadas de princípio. Enquanto houver princípios que não tenham sido explorados a fundo, o conhecimento não é exaustivo. Por isso o *Grande Estudo*, em suas primeiras instruções, recomenda instantemente àquele que aprende, diante de qualquer coisa que seja, começar pelo que ele conhece de seu princípio e explorá-lo até seu fundo último, de maneira a levar ao extremo sua busca. Graças a trabalho e a muito tempo empregado, um belo dia, subitamente, ele penetrará tudo numa mesma unidade. É então que, da abundância das coisas, nada mais lhe será inacessível – tanto a frente como o verso, tanto o mais sutil como o mais sumário – e que, de sua mente, nada mais permanecerá na sombra – tanto a totalidade de sua constituição como a amplidão da sua ação. Eis o "exame das coisas" e a "expansão do conhecimento"[67].

Com certeza esse conhecimento não deve ser entendido num sentido empírico e objetivo: tratar-se-ia, antes, de um

19. A grande síntese dos Song do Sul

"co-nascimento" como intuição imediata. O exame do princípio, por sua vez, evoca imediatamente um projeto moral que não pode ser levado a bom êxito senão de maneira cumulativa, mesmo que a prática moral possa às vezes chegar a uma iluminação instantânea. O prefácio ao *Grande Estudo* indica um caminho gradual que Zhu Xi põe abertamente em paralelo com os três grandes princípios e o caminho óctuplo do ensinamento budista. A exigência de "aperfeiçoar-se a si mesmo a fim de estar em condição de governar os homens" (*xiuji zhiren* 修己治人) significa que a regeneração da sociedade passa por uma disciplina individual praticada por qualquer um. Zhu Xi toma grande cuidado de fazer distinção entre este processo e a iluminação súbita do Zen, sublinhando, num espírito eminentemente menciano, a responsabilidade política que tem o soberano de assegurar a educação de todos através de uma rede de escolas, desde a capital até à mais pequenina aldeia. Neste ponto, ele se opõe às concepções de Chen Liang (1143-1194) e de Ye Shi (1150-1223), que, por seus critérios utilitaristas de eficácia e suas preocupações econômicas, sociais e políticas, são os herdeiros das tendências críticas e reformadoras de Wang Anshi, a sombra negra de Zhu Xi[68].

Para Zhu Xi os ritos são "as formas exteriores que manifestam o princípio celeste", ou seja, o senso do humano. Contrariamente à concepção de Xunzi, os ritos não ocupam mais o centro de gravidade, continuando embora a desempenhar uma função pedagógica e social. Por essa razão, Zhu Xi mostra-se preocupado com a saúde moral da sociedade, trabalhando ativamente para a ampla difusão dos ritos na vida familiar e educativa. Suas obras *Ritos familiares* (*Zhuzi jiali*) e *Estudo elementar* (*Xiaoxue*), embora compilados em grande parte por outros, desempenharam um papel de primeiro plano na difusão da ética confuciana por toda a sociedade desde os Song até aos Qing[69].

Este aspecto da obra de Zhu Xi atesta o rigorismo adotado a partir do séc. XI pela sociedade chinesa, que vê proliferar as "convenções municipais" (*xiangyue*), associações de edificação moral cujo objetivo é "encorajar-se mutuamente para o bem, corrigir-se mutuamente das próprias faltas, tratar-se mutuamente segundo os ritos, ajudar-se mutuamente em caso de desgraça"[70]. Como lembra Jacques Gernet, que vê nisto um paralelo com a Europa dos séc. XVI-XVIII, "tomou-se a iniciativa de transformar o prescrito em vivência, catequizar as pessoas do povo e impor-lhes uma moral mais rigorosa. A partir do séc. XI-XII exerceu-se uma pressão social mais forte sobre as mulheres, os jovens e, de modo geral, os subordinados"[71]. O rigorismo moral dos Song, amplamente apoiado pela escola Cheng-Zhu, estabelece um paralelo entre uma concepção absolutista da lealdade do ministro para com seu príncipe e a fidelidade de uma mulher para com o marido, mesmo falecido: "Assim como uma mulher virtuosa não se entrega a dois esposos, diz Sima Guang, assim um ministro leal não serve a dois soberanos"[72].

Gradualismo e subitismo, conhecimento e ação

Apesar da nítida oposição em que os respectivos sucessores pretenderam congelar as visões de Zhu Xi e de Lu Xiangshan, ambos parecem compartilhar no fundo a mesma concepção monista do mundo como um todo indivisível e plenamente presente em cada uma de suas partes. A divergência entre eles recairia mais sobre a maneira de pensar essa unidade. Segundo Zhu Xi, recusando-se a identificar o mal e permanecendo preso à unidade da mente sem "ir até ao fundo do princípio", Lu Xiangshan não encontra os meios de encarar a relação entre mente e princípio sob todos os aspectos. Inversamente, prestando uma excessiva atenção ao fosso existente entre o mal e o princípio, Zhu Xi corre o risco de "dissociar mente e princípio em duas entidades distintas" e assim tornar impossível sua unidade.

Após sua morte, o acalorado debate entre os dois mestres tende a endurecer-se na rivalidade entre escolas, a do princípio (*lixue* 理學) contra a da mente (*xinxue* 心學). Enquanto a

19. A grande síntese dos Song do Sul

primeira atribuiria o primado ao "caminho da investigação e do estudo" (*dao wenxue* 道問學), a segunda privilegiaria a "exaltação da natureza moral" (*zun dexing* 尊德性)[73]. Esta dupla expressão, tomada do *Invariável Meio*, é comentada por Zhu Xi da seguinte maneira:

> Exaltar a natureza moral é o meio de preservar a mente em sua integridade para levar a seu ápice aquilo que há de grande na substância do Tao. Seguir o caminho da investigação e do estudo é o meio de expandir seu conhecimento para penetrar até o fim no mais ínfimo da substância do Tao. Eis os dois grandes fundamentos da cultura da virtude e do fortalecimento do Tao[74].

Zhu Xi parece querer fazer aqui a síntese mais equilibrada possível entre os dois princípios da investigação intelectual e da prática ética, que são, segundo sua própria comparação, tão solidários como as duas asas de um pássaro ou as duas rodas de uma charrete. Trata-se, nada mais nada menos, de um programa integral de busca de santidade. Embora insistindo na unidade fundamental entre a prática e o conhecimento, o caminho de Zhu Xi permanece gradualista, com o único risco de ser qualificado como "fragmentário" por Lu Xiangshan, que prefere afirmar a primazia do inatismo moral:

> Se não se sabe exaltar a natureza moral, como se pode falar de seguir o caminho da investigação e do estudo?[75]

Inatismo no qual Zhu Xi pressente um subitismo Zen, que Lu teria tentado fazer passar sob a aparência de ensinamento confuciano, como um contrabandista de sal de Fujian que esconde seu sal de contrabando sob peixe seco[76]. Esta controvérsia prolonga a tensão, já percebida nos *Analectos* de Confúcio, criada por uma dupla exigência: a ampliação do conhecimento e da experiência e o cuidado de reduzi-los ao essencial que é o senso moral[77]. Mas, entrementes, houve a reformulação budista, e doravante a tensão se dá entre a progressão gradual e cumulativa da edificação moral e a iluminação súbita[78]. Existem aqui duas concepções diferentes do surgimento do sentido, conforme este seja captado pelo intelecto ou pela intuição. Para Zhu Xi é impossível economizar o conhecimento no processo moral:

> Conhecimento e ação são sempre indispensáveis um ao outro, como os olhos e as pernas: sem pernas, os olhos não podem andar; sem olhos, as pernas não podem ver. Em termos de ordem a seguir, o conhecimento vem em primeiro lugar; mas em termos de importância, é a ação que tem o maior peso[79].

É essencialmente a articulação entre o conhecimento e a ação que fornecerá muito material para discussão aos sucessores de Zhu Xi, dos quais o mais marcante será Wang Yangming sob os Ming. É verdade que o lado livresco e intelectual da síntese zhuxista, suas contribuições para a tradição clássica e a exploração ideológica que sofrerá assegurarão uma perenidade maior a ele do que a seus adversários. A partir da metade do séc. XIII, o pensamento de Zhu Xi é elevado a ortodoxia e começa a difundir-se por todo o mundo "chinizado", particularmente na Coréia e no Japão, onde conhecerá uma evolução rica e original[80]. Em 1241, quando os mongóis venceram os Jürchen do Norte, a corte imperial dos Song do Sul, em desvairada busca de um fundamento ideológico para sua legitimidade, adota oficialmente o *daoxue*, introduzindo as imagens de seus principais representantes no templo de Confúcio e estimulando o estudo de seus textos e comentários. Mas a dinastia Song está destinada a desaparecer em 1279 sob as invectivas dos mongóis. Estes últimos já estabeleceram então sua dinastia dos Yuan no Norte da China, tendo por capital Khanbalik (a atual Beijing ou Pequim, a "capital do Norte"), a mesma que Marco Polo (1254-1324) pôde admirar por ocasião de sua entrevista com o grande Khan Kubilai (r. 1260-1294)[81]. Por um decreto de 1313 do imperador Renzong dos Yuan os Quatro Livros e os Clássicos nos comentários de Zhu Xi impõem-se ao programa dos exames mandarínicos, constituindo uma nova ortodoxia que iria manter-se durante seis séculos até à abolição definitiva do sistema dos exames em 1905.

Notas do capítulo 19

1. Sobre a história intelectual deste período cf. Hoyt Cleveland TILLMAN e Stephen WEST (eds.), *China under Jürchen Rule: Essays on Chin Intellectual and Cultural History*, Albany, State University of New York Press, 1955; James T.C. LIU, *China Turning Inward: Intellectual and Political Changes in the Early Twelfth Century*, Harvard University Press, 1988.

2. Para os elementos biográficos sobre Zhu Xi, cf. CHAN Wing-tsit (ed.), *Chu Hsi and Neo-Confucianism*, Honolulu, University of Hawaii Press, 1986. Do mesmo autor cf. *Chu Hsi: Life and Thought*, Hong Kong, Chinese University Press, 1987, e *Chu Hsi: New Studies*, Honolulu, University of Hawaii Press, 1989.

Para estudos gerais sobre Zhu Xi, cf. Galen Eugene SARGENT, *Tchou Hi contre le bouddhisme*, Paris, Imprimerie nationale, 1955; TOMOEDA Ryûtarô, "The Characteristics of Chu Hsi's Thought", *Acta Asiatica*, 21 (1971), p. 52-72; Julia CHING, *The Religious Thought of Chu Hsi*, Oxford University Press, 2000.

3. A edição moderna das obras completas de Lu Xiangshan (principalmente cartas e conferências), à qual se fará referência aqui, é o *Lu Jiuyuan ji*, Pequim, Zhonghua shuju, 1980. Pode-se consultar a monografia (bastante sumária) de HUANG Siu-chi, *Lu Hsiang-shan. A Twelfth Century Chinese Idealist Philosopher*, 1944, reed. Westport (Conn.), Hyperion Press, 1977; e Wallace Robert FOSTER, *Differentiating Rightness from Profit: The Life and Thought of Lu Jiuyuan (1139-1193)*, tese de PhD, Harvard University, 1997.

4. *Lu Jiuyuan ji* 34, p. 427. Para uma tradução completa ao inglês, cf. CHAN Wing-tsit, "Neo-Confucian Philosophical Poems", *Renditions* (Hong Kong), 4 (1975).

O encontro é relatado na biografia cronológica de Lu Xiangshan, cf. *Lu Jiuyuan ji* 36, p. 490-491. Para o conteúdo da discussão, cf. *ibid.*, 34, p. 427-428. Sobre as circunstâncias do encontro, cf. Julia CHING, "The Goose Lake Monastery Debate (1175)", *Journal of Chinese Philosophy*, 1 (1974), p. 76-93.

5. Testemunho de um certo Zhu Hengdao, em *Lu Jiuyuan ji* 36, p. 491.

6. Os únicos contatos de Zhu Xi com a corte imperial foram três memoriais com corajosas repreensões que ele apresentou ao imperador Xiao-

zong (r. 1162-1189) e que foram seguidos de audiências na capital, bem como os 46 dias no final de sua carreira durante os quais foi encarregado de instruir o imperador Ningzong (r. 1194-1224) sobre o *Grande Estudo*. Sobre a carreira oficial de Zhu Xi cf. Conrad M. SCHIROKAUER, "Chu Hsi's Political Career: A Study of Ambivalence", em Arthur F. WRIGHT e Denis TWITCHETT (eds.), *Confucian Personalities*, Stanford University Press, 1962, p. 162-188.

7. Conrad M. SCHIROKAUER, "Neo-Confucians under Attack: The Condemnation of Wei-hsüeh", em John Winthrop HAEGER (ed.), *Crisis and Prosperity in Sung China*, Tucson, University of Arizona Press, 1975, p. 163-198.

8. Sobre as concepções educativas de Zhu Xi, cf. Daniel K. GARDNER, "Principle and Pedagogy: Chu Hsi and the Four Books", *Harvard Journal of Asiatic Studies*, 44/1 (1984), p. 57-82; "Transmitting the Way: Chu Hsi and his Program of Learning", *Harvard Journal of Asiatic Studies*, 49/1 (1989); "Modes of Thought and Modes of Discourse in the Sung", *Journal of Asian Studies*, 50 (1991), p. 574-603. Cf. igualmente Peter K. BOL, "Chu Hsi's Redefinition of Literati Learning", em William Theodore DE BARY e John W. CHAFFEE (eds.), *Neo-Confucian Education: The Formative Stage*, Berkeley, University of California Press, 1989, p. 151-185.

9. Muitas destas obras, que versam sobre domínios variados como a filosofia, a história, a religião, a literatura, o gênero biográfico, perderam-se. Existem algumas antologias das obras de Zhu Xi, das quais as mais importantes são:

– o *Zhuzi wenji* (*Coletânea racional das conversações de Mestre Zhu*), compilado em 1270 em 140 capítulos. A edição moderna aqui utilizada é a da Zhonghua shuju, Pequim, 1986. Pode-se consultar também a tradução parcial para o inglês de Daniel K. GARDNER, *Learning to be a Sage: Selections from the Conversations of Master Chu, Arranged Topically*, Berkeley, University of California Press, 1990.

– o *Zhuzi wenji* (*Escritos de Mestre Zhu*), datado de 1532, reúne cartas, documentos oficiais, breves ensaios, poemas etc., em 121 capítulos. É retomado na edição do *Sibu congkan* (SBCK), bem como na edição do *Sibu beiyao* (SBBY), que o rebatizou como *Zhuzi daquan* (*Grande Suma de Mestre Zhu*).

– quanto ao *Zhuzi quanshu* (*Obras completas de Mestre Zhu*), compilado em 1714 por ordem imperial e disposto em 66 capítulos, não compreende na verdade senão trechos escolhidos do *Zhuzi wenji* e do *Zhuzi yulei*. Reed. Taipei, Guangxue, 1977.

19. A grande síntese dos Song do Sul

10. Note-se que os Cinco Clássicos, com exceção do *Livro das Mutações*, são objeto de muito pouco interesse da parte dos comentadores dos Song do Sul, dos Yuan e dos Ming, e só voltam a granjear simpatia a partir do séc. XVII, no momento em que se esboça uma reação contra a ortodoxia zhuxista.

11. Cf. *Yishu* 18, em *Er Cheng ji*, p. 188, e *Lu Jiuyuan ji* 34, p. 395.

12. *Zhuzi yulei* 11, p. 192.

13. Cf. Hoyt Cleveland TILLMAN, *Confucian Discourse and Chu Hsi's Ascendancy*, Honolulu, University of Hawaii Press, 1992, que estuda a evolução histórica do *daoxue* enquanto "fellowship" [associação de amigos]. Esta comunidade distingue-se, por um lado, do *Songxue* ("estudos Song", termo genérico para designar o renascimento confuciano sob os Song) e, por outro, da escola Cheng-Zhu ou *lixue*, "escola do princípio", que se impõe como ortodoxia de Estado em 1241, recebendo estes três aspectos habitualmente sem distinções a etiqueta de "neoconfucionismo" na sinologia ocidental. Cf. também cap. 17 nota 14.

14. Cf. Jacques GERNET, *L'Intelligence de la Chine*, p. 110. Sobre as academias cf. Linda A. WALTON, "The Institutional Context of Neo-Confucianism: Scholars, Schools and *Shu-yüan* in Sung-Yüan China", em DE BARY e CHAFFEE, *Neo-Confucian Education* (referências na nota 8), p. 457-492; e *Academies and Society in Southern Sung China*, Honolulu, University of Hawaii Press, 1999.

15. Cf. Julia CHING (com Hans KÜNG), *Christianisme et religion chinoise*, Paris, Ed. Seuil, 1991, p. 101.

16. Parece que o termo *daotong* foi utilizado pela primeira vez em 1136, pouco após o nascimento de Zhu Xi, com uma referência fortemente politizada aos mestres de Luoyang, a começar pelos irmãos Cheng. Em 1131, por decreto imperial, haviam sido tributadas honras póstumas a Cheng Yi, vítima da vingança dos partidários de Wang Anshi no final dos Song do Norte. Sobre a construção de uma "genealogia do Tao" a partir dos Song do Sul, cf. A. WILSON, *Genealogy of the Way. The Construction and Uses of the Confucian Tradition in Late Imperial China*, Stanford University Press, 1995.

17. O *Jinsi lu*, antologia destinada à edificação moral de seus leitores, é um modelo do gênero, muitas vezes reproduzido e copiado, com repercussões consideráveis já que foi objeto de comentários até ao fim do séc. XIX, inclusive na Coréia e no Japão. A expressão *jinsi* é tomada dos *Analectos* de Confúcio (XIX,6): "Zixia disse: Ampliar seus conhecimentos sem perder de vista sua intenção primeira, interrogar sempre mais para melhor refletir sobre o que nos toca de perto, isso já é ter senso do humano!"

O *Jinsi lu*, por muito tempo considerado texto de base para o estudo da filosofia dos Song, conheceu muitas edições, sobretudo as de Ye Cai (meados dos séc. XIII) e de Jiang Yong (1681-1762). Esta última serviu de base para a edição moderna do *Sibu beiyao* e da Guangwen shuju, Taipei, 1972, bem como à tradução ao inglês por CHAN Wing-tsit, *Reflections on Things at Hand*, Nova York, 1967. A edição de Ye Cai serviu de base para a tradução ao alemão por Olaf GRAF, *Djin-si lu. Die sungkonfuzianische Summa*, 3 vols., Tóquio, Sophia, 1953-1954. Do mesmo autor, cf. *Tao und Jen. Sein und Sollen im sungchinesischen Monismus*, Wiesbaden, Harrassowitz, 1970.

18. *Zhuzi yulei* 1, p. 1-2.

19. Cf. David GEDALECIA, "Excursion into Substance and Function: The Development of the T'i-Yung Paradigm in Chu Hsi", *Philosophy East and West*, 24/4 (1974), p. 433-451.

20. Comentário de Zhu Xi sobre a *Explicação do Diagrama da Cumeeira Suprema* (*Taijitu shuo*), em *Zhou Dunyi ji* (*Obras de Zhou Dunyi*), Pequim, Zhonghua shuju, 1990, p. 3. A distinção entre o Tao "a montante das formas visíveis" e os objetos concretos "a jusante das formas visíveis" é retomada do *Grande Comentário* sobre as *Mutações* (cf. cap. 11 nota 43).

21. Carta em resposta a Huang Daofu, em *Zhuzi wenji* 58, ed. SBBY, p. 4b.

22. 40ª e 41ª respostas a Lü Zuqian, em *Zhuzi wenji* 48, ed. SBBY, p. 16b-17b.

23. Prefácio ao *Yichuan Yizhuan* (*Comentário de Cheng Yi sobre as Mutações*), em *Er Cheng ji*, p. 689.

24. *Zhuzi yulei* 94, p. 2372.

25. *Zhuzi yulei* 1, p. 2-3.

26. Cf. cap. 17.

27. 5ª carta de Zhu a Lu, em *Lu Jiuyuan ji*, p. 553. A expressão "sem nenhum som nem odor" é uma citação, muito cara a Zhu Xi, do *Invariável Meio*, § 33, que cita ele próprio o *Livro das Odes*, n. 235.

28. 6ª carta de Zhu a Lu, em *Lu Jiuyuan ji*, p. 555 e 558.

29. *Zhuzi yulei* 94, p. 2374.

30. *Ibid.*, p. 2409.

31. *Yishu* 22 A, em *Er Cheng ji*, p. 296.

32. *Mengzi* VI A 11 e *Yishu* 18, em *Er Cheng ji*, p. 182.

33. *Zhuzi wenji* 56, ed. SBBY, p. 14b.

34. Cf. a citação de Zhang Zai no cap. 17 nota 89 e a carta de Cheng Yi a Lü Dalin, *Yichuan wenji* (*Escritos de Cheng Yi*) 9, em *Er Cheng ji*, p. 609.

19. A grande síntese dos Song do Sul

35. *Zhuzi yulei* 5, p. 93-94. A citação "eu desejo ser sempre mais humano" provém dos *Analectos* de Confúcio VII,29; a frase de Mêncio "as emoções levam a fazer o bem" é tirada de *Mengzi* VI A 6. A comparação da mente com a água é retomada de Cheng Yi, cf. cap. 18 nota 36.

36. Comentário sobre *Zhongyong* (*O Invariável Meio*), § 1, em *Sishu zhangju jizhu* (*Colações sobre os Quatro Livros*), Pequim, Zhonghua shuju, col. "Xinbian zhuzi jicheng", 1983, p. 17.

37. Cf. cap. 18 nota 58.

38. Cf. o comentário de Zhu Xi sobre o início dos *Analectos* de Confúcio, *Lunyu jizhu* 1, em *Sishu zhangju jizhu*, p. 48 e o *Tratado sobre o senso do humano* (*Renshuo*), em *Zhuzi wenji* 67, ed. SBBY, p. 20a.

39. *Zhuzi yulei* 4, p. 65-66.

40. Comentário sobre o *Mengzi* VI A 3, em *Sishu zhangju jizhu*, p. 326.

41. *Zhuzi yulei* 4, p. 66.

42. A distinção que Zhu Xi introduz entre os "quatro germes" do *Mengzi* II A 2 (senso do humano, senso do justo, senso do ritual e discernimento), que são expressões do princípio, e as "sete emoções" do *Liji* (*Tratado dos Ritos*), cap. Liyun (alegria, cólera, tristeza, temor, amor, ódio, desejo), que são expressões da energia, provocou renhidos debates no séc. XVI-XVII na Coréia na controvérsia chamada dos "quatro-sete", cf. *Zhuzi yulei* 53, p. 1296s.

43. É um pouco a tendência rigorista adotada por alguns propagadores da escola Cheng-Zhu no séc. XII-XIII. Thomas METZGER insurge-se contra a apresentação simplista do "dualismo" do pensamento de Zhu Xi sob a forma de oposição entre princípio (= bem) e energia (= mal), cf. *Escape from Predicament*, p. 261-262, nota 210.

44. *Zhuzi yulei* 62, p. 1488.

45. As três primeiras frases provêm do *Xunzi* 21, que cita um "clássico perdido", e a última dos *Analectos* de Confúcio XX,1. A não-autenticidade desta passagem, sobre a qual o próprio Zhu Xi alimentava algumas dúvidas, foi provada de forma decisiva sob os Qing por Yan Ruoqu (1636-1704), cf. cap. 21, p. 670s.

46. *Yishu* 24, em *Er Cheng ji*, p. 312.

47. *Lu Jiuyuan ji* (*Obras de Lu Xiangshan*) 34, p. 395-396.

48. *Lu Jiuyuan ji* 1, p. 4-5. Para a fórmula de Cheng Yi cf. acima cap. 18 nota 56.

49. *Lu Jiuyuan ji* 22, p. 273. Se dermos crédito à sua biografia, Lu teria tido estes propósitos desde os doze anos de idade, cf. *Lu Jiuyuan ji* 36, p. 483.

50. *Lu Jiuyuan ji* 35, p. 444.

51. *Beixi ziyi* (*Significação dos termos segundo o Mestre de Beixi*), ed. *Congshu jicheng* 1, p. 9-10. Trata-se de um glossário muito útil de termos e de noções-chave utilizados no *daoxue*. Existe uma tradução para o inglês de CHAN Wing-tsit, *Neo-Confucian Terms Explained (The Pei-hsi tzu-i) by Ch'en Ch'un, 1159-1223*, Nova York, Columbia University Press, 1986.

52. *Lu Jiuyuan ji* 34, p. 400.

53. *Lu Jiuyuan ji* 32 e 35, p. 376 e 444. A citação de Mêncio é tirada de *Mengzi* VII A 1, cf. acima cap. 6, "Natureza e destino".

54. Sobre todas estas noções cf. acima cap. 11 notas 41 e 43.

55. *Lu Jiuyuan ji* 34, p. 423.

56. Cf. a passagem do *Zhuzi yulei* 5, citada acima, nota 35.

57. A propósito da influência do budismo sobre a concepção confuciana da natureza humana, cf. Thomas METZGER, *Escape from Predicament*, p. 262-263, nota 222.

58. *Zhuzi yulei* 5, p. 94. Cf. também acima notas 33 e 34.

59. Sobre a idéia de um "senhor interior" no pensamento da antiguidade pré-imperial, cf. Donald J. MUNRO, *The Concept of Man in Early China*, Stanford University Press, 1969, p. 59-64 e 89.

60. *Waishu* 11, em *Er Cheng ji*, p. 411. Para a citação do *Invariável Meio*, § 1, cf. acima cap. 6, "Centralidade e autenticidade".

61. Sobre o "sentado no esquecimento" (*zuowang*) de Chuang-tse, cf. cap. 4, "Preservar a energia essencial"; sobre a meditação sentada (*zuochan*, japonês *zazen*) do budismo Zen, cf. cap. 16 nota 45. Sobre a prática do "sentado em quietude" sob os Song e os Ming, cf. Jacques GERNET, "Techniques de recueillement, religion et philosophie: À propos du *jingzuo* néoconfucéen", republicado em *L'Intelligence de la Chine*, p. 280-302; e Rodney L. TAYLOR, "The Sudden/Gradual Paradigm and Neo-Confucian Mind Cultivation", em *The Religious Dimensions of Confucianism*, Albany, State University of New York Press, 1990, p. 77-91.

62. Cit. por Jacques GERNET, *L'Intelligence de la Chine*, p. 287. O "estado no qual prazer, cólera, tristeza e alegria ainda não se manifestaram" faz alusão ao *Invariável Meio*, § 1, cf. cap. 6, p. 198.

63. 8ª carta a Huang Zigeng, em *Zhuzi wenji* 51, cit. por Jacques GERNET, *L'Intelligence de la Chine*, p. 291-292.

64. *Zhuzi yulei* 11, cit. por Jacques GERNET, *L'Intelligence de la Chine*, p. 290. A prática do "sentado em quietude" ia de mãos dadas com

19. A grande síntese dos Song do Sul

exercícios de regulação da respiração, sobre os quais Zhu Xi escreveu um curto tratado, o *Tiaoxi zhen*.

65. *Zhuzi yulei* 94, p. 2394. Sobre o "minúsculo esboço" cf. cap. 11 nota 34. Todo o final desta passagem é uma paráfrase do *Grande Estudo* (*Daxue*), cf. cap. 2 nota 16.

66. Para a interpretação de Cheng Yi cf. cap. 18 nota 33. Cf. William E. HOCKING, "Chu Hsi's Theory of Knowledge", *Harvard Journal of Asiatic Studies*, 1 (1936), p. 109-127; e D.C. LAU, "A Note on *Ke Wu*", *Bulletin of the School of Oriental and African Studies*, 30 (1967), p. 353-357.

67. Comentário sobre a 5ª seção do *Grande Estudo*, *Daxue zhangju*, em *Sishu zhangju jizhu* (*Colações sobre os Quatro Livros*), p. 6-7.

Zhu Xi realizou sobre o texto do *Grande Estudo* um trabalho de cirurgia que marcou época: além da distinção dos capítulos em "clássico" (os seis últimos) e "comentário" (os quatro primeiros), ele acrescenta uma 5ª seção de sua lavra, que lhe permite explicitar aquilo que ele entende por "exame das coisas" e "expansão do conhecimento". Pode-se consultar sobre este assunto Daniel K. GARDNER, *Chu Hsi and the Ta-hsüeh: Neo-Confucian Reflection on the Confucian Canon*, Harvard University Press, 1986.

68. A controvérsia entre Zhu Xi e Chen Liang sobre o ideal político expressa-se numa série de cartas, cf. sobretudo *Zhuzi wenji* 36. Cf. Hoyt Cleveland TILLMAN, *Utilitarian Confucianism: Chen Liang's Challenge to Chu Hsi*, Harvard University Press, 1982. Sobre Ye Shi, cf. Winston S. LO, *The Life and Thought of Yeh Shih*, Hong Kong, Chinese University Press, 1974.

69. Sobre os ritos familiares, cf. Hui-chen Wang LIU, "An Analysis of Chinese Clan Rules: Confucian Theories in Action", em David S. NIVISON e Arthur F. WRIGHT (eds.), *Confucianism in Action*, Stanford University Press, 1959. Cf. também Patricia EBREY, *Chu Hsi's Family Rituals*, Princeton University Press, 1991.

70. Cf. Monika ÜBELHÖR, "The Community Compact (Hsiang-yüeh) of the Sung and its Educational Significance", em DE BARY e CHAFFEE, *Neo-Confucian Education*, p. 371-388. Estas associações acabam por reforçar a estrutura, herdada do legismo antigo, das *baojia*, organizações de controle e de vigilância mútua da população mediante agrupamento de unidades compostas de dez e cem famílias, tendo cada uma seu responsável. Quem conhece um pouquinho a organização da sociedade na China comunista do séc. XX verá aqui algumas semelhanças!

71. *L'Intelligence de la Chine*, p. 260.

72. *Zizhi tongjian* (*Espelho completo para uso dos governantes*) 291, ed. Taipei, Wenguang chubanshe, 1972, p. 9511. Sobre Sima Guang cf. cap. 17, "Os grandes homens de ação dos Song do Norte".

73. É sobre seu antagonismo que insistem os herdeiros de Zhu e de Lu até aos Ming e aos Qing; cf. sobretudo a primeira história do *daoxue*, o *Song Yuan xue'an* (*As escolas de letrados dos Song e dos Yuan*), de Huang Zongxi (1610-1695), cf. cap. 17 nota 5 e cap. 21.

74. Carta em resposta a Sun Jingfu, em *Zhuzi wenji* 63, ed. SBBY, p. 19a. A referência é ao *Invariável Meio*, § 27.

75. *Lu Jiuyuan ji* 34, p. 400.

76. *Zhuzi yulei* 124, p. 2978.

77. Cf. cap. 2, p. 90.

78. Cf. o artigo de Rodney L. TAYLOR, citado acima na nota 61.

79. *Zhuzi yulei* 9, p. 148.

80. Pensemos sobretudo no grande neoconfuciano coreano Yi T'oegye (1501-1570), sobre o qual cf. Michael C. KALTON, *To Become a Sage: The Ten Diagrams on Sage Learning by Yi T'oegye*, Nova York, Columbia University Press, 1988. Cf. também Theodore DU BARY e JaHyun KIM HABOUSH (eds.), *The Rise of Neo-Confucianism in Korea*, Nova York, Columbia University Press, 1985; Mark SETTON, *Chong Yagyong. Korea's Challenge to Orthodox Neo-Confucianism*, Albany, State University of New York Press, 1997. Sobre a influência neoconfuciana no Vietnã, cf. Alexander B. WOODSIDE, *Vietnam and the Chinese Model*, Cambridge University Press, 1988.

81. Cf. John D. LANGLOIS (ed.), *China under Mongol Rule*, Princeton University Press, 1981. Podemos, porém, perguntar-nos sobre a verdadeira natureza do périplo de Marco Polo, cf. Frances WOOD, *Did Marco Polo Go to China?*, Londres, Secker and Warburg, 1995.

20
A mente volta a ocupar o centro no pensamento dos Ming (séc. XIV-XVI)

A herança dos Song do séc. XIII ao séc. XV

Para a classe letrada a ascensão da dinastia mongol dos Yuan (1264-1368) foi um traumatismo muito grande. Durante todo o século que durou sua dominação, ela foi mantida longe do poder político e ideológico, sendo-lhe praticamente interditada a via de recrutamento através de exames. "Num império onde os mongóis reinavam como senhores absolutos, não confiando aos chineses senão funções subalternas, é normal que os conquistadores tenham mostrado pouco interesse pela cultura de seus súditos. [...] Aliás, os favores concedidos à escola 'neoconfuciana' dos Song não devem nos iludir. Ocorreram tardiamente no início do séc. XIV"[1]. Mesmo após o decreto de 1313, que declarava ortodoxas as interpretações de Zhu Xi sobre os Clássicos, e o restabelecimento dos concursos mandarínicos em 1315, a discriminação em relação aos Han e aos chineses do Sul ainda se faz sentir. Em compensação, graças à dominação mongol, o espaço chinês encontra-se inundado por uma circulação sem precedentes de etnias, de culturas, de religiões muito diversas: o budismo lamaísta tibetano torna-se preponderante na corte mongol, enquanto comunidades muçulmanas se implantam no grande Oeste e no Sul. As primeiras missões cristãs, sobretudo franciscanas, que aparecem então permanecerão no entanto pontuais e sem futuro até à grande "ofensiva" jesuíta no séc. XVII[2].

A derrocada da dinastia Song em 1279 diante do invasor mongol, que abala profundamente a visão idealista e universalista dos letrados do *daoxue*, provoca um recuo para a busca individual de santidade entre os que, como Liu Yin (1249-1293), optam pela retirada. Outros aceitam servir à dinastia mongol. É o caso de Xu Heng (1209-1281), que contribui assim para impor a linha de Zhu Xi em detrimento da de Lu Xiangshan, talvez demasiadamente meridional e individualista para poder obter o favor da corte mongol no Norte. Um compromisso entre os dois extremos do eremitismo e da colaboração com o invasor é representado por Wu Cheng (1249-1333), que acaba ocupando por um curto período um posto na Academia imperial Hanlin, fundada para fornecer à corte letrados versados em literatura e em erudição clássicas[3].

A dinastia dos Ming (1368-1644) inicia sob o signo da restauração da identidade chinesa, da reconstrução e da expansão territorial, bem como de um dinamismo econômico em flagrante contraste com o endurecimento da autocracia imperial. É talvez no prolongamento do autoritarismo mongol que os Ming reforçam a centralização do poder nas mãos do imperador, criando um secretariado imperial capaz de substituir os órgãos regulares de governo[4]. Este conselho privado cairá diversas vezes sob o controle dos eunucos, que tendem a isolar o imperador das correias tradicionais de transmissão que são os letrados-burocratas. Todo o último período da dinastia será marcado por trágicas lutas pelo poder entre esses dois grupos de influência.

A escalada do despotismo imperial após os Song apóia-se na tradição chamada "Cheng-Zhu", erigida em ortodoxia a servir de base para os exames de Estado e as conferências com que os imperadores são instruídos por seus conselheiros confucianos. Assim como a dinastia dos Han, também a dinastia dos Ming é fundada por um chefe de insurreição popular, um certo Zhu Yuanzhang (nome de reinado Hongwu, 1368-1398), que justifica seu interesse por Zhu Xi pelo fato de trazer o mesmo patrônimo! Sob o reinado de Yongle (1403-

20. A mente volta a ocupar o centro no pensamento dos Ming

1424) completa-se a compilação, por obra de Hu Guang (1370-1418) e outros membros da Academia Hanlin, de compêndios neoconfucianos destinados essencialmente à preparação dos exames mandarínicos: a *Grande Suma sobre a natureza e o princípio*[5], a *Grande Suma sobre os Cinco Clássicos* e a *Grande Suma sobre os Quatro Livros*. Esta última, em particular, tornou-se o texto de base das composições de exame "em oito partes" (*bagu wen*), que consistiam em desenvolver em oito parágrafos o sentido de uma citação tirada de um Clássico. Este gênero iria dar lugar à pior espécie de "cursinho", de competição e de arrivismo entre os candidatos e constituir o alvo privilegiado dos detratores dos exames até sua abolição definitiva em 1905[6]. Segundo um edito imperial de 1462:

> O aluno deve aplicar-se a adquirir o saber e a depois pô-lo em prática. Ele deve ler e reler os Clássicos dos santos e dos sábios até saber recitá-los de cor sem esquecer nenhum detalhe. A seguir, freqüenta as explicações do mestre até compreender bem, a fim de fazer suas as palavras dos santos e dos sábios e pô-las em prática[7].

Temos aqui a tradução em termos institucionais das lições morais e dos catecismos dispensados por Zhu Xi e seus epígonos: "regras familiares", manuais para alunos, compêndios para candidatos aos exames etc. Constituindo a própria matéria dos concursos de recrutamento da burocracia imperial, o estudo dos Clássicos, imposto desde os Han, tornava-se mais que nunca uma questão política central e confundia seu destino com o do império até desaparecer com ele na aurora do séc. XX. Não se pode, portanto, insistir demais sobre o papel ideológico desempenhado pelos debates puramente filosóficos ou acadêmicos na aparência, mas na realidade destinados a elaborar um pensamento ortodoxo em escala imperial, para uma parte importante da população, a que servia de correia de transmissão para o poder imperial[8].

À margem da ortodoxia oficial, o ideal eremítico perpetua-se mesmo após a queda da dinastia mongol em 1368 entre confucianos como Wu Yubi (1392-1469), conhecido por ter recusado sistematicamente qualquer cargo, preferindo viver do trabalho manual e segundo um modo de vida totalmente marcado pela "gravidade" preconizada por Cheng Yi[9]. Suas *Anotações diárias* (*Rilu*)[10] deixam transparecer uma preocupação, que irá ocupar um lugar central nos pensadores dos Ming, com o que se chama "a ação prática de todos os dias" (*riyong*) – o quotidiano da busca de santidade. Em Hu Juren (1434-1484) encontramos práticas que se tornaram correntes, como compor listas de leituras edificantes e, da mesma forma que em Wu Yubi, manter um diário espiritual para fazer seu exame de consciência. A filosofia da primeira metade do período Ming, que se caracteriza por uma busca espiritual fora dos quadros constituídos do saber livresco, da estrutura hierárquica e da moral ritualizada, está marcada por uma grande religiosidade.

Restabelecido o elo entre o Homem e o Céu pela renovação confuciana dos Song, vai surgindo, no prolongamento da influência budista, uma necessidade de recentramento sobre a mente (*xin* 心). Após ter começado estudando junto a Wu Yubi, Chen Xianzhang (1428-1500), também conhecido como o Mestre de Baisha ("Areia branca") por causa do nome de sua aldeia natal na região de Cantão, chega a rejeitar rapidamente a influência "neoconfuciana" de seu mestre para redescobrir, ao término de uma busca espiritual solitária, os recursos da mente em relação direta com o princípio celeste:

> O homem se entrega ao estudo por desejo de encontrar o Caminho. Se não o encontra nos livros, procure-o em sua mente, sem se deixar deter pelo que lhe é exterior[11].

A influência de Chen Xianzhang faz-se sentir sobre seu discípulo preferido, Zhan Ruoshui (1466-1560), que mantém numerosos intercâmbios intelectuais com Wang Yangming e que preconiza a "experiência do princípio celeste em qualquer parte onde nos encontrarmos":

20. A mente volta a ocupar o centro no pensamento dos Ming 601

> A mente é engendrada pelo Céu. Assim como o Céu, também a mente não tem nem interior nem exterior. Toda coisa que comporta intrerior e exterior não pode ser mente, e neste caso ela não pode unir-se ao Céu[12].

Wang Yangming (1472-1529)

A vontade de recentrar-se na mente, manifesta desde o início dos Ming, culmina em meados da dinastia em Wang Yangming (nome dado por seus discípulos e mais usado que seu nome de nascimento Wang Shouren). Como acentuou Jean-François Billeter, "a tensão entre procura espiritual e confucionismo oficial aumenta e torna-se em Wang Yangming incompatibilidade declarada. Por ter introduzido esta ruptura, Wang Yangming tornou-se o personagem-chave da história do confucionismo dos Ming. Foi enorme sua influência sobre seus discípulos como também sobre seus detratores e nada pode ser dito sobre a história das idéias nos séc. XVI e XVII que não leve, de uma maneira ou de outra, até ele"[13].

É costume opor à "escola do princípio" de Cheng Yi e Zhu Xi a "escola da mente" à qual estão associados, por preocupação de simetria, os nomes de Lu Xiangshan e de Wang Yangming. Sem dúvida, Wang retoma amplamente por sua conta a reflexão de Lu sobre a mente, mas situa-se essencialmente em relação ao pensamento de Zhu Xi. No entanto, longe de limitar-se à reflexão filosófica, sua insaciável curiosidade volta-se sucessivamente para a preparação dos concursos mandarínicos, as artes militares e as técnicas taoístas de longevidade.

Embora seu sucesso nos exames lhe abra uma bela carreira política, é enviado em exílio para a província meridional de Guizhou, entre os povos Miao e Liao, por ter tomado a defesa de um colega contra um eunuco. Em plena adversidade, experimenta em 1503 uma iluminação que lhe abre os olhos para a unidade entre a mente e o princípio, até então distinguidos por Zhu Xi. Seu ensinamento filosófico sobre a "consciência moral inata" vem acompanhado de uma carreira oficial bem-sucedida, consagrada especialmente à luta contra os bandos armados. Morre pouco depois de ter sido chamado para reprimir uma rebelião na província de Guangxi, encarnando assim a unidade entre o conhecimento e a ação que está no âmago de seu pensamento.

"Não há princípio fora da mente"

Exatamente como Lu Xiangshan três séculos antes, Wang Yangming reafirma no início de seu *Questionamento sobre o Grande Estudo*, considerado o mais importante de seus escritos, a confiança menciana na capacidade intrínseca da mente de estar em simpatia (no sentido etimológico) com os seres e, em última análise, com o universo inteiro:

> O grande homem é aquele que concebe o Céu-Terra e as dez mil coisas como um só corpo. Ele considera o mundo como uma só família e o país como uma só pessoa. Quanto a fazer distinções entre os objetos e uma separação entre o eu e os outros, isso é próprio do homem mesquinho. Que o grande homem conceba o Céu-Terra e as dez mil coisas como um só corpo, isso não provém de uma intenção deliberada: é o senso do humano intrínseco à sua mente que o une profundamente ao universo inteiro. Nisto, ele não difere em nada da mente do homem mesquinho, que não é diminuído senão por sua estreiteza de visão.
>
> Assim, à vista de uma criança que está prestes a cair num poço, ele não poderá reprimir um sentimento de pavor e de compaixão, e então seu senso do humano torna-se uma só coisa com a criança. Sem dúvida, a criança pertence à mesma espécie humana: mas também diante dos gritos pungentes e da aparência assustada de animais a ponto de serem massacrados, ele não poderá suportar este espetáculo, e então sua humanidade torna-se uma só coisa com

20. A mente volta a ocupar o centro no pensamento dos Ming

> estes animais. Mas, objetar-se-á, os animais são dotados de consciência como nós; ora, à vista de plantas ameaçadas de destruição, ele não poderá abster-se de sentir comiseração, e sua humanidade torna-se uma só coisa com as plantas. As plantas são apesar de tudo seres vivos, mas mesmo diante de cacos de telhas e de pedras, ele sentirá seu coração apertar-se, e sua humanidade torna-se uma só coisa com estes resíduos. A todos estes sentimentos, mesmo o coração do homem mais mesquinho não pode escapar[14].

Além da inspiração menciana, esta progressão evoca inegavelmente uma "natureza-de-Buda" universal, presente até no menor grão de areia. Mostrando, com o risco de exagerar, a universalidade desse sentimento de compaixão, Wang tenta nos fazer sentir da maneira mais concreta que nós temos todos a mesma constituição. Por mais que se retome à porfia o refrão confuciano "As ruas estão cheias de santos", a verdade é justamente que os santos não freqüentam as ruas! Depois de ter-se interrogado longamente sobre a finalidade da busca de santidade, chegou o momento de recolocar a pergunta: como alguém se torna santo? Doravante, a meta conta menos que o caminho, e o caminho é a mente. Wang Yangming o evoca num trecho primoroso que, por seu vigor, assemelha-se muito à "Inscrição do oeste" de Zhang Zai:

> A mente do Santo concebe o Céu-Terra e as dez mil coisas como um só corpo. A seus olhos, todos os homens do mundo – não importando se eles são estranhos ou familiares, longínquos ou próximos, contanto que tenham sangue e sopro – são seus irmãos, seus filhos. Não há nenhum que ele não queira proteger e resguardar, nenhum a cujas necessidades morais e materiais ele não queira atender, a fim de realizar sua vontade de ser um só com as dez mil coisas.
>
> Na origem, a mente de todos os homens do mundo não difere em nada da mente do Santo. Quando o

egoísmo se intromete e os desejos materiais vêm obstruí-la, o que era grande torna-se pequeno e o que circulava livremente fica bloqueado. Cada um põe-se a ter suas considerações pessoais, ao ponto de alguns chegarem a considerar pai, filho, irmão como inimigos. Esta é a grande inquietude do Santo, levado a difundir e ensinar por toda parte o senso do humano, que reúne num só corpo o Céu-Terra e as dez mil coisas. Assim, todos nós dominaremos nosso egoísmo, nos desvencilharemos do que causa obstrução e encontraremos o que temos de comum: a constituição original de nossa mente[15].

O ponto em que Wang Yangming diverge de Zhu Xi é que ele crê ter compreendido que o essencial na caminhada para a santidade não é a busca do princípio através do "exame das coisas". É precisamente querendo pôr em prática este princípio através da contemplação prolongada de um bosquezinho de bambus que ele por pouco não cai doente. Ao termo de um percurso espiritual doloroso, semeado de "cem mortes e mil provas", ele chega à iluminação reencontrando a intuição antiga de Mêncio: é a mente que vem em primeiro lugar pelo fato de *ser* unidade; é, portanto, a partir dela que é preciso integrar pouco a pouco todo o resto.

É preciso, portanto, começar por "eliminar tudo aquilo que não é reto na mente para restituir-lhe integralmente a retidão de sua constituição original"[16]. Assim, Wang Yangming reinterpreta a noção de *gewu* não mais como "exame", mas como "restabelecimento" das coisas na mente restituída à sua pureza original, sendo o termo *ge* tomado no sentido menciano de "retificar"[17]. Em Zhu Xi vem em primeiro lugar o princípio inerente a todas as coisas, e é à mente que cabe pôr-se à busca para alcançá-lo. Afirmando que ele não precisa procurar o princípio fora dele mesmo, Wang Yangming realiza um recentramento importante de toda a reflexão ética sobre a mente: doravante tudo parte daqui:

> O que comanda o corpo é a mente. O que emana da mente é a intenção. O que constitui original-

20. A mente volta a ocupar o centro no pensamento dos Ming

> mente a intenção é a capacidade de conhecer. Aquilo para onde se dirige a intenção são as coisas. [...] Não há princípio fora da mente, não há coisa fora da mente[18].

A mente é, portanto, a fonte primeira e única de toda moralidade cujo motor é a intenção. O centro de gravidade passa então do "exame das coisas" à exigência de "tornar autêntica sua intenção" (*chengyi* 誠意) e da "expansão do conhecimento" ao "conhecimento inato" (*liangzhi* 良知). A mente não precisa procurar o princípio nas coisas: ela, e só ela, é geradora de princípio, possuindo em si mesma o "conhecimento inato" do bem, que então não exige senão expandir-se a todas as coisas. A fórmula de Zhu Xi "a expansão do conhecimento consiste no *gewu* (o exame das coisas)" inverte-se então para a de Wang Yangming: "o *gewu* (a retificação das coisas na mente) consiste na expansão do conhecimento (inato)". Só uma tal concepção permite preservar a unidade original da mente e evita o escolho de uma dualidade mente/princípio já denunciada por Lu Xiangshan.

Wang Yangming corrige assim o preconceito a seus olhos demasiadamente intelectualista da escola Cheng-Zhu no sentido de um inatismo menciano que chega ao intuicionismo Zen numa concepção comum do "coração/mente". Reconhece-se, com efeito, neste subjetivismo radical a influência da teoria budista do caráter ilusório do mundo sensível, como o atesta um passeio nos montes da atual Zhejiang:

> Enquanto o Mestre (Wang Yangming) passeava em Nanzhen, um dos seus amigos, mostrando-lhe uma árvore florida sobre uma falésia, perguntou-lhe: "Se não há no mundo objetos exteriores à nossa mente [como dizeis], qual é então a relação entre minha mente e esta árvore cujas flores desabrocharam por si mesmas e cairão por si mesmas nas profundezas desta montanha?"

> "Antes de teres visto estas flores", respondeu o Mestre, "elas repousavam com tua mente no mes-

mo silêncio. Mas, a partir do momento em que vieste vê-las, sua cor te apareceu de repente com clareza. Compreenderás com isso que estas flores não são exteriores à tua mente"[19].

À fórmula, sempre suspeita de dualismo, de Cheng Yi e de Zhu Xi "Nossa natureza (proveniente do Céu) é princípio", Wang Yangming opõe a de Lu Xiangshan "É nossa mente que é princípio"[20]:

> A mente é uma só. Antes de misturar-se ao humano, ela se chama "mente de Tao". Uma vez misturada à parte menos autêntica do homem, ela se chama "mente humana". A mente humana que encontra sua retidão é, por isso mesmo, mente de Tao, ao passo que a mente de Tao que a perde já não é senão mente humana. Não existe, portanto, no início duas mentes distintas. Quando Mestre Cheng [Yi] fala de mente humana em termos de desejos humanos [egoístas] e de mente de Tao em termos de princípio celeste, sua formulação parece estabelecer uma divisão [entre duas mentes], quando, na verdade, sua idéia é exata. Agora, dizer que a mente de Tao é o senhor e que a mente humana nada mais faz senão obedecer, isso equivale efetivamente a falar de duas mentes distintas. Dado que o princípio celeste e os desejos humanos não podem coexistir, como poderia haver ao mesmo tempo um princípio celeste que age como senhor e desejos humanos que nada mais fazem senão obedecer às suas ordens?[21]

A distinção entre "mente de Tao" e "mente humana" continuará a fornecer combustível para toda a reflexão ulterior. Ela corresponde, na verdade, à distinção entre o aspecto constitutivo e o aspecto funcional da mente, ou entre natureza e emoções, ou ainda, na problemática de Zhu Xi, entre princípio e energia, ou, enfim, na problemática de Wang Yangming, entre conhecimento e ação. Trata-se de pôr novamente em discussão um dualismo que não resolve completamente a difícil questão do estatuto a conceder às emoções (*qing* 情). Para Zhu Xi, tudo aquilo que é princípio é bom: o "bem supremo" de que fala o *Grande Estudo* é definido como o "princípio da realidade tal qual ela deve eminentemente ser", ao passo que para Wang Yangming não é outro senão "a mente em sua constituição original" (*xin zhi benti* 心之本體). Se o mal aparece com as pulsões egoístas, a mente corre o risco de ver-se dividida: querendo alcançar fora dela algo de mais fundamental (natureza ou princípio), ela se vê obrigada a cortar de si própria sua parte de pulsões naturais, destruindo assim a unidade de seu ser.

A questão do mal e o "conhecimento moral inato"

Todo o esforço de Wang Yangming consiste em colocar a experiência da mente em primeiro lugar: é a partir da experiência, e não do princípio, que se realiza a grande unidade cósmica, de que participa a mente de cada ser humano. A unidade entre princípio e energia, cuja relação Zhu Xi se aplicara em pensar num plano nocional, Wang Yangming procura realizá-la na experiência vivida: como a mente, percebida de imediato como unidade, passa da quietude primordial à atividade, do estágio latente ao da manifestação? Questão essencial, pois é precisamente no "minúsculo esboço" do movimento que aparecem as pulsões, das quais algumas podem ser más[22]. Em Zhu Xi impunha-se a distinção entre uma fase inicial de repouso relacionada ao princípio e uma segunda fase de movimento relacionada à energia. Wang Yangming tenta, por sua vez, restaurar a continuidade da mente entre sua fase "ainda não manifestada" (quietude absoluta, ausência de todo contato com o mundo exterior, de toda implicação na experiência concreta) e sua fase "manifestada" (imersão no mundo da vivência, com intervenção inevitável dos desejos)[23]. É isto que o leva a desenvolver sua concepção do "conhecimento moral inato" (*liangzhi* 良知).

Substituindo a questão, demasiadamente teórica para seu gosto, da natureza humana, pela vivência da mente, Wang Yangming retoma, levando-a embora muito mais longe, a intuição de Lu Xiangshan. Para opor-se ao acento posto pela escola Cheng-Zhu sobre a "expansão do conhecimento", Wang Yangming retorna ao "conhecimento inato" de Mêncio, ou "aquilo que o homem conhece sem reflexão". É o conhecimento que Cheng Yi chama de "conhecimento proveniente da natureza moral", opondo-o ao "conhecimento proveniente do ouvido e da vista"[24]. Trata-se, portanto, de um conhecimento primeiro, que o homem recebe diretamente do Céu e que, estendido às coisas, informa o conhecimento perceptivo fornecido pelos sentidos.

Afirmando a primazia da mente, que em sua unidade tudo contém, Wang Yangming pode postular a continuidade entre o conhecimento moral inato e o conhecimento do princípio nas coisas da realidade exterior. Não têm mais razão de ser, então, as distinções entre um antes e um depois, entre um dentro e um fora, entre uma fase de "enriquecimento moral" e outra fase de "progresso no estudo"[25]:

> O "equilíbrio daquilo que ainda não foi manifestado" não é outra coisa senão o conhecimento inato: não há nem antes nem depois, nem dentro nem fora, mas um único todo indiferenciado. Atarefar-se ou estar sem tarefa pode ser dito [da mente] em movimento ou em quietude, mas o conhecimento inato não faz nenhuma diferença entre atarefar-se e estar sem tarefa. Permanecer perfeitamente tranqüilo ou entrar em comunicação com os seres pode ser dito [da mente] em quietude ou em movimento, mas o conhecimento inato não faz nenhuma diferença entre permanecer tranqüilo e entrar em comunicação. Não há movimento nem quietude senão a partir do momento em que [a mente] entra em contato [com as coisas]. Mas em sua constituição original, a mente não faz nenhuma diferença entre movimento e quietude[26].

20. A mente volta a ocupar o centro no pensamento dos Ming

Este conhecimento total, que ultrapassa toda dualidade, inclusive a dualidade de vida e morte, pode ser encontrada numa iluminação como a que experimentou o próprio Wang Yangming em 1503:

> Na prática constante (*gongfu* 功夫) do estudo, mesmo supondo que tenhamos conseguido desfazer-nos de toda tendência, de todo desejo de prestígio e de lucro, se conservarmos até mesmo uma réstia de pensamento sobre a vida e a morte, então a mente toda não poderá estar perfeitamente serena e liberta. As considerações sobre a vida e a morte nos vêm junto com a própria vida, e por isso não é fácil desfazer-se delas. Mas se chegarmos a ver um pouco através, a penetrá-las até o outro lado, é a mente toda que flui naturalmente sem obstáculo. Eis o estudo que vai até ao fundo da natureza para chegar ao destino[27].

Em 1527, pouco antes da morte de Wang Yangming, dois de seus principais discípulos, Wang Ji (1498-1583) e Qian Dehong (1496-1574), mantêm um debate sobre quatro proposições que, segundo eles, formam o cerne do ensinamento de seu mestre:

> Nem bem, nem mal, assim é a mente em sua constituição.
>
> Bem e mal aparecem desde que se ativa a intenção.
>
> Conhecer o bem e o mal é a particularidade do conhecimento inato.
>
> Praticar o bem e eliminar o mal é o papel da retificação das coisas na mente (*gewu*)[28].

Nestas quatro proposições aparece uma ordem de prioridade implícita: a mente, em sua constituição, está além do bem e do mal: tudo nela é original. A distinção bem/mal não aparece senão quando se põe em movimento a intenção (*yi* 意), que precede o conhecimento chamado inato, aparecendo a ação apenas por último. Do debate que se segue aparecem claramente as duas orientações principais indicadas pela intuição fundamental de Wang Yangming. Para Wang Ji:

Se admitimos que a mente em sua constituição não comporta nem bem nem mal, o mesmo acontece com a intenção e também com o conhecimento e com as coisas. Se admitimos que há bem e mal na intenção, será preciso concluir que acontece o mesmo com a mente em sua constituição.

Ao que replica Qian Dehong:

> A mente em sua constituição é a natureza que recebemos por decreto do Céu e que na origem não comporta nem bem nem mal. Mas o homem tem hábitos mentais que lhe fazem perceber em suas intenções e em seus pensamentos uma distinção entre bem e mal. Ora, todos os esforços (*gongfu*) que ele envida para examinar [as coisas], expandir [seu conhecimento], tornar autêntica [sua intenção], retificar [sua mente], numa palavra, para cultivar sua retidão, visam encontrar esta natureza constitutiva. Mas, se na origem não houvesse nem bem nem mal, para que servem todos estes esforços?

Um fosso separará a posição de Wang Ji, acusada por seus adversários de estar decalcada sobre a concepção Zen da iluminação, e a de Qian Dehong, denunciada pelos primeiros como demasiadamente conforme ao dualismo zhuxista. Isto não impede que, colocando a questão da legitimidade do esforço moral, Qian Dehong tenha posto o dedo no ponto sensível que preocupa muito seus contemporâneos: a contradição que parece haver entre o pressuposto de que nossa natureza, sendo proveniente do Céu, é boa e o fato observável de que nossa mente pode estar sujeita a pulsões más. Como veremos, as relações entre natureza e mente, e a questão de saber em que estágio intervém o mal, permanecerão ainda por muito tempo no centro das discussões.

Reafirmar a unidade fundamental da mente é para Wang Yangming a maneira de recriar uma coerência na multiplicidade de problemas levantados por todas as distinções da escola Cheng-Zhu (constituição/função, natureza/emoções, princípio/energia etc.) e, ao mesmo tempo, de trazer uma solução

20. A mente volta a ocupar o centro no pensamento dos Ming

para a questão confuciana da relação entre estudo e prática moral. A unidade entre conhecimento e ação, que se impõe com urgência para Wang Yangming, não pode ser feita procurando o princípio fora da mente, mas tomando consciência de que a expansão do conhecimento inato nada mais é do que ação.

"Conhecimento e ação são uma coisa só"

No pensamento ético chinês o problema não se situa tanto entre fato e norma (entre o que é e o que deveria ser), mas antes entre conhecimento e harmonia: considera-se a possibilidade seja de existir e de agir na harmonia sem conhecer a natureza (é a posição taoísta), seja de agir na harmonia com a condição de conhecer a natureza (é a convicção confuciana). Esta primazia do conhecimento explica o fascínio da escola Cheng-Zhu pelo princípio e a reação da escola Lu-Wang, para a qual o conhecimento (ou seja, a santidade) encontra-se na vivência da ação e não o inverso. Afinal de contas, não existe contradição real: a idéia de que é necessário um conhecimento prévio da natureza para agir moralmente já implica uma disposição da mente a purificar-se a fim de perceber as coisas em sua clareza. Por isso muitos autores "neoconfucianos" preferem falar de "clarividência" (*ming* 明, termo que tomam de empréstimo ao *Invariável Meio*) a falar de "conhecimento" (*zhi* 知).

A unidade entre conhecimento e ação está desde sempre no centro das preocupações confucianas. Em Mêncio, a mente não é apenas a capacidade de pensar, de dar sentido e valor às coisas, mas é igualmente dotada de uma vontade que é preciso "pôr de pé" (*li zhi* 立志)[29]. Quando ela está em posição de "senhor", sua vontade está atuando e canaliza a energia da ação num sentido determinado. Na esteira de Mêncio, Wang Yangming, para quem tudo começa pela "resolução de ser autêntico" (*li cheng* 立誠), privilegia a volição em relação à arte cognitiva ou discriminativa da mente. No *daoxue* dos Song, a autenticidade da intenção, que depende da natureza, é percepção imediata, intuitiva, inata de sua própria unidade com o

Céu, ao passo que a clarividência ou conhecimento só pode ser alcançado no final do processo gradual do estudo. Enquanto para Zhu Xi estas duas dimensões são "um em dois, dois em um" (*yi er er, er er yi* 一而二二而一)[30], Wang Yangming faz uma fusão perfeita e total delas numa só e mesma realidade. Se, aos olhos do primeiro, a síntese entre o conhecimento e a ação só pode ser o resultado de um esforço constante, para o segundo tudo está dado de imediato, de forma inata: existe no próprio fato de viver uma propensão a conhecer o princípio, conhecimento este que já é ação.

Wang Yangming não nega que o processo de autotransformação implique o estudo, apenas põe em dúvida que a mente precise ir procurar o princípio fora dela mesma. Quando o processo moral é tomado na fonte jorrante que é a intenção em toda sua autenticidade, a questão do mal cai por si mesma. Wang Yangming responde assim indiretamente à interrogação angustiada de seu discípulo Qian Dehong sobre a necessidade do esforço moral:

> A constituição original da mente é a natureza. Não comportando a natureza nada de mau, a mente em sua constituição original não é senão retidão. Donde vem então que seja necessário fazer esforço para restaurar a mente em sua retidão? A mente em sua constituição original é verdadeiramente retidão: desde que entram em jogo a intenção e o pensamento aparece o desvio. Quem quiser restaurar sua mente na retidão só pode fazê-lo em relação com as operações da intenção e do pensamento. Cada vez que aparece um bom pensamento, que a mente se apegue a ele como se apegaria a uma cor bela; cada vez que aparece um pensamento mau, repila-o como repeliria um mau cheiro: somente então sua intenção será pura autenticidade e sua mente poderá encontrar sua retidão[31].

A fórmula-chave do pensamento de Wang Yangming, "Conhecimento e ação são uma só coisa" (*zhixing heyi* 知行合一),

20. A mente volta a ocupar o centro no pensamento dos Ming

não indica apenas uma complementaridade: significa que conhecimento e ação são constitutivos um do outro:

> Sem conhecimento, a ação é impossível; sem ação, o conhecimento é impossível.
>
> Enquanto é veracidade e honestidade, o conhecimento é ação; enquanto é lucidez e perspicácia, a ação é conhecimento. Em sua prática, conhecimento e ação são fundamentalmente indissociáveis[32].

Conhecer a natureza humana consiste primeiramente em pô-la a trabalhar, e agir equivale sobretudo a aprofundar o conhecimento de si mesmo: podemos então falar de conhecimento "autêntico" que, empenhando a totalidade da pessoa, já é ação. Para Wang Yangming, que foi um homem de ação, não há verdadeiro estudo sem prática (*gongfu* 功夫), com aquilo que ele engloba de treino quotidiano em contato com a realidade:

> Aprender, informar-se, refletir, debater, agir constituem outros tantos aspectos do estudo. Estudar sem que haja ação é impossível. Tomemos o estudo da piedade filial: é preciso que alguém tome sobre si o trabalho dos próprios pais e se coloque à sua inteira disposição, numa palavra, que pratique o *tao* filial empenhando-se com dedicação antes de imaginar que a "estudou"; como poderia o estudo da piedade filial limitar-se a falar dela sem fundamento? O mesmo acontece com o estudo do tiro ao arco: é preciso empunhar o arco, fixar a flecha em cima, retesá-lo e visar o alvo. Para aprender a caligrafia, é preciso estender o papel, tomar o pincel e mergulhar a ponta no tinteiro. Em todo tempo e em toda parte, jamais se pôde chamar "estudo" algo que não tenha implicado a ação. Pôr-se a estudar já é agir[33].

Esta concepção do estudo, que reinterpreta um tema fundante do ensinamento de Confúcio, encontrará um forte eco no séc. XVII, no momento em que os pensadores, reduzidos pelo invasor manchu à inação política e ao estudo, procuram um meio de, a despeito de todos os obstáculos, viver estes valores de forma militante, e mesmo protestatária. Afirmando a necessidade de um pensamento engajado, Wang Yangming criava uma alternativa à "escola do princípio", considerada por demais especulativa. Seu ensinamento iria ter grande sucesso na Coréia, e depois no Japão, onde ainda estava vivo na mente dos reformadores da era Meiji em 1868.

Os pensadores do *qi* no séc. XVI

Em comparação com as expressões de pensamento vigorosas e audaciosas que se desenvolveram sob os Ming, poder-se-ia imaginar a ortodoxia herdada dos Song como um legado fixo do passado, ocupado em ruminar continuamente o mesmo conteúdo. Na verdade, desde o início da dinastia, alguns pensadores mostram que a reflexão filosófica, longe de estar totalmente esterilizada, empenha-se em reconsiderar questões centrais. Ao lado da utilização ideológica e política que dela se fez, a síntese operada por Zhu Xi, por mais considerável que seja, não satisfaz totalmente no plano intelectual. Zhu Xi é acusado sobretudo de nunca ter conseguido sair de um dualismo que o recentramento na mente, esboçado por Lu Xiangshan e explicitado por Wang Yangming, consegue superar através do retorno a um inatismo menciano ao qual veio juntar-se o subitismo Zen. No entanto, uma outra corrente procura uma fonte de unidade num pensamento da energia (*qi*) inspirado em Zhang Zai. Xue Xuan (1389-1464), conhecido no entanto por ter vivido na mais estrita ética do *daoxue*, é levado a repensar a relação do princípio com a energia, "avaliando que entre os dois não se pode dizer qual vem antes e qual vem depois, já que não há princípio sem energia, como também não há energia sem princípio"[34].

No início do séc. XVI, Wang Tingxiang (1474-1544) retoma a tese de que não há outra coisa neste mundo senão energia, perguntando-se com indignação como se pôde por um só instante imaginar um princípio ideal na origem do universo:

20. A mente volta a ocupar o centro no pensamento dos Ming

> No começo do Céu e da Terra não havia senão energia primordial (*yuanqi* 元氣). Acima dela não havia nada mais; é neste sentido que a energia primordial é o fundamento do Tao. [...] Entre Céu e Terra há uma mesma energia que não pára de gerar, ora constante, ora mutável[35].

Como Wang Tingxiang, seu contemporâneo Luo Qinshun (1465-1547), embora invocando a ortodoxia Cheng-Zhu de que ele é o mais eminente representante em seu tempo, declara-se incomodado por seu dualismo e procura, também ele, a unidade do lado do *qi*. Em termos tomados claramente de Zhang Zai, o *qi* é representado como "originalmente um, mas seguindo um ciclo sem fim de movimento e de quietude, de vai-e-vem, de crescimento e de declínio"[36]. Desta energia, o princípio não constitui a origem, mas a ordem natural de regularidade e de recorrência. É a multiplicidade infinita das manifestações da energia segundo o princípio único de seu curso natural que Luo Qinshun vê na fórmula de Cheng Yi "O Princípio é um, mas suas diferenciações são múltiplas"[37].

Como corolário, Luo incrimina o dualismo igualmente inerente à concepção da natureza humana, na qual seria necessário distinguir uma natureza de princípio (de origem celeste) e uma natureza de energia (de origem humana). Ele critica tanto os confucianos dos Song quanto Wang Yangming por terem, sob a influência do budismo, denegrido os desejos enquanto manifestações da energia. Como todos os pensadores que postulam a primazia do *qi*, Luo está convencido de que não há motivo para fazer um julgamento de valor e que nada deve ser rejeitado, nem mesmo os desejos ou o conhecimento sensorial. Da mesma forma, Wang Tingxiang, recusando-se a ver no mundo uma fonte de valor moral, é levado a revisar a tese menciana da bondade da natureza humana e da inatidade do senso moral, que havia servido de base em grande parte para o *daoxue* dos Song. Enquanto energia própria do Céu (ou seja, natural), "a natureza humana comporta bem e mal"[38].

O pensamento de Luo Qinshun, transmitido num diário espiritual intitulado *Notas sobre o conhecimento adquirido a duras penas*, representa a reação de um confuciano para quem a existência e o destino humanos não podem reduzir-se à vida interior da mente. Aos seus olhos, o maior perigo que espreita seus contemporâneos é que, de tanto privilegiar a busca interior de santidade e de procurar a unidade na mente, negligenciem totalmente a dimensão exterior do conhecimento e da ação. Dos escritos de Wang Tingxiang e de Luo Qinshun surge, contra as tendências quietistas predominantes na época, a vontade de reatar com uma visão propriamente chinesa centrada no *qi* e de elaborar uma concepção do conhecimento menos moralizante e mais empírica, que se confirmará no séc. XVII.

"Os três ensinamentos não são senão um"

Apesar destas vozes dissonantes, o pensamento de Wang Yangming, pondo o acento na intuição individual e no conhecimento inato do bem, exerce uma grande influência sobre toda a segunda metade da dinastia Ming (séc. XVI-início do séc. XVII). A rejeição de todo critério formal e tradicional de moralidade, o desprezo ostensivo pela cultura livresca como disciplina intelectual, acrescentados às transformações sociais da época, levam doravante a uma tolerância maior em face das práticas "não-ortodoxas", a uma osmose entre cultura erudita e cultura popular, e por fim à convergência sincrética entre confucionismo, taoísmo e budismo. A idéia de que estes "três ensinamentos não são senão um" (*sanjiao heyi* 三教合一) remonta ao primeiro período de divisão logo após a derrocada dos Han, entre os séc. III e IV[39]. Encontra-se reforçada graças à dominação, parcial ou total, das diversas dinastias chinesas que se sucedem em seguida (particularmente a dos mongóis), para tornar-se preponderante a partir de meados do séc. XVI[40]. Mais que de uma fusão propriamente dita, seria mais exato falar de uma fluidez nas relações entre as diferentes tradições religiosas, tornada possível pela prioridade concedida ao aspecto prático da cultura espiritual sobre o conteúdo doutrinal.

20. A mente volta a ocupar o centro no pensamento dos Ming

No início dos Ming, Chen Xianzhang já tentava libertar-se da influência da ortodoxia letrada referindo-se a outras tradições, quer populares ou religiosas, não hesitando em interessar-se pela literatura budista, taoísta e romanesca. Tendo escolhido uma vida de eremita por recusar-se a entrar na carreira oficial, foi um grande adepto do "sentado em quietude", cuja semelhança com as práticas budistas de *dhyâna* ele, ao contrário de Zhu Xi, não hesitava em reconhecer:

> Com o tempo, a substância de minha mente revelou-se a mim misteriosamente como uma coisa tangível e imutável. Experimentei então um perfeito desembaraço para responder a todas as solicitações da vida e minhas reações eram em cada caso conformes a meus desejos. Era como quando se guia um cavalo pelo freio. Se se tratava de penetrar o princípio das coisas ou de estudar os ensinamentos de nossos santos, tudo ordenava-se perfeitamente e parecia fluir naturalmente. Fiquei então decididamente convencido e disse a mim mesmo que todo o esforço para tornar-me um santo consistia nisto mesmo[41].

No séc. XVI a tendência sincretista é ilustrada por um personagem como Lin Zhao'en (1517-1598), cognominado o "santo dos Três Ensinamentos"[42]. Embora tenha recebido uma formação de letrado destinado à carreira oficial, dedica sua vida a curar à maneira dos sacerdotes taoístas, segundo métodos que ele próprio criou a partir de uma tradição oculta sobre as *Mutações*, e a pregar um confucionismo mesclado com budismo e sobretudo taoísmo, guiado por uma disciplina mental (*xinfa* 心法) à qual ele atribui virtudes curativas.

Se o sincretismo de Lin Zhao'en procede de uma vontade de conciliar na vida concreta o ideal confuciano de engajamento ativo e as técnicas mentais e terapêuticas taoístas, o de um Hu Zhi (1517-1585), em contrapartida, deve muito mais à influência de Wang Yangming. Em suas *Notas sobre as penas do estudo*[43], obra autobiográfica na qual está consignada em primeira pessoa sua vida espiritual, gênero que se tornou corrente sob os Ming, Hu Zhi conta que, após passar por uma grave crise existencial, resolve estudar o taoísmo e o budismo. Ao cabo de diversos meses de estudo e de prática da meditação sentada, experimenta uma atrás da outra duas iluminações que o fazem perceber "o Céu-Terra e as dez mil coisas como sendo a própria constituição de sua mente".

Esta experiência mística pode ser interpretada ao mesmo tempo como a descoberta da "natureza-de-Buda" através da prática introspectiva e como a revelação a si mesmo de sua própria mente através do "conhecimento inato". Ela se aproxima, de fato, da iluminação descrita por Hanshan Deqing (1546-1623), um dos últimos grandes monges budistas dos Ming junto com Zhu Hong (1535-1615):

> Um dia, após sorver minha papa de arroz, eu havia começado minhas deambulações quando, subitamente, parei sem poder mais sentir meu corpo nem minha mente. Havia apenas algo de imenso e brilhante, de perfeitamente pleno e silencioso como um gigantesco espelho circular onde se refletiam as montanhas, os rios e a terra imensa. [...] A partir deste momento, tudo tornou-se claro em mim e fora de mim, e aquilo que eu via e ouvia não causava mais estorvo [em minha mente]. Todas as minhas antigas dúvidas e dificuldades haviam desaparecido[44].

Iconoclasmo e espírito crítico

Esta propensão ao sincretismo é sem dúvida sinal de uma impaciência crescente com relação à ortodoxia, que acaba transformando-se em iconoclasmo na escola de Taizhou (na região costeira do baixo Yangtse), fundada por Wang Gen (1483-1541). Após ser investido de uma missão salvadora num sonho profético, este negociante de sal autodidata põe-se a pregar um confucionismo feito para todos[45]. Os membros de sua escola orga-

20. A mente volta a ocupar o centro no pensamento dos Ming

nizam assembléias, entre amigos ou no quadro mais amplo de academias, onde se pratica a livre interpretação dos textos confucianos (*jiangxue*, lit. "discussão sobre o estudo") segundo o novo espírito de Wang Yangming, cujo efeito libertador deu um formidável impulso à educação popular[46].

Eminente representante da escola de Taizhou, Li Zhi (1527-1602) esforça-se por reconciliar-se com um espírito bem pouco mandarínico, o dos cavaleiros errantes cuja ética heróica feita de individualismo, de igualitarismo e de proximidade ao povo simples brilha em obras-primas da literatura popular como o *Romance da beira d'água* (*Shuihu zhuan*) e o *Romance dos três Reinos* (*Sanguo yanyi*)[47]. Em sua feroz hostilidade ao *establishment* confuciano, Li Zhi leva o radicalismo ao ponto de acusar a ortodoxia de hipocrisia (o que chamaríamos de "farisaísmo"), pondo em dúvida a infalibilidade dos Clássicos e proclamando a legitimidade dos desejos na natureza humana. Suas duas obras mais conhecidas, cujos títulos por si sós são manifestos, o *Livro a ser queimado* e o *Livro a ser ocultado*, permaneceram por longo tempo proibidas e ele próprio suicidou-se na prisão[48].

Li Zhi conta com emoção a revelação que foi para ele, espírito "teimoso e refratário", a dupla descoberta, aos quarenta anos, dos escritos de Wang Yangming e do pensamento budista da vacuidade no *Sutra do Diamante*. Isto resultou em diatribes ferozes contra seus contemporâneos conformistas, pessoas que dão lições mas cuidam muito bem de não comprometer sua carreira:

> Nossa natureza tal qual ela é, eis o único verdadeiro "estudo do Tao" (*daoxue*). Mas isto, como podem compreendê-lo os que discorrem sobre o "estudo do Tao"? Não somente são incapazes disso, mas dissimulam sua incapacidade com numerosas citações do Santo (Confúcio). [...] Mas, quando correm atrás de seu interesse e para isso conseguem que lhes confiem cargos públicos, comprazem-se em repetir: "as dez mil coisas não são senão um". Já

que, ao contrário, correm o perigo de nisso mais perder do que ganhar e que sua preocupação é apenas evitar aborrecimentos, não falam senão "sabedoria clarividente e preservação de si mesmos". Para fazer compreender ao soberano e aos ministros esclarecidos a que ponto essas pessoas são nocivas, para pôr fim a todas as suas intrigas, bastaria não mais permitir-lhes pedir favores, esquivar-se de suas responsabilidades e citar os antigos. Ver-se-á então o fim destas práticas do "estudo do Tao"![49]

Wang Yangming já havia mostrado irreverência em relação à figura sagrada de Confúcio:

O estudo só tem valor se for obtido pela mente. Se aquilo que procuro em minha mente se revela falso, mesmo que isso saia da boca de Confúcio, não me permitirei tomá-lo por verdadeiro: não falemos dos outros que nem chegam à altura de Confúcio! Se aquilo que procuro em minha mente se revela verdadeiro, mesmo que isso saia da boca de um homem comum, não me permitirei tomá-lo por falso: para que serviria, então, citar Confúcio![50]

Irreverência que encontra eco em Li Zhi, grande algoz de hipócritas aos quais não hesita em retorquir:

"No estudo", dizes, "não podemos passar sem regras". Como isto é acertado! E já que tens isto de Confúcio e disto fizeste teu credo ao ponto de impô-lo como regra familiar, que queres que eu te diga? Mas sabe que estas são máximas de Confúcio, e não minhas. De nascença, cada homem recebe do Céu sua maneira própria de agir, não é preciso esperar aprendê-la de Confúcio![51]

Li Zhi, seguido nisto por alguns pensadores radicais, rejeita a moral tradicional em nome da idéia de que, possuindo toda pessoa uma natureza-de-Buda, basta livrar-se dos entraves impostos pela sociedade para alcançar a libertação:

Se o Santo não impõe nenhuma obrigação aos homens, é porque todo homem pode ser um santo.

20. A mente volta a ocupar o centro no pensamento dos Ming

Como o diz Mestre [Wang] Yangming: "As ruas estão cheias de santos". O Buda não diz outra coisa: "Mente ou budeidade, todo homem é Buda". Se todo homem é um santo, o Santo não tem segredo particular a revelar aos outros[52].

Por causa de seu preconceito antiortodoxo e antiletrado, a escola de Taizhou seria acusada por figuras de proa da transição Ming-Qing, como Gu Yanwu e Huang Zongxi, de ter resvalado para um "Zen enraivecido" e mesmo de ter precipitado a queda dos Ming. No entanto, em que pese a estas grandes figuras, é precisamente essa violência iconoclasta que iria abrir o caminho a uma forma de crítica mais metódica. A esse respeito é exemplar o caso de Yang Shen (1488-1559), cuja liberdade de espírito e a recusa de todo compromisso granjearam-lhe a admiração de Li Zhi. Apesar de seu brilhante sucesso nos exames, seu protesto público contra uma decisão do imperador valeu-lhe um exílio prolongado nos confins de Yunan, que ele aproveitou interessando-se pela geografia, pela etnografia e pela história da região, disciplinas estas relativamente pouco praticadas até então e das quais ele foi um dos primeiros a servir-se para criticar a ortodoxia. No mesmo espírito, Jiao Hong (1540?-1620), grande amigo de Li Zhi, foi um pensador aberto às novas idéias e ao mesmo tempo um historiador e um erudito, proprietário de uma das mais ricas bibliotecas privadas da época[53]. Entre o fim do séc. XVI e o início do séc. XVII, o entusiasmo despertado pelo subjetivismo de Wang Yangming culmina numa valorização da experiência individual que prevalece sobre os imperativos predeterminados ou os modelos herdados do passado e da qual brotará o espírito crítico e empírico dos Qing.

Liu Zongzhou (1578-1645)

À margem do radicalismo da escola de Taizhou, a influência de Wang Yangming se faz sentir neste grande filósofo, que, permanecendo embora no quadro da ortodoxia do pensamento dos letrados, representa uma vontade de reconsiderar as grandes sínteses que o precederam[54]. Como muitos pensadores dos Ming, ele é levado, por seu embaraço em face do dualismo de Zhu Xi, a integrar algumas contribuições de Wang Yangming, permanecendo embora crítico em relação a elas.

A objeção principal de Liu Zongzhou em relação a Wang Yangming diz respeito à sua concepção do "conhecimento inato", que implica uma prioridade da intenção sobre o conhecimento[55]. Em sua reflexão sobre a unidade entre o conhecimento e a ação, Wang é com efeito levado a privilegiar a vontade em relação à função cognitiva da mente. A interpretação libertária da escola de Taizhou vê nisto um espontaneísmo, tornado acessível a todos, que, em vez de prescrever, contenta-se em aprender com a experiência, ou até deixá-la regular-se por si mesma. É o que Liu Zongzhou rejeita, vendo aqui um duplo perigo de desvio: na ausência de toda baliza e de toda norma, podemos ser tentados ou a considerar nossos próprios desejos como manifestações autênticas do princípio moral, ou a conceber o "conhecimento inato" como uma iluminação repentina à maneira Zen, sem levar em conta o processo de desenvolvimento moral.

Mesmo subscrevendo o pensamento de Wang Yangming sobre a intenção, Liu Zongzhou permanece insatisfeito quanto à sua identificação com o "conhecimento inato", que ele por sua vez gostaria de enraizar mais profundamente retornando à "raiz da intenção". Para Liu existe uma contradição inerente ao ensinamento de Wang Yangming, tal como foi consignado particularmente nas quatro proposições[56]. Desde que reconhecemos que existe bem e mal, é forçoso levar em conta a função discriminativa da mente. A prioridade que Wang Yangming atribui à intenção em relação ao "conhecimento inato" torna-se então insustentável, pois se a mente, inteiramente identificada com a natureza de origem celeste, não é senão intenção, ela só pode querer o bem; e, neste caso, como explicar a aparição de pulsões más? Liu tenta sair da contradição refinando as noções utilizadas por Wang com a

20. A mente volta a ocupar o centro no pensamento dos Ming 623

ajuda de sutis distinções entre intenção e vontade, por um lado, e entre "conhecimento inato" e conhecimento discriminativo, por outro. E reformula as quatro proposições de Wang da seguinte forma:

> Há bem e mal na mente em movimento.
>
> Há atração para o bem e repulsa ao mal na intenção em quietude.
>
> Conhecer o bem e o mal é a particularidade do conhecimento inato.
>
> Praticar o bem e eliminar o mal é a regra das coisas[57].

A primeira proposição de Liu, que descreve a mente em seu funcionamento vivido, feita de vontades e de sentimentos, corresponde à segunda proposição de Wang. É em sua segunda proposição que Liu faz intervir a "intenção" (*yi* 意, num sentido diferente do de Wang), que por si mesma se orienta para o bem voltando as costas ao mal. Por conseguinte, o "conhecimento inato" de Liu Zongzhou, mesmo que apareça na terceira proposição como em Wang, já não é mais simplesmente o conhecimento discriminativo que leva em conta o bem e o mal, mas é também e sobretudo intencionalidade intrinsecamente boa. A bondade original da intenção não pode, portanto, depender de um conhecimento discriminativo do bem e do mal, possível somente pela experiência. Neste ponto preciso, Liu não poderia numa posição mais antipodal a toda a reflexão ocidental sobre o livre-arbítrio: longe de basear uma teoria da ação sobre a escolha livremente feita com pleno conhecimento do bem e do mal, Liu procura numa direção radicalmente oposta uma fonte do bem que, a montante do conhecimento discriminativo, não esteja "enviscada" no relativo da experiência e do comportamento. Esta fonte de energia moral que jorra sem cessar, Liu a vê na "pura intencionalidade" (*yi* 意) da mente, que ele toma o cuidado de distinguir da vontade individual (*nian* 念) carregada com o peso da experiência, ou seja, do conhecimento do bem e do mal efetivamente observáveis.

Por não ter feito distinção clara entre a intencionalidade e a vontade e entre o "conhecimento inato" e o conhecimento discriminativo, o pensamento de Wang Yangming encontra-se sujeito a contradições, que Liu se aplica a esclarecer identificando a "raiz da intenção", fonte original sobre a qual é preciso agir diretamente pela prática da "solidão vigilante" (*shendu*) de que falam o *Grande Estudo* e o *Invariável Meio*. A "solidão" designa aqui um estado que não depende de nada e que representa, mais que um ideal definitivamente fixado, um pólo para o qual se deve tender sempre mais. Porque a "raiz da intenção", provavelmente inspirada na noção taoísta de "raiz celeste", é o que liga o homem ao Céu.

Liu Zongzhou esforça-se para dar novo sopro (no sentido literal de *qi*) à impulsão moral, restabelecendo este laço primordial, pois "a natureza humana na origem não é outra coisa senão o Céu"[58]: não contente por participar diretamente do poder infinitamente criador do Céu, ela o assiste o máximo possível. De maneira significativa, em vez da "Cumeeira suprema" (*taiji* 太極) sobre a qual Zhu Xi baseia toda a sua construção, Liu prefere falar de "Cumeeira humana" (*renji* 人極)[59]: é o homem que, pelos recursos ilimitados de sua mente, alcança o Céu, e não este último que se impõe a ele como modelo. A idéia de uma fonte de energia moral à semelhança do inesgotável poder criador do Céu, Liu a busca, uma vez mais, na tradição das *Mutações*, que ele reaviva em referência aos cosmologistas do início dos Song[60]. Huang Zongxi (1610-1695), o grande historiador do início dos Qing, irá reivindicar como mestre este filósofo que jamais se cansou de apresentar censuras à corte dos Ming e que, após a derrocada destes em 1644, preferiu deixar-se morrer de fome a servir ao invasor manchu, encarnando assim a nobreza de seu próprio ideal moral.

Vida e morte das academias privadas no final dos Ming

A prática das discussões públicas, muitas vezes realizadas nas academias que se multiplicam rapidamente na segunda

20. A mente volta a ocupar o centro no pensamento dos Ming

metade do séc. XVI, desempenha um papel essencial na vida intelectual como também social de todo o final dos Ming, ao ponto de ter repercussões no andamento político da dinastia. Como explica Jean-François Billeter, "sob a aparência de uma livre exegese dos Clássicos do confucionismo afirmou-se um novo espírito, que punha novamente em discussão a influência da ortodoxia de Estado sobre as mentes, e que exerceu uma ação tanto mais forte sobre a ordem social porque rapidamente deixou de ser algo exclusivo de alguns círculos de mandarins para penetrar nas camadas sociais mais vastas e menos estáveis: comerciantes, empresários, artesãos e pequenos empregados, pessoas que viviam de pequenas rendas e letrados sem títulos, estudantes bolsistas do Estado etc. Ampliando-se, o movimento diversificou-se. Assumiu, sobretudo na escola de Taizhou, formas abertamente heterodoxas e protestatárias. Alimentando-se mutuamente, a instabilidade social e a efervescência intelectual criaram uma situação que inquieta o mandarinato, e sobretudo seus segmentos conservadores, que temem a desintegração de sua ordem e a bancarrota de seus valores"[61].

Um sinal evidente da inquietude do *establishment* é a decisão tomada em 1579 pelo homem forte do momento, Zhang Juzheng (1525-1582), de fechar todas as academias privadas. Suprimindo esses espaços abertos às correntes de pensamento e às discussões independentes, Zhang espera conter o declínio da dinastia e reforçar o poder do Estado[62]. Condenado por ele e no mesmo ano do fechamento das academias, morre um dos espíritos mais rebeldes da época, He Xinyin (1517-1579), figura-farol para todos os oponentes do farisaísmo confuciano como Li Zhi, morto também este na prisão em 1602[63].

À testa de uma rede bastante frouxa de associações e de cenáculos diversos, a academia da Floresta do Leste (*Donglin shuyuan*), fundada sob os Song em Wuxi (na atual Jiangsu) e restabelecida em 1604 por Gu Xiancheng (1550-1612), atesta a politização das academias privadas. No momento em que funcionários – na maioria demitidos – e letrados íntegros e rigoristas põem-se a publicar opúsculos criticando a corte e suas práticas despóticas, a academia é acusada pelos burocratas corruptos, aliados dos eunucos da corte, de constituir uma facção (*dang* 黨)[64]. Para além da crítica política, o espírito do Donglin exprime a aspiração a um renascimento moral, uma vontade de voltar às fontes da ética confuciana para reagir contra seu relaxamento entre os letrados, considerados em parte responsáveis pela corrupção da corte. Trata-se de curar o poder central de um mal cuja origem é de natureza moral e os sintomas de ordem política.

O Donglin reage particularmente contra a abdicação a que se presta o intuicionismo de Wang Yangming na interpretação de seu discípulo Wang Ji e da escola de Taizhou. Retorna assim à fonte do *daoxue* dos Song, repondo em lugar de destaque a disciplina do esforço moral (*gongfu* 功夫) e da ação concreta (*shixing* 實行). Eminente exemplo disto é Gao Panlong (1562-1626), adepto do "sentado em quietude", que, associado não mais ao budismo Zen à maneira de Chen Xianzhang no início dos Ming, mas ao rigorismo e ao ritualismo confucianos, nem por isso deixa de chegar a uma iluminação:

> Trata-se do seguinte! Na verdade, não há nada. Desde que me dei conta disto, tudo quanto me amarrava até então foi cortado e, de repente, foi como se um peso de cem libras tivesse caído por terra de uma só vez ou como se um grande clarão tivesse inundado meu ser com sua iluminação. Depois disto, fundi-me inteiramente na grande atividade de transformação do cosmos e não houve mais separação entre o Céu e o Homem, entre o interior e o exterior[65].

Como Luo Qinshun um século antes dele, Gao Panlong proclama sua fidelidade a Zhu Xi, creditando embora a Zhang Zai sua concepção valorizadora da energia[66]. Tendo sucedido Gu Xiancheng à frente da academia Donglin, é detido pelos eunucos em 1626, mas antes mesmo de ser levado embora preferiu suicidar-se por afogamento. O espírito do Donglin representa a retomada de uma concepção militante do homem confuciano, que tem o dever de não ceder à tentação de isentar-se da ação política, à maneira dos taoístas e dos budistas. Como gosta de dizer Gu Xiancheng:

> Desde que os oficiais da corte não têm a mente fixa no imperador, desde que os oficiais das províncias não têm a mente fixa no povo, desde que os letrados recolhidos ao campo que se reúnem em pequenos grupos para discutir sobre a natureza e o destino humanos e aperfeiçoar sua virtude moral não têm a mente fixa no Tao do mundo atual, o homem de bem não os aprova, mesmo que tenham outras qualidades[67].

A Sociedade da Renovação e os jesuítas

A queda de braço travada pelos partidários do Donglin contra a corte imperial reproduz um cenário muitas vezes repetido ao longo da história chinesa: a luta aberta entre o círculo amplo dos letrados-funcionários e conselheiros confucianos das altas esferas do poder e o círculo restrito formado ao redor do imperador pelo clã da imperatriz e os eunucos. De maneira significativa, a expressão "julgamentos puros" (*qingyi* 清議), utilizada desde os Han na luta que já opunha os letrados e os eunucos, aplica-se ao final dos Ming aos letrados íntegros que ousam expressar sua desaprovação ao imperador. Após uma recuperação do favor na corte no início dos anos 1620, os partidários do Donglin sofrem uma terrível repressão movida pelo eunuco Wei Zhongxian (1568-1627), que manda prender, torturar e assassinar seus cabeças. As academias privadas, denunciadas como organizações politicamente subversivas, são destruídas por ordem imperial.

Apesar da brutalidade da repressão, as forças de oposição aos eunucos, bem como as academias e associações privadas, levantam novamente a cabeça após a desgraça e a morte de

Wei Zhongxian em 1627. O espírito da academia Donglin, arrasada em 1626, renasce das cinzas na "Sociedade da Renovação" (*Fushe*). O que no início era apenas uma associação literária da região de Suzhou, como as havia em profusão sob os Ming, representava no final da dinastia o agrupamento político mais importante e mais bem organizado que a época imperial jamais conheceu, retomando a tocha da resistência aos eunucos, e depois ao invasor manchu[68].

A "renovação", que podemos também compreender como um "retorno ao antigo", preconizada pelo Fushe, não é, em todo caso, uma aspiração a voltar atrás, mas representa pelo contrário uma importante reorientação do pensamento. Seus membros apelam alto e bom som para os "estudos práticos" (*shixue* 實學), desconsiderando os "discursos ocos" da filosofia especulativa. São inúmeros os que sofrem a influência, direta ou indireta, de Xu Guangqi (1562-1633), funcionário de alta posição convertido ao cristianismo e colaborador de Matteo Ricci (1552-1610) na tradução ao chinês de obras européias sobre matemática, hidráulica, astronomia, geografia[69]. Enquanto a presença européia e cristã (primeiramente dos portugueses, seguidos pelos espanhóis e os holandeses) começa a se fazer sentir na China no início do séc. XVI, os primeiros missionários jesuítas italianos, liderados por Michele Ruggieri e Matteo Ricci, chegam em 1582[70]. Conquistando as elites instruídas e as boas graças dos imperadores, por uma política chamada de acomodação, os jesuítas chegam a obter acesso à corte imperial de Pequim e ali se mantêm até o fim do séc. XVIII, fazendo valer suas competências em astronomia, cartografia, matemática, ciências, as quais voltam então a despertar a curiosidade[71].

Mas a mensagem concernente à sua religião revelada, cuja propagação constitui o principal objetivo dos missionários, parece interessar muito menos os chineses, e mesmo suscitar certa hostilidade. A famosa "controvérsia dos ritos" é um dos sinais mais flagrantes dos profundos mal-entendidos entre cristãos europeus e letrados chineses. Ela revela um conflito

20. A mente volta a ocupar o centro no pensamento dos Ming

que se manifesta primeiramente no interior das missões a partir da morte de Ricci em 1610 e se agrava no momento em que, após um período de relativa tolerância no séc. XVII, as diretrizes do Vaticano se tornam mais intransigentes no século seguinte, ao ponto de provocar na China uma indignação nos detratores do cristianismo, que o acusam de querer corromper os costumes chineses proibindo a veneração dos ancestrais[72]. Trata-se, na verdade, de saber se os ritos são de caráter religioso ou não. Se forem de caráter religioso, não podem ser, aos olhos dos cristãos, senão superstições e, por isso, são incompatíveis com a doutrina do "Senhor do Céu"; caso contrário, enquanto ritos civis e políticos, são compatíveis com a fé cristã[73]. Ora, para os chineses, a questão em si não tem muito sentido pelo fato de não haver, em sua própria tradição, distinção entre religioso e civil, entre sagrado e profano, entre espiritual e temporal. O erro dos jesuítas foi provavelmente pensar que bastava falar a língua para introduzir-se na cultura chinesa: ora, para os chineses, o sentido reside ainda mais nos ritos do que nas palavras.

Além disso, os jesuítas tinham por missão introduzir uma doutrina transcendente que tornava impossível ser ao mesmo tempo um bom cristão e um bom chinês, pois os deveres do primeiro faziam do segundo um filho ímpio e um rebelde contra a ordem sociopolítica. Enquanto os chineses poderiam estar dispostos a integrar o culto cristão na visão sincrética predominante desde meados da dinastia, chocaram-se contra o dogmatismo intransigente dos missionários, que exigiam o reconhecimento de sua religião como a única verdadeira, sendo todas as outras condenadas como supersticiosas.

Os jesuítas penetram na China no momento em que se acentua o processo de decomposição da sociedade e do Estado, que culminará com a queda de Pequim nas mãos dos manchus em 1644. Chegam no momento certo para trazer um reforço inesperado às aspirações de uma parte das elites chinesas a um retorno ao rigor moral e à ortodoxia contra um laxismo e uma renúncia cuja culpa é atribuída à influência budista.

Paralelamente, suas contribuições científicas e técnicas vêm fortalecer o surgimento de um novo espírito, que se manifesta desde o início do séc. XVI sob a forma de um interesse sem precedentes pelos conhecimentos concretos, úteis para a gestão administrativa, militar, agrícola. Doravante o letrado, *a fortiori* aquele que se destina à carreira burocrática, não pode mais contentar-se em ser um erudito, mas deve saber dominar uma gama tanto ampla quanto diversificada de competências práticas.

Notas do capítulo 20

1. Jacques GERNET, *Le monde chinois*, p. 332.

2. Cf. Paul DEMIÉVILLE, "La situation religieuse en Chine au temps de Marco Polo", em *Oriente Poliana* (Roma), 1957, p. 193-234.

3. Sobre a atitude dos letrados do *daoxue* sob os Yuan, cf. Frederick MOTE, "Confucian Eremitism in the Yüan Period", em Arthur F. WRIGHT (ed.), *The Confucian Persuasion*, Stanford University Press, 1960, p. 202-240; e CHAN Hok-lam e William Theodore DE BARY (eds.), *Yüan Thought: Chinese Thought and Religion under the Mongols*, Nova York, Columbia University Press, 1982. Sobre Wu Cheng, cf. David GEDALECIA, *The Philosophy of Wu Ch'eng: A Neo-Confucian of the Yuan Dynasty*, Bloomington, Indiana University Press, 1999; e *A Solitary Crane in a Spring Grove. The Confucian Scholar Wu Ch'eng in Mongol China*, Wiesbaden, 2001.

4. Sobre a transição entre os Yuan e os Ming, cf. John W. DARDESS, *Conquerors and Confucians: Aspects of Political Change in Late Yüan China*, Nova York, Columbia University Press, 1873, e *Confucianism and Autocracy: Professional Elites in the Founding of the Ming Dynasty*, Berkeley, University of California Press, 1983.

5. A *Grande Suma sobre a natureza e o princípio* (*Xingli daquan*), compilada em 1415, é a mais importante das numerosas antologias inspiradas no *Jinsi lu* (*Reflexões sobre aquilo que nos toca de perto*) de Zhu Xi e Lü Zuqian (cf. cap. 19 nota 17). Três séculos mais tarde, em 1715, por ordem do imperador Kangxi, Li Guangdi (1642-1718) compilará um resumo da *Grande Suma*, intitulado *Idéias essenciais sobre a natureza e o princípio* (*Xingli jingyi*), cf. CHAN Wing-tsit, "The *Hsing-li ching-i* and the Ch'eng-Chu School of the Seventeenth Century", em William Theodore DE BARY et al., *The Unfolding of Neo-Confucianism*, Nova York, Columbia University Press, 1975, p. 543-579.

20. A mente volta a ocupar o centro no pensamento dos Ming

6. Sobre o sistema dos exames mandarínicos, cf. Jacques GERNET, "Éducation", em *L'Intelligence de la Chine*, p. 98-132. Cf. Também a obra com título eloqüente de MIYAZAKI Ichisada, *China's Examination Hell* (trad. do japonês), New Haven, Yale University Press, 1981. Sobre a mobilidade social oriunda deste sistema, cf. HO Ping-ti, *The Ladder of Success in Imperial China: Aspects of Social Mobility, 1368-1911*, Nova York, Columbia University Press, 1962.

7. Citado por Jean-François BILLETER, *Li Zhi, philosophe maudit (1527-1602). Contribution à une sociologie du mandarinat chinois de la fin des Ming*, Genebra, Droz, 1979, p. 62.

8. Sobre a complexa noção de "ortodoxia" entre o início dos Ming e o fim dos Qing, cf. LIU Kwang-ching (ed.), *Orthodoxy in Late Imperial China*, Berkeley, University of California Press, 1990. Para referências biográficas sobre o período Ming, cf. L.C. GOODRICH (ed.), *Dictionary of Ming Biography, 1368-1644*, 2 vols., Nova York, Columbia University Press, 1976.

9. Cf. CHAN Wing-tsit, "The Ch'eng-Chu School of Early Ming", em William Theodore DE BARY (ed.), *Self and Society in Ming Thought*, Nova York, Columbia University Press, 1970, p. 29-51. Cf. também Theresa KELLEHER, "Personal Reflections on the Pursuit of Sagehood: The Life and Journal of Wu Yü-pi (1392-1469)", tese de PhD., Columbia University, Ann Arbor, University Microfilms, 1982.

10. O título *Notas tomadas dia após dia* (*Rilu*) prefigura o do *Rizhilu* (*Notas sobre os conhecimentos adquiridos dia após dia*) de Gu Yanwu (1613-1682), cf. adiante cap. 21.

11. Citado por Jean-François BILLETER, *Li Zhi, philosophe maudit*, p. 94. Sobre Chen Xianzhang, cf. JEN Yu-wen, "Ch'en Hsien-chang's Philosophy of the Natural", em DE BARY, *Self and Society in Ming Thought*, p. 53-92; e Paul JIANG, *The Search for Mind: Ch'en Pai-sha, Philosopher-Poet*, Singapore University Press, 1980.

12. *Kongmen chuanshou xinfa lun* (*Sobre a transmissão da disciplina mental na escola confuciana*), em *Zhan Ganquan xiansheng wenji* (*Escritos de Mestre Zhan Ruo-shui*), ed. de 1580, 24, p. 42b-44b.

13. *Li Zhi, philosophe maudit*, p. 94. Existe abundante bibliografia em línguas ocidentais sobre Wang Yangming, principalmente em inglês. Pode-se consultar, entre outros: CHAN Wing-tsit, "Wang Yang-ming: Western Studies and an Annotated Bibliography", *Philosophy East and West*, 22/1 (1972), p. 75-92; T'ANG Chün-i, "The Criticisms of Wang Yang-ming's Teachings as Raised by his Contemporaries", *Philosophy East and West*, 23/1-2 (jan.-abr. 1973), p. 163-186; Carsun CHANG, *Wang Yang-ming, Idealist Philosopher of 16th Century China*, Nova

York, Saint Johns's University Press, 1962; Julia CHING, *Philosophical Letters of Wang Yang-ming*, Canberra, Australian National University, 1971, e *To Acquire Wisdom. The Way of Wang Yang-ming*, Nova York, Columbia University Press, 1976; TU Wei-ming, *Neo-Confucian Thought in Action, Wang Yang-ming's Youth (1472-1509)*, Berkeley, University of California Press, 1976.

A edição moderna das obras completas de Wang Yangming utilizada aqui é o *Wang Yiangming quanji*, 2 vols., Shanghai guji chubanshe, 1992.

14. *Daxue wen* (*Questionamento sobre o Grande Estudo*), em *Wang Yangming quanji* 26, p. 968. Para uma tradução integral, cf. CHAN Wing-tsit, *Source Book*, p. 659-666.

Uma das primeiras tarefas de Wang Yangming foi a de restaurar o texto do *Grande Estudo* em seu estado original, ou seja, anterior aos inúmeros cortes e retoques feitos por Zhu Xi (cf. cap. 19 nota 67).

O exemplo da criança ao ponto de cair no poço é clássico desde Mêncio, cf. cap. 6, "O que é o vital?"

15. *Chuanxi lu* (*Notas sobre a transmissão de uma prática moral*) II, em *Wang Yangming quanji*, p. 54. Para uma tradução integral, cf. CHAN Wing-tsit, *Instructions for Practical Living and Other Neo-Confucian Writings by Wang Yang-ming*, Nova York, Columbia University Press, 1963.

16. *Chuanxi lu* I, em *Wang Yangming quanji*, p. 6 e 25.

17. Cf. *Mengzi* IV A 20. Lembremos que para Cheng Yi e Zhu Xi o termo *ge* significava "chegar" ou "atingir (as coisas em seu princípio)", cf. cap. 18 nota 33 e cap. 19 nota 66.

18. *Chuanxi lu* I, em *Wang Yangming quanji*, p. 6.

19. *Chuanxi lu* III, p. 107-108.

20. Para a fórmula de Cheng Yi (*xing ji li* 性即理), cf. cap. 18 nota 56; para a de Lu Xiangshan (*xin ji li* 心即理), cf. cap. 19 nota 48.

21. *Chuanxi lu* I, p. 7. Para a distinção entre "mente de Tao" e "mente humana", cf. cap. 19.

22. Sobre o "minúsculo esboço" cf. cap. 11.

23. As fases "ainda não manifestada" e "manifestada" fazem referência à famosa passagem do *Invariável Meio* (*Zhongyong*, n. 1), citada no cap. 6, p. 199s, e no cap. 11, p. 317.

24. Cf. cap. 18 nota 40.

25. Alusão à fórmula de Cheng Yi, cf. cap. 18 nota 35.

26. *Chuanxi lu* II, p. 64.

27. *Chuanxi lu* III, p. 108.

20. A mente volta a ocupar o centro no pensamento dos Ming 633

28. *Ibid.*, p. 117. Sobre Wang Ji, que desenvolveu a idéia de "levar o conhecimento inato a alcançar por si mesmo sua própria completude", cf. TANG Chün-i, "The Development of the Concept of Moral Mind from Wang Yang-ming to Wang Chi", e Takehiko OKADA, "Wang Chi and the Rise of Existentialism", em DE BARY, *Self and Society in Ming Thought*, p. 93-119 e 121-144.

29. Cf. *Mengzi* II A 6 e VI A 15. Cf. cap. 6 nota 20.

30. *Zhuzi yulei* 5 e 74, p. 87 e 1898. Esta fórmula iria ter sucesso entre os pensadores dos Song e dos Ming, cf. CHAN Wing-tsit, *Chu Hsi: New Studies*, Honolulu, University of Hawaii Press, 1989, p. 311-314.

31. *Daxue wen* (*Questionamento sobre o Grande Estudo*), em *Wang Yangming quanji* 26, p. 971. Para a interrogação de Qian Dehong cf. acima p. 610.

32. *Chuanxi lu* I e II, em *Wang Yangming quanji*, p. 4 e 42.

33. *Chuanxi lu* II, em *Wang Yangming quanji*, p. 92. "Aprender, indagar, refletir, debater, agir" faz referência ao *Invariável Meio*, n. 20.

34. *Mingru xue'an* (*As escolas de letrados dos Ming*), ed. SBBY, 7, p. 2a. Esta obra do grande historiador do séc. XVII Huang Zongxi (sobre o qual cf. cap. seguinte) trata de 257 letrados agrupados nas principais escolas dos Ming e constitui uma das fontes mais importantes para a história intelectual deste período. Cf. a tradução parcial ao inglês por Julia CHING et al., *The Records of Ming Scholars*, Honolulu, University of Hawaii Press, 1987.

35. *Yashu* (*Anotações refinadas*), parte I, em *Wang Tingxiang ji* (*Obras de Wang Tingxiang*), 4 vols., Pequim, Zhonghua shuju, 1989, p. 835 e 848.

36. *Kun zhi ji* (*Notas sobre o conhecimento adquirido a duras penas*), ed. 1528, parte I, seção 11. Cf. a tradução de Irene BLOOM, *Knowledge Painfully Acquired: The K'un-chih by Lo Ch'in-shun*, Nova York, Columbia University Press, 1987. Cf. também seu artigo "On the 'Abstraction' of Ming Thought: Some Concrete Evidence from the Philosophy of Lo Ch'in-shun", em William Theodore DE BARY e Irene BLOOM (eds.), *Principle and Practicality: Essays in Neo-Confucianism and Practical Learning*, Nova York, Columbia University Press, 1979.

37. Cf. cap. 18 nota 30.

38. *Yashu*, parte I, p. 835.

39. Lembremos, por exemplo, o *Tratado sobre Branco e Negro* de Huilin, datado do séc. V, inicialmente intitulado *As três doutrinas são igualmente boas* (cf. cap. 15, p. 424).

40. Sobre diversos aspectos do sincretismo religioso dos Ming e seus antecessores, cf. LIU Ts'un-yan e Judith BERLING, "The 'Three Teachings' in the Mongol-Yüan Period", em CHAN Hok-lam e W.T. DE BARY (eds.), *Yüan Thought*, p. 479-512; Timothy BROOK, "Rethinking Syncretism: The Unity of the Three Teachings and their Joint Worship in Late Imperial China", *Journal of Chinese Religions*, 21 (1993); LIU Ts'un-yan, "The Penetration of Taoism into the Ming Neoconfucianist Elite", *T'oung Pao*, 57 (1971), p. 94-102; Rodney L. TAYLOR, "Proposition and Praxis in Neo-Confucian Syncretism", em *The Religious Dimensions of Confucianism*, Albany, State University of New York Press, 1990; ARAKI Kengo, "Confucianism and Buddhism in the Late Ming", em DE BARY, *Unfolding of Neo-Confucianism*, p. 39-66.

41. *Mingru xue'an* (*As escolas de letrados dos Ming*), 5, p. 4a. Sobre Chen Xianzhang cf. acima nota 11. Sobre o "sentado em quietude" cf. cap. 19, "Disciplina mental".

42. Cf. LIU Ts'un-yan, "Lin Chao-en (1517-1598), the Master of the Three Teachings", *T'oung Pao*, 53 (1967), p. 253-278; e Judith BERLING, *The Syncretic Religion of Lin Chao-en*, Nova York, Columbia University Press, 1980.

43. As *Notas sobre as penas do estudo* (*Kunxue ji*) de Hu Zhi, cujo título será retomado por Gao Panlong (cf. adiante nota 65), pretendem talvez ser a contrapartida do *Kunzhi ji* (*Notas sobre o conhecimento adquirido a duras penas*) de Luo Qinshun (cf. acima nota 36). As duas expressões *kunxue* ("penar para aprender") e *kunzhi* ("penar para conhecer") fazem alusão aos *Analectos* de Confúcio XVI,9 e ao *Invariável Meio*, n. 20.

44. Citado por Jacques GERNET, *L'Intelligence de la Chine*, p. 296-297. Sobre Hanshan Deqing, cf. WU Pei-i, "The Spiritual Autobiography of Te-ch'ing", em DE BARY, *Unfolding of Neo-Confucianism*, p. 67-92; HSÜ Sung-peng, *A Buddhist Leader in Ming China: The Life and Thought of Han-shan Te-ch'ing, 1546-1623*, 1979. Sobre Zhu Hong, cf. Kristin YÜ GREENBLATT, "Chu Hung and Lay Buddhism in the Late Ming", em DE BARY, *Unfolding of Neo-Confucianism*, p. 93-140; YÜ Chün-fang, *The Renewal of Buddhism in China: Chu Hung and the Late Ming Synthesis*, Nova York, Columbia University Press, 1981.

45. Sobre a escola de Taizhou, cf. William Theodore DE BARY, "Individualism and Humanitarianism in Late Ming Thought", em *Self and Society in Ming Thought*, p. 145-247. Sobre Wang Gen, cf. Monika ÜBELHÖR, *Wang Gen (1483-1541) und seine Lehre. Eine kritische Position im späten Konfuzianismus*, Berlim, Reimer, 1986.

46. Originalmente, as *jiangxue* eram sessões públicas de "discussão sobre o estudo", das quais todos podiam participar, por oposição às conferências magistrais que eram as *jiangyi*. As academias são a forma mais estruturada das associações de particulares, herdadas dos Song, que se

20. A mente volta a ocupar o centro no pensamento dos Ming 635

multiplicam pelo final dos Ming e sobre as quais pode-se consultar Jacques GERNET, "Clubs, cénacles et sociétés aux XVIᵉ et XVIIᵉ siècles", em *L'Intelligence de la Chine*, p. 88-97.

47. Sobre Li Zhi cf. Jean-François BILLETER, *Li Zhi, philosophe maudit* (referências na nota 7); Otto FRANKE, *Li Tschi, ein Beitrag zur Geschichte der chinesischen Geisteskämpfe im XVI. Jahrhundert* e *Li Tschi und Matteo Ricci*, Berlim, Abhandlungen der preussischen Akademie der Wissenschaft, 1937 e 1938; CHAN Hok-lam (ed.), *Li Chih (1527-1602) in Contemporary Chinese Historiography: New Light on his Life and Works*, Seattle, University of Washington, 1980.

48. O *Livro a ser queimado* (*Fenshu*), de 1590, é uma coletânea de textos muito diversos ao gosto dos letrados dos Ming (cartas, ensaios, anotações de leitura, poemas, prefácios e outros textos de circunstância), que Li Zhi manda seus leitores queimarem – por prudência – após a leitura. O *Livro a ser escondido* (*Cangshu*), de 1599, composto de aproximadamente 800 biografias de personagens históricos, através das quais Li Zhi instrui, segundo suas próprias palavras, "o processo de milhares de anos de história", deve "ser ocultado" aguardando o dia em que encontrará seu verdadeiro leitor, cf. prefácio ao *Fenshu*, Pequim, Zhonghua shuju, 1975, p. 1.

49. *Chutan ji* (*Primeira coletânea da margem do lago*) 19, Pequim, Zhonghua shuju, 1974, p. 328, tradução modificada de J.-F. BILLETER, *Li Zhi, philosophe maudit*, p. 73.

50. *Chuanxi lu* II, em *Wang Yangming quanji*, p. 76. Trata-se de uma carta a Luo Qinshun (cf. acima p. 615-616), um dos mais eminentes representantes da filosofia zhuxista e ao mesmo tempo da classe mandarínica.

51. "Resposta ao censor Geng (Dingxiang)", em *Fenshu* (*O Livro a ser queimado*) 1, p. 16, tradução modificada de J.-F. BILLETER, *Li Zhi, philosophe maudit*, p. 127-128.

52. "Resposta ao vice-ministro Geng (Dingxiang)" (trata-se do mesmo personagem da nota precedente, que neste entrementes subiu de grau), em *Fenshu* 1, p. 31, tradução modificada de J.-F. BILLETER, *Li Zhi, philosophe maudit*, p. 182.

53. Sobre Jiao Hong, cf. Edward T. CH'IEN, "Chiao Hung and the Revolt Against Ch'eng-Chu Orthodoxy", em DE BARY, *The Unfolding of Neo-Confucianism*, p. 271-303; e *Chiao Hung and the Restructuring of Neo-Confucianism in the Late Ming*, Nova York, Columbia University Press, 1986.

54. Sobre Liu Zongzhou, cf. TANG Chün-i, "Liu Tsung-chou's Doctrine of Moral Mind and Practice and his Critique of Wang Yang-ming", em DE BARY, *The Unfolding of Neo-Confucianism*, p. 305-331; e TU Wei-ming, "Subjectivity in Liu Tsung-chou's Philosophical Anthropology", em Donald MUNRO (ed.), *Individualism and Holism: Studies in Confucian and Taoist Values*, Ann Arbor, University of Michigan, Center for Chinese Studies, 1985, p. 215-235.

55. Cf. o *Liangzhi shuo* (*Ensaio sobre o conhecimento inato*), em *Liuzi quanshu* (*Obras completas de Mestre Liu*), ed. de 1822, 8, p. 24b-26a.

56. Cf. acima na nota 28.

57. *Xueyan* (*Conversações sobre o estudo*), parte I, em *Liuzi quanshu* 10, p. 26b.

58. *Yi yan* (*Extrapolações sobre as Mutações*), cap. 8, em *Liuzi quanshu* 2, p. 14a.

59. Cf. o primeiro capítulo do *Renpu* (*Manual para o homem*), em *Liuzi quanshu* 1.

60. Cf. *Du Yi tushuo* (*Leitura diagramática das Mutações*), em *Liuzi quanshu* 2, p. 8b-9a.

61. *Li Zhi, philosophe maudit*, p. 146-147.

62. Sobre as academias sob os Ming, cf. John MESKILL, *Academies in Ming China: A Historical Essay*, Tucson, University of Arizona Press, 1982; e Tielemann GRIMM, *Erziehung und Politik im konfuzianischen China der Ming-Zeit (1368-1644)*, Hamburgo, Gesellschaft für Natur- und Völkerkunde Ostasiens, 1960. Sobre Zhang Juzheng, cf. Robert CRAWFORD, "Chang Chü-cheng's Confucian Legalism", em DE BARY, *Self and Society in Ming Thought*, p. 367-413.

63. Cf. Ronald G. DIMBERG, *The Sage and Society: The Life and Thought of Ho Hsin-yin*, Honolulu, University of Hawaii Press, 1974.

64. Sobre a academia Donglin, cf. Heinrich BUSCH, "The Tung-lin Academy and its Political and Philosophical Significance", *Monumenta Serica*, 14 (1949-1955), p. 1-163; Charles O. HUCKER, "Tung-lin Movement of the Late Ming Period", em John K. FAIRBANK (ed.), *Chinese Thought and Institutions*, University of Chicago Press, 1957, p. 132-162; Benjamin A. ELMAN, "Imperial Politics and Confucian Societies in Late Imperial China. The Hanlin and Donglin Academies", *Modern China*, 15/4 (1989).

Note-se que o termo *dang* 黨, que serve então, com uma conotação pejorativa, para designar as facções, percebidas pelo poder central como agrupamentos que perseguem interesses mais "privados" do que "públicos", é o mesmo que designa atualmente os partidos políticos.

65. *Kunxue ji* (*Notas sobre as penas do estudo*), citado por Jacques GERNET, *L'Intelligence de la Chine*, p. 295. Sobre o título deste ensaio, cf. acima nota 43. Sobre Gao Panlong, cf. Rodney L. TAYLOR, *The Cultivation of Sagehood as a Religious Goal in Neo-Confucianism: a Study of Selected Writings of Kao P'an-lung (1562-1626)*, Missoula (Montana), Scholars Press, 1978; e "Meditation in Ming Neo-Confucianism: Kao P'an-lung's Writing on Quiet-Sitting", *Journal of Chinese Philosophy*, 6/2 (1979), p. 149-182.

66. Gao Panlong é o autor de *Explicações sobre a iniciação correta de Zhang Zai* (*Zhengmeng shi*). Sobre Zhang Zai cf. acima cap. 17, p. 505-520.

67. Citado como um dito "muitas vezes pronunciado" por Gu Xiancheng no *Mingru xue'an* (*As escolas de letrados dos Ming*), 58, p. 4a.

68. Cf. William S. ATWELL, "From Education to Politics: The Fu She", em DE BARY, *Unfolding of Neo-Confucianism*, p. 333-367.

69. Cf. Catherine JAMI, Peter ENGELFRIET e Gregory BLUE (eds.), *Statecraft and Intellectual Renewal in Late Ming China. The Cross-Cultural Synthesis of Xu Guangqi (1562-1633)*, Leiden, Brill, 2001. Sobre um outro convertido célebre, cf. Nicolas STANDAERT, S.J., *Yang Tingyun (1562-1627), Confucian and Christian in Late Ming China*, Leiden, Brill, 1988.

70. Cf. Matteo RICCI e Nicolas TRIGAULT, *Histoire de l'expédition chétienne au royaume de la Chine (1582-1610)*, Paris, Desclée de Brouwer, 1978; Jonathan D. SPENCE, *The Memory Palace of Matteo Ricci*, Londres e Boston, Faber and Faber, 1963; Erik ZÜRCHER, Nicolas STANDAERT, S.J., e Adrianus DUDINK, *Bibliography of the Jesuit Mission in China: ca. 1580-ca. 1680*, Université de Leyde, 1991; Jacques GERNET, "La politique de conversion de Matteo Ricci et l'évolution de la vie politique et intellectuelle en Chine aux environs de 1600", em *L'Intelligence de la Chine*, p. 215-243; Michael LACKNER, *Das vergessene Gedächtnis. Die jesuitische mnemotechnische Abhandlung Xiguo jifa*, Stuttgart, Steiner, 1895.

71. Como lembra Jacques GERNET, "numerosíssimas obras de caráter técnico ou científico são publicadas no final da época dos Ming. Abrangem quase todos os ramos do saber (farmacopéia, medicina, botânica, agricultura, processos artesanais, geografia...) e atestam sem dúvida os progressos alcançados no séc. XVI", cf. *Le monde chinois*, p. 386. Cf. Willard J. PETERSON, "Western Natural Philosophy Published in Late Ming China", *Proceedings of the American Philosophical Society*, 117 (1973), p. 295-322.

72. Sobre a controvérsia dos ritos, cf. David E. MUNGELLO (ed.), *The Chinese Rites Controversy: Its History and Meaning*, Nettetal, Steyler,

1994. Sobre as relações entre China e cristianismo, cf. Jacques GERNET, *Chine et christianisme. Action et réaction*, Paris, Gallimard, 1982, reed. 1991 com o subtítulo *La première confrontation*; ÉTIEMBLE, *L'Europe chinoise*, t. I: *De l'empire romain à Leibniz*; t. II: *De la sinophilie à la sinophobie*, Gallimard, 1988 e 1989; Thomas H.C. LEE (ed.), *China and Europe*, Hong Kong University Press, 1991; Catherine JAMI e Hubert DELAHAYE (eds.), *L'Europe en Chine. Interactions scientifiques, religieuses et culturelles aux XVIIe et XVIIIe siècles*, Paris, Collège de France, Institut des hautes études chinoises, 1993; Paul A. RULE, *K'ung-tzu or Confucius? The Jesuit Interpretation of Confucianism*, Sydney, Londres e Boston, Allen and Unwin, 1986; David E. MUNGELLO, *The Great Encounter of China and the West, 1500-1800*, Lanham, 1999; Pascale GIRARD, *Les religieux occidentaux en Chine à l'époque moderne*, Lisboa e Paris, Centre culturel Calouste Gulbenkian, 2000; LI Wenchao, *Die Christliche China-Mission im 17. Jahrhundert. Verständnis, Unverständnis, Missverständnis. Eine geistesgeschichtliche Studie zum Christentum, Buddhismus und Konfuzianismus*, Stuttgart, 2000; LI Wenchao e Hans POSER (eds.), *Das Neueste über China. G.W. Leibnizes Novissima Sinica von 1697*, Stuttgart, 2000.

73. Cf. a tradução do *Tianzhu shiyi* de Matteo RICCI por Douglas LANCASHIRE e Peter HU Kuo-chen, S.J., *The True Meaning of the Lord of Heaven*, St. Louis (Missouri), Institute of Jesuit Sources, 1985.

Sexta Parte

Formação do pensamento moderno
(séc. XVII-XX)

21
Espírito crítico e abordagem empírica sob os Qing (séc. XVII-XVIII)

A partir do final da dinastia Ming, delineia-se uma "grande crise moral provocada pela degradação do clima político desde os últimos anos do séc. XVI e pela decomposição de um império sacudido por formidáveis revoltas populares entre os anos 1630 e 1644 aproximadamente, incapaz de conter o poderio manchu que se constituiu no Nordeste com a ajuda de trânsfugas chineses. Essa crise explica-se pelo fim dramático da dinastia Ming e pelas tragédias que o seguiram quando se instalou o novo poder manchu de 1644 a 1661, o tempo necessário para esmagar toda resistência. O que é questionado novamente pelas gerações nascidas na primeira metade do séc. XVII não é somente a filosofia idealista que procura eliminar as paixões e opõe o princípio de ordem às realidades grosseiras deste mundo, mas é toda a sociedade chinesa do final dos Ming: um despotismo egoísta e cego às desgraças dos humildes, isolado do resto da nação, incapaz de defendê-la contra a desordem e os ataques de fora, a inconsciência de meios dirigentes ocupados em suas intrigas e o irrealismo de classes letradas amantes de discussões abstratas e cheias de desprezo pela ação e os conhecimentos práticos"[1].

Abalados pelas conseqüências desastrosas do despotismo dos Ming, os letrados adquirem uma consciência viva e generalizada do eterno dilema confuciano entre o ideal moral e a prática política. Ora, a exigência herdada do *daoxue* dos Song de "aperfeiçoar-se a si mesmo para estar em condição de governar os homens" (*xiuji zhiren* 修己治人)[2] estabeleceu uma continuidade tornada impraticável entre ética individual e responsabilidade coletiva. Causa pouca surpresa que seja entre pensadores traumatizados pela derrocada dos Ming diante dos manchus que encontramos a crítica mais radical do absolutismo imperial e dos vícios de que sofrem tradicionalmente as instituições e a sociedade chinesas. "De uma só vez os pensadores do séc. XVII põem novamente em discussão o estilo de governo, os costumes políticos e as correntes intelectuais do final dos Ming. À aberração que consiste em considerar como uma realidade transcendente uma ordem que de fato não é senão o poder de organização inerente à matéria e ao social corresponde essa outra aberração que é a subordinação de todos a um despotismo absoluto"[3].

Assiste-se então a uma grave crise de identidade cultural que atribui a culpa da derrocada chinesa à vacuidade das especulações a partir dos Song e traça um paralelo entre o período de decadência que precedeu a queda dos Han em 220 e o que levou ao cataclismo de 1644. Daí a rejeição de tudo quanto possa lembrar as práticas neoconfucianas: conferências públicas, diálogos em forma de perguntas-respostas, notas sobre o ensinamento dos mestres etc. Estas práticas orais lembram por demais as "conversações puras" neotaoístas e os métodos de transmissão budistas para serem dignas dos Clássicos confucianos. A crise da consciência letrada suscita uma vez mais a vontade de reencontrar a fonte primária do espírito confuciano, acarretando ao mesmo tempo uma rejeição de toda a contribuição budista, e mesmo taoísta, e um retorno ao escrito.

Doravante jura-se apenas pela erudição pura e simples, fundada sobre o conhecimento empírico direto e não mais sobre a intuição e a interpretação subjetiva dos textos[4]. Se os outros Clássicos que não os Quatro Livros da ortodoxia zhuxista recebem novamente um lugar de honra, tornam-se doravante tema de um exame crítico colocado sob o signo da dúvi-

21. Espírito crítico e abordagem empírica sob os Qing

da intelectual. Pela primeira vez elaboram-se disciplinas como geografia, astronomia, matemática, epigrafia e filologia, que, mesmo em posição inicialmente marginal em relação aos estudos canônicos, constituem uma novidade radical: elas são praticadas em vista delas mesmas por eruditos desejos de encontrar nos Clássicos os textos autênticos dos grandes sábios. O rigor da astronomia matemática, por exemplo, fornece critérios objetivos de datação e de autenticidade dos textos.

Ao mesmo tempo os pensadores do séc. XVII procuram por todos os meios dar um significado militante, e mesmo protestatário, ao "estudo" ao qual se encontram agora limitados. A palavra de ordem é aliar o estudo tradicional dos Clássicos (*jingxue* 經學), ou seja, a erudição portadora do orgulho cultural chinês e símbolo da resistência antimanchu, a uma exigência prática inspirada no legismo antigo (*jingshi zhiyong* 經世致用, lit. "procurar a utilidade prática na organização do mundo atual")[5]. É isso que explica, além da elaboração de uma nova metodologia na abordagem dos textos, o interesse acentuado por todos os domínios práticos (técnicas administrativas, hidráulicas, cartográficas etc.). Após seis séculos de insistência sobre a "busca interior de santidade", a ascensão dos manchus precipita o retorno do pêndulo à preocupação de "organizar o mundo exterior"[6].

Huang Zongxi (1610-1695)

O nome de Huang Zongxi, associado hoje aos de Gu Yanwu e de Wang Fuzhi, figura, aos olhos dos contemporâneos, entre os "três grandes confucianos" do início dos Qing, em companhia de Sun Qifeng (1585-1675) e de Li Yong (1627-1705)[7]. Desde a mais tenra idade, Huang Zongxi é testemunha da luta travada contra os eunucos pelos partidários do Donglin. Seu pai, que é um deles, é executado na prisão por ordem do eunuco Wei Zhongxian em 1626. Aos vinte anos, Huang Zongxi entra na Sociedade da Renovação em Nanquim, antes de engajar-se de corpo e alma na luta contra o invasor manchu, chegando a solicitar a ajuda dos japoneses. Mas todos os esforços resultam vãos, ele renuncia finalmente à ação e se retira para sua Zhejiang natal a fim de levar uma vida de letrado. Sua curiosidade e sua erudição universais abrangem domínios tão diversos como a astronomia, a teoria da música ou a matemática. Mas é sobretudo seu trabalho de historiador que a posteridade conservará como sinal de uma recuperação da consciência histórica em reação tanto a um século de intuicionismo à maneira de Wang Yangming quanto às circunstâncias trágicas da época. Por toda a vida Huang Zongxi permanece ferozmente hostil aos manchus, recusando qualquer cargo oficial e qualquer forma de colaboração nos grandes empreendimentos de compilação patrocinados pelo Estado.

Em sua primeira obra, tanto concisa quanto importante, o *Plano para o príncipe*, datada de 1663, Huang Zongxi está animado pelo mesmo espírito de "retorno ao antigo" que havia inspirado as reformas de Wang Anshi sob os Song. Trata-se de uma crítica em regra das instituições absolutistas do final dos Ming:

> Nos tempos antigos, o império era o senhor, e o soberano não era senão um hóspede que passava sua vida inteira a ocupar-se dele. Em nossos dias o soberano tornou-se o senhor, e o império nada mais é que seu hóspede. Se não é mais possível encontrar a paz em nenhum lugar do império é unicamente por culpa do soberano.
>
> Enquanto não governa, ele massacra e dispersa os súditos do império com a única finalidade de aumentar seu próprio patrimônio, declarando com um cinismo perfeito: "É para meus descendentes que acumulo este pecúlio". Mas, uma vez que está no poder, continua a oprimir e a dispersar com a finalidade de satisfazer suas próprias perversidades, declarando com a maior naturalidade: "São os interesses de meu patrimônio". Portanto, o pior flagelo de toda a população do império é o soberano e só ele[8].

21. Espírito crítico e abordagem empírica sob os Qing

Proclamação cuja veemência encontra eco em Tang Zhen (1630-1704):

> O destino de milhões de homens está nas mãos de um só: se ele velar pelo seu bem-estar, eles viverão em paz; se os abandonar, eles são votados à morte. [...] Durante toda a duração de uma dinastia, é muito se, dentre mais de dez soberanos, houver dois ou três soberanos capazes. Quanto aos outros, se não forem tiranos, são idiotas, e se não forem perversos, são pessoas sem energia[9].

Vemos aqui o ideal político confuciano chocar-se frontalmente com a triste e medíocre realidade: tudo vai bem enquanto o topo da pirâmide é ocupado por um homem de bem, ou pelo menos nem estúpido demais nem malvado demais. Ora, a experiência não demorou muito para mostrar que acontece justamente o contrário na realidade. Acaba ocorrendo uma inversão da ordem de prioridade dada por Mêncio: povo, Estado, soberano[10]. Hoje em dia, é a este último e a seu bem-estar que estão subordinadas as instituições e a burocracia de Estado, e até mesmo todo o tecido social. Mais uma vez, os letrados confucianos são forçados a conceder certa validade às teses legistas, reconhecendo a necessidade de leis e instituições sensatas: "somente depois que as leis estiverem em ordem é que a ordem reina entre os homens".

Recusando toda colaboração com o projeto de *História dos Ming*, de que o imperador Kangxi (r. 1662-1723) toma a iniciativa, Huang Zongxi dá sua visão pessoal em seu *Mingru xue'an* (*As escolas de letrados dos Ming*) de 1676. Depois, remontando no tempo, empreende escrever o *Song Yuan xue'an* (*As escolas de letrados dos Song e dos Yuan*), que permaneceu inacabado por causa de sua morte[11]. Ele é assim o primeiro pensador chinês a elaborar a história de sua própria tradição intelectual.

Procurando defender o pensamento de seu mestre Liu Zongzhou, ponto de chegada das *Escolas de letrados dos Ming*, Huang Zongxi afirma sua oposição ao radicalismo proveniente de Wang Yangming, com o risco de entrar em desacordo com seu condiscípulo Chen Que (1604-1677)[12]. Comecemos, diz ele, por não confundir "natureza física" e "desejos humanos": se admitirmos, seguindo Liu Zongzhou, que a natureza moral é indissociável da natureza física, não se segue que esta última se confunde com os desejos humanos (*renyu* 人欲). Por causa de sua parcialidade e de seu egoísmo, eles são maus na medida em que excluem o indivíduo do resto da humanidade, distinguindo-se nisto das "emoções" (*qing* 情) da natureza física, que, ativadas na medida certa, nos integram na comunidade humana e por isso são boas[13]. Huang Zongxi reage ao amálgama semântico que tende, pelo final dos Ming, a assimilar os desejos às emoções e valorizá-los no quadro de um crescente reconhecimento de seu papel vital, sem dúvida por temer que este deslocamento degenere numa pura e simples justificação do egoísmo. No fundo, o que Huang Zongxi censura a Chen Que e a todos os adeptos do radicalismo de Taizhou é o fato de eles inverterem a perspectiva, de julgarem a natureza a partir de suas manifestações exteriores[14].

Huang Zongxi é herdeiro da concepção, própria de alguns pensadores dos Song, de um universo integralmente constituído de *qi* com níveis distintos, embora jamais explicitados: o mais superficial é o das coisas e acontecimentos com os quais estamos em contato em nossa existência ordinária e cujas formas infinitamente diversas e mutáveis nós interpretamos em função do hábito ou da convenção. Servindo de base à profusão e à confusão desta multiplicidade estão os princípios constantes que se mantêm apesar das variações observáveis no primeiro nível. Estas constantes atuam enfim segundo um princípio supremo de harmonia na grande unidade entre o homem e o mundo. Excetuado o nível superficial onde intervêm a subjetividade e as convenções humanas, todo o resto é bom porque natural, sendo "por si mesmo assim". O que faz a unidade e a homogeneidade na diversidade de todos estes níveis é a qualidade vital do *qi*, cuja manifestação mais refinada é a consciência, da qual nós, através de nossa mente, participa-

21. Espírito crítico e abordagem empírica sob os Qing

mos mais que todos os outros seres. É, portanto, refinando nossa consciência, tornando-nos mais sensíveis aos processos sutis de nossa mente, que deixamos agir ao máximo o *qi* em nós, e com isso desembaraçamos nossos pensamentos e nossas ações do egoísmo e da força do hábito.

Na esteira de Liu Zongzhou, Huang Zongxi associa os desejos humanos e a vontade individual (*nian* 念) ao primeiro nível, ao passo que a natureza inata, a intencionalidade (*yi* 意) e as emoções se situam no nível subjacente das constantes. A censura dirigida aos pensadores radicais como Chen Que é a de atribuir ao primeiro nível realidades que dependem das constantes, ou, em outras palavras, confundir o constante e o convencional. A natureza humana corre, com efeito, o risco de ver-se rebaixada, reduzida a uma espécie de naturalismo que se limitaria ao dado primário, contrariamente à tradição menciana, que procura elevá-la realçando nela a presença de um tropismo de crescimento semelhante ao das plantas das árvores. No prefácio que compôs, aos 83 anos, para sua história das *Escolas de letrados dos Ming*, Huang Zongxi reencontra assim um sopro digno de seus modelos Song:

> O que enche o Céu-Terra é a mente. Suas mudanças são insondáveis e só podem ser de uma infinita diversidade. A mente não tem outra constituição original (*benti* 本體) senão a realização da prática moral (*gongfu* 功夫).

Gu Yanwu (1613-1682)

Contemporâneo e amigo de Huang Zongxi, Gu Yanwu, nascido perto de Suzhou, berço da Sociedade da Renovação, não deixa de aderir a ela em sua juventude em vez de preparar-se para os concursos mandarínicos[15]. Como acontece com muitos de seus contemporâneos, sua vida sofre uma reviravolta com a tomada de Pequim (Beijing, "capital do Norte") pelas forças manchus em 1644. No ano seguinte, Gu redige quatro memoriais dirigidos à corte dos Ming que se retirara para

Nanquim (Nanjing, "capital do Sul"), recomendando métodos para salvar a pátria. Mas, após a queda de Nanquim, Gu leva dez anos de vida errante, fazendo viagens de reconhecimento na China do Norte em previsão de uma hipotética guerra de resistência aos manchus. Espírito curioso por tudo, aproveita para acumular *in loco* uma documentação e conhecimentos de primeira mão em domínios diversos e concretos como a economia, a geografia, a história, a epigrafia, a defesa militar, a administração. Atesta-o a obra de sua vida, o *Rizhilu* (*Notas sobre os conhecimentos adquiridos dia após dia*)[16].

Mais ainda que à dinastia Ming, Gu pretende ser leal à identidade cultural chinesa em face dos "bárbaros", rejeitando todo empreendimento de chinização dos mesmos. A invasão manchu, com seu precedente mongol, desperta portanto em Gu um lealismo mais da pena que do sabre, um lealismo que defende uma integridade chinesa ameaçada, percebida sobretudo em termos culturais:

> A separação que existe entre um soberano e seus súditos é apenas uma questão de relações entre pessoas, ao passo que o obstáculo que é preciso manter entre chineses e bárbaros diz respeito a todo o império. [...] Se sopesarmos o primordial e o secundário, o coração é certamente constituído pelo mundo chinês. Que ensinamento tirar disso? No espírito dos *Anais das Primaveras e Outonos* (*Chunqiu*), a separação entre o soberano e seus súditos importa menos que a separação entre chineses e bárbaros[17].

Ao ódio aos manchus e à recuperação de um orgulho cultural que compartilha com muitos de seus contemporâneos, Gu Yanwu alia uma exigência crítica e uma curiosidade intelectual sem limites: nisto ele é certamente um dos pensadores mais representativos do fim do séc. XVII, período que se caracteriza por uma crítica virulenta das tradições intelectuais dos Ming e por uma aspiração ativa a um retorno ao concreto, sobretudo aos conhecimentos práticos e científicos. Apesar

21. Espírito crítico e abordagem empírica sob os Qing

de precursores desde o séc. XVI, Gu Yanwu é considerado, na tradição chinesa, o verdadeiro fundador da escola de crítica textual e histórica que iria impor-se no séc. XVIII.

Ao contrário de Huang Zongxi, que, após publicar O *plano para o príncipe* por volta dos cinqüenta anos, dedica-se às especulações sobre a natureza humana na linha de Liu Zongzhou, a reflexão de Gu Yanwu permanece, durante toda sua vida, em contato direto com a realidade social de seu tempo. Após os anos 1660, depois que os manchus consolidaram definitivamente seu poder, Gu entrega-se a um intenso trabalho de escrita e de reflexão destinado a um soberano-salvador – ele se compara, evidentemente, a Mêncio, cujo antiabsolutismo os partidários do Donglin já tinham a tradição de reativar. Mostra-se, por outro lado, profundamente hostil aos adeptos radicais de Wang Yangming (a começar por Li Zhi, um dos seus alvos preferidos), que ele condena por causa de seu evasionismo tristemente evocador da "escola do Mistério" dos séc. III e IV, e por causa de seu extravio no Chan. De fato, é todo o "estudo da mente", predominante desde Lu Xiangshan sob os Song, que é recusado em nome do ensinamento confuciano da antiguidade:

> Sempre ouvi dizer que o estudo na antiguidade versava sobre o Tao; quanto eu saiba, nunca versou sobre a mente. As duas palavras "estudo [da] mente" (*xinxue* 心學) simplesmente nunca são mencionadas, nem nos Seis Clássicos nem em Confúcio e em Mêncio. Os que falam de "estudo" em nossos dias pensam provavelmente [na idéia de origem budista de] que "a mente é o Tao"[18].

Gu Yanwu reivindica, por sua vez, o rigorismo herdado do "estudo do princípio" dos irmãos Cheng e de Zhu Xi, que deve confundir-se com o "estudo dos Clássicos" sob pena de cair no "quietismo místico à moda Zen" que este estudo se tornou em sua época. Gu preconiza, com efeito, um retorno à exigência ética e prática dos *Analectos* de Confúcio, dos quais retém estas duas fórmulas: "ampliar sua cultura através das letras" e "manter sob controle o senso da vergonha"[19]. A vergonha, que assedia as mentes logo após a derrocada ignominiosa dos Ming, representa para Gu um motor essencial da ação moral. Quanto ao estudo, Gu em pessoa é a encarnação dele em sua indefectível honestidade intelectual e em sua vontade de retornar aos Clássicos a fim de fazer deles a leitura mais exata possível através de um método de análise crítica.

Para Gu Yanwu o conhecimento histórico, ao qual ele subordina todas as outras formas de conhecimento, é a verdadeira garantia de uma mente concreta e pouco inclinada ao julgamento subjetivo pelo fato de apoiar-se sobre a coleta de um grande número de fatos e dados e proceder mediante dúvida sistemática das fontes. Tudo começa por aquilo que a tradição chama de "pequeno estudo" (*xiaoxue* 小學), que se diferencia, ao longo de uma especialização crescente sob os Qing, em filologia, fonologia, crítica textual, disciplinas estas às quais Gu traz sua contribuição, sobretudo em seu estudo crítico do primeiro dicionário que data dos Han, o *Shuowen jiezi*, e em seus *Cinco Tratados de fonologia*[20]. Uma vez dominados estes instrumentos de base, pode-se passar aos problemas complexos de autenticidade e de edição dos textos, como os que se colocam a propósito do chamado *Livro dos Documentos* "em escrita antiga", ao qual Gu consagra longas passagens de seu *Rizhilu*[21].

Do "estudo dos Clássicos" (*jingxue* 經學) à "organização do mundo atual" (*jingshi* 經世) não há senão um passo. "O estudo de um homem de bem deve servir para esclarecer o Tao e dedicar-se a salvar o mundo"[22]: Gu expressa aqui uma preocupação pragmática e uma vontade de engajamento ativo, em reação contra as especulações ocas dos pensadores dos Song e dos Ming, suspeitos de ter sucumbido às influências taoizantes e budizantes. Assim como seu contemporâneo Wang Fuzhi, Gu procura apaixonadamente compreender as razões que levaram à queda dos Ming, na perspectiva de uma restauração da soberania chinesa. O processo histórico consiste, portanto, em procurar no passado a origem dos erros do presente. No

21. Espírito crítico e abordagem empírica sob os Qing

Rizhilu, que contém a quintessência de seu pensamento político, bem como em outros escritos seus como o *Tratado das forças e fraquezas das comendadorias e regiões do império* ou o *Tratado sobre as comendadorias e prefeituras*, Gu define que o defeito do sistema feudal da antiguidade é a "concentração do poder em nível local" e o defeito da administração imperial centralizada é a "concentração do poder no topo", o que ocorria sob os Ming, onde nada vinha limitar o despotismo dos imperadores. O ideal, que Gu desenvolve de maneira muito mais concreta e detalhada do que Huang Zongxi, seria uma ordem política que "revestisse a administração centralizada com a virtude essencial da organização feudal" e que permitisse assim uma descentralização do sistema administrativo, deixando mais iniciativa aos funcionários locais e aos homens de valor[23]. Trata-se, até certo ponto, de refeudalizar a sociedade, restabelecendo o paralelismo entre estruturas políticas e clânicas e governando mais através dos homens do que através das leis. Mas a reforma política só pode ser feita com base numa refontalização moral da população, que, segundo as convicções confucianas de Gu, passa pela educação.

Wang Fuzhi (1619-1692)

Alguns anos mais novo do que Huang Zongxi e Gu Yanwu, com os quais seu nome é hoje associado, Wang Fuzhi é igualmente conhecido pela alcunha de Chuanshan (montanha de Hunan onde viveu retirado). Apresenta certas semelhanças de destino e de intenção com seus companheiros mais velhos, embora seu pensamento não tenha tido em seu tempo a mesma repercussão. A maior parte de suas obras, violentamente hostis aos ocupantes manchus, foram mantidas ocultas e só foram publicadas – expurgadas – no séc. XIX. Wang Fuzhi é sem dúvida um pensador de estatura excepcional, cuja filosofia total, que tem o privilégio de um ponto de vista panorâmico sobre a tradição clássica em toda sua amplidão, é no entanto indissociável da tragédia pessoal que ele viveu[24].

Oriundo de uma família de letrados modestos mas orgulhosos de sua probidade, também Wang Fuzhi começa por engajar-se na ação política pelo final dos Ming, fundando aos vinte anos, em sua Hunan natal, uma "Sociedade para a Reforma" (*Kuangshe*) nitidamente inspirada na Sociedade da Renovação. Animado por um profundo ódio aos manchus, engaja-se durante cerca de dez anos na luta contra os usurpadores servindo ao frágil e efêmero reinado do imperador Yongli, que, no meio de uma guerra de clãs, tenta salvar o que resta da dinastia Ming. Durante este período agitado ele se liga por uma amizade duradoura a Fang Yizhi (1611-1671), gênio enciclopédico cuja obra versa tanto sobre a astronomia, a matemática, a música, a geografia e a medicina como sobre a fonética, a caligrafia, a pintura e a história, e que tinha então optado, como muitos outros, por tornar-se monge budista[25].

Após a queda de Pequim nas mãos dos manchus, a pedido de seu pai, que sente aproximar-se o fim, Wang Fuzhi compõe um comentário sobre os *Anais das Primaveras e Outonos*. Para ele, a freqüentação dos Clássicos não é um empreendimento de pura erudição, mas comporta um compromisso direto com as urgências da situação em que ele se encontra. Assim como para seu companheiro mais velho Gu Yanwu, os *Anais* lhe servem como referência para justificar a distinção entre os conflitos condenáveis que dividem nações pertencentes ao mundo civilizado e a "guerra justa" que os chineses têm o dever de travar contra os bárbaros, alusão flagrante aos manchus:

> Um conflito entre o País do Meio (*zhongguo* 中國) e os bárbaros não pode ser chamado de guerra. [...] Não se deve considerar inumano aniquilá-los, desleal enganá-los, injusto ocupar seus territórios e confiscar seus bens. [...] Aniquilá-los para preservar a integridade de nosso povo não é senão humanidade; enganá-los para infligir-lhes o que eles detestam não é seguramente senão lealdade; ocupar seus territórios para corrigir seus costumes através de nossa cultura e de nossos valores, confiscar seus

bens para aumentar os recursos de nosso povo não é senão justiça[26].

Mas a virulência totalmente juvenil que se desprende deste comentário soa, de fato, como uma confissão de impotência, porque, desde os trinta anos, Wang Fuzhi é obrigado a renunciar ao engajamento político, a passar o restante de seus dias escondido por ter recusado transigir com as autoridades manchus e a procurar num retiro diligente o que era sem dúvida uma evasão e ao mesmo tempo uma nova forma de ação.

Unidade entre o homem e o mundo na energia vital

Ao subjetivismo dos Ming, diretamente inspirado na tese budista do caráter ilusório do mundo sensível, Wang Fuzhi reprova o fato de ter desencorajado toda vontade de ação e levado à ruína do homem, da sociedade e do Estado. À flor de Wang Yangming, que só aparece na visão de quem a olha, Wang Fuzhi responde:

> Sem germe, não há botão; sem botão, não há flor; sem flor, não há fruto; sem fruto, não há germe. Mas, se procurarmos mais adiante [na cadeia das produções], caso o Yin e o Yang não determinassem os arranjos, não haveria nem raízes nem caule; e, se não houvesse movimentação do Yan e resposta do Yin, não haveria nem cálice nem ovário[27].

Em reação contra a influência dissolvente do budismo, é preciso reafirmar a vida e a existência objetiva do mundo, "lugar de constantes e de recorrências que permitem a reflexão e a ação humanas." [...] Devemos, portanto, assumir nossa condição de homem em vez de procurar evadir-nos do mundo. Uma complementaridade essencial une o homem, sujeito sensível e ativo, e o mundo, objeto de suas percepções e de sua ação. É loucura querer cortar os laços que nos unem ao mundo, porque ele nos pertence e nós lhe pertencemos a todo momento. Quem se dedica a isso, inflige ao mundo e a si mesmo uma ferida profunda. [...] Quem retém apenas um aspecto das coisas, quem imagina um absoluto, perde o verdadeiro sentido do mundo"[28].

Em muitos aspectos os escritos de Wang Fuzhi conservam viva a chama do espírito do Donglin, reivindicando a herança do confucionismo engajado e militante de um Gu Xiancheng ou de um Gao Panlong, que compôs antes dele um comentário sobre o *Zhengmeng* (*A iniciação correta*) de Zhang Zai[29]. Seu próprio comentário, que Wang Fuzhi redigiu por volta dos sessenta anos, atesta tanto o interesse que teve durante toda a sua vida pelo *Livro das Mutações* quanto sua fidelidade ao pensamento de Zhang Zai. Desde o início, ele põe em destaque o seu monismo ao comentar a primeira frase: "A Harmonia suprema é o que se chama Tao":

> A Harmonia suprema é o ápice da harmonia. Quanto ao Tao, é o princípio que atravessa tudo – o Céu e a Terra, os homens e as coisas – e que chamamos de Cumeeira suprema. Yin e Yang atuam de modo diferente, mas sua fusão no seio do Vazio supremo que os une num todo sem choque nem conflito, que os mistura de forma indiferenciada sem qualquer demarcação, constitui o ápice da harmonia. Antes de aparecerem os objetos não há nada que não esteja em harmonia; assim que aparecem formas e objetos, esta harmonia permanece, donde seu nome de Harmonia suprema[30].

Assim como Zhang Zai, Wang Fuzhi põe a culpa nas concepções taoístas do "não-manifestado" (*wu*) e sobretudo nas budistas da vacuidade, para reafirmar a realidade eterna e indestrutível da energia universal (*qi*), que não faz senão passar por múltiplas transformações entre estados diferenciados e indiferenciados. Enquanto Zhu Xi havia acreditado reconhecer nesse processo a noção budista de transmigração, Wang Fuzhi contesta vigorosamente o que ele considera um profundo equívoco. Não é pelo fato de as coisas serem ora visíveis ora invisíveis que é preciso concluir, como o fazem os budistas, por sua impermanência:

21. Espírito crítico e abordagem empírica sob os Qing

> Quando [o *qi*] se dispersa, ele retorna ao Vazio supremo, reencontrando sua constituição original de fusão, sem que haja desaparecimento nem destruição. Quando ele se condensa, dá vida a todos os tipos de seres, procedendo de sua natureza constante de fusão, sem que se trate de uma criação ilusória[31].

Tudo, diz Zhang Zai, consiste em "compreender que o espaço vazio não é senão energia". O que Wang Fuzhi explicita assim:

> O espaço vazio nada mais é senão o volume ocupado pela energia. Quando a energia, fluxo sem limite, é sutil ao ponto de não ter forma, os homens vêem o espaço vazio mas não a energia. Ora, todo o espaço vazio não é senão energia: condensada, ela se torna visível, e os homens dizem então que há alguma coisa; dispersada, ela não é mais visível, e os homens pensam então que não há nada[32].

Compreender o "espírito da grande transformação" (*dahua zhi shen* 大化之神) é compreender que tudo está neste vai-e-vem entre a energia indiferenciada e suas formas diferenciadas: não há nada a procurar fora da interação do Yin e do Yang que baste para explicar todo o funcionamento do universo. A fórmula de Zhang Zai "Desde que há dois, há transformação (ou seja, criação)" é comentada por Wang Fuzhi da seguinte maneira:

> A partir do *qi* único da Harmonia suprema começam a separar-se Yin e Yang em sua transformação: no Yin há Yang e no Yang há Yin, e sua origem está na unidade da Cumeeira suprema. Enquanto o Yin e o Yang não se separaram, há reprodução idêntica. O Yin sozinho não realiza nada, o Yang sozinho não gera nada. Na geração e na realização, Yin e Yang se diferenciam em sua constituição. No domínio humano, o rígido e o maleável entreajudam-se, senso do justo e senso do lucro se equilibram. Tao e objetos concretos completam-se: eles realizam assim o princípio das dez mil transformações na interação, fundindo-se embora na unidade[33].

> Que a vida não é criação assim como também a morte não é destruição, eis o princípio natural do Yin e do Yang[34].
>
> A fusão [do Yin e do Yang] é o estado original da Harmonia suprema que ainda não está dividida. A interação [do Yin e do Yang] é o efeito necessário do princípio e da tendência dominante [da Harmonia suprema][35].

Embora seguindo fielmente Zhang Zai, Wang Fuzhi introduz detalhes precisos de sua lavra, associando, por exemplo, a noção de princípio (*LI* 理) à de tendência dominante (*shi* 勢), que leva a conceber o princípio, não como uma entidade (*wu* 物) acima ou na origem do universo, mas como o próprio dinamismo do universo:

> É através de suas transformações que o princípio dos seres torna-se visível[36].
>
> Se, deixando de lado os objetos do mundo, procurarmos [entidades] que os teriam precedido e que seriam eternas, universais, abarcando tudo o que existe, não só não poderemos dar-lhes um nome, mas não encontraremos para elas nenhuma realidade[37].

Visa-se aqui a hipóstase de um princípio absoluto inspirado no budismo, mas poderia ser também o Deus único que os missionários cristãos vieram proclamar na China desde o final do séc. XVI. Sempre é verdade que Wang Fuzhi vai no mesmo sentido que o polemista anticristão Yang Guangxian (1596-1670): se houvesse um Deus criador e ordenador do universo, "o universo não seria mais do que coisa bruta", pois haveria então dissociação entre um princípio puro, acima de tudo, e uma matéria inerte, sem energia: neste caso, onde estaria a vida?

"Embora o *qi* do Céu-Terra – diz Zhang Zai – "se condense e se disperse, repila e recolha de cem maneiras, enquanto princípio (*LI* 理) ele opera segundo uma ordem infalível". Comentando esta passagem, Wang Fuzhi precisa que se trata de um "princípio de organização-ramificação" (*tiaoli* 條理), que faz com que os seres do mundo se ordenem espontaneamente em formas e em redes estruturadas, assim como os grupos que constituem a sociedade humana[38].

Unidade entre o princípio celeste e os desejos humanos

Quanto à relação entre energia e princípio, que não é desenvolvida por Zhang Zai, de modo que Cheng Yi e Zhu Xi acreditam poder interpretá-la como um dualismo, Wang Fuzhi encarrega-se, com todo o vigor de seu pensamento e de seu estilo, de explicitá-la num sentido monista:

> Na realidade, o princípio reside na energia e a energia nada mais é que princípio; a energia reside no vazio e o vazio nada mais é que energia: tudo não é senão um, não há dualidade[39].

Afirmando a unidade entre o princípio e a energia, Wang Fuzhi evita o risco de postular duas naturezas, uma física e a outra celeste:

> Falar de "natureza física" é como falar de uma natureza que reside na substância da energia vital. Esta substância é a forma substancial do homem, no seio da qual se manifesta o princípio vital. Ora, o interior desta forma substancial é embebido de energia: o que enche todo o espaço entre Céu e Terra, o interior bem como o exterior do corpo humano, nada mais é que energia e, portanto, nada mais que princípio. O princípio atua na energia, onde ele tem o papel de controlar e de repartir. É, portanto, a substância que contém a energia, e é a energia que contém o princípio. É porque a substância contém a energia que todo homem possui uma vida, e é porque a energia contém o princípio que todo homem possui uma natureza[40].

Assim não se dá razão a nenhuma das duas tendências provenientes do intuicionismo de Wang Yangming – o radicalismo da escola de Taizhou, que puxa a natureza para os desejos, e o idealismo moral de um Liu Zongzhou, que tende para uma natureza boa no absoluto. Não apenas não pode haver duas naturezas, mas até mesmo princípio celeste e desejos humanos, colocados em lados opostos na escola Cheng-Zhu, são indissociáveis, e até interdependentes porque provenientes de uma mesma origem:

> Este amor aos bens e estes desejos amorosos que são comuns a todos os homens são aquilo pelo qual o Céu forma misteriosamente todos os seres, aquilo que faz com que os homens tragam em si a grande virtude (*de* 德) do Céu-Terra[41].
>
> O Céu faz com que o homem goste de alimentar-se e tenha prazer nas relações amorosas: é nisto que consiste sua virtude. Mas o homem não pode apoiar-se nesta virtude para transgredir aquela que deve ser a sua virtude[42].

O fato de não haver duas naturezas a distinguir no homem não significa que ordem natural e ordem humana se confundem: dar livre curso a seus desejos não é melhor do que eliminá-los, porque "abandonar-se ao Céu – à natureza – é agir como animal. Em outras palavras, é através das necessidades às quais deve submeter-se a ação humana, através das adaptações necessárias desta ação, que deve manifestar-se no homem a maneira de agir da natureza. O problema, portanto, é o da integração dos desejos na ordem humana. Os ritos, fundados na ordem de nascimento e na diferença dos talentos e capacidades, expressão de uma ordem natural, são o meio pelo qual o princípio de ordem celeste pode traduzir-se no nível humano"[43].

> Embora os ritos sejam apenas a expressão ornamentada e regulada do princípio celeste, não podem tornar-se visíveis senão habitando nos desejos humanos. [...] Por isso não há Céu separado do homem nem princípios separados dos desejos. Somente o Buda concebeu um princípio separado dos desejos, pois detesta e rejeita as normas que presi-

dem a existência dos seres e quer abolir as grandes relações que fundamentam a sociedade humana. [...] Wufeng tinha razão em dizer: "Princípio celeste e desejos humanos andam juntos na variedade das emoções"![44]

Pensamento da força, força do pensamento

Em suma, o monismo vitalista herdado de Zhang Zai é inseparável do sentido do Meio (*zhong* 中): há aqui dois temas centrais da antiguidade chinesa, que Wang Fuzhi reúne num pensamento vigoroso que chega a integrar na unidade cosmológica do *qi* tudo aquilo que a tradição opõe. Integração que é feita sem exclusão nem renúncia, segundo o modelo da complementaridade do Yin e do Yang, que, embora antagonistas em suas realizações individuais como todo par de opostos, acabam por realizar-se associando-se. O equilíbrio perfeito da Cumeeira suprema realiza-se quando as pressões opostas exercidas pelos dois antagonistas se transformam em sinergia, em cooperação na harmonia, em vez de terminar na anulação de um pelo outro. Wang gosta de dizer que "todas as coisas do mundo prestam-se um apoio mútuo": para além da tradicional complementaridade dos contrários, evoca-se aqui a tensão dinamizante entre duas forças opostas.

Segundo as *Mutações*, o segredo da sabedoria é precisamente encontrar constantemente o equilíbrio perfeito em todas as situações, ao mesmo tempo no espaço e no tempo. Mas trata-se de um equilíbrio vivo que não pode ser senão dinâmico, assim como o funâmbulo não se mantém sobre a corda senão no movimento. É justamente a isto que visa a compreensão do Meio em mutação constante:

> O movimento é o eixo do Tao, a abertura donde nasce toda virtude. [...] Por isso está dito: "A grande virtude do Céu-Terra chama-se vida"[45].

Chegando a segurar constantemente "as duas pontas" – mundo e homem, energia e princípio, ação e pensamento –,

Wang Fuzhi cria esta vigorosa tensão criadora que alguns chamam de Meio. É o que lhe permite ir mais longe e efetuar uma síntese mais convincente que seus predecessores, aos quais sempre se podia censurar o inclinarem-se para um lado ou para o outro. Ora, todo excesso acarreta o excesso inverso. No Prefácio ao seu comentário sobre o *Zhengmeng*, Wang Fuzhi expõe uma concepção bem interessante do Tao confuciano reintegrado no movimento histórico. Este é percebido como uma perpétua busca de equilíbrio, "ora cheio, ora vazio" (à semelhança do *qi* descrito por Zhang Zai), devendo-se os maiores desvios à vontade de corrigir desmedidamente excessos precedentes.

Todo o esforço de Wang Fuzhi consiste em repensar o mundo e a moralidade – o que os chineses chamam Tao – em termos de processos puramente naturais, que agem unicamente por regulação ou ruptura de equilíbrio. Pouco admira que uma de suas imagens favoritas seja a do contrapeso (*quan* 權) no fiel da balança, retomada do legismo antigo. Wang Fuzhi diz querer

> remediar a situação tal qual ela se apresenta em seus piores defeitos, sem com isso pretender à perfeição. Assim como se desloca o contrapeso da balança cujo fiel está baixo demais, temendo embora que se erga alto demais, lá também há apesar de tudo um ponto de equilíbrio[46].

Em suma, a força do pensamento de Wang Fuzhi deve-se ao fato de ser pensamento da força, ou antes das forças atuantes tanto no universo natural como no mundo humano. Ambos obedecem ao mesmo tempo à ordem geral que é o princípio e às tendências dominantes ou linhas de força (*shi* 勢). Este termo, igualmente tomado de empréstimo ao legismo antigo, no qual designa a vantagem momentânea que assegura o sucesso a quem sabe dele tirar partido[47], corresponde na terminologia de Wang Fuzhi ao conjunto das condições ou tendências objetivas ligadas a uma situação, que até a moral deve levar em conta, assim como um marinheiro não pode manter a rota sem levar em consideração o vento:

Uma força (*shi*) que atinge seu máximo de intensidade acaba sempre por enfraquecer-se; e, em conseqüência deste enfraquecimento, torna-se mais fácil invertê-la. Trata-se aqui da evolução necessária de toda força. O que é conforme a esta evolução necessária é o princípio; e o que é espontâneo no princípio é o Céu[48].

O sentido da história

"Princípios" e "linhas de força" correspondem de fato às duas dimensões do *LI* 理 distinguidas pela escola Cheng-Zhu: normativa ("o que deve ser assim", *suodangran* 所當然) e descritiva ("o que faz com que seja assim", *suoyiran* 所以然)[49]. A originalidade de Wang Fuzhi é precisamente integrar numa só e mesma visão da realidade normativo e descritivo, princípio e energia, regra moral e adaptação às circunstâncias, e até senso do justo e senso do lucro.

Isso faz dele não mais um simples herdeiro dos confucianos dos Song, mas um pensador de sua geração traumatizada pela derrocada dos Ming. Para ele é urgente reconsiderar a perspectiva histórica que ocupa todo o fim de sua vida e uma parte importante de sua obra. Sua reflexão sobre as relações de forças desemboca, com efeito, diretamente em sua concepção da história, terreno privilegiado onde se manifestam e se enfrentam forças complexas: forças centrífugas ou centrípetas, força do hábito, força da inércia... Universo físico e mundo social dependem da mesma análise: o princípio político da fonte única de poder e de sua transmissão hereditária explica-se tanto por uma tendência natural como pela força da tradição:

> Se as instituições do Estado se mantiveram durante dois mil anos sem que se pudesse substituí-las [...], é porque elas correspondiam a tendências naturais. Como poderia ter sido assim se elas estivessem em contradição com a ordem das coisas? [...]

> É o Céu que leva os homens a dar-se um soberano, coisa que acontece sem que ninguém intervenha. No começo, cada grupo social pôs à sua frente e honrou os mais eminentes por sua virtude e seus méritos. E assim, gradualmente, houve um que foi proclamado Filho do Céu. Mas os que se instalaram numa posição eminente acostumam-se com ela e deste costume nasceu o princípio da sucessão hereditária. Mesmo se o sucessor é uma pessoa estúpida e tirânica, é melhor isto do que um homem proveniente de seu campo sem título à sucessão[50].

Em sua *Leitura do "Espelho completo para uso dos governantes"*, composta pelo final de sua vida em 1687, Wang Fuzhi entrega-se a uma reflexão global sobre o destino histórico da China, interrogando-se sobre as relações ao mesmo tempo de conflito e de interação entre a civilização chinesa e as populações das estepes, tema que já ocupara um lugar central de seu *Livro amarelo* (*Huangshu*) de 1656. Assim como a energia está num vai-e-vem constante entre indiferenciado e diferenciado, também a humanidade oscila entre ordem e caos, entre civilização e barbárie:

> Existem no universo duas grandes linhas de demarcação: entre chineses e bárbaros, e entre homens de bem e homens de baixa condição. Não que não tenha havido originalmente nenhuma diferença e que estas demarcações tenham sido traçadas artificialmente pelos antigos reis. Chineses e bárbaros por nascença vivem em terras diferentes. A terra diferente, clima diferente; e a clima diferente, costumes diferentes. Sendo diferentes os costumes, os conhecimentos e os comportamentos não podem senão diferir. A partir disso, a distinção entre nobre e vil acontece por si mesma. As delimitações na terra estando marcadas e os climas do céu bem diferenciados, não pode haver confusão. Quem diz confusão diz destruição do mundo humano; as populações chinesas sofrerão, por conseqüência, incursões e perseguições. Estabelecer o mais rápido

possível uma demarcação a fim de estabilizar o mundo humano e proteger a vida dos homens é estar em perfeito acordo com o Céu[51].

Encontraremos igualmente na *Leitura do "Espelho"* uma bela meditação sobre o trabalho do historiador, cujo interesse é conciliar a filosofia ética e a prática política:

> O que é preciso na história é que, expondo o passado, ela é uma mestra para o futuro. Quando o historiador apenas relata os fatos em sua vã e excessiva complexidade, sem que apareçam as grandes linhas da ordem que era própria da época, os que depois dele gostariam de compreender os mecanismos do êxito e do fracasso a fim de neles inspirar-se não terão mais nenhum meio de fazê-lo. Então, para que serve a história?[52]

> Remontar até às causas que fazem com que as coisas sejam assim, distinguir o que faz com que as coisas não sejam inteiramente como deveriam ser [e como se poderia esperar], distinguir a parte de mal que há no bem e a parte de bem que há no mal, de que espécie é o bem ou o mal e em que medida existe bem ou mal, levar em consideração a época, avaliar suas tendências profundas, penetrar na psicologia das pessoas, examinar a eficácia da ação dos homens. [...] A história é feita para testemunhar a ação dos homens[53].

Yan Yuan (1635-1704)

Embora, ao que parece, não tenha despertado a atenção de seus contemporâneos, Yan Yuan é um dos mais audaciosos e ardentes defensores dos "estudos práticos" (*shixue*實學), já preconizados sob os Ming pela Sociedade da Renovação e representados por seus ilustres colegas mais velhos Huang Zongxi e Gu Yanwu. Formado, quando jovem, na mais pura tradição zhuxista, ele não hesita, após uma profunda crise pessoal, em rejeitá-la em bloco:

> Os confucianos dos Song tiveram a idéia de um princípio de ordem exterior às coisas, a idéia de uma cultura exterior à ação. Pior ainda, fizeram um amálgama do budismo e do taoísmo com os Seis Clássicos, levando assim todo o mundo a errar e a divagar. [...] Fizeram com que não houvesse mais nas escolas um único homem que pudesse ser útil por seus talentos e que, em toda a administração do império, não se tomasse mais nenhuma medida que pudesse ter alguma eficácia[54].

Segundo Yan Yuan, enquanto a sabedoria da antiguidade permanecia em contato com a realidade, desde o início do período imperial nada mais se fizera do que afastar-se sempre mais da realidade ao ponto de perder todo contato com ela. "Os que restauraram o confucionismo a partir do fim dos Tang são os mesmos que lhe foram mais infiéis, porque transformaram em discursos vãos e em sonho oco uma doutrina que não visava senão à prática e à ação"[55]. Yan Yuan opõe assim os mestres dos Song, que não ensinavam aos homens senão a compreender os princípios, e Confúcio, que "não lhes ensinava senão a examinar os fatos". Ora, pergunta Yan Yuan, "que princípio poderia haver fora dos fatos e das coisas?"[56]

A causa principal da derrocada dos Ming diante da ocupação manchu deve ser procurada na predominância do "estudo do princípio" preconizado pela escola Cheng-Zhu. Yan Yuan, como muitos de seus contemporâneos, julga-a contaminada de elementos taoístas e budistas; o acento por demais exclusivo na busca interior de santidade produz indivíduos timoratos, introvertidos, inaptos para a ação e incapazes de decisão:

> Chamou-se sabedoria e virtude o fato de sentar-se na calma com os olhos fechados, de discorrer sobre a natureza celeste, de recolher as conversas dos mestres, de anotar e glosar os Seis Clássicos e os Quatro Livros[57].

O ensaio *Da salvaguarda do homem* tem como tema central uma diatribe contra as religiões que destruíram nos ho-

21. Espírito crítico e abordagem empírica sob os Qing

mens a natureza boa. Yan Yuan atribui a culpa em primeiro lugar aos monges budistas e aos bonzos taoístas, que ele considera como flagelos iguais às composições de exame e às prostitutas!

> Representava-se outrora (entre os budistas) este fenômeno misterioso que é a reflexão de todas as coisas pela mente dizendo [que ele era semelhante ao reflexo das] "flores num espelho e [da] lua na água". A concepção que os letrados dos Song e dos Ming se fizeram da compreensão do Tao era mais ou menos deste gênero. [...] Aqueles que não chegam [a esta experiência] torturam-se em vão, durante a metade de sua vida, para não serem senão zenistas malogrados. Mas aqueles que infelizmente chegam a isto enganam-se a si mesmos ainda mais redondamente. Eu próprio, antes de 1668, entreguei-me aos exercícios de "sentado em quietude" segundo as recomendações dos letrados dos Song e experimentei bastante bem estas impressões. Portanto, é por minha experiência pessoal que sei que este fenômeno é ilusório e que não podemos fundamentar nada sobre ele[58].

As pesquisas de Yan Yuan sobre a antiguidade levam-no à convicção de que a cultura antiga era de natureza essencialmente prática: mobilizando o homem em sua totalidade, ela reservava espaço para o tiro ao arco, para a condução de carros, para a aritmética, que figuram entre as seis disciplinas de base da educação do homem de bem. Em 1696, à frente de uma academia em Hebei, Yan Yuan aplica um programa que retoma o projeto educativo dos mestres do início dos Song como Hu Yuan, devolvendo seu justo lugar aos conhecimentos práticos bem como ao esforço físico e à habilidade manual: treinamento militar, estratégia, equitação, pugilato, mecânica, matemática, astronomia, história.

Li Gong (1659-1733), um dos raros discípulos de Yan Yuan a divulgar o pensamento deste após sua morte, ao ponto de formar uma escola conhecida pelo nome de Yan-Li (seguindo o modelo da escola Cheng-Zhu), confirma a natureza e o alcance práticos do estudo. Se um alfaiate, diz Li Gong, quer alcançar o ápice de sua arte, será de tanto manejar a agulha com paciência e durante longo tempo, e não deixando-a de lado sob o pretexto de refletir sobre seu princípio:

> Saber o que é a erudição livresca não é saber em que consiste o estudo. Ter lido muitos livros não é estudo. Os que se dedicam aos livros hoje em dia apreciam sobretudo a elucidação de princípios irreais e a memorização de discursos ocos; sua mente encontra-se baralhada com eles, emprega nisso sua vida e, se lhes acontece ter que voltar a si para mergulhar na realidade de seu tempo, não enxergam mais claramente do que os cegos. O estudo tal como o concebiam os santos da antiguidade não tinha certamente nada a ver com isso! O estudo praticado na antiguidade – ritos, música, arte da guerra, cultivo da terra – permitia tanto aperfeiçoar-se moralmente como tornar-se útil. É nestas práticas que residem os meios de organizar o mundo atual (*jingshi*) e de prover às necessidades do povo: é isto que se chama "estudar". Os livros não servem senão para explorar mais ainda [estas práticas]; passar todo seu tempo a recitá-los e a lê-los não só não é estudo, mas é prejudicial ao estudo[59].

"Para o Santo, estudar, ensinar e governar são uma só e a mesma coisa": assim se resume o ideal confuciano de Yan Yuan. Mas a insistência quase obsessiva com a qual o discurso dos pensadores dos Qing retorna à unidade entre estudo e ação não seria um sinal de sua impotência, da impossibilidade em que se encontram de ser ao mesmo tempo eruditos e homens de ação?

Os grandes projetos de Estado no séc. XVIII

Passado o traumatismo da conquista, a ordem manchu instala-se a partir dos anos 1660 para mais de um século de

21. Espírito crítico e abordagem empírica sob os Qing

paz, de estabilidade e de prosperidade, que presencia um aumento sem precedentes da população, uma proliferação das atividades comerciais e artesanais, uma maior mobilidade social, um crescimento da taxa de alfabetização até no campo e uma ampliação do controle imperial até aos confins do Xinjiang e do Tibete. Concomitantemente, assistimos, a partir do início do séc. XVIII, a uma relativa pacificação dos espíritos após a onda de crítica radical da segunda metade do séc. XVII. Podemos, por conseguinte, reconhecer certa exatidão no qualificativo de déspota esclarecido aplicado pelos filósofos do século das Luzes europeu a soberanos como Kangxi (r. 1662-1723), Yongzheng (r. 1723-1735) e Qianlong (r. 1736-1796).

Déspotas, eles o eram certamente, exigindo uma submissão extrema de todos os agentes do Estado, considerados como outros tantos servidores pessoais[60]; mas esclarecidos, eles o eram também, pois tiveram, sem dúvida por preocupação de não repetir a experiência mongol, a habilidade de granjear as classes letradas e souberam fazer do séc. XVIII um dos mais venturosos da história intelectual chinesa. Suprema ironia da história: eles acabaram até por inverter a situação a seu favor, vendo no fim dos Ming uma ilustração bem recente do que acontece quando os valores políticos tradicionais são destruídos e apresentando-se a si próprios como fiadores da ordem confuciana que alegavam ter salvo dos excessos de uma dinastia propriamente chinesa.

O restabelecimento dos concursos oficiais desde 1656 permite não apenas renovar o pessoal político e administrativo, mas também canalizar as ambições e as energias das antigas classes dirigentes, desde os cantões até às mais altas esferas da administração central, e associá-las estreitamente ao exercício do poder. Única via de acesso às honras e às responsabilidades políticas, os concursos representam com efeito um instrumento perfeito de submissão, tanto mais que seu cerne é desde o séc. XV o vão e estéril exercício da composição em oito partes e que sua preparação constitui a atividade principal das academias. Consideradas facciosas desde a crise de 1625 e doravante controladas pelo Estado, estas já não são mais os centros de livre discussão e de oposição política que eram sob os Ming[61].

Igualmente patrocinados pelo Estado são os grandes estabelecimentos de edições de textos, de trabalhos de compilação, de crítica ou de erudição (mais de cinqüenta). Desde o reinado de Kangxi estão engajados nesta atividade um grande número de letrados, representando tanto a corrente Cheng-Zhu, como Li Guangdi (1642-1718), quanto a corrente Lu-Wang, como Li Fu (1675-1750)[62]: entre 1703 e 1735 são completados os *Ming shi* (história oficial da dinastia Ming), o *Gujin tushu jicheng* (monumental enciclopédia ilustrada), o *Quan Tang shi* (grande antologia da poesia dos Tang), o *Peiwen yunfu* (dicionário de expressões com dois ou três caracteres, classificadas por rimas) e o *Kangxi zidian* (grande dicionário de caracteres).

Todavia o empreendimento mais ambicioso é sem dúvida a compilação do *Siku quanshu* (*Coleção completa das obras escritas repartidas em quatro armazéns*)[63]. Um tal projeto, que mobiliza várias centenas de letrados durante dez anos, de 1772 a 1782, não havia sido empreendido desde a compilação do *Yongle dadian* (*Grande coleção da era Yongle*), concluída sob os Ming em 1407. Paradoxalmente, este empreendimento, que visa ocupar os letrados e desarmar assim a hostilidade das classes chinesas cultas, coincide com a grande inquisição literária de 1774-1789 sob o reinado de Qianlong. Milhares de obras consideradas desrespeitosas para com os manchus são então postas no índex ou totalmente destruídas, seus autores e seus parentes submetidos às penas mais duras: pena capital, exílio, trabalhos forçados, confisco dos bens etc. Durante quinze anos, enquanto se trabalha na preservação do patrimônio intelectual, desencadeia-se uma verdadeira "caça às bruxas", que completa o trabalho de aferrolhar as mentes[64].

É preciso, no entanto, não se iludir sobre a natureza desta imposição da disciplina. Sem dúvida, os imperadores Qing se

21. Espírito crítico e abordagem empírica sob os Qing

tornaram mestres na arte de apoiar-se na ortodoxia Cheng-Zhu à qual são reduzidos especialmente os manuais escolares por um decreto imperial de 1652. Mas mostram-se sensíveis sobretudo ao menor desvio ou falta de respeito em relação aos manchus, ou mesmo aos mongóis, que haviam instaurado antes deles uma dinastia chinesa. É impressionante o contraste entre livres-pensadores como Yan Yuan ou Li Gong, que censuram impunemente Zhu Xi, e um Lü Liuliang (1629-1683)[65], cujas obras perfeitamente ortodoxas são alvo de uma feroz perseguição póstuma por causa de seu caráter antimanchu. Tudo quanto pode aparecer como um sinal de resistência nacional ou facciosa é implacavelmente reprimido: aos letrados nada mais resta senão refugiar-se na pura erudição, enquanto o ativismo militante dos inícios da dinastia perdeu muito de sua força.

Exame crítico dos Clássicos e retorno aos "estudos Han"

Por não poderem formar associações baseadas nas academias privadas como faziam no final dos Ming, os letrados não engajados na burocracia e os notáveis locais só podem agrupar-se nas linhagens familiares. Benjamin A. Elman não hesita em falar de "comunidades letradas" que fornecem grande parte da elite intelectual, destinada especialmente à Academia Hanlin e entregue à compilação do *Siku quanshu*[66]. Uma das mais importantes é provavelmente a da região de Jiangnan, formada ao redor de grandes centros urbanos e comerciais do baixo Yangtse, que haviam tomado impulso desde os Song: Nanquim, Yangzhou, Hangzhou e sobretudo Suzhou.

Estas comunidades formam-se ao redor da prática de disciplinas como a filologia, a história, a astronomia, de que cada linhagem familiar representa uma especialização ou uma tradição interpretativa particular. No início, é em vista de uma leitura mais confiável e mais histórica dos Clássicos que os eruditos tentam retornar, para além das elaborações dos Song e dos Ming, à exegese dos Han, mais próxima da antiguidade e sobretudo anterior às especulações taoizantes da "escola do Mistério" e à introdução do budismo. Sensível desde o séc. XVI, muito antes da queda dos Ming, essa vontade de reencontrar a autenticidade das origens aparece primeiro como um fenômeno interno aos estudos clássicos, que não se reduz a uma reação antimanchu, embora seja nitidamente perceptível, na volta às fontes Han, a intenção de fazer valer uma identidade propriamente chinesa perante toda influência "estrangeira".

Em oposição às especulações sobre "moralidade e princípio" (*yilixue* 義理學) surge a erudição pura "das verificações e das provas" (*kaozhengxue* 考證學), que dominará todo o séc. XVIII[67]. Como o atesta a proliferação de novos gêneros exegéticos, o exame crítico, a verificação e a experimentação dos textos passam então a ocupar um lugar central no estudo dos Clássicos. Já não se trata só da preocupação de recuar o mais possível para a antiguidade, mas de uma virada metodológica em que o conhecimento se apóia sobre fatores objetivos, empíricos, e não mais sobre interpretações subjetivas. Há, portanto, relativização e historicização, ou seja, distanciamento crítico, com o risco de repor em discussão a própria noção de canonicidade. Ao estudo dos Quatro Livros da ortodoxia zhuxista, que continua obrigatório no filão mandarínico, os verdadeiros eruditos preferem doravante o estudo dos Cinco Clássicos, percebidos cada vez mais como textos históricos e não mais como fontes de verdades eternas.

Uma das grandes batalhas da nova erudição é mostrar, com apoio em provas filológicas, que as partes "em escrita antiga" do *Livro dos Documentos*, sobre as quais se fundamenta em grande parte a ortodoxia em vigor e particularmente o famoso debate sobre a "mente de Tao" e a "mente humana", são na verdade falsificações feitas do séc. III d.C. que podem ter sofrido uma influência budista[68]. A questão, levantada por eruditos isolados sob os Song e os Ming, é tratada de maneira sistemática no *Comentário crítico dos Documentos em escrita antiga*, de Yan Ruoqu (1636-1704), que, acusado de pôr novamente em discussão a própria autenticidade dos Clássicos, defende com toda a convicção o novo espírito crítico:

21. Espírito crítico e abordagem empírica sob os Qing

> Se alguém me pusesse a seguinte questão: "Em teu estudo sobre os *Documentos* confias apenas nas fontes Han, pondo em dúvida as dos Jin e dos Tang: vá lá. Mas como podes confiar apenas nas histórias e nos comentários, pondo em dúvida os Clássicos?"
>
> Eu responderia: "Que Clássicos? Que histórias? Que comentários? O que conta é apenas sua autenticidade. Se os Clássicos são autênticos e falsas as histórias e comentários, será permitido tomar os Clássicos para retificar as histórias e os comentários. Por que então, supondo que as histórias e comentários sejam autênticos e falsos os Clássicos, não seria permitido tomar as histórias e comentários para retificar os Clássicos?"[69]

Hui Dong (1697-1758), êmulo de Yan Ruoqu e autor e uma *Análise dos Documentos em escrita antiga* (*Guwen Shangshu kao*), é geralmente considerado o verdadeiro fundador dos "estudos Han" (*Hanxue* 漢學) em Suzhou em oposição militante aos "estudos Song" (*Songxue* 宋學). Com Hui Dong a tendência à pura erudição assume na verdade um tom passional, e mesmo ideológico, no ataque em regra contra a ortodoxia Cheng-Zhu, acusada de "analfabetismo filológico". O requestionamento da autenticidade dos *Documentos*, e de modo mais geral de todos os Clássicos em "escrita antiga", os únicos a figurar no programa dos concursos, acaba por constituir uma ameaça para o mandarinato da vez. Por conseguinte, os "estudos Han", aos quais são associados os nomes dos maiores eruditos do séc. XVIII, tornam-se uma nova forma de resistência à ortodoxia oficial.

Dai Zhen (1724-1777)

O novo espírito crítico encontra sem dúvida sua ilustração mais brilhante em Dai Zhen, oriundo da elite intelectual que se desenvolve no meio dos ricos comerciantes de Jiangnan. Neste gênio rigoroso e curioso por tudo, que tomou como divisa "jamais deixar-se enganar nem pelos outros nem por si mesmo" e "não procurar o verdadeiro senão nos fatos reais" (*shishi qiushi* 實事求是), podemos ver o digno homólogo dos Enciclopedistas, seus contemporâneos europeus. No caminho traçado por Mei Wending (1633-1721)[70], que havia comparado a matemática ocidental introduzida por Matteo Ricci com a matemática chinesa, contribuindo assim para reabilitá-la, Dai Zhen apaixona-se pela história desta disciplina, embora dando mostra de um saber tanto vasto quanto intransigente em filologia, fonologia, dialetologia. Até o fim da vida permanece, no entanto, consciente do interesse ético e filosófico da erudição crítica, da qual ele é um dos mais eminentes representantes em sua época e à qual se limita a maioria de seus contemporâneos[71]. Para Dai Zhen o rigor filológico não constitui um fim em si mesmo, mas uma prática moral visando ao conhecimento perfeito dos Clássicos, que são os únicos a permitir "ouvir o Tao", ou seja, o ensinamento dos santos da antiguidade (Confúcio e Mêncio principalmente), sepultado sob uma sedimentação de interpretações umas mais falaciosas do que as outras:

> Aquilo a que os Clássicos levam é o Tao. São suas palavras que iluminam o Tao e, para compreender como estas palavras se formaram, nada melhor do que a filologia e a paleografia. É graças ao estudo dos caracteres que se domina a linguagem e é através da linguagem que se chega a penetrar a mente e a intenção dos santos e sábios da antiguidade[72].

Nas fontes do *Mengzi*

Após formar-se na ortodoxia zhuxista, Dai Zhen mostra-se cada vez mais crítico ao longo de seus escritos, que, retomando os mesmos temas em termos cada vez mais precisos, manifestam a preocupação de aproximar-se aos poucos da formulação mais exata. Desde o *Yuanshan* (*A Origem do bem*), provavelmente empreendido sob o impacto de seu encontro com Hui Dong em 1757, Dai Zhen dedica-se a uma releitura decapante do *Mengzi*, que visa a fazer reaparecer, sob

21. Espírito crítico e abordagem empírica sob os Qing

as escórias dos comentários Song, a força da mensagem original. Com um vigor e uma clareza de estilo dignos dos escritos dos Reinos Combatentes, Dai Zhen censura particularmente o dualismo do princípio e da energia, que transforma os desejos em obstáculos à moralidade:

> Diz-se no *Tratado* [*dos Ritos*]: "O homem possui uma natureza que é ao mesmo tempo sangue e sopro (*xueqi* 血氣, ou seja, energia vital) e mente e conhecimento (*xinzhi* 心知, ou seja, faculdade mental). Nele, tristeza e prazer, alegria e cólera não têm nenhuma constância, não sendo suscitados senão em resposta à solicitação das coisas exteriores: somente então é que podemos ver do que a mente é capaz".

Todo ser que possui ao mesmo tempo sangue e sopro, e mente e conhecimento, é por isso mesmo animado por desejos. É a natureza humana que se exprime nos desejos: através dos sons, das cores, dos odores, dos sabores, faz-se a diferença entre aquilo que ela procura e aquilo que ela teme. Quem diz desejos diz emoções. É a natureza humana que se exprime nas emoções: através do prazer, da raiva, da tristeza, da alegria, faz-se a diferença entre o aquilo que a inquieta e aquilo que a tranqüiliza. Quem diz desejos e emoções diz habilidade e discernimento. É a natureza humana que se exprime na habilidade e no discernimento: através do belo e do feio, do verdadeiro e do falso, faz-se a diferença entra aquilo que agrada e aquilo que repugna.

O Tao que engendra e nutre está contido nos desejos; o Tao onde tudo se comunica na interação está contido nas emoções. Imbricando-se naturalmente um no outro, os dois explicam o que se passa no universo. A capacidade de esgotar todas as possibilidades do belo e do feio está contida na habilidade; é dela que procede o poder dos governantes. A capacidade de esgotar as possibilidades do verdadeiro e do falso está contida no discernimento; é nele que se edifica a virtude dos sábios e dos santos. Imbricando-se assim uma na outra e fundamentando sua quintessência na necessidade, estas duas capacidades explicam todas as possibilidades do universo[73].

Dai Zhen faz aqui exatamente o contrário dos moralistas do final dos Ming e do início dos Qing, que, em reação contra o laxismo produzido segundo eles pelo inatismo de Wang Yangming, haviam feito questão de distinguir os desejos (dependentes da energia) das emoções (dependentes da natureza e do princípio). Afirmar inequivocamente "quem diz desejos diz emoções" equivale a reconhecer a necessidade de englobar tudo na natureza humana, inclusive os desejos: assim que sentimos a necessidade de deixar de lado o menor aspecto, o menor resíduo, corremos o risco de perder a unidade da natureza, que nada mais é do que o bem original.

Os estudos posteriores de Dai Zhen sobre o pensamento de Mêncio culminam em seu testamento filosófico, o *Comentário crítico do sentido dos termos no Mengzi*, concluído apenas alguns meses antes de sua morte, acontecida em 1777, quando se tornara um dos diretores do projeto imperial do *Siku quanshu*. Como o indica o título, esta obra constitui uma espécie de glossário de termos-chave como "princípio", "Tao celeste", "natureza" etc., à maneira do *Beixi ziyi* de Chen Chun (1159-1223)[74]. Dai Zhen dedica-se a recuperar seu sentido primeiro, ou seja, o que ele atribui a Confúcio e Mêncio, e a mostrar a distorção trazida segundo ele pelos "confucianos dos Song". Nesta obra eminentemente polêmica, o pensamento de Cheng Yi e de Zhu Xi é apresentado sob um prisma deliberadamente tendencioso, reduzido o mais das vezes à ortodoxia na qual se cristalizou a fim de melhor servir de contraste.

Da energia ao princípio de distinção

Apelando para a etimologia, Dai Zhen desembaraça das elaborações dos Song e dos Ming um certo número de noções cardeais e reconstrói sua própria filosofia ao redor daquela

21. Espírito crítico e abordagem empírica sob os Qing

que ele considera central: a energia vital (*qi*), muitas vezes designada, sem dúvida para sublinhar-lhe o caráter concreto, pela expressão clássica "sangue e sopro". É a partir dela, a partir do dado de toda vida e não de um princípio estabelecido *a priori*, que Dai Zhen expõe toda a busca de santidade, desde a espontaneidade daquilo que é "por si mesmo assim" até à necessidade daquilo que "só pode ser assim". Mas esta caminhada só é possível se supormos, como o faz Dai Zhen na esteira de Zhang Zai, que tudo o que vai no sentido da vida é bom. É justamente isso que constitui o caráter totalizante do Tao: ao mesmo tempo fonte inesgotável de vida e Caminho a seguir, ao mesmo tempo energia e princípio, ele não pode ser reduzido unicamente ao princípio.

Ao contrário de Zhu Xi, que permite supor uma delimitação entre o domínio do princípio "a montante das formas visíveis" e o da energia a jusante, Dai Zhen concebe o princípio como operando distinções (*fen* 分) que atravessam a totalidade do real em toda sua espessura:

> O Yin/Yang e os Cinco Agentes são a realidade constitutiva do Tao; energia vital e faculdade mental são a realidade constitutiva da natureza humana. Desde que há realidade constitutiva, pode-se fazer nela distinções[75].

Transformando o *LI* 理 num princípio de distinção, Dai Zhen retorna à concepção antiga de um Xunzi:

> *LI* – é assim que designamos as distinções que se impõem por um exame atento da sutileza das coisas: é por isso que falamos de "princípios de corte" (*fenli* 分理). Tratando-se da substância material dos seres vivos, falamos de "princípios dos músculos", de "princípios das carnes", de "princípios das linhas da pele". Assim que se faz o corte, o ordenamento é nítido, sem franjas: falamos então de "princípios de ramificação" (*tiaoli* 條理)[76].

Como vimos a propósito do cozinheiro Ding no *Zhuangzi*[77], toda a reflexão chinesa sobre o *LI* parte da idéia de que ele não opera distinções a partir do exterior: ele é o próprio conjunto dos veios das coisas. O *LI* não é, portanto, algo a ser posto *a priori*, nem superposto *a posteriori*, mas impõe-se por si mesmo, já que representa ao mesmo tempo aquilo que é e aquilo que deve ser. Retomando justamente a imagem das veias e dos tecidos corporais, evocada pela suposta etimologia do termo *LI*, Dai Zhen sugere que é pondo-nos novamente no sentido do "princípio de ramificação" que completamos nossa natureza, realizando assim a perfeita adequação entre espontaneidade e necessidade:

> Na frase de Confúcio: "[Aos setenta anos] eu me entregava aos desejos de meu coração, mas sem com isso transgredir nenhuma regra", "entregar-se aos desejos de seu coração" é o natural (*ziran* 自然) e "sem transgredir nenhuma regra" é alcançar o necessário (*biran* 必然). O necessário e o natural não são duas coisas distintas. O necessário nada mais é do que a compreensão total e exaustiva do natural. Então não sobra mais desgosto, não sobra senão uma grande paz – é o que os santos e os sábios chamam o "por si mesmo assim". [...]
>
> Na natureza humana os desejos são a parte de natural, a virtude é a parte de necessário. O natural é aquilo que se vê no exterior nas múltiplas atividades do quotidiano; o necessário é aquilo que as reconduz ao interior num todo harmonioso. Conhecer o natural permite compreender as transformações do Céu-Terra, conhecer o necessário permite compreender-lhe a virtude. É neste sentido que [Mêncio] diz que "conhecer sua natureza é conhecer o Céu"[78].

Dai Zhen chega assim à grande intuição de Mêncio: uma vez que "tudo já está aí" em potência, trata-se simplesmente – mas aqui reside toda a dificuldade – de não perdê-lo de vista ou de reencontrá-lo. Onde Dai Zhen leva mais longe a reflexão é no processo que conduz à santidade e que a tradição confuciana chama de "estudo". Ele se esforça por levar plena-

21. Espírito crítico e abordagem empírica sob os Qing

mente em consideração todos os fatores que, por dependerem da dura realidade, são capazes de dificultar a bela intuição primeira de uma natureza humana fundamentalmente boa: a presença dos desejos, que são parte integrante de nossa natureza; as capacidades ou talentos próprios de cada indivíduo, que levantam inevitavelmente a questão da desigualdade entre as pessoas. Dai Zhen estabelece não apenas um laço de continuidade, mas também uma adequação pura e simples entre desejos (ou emoções) e princípio, fazendo eco assim – conscientemente ou não – à adequação que o budismo Maaiana estabelece entre fenômenos e absoluto:

> Os princípios são simplesmente emoções que não se extraviam. Não há emoções que calham perfeitamente sem que seu princípio calhe perfeitamente. Cada vez que fizeres alguma coisa a um outro, examina tua consciência e pergunta-te na quietude de teu foro interior: "Se ele fizesse isso a mim, seria eu capaz de aceitá-lo?" Cada vez que exigires alguma coisa de um outro, examina tua consciência e pergunta-te na quietude de teu foro interior: "Se ele exigisse isso de mim, seria eu capaz de satisfazê-lo?" Quando sou eu próprio o critério em minha maneira de tratar os outros, o princípio aparece claramente. Falar de princípio celeste é falar do princípio natural de distinção: através dele, minhas próprias emoções servem de critério em minha maneira de tratar as emoções dos outros, sem que nenhuma esteja em desequilíbrio[79].

O princípio não é, portanto, uma entidade ou um ideal transcendente, acessível unicamente por indução, já que toda emissão de energia (desejos, emoções, sentimentos) comporta intrinsecamente seu próprio princípio de diferenciação e de equilíbrio. Se Zhu Xi dá a impressão de falar de um Princípio no singular e com maiúscula, para Dai Zhen tratar-se-ia antes de princípios no plural e sem maiúscula. Ora, estas "linhas de corte sem franjamento" é nossa faculdade mental que nos permite ver e saber onde elas passam. O lugar central que

Dai Zhen lhe concede na definição de nossa humanidade situa-o na esteira de Xunzi, assim como o lugar que ele reserva ao conhecimento em nossa busca de sabedoria faz dele, mesmo contra sua vontade, o digno sucessor de Zhu Xi.

Contra os fariseus da moralidade e os dogmáticos da erudição

Em vez de ser compreendido como uma entidade distinta e primeira em relação à energia vital, para Dai Zhen o princípio designa uma ordem universal e harmoniosa, inerente tanto à natureza humana quanto ao mundo objetivo. Tampouco como entre princípio e energia, também não há distinção qualitativa a fazer entre a natureza intrínseca, totalmente pura e boa, e uma natureza material, cheia de emoções e de desejos. Assim como os pensadores iconoclastas do final do Ming, Dai Zhen é levado por sua crítica do dualismo zhuxista a recusar as incidências deste sobre a moral social, a começar pela tirania dos hipócritas, fariseus e outros conformistas, que transformam seu pretenso conhecimento do princípio num monopólio:

> Os santos [da antiguidade chinesa] organizaram o mundo de maneira a dar expressão às emoções e a abraçar os desejos do povo, realizando assim o Caminho real. Sabendo muito bem que Lao-tse, Chuang-tse, o Buda não eram santos, dava-se pouco crédito a todas as suas teorias sobre o "não-desejo". Mas, com os confucianos dos Song, as pessoas puseram-se a equipará-los aos santos, e de repente todo o mundo achou-se capaz de discorrer sobre a distinção entre Princípio e desejos. Por isso, causa pouca surpresa que os soberanos de hoje considerem as emoções e os desejos do povo – esses mesmos que os santos de outrora se esforçavam por satisfazer – como baixos e vis em sua maioria, indignos de ser levados em consideração. Mas, quanto a recorrer ao Princípio como meio de censura, eles não sentem nenhuma dificuldade em invocar as

21. Espírito crítico e abordagem empírica sob os Qing

mais sublimes regras em vigor para condenar em nome da moralidade. Os grandes deste mundo servem-se do Princípio para incriminar os pequenos, os mais velhos para incriminar os mais jovens, os mais bem situados para incriminar os mais humildes. Mesmo se se enganam, os primeiros consideram que estão no caminho certo. Mas os pequenos, os jovens, os humildes que se atrevem a contestá-los em nome do Princípio, mesmo tendo a razão de seu lado, são acusados de desviar-se.

Por conseguinte, os que estão embaixo na escala não podem fazer com que suas emoções e desejos universalmente compartilhados sejam compreendidos pelos que estão no topo, ao passo que estes servem-se do Princípio para censurar àqueles sua inferioridade. Ora, os culpados pelo crime de inferioridade são muitos. Quando um homem morre sob o poder da lei, sempre se encontra alguém para compadecer-se de sua sorte. Mas quem se compadece daquele que morre sob o poder do Princípio?[80]

Para Dai Zhen, apenas o conhecimento objetivo das coisas dá acesso aos seus princípios e evita o perigo constituído por um Princípio estabelecido como transcendente, mas de fato submetido a todas as interpretações, explorações e "obstruções" devidas aos preconceitos, coletivos ou individuais. Ora, o melhor caminho para chegar ao conhecimento dos princípios continua sendo o estudo dos Clássicos, convicção que Dai Zhen compartilha com Zhu Xi contra Wang Yangming[81]. Em compensação, nada parece satisfazer a exigência de objetividade de Dai Zhen, para quem o espírito crítico dos "estudos Han", embora salutar em sua desmitificação da tradição, concede por sua vez demasiada importância à erudição dos Han, posta também ela suspeita. Se os Clássicos são a chave do princípio, torna-se imprescindível – e Dai Zhen insiste nisto de maneira quase obsessiva – conhecer perfeitamente cada um dos seus caracteres. Enquanto para Zhu Xi o conhecimento dos Clássicos não passava de uma espécie de trampolim para atingir o princípio moral numa espécie de iluminação, este processo gradual e cumulativo representa em si mesmo, aos olhos de Dai Zhen, a prática moral por excelência.

Mas é precisamente no terreno desta equiparação da erudição clássica à disciplina moral que Dai Zhen não é seguido por seus contemporâneos. Para seu amigo Qian Daxin (1728-1804) ou seu cunhado Wang Mingsheng (1722-1798), a erudição "das verificações e das provas" é um fim em si, e com razão não deve ceder à tentação especulativa dos "discursos ocos sobre o senso moral e o princípio". Das concepções filosóficas de Dai Zhen, que bebem tão ousadamente nas fontes vivas do pensamento chinês, seus colegas não parecem ter retido senão a tradição de crítica erudita que ele transmite a seu discípulo Duan Yucai (1735-1815) e que é posta em destaque ainda no início do séc. XIX por Wang Niansun (1744-1832) e Wang Yinzhi (1766-1834). O historiador Zhang Xuecheng (1738-1801), um dos raros a compreender seu projeto, relata assim as acerbas palavras de um Dai Zhen exasperado pela tirania da pura erudição erigida em dogma:

> Para mim a etimologia, a fonética, a astronomia e a geografia são como os quatro carregadores de uma liteira e o Tao que procuro compreender é o grande personagem que se deixa transportar na liteira. Que pena que os pretensos grandes eruditos de nosso tempo só saibam falar da chuva e do bom tempo com meus carregadores de liteira![82]

O mérito de Dai Zhen terá sido precisamente o de ser ao mesmo tempo o grande personagem e o carregador de liteira, o de ter tido uma visão vigorosa do Tao, baseada em conhecimentos críticos e objetivos, encarnando assim o ideal do letrado moderno tal como subsiste ainda hoje.

O espírito crítico na aurora do séc. XIX

No entanto, mesmo levado ao extremo, o espírito crítico de Dai Zhen não se aplica senão no interior da tradição, sem

21. Espírito crítico e abordagem empírica sob os Qing

nunca tornar a questionar radicalmente seus fundamentos. Trata-se de aguçá-lo como instrumento de investigação e de aprofundamento do Tao da antiguidade, sem jamais pôr em questão sua validade. Outro grande erudito que anuncia verdadeiramente a radicalidade da crítica moderna – sem medir-lhe, ele próprio, todo o alcance – é Cui Shu (1740-1816), cuja monumental obra *Kaoxin lu* (*Notas para uma leitura crítica e verídica*) é um modelo de desmitificação sistemática e metódica de toda a tradição interpretativa dos Clássicos[83]. Questiona-se especialmente a literatura concernente aos soberanos míticos da alta antiguidade, venerados desde sempre como modelos de virtude; figuras como Yao, Shun ou Yu o Grande devem doravante ser estudadas de um ponto de vista não mais hagiográfico, mas histórico. Tendo passado despercebido durante sua vida, o trabalho de Cui Shu será reivindicado nos anos 1920-1930 por historiadores radicalmente antitradicionalistas como Gu Jiegang (1893-1980) e Hu Shi (1891-1962) em suas *Críticas sobre a história antiga* (*Gushi bian*)[84].

Da mesma forma que Cui Shu, mas segundo um método diferente, também Zhang Xuecheng contribui para despojar ainda mais os Clássicos de seu caráter sagrado e atemporal, ao declarar, na abertura de seus *Princípios gerais de literatura e de história*[85], que "os Seis Clássicos não são senão história". Esta fórmula, que se tornou famosa, ecoa a fórmula de Wang Yangming: "O Tao nada mais é que os fatos, os fatos nada mais são que o Tao". Em sua apologia da história, que, segundo ele, é "estudo prático" por excelência por assegurar a unidade entre conhecimento e ação, Zhang Xuecheng reivindica a dupla herança de Huang Zongxi e de Yan Yuan:

> Pergunta: É permitido pôr no mesmo plano e tratar conjuntamente a ação prática e o controle de si (associados a Wang Yangming e a Liu Zongzhou), por um lado, e as obras escritas, por outro?
>
> Resposta: O estudo da história serve para organizar o mundo atual (*jingshi* 經世): em caso algum consiste em redigir "palavras ocas". Além disso, os Seis

Clássicos remontam todos a Confúcio; ora, aos olhos dos letrados do passado, nenhum tinha o valor dos *Anais das Primaveras e Outonos*, justamente porque estes seguem de perto os negócios humanos da época[86].

Na perspectiva historicista de Zhang Xuecheng, Confúcio, tradicionalmente considerado como o Santo entre os santos, ou seja, o maior de todos, tem seu papel relativizado. Como o próprio Confúcio reconhece, ele se contentara em transmitir, "sem criar nada de novo", a sabedoria e os ensinamentos do duque de Zhou, último e supremo sábio-soberano que melhor encarnou a mais alta virtude moral aliada à mais eficaz capacidade política[87].

Na aurora do séc. XIX torna-se cada vez mais evidente que a erudição não pode mais valer por si só, mas deve levar em consideração as questões morais e filosóficas. Reconciliar numa "casa" comum "estudos Han" e "estudos Song" é o ideal de Ruan Yuan (1764-1849), que em 1820 fundou a academia do Oceano de Erudição (*Xuehaitang*) de Cantão, a qual iria formar os mais eminentes letrados do Sul que o séc. XIX conheceu[88]:

> Em conclusão, o Tao dos santos é semelhante a uma casa. O estudo dos termos e de suas origens é o caminho para nela entrar. Se passares ao lado, todos os teus passos te afastarão. Como fazer então para subir até a grande sala e entrar no estudo? Aquele que procura o Tao alto demais e só tem desprezo pela exegese frase por frase é como um pássaro que alçasse vôo do alto de um telhado. Sem dúvida ele iria bastante alto, mas não estaria em condições de ver o que há entre a porta e os recantos da casa. Para outros, que se contentam em procurar classificar os nomes e as coisas sem nunca falar do Tao dos santos, tudo se passa como se sua vida inteira transcorresse entre o portal e a entrada, sem pensar por um instante em explorar a sala e o estudo[89].

Notas do capítulo 21

1. Jacques GERNET, *L'Intelligence de la Chine*, p. 264-265. Sobre a transição Ming-Qing, cf. Lawrence D. KESSLER, "Chinese Scholars and the Early Manchu State", *Harvard Journal of Asiatic Studies*, 31 (1971), p. 179-200; Jerry DENNERLINE, *The Chia-ting Loyalists: Confucian Leadership and Social Change in Seventeenth-Century China*, New Heaven, Yale University Press, 1981; Frederic WAKEMAN Jr., *The Great Enterprise. The Reconstruction of Imperial Order in Seventeenth-Century China*, Berkeley, University of California Press, 1985; Lynn A. STRUVE, *Voices from the Ming-Qing Cataclysm: China in Tiger's Jaws*, Yale University Press, 1993; e *The Ming-Qing Conflict, 1619-1683. A Historiography and Source Guide*, Ann Arbor, 1998.

2. Para esta fórmula cf. cap. 19, "Exame das coisas e expansão do conhecimento".

3. Jacques GERNET, *L'Intelligence de la Chine*, p. 264-266.

4. Cf. YÜ Ying-shih, "Some Preliminary Observations on the Rise of Ch'ing Confucian Intellectualism", *Tsing-hua Journal of Chinese Studies*, nova série, 11/1-2 (1975), p. 105-146.

5. Cf. CHANG Hao, "On the *Ching-shih* Ideal in Neo-Confucianism", *Ch'ing-shih wen-t'i (Late Imperial China)*, 3/1 (1974).

6. Sobre a dicotomia entre "santidade interior" (*neisheng*) e "realeza exterior" (*waiwang*) cf. cap. 17 nota 13.

7. É pelo menos a opinião do historiador Quan Zuwang (1705-1755), que concluiu o *Song Yuan xue'an*, começado por Huang Zongxi. Sobre Li Yong, cf. Anne D. BIRDWHISTELL, *Li Yong (1627-1705) and Epistemological Dimensions of Confucian Philosophy*, Stanford University Press, 1996. Para dados biográficos sobre as personalidades marcantes da dinastia Qing, cf. Arthur HUMMEL (ed.), *Eminent Chinese of the Ch'ing Period*, 2 vols., Washington, U.S. Government Printing Office, 1943.

8. *Mingyi daifanglu* (*Plano para o príncipe*), cap. 1, "Da origem do soberano", em *Huang Zongxi quanji* (*Obras completas de Huang Zongxi*), t. I, Hangzhou, Zhejiang guji chubanshe, 1985, p. 2-3. Para um tradução completa para o inglês, cf. William Theodore DE BARY, *Waiting for the Dawn: A Plan for the Prince, Huang Tsung-hsi's Ming-i-tai fanglu*, Nova York, Columbia University Press, 1993. *Mingyi* é o nome do 36º hexagrama do *Livro das Mutações*, que evoca a luz colocada sob o alqueire, donde a tradução de W.T. DE BARY por "espera da aurora".

9. "Raros são os soberanos", em *Qianshu*, II, 9 (Pequim, Zhonghua shuju, 1955, p. 66), tradução de Jacques GERNET, *Écrits d'un sage encore inconnu*, Paris, Gallimard, 1991, p. 230-231.

10. Cf. cap. 6, "A força de persuasão do 'humano'". Note-se que, desde o fim do séc. XIV, Zhu Yuanzhang, fundador da dinastia Ming, havia, em sua política de absolutização do poder, tentado expurgar o *Mengzi*.

11. Sobre a compilação oficial da História dos Ming, cf. adiante na nota 62. Sobre o *Mingru xue'an*, cf. cap. 20 nota 34; sobre o *Song Yuan xue'an*, concluído por Quan Zuwang, cf. acima nota 7, e cap. 17 nota 5.

12. Sobre Liu Zongzhou cf. cap. precedente. Para a interpretação de seu pensamento por seu discípulo Huang Zongxi, cf. *Huang Zongxi quanji (Obras completas de Huang Zongxi)*, t. I, p. 208-326.
Sobre a controvérsia com Chen Que, cf. Lynn A. STRUVE, "Chen Que versus Huang Zongxi: Confucianism faces Modern Times in the 17th Century", *Journal o Chinese Philosophy*, 18 (1991), p. 5-23.

13. Sobre as emoções cf. cap. 20, final da seção "Não há princípio fora da mente", p. 606s; e Paolo SANTANGELO, "Research on Emotions and States of Mind in Late Imperial China. Preliminary Results", *Ming Qing yanjiu* (Nápoles e Roma), 1995, p. 101-209.

14. Sobre a escola de Taizhou cf. cap. 20 nota 45.

15. Sobre Gu Yanwu, cf. Willard PETERSON, "The Life of Ku Yen-wu (1613-1682)", *Harvard Journal of Asiatic Studies*, 28 (1968), p. 114-156, 29 (1969), p. 201-247. Cf. também a monografia de Jean-François VERGNAUD, *La pensée de Gu Yanwu (1613-1682). Essai de synthèse*, Paris, École française d'Extrême-Orient, 1990.

16. Esta prodigiosa obra enciclopédica, cujo prefácio data de 1676, cobre metodicamente todo o campo dos conhecimentos que Gu julga úteis, desde os Clássicos até a filologia, passando pela história, a geografia, o calendário etc. A edição aqui utilizada é a de HUANG Rucheng (1799-1837), intitulada *Rizhilu jishi*, publicada primeiramente em 1834 e reproduzida pela Huashan wenyi chubanshe, Shijiazhuang (Hebei), 1991.

17. "Por que Guanzhong não morreu por Zijiu", em *Rizhilu jishi* 7, p. 317.

18. "O estudo da mente", em *Rizhilu jishi* 18, p. 819.

19. *Gu Tinglin shiwen ji* (*Coletânea de poemas, cartas, prefácios e ensaios de Gu Yanwu*), Hong Kong, Zhonghua shuju, 1976, p. 43. As referências são aos *Analectos* de Confúcio VI,25 e XIII,20.

20. Cf. Benjamin A. ELMAN, "From Value to Fact: The Emergence of Phonology as a Precise Discipline in Late Imperial China", *Journal of the American Oriental Society*, 102/3 (1982), p. 493-500. Sobre o *Shuowen jiezi* (*Dicionário etimológico*) de Xu Shen, concluído em 100 d.C., cf. cap. 12 nota 47.

21. Cf., por exemplo, a rubrica "Os *Documentos* em escrita antiga", em *Rizhilu jishi* 2, p. 88-97, traduzida em grande parte por J.-F. VERG-

NAUD, *La pensée de Gu Yanwu*, p. 107-111. Sobre a questão dos Clássicos em "escrita antiga" e em "escrita moderna", cf. cap. 12, "A batalha dos Clássicos".

22. *Gu Tinglin shiwen ji*, p. 103.

23. Cf. *Junxian lun* (*Tratado sobre as comendadorias e prefeituras*), em *Gu Tinglin shiwen ji*, p. 12-13. Para traduções mais completas, cf. Étienne BALAZS, *La bureaucratie céleste*, p. 251-252 e J.-F. VERGNAUD, *La pensée de Gu Yanwu*, p. 132-133. A expressão "comendadorias e prefeituras" (*junxian*) veio a designar o Estado centralizado estabelecido em 221 a.C. pelo Primeiro Imperador, em oposição à "feudalidade" (*fengjian*) antiga.

24. Sobre Wang Fuzhi, cf. Ian McMORRAN, "Wang Fu-chih and the Neo-Confucian Tradition", em W.T. DE BARY et al., *The Unfolding of Neo-Confucianism*, Nova York, Columbia University Press, 1975, p. 413-467, e *The Passionate Realist. An Introduction to the Life and Political Thought of Wang Fuzhi (1619-1692)*, Hong Kong, Sunshine Book Company, 1992; Jacques GERNET, "Philosophie et sagesse chez Wang Fuzhi (1619-1692)", em *L'Intelligence de la Chine*, p. 303-312; Alison H. BLACK, *Man and Nature in the Philosophical Thought of Wang Fu-chih*, Seattle, University of Washington Press, 1989; Ernstjoachim VIERHELLER, *Nation und Elite im Denken von Wang Fu-chih*, Hamburgo, Mitteilungen der Gesellschaft für Natur- und Völkerkunde Ostasiens, 1968; TENG Ssu-yü, "Wang Fu-chih's Views on History and Historical Writing", *Journal of Asian Studies*, 28/1 (1968), p. 111-123. Enfim, para uma "leitura problemática" de Wang Fuzhi, cf. François JULLIEN, *Procès ou Création. Une introduction à la pensée des lettrés chinois*, Paris, Éd. du Seuil, 1989.

25. Cf. Willard PETERSON, "Fang I-chih: Western Learning and the 'Investigation of Things'", em DE BARY, *The Unfolding of Neo-Confucianism*, p. 369-411; e *Bitter Gourd: Fang I-chih and the Impetus for Intellectual Change*, New Haven, Yale University Press, 1979.

26. *Chunqiu jiashuo* (*Interpretação dos "Anais das Primaveras e Outonos" na tradição familiar*) de 1646, *juan* 3, em *Chuanshan yishu quanji* (*Coletânea completa das obras ainda existentes de Wang Fuzhi*), 22 vols., Taipei, Zhongguo Chuanshan xuehui e Ziyou chubanshe, 1972 (esta edição reproduz a da Taipingyang shudian de Xangai, estabelecida em 1933 por Zhang Binglin, cf. cap. 22 nota 51), t. 7, p. 3648-3649. Para as considerações de Gu Yanwu, também inspiradas nos Anais, cf. acima nota 17.

27. *Zhouyi waizhuan* (*Comentário externo sobre as Mutações*) de 1655, *juan* 2, em *Chuanshan yishu quanji*, t. 2, p. 866.

28. Jacques GERNET, *L'Intelligence de la Chine*, p. 305-312.
29. Cf. cap. 20 nota 66.
30. *Zhangzi Zhengmeng zhu* (*Comentário sobre a "Iniciação correta" de Mestre Zhang*), cap. 1, *Taihe* (*A Harmonia suprema*), em *Chuanshan yishu quanji*, t. 17, p. 9277. Para o texto de Zhang Zai, cf. acima cap. 17 nota 70.
31. *Zhangzi Zhengmeng zhu* 1, p. 9282.
32. *Ibid.*, p. 9286.
33. *Zhangzi Zhengmeng zhu* 2, p. 9311. Para a fórmula de Zhang Zai cf. cap. 17 nota 74.
34. *Zhouyi neizhuan* (*Comentário interno sobre as Mutações*) de 1685, *juan* 5, em *Chuanshan yishu quanji*, t. 1, p. 511.
35. *Zhangzi Zhengmeng zhu* 1, p. 9277.
36. *Du Sishu daquan shuo* (*Leitura da "Grande Suma sobre os Quatro Livros"*), datado de 1665, *juan* 10, em *Chuanshan yishu quanji*, t. 13, p. 6983.

Sobre a *Grande Suma sobre os Quatro Livros*, compilada no séc. XV sob os Ming e que se tornou texto de base para as composições de concursos mandarínicos, cf. cap. 17, p. 599.

37. *Zhouyi waizhuan* (*Comentário externo sobre as Mutações*), *juan* 5, em *Chuanshan yishu quanji*, t. 2, p. 1013.
38. *Zhangzi Zhengmeng zhu* 1, p. 9281. Para a frase de Zhang Zai cf. cap. 17 nota 70.
39. *Zhangzi Zhengmeng zhu* 1, p. 9286.
40. A propósito dos *Analectos* XVII, *Du Sishu daquan shuo* (*Leitura da "Grande Suma sobre os Quatro Livros"*), *juan* 7, em *Chuanshan yishu quanji*, t. 12, p. 6715-6716.
41. A propósito do *Mengzi* I B, *Du Sishu daquan shuo*, *juan* 8, em *Chuanshan yishu quanji*, t. 13, p. 6772.
42. *Siwenlu neipian* (*Reflexões e investigações, capítulo interno*), em *Chuanshan yishu quanji*, t. 17, p. 9651.
43. Jacques GERNET, "Philosophie et sagesse chez Wang Fuzhi", em *L'Intelligence de la Chine*, p. 308-309.
44. A propósito do *Mengzi* I B, *Du Sishu daquan shuo*, *juan* 8, em *Chuanshan yishu quanji*, t. 13, p. 6772. Wufeng designa o filósofo dos Song Hu Hong (1105-1155).
45. A propósito do *Grande Comentário sobre as Mutações* (*Xici* B 1), *Zhouyi waizhuan*, *juan* 6, em *Chuanshan yishu quanji*, t. 2, p. 1019.

21. Espírito crítico e abordagem empírica sob os Qing

46. Prefácio ao *Emeng* (*Estranho sonho*) de 1682, em *Chuanshan yishu quanji*, t. 17, p. 9765. Sobre a imagem da balança no legismo antigo, cf. acima cap. 9 notas 14 e 15.

47. Cf. cap. 9, "A posição de força".

48. A propósito do imperador Zhezong dos Song (1085-1100), *Song lun* (*A propósito da história dos Song*) de 1691, juan 7, *Chuanshan yishu quanji*, t. 16, p. 8743.

49. Cf. cap. 18, "O *LI* como Princípio".

50. *Du Tongjian lun* (*Leitura do "Espelho completo para uso dos governantes"*) de 1687, juan 1, em *Chuanshan yishu quanji*, t. 14, p. 7317 e 7325. Wang Fuzhi apresentou esta "leitura" exatamente 600 anos após a obra de Sima Guang dos Song, que traça a história da China do séc. V a.C. até o séc. X d.C. (cf. cap. 17, "Os grandes homens de ação dos Song do Norte" e nota 17).

51. *Du Tongjian lun*, juan 14, em *Chuanshan yishu quanji*, t. 14, p. 7791-7792. Tradução integral desta passagem por Ian McMORRAN, *The Passionate Realist*, p. 140-142.

52. *Du Tongjian lun*, juan 6, em *Chuanshan yishu quanji*, t. 14, p. 7495.

53. Conclusão geral ao *Du Tongjian lun*, juanmo, em *Chuanshan yishu quanji*, t. 15, p. 8555.

54. *Xizhai jiyu* (*Notas tomadas a partir do ensinamento de Yan Yuan*), juan 9, em *Yan Yuan ji* (*Obras de Yan Yuan*), 2 vols., Pequim, Zhonghua shuju, 1987, p. 556.

55. Jacques GERNET, *L'Intelligence de la Chine*, p. 282.

56. *Cunxue bian* (*Da salvaguarda do estudo*), em *Yan Yuan ji*, p. 70-71. O *Cunxue bian* é um dos quatro ensaios sobre as realidades essenciais a "salvaguardar" aos olhos de Yan Yuan: a natureza (*Cunxing bian*), o estudo (*Cunxue bian*), a arte de governar (*Cunzhi bian*), e o homem (*Cunren bian*).

57. Citado por Jacques GERNET em *L'Intelligence de la Chine*, p. 291.

58. *Cunren bian* (*Da salvaguarda do homem*), parte II, em *Yan Yuan ji*, p. 129.

59. Palavras de Li Gong consignadas por Guo Jincheng (1660-1700) em seu prefácio ao *Cunxue bian* (*Da salvaguarda do estudo*), em *Yan Yuan ji*, p. 37. Para a tradução deste ensaio para o inglês, cf. Mansfield FREEMAN, *Yen Yuan, Preservation of Learning*, Los Angeles, Monumenta Serica, 1972.

60. Cf., por exemplo, HUANG Pei, *Autocracy at Work: A Study of the Yung-cheng Period, 1723-1735*, Bloomington, Indiana University Press, 1974.

61. Sobre as composições de exame em oito partes (*bagu wen*) e o papel das academias sob os Ming, cf. cap. 20 nota 6, e "Vida e morte das academias privadas no final dos Ming". Sobre as academias sob os Qing, cf. Alexander WOODSIDE, "State, Scholars, and Orthodoxy: The Ch'ing Academies, 1736-1839", em LIU Kwang-ching (ed.), *Orthodoxy in Late Imperial China*, Berkeley, University of California Press, 1990, p. 158-184.

62. Sobre Li Guangdi, cf. NG On-cho, "Hsing (Nature) as the Ontological Basis of Practicality in Early Ch'ing Ch'eng-Chu Confucianism: Li Kuang-ti's (1642-1718) Philosophy", *Philosophy East and West*, 44/1 (1994), p. 79-109; e *Cheng-Zhu Confucianism in the Early Ch'ing. Li Guangdi (1642-1718) and Qing Learning*, Albany, State University of New York Press, 2001. Sobre Li Fu, cf. HUANG Chin-shing, *Philosophy, Philology and Politics in 18th Century China. Li Fu (1675-1750) and the Lu-Wang School under the Ch'ing*, Cambridge University Press, 1995.

63. Esta compilação reúne o conjunto das obras impressas ou manuscritas conservadas nas bibliotecas públicas ou nas casas de particulares, no total cerca de 80.000 volumes, repartidos segundo o sistema das "quatro classes" (*sibu*): obras canônicas, históricas, filosóficas e literárias.

64. Cf. L.C. GOODRICH et al., *The Literary Inquisition of Ch'ien-lung*, Baltimore, 1935, reed. Nova York, Paragon Book Reprint Corporation, 1966; e R. Kent GUY, *The Emperor's Four Treasuries: Scholars and the State in the Late Ch'ien-lung Era*, Harvard University Press, 1987.

65. Cf. William Theodore DE BARY, *Learning for One's Self. Essays on the Individual in Neo-Confucian Thought*, Nova York, Columbia University Press, 1991, p. 324-345, e *The Trouble with Confucianism*, Harvard University Press, 1991, p. 59s. Lü Liuliang, depois de haver feito durante toda a vida resistência passiva à dinastia manchu, recusando-se ostensivamente a servi-la, torna-se um caso célebre no quadro da inquisição de 1733, no decurso da qual seu corpo é exumado e desmembrado, um de seus filhos executado, seus netos e seus discípulos perseguidos.

66. Cf. *From Philosophy to Philology: Intellectual and Social Aspects of Change in Late Imperial China*, Harvard University Press, 1984.

67. A expressão *kaozhengxue*, empregada desde os Song do Sul por Wang Yinglin (1223-1296), tornou-se uma bandeira de reunião para os eruditos sobre os Clássicos apenas a partir do séc. XVII.

68. Trata-se da versão dos *Documentos* atribuída a Kong Anguo (156-74? a.C.) dos Han anteriores e dos 25 capítulos em "escrita antiga" que foram apresentados à corte dos Jin orientais por um certo Mei Ze no séc. IV. Para o debate sobre "mente de Tao" e "mente humana", cf. cap. 19 nota 45 e Benjamin A. ELMAN, "Philosophy (*I-li*) versus Philology

(*K'ao-cheng*): the *Jen-hsin Tao-hsin* Debate", *T'oung Pao*, 69/4-5 (1983), p. 175-222.

69. *Shangshu guwen shuzheng* (*Comentário crítico dos Documentos em escrita antiga*), em *Huang Qing jingjie xubian* (*Complemento às "Exegeses sobre os Clássicos da dinastia Qing"*), compilado por WANG Xianqian, 1888, *juan* 2, p. 2a-b. Esta obra causou sensação ao ser posta em circulação privadamente, no fim do séc. XVII, mas só foi publicada postumamente em 1745.

70. Cf. Jean-Claude MARTZLOFF, *Recherches sur l'oeuvre mathématique de Mei Wending (1633-1721)*, Paris, Collège de France, Institut des hautes études chinoises, 1981.

71. Cf. YÜ Ying-shih, "Tai Chen's Choice between Philosophy and Philology", *Asia Major*, 3ª série, 2/1 (1989), p. 79-108.

72. Prefácio ao *Gujingjie gouchen* de Yu Zhonglin, em *Dai Zhen ji* (*Obras de Dai Zhen*), Shanghai guji Chubanshe, 1980, p. 192.

73. *Yuanshan* (*A Origem do bem*), parte I, em *Dai Zhen ji*, p. 333. A citação é tirada do *Tratado sobre a música* (*Yueji*), cap. 17 do *Tratado dos Ritos* (*Liji*), cf. Séraphin COUVREUR, *Mémoire sur les bienséances et les cérémonies*, t. II, p. 71. Para uma tradução ao inglês do *Yuanshan*, cf. CHENG Chung-ying, *Tai Chen's Inquiry into Goodness*, Honolulu, East-West Center Press, 1970.

74. Sobre o *Beixi ziyi* (*Significação dos termos segundo o Mestre de Beixi*), cf. cap. 19 nota 51.

75. *Mengzi ziyi shuzheng* (*Comentário crítico do sentido dos termos no Mengzi*), parte II, rubrica "Tiandao" (Tao celeste), em *Dai Zhen ji*, p. 287. Cf. as traduções ao inglês de Torbjörn LODEN, *"Dai Zhen's Evidential Commentary on the Meaning of the Words of Mencius"*, *Bulletin of the Museum of Far Eastern Antiquities* 60, Estocolmo, 1988, e de CHIN Ann-ping e Mansfield FREEMAN, *Tai Chen on Mencius: Explorations in Words and Meanings: A Translation of the Meng Tzu tzu-i shucheng*, New Haven, Yale University Press, 1990.

76. Início do *Mengzi ziyi shuzheng*, parte I, rubrica "*LI*" ("Princípio"), em *Dai Zhen ji*, p. 265. Para a utilização da expressão *tiaoli* ("princípio de organização-ramificação") por Wang Fuzhi, cf. acima nota 38.

77. Cf. cap. 4 nota 32.

78. *Xuyan* (*Indícios do Caminho*), estudo preliminar sobre o *Mengzi* concluído em 1769, parte I, em *Dai Zhen ji*, p. 367 e 371.

79. *Mengzi ziyi shuzheng*, parte I, rubrica "*LI*" ("Princípio"), em *Dai Zhen ji*, p. 265-266.

80. *Ibid.*, p. 275.

81. Sobre esta questão, cf. Cynthia J. BROKAW, "Tai Chen and Learning in the Confucian Tradition", em Benjamin A. ELMAN e Alexander WOODSIDE (eds.), *Education and Society in Late Imperial China 1600-1900*, Berkeley, University of California Press, 1994, p. 257-291.

82. *Wenshi tongyi* (*Princípios gerais de literatura e de história*), Hong Kong, Taiping shuju, 1964, p. 57.

83. Jean-Pierre DIÉNY descreve esta obra-prima, à qual Cui Shu consagra a metade de sua vida, como "uma suma de doze tratados independentes, relativos a épocas diferentes da antiguidade. O título do livro resume sua ambição: partindo de uma leitura *crítica* (*kao*) dos textos, chegar a um relato *verídico* (*xin*) do passado", cf. "Les années d'apprentissage de Cui Shu", *Études chinoises* 13/1-2 (1994), p. 173-200.

84. Sobre Gu Jiegang, cf. Arthur W. HUMMEL (trad.), *The Autobiography of a Chinese Historian: Being the Preface to a Symposium on Ancient Chinese History (Ku Shih Pien)*, Leiden, 1931; Laurence A. SCHNEIDER, *Ku Chieh-kang and China's New History: Nationalism and the Quest for Alternative Traditions*, Berkeley, University of California Press, 1971. Sobre Hu Shi, cf. adiante "Epílogo", nota 6.

85. *Wenshi tongyi* (referências acima na nota 82), p. 1. Sobre Zhang Xuecheng, cf. Paul DEMIÉVILLE, "Chang Hsüeh-ch'eng and his Historiography", em W.G. BEASLEY e E.G. PULLEYBLANK (eds.), *Historians of China and Japan*, Oxford University Press, 1961, p. 167-185; e David S. NIVISON, *The Life and Thought of Chang Hsueh-ch'eng (1738-1801)*, Stanford University Press, 1966.

86. *Wenshi tongyi*, p. 53.

87. Para a citação dos *Analectos* de Confúcio (VII,1), "Eu transmito o ensinamento dos antigos sem nada criar de novo", cf. cap. 2, "O Caminho confuciano". Sobre o duque de Zhou cf. cap. 1 nota 4.

88. "Oceano de erudição" é o nome honorífico de He Xiu, exegeta dos "textos modernos" dos Han posteriores, exumado por Liu Fenglu no início do séc. XIX (cf. cap. 22 nota 8). Sobre esta academia, Cf. Benjamin A. ELMAN, "The Hsüeh-hai T'ang and the Rise of New Text Scholarship in Canton", *Ch'ing-shih wen-t'i (Late Imperial China)*, 4/2 (1979), p. 51-82.

89. *Yanjingshi ji* (*Coletânea do Estúdio do estudo dos Clássicos*), ed. *Congshu jicheng*, fasc. 1, p. 32.

Devem-se à iniciativa de Ruan Yuan a reedição do *Shisanjing zhushu*, que reúne os mais importantes comentários e sub-comentários aos Treze Clássicos dos Han aos Song, bem como a compilação do monumental *Huang Qing jingjie*, verdadeira suma da erudição crítica dos Qing sobre os Clássicos. Cf. o artigo em alemão de Wolfgang FRANKE, "Juan Yüan", *Monumenta Serica*, 9 (1944), p. 59-80.

22
O pensamento chinês confrontado com o Ocidente: época moderna (fim do séc. XVIII até início do séc. XX)

Após um século e meio de estabilidade, o poder manchu, que alcança um apogeu sob o longo reinado de Qianlong (1736-1796), começa a dar sinais de fadiga pelo final do séc. XVIII. Exemplo disto é a oposição de uma facção de letrados e de burocratas a um manchu favorito do imperador, Heshen (1750-1799). Ela reaviva a dolorosa lembrança das repressões lideradas pelo eunuco Wei Zhongxian pelo final dos Ming, expondo aos olhos de todos a corrupção de todo o sistema socioeconômico e burocrático[1]. Este episódio, que marca a transição entre o despotismo da era Qianlong no séc. XVIII e a relativa tolerância da era Jiaqing no início do séc. XIX, deixa entrever novas relações de forças entre o poder imperial e os letrados. Estes fazem valer novamente suas prerrogativas e ouvir suas críticas sob forma de "julgamentos puros", cuja tradição remonta aos Han e que haviam conhecido uma recrudescência entre os partidários do Donglin[2]. As críticas vindas da base burocrática radicalizaram-se ao longo de todo o séc. XIX até à queda definitiva da dinastia manchu e ao mesmo tempo do regime imperial na aurora do séc. XX.

O ressurgimento dos "textos modernos" na virada dos séc. XVIII-XIX

Vimos delinear-se, desde o fim dos Ming, uma mudança intelectual sem precedentes com o surgimento de um espírito crítico que se manifesta na vontade de retornar às fontes Han, antídoto a toda a tradição Song doravante condenada ao desprezo. O que a erudição do séc. XVIII se esforça por restaurar em sua autenticidade é essencialmente a tradição exegética dos Han posteriores concernente aos chamados Clássicos em "escrita antiga" (*guwen*), consagrada sob os Tang. Mas, na virada do séc. XVIII para o séc. XIX, certas comunidades letradas de Jiangnan, particularmente a de Changzhou (na atual Jiangsu), procuram remontar até aos Han anteriores, cuja exegese, na esteira de Dong Zhongshu, versa sobre os chamados Clássicos em "escrita moderna" (*jinwen*)[3]. É então que começa a destacar-se da erudição "das verificações e das provas", historicista e de bom grado racionalista, uma corrente que pretende devolver aos Clássicos seu valor de textos portadores de verdades atemporais.

A recuperação do interesse pela tradição dos "textos modernos" focaliza-se sobre os *Anais das Primaveras e Outonos* (*Chunqiu*), que estiveram no centro da "batalha dos Clássicos" sob os Han. Por seu duplo estatuto de Clássicos e de obra histórica, eles encontravam-se com efeito na junção da tradição canônica e do engajamento político. Já sob os Han, era o Clássico mais estreitamente associado ao tema da legitimidade da dinastia: segundo os apócrifos, Confúcio, profeta visionário e "rei sem coroa", tê-lo-ia composto em previsão do advento do clã Liu, fundador da dinastia Han, e nele teria definido um código implícito de crítica ético-política que tanto visava seus contemporâneos quanto delineava um mundo ideal futuro[4].

Embora reintegrando-o no contexto geral da evolução dos "estudos Han", é preciso sublinhar o espírito reformista subjacente à renovação dos "textos modernos", animada pelos letrados de Changzhou. Foco de oposição aos eunucos nos anos

22. O pensamento chinês confrontado com o Ocidente

1620, esta região é o berço de uma tradição exegética marcada por um interesse político herdado da luta do Donglin contra a corrupção e o despotismo do final dos Ming e da resistência antimanchu do início dos Qing. À medida que a administração chinesa, e não mais manchu, adquire importância após o reinado de Qianlong, os letrados tomam consciência dos limites da disciplina textual e filológica dos "estudos Han" e da necessidade de retornar a um engajamento mais ativo nos problemas sociopolíticos do momento. Para além do domínio da pura erudição, a referência aos Han, última dinastia constitutiva da identidade chinesa antes das invasões "bárbaras", assumirá, no decurso do séc. XIX, uma conotação cada vez mais nitidamente reformista e ao mesmo tempo nacionalista, primeiro por oposição ao despotismo manchu e depois ao imperialismo das potências ocidentais. O caráter político de debates aparentemente escolásticos nada mais faz do que perpetuar um fenômeno constante em toda a história chinesa: enquanto referências obrigatórias e fundamentos dos concursos mandarínicos, os Clássicos e a escolha das versões a adotar representam um tema ideológico e institucional central.

Zhuang Cunyu (1719-1788), contemporâneo de Dai Zhen que serviu ao imperador Qianlong como secretário, foi levado pela corrupção reinante desde o tempo de Heshen a interessar-se pela escola Gongyang dos Han anteriores[5]. Seu *Chunqiu zhengci* (*Retificação dos termos nos "Anais das Primaveras e Outonos"*) pode ser considerado como o manifesto da renovação dos "textos modernos" sob os Qing: indo em sentido diametralmente oposto à exegese dos "textos antigos", que considera os *Anais* como um manual de precedentes históricos, ele redescobre a idéia-mestra do *Gongyang* que acredita descobrir neles "palavras sutis portadoras de uma grande mensagem". Zhuang vê neles particularmente um apelo a reformar as instituições presentes valendo-se daquelas da antiguidade (*tuogu gaizhi*), o que equivale a explorar a autoridade dos Clássicos para justificar, e mesmo santificar, uma prática política. Mas, com o passar do tempo, vemos o centro de gravidade escorregar sempre mais da "referência ao passado" para a "reforma do presente": radical mudança de rota do pensamento, que, da ruminação do passado, volta-se para a previsão do futuro.

Enquanto a leitura dos *Anais* por Zhuang Cunyu revela já a passagem de uma erudição tradicional para uma forma de confucionismo mais voluntarista, seu neto Liu Fenglu (1776-1829) introduz a dimensão polêmica e política que permanecerá associada à corrente dos "textos modernos" até o fim do séc. XIX. Ele foi o primeiro a aplicar em seu alto cargo no ministério dos Ritos, e não mais apenas no nível local da comunidade de Changzhou, princípios que havia tirado de seus estudos clássicos e filológicos. Seu ideal de "conhecer a fundo os Clássicos para encontrar sua aplicação prática" (*tongjing zhiyong* 通經致用) lembra o dos letrados do início dos Qing, que procuravam aliar o estudo dos Clássicos e a organização do mundo atual[6], e abre caminho para exploração de noções do *Gongyang* para a execução de reformas políticas.

O papel decisivo de Liu Fenglu foi o de legitimar aos olhos da erudição crítica o ativismo de seu avô, inspirado no *Gongyang*, reavivando a controvérsia dos Han sob sua forma mais polarizada, mas ao mesmo tempo mais elaborada no plano filológico e histórico. Tratava-se de mostrar que toda a tradição textual considerada ortodoxa tanto pelo neoconfucionismo dos Song e dos Ming como pelos "estudos Han" dos Qing baseava-se de fato nos Clássicos pretensamente "antigos", mas na verdade totalmente forjados pelo arquivista Liu Xin (32 a.C.?-23 d.C.) para justificar o reinado de Wang Mang (9-23 d.C.), o usurpador da legitimidade dos Han[7]. Era melhor, portanto, preferir a estas falsificações o comentário de Gongyang sobre as *Primaveras e Outonos*, único vestígio intato da tradição textual dos Han anteriores ainda defendida sob os Han posteriores por He Xiu (129-182)[8].

Liu Fenglu acabava assim de semear a dúvida sobre as origens das versões "antigas" dos Clássicos, cuja autenticidade se

22. O pensamento chinês confrontado com o Ocidente

tornara imperioso fazer remontar a *antes* das manipulações de Liu Xin a serviço de Wang Mang. As alegações de Liu Fenglu marcaram o início de ataques organizados contra Liu Xin, que seriam retomados em Cantão por Liao Ping e levados a seu paroxismo por Kang Youwei nos anos 1890. A controvérsia de escola radicalizava-se justamente no momento em que a renovação dos "textos modernos" revelava-se compatível com um reformismo cada vez mais audacioso, e até com as novas idéias vindas do Ocidente.

"Textos modernos" e reformismo

O *jinwen*, corrente dos "textos modernos" dos Han, representa na história chinesa a primeira forma de ideologia imperial fundada na interpretação dos Clássicos e corresponde à passagem de uma estrutura feudal a um império fortemente centralizado. Paradoxalmente, é essa forma do confucionismo que é novamente valorizada cerca de dois mil anos mais parte para veicular um espírito de reforma radical. Nesta época os chineses, confrontados com um outro esquema da organização do mundo, são obrigados a admitir que seu país não é nem a totalidade nem o centro do mundo, mas apenas uma nação assim como as que se formaram na Europa desde o fim do Antigo Regime. Além disso, sua confiança no enorme poderio do império Qing começa a ser destroçada a partir de meados do séc. XIX pela agressividade e a superioridade militar do Ocidente. Sem dúvida, a forma dramática assumida pelos acontecimentos contribui para explicar em parte que a tradição do *Gongyang* deixasse de ser a ideologia conservadora que ela ainda encarna no séc. XVIII e se transformasse num discurso político reformista no séc. XIX. Mas a mudança acontece sobretudo internamente, na própria concepção da ordem imperial e dos fundamentos de sua legitimidade, a começar pela autoridade dos Clássicos[9].

É primeiramente a imagem de Confúcio, ponto de referência central da autoridade das escrituras, que evolui consideravelmente. Depois de ter sido aquele que definiu, através dos Clássicos e particularmente das *Primaveras e Outonos*, os princípios da autoridade política como também da resistência a opor-lhe, Confúcio passa do moralista dos neoconfucianos dos Song ao analista dos filólogos e historiadores do final do séc. XVIII. É então que ele é reabilitado por Liu Fenglu em sua dimensão de Santo profeta e de "rei sem coroa" dos Han anteriores, aparecido "não porque o Céu quisesse salvar os Zhou orientais do caos, mas porque quis dar-lhe mandato, através das *Primaveras e Outonos*, para salvar do caos dez mil gerações"[10].

Devolvendo um sentido profético à vida e à mensagem de Confúcio, Liu Fenglu procura formular uma nova exigência política em termos que, no entanto, permanecem clássicos por sua referência às concepções cosmológicas do *jinwen* dos Han, associadas a uma literatura apócrifa de adivinhação e de presságios. Aos olhos de Dong Zhongshu, cabeça de fila da escola Gongyang dos Han anteriores, o episódio da captura do licorne, relatado no final das *Primaveras e Outonos*, era o sinal de que Confúcio, pouco antes de sua morte, havia recebido o mandato celeste:

> Quando Yan Hui (o discípulo predileto de Confúcio) morreu, o Mestre disse: "Ai de mim! É minha morte que o Céu quis!" Quando Zilu (outro discípulo de Confúcio) morreu, o Mestre disse: "Ai de mim! É de minha própria vida que o Céu corta o fio!" Quando o licorne foi capturado por ocasião de uma caça no Oeste, Mestre Kong disse: "Meu Caminho chegou a seu termo!"[11]

Soberano virtual, Confúcio foi escolhido pelo Céu, num tempo de caos e de declínio, para receber o mandato e fundar instituições novas para as gerações futuras. Aqui o acento é posto deliberadamente no aspecto institucional do ideal confuciano, o da "soberania exterior" (*waiwang*), em oposição à "santidade interior" (*neisheng*) privilegiada entre os Song e o final dos Ming[12]. Colocar Confúcio como ideal de soberania era recolocar em primeiro plano a participação ativa do "homem de bem" na "organização do mundo atual", que iria traduzir-se, para os letrados reformistas do fim do séc. XIX, na consciência moderna do "engajamento" do intelectual.

Em relação ao que precede, a questão é saber como uma concepção cosmológica que remontava aos Han podia integrar noções políticas propriamente ocidentais como o parlamentarismo. Foi somente no último quartel do séc. XIX que começou a alastrar-se um ceticismo que "lançava dúvida não apenas sobre a eficácia funcional da ordem institucional, mas também sobre sua legitimidade moral"[13]. O fundamento de uma concepção cosmológica da soberania, na qual ordem civil e ordem religiosa eram confundidas e o Filho do Céu percebido como um eixo central do mundo que irradiava sua autoridade universal, era então colocado novamente em discussão pelo novo modelo parlamentar.

"Textos modernos" e legismo

Um outro aspecto importante da renovação *jinwen* do final dos Qing é a redescoberta da síntese entre ritos e leis operada pela tradição Gongyang dos Han anteriores, na qual o único contrapeso ao alcance universal da lei era a autoridade particularista dos ritos. Tendo levado em consideração o papel decisivo desempenhado pelo legismo na formação da ideologia imperial no início dos Han, a tradição interpretativa do *Gongyang* havia estabelecido um elo entre a lei e os *Anais das Primaveras e Outonos*. Todo o comentário repousa, na verdade, sobre a idéia de que as nuanças terminológicas e estilísticas do Clássico foram introduzidas deliberadamente por Confúcio para expressar julgamentos morais, "louvores e repreensões", sobre os fatos relatados e os personagens mencionados. Sendo assim, é possível ler nas entrelinhas uma mensagem moral codificada, que pode ser decodificada com a ajuda de uma grade interpretativa que pode servir sobretudo para definir precedentes a fim de resolver casos de justiça.

Com Gong Zizhen (1792-1841) e Wei Yuan (1794-1856), os dois principais discípulos de Liu Fenglu, que, no apogeu de sua carreira no ministério dos Ritos, os iniciou à leitura do *Gongyang*, a renovação dos "textos modernos" sai dos limites geográficos da comunidade de Changzhou para tornar-se uma vigorosa corrente em escala nacional. Gong Zizhen, neto do grande filólogo Duan Yucai (que fora discípulo de Dai Zhen), ao mesmo tempo poeta e prosador reconhecido, é o autor de *Analogias com os casos resolvidos segundo as "Primaveras e Outonos"* (*Chunqiu jueshi bi*). Embora este título lembre os *Casos de justiça resolvidos em função das "Primaveras e Outonos"* (*Chunqiu jueyu*) atribuídos a Dong Zhongshu, trata-se antes de uma "comparação de normas deduzidas do *Chunqiu* com as normas em vigor sob os Qing, particularmente as que figuram no código imperial"[14]. Esta comparação visa determinar a natureza da relação entre uma antiguidade venerada por sua sabedoria e os múltiplos casos surgidos da vivência presente. Como Liu Fenglu, Gong Zizhen insiste sobre o laço estreito entre ritos e leis:

> Alguns colocam a questão: "O que é melhor: praticar os ritos, ou praticar as punições?" Eu lhes respondo: "Os códigos de punições escritos, eis o que permite determinar o senso dos ritos. Quando deixamos [o domínio dos] ritos, caímos no das punições; é impossível ficar entre os dois"[15].

Aos olhos dos partidários do *jinwen*, leis penais e normas rituais convergem num mesmo objetivo: preservar os valores humanos integrando a evolução dos tempos e dos costumes. Para Gong Zizhen, Confúcio compôs as *Primaveras e Outonos* a fim de adaptar às mudanças dos tempos uma visão moral confuciana fundada em relações sociais hierarquizadas. Há aqui uma reelaboração do tema, central na tradição exegética do *Gongyang*, da "adaptação às circunstâncias" (*quan* 權), síntese da ética confuciana e das instituições legistas, dos ritos e da lei, dos Clássicos e da história[16].

As implicações desta combinação de classicismo confuciano e prática legista serão desenvolvidas ao longo do séc. XIX

22. O pensamento chinês confrontado com o Ocidente

por letrados e funcionários de espírito reformista, forçados a reconhecer que os remédios tradicionais já não bastam mais para resolver problemas tão graves como o aumento da população, a corrupção burocrática, as rebeliões internas e as incursões estrangeiras. A dimensão ideológica e política dos "textos modernos" acaba assim convergindo com as preocupações pragmáticas dos letrados-funcionários, juízes e especialistas do código. Através de sua reflexão sobre a "organização do mundo atual" (*jingshi* 經世), que, desde o séc. XVIII, se inquieta com a proliferação das regulamentações e das disfunções da máquina administrativa e judiciária, eles procuram retornar a princípios mais gerais.

Além de seus trabalhos sobre os Clássicos das *Odes* e dos *Documentos*, Wei Yuan é conhecido por suas obras sobre temas práticos como a defesa marítima, a taxação, o monopólio do sal e a engenharia hidráulica, ao ponto de alguns o rotularem de legista. Em 1827 aparece sua *Coletânea de textos da dinastia Qing sobre a organização do mundo atual*, que exerce considerável influência nos meios letrados[17]. Assim como seu condiscípulo Gong Zizhen, Wei Yuan trata da inevitabilidade da mudança e de sua conseqüência necessária, a reforma das instituições:

> Desde os tempos mais remotos antes das Três Dinastias, o Céu nunca foi o mesmo que o de hoje, a Terra nunca foi a mesma que a de hoje, os homens nunca foram os mesmos que os de hoje, e até as coisas nunca foram as de hoje. [...] Os letrados dos Song só falavam das Três Dinastias. Ora, é evidente que [o sistema dos] campos em forma de tabuleiros, a estrutura feudal, o modo de recrutamento das Três Dinastias não podem ser ressuscitados. Tudo isso só serve para levar os espíritos pragmáticos a criticar os métodos confucianos por sua ineficácia. Um homem de bem que resolve estabelecer a ordem sem se conformar com o espírito reinante antes das Três Dinastias expõe-se a ser acusado de vulgaridade, mas, por não reconhecer a evolução

das condições desde as Três Dinastias, fica-se exposto a cair na ineficácia[18].

Esvaziando de toda substância as verdades eternas pretensamente contidas nos Clássicos para afirmar a transformação incessante de todas as coisas, a renovação dos "textos modernos" associada à exigência de "organização do mundo atual" põe novamente em discussão a própria noção de canonicidade. Ora, se é permitido duvidar da tradição clássica, torna-se possível duvidar de tudo, e por que não do regime imperial?

Na primazia devolvida ao político, que se impõe como uma evidência a muitos letrados-burocratas, mas que – isto merece ser sublinhado – ainda não ataca a legitimidade da dinastia manchu, ressurgem temas legistas como o lucro e a aplicação estrita das leis. Mas impõe-se, de maneira cada vez mais urgente, a necessidade de prosseguir até a uma reforma em profundidade das instituições: reestruturação do sistema dos exames, abolição do ensaio em oito partes em benefício de disciplinas mais adaptadas às necessidades do momento, aproximação entre o imperador e os letrados desejosos de reconquistar seu papel de conselheiros – reivindicações estas que retornarão em todos os empreendimentos reformistas.

Primeiros conflitos abertos com as potências estrangeiras

Aplicando a doutrina da escola de Changzhou à crítica das instituições, os discípulos de Liu Fenglu contribuem para difundir a idéia de uma reforma progressiva. Mas este espírito, que bebe ainda nas fontes clássicas, radicaliza-se a partir da segunda metade do séc. XIX, no momento em que os contatos transformam-se em conflitos com os países ocidentais, movidos por seu apetite de dominação e sua vontade de proteger as missões cristãs[19]. Gong Zizhen morre em 1841, um ano após o início da primeira guerra do Ópio. No momento em que esta termina em 1842 com o acordo de Nanquim, que outorga às potências ocidentais numerosos direitos e privilégios em

22. O pensamento chinês confrontado com o Ocidente

território chinês, sobretudo a abertura dos "portos de tratado", Wei Yuan acaba de concluir seu *Memorial ilustrado sobre os países de além-mar*, que propõe lutar contra os estrangeiros com suas próprias armas e opô-los entre si, segundo o velho princípio que consiste em "reprimir os bárbaros mediante os bárbaros". A obra conhece um franco sucesso não só na China, mas também no Japão, onde contribuiu sem dúvida para inspirar as reformas da era Meiji[20]. Wei Yuan morre em 1856, três anos após o estabelecimento da "Celeste Capital" dos Taiping em Nanquim, quando começa a segunda guerra do Ópio contra a Inglaterra e a França.

Desde 1850 a revolta dos Taiping estoura no Sul, na província de Guangxi, em nome do "culto do Deus do alto", sectarismo sincrético que integrava elementos cristãos, formulado por Hong Xiuquan (1814-1864)[21]. No ano seguinte, este se proclama soberano supremo do "Reino celeste da Grande Paz" (*Taiping tianguo*), retomando um tema recorrente da literatura antiga e objeto de muitas especulações entre letrados reformadores como Kang Youwei[22]. Em muitos aspectos, o igualitarismo autoritário dos Taiping lembra o dos movimentos milenaristas e insurrecionais que contribuíram para a queda da dinastia Han apelando para a mesma "Grande Paz". O "Reino celeste", que já imagina perpetuar-se numa dinastia hereditária, chega ao fim com a queda de sua capital, Nanquim, em 1864, cedendo a uma força imperial que ainda não perdeu totalmente a capacidade de intervir. Esta guerra suscita uma reação ortodoxa que preconiza uma ordem moral neoconfuciana e uma renovação da antiga escola Tongcheng na província de Anhui, representada sobretudo por Fang Dongshu (1772-1851)[23]. Este último porta-bandeira da ortodoxia dos Song no início do séc. XIX "lança uma condenação sobre os estudos Han" em seu *Hanxue shangdui*, de 1824, que assina na verdade o atestado de óbito deles: censura-lhes seu método exclusivamente filológico, incapaz de fornecer uma reflexão de fundo sobre as questões morais e as situações de crise pelas quais a China está passando então.

Outra conseqüência da guerra dos Taiping: um movimento de modernização, ou seja, de ocidentalização nos domínios científico e técnico, teorizado por Feng Guifen (1809-1874). A distinção que ele introduz entre as tradições chinesas a salvaguardar e as técnicas ocidentais a utilizar retoma a distinção clássica entre constituição (*ti* 體) e função (*yong* 用): "Os ensinamentos da China como fundamento constitutivo, os do Ocidente como prática funcional (*zhongxue wei ti, xixue wei yong*)". Fórmula célebre que será retomada à porfia, sobretudo por Zhang Zhidong (1837-1909) às vésperas das reformas de 1898.

A partir dos anos 1860 constitui-se, à frente da burocracia imperial, um movimento em favor do "auto-reforço" (*ziqiang*) – a expressão provém do *Livro das Mutações* –, ou seja, em favor da constituição de uma potência militar e econômica inspirada em grande parte nas técnicas européias. É neste estágio bastante tardio que se impõe a idéia de que o perigo mais direto para a dinastia vem do exterior e que é preciso enfrentar o Ocidente com suas próprias armas. Ao mesmo tempo manifesta-se a consciência de pertencer à China como entidade, e não mais como centro da civilização em oposição aos "bárbaros". Não se trata mais do tradicional sentimento de superioridade cultural e política, mas de uma verdadeira convulsão nacional. Permanecendo embora o "País do Meio"[24], doravante a China deverá render-se à evidência de que a ordem que ela impunha a uma grande parte do mundo está ameaçada.

Se esta tomada de consciência ocorreu tardiamente, é porque foi preciso tempo para reconhecer a superioridade objetiva do Ocidente, não apenas no domínio científico e tecnológico, mas ainda na gestão dos recursos humanos e materiais, no momento em que o sistema político chinês era minado por uma degradação contínua desde o fim do séc. XVIII e atingido em profundidade pela grave crise dos Taiping. Aos observadores como Wang Tao (1828-1897), fascinado pelo exemplo da Inglaterra e por algum tempo colaborador do sinólogo escocês James Legge (1815-1897), aparece claramente que

22. O pensamento chinês confrontado com o Ocidente

de nada adianta adotar as técnicas estrangeiras se os métodos administrativos são inadequados e os próprios fundamentos do Estado estão ameaçados de ruína[25].

Outro fervoroso admirador da Inglaterra, Yan Fu (1853-1921) formou-se em inglês e nas disciplinas científicas na Escola do arsenal de Fuzhou. Após um estágio de dois anos na Marinha Real no final dos anos 1870, é profundamente marcado pela filosofia inglesa e pelo pensamento político inglês, particularmente pelo darwinismo, cuja tese da sobrevivência dos mais aptos ele aplica às sociedades humanas. É o que sobressai de seus ensaios publicados entre 1895 e 1898[26], bem como de sua tradução anotada da obra de Thomas Huxley, *Evolution and Ethics* (*Tianyan lun*), concluída em 1896. No mundo humano, proclama Yan Fu, a luta incessante pela sobrevivência acontece primeiro entre as comunidades que, no contexto moderno, assumem a forma de Estado-nação. Para traduzir esta noção, Yan Fu recorre a *qun* 群, termo do vocabulário clássico elaborado desde a época pré-imperial por Xunzi, que designa originariamente um bando de animais e reveste, desde Confúcio, uma conotação positiva em oposição a *dang* 黨, termo pejorativo aplicado às "facções"[27]. É, portanto, para superar este preconceito negativo que, por ocasião do ressurgimento do espírito do Donglin na virada do séc. XVIII para o séc. XIX, o termo *qun* entra novamente em voga para designar os agrupamentos ou associações que procuravam fazer ouvir sua voz em assuntos políticos.

Convencido de que as comunidades, sociais ou nacionais, só podem prosperar se seus membros forem individualmente fortes, Yan Fu conclama os chineses a uma regeneração física, intelectual e moral. Denunciando sua apatia, sua hipocrisia, sua indolência e sua falta de senso de honra, ele gostaria de vê-los transformados em cidadãos dinâmicos e responsáveis. Neste aspecto, a mensagem darwiniana de Yan Fu representa um componente importante do espírito reformista dos anos 1890. Entre 1900 e 1910, ele publica uma série de traduções, acompanhadas de comentários pessoais e redigidas numa linguagem clássica refinada, que fazem delas verdadeiras transposições para o terreno chinês: *The Study of Sociology* (*Qunxue siyan*) de Herbert Spencer, *The Wealth of Nations* (*Yuanfu*) de Adam Smith, *On Liberty* (*Qunjiquan jielun*) de John Stuart Mill, *L'Esprit des lois* (*Fayi*) de Montesquieu.

Kang Youwei (1858-1927) e o apogeu do reformismo dos "textos modernos"

Durante toda a segunda metade do séc. XIX, com a intensificação dos intercâmbios intelectuais com os ocidentais, especialmente com os missionários, começam a prosperar idéias novas, sobretudo a idéia de um princípio parlamentar ou de uma participação do povo no poder por intermédio dos jornais, veículos da opinião pública (*minqing* 民清, expressão que evoca os tradicionais "julgamentos puros", *qingyi* 清議). Ao mesmo tempo, os letrados chineses lançam mão de todos os meios disponíveis para apoiar suas idéias reformistas, esquadrinhando todos os recantos da herança cultural, da qual muitos aspectos apenas haviam sido ocultados pela ortodoxia imperial. Como observa Léon Vandermeersch, "o confucionismo é então, nos meios progressistas, alvo da severa crítica de todos aqueles que, como por exemplo Yan Fu, o julgam responsável pelo atraso da sociedade chinesa, deixando o país entregue sem defesa à agressividade do imperialismo ocidental e do imperialismo japonês; os que lhe permanecem apegados não podem, portanto, deixar de sentir a necessidade de renová-lo. Mas estes, por outro lado, pensam que a tradição chinesa é bastante rica para conter em algum lugar a fonte espiritual que poderá alimentar esta renovação"[28].

Essa vontade de mobilizar todos os recursos do fundo tradicional é ilustrada eminentemente por Kang Youwei[29]. Formado na academia do Oceano de Erudição, fundada em 1820 por Ruan Yuan em Cantão[30], ele começa por absorver tudo o que pode e em todas as direções. Nas proximidades da colô-

22. O pensamento chinês confrontado com o Ocidente

nia britânica de Hong Kong, está em contato com a influência ocidental e é testemunha dos sinais precursores da guerra sino-francesa de 1884-1885. De personalidade fascinante e sentindo-se fortemente imbuído da grande missão de salvador do mundo, Kang se vê desde a juventude sob as feições de um santo ou de um Bodisatva. Nisto ele é representante de uma verdadeira renovação do budismo Maaiana pelo final dos Qing, que, paradoxalmente, atinge sobretudo os intelectuais leigos e progressistas. Assimilado há longo tempo pela cultura chinesa, o budismo parece na verdade apto para opor-se tanto à moral cristã quanto à especulação filosófica invocada pelo Ocidente[31]. No entanto, em desafio à ortodoxia zhuxista ainda em vigor oficialmente em sua época, Kang haure também nas fontes da antiguidade chinesa uma concepção do mundo vitalista, naturalista e cosmológica herdada de Mêncio e de Dong Zhongshu, centrada no *qi*, energia primeira do universo, e na unidade do Céu e do Homem.

Nos últimos decênios do séc. XIX, tornou-se urgente reavaliar inteiramente toda a tradição clássica para ter uma chance de salvar a nação de uma alienação total. A renovação dos "textos modernos", cada vez mais radical, encontra uma caixa de ressonância nos escritos de Kang Youwei. Em 1891, ao mesmo tempo que abre uma escola em Cantão, onde tem como discípulo Liang Qichao, aparece seu *Estudo crítico dos falsos Clássicos estabelecidos pelos eruditos da dinastia Xin* (o interregno de Wang Mang entre 9 e 23 d.C.). Kang acusa a corrente dos "textos antigos" em sua totalidade de ter sido um constante entrave a todo espírito de reforma, uma ortodoxia que não fez senão esclerosar e esterilizar toda a tradição intelectual chinesa:

> O primeiro a compor falsificações e a introduzir a confusão nas instituições do Santo (Confúcio) foi Liu Xin. A propagação destes falsos Clássicos e a usurpação da linhagem de Confúcio foram completadas por Zheng Xuan. Durante o longo período de dois milênios, todos os anos, todos os meses, todos

os dias, todas as horas a erudição de centenas, de milhares, de milhões de letrados e o rigor das instituições rituais e musicais de vinte dinastias foram mobilizados para erigir estes falsos Clássicos em modelos de referência do Santo. As pessoas os leram e recitaram com fervor, os exaltaram na prática; quem a eles se opunha era considerado sem fé nem lei, de forma que nunca se encontrou ninguém para ousar opor-se a eles ou contestá-los[32].

Enquanto intelectual chinês confrontado com o desafio ocidental, Kang vê-se intimado a considerar o conjunto de sua própria tradição cultural, a começar por sua própria fonte, a "figura do pai" que é Confúcio. Em seu *Estudo crítico de Confúcio como reformador das instituições*, publicado em Xangai em 1897, Kang bebe no *corpus* dos "textos modernos" para descrevê-lo com os traços de um progressista antes do tempo:

> Que as *Odes*, os *Documentos*, os *Ritos*, a *Música*, as *Mutações* sejam textos antigos devidos aos antigos reis e ao duque de Zhou, e que as *Primaveras e Outonos* não sejam senão proclamações e ordenanças oficiais, todas estas idéias só tiveram valor depois que Liu Xin começou a compor falsificações em escrita antiga. Querendo privar Confúcio de seu *status* de Santo a fim de alterar sua santa lei, Liu Xin substituiu Confúcio pelo duque de Zhou, mas nada disto tinha validade antes dos Han. Antes dos Han, Confúcio era reconhecido universalmente como um chefe religioso, que havia reformado as instituições, um santo-rei que irradiava luz divina[33].

O objetivo, dificilmente defensável em matéria de história textual, é recentrar toda a tradição chinesa sobre a pessoa de Confúcio, transfigurada de maneira a rivalizar com as figuras de proa das outras grandes religiões, o Buda, o Cristo, Maomé:

> O Céu, tendo-se compadecido dos numerosos sofrimentos dos homens que vivem em nossa vasta terra, ordenou ao Imperador negro que enviasse sua semente a fim de criar um ser capaz de salvar os

22. O pensamento chinês confrontado com o Ocidente

> homens de seus males, um ser iluminado por uma luz divina que seria um santo-rei, um senhor para dez mil gerações, um baluarte para dez mil povos e um chefe religioso para a terra inteira. Nascido numa época de desordem, [Confúcio] partiu disto para estabelecer o modelo das Três Eras, concentrando-se na da Grande Paz. Depois tomou como ponto de partida sua terra natal [Lu] para determinar o conteúdo das Três Eras, fixando-se na Grande Unidade na qual virão fundir-se todos os seres da vasta terra, dos mais longínquos aos mais próximos, dos maiores aos menores[34].

Kang Youwei serve-se aqui livremente da literatura apócrifa dos Han na perspectiva de uma religião confuciana que faria apelo às tendências mais proféticas do que racionais dos "textos modernos". Sua intenção confessa é opor-se à influência cristã, retomando embora sua visão de um progresso da humanidade rumo à sua libertação definitiva, inspirada pela vinda de um reino de Deus. Exaltando Confúcio como o maior santo e o maior reformador de todos os tempos, Kang certamente vê-se a si próprio sob as feições de um sábio, visto que é saudado por seus pares como o "Martinho Lutero do confucionismo"[35]. Mas, paradoxalmente, a universalização de uma nova religião confuciana ia na verdade no sentido de uma desconfucionização da tradição.

Após a suprema humilhação da derrota chinesa diante do Japão em 1895 e a ocupação da baía de Jiaozhou pela Alemanha em 1897, Kang conseguiu enfim fazer-se ouvir pelo imperador e empreender reformas políticas eficazes, fazendo triunfar politicamente de uma vez só as idéias dos "textos modernos". Por ocasião dos "cem dias", entre 12 de junho e 20 de setembro de 1898, Kang e seus partidários, entre os quais figuram Liang Qichao e Tan Sitong, conseguem pela primeira vez propor a instauração de uma monarquia constitucional, especialmente segundo o modelo do Japão da era Meiji[36]. Mas é precisamente contra esta reforma de fundo que tudo esbarra: a imperatriz viúva Cixi logo retoma nas mãos a situação sustentando o movimento dos Boxers. Esta sociedade secreta pró-manchu, que quer acabar com os ocidentais, fracassará lamentavelmente diante das potências detentoras de concessões ao longo das costas chinesas: França, Inglaterra, Alemanha e Rússia.

Desempenhando um papel de primeiro plano no movimento reformista, Kang Youwei entra na História pela porta da frente, mas o que o distingue de muitos de seus contemporâneos portadores das mesmas aspirações é que ele fundamenta sua ação política numa crítica radical de ordem cultural baseada numa reinterpretação da herança escritural. Após o desastre de 1898, e mesmo exilado no exterior, ele permanecerá apegado à sua concepção dos Clássicos bem como à idéia de uma monarquia constitucional, na contracorrente da onda revolucionária ascendente.

Liang Qichao (1873-1929) e Tan Sitong (1865-1898)

No momento em que o jovem Liang Qichao, menino prodígio destinado à carreira de mandarim, acaba de concluir uma formação tradicional na academia do Oceano de Erudição de Cantão, acontece o encontro determinante dele com Kang Youwei, que o leva a rejeitar toda "a inútil erudição antiga" e do qual ele se torna o discípulo mais eminente[37]. Em 1895, após a derrota chinesa diante dos japoneses, Liang entra na política fundando, com seu mestre, um jornal de pequena tiragem destinado às autoridades de Pequim, e depois tornando-se o editor chefe do *Shiwu bao* (conhecido em inglês como *The China Progress*). Este jornal recém-fundado em Xangai iria transformar-se numa verdadeira plataforma do movimento reformista. Em seus editoriais, Liang reclama um regime parlamentar e "direitos para o povo", uma reforma do sistema dos exames e dos cursos escolares (sobretudo a integração de métodos e de disciplinas ocidentais), a igualdade dos sexos, a abertura de escolas para as mulheres e a abolição da tradição de enfaixar os pés. De fato, durante os poucos anos que pre-

22. O pensamento chinês confrontado com o Ocidente

cederam 1898, sob o impulso decisivo de Kang e de Liang, florescem muitas escolas e "associações de estudo" (*xuehui*) impacientes por integrar o "saber ocidental", principalmente na China do Sul: Jiangsu (região de Xangai), Guangdong (região de Cantão), Hunan.

É nesta última província que Liang Qichao vai pregar sua mensagem em 1897. Pátria de Wang Fuzhi, símbolo da resistência ao despotismo manchu, bem como (mais tarde) do ilustre Mao Tse-tung (Mao Zedong), a província de Hunan é então o palco da primeira experiência em dimensões reais de organização social em bases reformistas. Neste empreendimento Tan Sitong é um ator de primeiro plano com seu *Novo jornal do Hunan* (*Xiangxue xinbao*) e sua Associação de estudo do Sul (*Nan xuehui*). Sua obra mais conhecida, o *Estudo sobre a humanidade*, trai a influência de Kang Youwei: a partir de uma fusão entre o ideal neoconfuciano e o budismo Maaiana, à qual vêm somar-se elementos de espiritualidade cristã e de teorias científicas ocidentais, Tan reinterpreta a virtude confuciana da humanidade (*ren*) como força dinamizante do universo e fiadora da igualdade fundamental entre os seres humanos. Num arroubo místico, Tan Sitong vê nela um estado universal de mútua solicitude e de infinita compaixão em que todos os seres entrariam em nirvana, rompendo assim as relações hierárquicas da sociedade tradicional. A um objetor fictício, que lhe observa que todas estas belas teorias não valem nada se não levarem à ação, ele responde:

> Para mim, é o conhecimento, e não a ação, que tem mais valor; pois o conhecimento é coisa da alma, a ação é coisa do corpo. Confúcio disse: "Saber que se sabe quando se sabe, e saber que não se sabe quando não se sabe, eis o verdadeiro conhecimento". Saber é conhecimento, mas não saber também o é. Enquanto a ação tem seus limites, o conhecimento não os tem; podemos superar a ação, mas não o conhecimento. A ação não pode igualar o conhecimento, e nisto ninguém pode fazer nada. O

que a mão ou o pé podem tocar não vai tão longe quanto o que o olho ou o ouvido percebem; o que a memória pode registrar não engloba tanto quanto a intuição; a medida determinada pela balança ou pela régua nunca será tão precisa quanto a avaliação [pela inteligência]; toda a beleza da realidade é incapaz de igualar a pureza do princípio abstrato. Quem poderia mudar alguma coisa nisto? Se os letrados pedantes se queixam de saber sem poder, é porque seu conhecimento não é o verdadeiro. O verdadeiro conhecimento é aquele que se pode pôr em prática a todo momento[38].

O espírito de reforma entre universalismo e nacionalismo

Diante da tendência pragmática fortemente marcada pelo darwinismo social de um Yan Fu, Tan Sitong, assim como Kang Youwei, integra a idéia de evolução na cosmologia chinesa. De maneira significativa, cada vez que Kang se esforça por traduzir elementos tomados da teoria política liberal do Ocidente, ele se volta naturalmente para a tradição dos "textos modernos" (*jinwen*): na visão Han da unidade entre Céu e Homem encontram-se assim reintegradas as noções de liberdade individual, de igualdade e de democracia. Da mesma forma, ele interpreta a visão *jinwen* da história, que permanece essencialmente cíclica, no sentido de uma concepção linear e evolucionista, reorientando toda a perspectiva tradicional num esquema de progresso voltado para o futuro. Em seu *Livro da grande unidade*, Kang atribui o que ele – retomando uma expressão clássica – chama de "Era da Grande Paz" como meta para a evolução progressiva da humanidade[39], cujo advento passa pela instauração de um regime parlamentar e de uma monarquia constitucional.

A partir da metade do séc. XIX, parece que o "nacionalismo étnico", alimentado pelo ressentimento contra a dominação manchu, dá lugar progressivamente a um nacionalismo de um novo tipo, em reação contra as artimanhas imperialistas

22. O pensamento chinês confrontado com o Ocidente

das potências ocidentais. Da palavra de ordem que conclama a "restaurar os Ming e derrubar os Qing" passa-se à dos Boxers que, em 1900, querem "restaurar os Qing e derrubar os estrangeiros". Na concepção tradicional, a China não está no centro do mundo, ela *é* o mundo (lit. "tudo o que existe sob o Céu", *tianxia*), um todo cósmico e moral. Uma tal representação, na qual a barbárie (na periferia) não tem relações com a civilização (no centro) senão pagando-lhe tributo, favorece muito pouco *a priori* o surgimento de um nacionalismo fundado no sentimento de pertencer a um país entre outros[40]. A prioridade para os reformistas que invocavam os "textos modernos era reconstituir uma ordem do mundo coerente que era fundamentalmente universalista e, se muitos pensadores da época estavam conscientes da necessidade de criar o sentimento de uma comunidade nacional, eles não conceberam, ao que parece, o nacionalismo como um fim em si. No prolongamento da interpretação dada por Liu Fenglu às *Primaveras e Outonos*, Kang Youwei orienta a visão culturalista para um ideal universalista:

> Todo homem nasceu do Céu. Por isso não deve ser considerado cidadão de um país (*guomin*) mas cidadão do Céu (*tianmin*). Sendo todo homem nascido do Céu, não pode estar sujeito senão ao Céu. [Em conseqüência] todos são autônomos e iguais[41].

Chang Hao lembra que, no auge do movimento de reformas de 1898, Liang Qichao escreveu a seu mestre para recordar-lhe que "a preocupação deles de agir politicamente não devia fazê-los esquecer seu objetivo supremo, a saber, a idéia universalista de difundir o ensinamento moral e espiritual de Confúcio e de salvar o mundo, preferível ao objetivo político 'particularista' de simplesmente defender a China enquanto nação"[42]. Em seu ensaio *Da comunidade* (sociopolítica), Liang permanece na universalidade, embora pondo o acento não mais sobre o aspecto humano como o faz Kang, mas sobre os problemas cruciais de participação e de legitimação:

> Há os cidadãos de uma nação e os cidadãos do mundo. Os países ocidentais estão sob o regime do

governo através da nação, mas ainda não chegaram ao governo através dos cidadãos do mundo. [...] Na Era da Grande Paz, todas as partes do mundo, tanto as mais longínquas como as mais próximas, tanto as maiores como as menores, não serão senão uma coisa só[43].

E Liang cita em seu apoio as mesmas fontes clássicas citadas por Liu Fenglu e Kang Youwei:

Os *Anais das Primaveras e Outonos* não estavam destinados a um só país, mas ao mundo inteiro; não valiam para uma só época, mas para a eternidade[44].

A este elã universalista vem juntar-se Tan Sitong. Se o homem abordar os problemas sociopolíticos num espírito de amor – sob a forma confuciana de sentimento de humanidade –, então a "Grande Paz" prevista nas fontes clássicas como o *Gongyang* poderia acontecer, na liberdade e na igualdade, sem haver mais discriminação entre os povos nem separação entre as nações. No fim do séc. XIX existiam, no entanto, maneiras de combinar este ideal de universalidade com um nacionalismo do aqui-e-agora: muitos reformadores "aspiravam à realização futura de um mundo universal que reunisse todas as nações, preconizando embora para o presente um Estado-nação chinês reformado. A universalidade permanecia o fim último do esquema evolutivo, feito de mudança gradual e de progresso, imaginado pelos reformadores. [...] Era perfeitamente coerente reconhecer a realidade presente de nações em guerra, tendo embora a visão de um futuro mundo melhor de paz universal"[45].

O "pós-1898": a tradição clássica entre reformismo e revolução

Após o fracasso das tentativas de reformas de 1898, todos os cabeças de fila do movimento são executados, como Tan Sitong, morto como mártir aos trinta e três anos, ou obrigados ao exílio como Kang Youwei e Liang Qichao, que se refugiam no

Japão. A renovação dos "textos modernos", após conhecer seu apogeu político no reformismo dos anos 1890, já não tem mais atualidade a partir de 1899, embora conserve certo prestígio nos meios intelectuais por ter inspirado o primeiro movimento constitucional de toda a história chinesa. Enquanto Kang Youwei não abandonará jamais suas convicções, seu discípulo Liang Qichao acaba rendendo-se à evidência de que a China não poderá sobreviver senão ao preço de uma ruptura definitiva com a tradição, e declara em 1902 que ele, aos trinta anos, renunciou a toda discussão sobre os "falsos Clássicos"[46].

É no Japão que, sob a provável influência de reformistas como Fukuzawa Yukichi, Liang escreve sua obra-prima, *Da nova cidadania* (*Xinmin shuo*), na qual a posição crítica que o exílio no estrangeiro lhe confere leva-o a rejeitar toda a herança chinesa em favor de idéias radicalmente novas. O historiador Mark Elvin vê nela "a primeira obra importante publicada no seio da tradição chinesa a cortar os laços com o confucionismo escritural" e a marcar a morte deste "no sentido de que perdeu o poder de auto-reproduzir-se nas classes instruídas como sistema viável de crenças e de valores"[47].

Zhang Binglin (1869-1935)

Após o fracasso do reformismo e do universalismo inspirados nos "textos modernos", os que desejam a mudança não têm outra opção senão uma radicalização decididamente revolucionária e nacionalista. Kang Youwei e tudo o que ele representa são rejeitados pelos intelectuais progressistas da geração seguinte, a começar por Zhang Binglin (também conhecido pelo apelido Zhang Taiyan)[48]. Formado no mais puro espírito dos "estudos Han", ele se une ao movimento reformista em 1895. Após colaborar com o *Shiwu bao*, o jornal progressista de Liang Qichao, torna-se co-fundador do *Jingshi bao* (*Jornal da organização do mundo atual*).

Mesmo que figure entre os primeiros intelectuais chineses "engajados", Zhang conserva por toda a vida a propensão para a erudição clássica. Desde 1899, logo após o fiasco dos "cem dias", escreve um artigo intitulado "Das distinções a fazer entre textos modernos e antigos", que, rejeitando as posições de Liao Ping, defensor dos "textos modernos", ataca na verdade as idéias de Kang Youwei[49]. No mesmo ano, Zhang publica no jornal reformista *Qingyi bao* (*Jornal dos julgamentos puros*) uma "Discussão verídica sobre o confucionismo" (*Rushu zhenlun*), atacando especificamente Kang Youwei e Tan Sitong.

Um século após Zhang Xuecheng, Zhang Binglin levanta novamente a bandeira dos "textos antigos" proclamando que os Clássicos são história, e não ficção ou profecia como pensa Liao Ping, que chega até a ver nas *Primaveras e Outonos* não os anais do Estado de Lu, mas uma visão do mundo moderno (Zheng representando a China, Qin a Inglaterra, Lu o Japão etc.). Empenhando-se, pelo contrário, em denunciar a utilização feita pela corrente oposta dos apócrifos e em pôr em dúvida a atribuição das *Primaveras e Outonos* a Confúcio, Zhang situa-se na linha da erudição crítica dos Qing e conclui a dessacralização dos Clássicos.

Levado por seu elã contra os "textos modernos" de seus predecessores, Zhang chega até a apresentar Liu Xin como o maior erudito de toda a tradição escritural chinesa com a única finalidade de vilipendiar a figura sagrada de Confúcio, pintado em traços pouco lisonjeiros no *Livro de zombaria* e tratado como letrado oportunista e sem escrúpulos nas *Conversações sumárias sobre os mestres dos Reinos Combatentes*[50]. Numa *Refutação da religião confuciana* (*Bo Kongjiao yi*), escrita em linguagem corrosiva, o confucionismo é descrito como uma crença que pouco estimula a clareza da mente e que, em matéria de moralidade, não apregoa senão egoísmo e hipocrisia. Essa virulência, que prefigura o iconoclasmo do movimento de 4 de maio de 1919, mostra que, após o fracasso do confucionismo à la Kang Youwei, a única saída para a China doravante é pôr a pique os valores culturais fundados na sacralidade de Confúcio e dos Clássicos, a fim de acabar com a ordem cosmológico-política tradicional.

22. O pensamento chinês confrontado com o Ocidente

Isto não impede Zhang de procurar tudo aquilo que pode ser salvaguardado da identidade cultural chinesa, combustível indispensável, segundo ele, para alimentar o sentimento nacionalista. Querendo opor-se ao mesmo tempo à sacralização de Confúcio nos "textos modernos" e à ortodoxia zhuxista ainda dominante neste final de séc. XIX, Zhang é levado a pôr novamente em destaque o pensamento de Xunzi em detrimento do de Mêncio, que há mil anos vinha alimentando a filosofia chinesa. Em face do idealismo menciano, Xunzi propõe uma concepção muito mais realista do homem e do mundo, particularmente em sua elaboração da noção de "comunidade" (*qun*). Como muitos de seus contemporâneos, Zhang apressa-se a aproximá-la do materialismo científico e do darwinismo social que ele bebeu nos escritos e traduções de Yan Fu. Após o fiasco de 1898, sua concepção darwiniana da comunidade tende a cristalizar-se num nacionalismo antimanchu, de que ele se nutre desde sua tenra juventude na província de Zhejiang, retomando a idéia de Wang Fuzhi de que uma maioria de chineses de etnia Han encontra-se ilegitimamente dominada por uma minoria inferior sob todos os pontos de vista, sobretudo sob o ponto de vista cultural[51]. Portanto, somente no momento em que o fracasso do reformismo abre caminho para a revolução é que o debate em torno da noção de *qun* transforma-se em ofensiva contra os manchus, considerados ao mesmo tempo como minoria étnica estrangeira e como regime político repressor.

Em 1903, por haver insultado o imperador Guangxu num editorial, Zhang Binglin é preso e mantido na prisão por três anos. Em seguida refugia-se no Japão, onde edita o *Jornal do povo* (*Minbao*) e reencontra compatriotas como Liang Qichao. Durante seus quatorze anos de exílio, este último continua suas atividades políticas: publica artigos nos jornais e organiza com seu mestre Kang Youwei um partido para uma reforma constitucional, oposto às concepções revolucionárias de Sun Yat-sen (1866-1925). Após a revolução de 1911, que estabelece a República, prolongar-se-á essa rivalidade de interesses entre o Partido Progressista (*Jinbudang*), ao qual se junta Liang, e o Partido Nacionalista (*Guomindang*), fundado por Sun Yat-sen[52].

Liu Shipei (1884-1919)

Quinze anos mais novo que Zhang Binglin, Liu Shipei é um dos mais importantes pensadores radicais do fim do séc. XIX, sendo embora um dos últimos a receber uma formação tradicional no "pós-1898", no momento em que a influência cultural do Ocidente começa a difundir-se amplamente para além dos "portos de tratado" da costa em direção aos centros urbanos do interior. Originário de uma família de letrados da prefeitura de Yangzhou, grande centro dos "estudos Han" na tradição de Dai Zhen desde o final do séc. XVIII, Liu goza de uma sólida formação clássica que lhe asseguraria uma bela carreira oficial se não tivesse decidido de outra forma e se, além disso, todo o sistema dos exames mandarínicos não tivesse sido abolido em 1905[53].

Como Zhang Binglin, Liu é fortemente marcado pelo sentimento antimanchu alimentado por sua família e oposto ao reformismo universalista de Kang Youwei. Seu *Livro da rejeição* (*Rangshu*), o primeiro de sua autoria, atesta um nacionalismo étnico inspirado com toda evidência no *Livro amarelo* de Wang Fuzhi[54]. Nele são "rejeitadas" as três relações constitutivas da sociedade chinesa, na qual se sobrepõem as estruturas do império e da família, fundadas também estas numa ordem cósmica universal de que a China é o centro. Para além da simples modificação das regras do jogo imperial com que os reformistas como Kang Youwei ter-se-iam certamente contentado, Liu combate o próprio fundamento de toda a organização sociopolítica tradicional.

Apesar do tom polêmico de sua *Explicação geral do sentido dos termos da escola do princípio* (*Lixue ziyi tongshi*), publicada em 1905, Liu não pode, como bom chinês, abster-se de beber na herança filológica e filosófica de Dai Zhen uma vi-

22. O pensamento chinês confrontado com o Ocidente

são monista do mundo, centrada na energia vital. Mas, enquanto este pensa o princípio na perspectiva cosmológica tradicional, Liu, provavelmente sob a influência das ciências ocidentais, abandona todo este aspecto para reter apenas o da cultura moral. O monismo de Dai Zhen permite-lhe conceber uma moralidade que seja tanto interior quanto exteriorizada nos atos, e cujo voluntarismo opõe-se ao quietismo dos Song e dos Ming: o destino não é uma fatalidade que se suporta, mas cabe a cada um forjá-lo (*zao ming* 造命). Na esteira de Dai Zhen, ele combate o caráter elitista da concepção do princípio herdada dos Song, que condena os desejos e as emoções apenas para melhor servir aos interesses dos privilegiados, afiançando a ordem hierárquica estabelecida. Este radicalismo moral encontra sua ilustração no *Manual de ética* (*Lunlixue jiaokeshu*), datado também este de 1905 e composto segundo o modelo clássico do *Grande Estudo*. O termo *lunlixue*, neologismo tomado do japonês como tantos outros da época (por exemplo, *ziyou* para "liberdade", *geren zhuyi* para "individualismo", *zhexue* para "filosofia" etc.), designa o "estudo das relações sociais e dos princípios éticos" reintegrados numa perspectiva histórica e evolucionista, em oposição aos valores morais da tradição confuciana.

Enquanto certa concepção liberal ocidental insiste na autonomia externa do indivíduo diante de outros indivíduos ou da sociedade, a tradição ética confuciana, privilegiando a autonomia interna por meio da cultura moral e da auto-realização, tem menos chances de desaguar numa reflexão concernente ao lugar do indivíduo na sociedade. Daí o interesse do deslocamento, realizado por Liu, de uma autonomia moral puramente interna (senso do justo oposto classicamente ao do interesse) para uma autonomia externa (senso do interesse geral em oposição ao do interesse particular). Este deslocamento é feito em termos que continuam tomados de empréstimo à tradição confuciana, mas que levam manifestamente em consideração a nova problemática ocidental. Em *O essencial das idéias chinesas sobre o contrato social* (*Zhongguo min-*

yue jingyi), de 1903, Liu desenvolve sua concepção do interesse geral numa interpretação populista e antimonárquica influenciada por Jean-Jacques Rousseau. Composta segundo o modelo do *Plano para o príncipe*, de Huang Zongxi, esta obra aparece como complemento do *Livro da rejeição* inspirado no *Livro amarelo* de Wang Fuzhi.

À margem de suas referências confucianas e de seu engajamento radical, Liu mostra um fascínio paradoxal pelo desapego budista, reservado ao plano pessoal e existencial e expresso em seus poemas. A exigência moral e a negação budista do eu convergem, no entanto, na rejeição da noção de interesse individual própria das teorias de Bentham, amplamente difundidas por intermédio de Yan Fu. Esta recusa do utilitarismo anglo-saxão e a elaboração de um pensamento político igualitarista refletem, na trajetória intelectual de Liu, uma radicalização que acontece graças a uma estada no Japão em 1907-1908. Escreve então artigos inflamados para o *Jornal do povo*, órgão de um grupo revolucionário de Tóquio editado por Zhang Binglin. Em contato com os anarquistas japoneses, abraça ativamente o anarcossocialismo, que ele professa em periódicos editados em colaboração com sua esposa, feminista convicta. Neles Liu expõe sua visão de uma sociedade ideal da qual desapareceria toda forma de desigualdade: governo, propriedade privada (abolida por uma revolução camponesa que redistribuiria as terras), dominação dos homens sobre as mulheres, fronteiras entre países, discriminações raciais... Visão utópica que lembra tanto mais a de Kang Youwei, pelo fato de Liu chamá-la também de "Grande Unidade"[55], com a diferença de que o primeiro a imagina como a conclusão de um processo histórico longo e gradual, ao passo que o segundo a vê realizar-se num brusco movimento da vontade e da ação humanas e numa ruptura violenta de todas as estruturas sociopolíticas. Assim, partindo ambos de fontes clássicas e chegando a um mesmo idealismo, Kang Youwei e Liu Shipei representam, no entanto, dois caminhos que se tornaram incompatíveis na aurora do séc. XX: reformismo e revolução.

Notas do capítulo 22

1. Cf. David S. NIVISON, "Ho-shen and his Accusers: Ideology and Political Behavior in the 18th Century", em David S. NIVISON e Arthur F. WRIGHT (eds.), *Confucianism in Action*, Stanford University Press, 1969, p. 209-243; e Susan MANN-JONES, "Scholasticism and Politics in Late 18th Century China", *Ch'ing-shih wen-t'i (Late Imperial China)*, 3/4 (1975), p. 28-49.

Este capítulo retoma em parte o artigo de Anne CHENG, "Tradition canonique et esprit réformiste à la fin du XIXe siècle en Chine: la résurgence de la controverse *jinwen/guwen* sous les Qing", *Études chinoises* 14/2 (1995), p. 7-42.

2. Sobre os "julgamentos puros" (*qingyi*) sob os Han, cf. cap. 12 nota 63; sobre a luta entre os partidários do Donglin e os eunucos no final dos Ming, cf. cap. 20 nota 64.

3. Sobre as comunidades letradas de Jiangnan, cf. cap. 21 nota 66. Sobre a escola de Changzhou, cf. Benjamin A. ELMAN, *Classicism, Politics and Kinship: The Ch'ang-chou School of New Text Confucianism in Late Imperial China*, Berkeley, University of California Press, 1990. Sobre a controvérsia dos Han, cf. cap. 12, "A batalha dos Clássicos".

4. Sobre os apócrifos dos Han, cf. cap. 12 notas 40 e 41.

5. Sobre o comentário de Gongyang sobre os *Anais das Primaveras e Outonos*, cf. cap. 12 notas 36 a 39.

6. A expressão é de seu discípulo Wei Yuan (sobre o qual cf. adiante, p. 698-700). Sobre o ideal dos letrados do início dos Qing, cf. cap. 21 nota 5.

7. Cf. LIU Fenglu, *Zuoshi Cunqiu kaozheng* (*Exame crítico das "Primaveras e Outonos do senhor Zuo"*), publicado em 1805 e retomado no *Huang Qing jingjie* (*Exegeses sobre os Clássicos da dinastia Qing*), juan 1294-1295.

8. O comentário de Gongyang, acompanhado do subcomentário de He Xiu, que Liu Fenglu tem em grande consideração, é a única obra da tradição dos "textos modernos" mantida no *corpus* dos Clássicos editados sob os Tang. Sobre He Xiu, cf. Anne CHENG, *Étude sur le confucianisme Han: l'élaboration d'une tradition exégétique sur les Classiques*, Paris, Collège de France, Institut des hautes études chinoises, 1985.

9. Thomas A. METZGER descreve o conceito Qing de autoridade na forma de um esquema triangular: "A autoridade soberana do príncipe (*jun*) era contrabalançada pelo papel desempenhado pelo 'homem de bem' (*junzi*) enquanto eminentemente portador de uma visão ética, sendo que a autoridade dos Clássicos sobrepujava estas duas funções",

cf. *Escape from Predicament: Neo-Confucianism and China's Evolving Political Culture*, Nova York, Columbia University Press, 1977, p. 179.

10. *Chunqiu lun* (*Tratado sobre os "Anais das Primaveras e Outonos"*), em *Liu libu ji* (*Coletânea de escritos de Liu Fenglu*) 3, ed. 1827, p. 20a.

11. *Chunqiu fanlu* 9, ed. *Xinbian zhuzi jicheng*, Pequim, Zhonghua shuju, 1992, p. 137. Para o episódio do licorne, cf. também o *Comentário de Gongyang* sobre os *Anais das Primaveras e Outonos*, duque Ai, 14º ano, e os *Analectos* de Confúcio XI,8.

12. Sobre esta dupla dimensão, cf. sobretudo cap. 2, "Retrato do príncipe como homem de bem", cap. 12 nota 34 e cap. 17 nota 13.

13. CHANG Hao, *Chinese Intellectuals in Crisis: Search for Order and Meaning, 1890-1911*, Berkeley, University of California Press, 1987, p. 5.

14. Jérôme BOURGON, *Shen Jiaben et le Droit chinois à la fin des Qing*, tese de doutorado não-publicada, Paris, École des hautes études en sciences sociales, 1994, p. 498. Este aspecto da tradição exegética do *Gongyang* valeu-lhe um renovado interesse da parte de toda uma corrente "jurista" na segunda metade do séc. XIX. Para os "casos de justiça de Dong Zhongshu", cf. cap. 12 nota 37.

15. *Gong Zizhen quanji* (*Obras completas de Gong Zizhen*), Shanghai Renmin chubanshe, 1975, p. 233.

16. Cf. cap. 12 nota 38.

17. O *Huangchao jingshi wenbian* (*Coletânea de textos da dinastia Qing sobre a organização do mundo atual*) é uma compilação de ensaios redigidos por funcionários e letrados dos Qing sobre problemas práticos de governo (administração, organização social e política, fiscalidade, estratégia e armamento, agricultura etc.). Dirigido por Wei Yuan e He Changling (1785-1848), inspirou-se em seu modelo dos Ming, o *Mingdai jingshi wenbian*.

Foi reeditado com o título de *Qing jingshi wenbian*, 3 vols., Pequim, Zhonghua shuju, 1992. Cf. Benjamin A. ELMAN, "The Relevance of Sung Learning in the Late Ch'ing: Wei Yuan and the *Huang-ch'ao ching-shih wen-pien*", *Late Imperial China*, 9/2 (1988), p. 56-85.

18. *Wei Yuan ji* (*Obras de Wei Yuan*), Pequim, Zhonghua shuju, 1976, t. I, p. 47-49. As Três Dinastias são as da antiguidade chinesa: Xia, Shang e Zhou.

19. Sobre a percepção chinesa das influências ocidentais na segunda metade do séc. XIX, cf. TENG Ssu-yü, John K. FAIRBANK et al., *China's Response to the West: A Documentary Survey (1839-1923)*, Harvard University Press, 1954; Paul A. COHEN, *China and Christianity: The Missionary Movement and the Growth of Chinese Antiforeignism, 1860-*

1870, Harvard University Press, 1963; LIU Kwang-ching, "19th Century China: The Disintegration of the Old Order and the Impact of the West", em HO Ping-ti e TSOU Tang (eds.), *China in Crisis*, t. I: *China's Heritage and the Communist Political System*, University of Chicago Press, 1968, p. 93-178; Y.C. WANG, *Chinese Intellectuals and the West, 1872-1949*, Chapel Hill, University of North Carolina Press, 1966; Jerome CH'EN, *China and the West: Society and Culture, 1815-1937*, Londres, Hutchinson, 1979.

20. Cf. Jane Kate LEONARD, *Wei Yuan and China's Rediscovery of the Maritime World*, Harvard University Press, e Peter MITCHELL, "The Limits of Reformism: Wei Yüan's Reaction to Western Intrusion", *Modern Asian Studies*, 6 (1972). Fato significativo do isolamento em que era mantido o imperador: publicado pela primeira vez em 1844, depois revisado em 1847 e 1852, traduzido no Japão desde 1854-1856, o *Memorial ilustrado sobre os países de além-mar* (*Haiguo tuzhi*), que por muito tempo foi uma das raras fontes de informação sobre os países ocidentais à disposição do publico chinês, só foi apresentado ao imperador em 1858.

21. Note-se que o "Deus do alto" dos Taiping não é outro senão o "Soberano do alto" (*shangdi*) da antiguidade chinesa (cf. cap. 1). Cf. Eugene P. BOARDMAN, *Christian Influence upon the Ideology of the Taiping Rebellion, 1851-1864*, Madison, University of Wisconsin Press, 1952; Vincent Y.C. SHIH, *The Taiping Ideology. Its Sources, Interpretations and Influences*, Seattle, University of Washington Press; Rudolf G. WAGNER, *Reenacting the Heavenly Vision: The Role of Religion in the Taiping Rebellion*, Berkeley, University of California, 1982.

22. A era da "Grande Paz" figura sobretudo num capítulo do *Tratado dos Ritos* (*Liji*), "A evolução dos ritos" (*Liyun*), citado por Hong Xiuquan em 1845-1846 em suas "Instruções para despertar o mundo através do Caminho original" e novamente meio século depois por Kang Youwei, cf. adiante notas 34 e 39.

23. Cf. William Theodore DE BARY, *The Trouble with Confucianism*, Harvard University Press, 1991, p. 74s.

24. Lembremos que, na antiguidade chinesa, esta designação muito antiga foi primeiramente aplicada aos principados da planície central, cf. final do cap. 1.

25. Cf. Paul A. COHEN, *Between Tradition and Modernity: Wang Tao and Reform in Late Ch'ing China*, Harvard University Press, 1974.

26. Quatro destes ensaios, escritos em 1895, foram traduzidos por François HOUANG, *Les manifestes de Yen Fou*, Paris, Fayard, 1977. Cf. também James R. PUSEY, *China and Charles Darwin*, Cambridge

(Mass.), Harvard University Press, 1983. Sobre Yan Fu, cf. Benjamin SCHWARTZ, *In Search of Wealth and Power: Yen Fu and the West*, Harvard University Press, 1964.

27. Cf. *Analectos* XV,22: "Os homens de bem são sociáveis (*qun*) sem jamais serem facciosos (*dang*). Sobre o termo *dang* no sentido de "facção", cf. cap. 20 nota 64.

28. "Une vision confucianiste moderne du bouddhisme: le nouveau cognitivisme de Xiong Shili", em Jean-Pierre DRÈGE (ed.), *De Dunhuang ao Japon. Études chinoises et bouddhiques offertes à Michel Soymié*, Genebra, Droz, 1996, p. 301.

29. Cf. sobretudo Richard C. HOWARD, "K'ang Yu-wei (1858-1927): His Intellectual Background and Early Thought", em Arthur F. WRIGHT e Denis TWITCHETT (eds.), *Confucian Personalities*, Stanford University Press, 1962, p. 294-316; LO Jung-pang (ed.), *K'ang Yu-wei, 1858-1927: A Biography and a Symposium*, Tucson, University of Arizona Press, 1967; HSIAO Kung-ch'üan, *A Modern China and a New World: K'ang Yu-wei, Reformer and Utopian, 1858-1927*, Seattle, University of Washington Press, 1975.

30. Cf. cap. 21 nota 88.

31. Cf. CHAN Sin-wai, *Buddhism in Late Ch'ing Political Thought*, Hong Kong, Chinese University Press, 1985. Cf. também Holmes WELCH, *The Buddhist Revival in China*, Harvard University Press, 1968; Gabriele GOLDFUSS, *Vers un bouddhisme du XXe siècle. Yang Wenhui (1836-1911), réformateur laïque et imprimeur*, Collège de France, Institut des hautes études chinoises, 2001; Don A. PITTMAN, *Toward a Modern Chinese Buddhism. Taixu's (1890-1947) Reform*, Honolulu, University of Hawaii Press, 2001.

32. Prefácio ao *Xinxue weijing kao* (*Estudo crítico dos falsos Clássicos estabelecidos pelo eruditos da dinastia Xin*), publicado em Cantão em 1891 e depois proscrito por decreto imperial de 1894, Pequim, Zhonghua shuju, 1956, p. 2.

A duas "sombras negras" aqui mencionadas são Liu Xin (32 a.C.?-23 d.C.), bibliotecário dos Arquivos imperiais sob o reinado de Wang Mang, e o grande exegeta dos Han posteriores Zheng Xuan (127-200), cf. cap. 12, "A batalha dos Clássicos" e "Os Han posteriores".

33. *Kongzi gaizhi kao* (*Estudo crítico de Confúcio como reformador das instituições*), Pequim, Zhonghua shuju, 1958, p. 243-244. Como o *Xinxue weijing kao*, o *Kongzi gaizhi kao* ter-se-ia inspirado abundantemente no *Jinguxue kao* (*Exame crítico das tradições moderna e antiga*) de Liao Ping (1852-1932), que Kang havia visto como manuscrito em 1886, o que confere algum fundamento à hipótese de um plágio. Sobre Liao Ping, cf. Joseph R. LEVENSON, "Liao P'ing and the Confucian Departure from History", em Arthur F. WRIGHT e Denis TWITCHETT (eds.), *Confucian Personalities*, Stanford University Press, 1962, p. 317-325.

34. Prefácio ao *Kongzi gaizhi kao*, p. 1. Nesta passagem, Kang faz referência a um apócrifo dos Han no qual encontramos um relato do nascimento de Confúcio, que teria resultado do encontro de sua mãe com um "Imperador negro" visto em sonho e cujo caráter miraculoso faz dele uma quase-divindade. Sobre as Três Eras cf. adiante nota 39.

35. Cf., por exemplo, LIANG Qichao, "Biographie de Kang Youwei" (*Nanhai Kang xiansheng zhuan*), em *Yinbingshi wenji* (*Escritos de Liang Qichao*), Xangai, Zhonghua shuju, 1926, 39, p. 67a, e TAN Sitong, *Renxue* (*Estudo sobre a humanidade*), em *Tan Sitong quanji* (*Obras completas de Tan Sitong*), Pequim, Sanlian shudian, 1954, p. 55.

36. Cf. Philip HUANG, "Liang Cih'i-ch'ao: The Idea of the New Citizen and the Influence of Meiji Japan", em David C. BUXBAUM e Frederick W. MOTE (eds.), *Transition and Permanence: Chinese History and Culture: A Festschrift in Honor of Dr. Hsiao Kung-ch'üan*, Hong Kong, Cathay Express Ltd., 1972, p. 71-102. No mesmo volume, cf. igualmente o artigo de WONG Young-tsu, "The Significance of the Kuang Hsü Emperor to the Reform of 1898", p. 169-186. Cf. também Meribeth E. CAMERON, *The Reform Movement in China, 1898-1912*, Nova York, Octagon Co., 1959.

Sobre os "cem dias" cf. Luke S.K. KWONG, *A Mosaic of the Hundred Days: Personalities, Politics and Ideas of 1898*, Harvard University Press, 1984.

37. Sobre Liang Qichao, cf. Joseph R. LEVENSON, *Liang Ch'i-ch'ao and the Mind of Modern China*, Harvard University Press, 1953; CHANG Hao, *Liang Ch'i-ch'ao and Intellectual Transition in China*, Harvard University Press, 1971; Philip HUANG, *Liang Ch'i-ch'ao and Modern Chinese Liberalism*, Seattle, University of Washington Press, 1972; TANG Xiaobing, *Global Space and the Nationalist Discourse of Modernity. The Historical Thinking of Liang Qichao*, Stanford University Press, 1996.

38. *Renxue* (*Estudo sobre a humanidade*, concluído em 1896, mas publicado alguns meses após a morte de Tan Sitong em 1898), parte II, em *Tan Sitong quanji* (*Obras completas de Tan Sitong*), Pequim, Sanlian shudian, 1954, p. 86. A citação de Confúcio é tirada dos *Analectos* II,17. Existe uma tradução do *Renxue* para o inglês feita por CHAN Sin-wai, *An Exposition of Benevolence: The Jen-hsüeh of T'an Ssu-t'ung*, Hong Kong, Chinese University Press, 1984; do mesmo especialista e na mesma editora: *T'an Ssu-t'ung: An Annotated Bibliography*, 1980; cf. também Luke S.K. KWONG, "Reflections on an Aspect of Modern China in Transition: T'an Ssu-t'ung (1865-1898) as a Reformer", e Richard H. SHEK, "Some Western Influences on T'an Ssu-t'ung's Thought", em Paul A. COHEN e John E. SCHRECKER (eds.), *Reform in 19th Century China*, Cambridge (Mass.), East Asian Research Center, Harvard University, 1976, p. 184-193 e 194-203; David WRIGHT, "Tan Sitong and the Ether Reconsidered", *Bulletin of the School of Oriental and African Studies*, 57 (1994), p. 551-575.

39. No *Datong shu* (*Livro da Grande Unidade*), do qual apenas fragmentos apareceram durante a sua vida e que só foi publicado integralmente em 1935, oito anos após sua morte, Kang desenvolve a teoria Gongyang das Três Eras (cf. acima notas 22 e 34), segundo a qual a história do condado de Lu abarcada pelas *Primaveras e Outonos* compreende três períodos: o passado longínquo de que Confúcio só havia ouvido falar por tradição, o passado recente de que havia ouvido falar diretamente e o presente de que ele era testemunha ocular. Esta periodização seria desenvolvida sob os Han posteriores por He Xiu (129-182), que via nela três etapas da evolução da humanidade: de uma era de "decadência e caos" ela passaria a uma "paz emergente" para chegar à "grande paz" (*taiping*). Cf. acima nota 8 e Anne CHENG, *Étude sur le confucianisme Han*, p. 207-240. Para uma tradução ao inglês do *Datong shu*, cf. Laurence G. THOMPSON, *Ta T'ung Shu. The One-World Philosophy of K'ang Yu-wei*, Londres, Allen and Unwin, 1958.

Esta integração da idéia de evolução darwiniana no esquema cosmológico tradicional permite a Charlotte FURTH falar de "cosmologia evolucionista" no pensamento reformista, cf. "Intellectual Change: From the Reform Movement to the May Fourth Movement, 1895-1920", em John K. FAIRBANK (ed.), *The Cambridge History of China*, t. 12: *Republican China 1912-1949*, parte I, Cambridge University Press, 1983, p. 322-405.

40. Cf. Joseph R. LEVENSON, *Confucian China and its Modern Fate*, t. I, Berkeley, University of California Press, 1958, p. 99.

41. *Mengzi wei* (*Significação oculta do Mengzi*), ed. Xangai, Guangzhi shuju, 1916, 1, p. 6b.

42. *Chinese Intellectuals in Crisis* (referências na nota 13), p. 65.

43. Prefácio ao *Shuoqun* (*Da comunidade*), em *Yinbingshi wenji* (*Escritos de Liang Qichao*), 3, p. 45b. Sobre a palavra *qun* cf. acima na nota 27.

44. Prefácio ao *Chunqiu zhongguo yidi bian* (*Distinções feitas nas "Primaveras e Outonos" entre chineses e bárbaros*), em *Yinbingshi wenji*, 3, p. 49b.

45. WONG Young-tsu, "The Ideal of Universality", em Paul A. COHEN e John E. SCHRECKER (eds.), *Reform in 19th Century China* (referências acima na nota 38), p. 150.

22. O pensamento chinês confrontado com o Ocidente

46. *Qingdai xueshu gailun* (*Resumo da erudição da época Qing*), § 26, em ZHU Weizheng (ed.), *Liang Qichao lun Qingxueshi erzhong* (*Dois escritos de Liang Qichao sobre a história da erudição dos Qing*), Xangai, Fudan daxue chubanshe, 1985, p. 70. Este *Resumo da erudição da época dos Qing*, publicado em Xangai em 1921, foi traduzido para o inglês por Immanuel C.Y. HSU, com o título *Intellectual Trends in the Ch'ing Period*, Harvard University Press, 1959.

47. "The Collapse of Scriptural Confucianism", *Papers on Far Eastern History* (Canberra), 41 (1990), p. 64 e 72. Podemos, porém, perguntar-nos se, neste caso, Liang Qichao não serviu simplesmente de caixa de ressonância para idéias já expressas antes dele, sobretudo nos manifestos de Yan Fu, nos quais a tradição encontra-se dessacralizada com uma radicalidade sem precedentes.

48. Cf. Charlotte FURTH, "The Sage as Rebel: The Inner World of Chang Ping-lin", em *The Limits of Change: Essays on Conservative Alternatives in Republican China*, Harvard University Press, 1976; Warren SUN, "Chang Ping-lin and his Political Thought", *Papers on Far Eastern History*, 32 (1985), p. 57-69.

49. Cf. *Jinguwen bianyi* (*Das distinções a fazer entre textos modernos e antigos*), reproduzido em TANG Zhijun (ed.), *Zhang Taiyan zhenglun xuanji* (*Seleção de escritos políticos de Zhang Taiyan*), Pequim, Zhonghua shuju, 1977, p. 108-115. Sobre a idéia de que Kang Youwei teria plagiado os escritos de Liao Ping, cf. acima nota 33.

50. O *Qiushu* (*Livro de zombaria*), do qual houve diferentes edições, compreende ensaios escritos por volta de 1900. O *Zhuzixue lüeshuo* (*Palavras sumárias sobre os mestres dos Reinos Combatentes*) é um ensaio importante de 1906.

51. Os escritos de Wang Fuzhi constituem certamente a fonte intelectual mais importante do "nacionalismo étnico" de tipo tradicional entre os pensadores do fim do séc. XIX. Note-se que Zhang Binglin ocupou-se em 1933, pelo final de sua vida, com a publicação de uma coletânea de obras ainda existentes de Wang Fuzhi, o *Chuanshan yishu quanji* (cf. cap. 21 nota 26).

52. Cf. Marie-Claire BERGÈRE, *La bourgeoisie chinoise et la Révolution de 1911*, Paris e Haia, Mouton, 1968, e *Sun Yat-sen*, Paris, Fayard, 1994; Mary C. WRIGHT (ed.), *China in Revolution: The First Phase, 1900-1913*, New Haven, Yale University Press, 1968; Harold Z. SCHIFRIN, *Sun Yat-sen and the Origins of the 1911 Revolution*, Berkeley, University of California Press, 1968; Lyon SHARMAN, *Sun Yat-sen: His Life and its Meaning*, Stanford University Press, 1968; Michael GASSTER, *Chinese Intellectuals and the Revolution of 1911: The Birth* *of Modern Chinese Radicalism*, Seattle, University of Washington Press, 1969.

53. Cf. adiante Epílogo, nota 3. Sobre Liu Shipei, cf. Martin BERNAL, "Liu Shipei and National Essence", em Charlotte FURTH (ed.), *The Limits of Change* (referências acima na nota 48), p. 90-112; ONOGAWA Hidemi, "Liu Shih-p'ei and Anarchism", *Acta Asiatica*, 67 (1990), p. 70-99.

54. Cf. cap. 21, "O sentido da história".

55. Sobre o *Livro da Grande Unidade* de Kang Youwei, cf. acima nota 39.

Epílogo

Até à aurora do séc. XX, mesmo figuras de proa da *intelligentsia* revolucionária como Zhang Binglin ou Liu Shipei continuam a tratar de noções postas em circulação oito séculos antes. A perenidade do pensamento dos Song e dos Ming não é, portanto, uma palavra vazia. Mas, se os intelectuais chineses persistem em referir-se amplamente à sua própria tradição, seja esta de inspiração confuciana, taoísta ou budista, eles são levados a solicitá-la em direções provocadas pelos questionamentos e pelos novos desafios do Ocidente.

Para além do aparente simplismo da fórmula "Os ensinamentos da China como fundamento constitutivo, os do Ocidente como prática funcional", faz-se um esforço considerável para reformular os dados e os esquemas tradicionais em função de problemáticas novas que os põem contra a parede, revelam sua relatividade e exacerbam suas contradições internas a ponto de fazê-los explodir. Como observa Chang Hao, "as idéias e valores ocidentais atuaram como uma espécie de catalisador cultural, acentuando certas tensões radicais inerentes ao pensamento chinês e provocando assim uma ruptura do equilíbrio tradicional, capaz de fazer emergir essas tensões para uma posição dominante"[1]. Um exemplo disso é a virtude confuciana da humanidade, cujo universalismo deve ser conciliado com os valores ritualistas, familiares e hierárquicos.

Uma reviravolta radical nas mentes e nos acontecimentos ocorre na China na primeira metade do séc. XX[2]. Enquanto os esquemas do pensamento tradicional explodem sob a pressão das idéias ocidentais e intensifica-se o impulso revolucionário, os "diálogos internos" cedem lugar aos desafios urgentes da modernidade. No momento em que se esboroam os fundamentos e os valores da cultura chinesa, torna-se imperioso para os intelectuais dissociá-los da China enquanto Estado político moderno. A dolorosa e inacabada transformação do letrado clássico em intelectual de tipo ocidental é sintomática dos sobressaltos da sociedade inteira. Com a abolição dos exames em 1905[3], é todo o fundamento ideológico do sistema imperial constituído pelo monopólio dos Clássicos que desmorona. A própria estrutura política não tarda a seguir: a revolução de 1911 põe fim a um império de dois mil anos, antes que a mobilização intelectual que culmina no iconoclasmo de 4 de maio de 1919 desfira um golpe fatal em toda a tradição.

Entre as pesadas derrotas diante das potências estrangeiras a partir de 1890 e a sanha destruidora da juventude de 1919 decide-se o destino da China no séc. XX. Estes três decênios correspondem a uma geração, a última a conhecer a educação à antiga, mas também a primeira a enfrentar o choque das idéias vindas do Ocidente moderno. Ela comporta figuras-faróis que exerceram uma influência determinante sobre a geração seguinte, formada num sistema educativo radicalmente diferente após a abolição dos exames mandarínicos. No espaço de uma geração passou-se do questionamento dos valores fundamentais da tradição à sua total rejeição, em favor de uma "nova cultura" à qual recorrem os alunos das universidades modernas, ou seja, ocidentalizadas. A de Pequim, reorganizada entre 1917 e 1923 sob a direção do reitor Cai Yuanpei (1868-1940), formado na Academia Hanlin e depois nas universidades alemãs de Berlim e Leipzig, apresenta disciplinas sobre diversos aspectos da cultura européia. A partir de 1900 cresce o número de estudantes que partem para o exterior, principalmente para o Japão, muitos dos quais voltam para tomar parte ativa no movimento de 4 de maio de 1919[4].

Desencadeado pelos estudantes de Pequim depois da entrega ao Japão das antigas possessões alemãs na China, este movimento vem acompanhado de manifestações, de greves e

Epílogo

de boicotes que marcam o início de um período de agitação política combinada com uma grande efervescência intelectual. Aos gritos de "Abaixo a butique de Confúcio!", acaba de consumar a ruptura com a cultura clássica e assina a certidão de nascimento do intelectual moderno – do letrado ocidentalizado ao teórico revolucionário. Rompendo uma notável continuidade, o pensamento chinês, obrigado pela primeira vez a abandonar a visão tradicional e a requestionar-se radicalmente, faz tábula rasa de tudo quanto é preconcebido e recomeça a partir de novas bases. Não é o menor dos paradoxos o fato de aquilo que no início era um frêmito patriótico invocar idéias ocidentais erigidas em modelos: ciência, democracia, individualismo, nacionalismo...

Editor do mais influente jornal do movimento, a *Nova Juventude*, e co-fundador do Partido Comunista Chinês em 1921, Chen Duxiu (1880-1942) apresenta seu testemunho pessoal:

> Em nossa juventude estávamos ocupados em estudar a composição em oito partes e a discutir sobre o saber antigo. Muitas vezes não tínhamos senão desprezo pelos letrados que aprendiam as línguas européias e discutiam sobre o novo saber: todos eram escravos dos ocidentais, indignos de nossa tradição. Foi somente ao ler os escritos do Sr. Kang [Youwei] e de seu discípulo Liang Qichao que começamos a adquirir consciência de que os princípios políticos, a religião e o saber dos estrangeiros podiam trazer-nos uma grande contribuição e abrir-nos os olhos, ao ponto de fazer-nos rejeitar o passado para abraçar o presente. Se nossa geração possui hoje alguns conhecimentos sobre o mundo, nós o devemos inteiramente a estes Senhores Kang e Liang[5].

Com a queda da dinastia manchu e também do regime imperial, é todo um mundo que desaparece, ao mesmo tempo que são formuladas as questões que se apresentam a uma nova China, moderna, dividida entre a tentação de rejeitar a herança em sua totalidade e a vontade de salvaguardá-la, seja petrificando-a ou, ao contrário, adaptando-a. Duas tendências contraditórias, que, no entanto, acabam coabitando. Pense-se, por exemplo, em Feng Youlan (1895-1990), que adotou a crítica marxista à tradição confuciana dez anos após ter formulado um sistema inspirado em Zhu Xi; ou na trajetória inversa de Yin Haiguang (1919-1969), que retorna à tradição após passar anos demonstrando a patologia da ordem confuciana servindo-se de análises antropológicas e sociológicas ocidentais.

A adesão à ideologia marxista, que culmina na tomada do poder pelos comunistas e na instauração da República Popular em 1949, representa a firme decisão de copiar, tal e qual, todo um sistema do Ocidente: mesmo que se tenha insistido muito em sua chinização no pensamento de Mao Tse-tung (1893-1976), não deixa de ser verdade que se trata de uma atitude geral de rejeição da tradição, e mesmo de um desejo de fazer tábula rasa. Entre 1966 e 1976, a Revolução cultural foi disto uma expressão particularmente destrutiva que deixou marcas profundas na sociedade chinesa.

Outra atitude possível para os intelectuais é adotar – consciente ou inconscientemente – uma posição defensiva: mesmo que se mostrem dispostos a estudar em profundidade as diversas correntes e formas de pensamento ocidentais e ressaltar-lhes os pontos fortes – chegando, como Mou Zongsan (1909-1995), a estudar o alemão para ler Kant no original –, eles nunca perdem a convicção de que sua própria tradição é mais globalizante e mais satisfatória para compreender a vida. É um pouco a perspectiva de Hu Shi (1891-1962) e de Feng Youlan, quando redigem, nos anos 1920-1930, respectivamente o *Desenvolvimento do método lógico na China antiga* e a *História da filosofia chinesa*[6]. É ainda, ao que parece, a perspectiva do "novo confucionismo". Elaborado primeiramente no "pós-4 de maio" por alguns filósofos como Xiong Shili (1885-1968) e Liang Shuming (1893-1988)[7], e depois submerso na China Popular pela onda marxista, foi transmitido ininterruptamente em Hong-Kong, em Taiwan e nos Estados Unidos. Resta ver se essa corrente intelectual é portadora,

Epílogo

como ambiciona, de um humanismo revivificante ou não é senão a expressão de uma tradição na defensiva[8].

Desde o fim do séc. XIX, a China não pode mais considerar-se como formando um mundo à parte, nem evitar a referência ocidental. As convulsões muitas vezes violentas que ela conheceu no séc. XX revelam um dilema ainda longe de estar resolvido: se modernização significa necessariamente ocidentalização, há um risco real de alienação e de perda da identidade cultural. Ora, para modernizar-se não será possível fazer outra coisa senão alienar-se? Nesta encruzilhada decisiva de sua história, a sobrevivência da cultura chinesa consiste em grande parte na pergunta: o que fazer de sua tradição? É ela uma tradição viva, e portanto capaz de evoluir e ser fecunda, ou já está morta e deve ser enterrada? Deve-se abandoná-la ou reinventá-la? É para trazer elementos de resposta a todas estas perguntas que foi escrito este livro. No momento em que o Ocidente sente a necessidade de sair do logocentrismo de sua herança grega e a China sente a necessidade de pensar o mundo de forma diferente, possa ele contribuir para tornar possível um verdadeiro diálogo entre as interrogações radicais de um e a visão original da outra.

Notas do Epílogo

1. *Chinese Intellectuals in Crisis: Search for Order and Meaning 1890-1911*, Berkeley, University of California Press, 1987, p. 188-189. Cf. também Jerome B. GRIEDER, *Intellectuals and the State in Modern China: A Narrative History*, Nova York, Free Press/Londres, Collier McMillan, 1981.

2. No meio de uma abundante literatura pode-se consultar especialmente Wolfgang FRANKE, *Das Jahrhundert der chinesischen Revolution, 1851-1949*, Munique, Oldenbourg, 1957; Robert A. SCALAPINO e George T. YU, *Modern China and its Revolutionary Process: Recurrent Challenges to the Traditional Order, 1858-1920*, Berkeley, University of California Press, 1985; Marie-Claire BERGÈRE et al., *La Chine au XXe siècle. D'une révolution à l'autre, 1895-1949*, Paris, Fayard, 1989. Para a evolução intelectual no decurso deste período, cf. Octave

BRIÈRE, S.J., "Les courants philosophiques en Chine depuis cinquante ans (1898-1950)", *Bulletin de l'Université Aurore* (Xangai), série III, t. 10, n. 40 (1949), p. 561-650; traduzido para o inglês em *Fifty Years of Chinese Philosophy, 1898-1950*, Londres, Allen and Unwin, 1956, reed. Nova York, Praeger, 1965. Cf. também CHAN Wing-tsit, *Religious Trends in Modern China*, Nova York, Columbia University Press, 1953.

3. Cf. Wolfgang FRANKE, *The Reform and Abolition of the Traditional Chinese Examination System*, Harvard University Press, 1960; Marianne BASTID, *Aspects de la réforme de l'enseignement en Chine au début du XXe siècle, d'après des écrits de Zhang Jian (1853-1926)*, Paris e Haia, Mouton, 1971; Benjamin A. ELMAN, *A Cultural History of Civil Examinations in Late Imperial China*, Berkeley, University of California Press, 2000.

4. Cf. Wolfgang FRANKE, *Chinas Kulturelle Revolution, die Bewegung vom 4. Mai 1919*, Munique, Oldenbourg, 1957; CHOW Tse-tsung, "The Anti-Confucian Movement in Early Republican China", em Arthur F. WRIGHT (ed.), *The Confucian Persuasion*, Stanford University Press, 1960, p. 288-312; do mesmo autor, *The May Fourth Movement: Intellectual Revolution in Modern China*, e *Research Guide to the May Fourth Movement: Intellectual Revolution in Modern China, 1915-1924*, Harvard University Press, 1960 e 1963; Benjamin I. SCHWARTZ (ed.), *Reflections on the May Fourth Movement: A Symposium*, Cambridge (Mass.), Harvard East Asian Monographs, 1972; LIU Chun-jo, *Controversies in Modern Chinese Intellectual History. An Analytic Bibliography of Periodical Articles, Mainly of the May Fourth and Post-May Fourth Era*, Cambridge (Mass.), 1973; LIN Yü-sheng, *The Crisis of Chinese Consciousness. Radical Antitraditionalism in the May Forth Era*, Madison, University of Wisconsin Press, 1979; Vera SCHWARCZ, *The Chinese Enlightenment: Intellectuals and the Legacy of the May Fourth Movement of 1919*, Berkeley, University of California Press, 1986.

5. *Bo Kang Youwei zhi zongtong zongli shu* ("Discussão crítica da carta de Kang Youwei ao presidente e ao Primeiro Ministro"), em *Xin qingnian* (*A Nova Juventude*), t. 2, n. 2 (1º de outubro 1916), p. 1.

Sobre Chen Duxiu, cf. Feigon LEE, *Chen Duxiu, Founder of the Communist Party*, Princeton University Press, 1983.

6. HU Shih (HU Shi), *The Development of the Logical Method in Ancient China*, 1ª ed. Xangai, The Oriental Book Co., 1922, reed. Nova York, Paragon Book Reprint Corp., 1963; FENG Youlan, *Zhongguo zhexue shi*, em 2 vols., publicados pela primeira vez em Xangai em 1931 e 1934 (para as versões em inglês e francês cf. a bibliografia geral). Feng

Epílogo

Youlan iria reescrever sua *História* em função da nova ideologia marxista após 1949, cf. Michel MASSON, *Philosophy and Tradition: The Interpretation of China's Philosophic Past: Fung Yu-lan, 1939-1949*, Taipei, Paris e Hong Kong, Instituto Ricci, 1985.

Sobre Hu Shi cf. Jerome B. GRIEDER, *Hu Shih and the Chinese Renaissance: Liberalism in the Chinese Revolution, 1917-1937*, Harvard University Press, 1970; CHOU Min-chih, *Hu Shih and Intellectual Choice in Modern China*, Ann Arbor, University of Michigan Press, 1984.

7. Sobre Xiong Shili, cf. Léon VANDERMEERSCH, "Une vision confucianiste moderne du bouddhisme: le nouveau cognitivisme de Xiong Shili", em Jean-Pierre DRÈGE (ed.), *De Dunhuang au Japon. Études chinoises et bouddhiques offertes à Michel Soymié*, Genebra, Droz, 1996, p. 301-316; sobre Liang Shuming, cf. Guy S. ALITTO, *The Last Confucian: Liang Shuming and the Chinese Dilemma of Modernity*, Berkeley, University of California Press, 1978; e LIANG Shuming, *Les Cultures d'Orient et d'Occident et leurs philosophies*, trad. em francês por LUO Shenyi, revista e prefaciada por Léon VANDERMEERSCH, Paris, Presses universitaires de France, 2000.

8. Cf. Léon VANDERMEERSCH, "Le nouveau confucianisme", *Le Débat*, n. 67 (nov.-dez. 1991), p. 9-16; Joël THORAVAL, "De la philosophie en Chine à la 'Chine' dans la philosophie: Existe-t-il une philosophie chinoise?", *Esprit*, n. 201 (maio 1994), p. 5-38.

Bibliografia geral

As obras especializadas são citadas nas notas, com referências completas.

ALLINSON, Robert E. (ed.), *Understanding the Chinese Mind: The Philosophical Roots*, Oxford University Press, 1989.

BALAZS, Étienne, *La bureaucratie céleste. Recherches sur l'économie et la société de la Chine traditionnelle*, Paris, Gallimard, 1968.

BAUER, Wolfgang, *China und die Hoffnung auf Glück: Paradiese, Utopien, Idealvorstellungen*, Munique, Carl Hanser Verlag, 1971 (trad. para o inglês com o título *China and the Search for Happiness: Recurring Themes in Four Thousand Years of Chinese Cultural History*, Nova York, Seabury, 1976).

_____ *Geschichte der chinesischen Philosophie. Konfuzianismus, Daoismus, Buddhismus*, Munique, C.H. Beck, 2001.

BODDE, Derk, *Essays on Chinese Civilization*, ed. por Charles LE BLANC e Dorothy BOREI, Princeton University Press. 1981.

BOL, Peter e Pauline YU et al., *Ways with Words. Writing about Reading Texts from Early China*, Berkeley, 2000.

Cambridge History of China, Cambridge University Press, publicada a partir de 1978, 15 vols. previstos.

CHAN Wing-tsit, *A Source Book in Chinese Philosophy*, Princeton University Press, 1963.

_____ *An Outline and an Annotated Bibliography of Chinese Philosophy*, New Haven, Yale University Press, 1969.

_____ *Religious Trends in Modern China*, Nova York, Columbia University Press, 1953; reed. Nova York, Octagon Books, 1969.

CHANG, Carsun e Rudolf EUCKEN, *Das Lebensproblem in China und Europa*, Leipzig, 1922.

CREEL, Herrlee G., *Chinese Thought from Confucius to Mao Tse-tung*, University of Chicago Press, 1953.

DE BARY, William Theodore, CHAN Wing-tsit e Burton WATSON, *Sources of Chinese Tradition*, Nova York, Columbia University Press, 2 vols., 1960.

DE BARY, William Theodore e Richard LUFRANO, *Sources of Chinese Tradition*, 2 vols. (ed. revista e aumentada), Nova York, Columbia University Press, 1999.

DEMIÉVILLE, Paul, *Choix d'études sinologiques (1921-1970)*, Leiden, Brill, 1973.

EICHHORN, Werner, *Die alte chinesische Religion und das Staatskultwesen*, Leiden, E.J. Brill, 1976.

FAIRBANK, John K. (ed.), *Chinese Thought and Institutions*, Chicago University Press, 1957.

FORKE, Alfred, *Geschichte der alten, mittelalterlichen und neueren chinesischen Philosophie*, Hamburgo, Friedrichsen, De Gruyter and Co., 3 vols., 1927, 1934, 1938.

_____ *Die Gedankenwelt des chinesischen Kulturkreises*, Munique, Oldenbourg, 1927.

FRANKE, Otto, *Der kosmische Gedanke in Philosophie und Staat der Chinesen*, Leipzig, Bibliothek Warburg, 1928.

FU, Charles Wei-hsun e CHAN Wing-tsit, *Guide to Chinese Philosophy*, Boston, G.K. Hall and Co., 1978.

FUNG Yu-lan (FENG Youlan), *A History of Chinese Philosophy*, traduzido do chinês para o inglês por Derk BODDE, Princeton University Press, 2 vols., 1952-1953 (numerosas reedições). Versão francesa muito resumida em *Précis d'histoire de la philosophie chinoise*, Éd. du Mail, 1985.

GERNET, Jacques, *Le monde chinois*, Paris, Armand Colin, 1972. 4ª ed. revista e aumentada, 1999.

_____ *L'Intelligence de la Chine. Le social et le mental*, Paris, Gallimard, 1994.

GRAHAM, Angus C., *Disputers of the Tao. Philosophical Argument in Ancient China*, La Salle (Ill.), Open Court, 1989.

GRANET, Marcel, *La pensée chinoise*, Paris, La Renaissance du livre, 1934, reed. Albin Michel, 1999.

HANSEN, Chad, *A Daoist Theory of Chinese Thought. A Philosophical Interpretation*, Oxford University Press, 1992.

HSIAO Kung-chuan, *A History of Chinese Political Thought*, t. I: *From the Beginnings to the 6th Century A.D.*, traduzido do chinês para o inglês por Frederic W. MOTE, Princeton University Press, 1979.

IVANHOE, Philip J. e Bryan W. VAN NORDEN, *Readings in Classical Chinese Philosophy*, Nova York, 2000.

KALTENMARK, Max, *La philosophie chinoise*, Paris, PUF, col. "Que sais-je?", n. 707, 1972, reed. 1994.

LENK, Hans e Gregor PAUL (eds.), *Epistemological Issues in Classical Chinese Philosophy*, Albany, State University of New York Press, 1993.

LOEWE, Michael (ed.), *Early Chinese Texts: A Bibliographical Guide*, Berkeley, The Society for the Study of Early China and The Institute of East Asian Studies, University of California, 1993.

MOORE, Charles A. (ed.), *The Chinese Mind. Essentials of Chinese Philosophy and Culture*, Honolulu, University of Hawaii Press, 1967.

MORITZ, Ralf, *Die Philosophie im alten China*, Berlim, Deutscher Verlag der Wissenschaften, 1990.

NEEDHAM, Joseph, *Science and Civilization in China*, Cambridge University Press, cf. especialmente t. II: *History of Scientific Thought*, 1956.

——— *La Science chinoise et l'Occident*, Paris, Éd. du Seuil, 1973 (trad. de *The Grand Titration: Science and Society in East and West*, Londres, Allen and Unwin, 1969).

——— *La tradition scientifique chinoise*, Paris, Hermann, 1974.

NIVISON, David S., *The Ways of Confucianism. Investigations in Chinese Philosophy* (ed. por Bryan W. VAN NORDEN), Chicago and La Salle (Ill.), Open Court, 1997.

PAUL, Gregor, *Die Aktualität der klassischen Chinesischen Philosophie*, Munique, Iudicium, 1987.

ROBINET, Isabelle, *Histoire du taoïsme des origines au XIVe siècle*, Paris, Éd. du Cerf, 1991.

SCHLEICHERT, Hubert, *Klassische Chinesische Philosophie*, Frankfurt am Main, Klostermann, 1990.

SCHWARTZ, Benjamin I., *The World of Thought in Ancient China*, Harvard University Press, 1985.

VANDERMEERSCH, Léon, *Études sinologiques*, Paris, PUF, 1994.

WRIGHT, Arthur F. (ed.), *Studies in Chinese Thought*, Chicago, University of Chicago Press, 1953.

Índice de conceitos

As transcrições dos homófonos chineses foram classificadas segundo a ordem dos quatro tons.

academia (*shuyuan* 書院): 482s, 562, 564, 591 n. 14, 619, **624-627**, 634 n. 46, 636 n. 62, 665, 667s, 688 n. 61
ação: cf. conhecimento
agir (*wei* 為): 144, 248, 519; cf. tb. não-agir
água (imagem): 136, 180, 187, 205 n. 7, 206 n. 14, 212-215, 218s, 222, 270, 496, 533, 545, 572s, 581
an-âtman (sânscrito): cf. não-eu
analogia (raciocínio por): 206 n. 14, 212, 221, 250, 285, 336, 375, 571
ancestrais (culto dos): 26, 49, 51-56, 124, 558 n. 33, 629
animalidade: 79s, 190s, 244, 247s, 253
aprender: cf. *xue* 學
arhat (sânscrito: o "sem-retorno"): 400, 419, 448, 464
artes marciais: 210, 214
astronomia: 339, 349, 363 n. 51, 492, 628, 643s, 652, 665, 669, 680
autenticidade: cf. *cheng* 誠

bagu wen 八股文 (composição de exame em oito partes): cf. *wen* 文
bárbaros: 79, 354, 405, 407, 411, 417 n. 21, 423-425, 467, 482, 648, 652, 662, 693, 701s

bem (bom, *shan* 善) / mal (mau, *e* 惡): 149s, 165, 186s, **196s**, 216, **243-250**, 317, 352s, 399s, 402, 498, **501-503**, 515-517, 545, 547, 552s, 573-576, 579-581, 583, 586, **607-612**, 615s, 622s, 626, 646, 663; sobre a bondade da natureza humana cf. *xing* 性

- oposição Bem/Mal: 37s, 84, 186, 197, 216, 232, 287, 609

ben 本 (a raiz, o fundamento, o fundamental): 343, 371s, 375s, 378, 404, 426s, 497s, 506, 515, 536, 566, 622, 624, 653

- oposto a *mo* 末 (os ramos, o acessório): 41, 76, 321, 365, 371s, 489, 491, 507, 541

- *benti* 本體 (constituição fundamental): cf. *ti* 體

- *benwu* 本無 (não-existente original): 409

- *benxin* 本心 (mente original): cf. *xin* 心

bian 辯 (discutir, argumentar) / *bian* 辨 (distinguir): 104, 125, 131, 158, 259 n. 8

bian 變 (alternar, mudar): 307s

biran 必然 (aquilo que só pode ser assim, aquilo que é necessariamente assim): 138, 140s, 510, 656, 661, 674, 676

bodhi (sânscrito: iluminação, despertar): 393, 409, 463

Bodisatva (sânscrito: ser de Iluminação): 400, 402, 417 n. 21, 422, 424, 431, 453, 456, 464, 474 n. 18, 486, 705

Buda (sânscrito: o Iluminado): cf. Índice de nomes próprios

budeidade (sânscrito: *buddhatâ*): cf. *foxing* (natureza-de-Buda) em *xing* 性

budismo: 27, 34, 41, 149, 156, 197, 218, 330, 366s, 384, **391-471**, 481-731 *passim*

- budismo indiano: **393-401**, 407s, 415 n. 5, 420-423, 432-437, 445s, 448s, 460s

- relações com o taoísmo: 210, 402s, 407-409, 417 n. 20-23, 423-426, 431, 444, 467-471, 482, 499-555 *passim*

- influência sobre o confucionismo: 429s, 444, 466, 481-621 *passim*

Índice de conceitos

- clero budista: cf. *sangha*
- perseguições antibudistas: 398, 430, 440 n. 20, 465, 468s

bu de yi 不得已 (o inevitável): 140

budong xin 不動心 (mente inabalável): cf. *xin* 心

bu er 不二 ("não-dois"): cf. não-dualidade

buren 不仁 (ausência de senso humano): cf. *ren* 仁

buren 不忍 (sentimento do intolerável): 188, 602

cai 才 (capacidade, potencial, talento inato): 196, 356, 367, 677

- *sancai* 三才 (Três Potências, tríade cósmica): cf. Céu-Terra-Homem

calendário : 53, 290-295, 324 n. 30, 339, 349, 363 n. 51, 523 n. 19, 684 n. 16

Caminho: cf. Tao

características intrínsecas: cf. *qing* 情

carma (sânscrito *karma*: fato ou ato): 394s, 398, 402, 407, 424, 434s, 462, 473 n. 18

castigos: cf. punições

categoria: cf. *lei* 類

"Cavalo branco não é cavalo" (*baima fei ma* 白馬非馬): 160s, 167-169

"cem dias" (de 1898): 707, 714, 723 n. 36

cem escolas (dos Reinos Combatentes): 94, 177, 257, 330, 341

cem famílias: 183, 218

centro (centralidade): 39-41, 59s, 73, 75, 110, 124, 127, 145, 149, 184, 199-204, 215, 219, 277, 288, 292, 297, 312, 332s, 340s, 396, 695, 697, 702, 711, 716; cf. tb. *zhong* 中

Céu: 41, 48s, 55-58, 63, 82s, 88, 90, 114s, 151, 219, 240s, 243, 288s, 296, 307, 342s, 352, 493, 498, 500, 552s, 573s, 579s, 601, 624, 658, 696, 706; cf. tb. Tao e *tian* 天

- Céu-Homem: 60, 92, 124, 144-147, 158s, 176, 184s, 192-204, 218, 239-241, 243, 246, 248, 250s, 276, 285, 306, 317, 320, 337s, 342, 352, 503, 507, 514s, 534, 563, 574s, 577, 579s, 600, 608, 624, 626, 658, 705

- Céu-Terra: 39, 92s, 127, 129, 142, 151, 189, 193, 200, 202, 214, 218s, 227, 229, 232, 240-243, 249, 256s, 286, 305, 308, 310, 317s, 331, 333-337, 343, 349s, 359 n. 16, 375, 382, 403, 488, 493, 498, 500s, 507, 509, 513-515, 536, 540, 542, 544, 548-553, 566s, 573, 602-604, 615, 618, 654, 657, 659

- Céu-Terra-Homem (tríade cósmica, *sancai* 三才): 39s, 93, 229, 231, 235 n. 24, 240, 242s, 256s, 320, 325 n. 48, 333, 337, 342, 349, 379, 470, 496, 498, 501, 513s, 532s

- Filho do Céu (*tianzi* 天子): cf. *tian* 天

cheng 成 (realizar, concluir, manifestar): 201, 316, 318

cheng 誠 (autenticidade): 199-204, 470, 493, 500s, 515, 536s, 543, 555, 583, 611-613

- *chengyi* 誠意 (tornar autêntica sua intenção): cf. *yi* 意

- *li cheng* 立誠 (resolução de ser autêntico): 611

ciclo (concepção cíclica): 38, 150, 215, 217, 288-295, 318s, 343, 353, 356, 385, 396, 402s, 436, 455, 498, 508, 510, 551, 615, 710; cf. tb. Cinco Fases e *samsâra*

ciências: 27, 29, 59, 214, 242, 311, 337-340, 346, 349, 543, 630, 648, 702s, 709, 715, 717, 729

cinco agregados: cf. *skandha*

Cinco Clássicos (*wujing* 五經): cf. Clássicos no Índice de obras

Cinco Constantes (*wuchang* 五常, ou cinco relações fundamentais confucianas *wulun* 五倫): 75, 343, 429, 440 n. 12, 583

Cinco Fases (ou Cinco Agentes, *wuxing* 五行): 92, 282, 285, **287-290**, 292s, 295, 311, 324 n. 27, 337, 343, 349s, 356, 360 n. 32, 498, 504, 536, 573, 675

- ciclo de conquista / ciclo de geração: 292s, 356, 361 n. 32

cinco preceitos (budistas): 398, 426, 440 n. 12, 456

Índice de conceitos

Cinco Virtudes (ou Potências, *wude* 五德): 288-290

conformidade com seus superiores (*shangtong* 尚同): 113s,

confucianos (como conselheiros do príncipe): 34, 65, 69, 175-177, 331s, 344, 354s, 485, 555, 559 n. 62, 598, 626s, 700

confucionismo: cf. Tao confuciano, neoconfucionismo, Confúcio no Índice de nomes próprios e *passim*

conhecimento (*zhi* 知): 59, 66-69, 82, 90, 132-135, 137, 141-145, 154 n. 20, 158-160, 221-223, 232, 242, 254, 301, 337s, 434-437, 454s, 488, 513, 519, 532, 579s, 611-613, 616

- "Conhecer sua natureza é conhecer o Céu": 194, 513, 519, 576, 676

- "conhecimento adquirido dia após dia": cf. *rizhi* 日知

- conhecimento e ação: 33-36, 487, 586-588

- unidade entre conhecimento e ação: 546s, 571, 586-588, 602, 606, **611-614**, 622, 681, 709

- conhecimento e ignorância: 132, 143, 215s, 232

- conhecimento moral inato (*liangzhi* 良知): 516, 605, **607-611**, 616, 618, 622-624

- conhecimento proveniente da natureza moral (*dexing suo zhi* 德性所知 ou *dexing zhi zhi* 德性之知) / conhecimento proveniente da vista e do ouvido (*jianwen zhi zhi* 見聞之知 ou *wenjian zhi zhi* 聞見之知): 519s, 546, 608

- conhecimentos empíricos: 630, 641-643, 648, 650, 665s, 670, 679s, 684 n. 16, 729

- expansão do conhecimento (*zhizhi* 致知): 76, 542-543, 563, 584-587, 608; cf. tb. *gewu* 格物

- "verdadeiro conhecimento" ou conhecimento do sábio: 146, 193s, 240, 321, 490, 493, 495s, 548s

constituição: cf. *ti* 體

contradição (*maodun* 矛盾): 271

"conversações puras" (*qingtan* 清談): cf. *qing* 清

coração/mente: cf. *xin* 心

cosmogonia: 38, 56, 162, 229, 334s, 359 n. 16
cosmologia: 37-40, 49-58, 157, 229, 239-241, **281-322**, 342s, 368, 349-351, 385, 431, 452, 470, 481, 487s, 496-505, 507, 549, 624, 696s, 705, 710s, 714, 716s, 724 n. 39
- cosmologia correlativa: 38, 337-340, 342s, 488, 501, 505, 507, 563
criação-produção dos seres: cf. *zao* 造
criação *ex nihilo*: 38, 56, 162, 228, 334s
cristianismo: 27, 55, 72, 401, 481, 597, **627-630**, 637s n. 69-73, 656, 700s, 705, 707, 709, 721 n. 21
cultura: cf. *wen* 文
Cumeeira suprema: cf. *taiji* 太極

dang 當 (calhar perfeitamente): 132, 158, 160, 677
dang 黨:
- no sentido de facção: 626, 636 n. 64, 703
- no sentido de partido político: 636 n. 64
darma (sânscrito *dharma*: elementos de realidade condicionados e impermanentes): **399s**, 408, 421s, 433, 437, 449, 451, 460, 462
Darma (sânscrito: Lei budista; chinês *fa* 法): 396, 348-400, 408, 446
darwinismo: 703, 710, 715, 721 n. 26, 724 n. 39
de 德 (virtude): 84, 147, 215, 223, 231, 270, 501, 587, 658s
decreto do Céu (*tianming* 天命): cf. *ming* 命
desejos (*yu* 欲): 67, 81, 138, 220, 226, 228, 244s, 247, 252, 258, 261 n. 30, 282, 607, 609, 615, 619, 622, 673, 676s, 717
- no budismo: 395s, 399, 414, 425, 428, 436; cf. tb. *duhkha*
- sem-desejo (*wuyu* 無欲): cf. não-desejo
- desejos humanos (*renyu* 人欲): 515s, 539, 646s
- oposição desejos humanos / princípio celeste: cf. *LI*

Índice de conceitos

- desejos egoístas (*siyu* 私欲): 539, 575, 577, 580
- desejos materiais (*wuyu* 物欲): 604
- desejos e emoções (*qing* 情): 536, 572, 576, 593 n. 42, 646, 673s, 677s
- desejos e natureza (*xing* 性): 619, 646, 673s, 676s

despertar (sânscrito *bodhi*; chinês *wu* 悟; japonês *satori*): cf. iluminação

destino: cf. *ming* 命

dhyâna (sânscrito: concentração; chinês *channa* ou *chan* 禪; japonês *zen*): **406-408**, 412, 414, 439 n. 12, 457-460, 544, 617; cf. tb. Zen no Índice de nomes próprios

di 帝 (Soberano do alto): **55-58**, 219, 291; cf. tb. Deus no Índice de nomes próprios

diagramas: 492, 497, 499, 529 n. 100, 565, 569

discernimento: cf. *zhi* 智

discurso (discursividade): 26, 28, 33-35, 60, 87s, 93s, 100, 104s, 108, 121, 124s, 128, 131, 133-135, 142, 147, 156s, 159, 164, 174, 177-180, 183s, 197, 237, 239, 255s, 258, 268, 275s, 318-320, 329, 341, 351, 373-378, 465, 628, 666, 680, 695

dualidade (dualismo): 37-39, 84, 229, 421, 436, 451, 502, 511, 534, 570, 593 n. 43, 606, 609s, 615, 622, 657, 673, 678; cf. tb. não-dualidade e Um

duhkha (sânscrito: mal-estar, sofrimento): 395-397, 409, 502

emoções: cf. *qing* 情
energia vital: cf. *qi* 氣
epistemologia: 33, 35, 105, 254, 531
eremitismo: 123, 274, 349, 350, 355, 488, 598s, 617
escolástica: 31s, 163, 348, 693
escrita: 26, 32s, 42 n. 10, 49s, 59, 90-95, 135; cf. tb. *wen*

espelho (imagem): 140-142, 149, 155 n. 36, 399, 435, 452, 459, 475 n. 33, 494s, 518s, 618, 665

espírito (potência espiritual): cf. *shen* 神

espontaneidade (espontâneo): cf. *ziran* 自然

estudo: cf. *xue* 學

estupa (sânscrito *stûpa*: torre-relicário): 430

ética: 26, 35, 37, 59, 64, 66, 78, 80, 83-85, 89, 102, 106, 121, 158s, 176s, 179s, 182s, 194s, 202-204, 239, 245-248, 254s, 257, 268, 316, 320, 345, 367, 467, 501, 504, 532, 534-589 *passim*, 602-627 *passim*, 642, 649, 663, 672, 698, 717

eu: .71, 80, 126, 129, 131, 137, 141, 144, 193, 202, 204, 218, 232, 367, 381, 395s, 400, 403s, 414, 434-436, 493-495, 512s, 518s, 534, 544, 547, 553s, 563, 602, 618, 677; cf. tb. não-eu

eunucos: 355s, 598, 601, 626-628, 643, 691s

exames (concursos mandarínicos): 273, 341, 424, 444, 482, 484, 505s, 522 n. 12, 530s, 560-562, 588s, 597-599, 601, 621, 631 n. 6, 665, 671, 700, 708, 716, 728

fa 法:

- no sentido de norma (tomar como norma): 231, 264, 379
- no sentido de lei(s): 85, 121, **268-270**, 275, 645, 651, 700; cf. tb. legismo e ritos
- no sentido de Lei budista: cf. Darma
- *faxiang* 法相 (sânscrito *dharma-laksana*, "características dos darmas"): 433; cf. tb. Faxiang no Índice de nomes próprios

fan 反 (retorno): 230, 232s, 375, 426s, 440s; cf. tb. *fu* 復

- *fanguan* 反觀 (observação invertida): 494s
- *fanzhao* 反照 (reflexo invertido): 495

fang 方 (arte, procedimento, técnica/direção, região):

- *fangbian* 方便: cf. *upâya*

Índice de conceitos

- *fangshi* 方士 (mágicos, especialistas em técnicas): 282s, 298 n. 6.8, 334, 346, 360 n. 25, 385

fen 分:
- no sentido de recorte (distinção): 131, 163, 254, 266, 373s, 542, 675
- no sentido de partilha (divisão): 251, 253
- *fenli* 分理 (princípio de corte): cf. *LI*
- *fenming* 分命 (destino recebido em partilha): cf. *ming* 命

filologia: 643, 650, 669, 672, 693s, 701, 716

fio-de-prumo: 256, 268, 276

formas: cf. *xing* 形

formas e nomes (*xingming* 刑名): cf. *xing* 刑

fu 復 ("retorno", hexagrama 24 das *Mutações*): 375, 404; cf. tb. *fan* 反

função (*yong* 用): cf. *ti* 體

geração (modelo generativo): 37, 56, 214, 228, 240, 242s, 249, 256s, 292s, 372, 491, 566, 655; cf. tb. *sheng* 生

gewu 格物 (exame das coisas): 543, 547, 584, 604s, 609

- *gewu zhizhi* 格物致知 (examinar as coisas e ampliar o seu conhecimento): 542-545, 584-586, 595 n. 67, 605, 609

geyi 格義 (acasalar as noções): cf. *yi* 義

gong'an 公案 (japonês *kôan*): 465, 477 n. 46

gongfu 功夫 (esforço, prática moral): 139, 148, 582, 609s, 613, 626, 647

gradualismo/subitismo: cf. iluminação

Grande Paz: cf. *taiping* 太平

Grécia: 28-33, 53, 58, 63s, 159, 314, 357 n. 4, 394, 399, 438 n. 1, 731

gu 故 (dado original): 126, 136, 174, 186

gua 卦 (trigrama ou hexagrama das *Mutações*): 303, 306, 309, 312s, 376, 488, 548s, 561

- *guaci* 卦辭 (sentença divinatória aferente): 305s

guan 觀 (visualização): 407, 449, 454, 472 n. 12

- *guanxin* 觀心 (contemplação da mente): 495
- *guanwu* 觀物 (observação das coisas): 493
- *fanguan* 反觀 (observação invertida): cf. *fan* 反
- *zhiguan* 止觀 (cessação-concentração): 449

guiju 規矩 (compasso-esquadro, regras): 268, 276

guwen 古文: cf. *wen* 文

há (*you* 有): cf. *wu* 無

harmonia (*he* 和): 31s, 36, 41, 53, 56s, 70s, 74s, 78s, 84, 92, 107, 165, 183s, 200s, 219, 223, 228, 240, 244, 247, 251, 292, 309, 317, 331s, 337, 339, 449, 462, 497, 516, 539-541, 548s, 611, 646, 659, 676

- Harmonia suprema (*taihe* 太和): 509, 654-656

hexagrama: cf. *gua* 卦

história: 26-29, 42 n. 8, 52, 60, 64, 66, 91, 94, 95 n. 2, 99 n. 25, 101, 105, 108, 122s, 163, 175, 181s, 209s, 239, 267, 282, 288, 319, 330, 344, 355s, 368, 393, 400s, 405, 413, 430, 471 n. 4, 477 n. 47, 484, 521 n. 5, 522 n. 17, 535, 560 n. 10, 561, 565, 581, 589 n. 1, 591 n. 13, 593 n. 73, 601, 621, 624, 627, 633 n. 34, 635 n. 48, 644s, 647-650, 660-663, 665, 667s, 684 n. 16, 687 n. 50, 708, 710, 713, 717s, 724 n. 39, 725 n. 46, 730s, 732 n. 6

- história e estudos clássicos: 669s, 681s, 692-697, 699, 706, 714

homem: cf. *ren* 人

- Homem: cf. Céu
- grande homem (*daren* 大人): 192, 319, 602
- homem completo (*zhiren* 至人): 141, 147, 383

Índice de conceitos

- homem de bem (*junzi* 君子): 69s, 73s, 79-84, 87, 89s, 102, 115, 146, 175-177, 189-191, 195, 199-202, 209, 242s, 308, 315, 321, 367, 486, 498, 515, 537, 551, 554, 582, 627, 650, 697, 699, 719 n. 9
- homem de baixa condição (*xiaoren* 小人): 70, 102, 111, 146, 662
- homem de Song: 171, 190, 502, 519, 528 n. 98
- homem verdadeiro (*zhenren* 真人): 146s, 200, 324, 409

hua 化 (transformação): 85, 307, 323 n. 13, 511, 655

humano (humanidade): cf. *ren* 仁

ignorância: cf. conhecimento
iluminação (ou despertar):
- no taoísmo: 151
- no budismo: 393, 396, 398, 400, 404, 436, 445, 465, 458s, 463, 465, 584
- no neoconfucionismo: 470s, 487, 518, 601, 604, 609, 618, 626
- gradual (*jian* 漸) / súbita (*dun* 頓): 414, 459, 461s, 464, 476 n. 39, 487, 547, 586-588, 614, 622, 680

ilusão (sânscrito *mâyâ*): 393, 395, 399, 421, 428, 433-435, 471, 506, 512, 605, 653, 655

imortalidade: 282, 298 n. 8, 334, 352, 385, 407, 417 n. 20, 522 n. 18
- imortalidade da alma: 402, 426-429, 440 n. 14.17

impermanência (no budismo): 395, 399, 433, 448, 499, 654s

imprensa: 456, 472 n. 6, 483, 521 n. 4, 688 n. 63

individualismo (*geren zhuyi* 個人主義): 717, 729

intenção (intencionalidade): 148, 192, 215, 222, 352, 395, 547, 568; cf. tb. *yi* 意

interesse: cf. *li* 利

- interesse geral: 108-110, 115, 717

ioga (sânscrito *yoga*: disciplina mental): 399, 406, 415 n. 6, 433, 436, 454

islamismo: 444, 597

jesuítas: 65, 597, 627-630

ji 幾 (minúsculo esboço): **315-317**, 500, 502, 583, 607

ji 機 (mola cósmica): 315

ji 極 (extremidade): 40, 323 n. 19; cf. tb. *taiji* 太極 e *renji* 人極

jia 家 (clã, família, filiação): 41 n. 3, 330, 358 n. 4

- *chu jia* 出家 (deixar a família, entrar nas ordens): 398, 418 n. 28

jian 兼 (assimilação):

- em oposição a *bie* 別 (distinção): 108-110

- *jian'ai* 兼愛 (amor universal): 108-111

jian 見 (ver):

- *jian li* 見理 ("ver o Princípio"): cf. *LI*

- *jian xing* 見性 ("ver a natureza-de-Buda"): cf. *xing* 性

- *jianwen zhi zhi* 見聞之知 (conhecimento proveniente da vista e do ouvido): cf. conhecimento

jing 經:

- no sentido de obra canônica: cf. Clássicos no Índice de obras

- no sentido de sutra budista: cf. sutra

- no sentido de tantra: cf. tantra

- no sentido de fios de urdidura (em oposição as fios de trama, *wei* 緯): 93, 346

- no sentido de norma constante: 345

- *jingxue* 經學 (estudo dos Clássicos): 355, 357 n. 3, 483, 580, 598s, 643, 649s, 669-671, 679, 693

Índice de conceitos

- *jingshi* 經世 (organizar o mundo): 650, 666, 681, 693, 699, 713
- *jingshi zhiyong* 經世致用 (procurar a utilidade prática na organização do mundo atual): 643
- *tongjing zhiyong* 通經致用 (conhecer a fundo os Clássicos para encontrar sua aplicação prática): 694

jing 精 (essência, quintessencial): 148, 223, 315, 358 n. 15, 500
- *jingshen* 精神 (espírito essencial): 142, 148

jing 井 (poço, tabuleiro): 183, 311
- *jingtian* 井田 (campos em tabuleiro): 183

jing 靜 (quietude, quietismo): 142, 221, 228, 232s, 282, 458, 462, 498, 501, 508, 515, 536, 545, 583, 616, 649, 677
- oposto a *dong* 動 (movimento): 286, 317, 319, 376, 497, 504, 536, 545, 550s, 567s, 572, 581, 607s, 615, 623, 677, 717
- *jingzuo* 靜坐 (sentado em quietude): 582, 594 n. 61.64, 617, 626, 665

jing 鏡: cf. espelho

jing 敬 (gravidade): 544s, 563, 600

jing 淨 (limpo, puro):
- *jingtu* 淨土: cf. Terra Pura no Índice de nomes próprios

jinwen 今文 (Clássicos em escrita moderna): cf. *wen* 文

jun 君 (príncipe, soberano): 69s, 82-84, 175-177, 719 n. 9

junzi 君子 (homem de bem): cf. homem

justo (senso do): cf. *yi* 義

kalpa (sânscrito: éon): 448

ke 可 (admissível): 164, 167, 180
- em relação com *dang* 當 (conveniente): 160
- em relação com *neng* 能 (capacidade, possibilidade material): 247

lealdade: cf. *zhong* 忠

legismo: 94, 97 n. 23, 112, 121s, 157, 177, 179, 220s, 236, 239, 245s, 250, 253, 258, **262-277**, 289, 331s, 345, 355, 595 n. 70, 643, 645, 660, **697-700**

Lei budista: cf. Darma

leis: cf. *fa* 法

lei 類 (categoria): 166, 336

li 禮: cf. ritos

LI 理 (ordem, princípio):

- na antiguidade: 58, 61 n. 14, 138, 194, 242-244, 258, 275, 277

- no neotaoísmo e no budismo: 370, 378s, 381, 383, 388 n. 27, 409, 417

- no neoconfucionismo: 490, 492, 503, 532, **537-541**, 549, 675

- *li yi er fen shu* 理一而分殊 ("O Princípio é um, mas suas diferenciações são múltiplas"): 525 n. 58, 542, 570, 575, 615

- *LI* e Tao 道: 460, 541, 578

- *LI* e energia (*qi* 氣): 508, 510, 538, 551s, 566, 610, 614, 656, 674-678

- *LI* e mente: cf. *xin* 心

- *LI* e humanidade (*ren* 仁): 553s, 573

- *LI* e natureza: cf. *xing* 性

- *LI* e fenômenos (*shi* 事): 409, 451, 508, 541

- *LI* e ritos (*li* 禮): 58s, 242, 539

- *LI* e tendência dominante (*shi* 勢): 656, 661

- *lixue* 理學 (estudo ou escola do princípio): 506, 586, 591 n. 13, 601, 614, 649, 664, 716

- *jian li* 見理 (ver o Princípio): 545-548, 582

- *dali* 大理 (grande estrutura): 258

- *daoli* 道理 (princípio do Tao): 541

Índice de conceitos

- *fenli* 分理 (princípio de corte): 675, 677
- *tianli* 天理 (ordem ou princípio celeste): 317, 501, 508, 519, 541, 566, 570, 585, 600
- *tianli* 天理 (princípio celeste) / *renyu* 人欲 (desejos humanos): 516, 539, **571-575**, 606, **657-659**, 678
- *tiaoli* 條理 (princípio de ramificação): 656, 675s

li 利 (interesse, proveito, lucro): 73, 104-112, 115, 121, 244, 247, 251, 268, 270, 277, 333, 609, 700, 718; cf. tb. interesse geral
- oposto a *yi* 義 (senso do justo): 70, 111, 655, 661, 717
- oposto a *hai* 害 (nocivo): 104, 147, 211, 319

li 立 (estar de pé, pôr de pé):
- *li cheng* 立誠 (resolução de ser autêntico): cf. *cheng* 誠
- *li ming* 立命 (pôr de pé seu destino): cf. *ming* 命
- *li zhi* 立志 (pôr de pé sua determinação): cf. *zhi* 志

liangxin 良心 (mente fundamentalmente boa): cf. *xin* 心
liangzhi 良知 (conhecimento moral inato): cf. conhecimento
liberdade: 38, 53, 96 n. 6, 140, 142s, 197, 710, 712, 717
linguagem: 32, 88, 124-135, 156-166, 210, 227s, 310s, 318s, 373-378, 396
lógica: 30, 33, 50s, 125, 186, 215, 247, 253, 338, 374, 397, 730
lógicos: 104, 112, 126, **156-171**, 177, 253, 272
logos: 28s
"louvores e repreensões" (*baobian* 褒貶): 345, 697
luto: 75, 78s, 106, 110, 116
Luzes (filósofos das): 23, 667

Mãe (das dez mil coisas): 214, 226s, 230
mal (mau, *e* 惡): cf. bem
manas (sânscrito: órgão mental): 435s

manchu: cf. Qing no Índice de nomes próprios

mandala (sânscrito: cosmograma): 455

mandato celeste (*tianming* 天命): cf. *ming* 命

mansidão: cf. *shu* 恕

mantra (sânscrito: fórmula mágica): 407, 454s

marxismo: 41 n. 6, 62, 101, 510, 730, 732 n. 6

Meio: cf. *zhong* 中

mente: cf. coração/mente

metafísica: 147, 319, 568

militar (técnica): 59, 100s, 103, 212s, 239, 405, 505, 531, 601, 630, 665, 702

min 民 (povo): 71, 73s, 77, 84-87, 105s, 112, 114, 156, 180s, 211, 220s, 224, 242s, 254, 263, 265, 269s, 272, 294s, 332, 341s, 470, 627, 645, 666, 678, 704, 708

- *minqing* 民清 (opinião pública): 704

- *tianmin* 天民 (cidadão do Céu) / *guomin* 國民 (cidadão de um país): 711

ming 名 (nome, nomear): 88, 141, 158, 151-166, 170s, 226s, 373s, 376

- nomes / realidades (*shi* 實): 35, 88, 130, 163, 165, 253-256, 272s, 356, 367

- *zhengming* 正名 (retificar os nomes): 87s, 98 n. 25, 165, 170, 253, 272, 539

- *mingjiao* 名教 (doutrina dos nomes): 367

- *mingli* 名理 (doutrina dos nomes e dos princípios): 368

- *xingming* 刑名 (formas e nomes): cf. *xing* 刑

ming 明 (luz, claridade, clarividência): 141s, 611, 618

- *mingtang* 明堂 (Palácio das Luzes): 291s, 295-297

- *mingxin jianxing* 明心見性 ("fazer luz em sua mente é ver a natureza"): cf. *xin* 心

ming 命 (decreto, destino): 83, 105, 115s, 136, 140, 151, 233, 353, 364 n. 58, 402, 545

Índice de conceitos

- em relação com a natureza humana: cf. *xing* 性
- *li ming* 立命 (pôr de pé seu destino): 198
- *zao ming* 造命 (forjar seu destino): 717
- *fenming* 分命 (destino recebido em partilha): 382
- *geming* 革命 (mudança de mandato): 57
- *tianming* 天命 (mandato celeste, decreto do Céu): 26, 57, 66, 82s, 114s, 133, 151, 180-182, 18, 195, 199, 239, 340, 470, 537, 610, 696

mistério: cf. *xuan* 玄

mística: 148, 230-233, 264, 379, 384, 423, 456, 461, 495, 593s, 618, 649, 709

mitos (mítico): 48, 52, 55s, 58, 61 n. 9, 71, 88, 90, 183, 275, 294, 305, 454, 491, 535, 681

mizong 密宗 (escola esotérica): cf. tantrismo

moísmo: cf. Mo-tse no Índice de nomes próprios

mongol: cf. Yuan no Índice de nomes próprios

moral (moralidade): cf. *yi* 義

morte: 52, 75, 81s, 90, 147, 149-151, 194, 198, 201, 223, 225, 229, 272, 274, 283s, 353, 382-384, 397, 403s, 426s, 467, 498, 503, 511-513, 517, 532, 546, 609, 645, 656, 696; cf. tb. imortalidade

mudrá (sânscrito *mudrâ*: selo): 455

múltiplo: cf. Um

música (ritual): 48, 63, 78s, 87, 90s, 107, 116, 191, 200, 244, 309, 330, 336-338, 342, 546, 644, 652, 666

mutação: cf. *yi* 易

nacionalismo: 669, 693, 703, 710-712, 715, 729

não-agir (*wuwei* 無為): 88, 121, 144, 185, 203, 208, **211s**, 213-232 *passim*, 248, 276s, 292, 319, 333, 340, 372, 406, 409, 501s, 519, 547, 570 não-desejo (*wuyu* 無欲): 220s, 226, 228, 252, 406, 498, 504, 506, 678

não-dualidade (*bu er* 不二): 421s, 437, 512, 657; cf. tb. dualidade

não-eu (sânscrito *an-âtman*; chinês *wuwo* 無我): 395s, 718

não-há: cf. *wu* 無

não-pensamento (*wunian* 無念): 463, 583

natureza: cf. *xing* 性

natureza-de-Buda (ou budeidade: *foxing* 佛性): cf. *xing* 性

natureza:

- no sentido de natural: cf. Céu
- no sentido de natureza humana: cf. *xing* 性

necessidade: cf. *biran* 必然, *bu de yi* 不得已 e *ziran* 自然

neoconfucionismo: 379, 385s, 466, 485-487, 522 n. 14, 591 n. 13, 597, 599, 600, 611, 642, 695s, 701, 709; cf. tb. *daoxue* 道學 em Tao e *lixue* 理學 em LI

neotaoísmo (*xuanxue* 玄學): cf. *xuan* 玄

nian 念:

- no sentido de pensamento, mental: cf. não-pensamento
- no sentido de vontade individual: cf. *yi* 意

nirvana (sânscrito *nirvâna*: extinção): 393, 396, 398, 400, 409, 414, 422, 431, 436, 709

nome (nomear): cf. *ming* 名

- nome(s)/realidade(s): cf. *ming* 名
- nomes de massa / nomes contáveis: 161-163, 166s
- nominalismo: 163-166

números: cf. *shu* 數

oportunidade: cf. *shi* 時

Origem: 165, 204, 217-219, 222, 224-226, 230, 249, 309, 335, 370, 372, 378-380, 382, 409, 411, 427, 508, 515, 533, 540, 550s, 568, 655s, 658

Índice de conceitos

ortodoxia: 487s, 496s, 564, 588, 597-599, 614-616, 618s, 621, 625, 629, 642, 669-672, 674, 694, 701, 704s, 715

panjiao 判教 (diferenciar as fases do ensino do Buda): 447

paradoxo: 39s, 126-129, 135, 160, 166-171, 207, 212s, 215-217, 244, 314, 371s, 374, 383

piedade filial: cf. *xiao* 孝

poder (concepção do): 48, 55-57, 84, 113, 157, 176s, 182, 238, 263, 267, 270s, 273s, 276s, 332, 343-346, 410, 413, 661; cf. tb. *quan* 權

política/político (pensamento p.): 26, 34, 48s, 55-58, 83-86, 113, 179-183, 220-222, 238s, 262s, 270-275, 289s, 333, 339s, 342-344, 452, 555, 585, 645, 651-653, 667, 691-718 *passim*

posição de força: cf. *shi* 勢

povo: cf. *min* 民

prajnâ (sânscrito: sabedoria): 399, **406-408**, 413s, 421, 423, 458, 463, 514

princípio (Princípio): cf. *LI*

progresso (noção ocidental): 707, 710, 712

promoção dos mais capazes (*shangxian* 尚賢): 102, 113, 182, 211, 220, 265s, 272

proveito: cf. *li* 利

punições: cf. *xing* 刑

qi 器 (objetos concretos): 318, 490, 510, 566s, 655

qi 氣 (energia vital, sopro): 36, 148-151, 156, 189s, 206 n. 16, 223, 229, 251, **283s**, 285s, 335s, 352s, 383, 426s, **508-517**, **614-616**, 624, 626, 646, **653-657**, 659s, 705

- *qigong* 氣功 (trabalho sobre a energia): 148

- *jieqi* 節氣 (medida-sopro) / *qieji* 氣節 (sopro-medida): 201

- *haoran zhi qi* 浩然之氣 (energia moral transbordante): 189, 552

- *xueqi* 血氣 (sangue e sopro): 603, 673, 675
- *yuanqi* 元氣 (sopro original): 223, 229, 235 n. 24, 283-285, 299 n. 10, 335, 350, 515s , 615
- *zhengqi* 正氣 (sopro íntegro) / *xieqi* 邪氣 (sopro viciado): 284
- *zhongqi* 中氣 (sopro mediano): 229
- *qi* e princípio: cf. *LI*
- *qi* e senso do humano: 552-554

qian 乾 / *kun* 坤 (dois primeiros hexagramas das *Mutações*): 303, 306, 308, 314, 498

qing 清 (puro):
- *qingtan* 清談 (conversações puras): 368s, 374, 405, 409, 642
- *qingyi* 清議 (julgamentos puros): 355, 368, 627, 691, 704

qing 情:
- no sentido de características intrínsecas: 145, 196, 206 n. 18, 244-246
- no sentido de emoções, sentimentos: 200, 517, 534, 536, 545, 561, 607, 646s, 659, 673s, 677s, 717
- em relação com a natureza (*xing* 性): 145, 244, 329s, 469s, 534, 549, 571-575, 580s, 606, 610
- "cinco emoções": 369
- "sete emoções": 536s, 593 n. 42

quan 權:
- no sentido de balança: 247, 268, 271, 276, 345, 660
- no sentido de poder: 268
- no sentido de adaptação às circunstâncias: 345, 698

quan 全 (integridade): 147
- *quan sheng* 全生 ou *quan xing* 全性 (guardar intacta sua vida ou sua natureza): cf. *sheng* 生

Quatro de maio (movimento de 4 de maio de 1919): 28, 714, 728, 730

quatro estações: 88, 92, 151, 240, 251, 285, 292s, 295, 309, 333, 335, 337, 349, 492, 497

Índice de conceitos

quatro germes (de moralidade, *siduan* 四端): 188s, 194, 247, 466, 502, 583 n. 42

quatro imagens (das *Mutações*): cf. *xiang* 象

Quatro Mares: 74s, 147, 277, 578

Quatro Nobres Verdades (ou Selos da Lei budista): 396-400

quatro orientes: 277, 293, 295, 349, 455, 492, 578

quietude / movimento: cf. *jing* 靜

qun 群 (bando, rebanho, comunidade): 703, 715

- no sentido de grupo social: 703, 722 n. 27

racionalidade: 58, 125, 174, 185, 566

- divinatória: 26, 50s

- discursiva: cf. discurso

realidades / nomes: cf. *ming* 名

reforma (reformismo): 483-488, 530s, 560, 585, 614, 644, 652, 691-718

rei (realeza, *wang* 王): 48s, 51, 54-56, 59, 63, 91, 239, 255, 272, 288, 291, 296, 342, 706s

- rei sem coroa (*suwang* 素王): 345, 692, 696

- realeza exterior (*waiwang* 外王): cf. santidade

- sábios-reis (da antiguidade): 91, 103, 105, 175, 183, 241, 252, 254, 263s, 467, 483, 535, 555, 662, 706s

- Caminho real (*wangdao* 王道): cf. Tao

- regicídio: 171 n. 7, 182

religioso (religiosidade): 47-60, 64, 78, 83s, 114s, 210, 219, 302, 384, 396, 402, 405, 407, 424, 430s, 436, 443-457, 466, 503, 597, 600, 617, 629, 664, 697, 707, 714, 729

ren 人 (homem, humano, humanidade): 40, 51-58, 70s, 75, 111, 145s, 157, 218, 224s, 230, 252s, 265-267, 662s, 706, 710

- *ren* 人 e *ren* 仁 (senso do humano): 66, 71, 199

- *renji* 人極 (Cumeeira humana): 624
- *renxin* 人心 (mente humana): cf. *xin* 心
- *renyu* 人欲 (desejos humanos): cf. desejos

ren 仁 (senso do humano, humanidade): 39, **70-74**, 77-79, 81-84, 86, 108-112, 115, 121, 160, 176, **179-184**, 194-204, 239, 265, 290, 367, 411, 514, 518, 552, 572s, 583, 602, 604, 709, 712, 727
- em relação com o senso do justo (*yi* 義): 176, 187s, 211, 249, 465, 498, 501, 538, 579
- em relação com os ritos: cf. ritos
- em relação com o Princípio: cf. *LI*
- em relação com a energia: cf. *qi* 氣
- *buren* 不仁 (ausência de senso humano): 197, 219, 514, 553

ressonância (*ying* 應 ou *ganying* 感應): 241, 313, 336s, 344, 351s

retidão: cf. *zheng* 正

retificação dos nomes (*zhengming* 正名): cf. *ming* 名

retorno: cf. *fan* 反 e *fu* 復

revolução: 57, 712-718, 727-731; cf. tb. *geming* 革命 em *ming* 命
- revolução de 1911: 715s, 728
- Revolução Cultural: 236, 730

ritos (*li* 禮): 40, 53s, 58-60, 65s, 76-80, 83s, 94, 101, 104-107, 110, 112, 115s, 123, 150, 157, 189, 191, 194, 196, 242s, 248, **250-253**, 255-257, 264s, 269, 281, 332, 410, 484, 536, 539, 549, 585s, 658, 666
- ritos e música: cf. música
- ritos e senso moral (*yi* 義): 80, 242-246, 249, 252
- ritos e humanidade (*ren* 仁): 76-80, 250, 585
- ritos e leis (*fa* 法): 85, 265, 269s, 345, 697s
- ritos funerários: cf. luto

Índice de conceitos

- estética dos ritos: 78, 107, 253
- controvérsia dos ritos: 628s, 657 n. 72

rilu 日錄 (anotações diárias): 582, 600
riyong 日用 (ação prática de todos os dias): 600
rizhi 日知 (conhecimento adquirido dia após dia): 648, 650

sacrifícios: 49, 51-56, 78s, 291, 296, 602
sâdhana (sânscrito: fusão com a divindade): 455
sagrado: 59, 78s, 80s, 84, 93s, 115, 455, 620, 629, 681, 714s
samâdhi (sânscrito: concentração): 399
samsâra (sânscrito: fluxo, ciclo dos renascimentos): 395s, 414, 422
sangha (sânscrito: comunidade budista): 398s, 407, 410, 413, 429, 432, 444, 446, 469
santidade (*sheng* 聖): 31, 72, 83, 202s, 486s, 493, 500-505, 516-520, 536s, 554s, 583, 587, 598, 600, 603s, 611, 616, 675s
- santidade interior / realeza exterior (*neisheng* 內聖 / *waiwang* 外王): 83, 344, 485, 616, 643, 664, 696

Santo (*shengren* 聖人):
- designação de Confúcio: 353, 369, 374, 619, 672, 682, 696, 705-707
- Santo confuciano: 71, 186, 192-194, 198, 201-203, 284, 318, 321, 330, 353, 369, 666, 674, 682, 705
- Santo neoconfuciano: 469s, 490, 492, 494-497, 513s, 540, 548s, 551, 577s, 620s
- Santo taoísta: 142, 146, 148s, 212, 215, 218-223, 225, 232, 276s, 334, 336; cf. tb. "homem completo" e "homem verdadeiro" em homem

sâstra (sânscrito: comentário): 401
Seis Artes (*liuyi* 六藝): 191, 341, 360 n. 26, 665

Sem-Cumeeira (*wuji* 無極): cf. *wu* 無
sentado em quietude (*jingzuo* 靜坐): cf. *jing* 靜
sentado no esquecimento: cf. *zuowang* 坐忘
sentido (significação): cf. *yi* 意
sentidos (sensorial, sensível): 116, 138, 162, 191, 193, 228, 247, 252, 318, 376, 378, 395, 397, 434, 448, 458, 486, 490, 494s, 507, 510, 519, 545s, 550, 553, 582, 605, 608, 615, 653
sentimentos: cf. *qing* 情
ser: 33, 43 n. 11
sete sábios do bosque de bambus: 368, 382, 386 n. 4, 388 n. 30, 416 n. 14
shen 神 (espírito, potência espiritual): 139s, 148, 315, 426, 490, 500, 510s, 533, 655
- *shenling* 神靈 (alma espiritual): 140, 403
- *shenyou* 神遊 (viagem do espírito): 148
- *jingshen* 精神 (espírito essencial): cf. *jing* 精
- em relação com o corpo: cf. *xing* 形
shendu 慎獨 (solidão vigilante): 582, 624
sheng 生 (vida, vital, chegar à vida, gerar): 39, 184-189, 250s, 552; cf. tb. geração
- em relação com a natureza (*xing* 性): 32, 184s, 187s
- *quan sheng* 全生 ou *quan xing* 全性 (guardar intacta sua vida ou sua natureza): 185, 194, 281
- *yang sheng* 養生 ou *yang xing* 養性 (nutrir o princípio vital): 137s
sheng 聖: cf. Santo, santidade
shi 實 (real, concreto):
- realidades (em oposição aos nomes): cf. *ming* 名
- *shixing* 實行 (ação concreta): 626, 681
- *shixue* 實學 (estudos práticos): 628, 630, 641-643, 663-666, 681

Índice de conceitos

- *shishi qiushi* 實事求是 ("não procurar o verdadeiro senão nos fatos reais"): 672

shi 時 (oportunidade): 321

shi 史 (escriba, adivinho, historiador, história): 93

shi 士 (categoria social): 65, 102, 156s, 175-177, 183, 238, 274

shi 仕 (emprego, função): 176

shi 是 (É isso) / *fei* 非 (Não é isso): 130-133, 146

shi 勢:
- no sentido de posição de força: 270-272
- no sentido de tendência dominante: 656, 660
- em relação com o princípio: cf. *LI*

shi 世 (mundo atual): cf. *jing* 經

shi 事 (fenômenos, realidade relativa, em oposição ao absoluto): cf. *LI*

shu 恕 (mansidão, reciprocidade): 72-74, 110s, 202

shu 術 (técnicas de controle): 271-273, 275

shu 數 (números): 295, 297, 310-312, 349s, 488-492

- *xiangshuxue* 象數學 (estudo das imagens e dos números): cf. *xue* 學

sincretismo: 31, 282, 424, 583, 616-618, 629, 701; cf. tb. Três ensinamentos

skandha (sânscrito: agregado de fenômenos): 395, 397, 433

sofistas: cf. lógicos

sonho (oposto a vigília): 142s, 423, 463

sopro: cf. *qi* 氣

sûnya, *sûnyatâ* (sânscrito: vazio, vacuidade): cf. vacuidade

suodang 所當, *suodangran* 所當然 (aquilo que deve ser assim): 539, 547, 661

suoyi 所以, *suoyiran* 所以然 (aquilo que faz com que seja assim): 371, 378-381, 538s, 544, 550, 661 sutra (sânscrito *sûtra*: texto canônico; chinês *jing* 經): 401, 407, 413s, 415 n. 8, 420s, 430, 445s, 453-457, 462, 464s; cf. tb. Sutra no Índice de obras

sva-bhâva (sânscrito: desprovido de natureza própria): 399, 421

taihe 太和 (Harmonia suprema): cf. harmonia

taiji 太極 (Cumeeira suprema): 309, 323 n. 19, 372, 385, 489, 491, 496, 551, 565-569; cf. tb. *ji* 極

- *wuji er taiji* 無極而太極 ("Sem-Cumeeira, mas (e/ou) Cumeeira suprema!"): 497-501, 508, 550, 569-571

- *taijiquan* 太極拳 (boxe da Cumeeira suprema): 149

taiping 太平 (Grande Paz): 76, 354, 356, 384, 701, 719, 712, 724 n. 39

- *taipingdao* 太平道 (Caminho da Grande Paz): 356

- Taiping (revolta dos): cf. Índice de nomes próprios

taixu 太虛 (Vazio supremo): cf. vazio

taixuan 太玄 (Mistério supremo): cf. *xuan* 玄

Taiyi 太一 (Um supremo ou Grande Um): 309, 340, 350, 360 n. 25

tantra (sânscrito: texto esotérico): 454

tantrismo: 454-456

Tao 道 (Caminho): 33-36, 38, 40s, 75, 81, 121, 156s, 162, 164, 226-233, 236, 257, 318s, 335s, 343, 372-375, 378s, 381s, 405, 409, 425, 460, 531-534, 541s, 659s, 672-675, 680-682

- tao (caminho, método): 35s, 121, 133, 136, 238, 264-266, 271, 341

- Tao e taos: 35s, 125, 152 n. 1, 226, 330

- Tao constante: 93, 226s, 373, 378s, 550

- Tao confuciano: 63-89, 157, 175-177, 199-204, 231, 256-259, 369, 660; cf. tb. *wangdao* 王道

Índice de conceitos

- Tao neoconfuciano: 468s, 483, 506-508, 531s
- Tao legista: 273, 277
- Tao taoísta: 60, 121-152, 165, 208-233, 350, 462, 495
- Tao e Céu: 124, 144s, 201, 239, 257s, 381, 409, 515, 541, 552
- Tao e energia: 335s, 385, 508-510
- Tao e lei: 275s, 333
- Tao e mutação: 159, 307-310, 319s
- Tao e princípio: cf. *LI*
- Tao e Um: 165, 226-228, 285, 309, 332, 335, 372, 385, 387 n. 16
- *daojia* 道家: cf. taoísmo
- *daoli* 道理 (princípio do Tao): cf. *LI*
- *daotong* 道統 (transmissão legítima do Tao): 259, 497, 506, 535-537, 563-565, 591 n. 16
- *dao wenxue* 道問學 (seguir ao caminho da investigação e do estudo) / *zun dexing* 尊德性 (exaltar a natureza moral): 587
- *daoxin* 道心 (mente de Tao): cf. *xin* 心
- *daoxue* 道學 (estudo do Tao): 464, 487, 534-537, 542s, 549, 554, 562-565, 572, 588, 591 n. 13, 594 n. 51, 596 n. 73, 598, 611, 614s, 619, 626, 630 n. 3, 642
- *badao* 霸道 (caminho hegemônico): 179
- *roudao* 柔道 (japonês *judô*, o caminho do maleável): 214
- *taipingdao* 太平道 (Caminho da Grande Paz): cf. *taiping* 太平
- *tianshidao* 天師道 (Caminho dos Mestres celestes): 357, 365 n. 67, 430
- *wangdao* 王道 (Caminho real): 40, 89, 175, 179, 678
- *wudoumidao* 五斗米道 (Caminho dos Cinco Alqueires de arroz): cf. *tianshidao* (Caminho dos Mestres celestes)
- *zhidao* 治道 (princípio de ordem): 238

taoísmo: 33-36, 39-41, 60, 88, 94, 117, 184-186, 190, 199s, 246, 248, 252, 263, 267, 275s, 281s, 292, 317, 319s, 332-334, 352, 355s, 366-368, 370, 375-382, 406, 462, 465; cf. tb. *Zhuangzi* e *Laozi* no Índice de obras

- relações com o neoconfucionismo: .487s, 495s, 499, 501s, 519, 547, 550, 564s, 569s, 601, 611, 624, 642; cf. tb. budismo

- escola taoísta (*daojia* 道家): 122, 538 n. 4

- taoísmo religioso: 356s, 402s, 407-409, 424, 430s, 444, 458, 616-618

- tradição alquímica: 385, 488

tathatâ (sânscrito: assindade): 399s, 409, 436

técnica: cf. *shu* 術

ti 體 (constituição):

- em relação com *yong* 用 (função): 371, 379, 387 n. 12, 428, 490-492, 502, 566-571, 606, 610, 702, 727

- *benti* 本體 (constituição fundamental) / *fayong* 發用 (manifestação funcional): 319, 369, 408, 582, 655

- *xin zhi benti* 心之本體 (constituição original da mente): cf. *xin* 心

tian 天: cf. Céu

- *tian zhi xing* 天之性 ou *tiandi zhi xing* 天地之性 (natureza do Céu ou natureza do Céu-Terra): cf. *xing* 性

- *tianli* 天理 (ordem ou princípio celeste): cf. *LI*

- *tianming* 天命 (mandato celeste, decreto do Céu): cf. *ming* 命

- *tianming zhi xing* 天命之性 (natureza decretada pelo Céu): cf. *xing* 性

- *tianxia* 天下 ("tudo aquilo que está sob o céu", o mundo): 112, 170, 186, 213, 225, 499, 711

- *tianzhi* 天志 (vontade do Céu): 57, 90, 114s, 184

- *tianzhu* 天主 (Senhor do Céu): 629

Índice de conceitos

- *tianzi* 天子 (Filho do Céu): 48, 63, 76, 83, 112-114, 181, 291s, 342, 662, 697
- *xiantian* 先天 (anterior ao Céu) / *houtian* 後天 (posterior ao Céu): 307, 490s

tong 通 (atravessar de um lado ao outro, compreender): 308, 318, 487
- *tongjing zhiyong* 通經致用 (conhecer a fundo os Clássicos para encontrar sua aplicação prática): cf. *jing* 經

tong 同 (concórdia, unidade):
- *datong* 大同 (grande concórdia, grande unidade): 707, 710, 718

tong 統 (extremidade do fio de seda, sucessão, unificação): 340
- *da yitong* 大一統 (grande unidade ou unificação): 340, 344
- *daotong* 道統 (transmissão legítima do Tao): cf. Tao
- *zhengtong* 正統 (legitimidade dinástica): 521 n. 9, 565

todo (em relação com suas partes): 36, 38s; cf. tb. Um
- na concepção da linguagem: 161s, 166-171
- no budismo: 448s, 452
- no neoconfucionismo: 491, 541s, 571, 575, 586, 712

tradição: 24, 26-30, 34, 41 n. 3, 73, 80, 89-93, 104s, 113, 121s, 157, 163, 176, 209, 237, 259, 263s, 267, 301, 305, 330, 344, 346, 356, 366s, 384-386, 401, 405, 410, 412, 444, 466, 468, 482, 486s, 507, 535, 562s, 588, 616s, 620, 629, 645, 651, 659, 667, 679-682, 691-718, 727-731

tradução: 40, 55, 57, 71, 84, 97 n. 13, 130, 140, 148, 186, 191, 201, 210, 223, 268, 287, 350s, 541
- traduções budistas: 400, 402, 405s, 408, 412s, 420s, 432s, 437, 443, 445, 450, 453s
- traduções ocidentais: 628, 703s, 715

transcendência / imanência: 37s, 50, 56s, 80, 88, 201, 228, 409, 423, 437, 449, 463, 540, 568s, 629, 642, 677, 679

transformação: cf. *hua* 化

transmigração: 395, 402s, 434, 436, 512, 551, 654
transmissão legítima do Tao (*daotong* 道統): cf. Tao
três (modelo ternário): 39s, 228s, 235 n. 24 285, 309, 349, 360 n. 25, 448, 516
Três Cestos: cf. *Tripitaka* no Índice de obras
Três Corpos do Buda (sânscrito *trikâya*): 436
três critérios (do *Mozi*): 104-106
três ensinamentos: 424
- "Os três ensinamentos não são senão um" (*sanjiao heyi* 三教合一): 616-618
Três Eras: 707, 724 n. 39
três jóias (budistas): 398s, 456
Três Mistérios (*sanxuan* 三玄): cf. *xuan* 玄
três relações: 716; cf. tb. Cinco Constantes
Três Potências (Céu-Terra-Homem): cf. Céu
trigrama: cf. *gua* 卦

Um (unidade): 36-38, 73, 128, 147, 179, 193, 223, 228s, 232, 235 n. 24, 251, 320s, 344, 374, 378, 396, 409, 434, 448s, 463, 489s, 504, 507, 512-516, 533-535, 540-542, 576-581, 584, 604-607, 614-616, 646
- Tao e Um: cf. Tao
- Um supremo ou Grande Um: cf. *Taiyi* 太一
- Grande unidade (*da yitong* 大一統): cf. *tong* 統
- Um e dois: 227, 285, 309, 511, 542, 566-569, 572, 577, 611-614, 653-659; cf. tb. dualidade e não-dualidade
- Um e múltiplo: 226-229, 309s, 370-373, 379, 449, 487, 491, 495s, 504s, 525 n. 58, 532, 540-542, 548, 566, 570s
universalismo: 401, 414, 456, 466, 512, 598, 707, 710-712, 716, 727
upâya (sânscrito: adaptação às exigências práticas; chinês *fangbian* 方便): 446

Índice de conceitos

utilitarismo: 101, 105-108, 115, 185, 247, 250, 258, 281, 355, 576, 585, 718

vacuidade (sânscrito *sûnyatâ*; chinês *kong* 空): 408, 414, 421s, 425, 433, 436, 446, 449, 451, 455, 460-462, 466, 499, 506-508, 568, 571, 576s, 619, 654
vazio (*xu* 虛): 38s, 41, 149s, 216, 219-221, 230, 333, 335, 499, **508-512,** 567, 657, 660
- Vazio supremo (*taixu* 太虛): 508-512, 515, 519, 550, 654s
vijnâna (sânscrito: faculdade cognitiva): 433s
- *âlaya-vijnâna* (sânscrito: conhecimento de reserva): 434-436
- *mano-vijnâna* (sânscrito: "central" das cinco faculdades sensoriais): 434
virtude: cf. *de* 德

wei 微 (tênue): 315s
- *weiyan dayi* 微言大義 (palavras sutis portadoras de uma grande mensagem): 344s, 693
wei 為: cf. agir
wei 偽 (fabricado): 244-246, 248-250
- *weixue* 偽學 (estudo desencaminhado): cf. *xue* 學
wei 緯 (fios de trama, apócrifos): cf. *jing* 經
wei 未 (ainda não):
- *weifa* 未發 (o que ainda não se manifestou) / *yifa* 已發 (o que já se manifestou): 200, 230, 316s, 570, 580, 583, 607
- *weiji* 未濟 / *jiji* 既濟 (último e penúltimo hexagramas das *Mutações*): 314
- *weixing* 未形 (o que ainda não tomou forma): 316, 500
weishi 唯識 (sânscrito *citta-mâtra*, nada mais que pensamento): 433-437
wen 文 (traço, linha, sinal escrito, cultura): 58s, 62 n. 15, 90, 244, 248, 310, 467, 531s

- *baguwen* 八股文 (composição de exame em oito partes): 599, 667, 688 n. 61, 700, 729
- *bianwen* 變文: 457
- *guwen* 古文 (escrita à antiga): 467, 484, 531
- *guwen* 古文 (Clássicos em escrita antiga): 355, 384, 386 n. 6, 650, 670s, 692
- *jinwen* 今文 (Clássicos em escrita moderna): 347, 353, 385, 692-700, 704-708, 710
- controvérsia *jinwen* 今文 / *guwen* 古文: 347s, 363 n. 44, 694, 705, 713-715

wu 無 (não-há, o indiferenciado): 369, 372, 375, 378-380, 426, 512, 654
- em relação com *you* 有 (há, o manifestado): 134, 213, 216s, 227, 229s, 232, 309, 368s, 370-373, 408, 423, 425, 499, 508, 510, 570
- *wuji* 無極 (Sem-Cumeeira): cf. *taiji* 太極
- *wunian* 無念: cf. não-pensamento
- *wuwei* 無為: cf. não-agir
- *wuwo* 無我: cf. não-eu
- *wuyu* 無欲: cf. não-desejo
- *benwu* 本無 (não-existente original): cf. *ben* 本

wu 物 (coisas, seres): 130, 151s, 170, 380, 656
- *wanwu* 萬物 (dez mil coisas): cf. Um e múltiplo
- observação das coisas: cf. *guanwu* 觀物
- exame das coisas: cf. *gewu* 格物

wu 悟 (despertar; japonês *satori*): 463; cf. tb. iluminação

xiang 像 (semelhança): 310
xiang 象:
- no sentido de elefante: 310
- no sentido de imagem, figura ou comentário das *Mutações*: 304, 306, 310, 316, 318, 376s, 490

Índice de conceitos

- quatro imagens (das *Mutações*): 309, 489, 492
- *xiangshuxue* 象數學 (estudo das imagens e dos números): cf. *xue* 學

xiao 孝 (piedade filial): 74s, 106, 110s, 211, 269, 367, 411, 431, 456, 515, 544, 613

xiaoren 小人 (homem de baixa condição): cf. homem

xin 心 (coração/mente):
- concepção antiga: **190-192**, 247
- concepção budista: 460-463, 466
- concepção neoconfuciana: 471, 486, 519s, 535-537, 543, 561-565, 577, 581, 600, 616-618, 620, 622-624
- em relação com a natureza humana: cf. *xing* 性
- em relação com o princípio (*LI* 理): 571-581, 586, 602-607, 611s
- *benxin* 本心 (mente original): 191, 561-563, 583
- *budong xin* 不動心 (mente inabalável): 581
- *daoxin* 道心 (mente de Tao) / *renxin* 人心 (mente humana): **575-577**, 581, 606, 670
- *liangxin* 良心 (mente fundamentalmente boa): 190; cf. tb. *liangzhi* 良知 em conhecimento
- *xinfa* 心法 (regra da mente, disciplina mental): 581-583, 617
- *xinti* 心體 ou *xin zhi benti* 心之本體 (constituição original da mente): 604s, 607s, 612, 647
- *xinxue* 心學 (estudo da mente): 586, 601, 649
- *xinzhai* 心齋 (jejum do coração): 148
- *xinzhi* 心知 (mente e conhecimento, faculdade mental): 673, 675
- *xinzong* 心宗 (escola da mente, designação da escola Zen): 460
- *guanxin* 觀心 (contemplar a mente): cf. *guan* 觀
- *mingxin jianxing* 明心見性 ("fazer luz em sua mente é ver a natureza"): 460

- *zheng xin* 正心 (tornar reta sua mente): cf. *zheng* 正
- *xin ji li* 心即理 ("A mente é o princípio"): 577, 580
- "A mente governa a natureza e as emoções": 517, 572, 581

xin 信 (relação de confiança): 75

xing 行 (andar, agir, agente):
- cf. conhecimento e ação e *shixing* 實行 (ação concreta) em *shi* 實
- cf. Cinco Fases

xing 刑:
- punições: 269s, 273
- *xingming* 刑名 ou 形名 (formas e nomes): 273, 275, 279 n. 24, 332s, 373, 376, 383
- *xingmingjia* 刑名家 ou 形名家 (escola das formas e dos nomes): 158

xing 形 (formas): 162, 273, 284, 286, 318, 350, 373, 376, 381, 383, 493s, 508-510, 654s, 657; cf. tb. *xing* 刑
- *weixing* 未形 (o que ainda não tomou forma): cf. *wei* 未
- *xing er shang* 形而上 (a montante das formas visíveis) / *xing er xia* 形而下 (a jusante das formas visíveis): 317-320, 493, 510, 566-570, 574, 580, 675
- *xing* 形 (forma corporal) / *shen* 神 (espírito): 426-429

xing 性 (natureza, vital): cf. *sheng* 生
- natureza humana: 32, 67, 83, 145, 180, 320, 353, 397, 466, 486, 502, 507, 511s, 515, 517, 562, 571, 608, 611-613, 615, 647, 649, 673-678
- debate sobre a bondade da natureza humana: 67, 111, **184-199**, 212, 219, 236, **243-250**, 270, 501-505, 516, 545, 574, 578, 581, 615, 677
- em relação com as capacidades individuais (*cai* 才): 367
- em relação com o destino (*ming* 命): 136, **194-197**, 505, 511, 533s, 537, 545, 576, 609, 627
- em relação com as emoções: cf. *qing* 情

Índice de conceitos

- em relação com os desejos: cf. desejos
- em relação com o coração/mente (*xin* 心): 194s, 486, 517
- em relação com o princípio (*LI* 理): 574-576, 582s
- *xing ji li* 性即理 ("A natureza é princípio"): 553, 573, 577, 606
- *foxing* 佛性 (natureza-de-Buda): 400, 402, 408, 414, 431s, 447s, 451, 459, 461, 463, 470, 486s, 512, 603, 618, 620
- *jian xing* 見性 (ver a natureza-de-Buda): 460, 545
- *qizhi zhi xing* 氣質之性 (natureza de matéria-energia, natureza física): 515, 574, 615, 657
- "Conhecer sua natureza é conhecer o Céu": cf. conhecimento
- *tian zhi xing* 天之性 (natureza do Céu) ou *tiandi zhi xing* 天地之性 (natureza do Céu-Terra): 515, 624, 657
- *tianming zhi xing* 天命之性 (natureza decretada pelo Céu): 199, 574
- *yili zhi xing* 義理之性 (natureza de moralidade e de princípio): 574

xiuji zhiren 修己治人 (aperfeiçoar-se a si mesmo para estar em condição de governar os homens): 585, 642

xiushen zhiguo 修身治國 ou *zhishen zhiguo* 治身治國 (aperfeiçoar-se a si mesmo e organizar o país): 83, 201

xuan 玄 (mistério): 226, 350, 368, 376, 384
- Chongxuan 重玄 (escola do Duplo Mistério): cf. Índice de nomes próprios
- *sanxuan* 三玄 (Três Mistérios): 368, 408
- *taixuan* 太玄 (Mistério supremo): 149s, 369
- *xuanxue* 玄學 (estudo do Mistério): 350, 368, 384, 405, 408, 413, 462, 649, 669s

xue 學 (aprender, estudo): **66-69**, 82s, 137, 204, 225, 231, 246, 248, 372, 515-518, 536s, 543s, 562-564, 600, 607-614, 618-620, 643, 649s, 666, 676, 682

- *daoxue* 道學 (estudo do Tao): cf. Tao
- *Hanxue* 漢學 (estudos Han): 669-671, 679, 682, 692-694, 701, 713, 716
- *jiangxue* 講學 (conferência pública de "discussão sobre o estudo"): 619, 625, 642
- *jingxue* 經學 (estudo dos Clássicos): cf. *jing* 經
- *kaozhengxue* 考證學 (estudo das verificações e das provas): 670, 680, 692
- *lixue* 理學 (escola do princípio): cf. *LI*
- *lunlixue* 倫理學 (estudo das relações sociais e dos princípios éticos): 717
- *shixue* 實學 (estudos práticos): cf. *shi* 實
- *Songxue* 宋學 (estudos Song): 591 n. 13, 671, 682, 692
- *weixue* 偽學 (estudo desencaminhado): 562
- *xiangshuxue* 象數學 (estudo das imagens e dos números): 312, 491s
- *xiaoxue* 小學 (pequeno estudo): 585, 650
- *xinxue* 心學 (estudo da mente): cf. *xin* 心
- *xuanxue* 玄學 (estudo do Mistério): cf. *xuan* 玄
- *yilixue* 義理學 (estudo da moralidade e do princípio): 670, 680
- *zhexue* 哲學 (filosofia): 29, 717
- *zhongxue* 中學 (sabedoria chinesa) / *xixue* 西學 (saber ocidental): 702, 709, 727
- *xuehui* 學會 (associações de estudo): 709
- *xuewen* 學問 (estudo e experiência): 204

yao 爻 (linha ou monograma de uma figura das *Mutações*): 302, 306
- *yaoci* 爻辭 (sentença divinatória aferente): 305s

Índice de conceitos

yi 義 (senso do justo, senso moral): 80, 111-113, 181, 185, 187-190, 194-199, 219, 246, 249-252, 282, 545, 549, 553, 563, 578s, 587, 615, 673, 680
- associado ao senso do humano: cf. *ren* 仁
- associado aos ritos "cf. ritos
- oposto a interesse: cf. *li* 利
- associado ao princípio: 545s, 579, 679s
- *yilixue* 義理學 (estudo da moralidade e do princípio): cf. *xue* 學
- *yili zhi xing* 義理之性 (natureza de moralidade e de princípio): cf. *xing* 性
- *geyi* 格義 (acasalar as noções): 408, 413

yi 儀 ("modelo" nas Mutações): 309

yi 意:
- no sentido de idéia, sentido (em oposição a *yan* 言, palavras, palavra, fala): 135, 318s, 373-378
- no sentido de intenção (intencionalidade): 78, 148, 604s, **609-612, 621-624**
- no sentido de pura intencionalidade (em oposição a *nian* 念, vontade individual): 623, 647
- *chengyi* 誠意 (tornar autêntica sua intenção): 76, 543, 605, 610s

yi 易 (mutação): 37-39, 229, 294-296, 307s, 319-321, 349, 487, 492, 532, 548-552, 659; cf. tb. *Mutações* no Índice de obras

yin 因 (seguir, estar em conformidade com): 276

Yin/Yang (陰陽): 31, 36, 38s, 92, 156, 214s, 228s, 235 n. 24, 240-242, 249, 277, **281-295**, 307-310, 313s, 319s, 333, 335s, 343, 349s, 409, 426, 470, 489, 492, 497s, 504, 508s, 511, 513s, 516, 549, 551s, 566s, 569, 573, 653-656, 675
- *yinyang wuxing jia* 陰陽五行家 (Escola do Yin/Yang e das Cinco Fases): 282, 285

yong 用:
- função, aplicação: cf. *ti* 體
- ação prática: cf. *riyong* 日用

you 有 (há, o manifestado): cf. *wu* 無

yuanqi 元氣 (sopro original, energia primordial): cf. *qi* 氣

yulu 語錄 (palavras dos mestres): 460, 564, 642

zao 造 (produção dos seres, criação):
- *zaohua* 造化 (criação-transformação): 284, 298, 552
- *zao ming* 造命 (forjar seu destino): cf. *ming* 命
- *zaowuzhe* 造物者 (criador): 151, 381
- *zizao* 自造 (autocriação): cf. *zi* 政

zheng 政 (governo): 86

zheng 正 (retidão): 86, 201, 265, 313, 498, 532, 549, 553, 583, 604, 606, 610, 612
- *zhengming* 正名 (retificação dos nomes): cf. *ming* 名
- *zhengqi* 正氣 (sopro íntegro): cf. *qi* 氣
- *zhengtong* 正統 (legitimidade dinástica): cf. *tong* 統
- *zhengxin* 正心 (tornar reta sua mente): 536s, 543, 610, 612

zhi 知: cf. conhecimento

zhi 止 (cessação-concentração); cf. *guan* 觀

zhi 指 (designar, designação): 170s

zhi 智 (discernimento): 186, 188s, 195s, 211, 247, 254, 367, 536, 574, 673

zhi 志 (resolução, determinação):
- *li zhi* 立志 (pôr de pé sua determinação): 206 n. 20, 611

zhi 制 (recortar, instituir): 165, 693

zhi 治 (cuidar, organizar): 86, 263, 339
- *zhidao* 治道 (princípio de ordem): cf. Tao

Índice de conceitos

- *zhishen zhiguo* 治身治國 (governo de si mesmo, governo do país): cf. *xiushen zhiguo* 修身治國

zhizhi 致知 (ampliar seu conhecimento): cf. conhecimento e *gewu* 格物

zhong 中 (Meio): 40s, 200s, 219, 312, 316s, 421, 498, 501s, 504, 536s, 576, 659s; cf. tb. centro

- *zhongguo* 中國 (País do Meio, China): 59s, 652, 702
- oposição *zhong* 中 (China) / *xi* 西 (Ocidente): cf. *xue* 學
- *zhongqi* 中氣 (sopro mediano): cf. *qi* 氣
- *zhongyong* 中庸 (Meio justo e constante): 73, 199-201; cf. tb. *Invariável Meio* no Índice de obras

zhong 忠 (lealdade): 73, 75, 86, 89, 108, 176, 211, 244, 269, 343, 361 n. 33, 426, 586, 652

zi 自 (por si mesmo):

- *zicheng* 自成 (realizar-se por si mesmo): 202
- *zide* 自得 (obter por si mesmo): 381, 554s
- *ziqiang* 自強 (auto-reforço): 702
- *ziran* 自然 (por si mesmo assim, espontâneo): 38, 140-142, 151, 157, 185s, 188, 230, 352, 367, 379-381, 462, 465, 502, 518, 548, 555, 574, 622, 646, 661, 675s
- *ziren* 自任 (tomar sobre si): 555
- *zisheng* 自生 (geração espontânea): 381, 552
- *ziyou* 自由 (liberdade): 717
- *zizai* 自在 (permanecer em si mesmo): 476 n. 44
- *zizao* 自造 (autocriação): 381-383, 451

zuochan 坐禪 (japonês *zazen*, meditação sentada): 464, 582, 618

zuowang 坐忘 (sentado no esquecimento): 148, 582; cf. tb. *jingzuo* 靜坐 (sentado em quietude)

Índice de nomes próprios

academia da Floresta do Leste (*Donglin shuyuan* 東林書院): **625-628**, 636 n. 64, 643, 649, 654, 691, 693, 703

academia da Gruta do Cervo Branco (*Bailudong shuyuan* 白鹿洞書院): 562

academia do Oceano de Erudição (*Xuehaitang* 學海堂): 682, 704, 708

Academia imperial Hanlin (*Hanlin yuan* 翰林院): 598s, 669, 728

Academia imperial (*taixue* 太學): 341, 347, 351, 355, 363 n. 46

Academia Jixia 稷下: 171, 237s, 259 n. 3, 262, 282, 334, 350

Alemanha: 707s, 728, 730

Amitâbha (Buda da luz infinita): 413, 431, 438 n. 2, 453, 473 n. 18

An Lushan 安祿山 (morto 757 d.C.): 466, 482

An Shigao 安世高 (séc. II d.C.): 365 n. 65, 402, 406, 408, 416 n. 12, 417 n. 19

Aristóteles: 160, 162, 166, 521 n. 4, 540

Aryadeva (séc. II d.C.): 421

Asanga (séc. IV-V): 433

Asoka (r. 274-236 apr.): 424

Avalokitesvara (nome chinês: Guanyin 觀音): 431, 453

Ban Gu 班固 (32-92): 367 n. 4
Benji 本寂 (840-901): 459

Índice de nomes próprios

Bentham, Jeremy (1748-1832): 718
Bo Juyi 白居易 (772-846): 468
Bodhidharma (séc. VI d.C.): 458, 460
Boxers: 708, 711
Buda: 64, 356, 365 n. 65, **393-414**, 425, 431, 436, 441 n. 28, 446-450, 452, 456, 458, 460, 462, 464s, 467s, 483, 507, 621, 658, 678, 706; cf. tb. Sâkyamuni
Buddhabhadra (séc. IV-V): 413, 473 n. 13

Cai Yuanpei 蔡元培 (1868-1940): 728
Cantão (Guangzhou 廣州): 600, 682, 695, 704, 708s, 722 n. 32
Cao Cao 曹操 (155-220): 366
Cao Dong 曹洞 (japonês Sôtô, escola Zen): 459, 464
Cao Pi 曹丕 (187-226): 37, 366
Chang'an 長安 (atual Xi'an 西安): 49, 329, 405, 412-414, 420, 437, 450
Changzhou 常州 (escola de): 692, 698, 700, 719 n. 3
Chen Chun 陳淳 (1159-1223): 578, 674
Chen Duxiu 陳獨秀 (1880-1942): 729
Chen Liang 陳亮 (1143-1194): 585
Chen Que 陳確 (1604-1677): 646s
Chen Tuan 陳摶 (apr. 906-989): 488, 499
Chen Xianzhang 陳獻章 (Chen Baisha 陳白沙, 1428-1500): 600, 617, 626, 631 n. 11
Cheng 成 (rei dos Zhou, apr. séc. XI a.C.): 48
Cheng 程 (irmãos): 485, 488, 496, 518, 527 n. 78, 528 n. 89, 529 n. 99, 530s, **534-555**, 555 n. 2, 556 n. 13, 557 n. 16, 560, 565s, 573s, 582, 591 n. 16
- Cheng Hao 程顥 (Cheng Mingdao 程明道, 1032-1085): 505, 524 n. 37, 530, 535s, 538, 548, 550, 559 n. 62, 573

- Cheng Yi 程頤 (Cheng Yichuan 程伊川, 1033-1107): 43 n. 15, 505s, 510, 513, 518, 525 n. 58, 527 n. 78, 531, 535-537, 540, 545, 548-550, 553, 555, 557 n. 15, 558 n. 45, 559 n. 47, 563, 567, 570, 572, 575-578, 581s, 584, 591 n. 16, 592 n. 34, 593 n. 35, 600s, 606, 615, 632 n. 17, 657, 674

- escola Cheng-Zhu 程朱: 507, 538, 586, 591 n. 13, 593 n. 43, 598, 601, 605, 608, 610s, 615, 649, 657s, 661, 664, 666, 668s, 671

Chengguan 澄觀 (737-838): 450

Chongxuan 重玄 (escola do Duplo Mistério): 389 n. 46, 423

Chu 楚 (reino): 102, 123, 153 n. 7, 209, 238, 348

Chuang-tse 莊子 (Zhuangzi, Mestre Zhuang, apr. 370-300): 36, **121-152**, 157, 159, 164s, 174, 177s, 185, 190, 199, 204, 206 n. 18, 208, 226s, 231 n. 4, 243, 258, 260 n. 16, 274, 276, 280 n. 30, 284, 374, 380, 383, 416 n. 16, 427, 470, 483, 494, 533s, 581s, 678

Chunqiu 春秋: cf. Primaveras e Outonos

Cinco Dinastias (*wudai* 五代, 907-960): 482, 484, 523 n. 19

Cixi 慈禧 (imperatriz Tzu-hsi, 1835-1908): 707s

Confúcio (Kongfuzi 孔夫子, Mestre Kong, 551-479): 26, 28, 34, 38s, **63-99**, 100-102, 104-106, 111s, 114s, 121, 125, 133, 136, 143, 148, 156, 160, 165, 174-178, 182-184, 193, 195, 197, 199, 207 n. 21, 208s, 233 n. 5, 236s, 257, 259, 272, 274, 283, 304s, 315, 340s, 344s, 347, 349, 353, 369, 374, 393, 417 n. 21, 426, 463, 468, 470

- no neoconfucionismo dos Song-Ming: 483, 487, 503, 507, 517-520, 521 n. 10, 535s, 539s, 543, 553, 562, 564, 582, 587s, 613, 619s

- no confucionismo dos Qing: 649, 664, 672, 674, 676, 682, 692, 696-698, 703, 705-707, 709, 714s, 723 n. 34, 724 n. 39, 729

Coréia: 401, 436, 443, 452, 466, 472 n. 6, 588, 591 n. 17, 593 n. 42, 614

Índice de nomes próprios

Cui Hao 崔浩 (381-450): 430
Cui Shi 崔寔 (apr. 110-170): 355, 365 n. 64
Cui Shu 崔述 (1740-1816): 681, 690 n. 83

Dai Zhen 戴震 (1724-1777): **671-680**, 689 n. 73.75, 693, 698, 716s
Dao'an 道安 (312-385): 406, **412-414**, 458, 471 n. 1, 474 n. 28
Daosheng 道生 (Zhu Daosheng 竺道生., apr. 360-434): **412-414**, 419 n. 35, 424, 438 n. 5, 448, 458, 461
Datong 大同 (capital dos Wei do Norte): 431
Deus: 37s, 55s, 93, 191, 198s, 656, 701, 707, 721 n. 21
Ding 丁 (cozinheiro do *Zhuangzi*): 137-141, 520, 529 n. 101, 675
Divino Agricultor: cf. Shennong
Dôgen 道元 (1200-1253): 460
Dong Zhongshu 董仲舒 (apr. 195-115): **341-345**, 350-352, 360 n. 27-28, 361 n. 37, 369, 692, 696, 698, 705
Donglin 東林: cf. academia da Floresta do Leste
Du Fu 杜甫 (712-770): 458, 465
Duan Yucai 段玉裁 (1735-1815): 680, 698
Dunhuang 敦煌: 401, 411, 431, 457

Fan Zhen 范縝 (450-515?): 428s, 440 n. 16
Fan Zhongyan 范仲淹 (989-1052): 483s, 486, 505
Fang Dongshu 方東樹 (1772-1851): 701
Fang Yizhi 方以智 (1611-1671): 652
Farong 法融 (Niutou Farong 牛頭法融, 594-657): 460
Faxian 法顯 (séc. IV d.C.): 412
Faxiang 法相 (escola budista): **432-437**, 448, 450; cf. tb. Iogacara
Fazang 法藏 (643-712): 450-452

Feng Guifen 馮桂芬 (1809-1874): 702

Feng Youlan 馮友蘭 (1895-1990): 42 n. 6, 173 n. 17, 730, 732 n. 6

Fotudeng 佛圖澄 (morto 349): 411s

Fujian 福建 (província): 520 n. 3, 560, 563

Fushe 復社 (Sociedade da Renovação): 627-630, 643, 647, 652, 663

Fuxi 伏羲 (soberano mítico): 265, 305

Gândhâra: 401, 431

Gao Panlong 高攀龍 (1562-1626): 626, 634 n. 43, 636 n. 65, 637 n. 66, 654

Gautama: cf. Sâkyamuni

Ge Hong 葛洪 (apr. 283-apr. 343): 385

Gongsun Long 公孫龍 (início do séc. III a.C.): 155 n. 47, 159, 161, 166-169

Gongyang 公羊 (escola exegética sobre as *Primaveras e Outonos*): 344s, 362 n. 39, 693-695, 697s, 712, 719 n. 8, 720 n. 14, 724 n. 32

Gong Zizhen 龔自珍 (1792-1841): 698-700

Gu Huan 顧歡 (apr. 430-493): 424

Gu Jiegang 顧頡剛 (1893-1980): 681

Gu Xiancheng 顧憲成 (1550-1612): 625-627, 637 n. 67, 654

Gu Yanwu 顧炎武 (1613-1682): 621, 631 n. 10, 643, **647-651**, 652, 663, 684 n. 15, 685 n. 26

Guanyin 觀音: cf. Avalokitesvara

Guan Zhong 管仲 (séc. VII a.C.): 262

Guangwu 光武 (imperador Han, r. 25-57): 347, 354, 361 n. 32

Guo Xiang 郭象 (apr. 252-312): **379-384**, 388 n. 29-30, 389 n. 46, 408, 451, 508

Índice de nomes próprios

Han 漢 (dinastia, 206 a.C-220 d.C.): 26s, 90-92, 123, 157s, 229, 239, 242, 258, 280 n. 31, 290, 292, 297, 301, 304-306, 312, 320s, **329-357**, 366-368, 370s, 383-385, 393, 401s, 405, 407, 412, 417 n. 20, 444, 485, 487s, 491s, 497, 5 01, 505, 507, 535, 562, 598s, 616, 627, 642, 650, 669s, 679, 690 n. 89, 691-695, 701, 706s, 710

- Han anteriores ou ocidentais (206 a.C-9 d.C.): 300 n. 27, 329-354, 688 n. 68, 692-694, 696s

- Han posteriores ou orientais (25-220): 354-357, 367, 384, 386 n. 6, 408, 690 n. 88, 692, 694, 724 n. 39

- *Hanxue* 漢學 (estudos Han): cf. *xue* no Índice de conceitos

Han 韓 (Estado): 262, 273, 279 n. 27

Han Fei 韓非 (morto 233 a.C.): 95, 220, 236, 266, 270, **273s**, 279 n. 27.30, 332, 338, 483

Han Yu 韓愈 (768-824): **467-469**, 483, 531, 535

Hanlin 翰林: cf. Academia imperial Hanlin

Hanshan Deqing 憨山德清 (1546-1623): 618, 634 n. 44

Hangzhou 杭州 (capital dos Song do Sul): 560, 669

He Xinyin 何心隱 (1517-1579): 625

He Xiu 何休 (129-182): 362 n. 39, 690 n. 88, 694, 719 n. 8, 724 n. 39

He Yan 何晏 (apr. 190-249): 368s, 371, 384

Heshang gong 河上公 : 222, 232 n.7, 234 n. 10, 387 n. 16

Heshen 和珅 (1750-1799): 691, 693

Hinaiana (Pequeno Veículo): 400s, 406, 419 n. 32, 420, 433

Hongren 弘忍 (602-674): 458s

Hong Xiuquan 洪秀全 (1814-1864): 701

Hongzhou 洪州 (escola Zen): 459s

Hu Guang 胡廣 (1370-1418): 599

Hu Hong 胡宏 (Hu Wufeng 胡五峰, 1105-1155): 686 n. 44

Hu Juren 胡居仁 (1434-1484): 600

Hu Shi 胡適 (1891-1962): 173 n. 17, 681, 730, 733 n. 6
Hu Yuan 胡瑗 (993-1059): 483s, 530, 549, 557 n. 15, 665
Hu Zhi 胡直 (1517-1585): 617s
Huan Tan 桓譚 (apr. 43 a.C.-28 d.C.): 350, 364 n. 53
Huang Zongxi 黃宗羲 (1610-1695): 521 n. 5, 596 n. 73, 621, 624, 633 n. 34, **643-647**, 649, 651, 663, 681, 683 n. 7-8, 684 n. 12, 718
Huangdi 黃帝 (Imperador Amarelo): 265, 275, 288, 332, 334, 358 n. 10, 359 n. 24, 427
- Huang-Lao 黃老 (corrente do Imperador Amarelo e de Lao-tse): 122, 275, 280 n. 31, **331-334**, 340, 356
Huayan 華嚴 (escola budista; japonês Kegon): **449-452**, 460, 473 n. 13, 504, 541, 571
Hui Dong 惠棟 (1697-1758): 671s
Hui Shi 惠施 (ou Huizi 惠子, Mestre Hui, apr. 380-305): 126-129, 145, 150, 153 n. 11, 157, 258
Huijiao 慧皎 (morto 554): 416 n. 12
Huilin 慧琳 (séc. V d.C.): 424
Huineng 慧能 (638-713): 458, 461, 475 n. 33
Huisi 慧思 (515-577): 447, 472 n. 8
Huiwen 慧文 (atuante apr. 550 d.C.): 447
Huiyuan 慧遠 (334-416): 410, **412-414**, 419 n. 33, 426-430, 453, 458
Hunan 湖南 (província): 563, 651, 709
Huxley, Thomas (1825-1895): 703

Imperador Amarelo: cf. Huangdi 黃帝
Inglaterra: 701-703, 708
Iogacara (escola budista): **432-437**, 460; cf. tb. Faxiang

Índice de nomes próprios

Japão: 401, 436, 443, 452, 459, 466, 472 n. 6, 588, 591 n. 17, 614, 644, 701, 704, 707s, 713-715, 717s, 721 n. 20, 728

Jia Yi 賈誼 (200-168): 372s

Jiangnan 江南 (região): 669, 671, 692

Jiangsu 江蘇 (província): 520 n. 3, 625, 692, 709

Jiangxi 江西 (província): 413, 520 n. 3, 560, 562s

Jiao Hong 焦竑 (1540?-1620): 621

Jiaqing 嘉慶 (imperador Qing, r. 1796-1820): 691

Jie 桀 (último soberano dos Xia): 241

Jin 金 (dinastia, 1115-1234): cf. Jürchen

Jin 晉 (dinastia, 265-420): 366, 368, 403, 405, 409s, 423, 671, 688 n. 68

Jixia 稷下 (academia do Estado de Qi): cf. academia Jixia

Jizang 吉藏 (549-623): 432

Jürchen: 485, 560, 588

Kaifeng 開封 (capital dos Song do Norte): 484s, 488, 505

Kang Youwei 康有為 (1858-1927): 695, 701, **704-708**, 721 n. 22, 729

Kangxi 康熙 (imperador Qing, r. 1662-1723): 630 n. 5, 645, 667s

Kong Anguo 孔安國 (156-74?): 688 n. 68

Kong Yingda 孔穎達 (574-648): 444

Kosa (escola budista; sânscrito *dharma-mâtra*, "nada mais que darma"): 433

Kou Qianzhi 寇謙之 (373-448): 430

Kuangshe 匡社 (Sociedade para a Reforma): 652

Kubilai (grande Khan mongol, r. 1260-1294): 588

Kuiji 窺基 (632-682): 437

Kumârajîva (344-413? ou 350-409): 409, 412-414, **420-423**, 432, 437, 443, 472 n. 9, 474 n. 18, 475 n. 30

Lao-tse 老子 (o Velho Mestre): 121, 123, 157, 160, **208-233**, 275, 279 n. 30, 332, 356, 365 n. 65, 374, 380, 407, 417 n. 21, 423, 425, 444, 483, 570, 577, 678

Legge, James (1815-1897): 702

Li Ao 李翱 (apr. 772-836): **469-471**, 535

Li Bo 李白 (701-762): 465

Li Fu 李紱 (1675-1750): 668, 688 n. 62

Li Gong 李塨 (1659-1733): 665s, 669, 687 n. 59

Li Gou 李覯 (1009-1059): 483, 522 n. 11

Li Guangdi 李光地 (1642-1718): 630 n. 5, 668, 688 n. 62

Li Kui 李悝 (séc. V a.C.): 262

Li Si 李斯 (morto 208 a.C.): 236, 274

Li Tong 李侗 (1093-1163): 560, 565, 582

Li Yong 李顒 (1627-1705): 643, 683 n. 7

Li Zhi 李贄 (1527-1602): **619-621**, 625, 635 n. 47-48, 649

Liang Qichao 梁啟超 (1873-1929): 705, 707, **708-713**, 723 n. 37, 725 n. 46-47, 729

Liang Shuming 梁漱溟 (1893-1988): 730

Liangjie 良价 (807-869): 459

Liao Ping 廖平 (1852-1932): 695, 714, 722 n. 33

Lin Zhao'en 林兆恩 (1517-1598): 617

Lingbao 靈寶 (escola taoísta da Jóia Sagrada): 407, 417 n. 23

Linji 臨濟 (morto 866; japonês Rinzai): 459, 467, 477 n. 44

Liu 劉 (clã imperial dos Han): 531, 692

Liu An 劉安 (rei de Huainan 淮南, morto 122 a.C.): 331

Liu Bang 劉邦 (fundador da dinastia Han, nome de reinado Gaozu 高祖, r. 188-180): 331

Liu Fenglu 劉逢祿 (1776-1829): 690 n. 88, 694-696, 698, 700, 711s, 719 n. 8

Liu Shao 劉劭 (apr. 180-apr. 240): 367

Liu Shipei 劉師培 (1884-1919): **716-718**, 726 n. 53, 727

Índice de nomes próprios

Liu Xin 劉歆 (32 a.C.?-23 d.C.): 347, 694s, 705, 714, 722 n. 32

Liu Yin 劉因 (1249-1293): 598

Liu Yiqing 劉義慶 (403-444): 386 n. 3, 409

Liu Zongyuan 柳宗元 (773-819): 468

Liu Zongzhou 劉宗周 (1578-1645): **621-624**, 635 n. 54, 645-647, 649, 658, 681, 684 n. 12

Lokaksema (nome chinês: Zhi Loujiachan 支婁迦讖 ou Zhichan 支讖, séc. II d.C.): 408

Longmen 龍門: 431, 450, 453, 457

Lu 盧 (monte): 413

Lu 魯 (Estado): 65s, 85, 91, 174s, 177, 283, 334, 347, 707, 714, 724 n. 39

Lu Jia 陸賈 (primeira metade do séc. II a.C.): 331

Lu Jiuling 陸九齡 (1132-1180): 561

Lu Xiangshan 陸象山 (Lu Jiuyuan 陸九淵, 1139-1193): 499, **560-584**, 589 n. 3-4, 596 n. 73, 598, 601s, 605, 608, 614, 649
- escola Lu-Wang 陸王: 601, 611, 668

Lü Buwei 呂不韋 (segunda metade do séc. III a.C.): 281

Lü Liuliang 呂留良 (1629-1683): 669, 688 n. 65

Lü Zuqian 呂祖謙 (1137-1181): 560s, 563

Luo 洛 (rio): 296s

Luo Qinshun 羅欽順 (1465-1547): 615s, 626, 634 n. 43, 635 n. 50

Luoyang 洛陽: 49, 329, 402, 405s, 408, 411, 485, 488, 506, 530s, 535, 591 n. 16

Ma Rong 馬融 (79-166): 335, 386 n. 6

Maaiana (Grande Veículo): 400s, 407s, 414, 420s, 425, 431, 433, 436, 441 n. 28, 446, 454, 456, 466, 483, 487, 512, 677, 705, 709

Mâdhyamika (escola budista): 389 n. 46, **420-423**, 432s, 436s, 438 n. 3, 448, 451, 460, 512

Maitreya (o Benevolente, o Buda futuro): 412s, 431, 450
Manjusrî (Bodisatva da Sabedoria Suprema): 431
Mao Zedong 毛澤東 (Mao Tse-tung): 271, 709, 730
Maoshan 茅山: cf. Shangqing 上清
Marco Polo: 588, 596 n. 81
Mawangdui 馬王堆: 233 n. 7, 324 n. 12, 332s
Mazu Daoyi 馬祖道一 (709-788, japonês Bashô): 459s
Mei Wending 梅文鼎 (1633-1721): 672
Meiji 明治 (era japonesa, 1868-1912): 614, 701, 707
Mêncio (Mengzi 孟子, Mestre Meng, apr. 380-289 a.C.): 67, 91, 95, 101, 110s, 117, 122s, 157, 160, **174-204**, 208, 218, 236s, 239, 244-251, 253, 255, 259, 260 n. 16-17, 262-264, 268, 270, 274, 282, 321, 343s
- no neoconfucionismo dos Song e dos Ming: 468, 470, 484, 486, 500-502, 512s, 515, 519, 527 n. 78, 535, 545, 552-554, 562, 564, 572s, 579, 581, 604, 608, 611, 649
- no confucionismo dos Qing: 645, 672, 674, 676, 715
Ming 明 (imperador Han, r. 58-75): 402, 416 n. 9
Ming 明 (dinastia, 1368-1644): 27, 488, 506, 571, 588, **597-630**, 641-653 *passim*, 661-677 *passim*, 683 n. 1, 684 n. 10, 691-694, 711, 717, 720 n. 17, 727
mosteiro da Floresta do Leste (*Donglinsi* 東林寺): 413
mosteiro do Cavalo Branco (*Baimasi* 白馬寺): 402
mosteiro do Lago do Ganso (*Ehusi* 鵝湖寺): 560s
Mo-tse 墨子 (Mozi, Mestre Mo, séc. V-IV): 94, **100-117**, 121, 125, 133, 174, 178, 182, 184s, 258, 274, 282, 483
Mou Zongsan 牟宗三 (1909-1995): 730

Nâgârjuna (séc. II d.C.): 422, 438 n. 3
Nâgasena (séc. II a.C.): 394
Nanquim (Nanjing 南京): 405, 643, 648, 669, 700s
Nirvana (escola budista): 414, 429

Índice de nomes próprios

Ouyang Xiu 歐陽修 (1007-1072): 484, 487, 521 n. 10, 530s, 563

Partido comunista (*Gongchan dang* 共產黨): 729
Partido nacionalista (*Guomin dang* 國民黨): 716
Partido progressista (*Jinbu dang* 進步黨): 716
Peng Zu 彭祖: 129, 149
Pequim (*Beijing* 北京): 588, 628s, 647, 652, 708, 718
Platão: 61, 105, 160, 163
Primaveras e Outonos (*Chunqiu* 春秋): 60, 63, 91, 100s, 311
Primeiro Imperador (fundador da dinastia Qin, r. 221-210): 26, 55, 100, 236, 274, 281s, 290, 298 n. 8, 304, 330-332, 334, 357 n. 3, 685 n. 23

Qi 齊 (Estado): 171, 173, 180, 237, 262, 282s, 334
Qian Daxin 錢大昕 (1728-1804): 680
Qian Dehong 錢德洪 (1496-1574): 609s, 612
Qianlong 乾隆 (imperador Qing, r. 1736-1796): 667s, 691, 693
Qin 秦 (Estado e dinastia, 221-206): 26, 47, 55, 238, 262, 264, 274, 281, 290, 330, 343s, 347, 357 n. 3, 361 n. 32, 714
- Qin Shihuangdi 秦始皇帝: cf. Primeiro Imperador
Qing 情 (dinastia, 1644-1911): 27, 347, 506, 585, 621, 624, **641-718**
Qu Yuan 屈原 (apr. 340-apr. 278): 348
Quan Zuwang 全祖望 (1705-1755): 683 n. 7, 684 n. 11

Reinos Combatentes (*Zhanguo* 戰國): 26s, 30, 60, 94, 100s, 103, **111-326**, 330s, 333, 342, 366, 368, 374, 673, 714
Ricci, Matteo (1552-1610): 628s, 637 n. 70, 638 n. 73, 672
Rio Amarelo (*Huanghe* 黃河): 49, 52, 123, 147, 290, 297

Rio Azul (Yangzijiang 揚子江): 123, 408, 485, 520 n. 3, 618, 669

Rousseau, Jean-Jacques (1712-1778): 206 n. 19, 718

Ruan Ji 阮籍 (210-263): 382

Ruan Yuan 阮元 (1764-1849): 682, 690 n. 89, 704

Sâkyamuni (apr. 560-480): 393, 425, 431, 441 n. 28, 456; cf. tb. Buda

Sanghabhuti (séc. IV d.C.): 412

Sanghadeva (séc. IV d.C.): 412s

Sarvâstivâda (sânscrito: Caminho do realismo integral): 400, 412, 419 n. 32

Seis Dinastias (*liuchao* 六朝): 352, 366

Sengyou 僧祐 (445-518): 439 n. 10, 440 n. 13.18, 471 n. 1

Sengzhao 僧肇 (374-414): 414, 421, 432, 438 n. 5

Shang 商 (ou Yin 殷, dinastia, apr. séc. XVIII-XI): 47-60, 83, 91, 181, 283, 289, 295, 302, 468

Shang Yang 商鞅 (morto 338 a.C.): 177, 262, 264, 270, 272, 274

Shangqing 上清 (escola taoísta da Alta Pureza): 407, 417 n. 23, 424

Shao Yong 邵雍 (1012-1077): 485, **488-496**, 501, 504-507, 523 n. 19, 534 n. 37, 531, 540, 565

Shen Buhai 申不害 (morto 337 a.C.): 177, 258, 262, 272, 279 n. 25.30

Shen Dao 慎到 (séc. IV-III): 258, 262, 271

Shenhui 神會 (670?-760): 458, 462, 475 n. 33

Shennong 神農 (Divino Agricultor): 178, 183, 235 n. 21, 265

Shenxiu 神秀 (605?-705): 458, 460s, 475 n. 31

Shi Jie 石介 (1005-1045): 483

Shun 舜 (soberano mítico): 72, 88, 91, 179, 181, 183, 193, 215, 265, 468, 486, 503, 535, 561, 576, 681; cf. tb. Yao 堯

Índice de nomes próprios

Sichuan 四川 (província): 348, 356, 472 n. 6, 520 n. 3, 530

Sima Guang 司馬光 (1019-1086): 484s, 488, 586, 687 n. 50

Sima Qian 司馬遷 (145?-86?): 92, 122, 179, 279 n. 30, 280 n. 31, 282, 285, 330; cf. tb. *Memórias históricas* no Índice de obras

Sima Tan 司馬談 (morto apr. 110 a.C.): 122, 330, 367 n. 4

Sima Xiangru 司馬相如 (179-118): 348

Song 宋 (Estado): 102, 171, 190, 264

Song 宋 (dinastia, 960-1279): 27, 92, 193, 199, 324 n. 11, 385, 387 n. 12, 453, 464, 466, 468s, 472 n. 6, **481-589**, 597s, 600, 611, 614s, 624s, 642-650 *passim*, 661, 664s, 669s, 673s, 678, 687 n. 48, 692, 694, 696, 717, 727

- Song do Norte (960-1127): 483-555
- Song do Sul (1127-1279): 560-589
- *Songxue* 宋學 (estudos Song): cf. *xue* 學 no Índice de conceitos

Su Che 蘇轍 (1039-1112): 530

Su Shi 蘇軾 (Su Dongpo 蘇東坡, 1037-1101): 484, **530-535**, 540, 556 n. 4

Su Xun 蘇洵 (1009-1066): 484, 530

Sui 隋 (dinastia, 581-618): 366, 405, 423, 430, 432, 447, 450

Sun Fu 孫復 (992-1057): 483, 521 n. 5

Sun Qifeng 孫奇逢 (1585-1675): 643

Sun Yat-sen (Sun Zhongshan 孫中山, 1866-1925): 715

Sûnyavâda (sânscrito: Caminho da vacuidade): 433

Suzhou 蘇州 (localidade): 628, 647, 669, 671

Taiping 太平 (revolta dos): 701s, 721 n. 21

Taizhou 泰州 (escola de): 618s, 621s, 625s, 634 n. 45, 646, 657

Tan Sitong 譚嗣同 (1865-1898): 707, **708-710**, 712, 723 n. 38

Tang 湯 (Cheng Tang 成湯, fundador da dinastia Shang): 154 n. 30, 289, 331, 468, 535

Tang 唐 (dinastia, 618-907): 27, 92, 393, 404, 431s, 437, **443-471**, 481-487, 535

Tang Zhen 唐甄 (1630-1704): 645

Tantrayâna (sânscrito: Veículo do tantra): cf. tantrismo no Índice de conceitos

Tao Hongjing 陶宏景 (456-536): 424

Teravada (sânscrito: Ensinamento dos antigos): 400, 419 n. 32, 441 n. 28

Terra Pura (escola budista: sânscrito *Sukhâvatî*; chinês *jingtu* 淨土; japonês *jôdo*): 420, 424, 438 n. 2, 452s

Tiantai 天台 (escola budista; japonês Tendai): **447-449**, 450-452, 463, 472 n. 11, 495, 504

Tibete: 401, 453-455, 479 n. 23-24, 597, 667; cf. tb. tantrismo no Índice de conceitos

Tongcheng 桐城 (escola de): 701

Três Dinastias (Xia, Shang, Zhou): 47, 105, 179, 535, 555, 699s

Três Reinos (*sanguo* 三國, 220-265): 366, 619

Três tratados (escola dos, *sanlun zong* 三論宗): cf. Mâdhyamika e *Três tratados* no Índice de obras

Turbantes Amarelos: 356, 365 n. 67

Tusita (paraíso de Maitreya): 412, 431

Ullambana (festa dos mortos): 456

Vairocana (Mahâvairocana, Buda do sol): 452, 455

Vajrayâna (sânscrito: Veículo do diamante-relâmpago): cf. tantrismo no Índice de conceitos

Vasubandhu (séc. IV-V): 433

Vijnânavâda (sânscrito: Caminho da faculdade cognitiva): 433-436

Vimalakîrti : 431, 438 n. 4, 456

Wang Anshi 王安石 (1021-1086): 484s, 488, 506, 522 n. 12, 530-532, 585, 591 n. 16, 644

Wang Bi 王弼 (226-249): 233 n. 7, 320, 350, 368, **369s**, 370-380, 382, 384s, 386 n. 6, 387 n. 8-9.12, 388 n. 27, 408, 504, 508, 532, 539s, 581

Wang Chong 王充 (27-apr. 100): 242, 286, 310, **350-354**, 364 n. 54, 367, 440 n. 15

Wang Fu 王符 (apr. 85-165): 355, 365 n. 64

Wang Fuzhi 王夫之 (1619-1692): 643, 650, **651-653**, 654-657, 659-662, 685 n. 24, 689 n.76, 709, 715s, 718, 725 n. 51

Wang Gen 王艮 (1483-1541): 618, 634 n. 45

Wang Ji 王畿 (1498-1583): 609, 626, 633 n. 28

Wang Mang 王莽 (r. 9-23): 329, 346-348, 694s, 705, 722 n. 32

Wang Meng 王濛 (apr. 309-347): 409

Wang Mingsheng 王鳴盛 (1722-1798): 680

Wang Niansun 王念孫 (1744-1832): 680

Wang Tao 王韜 (1828-1897): 702

Wang Tingxiang 王廷相 (1474-1544): 614-616

Wang Wei 王維 (699-759): 458, 465

Wang Xizhi 王羲之 (apr. 307-365): 409

Wang Yangming 王陽明 (Wang Shouren 王守仁, 1472-1529): 588, **601-614**, 616s, 619-624, 626, 631 n. 13, 632 n. 14-15, 644, 646, 649, 653, 657, 674, 679, 681

Wang Yinglin 王應麟 (1223-1296): 688 n. 67

Wang Yinzhi 王引之 (1766-1834): 680

Wei 魏 (dinastia, 220-265): 366, 369

Wei do Norte (Bei Wei 北魏 ou Tuoba Wei 拓跋魏, dinastia, 386-534): 417 n. 21, 423, 429-431

Wei Boyang 魏伯陽 (séc. II d.C.): 385

Wei Yuan 魏源 (1794-1856): 698s, 701, 719 n. 6, 720 n. 17, 721 n. 20

Wei Zhongxian 魏忠賢 (1568-1627): 627s, 643, 691

Wen 文 (rei, fundador dos Zhou): 47s, 59, 90, 265, 289, 305, 468, 535, 556 n. 13

Wu 吳 (reino): 366; cf. tb. Três Reinos

Wu 武 (rei dos Zhou): 47s, 59, 181, 265, 331, 468

Wu 武 (imperador Han, r. 140-87): 331, 334, 340s, 356, 360 n. 25, 363 n. 46

Wu 武 (fundador da dinastia Liang 梁, r. 502-549): 414, 424, 428s, 440 n. 17, 441 n. 24

Wu Cheng 吳澄 (1249-1333): 598

Wu Yubi 吳與弼 (1392-1469): 600

Wu Zhao 武照 (Wu Zetian 武則天, imperatriz, r. 690-705): 449-452, 473 n. 13

Xangai (Shanghai 上海): 706, 708s

Xi Kang 嵇康 (223-262): 367s, 386 n. 2

Xia 夏 (dinastia, II milênio a.C.): 47, 57, 60 n. 2, 91, 241, 576

Xiang Xiu 向秀 (apr. 223-apr. 300): 388 n. 30, 416 n. 14

Xie An 謝安 (320-385): 409, 418 n. 26

Xin 新 (dinastia, 9-23): cf. Wang Mang 王莽

Xiong Shili 熊十力 (1885-1968): 730, 733 n. 7

Xiongnu 匈奴 (hunos?): 405, 411

Xu Gan 徐幹 (170-217): 355, 365 n. 64

Xu Guangqi 徐光啟 (1562-1633): 628

Xu Heng 許衡 (1209-1281): 598

Xu Shen 許慎 (apr. 55-apr. 149): cf. *Shuowen jiezi* no Índice de obras

Xu Xun 許詢 (séc. IV d.C.): 409

Xuanzang 玄奘 (602-664): **432-437**, 441 n. 24-25, 442, n. 31-32, 443, 450, 461, 475 n. 13

Xue Xuan 薛瑄 (1389-1464): 614

Índice de nomes próprios

Xun Ji 荀濟 (morto 547 d.C.): 429

Xunzi 荀子 (Mestre Xun, primeira metade do séc. III a.C.): 95, 122, 157, 174, 204, 208, **236-259**, 262s, 268, 274, 282, 320, 338, 344, 362, 468, 484, 513, 515, 532, 535, 542, 572, 574, 581, 585, 675, 678, 703, 715

Yan 燕 (Estado): 127, 259 n. 3, 283

Yan Fotiao 嚴浮調 (fim do séc. II d.C.): 402, 416 n. 12

Yan Fu 嚴復 (1853-1921): 703s, 710, 715, 718, 722 n. 26, 725 n. 47

Yan Hui 顏回 (discípulo de Confúcio): 77, 148, 417 n. 21, 503, 517s, 535s, 547s, 557 n. 15, 696

Yan Ruoqu 閻若璩 (1636-1704): 593 n. 45, 670s

Yan Yuan 顏元 (1635-1704): **663-666**, 669, 681, 687 n. 54.56.59

Yang Guangxian 楊光先 (1596-1670): 656

Yang Shen 楊慎 (1488-1559): 621

Yang Xiong 揚雄 (53 a.C.-18 d.C.): 348-350, 363 n. 48, 369, 468, 481

Yang Zhu 楊朱 (Yangzi 楊子 Mestre Yang, séc. IV a.C.?): 185, 281s, 298 n. 3, 483

Yangzhou 揚州 (localidade): 669, 716

Yangzijiang 揚子江: cf. Rio Azul

Yao 堯 (soberano mítico): 61 n. 12, 72, 91, 154 n. 30, 179, 181, 183, 193, 265, 294, 468, 486, 503, 523 n. 19, 535, 561, 681; cf. tb. Shun 舜

Ye Shi 葉適 (1150-1223): 585

Yijing 義淨 (635-713): 443

Yin Haiguang 殷海光 (1919-1969): 730

Yu 禹 (o Grande, fundador dos Xia): 57, 91, 183, 186, 241, 288, 468, 535, 576, 681

Yuan 元 (dinastia mongol, 1264-1368): 588, 597s, 616, 630 n. 3-4, 669

Yungang 雲崗: 431, 441 n. 21, 453, 457

Zen 禪 (escola budista; sânscrito Dhyâna; japonês Zen): 125, 414, 437, 450, **457-466**, 474 n. 29, 475 n. 33-34, 476 n. 35, 487, 495, 504, 533s, 545, 560s, 564, 578, 582, 585, 587, 594 n. 61, 605, 610, 614, 621s, 626, 649

Zengzi 曾子 (Mestre Zeng, discípulo de Confúcio, apr. 505-436 a.C.?): 73, 75, 165, 175s, 535

Zhan Ruoshui 湛若水 (1466-1560): 600

Zhang Binglin 章炳麟 (Zhang Taiyan 章太炎, 1869-1935): 685 n. 26, **713-716**, 718, 725 n. 51, 727

Zhang Daoling 張道陵 (fim do séc. II d.C.): 357

Zhang Heng 張衡 (78-139): 350

Zhang Jue 張角 (fim do séc. II d.C.): 356

Zhang Juzheng 張居正 (1525-1582): 625, 636 n. 62

Zhang Shi 張拭 (1133-1180): 506, 563

Zhang Xuecheng 章學誠 (1738-1801): 680-682, 690 n. 85, 714

Zhang Zai 張載 (1020-1078): 97 n. 9, **505-520**, 525 n. 59, 526 n. 60, 527 n. 78, 528 n. 98, 529 n. 100, 530, 535-538, 542, 546, 548, 550s, 560, 565, 572, 574, 603, 614s, 626, 637 n. 66, 654-660

Zhang Zhidong 張之洞 (1837-1909): 702

Zhanran 湛然 (711-782): 447s

Zhejiang 浙江 (província): 447, 520 n. 3, 563, 605, 644, 715

Zheng 鄭 (Estado): 269, 714

Zheng Xianzhi 鄭鮮之 (363-427): 428

Zheng Xuan 鄭玄 (127-200): 97 n. 10, 355, 705, 722 n. 32

Zhi Dun 支遁 (Zhi Daolin 支道林, 314-366): 409, 453

Zhiyi 智顗 (538-597): 447, 450, 472 n. 8

Zhong Hui 鍾會 (225-264): 367, 369

Zhongchang Tong 仲長統 (180 d.C.?): 355, 365 n. 64

Zhou 周 (dinastia, séc. XI-256 a.C.): **47-60**, 60 n. 3, 65, 83, 90s, 96 n. 7, 97 n. 23, 100-102, 105, 123, 156, 181, 183,

Índice de nomes próprios

205 n. 6, 209, 238s, 279 n. 27, 281, 283, 289, 296, 299 n. 20, 302, 324 n. 29, 345, 468, 481, 484s, 507

- Zhou (duque de, Zhougong 周公): 48, 90, 305, 426, 468, 682, 706

Zhou 周 (dinastia fundada por Wu Zhao, 690-705): 450

Zhou Dunyi 周敦頤 (1017-1073): 320, 487, **497-505**, 506-508, 515, 519, 524 n. 39, 530, 537, 548, 550, 554, 560, 562, 565s, 569

Zhouxin 紂辛 (último soberano dos Shang): 48, 181

Zhu Hong 袾宏 (1535-1615): 618, 634 n. 44

Zhu Xi 朱熹 (1130-1200): 92, 487s, 496, 499, 506, 512, 525 n. 58, 528 n. 89, 537s, 541, 554, 557 n. 16, **560-589**, 597-630 *passim*, 632 n. 14.17, 649, 654, 657, 669, 674s, 677, 679, 730

Zhu Yuanzhang 朱元璋 (fundador dos Ming, nome de reinado Hongwu 洪武, r. 1368-1398): 598, 684 n. 10

Zhuang Cunyu 莊存與 (1719-1788): 693s

Zichan 子產 (séc. VI a.C.): 269

Zisi 子思 (neto de Confúcio, apr. 485-420?): 175, 177, 199, 264, 535

Zongmi 宗密 (780-841): 450, 460, 473 n. 14, 476 n. 35, 477 n. 51

Zou Yan 鄒衍 (primeira metade do séc. III a.C.): 282s, 288, 292

Índice de obras

Abhidharma (sânscrito: análise da Lei): 401
Abhidharma-kosa (*Tesouro da escolástica*): 433
Anais da falésia verde (*Biyan lu* 碧巖錄): 471 n. 46
Anais das Primaveras e Outonos: cf. *Primaveras e Outonos*
Analectos (de Confúcio, *Lunyu* 論語): 41 n. 3, 65-93, 95 n. 3, 101, 103, 133, 176, 178s, 204 n. 3, 205 n. 10, 207 n. 21, 210, 233 n. 5, 235 n. 14, 237, 257, 278 n. 2, 349, 364 n. 59, 369, 387 n. 16, 503, 518, 520, 522 n. 16, 526 n. 60, 527 n. 80, 528 n. 84.90.95, 535, 539s, 553, 556 n. 4.13, 557 n. 21.23, 558 n. 43, 562, 587, 591 n. 17, 593 n. 35.38.45, 634 n. 43, 649, 683 n. 19, 685 n. 40, 690 n. 87, 720 n. 11, 722 n. 27.38
Apócrifos (textos de prognóstico e de trama, *chenwei* 讖緯): 346, 385, 473 n. 15, 692, 696, 714, 723 n. 34

Baihei lun 白黑論 (*Tratado sobre Branco e Negro*): 424, 440 n. 13, 633 n. 39
Baopuzi 抱樸子 (*O Mestre que abraça a simplicidade*): 385, 389 n. 49
Beixi ziyi 北溪字義 (*Significação dos termos segundo o Mestre de Beixi*): 594 n. 51, 674
Bíblia: 191, 196

Cangshu 藏書 (*Livro a ser escondido*): 619, 655 n. 48

Índice de obras

Cânon:
- confuciano: cf. Clássicos
- budista: cf. *Tripitaka*
- moísta: cf. *Mojing*
- taoísta: cf. *Daozang*

Chu sanzang jiji 出三藏記集 (*Coleção de notas concernentes à tradução do Tripitaka*): 439 n. 10, 471 n. 1

Chuci 楚辭 (*Elegias de Chu*): 153 n. 7

Chunqiu 春秋: cf. *Primaveras e Outonos*

Chunqiu fanlu 春秋繁露 (*Profusão de orvalho sobre as Primaveras e Outonos*): 360 n. 28, 361 n. 30-31

Chunqiu zhengci 春秋正辭 (*Retificação dos termos nas Primaveras e Outonos*): 693

Clássicos (*jing* 經): 29, 31, 90-95, 98 n. 29, 304, 331, 341, 344-348, 356, 357 n. 3, 413, 505, 520 n. 4, 536, 562, 564, 588, 597, 599, 619, 625, 642s, 652, 669, 671s, 679, 681, 692, 700, 708, 713s, 728

- Cinco Clássicos (*wujing* 五經): 92, 99 n. 32, 301, 304, 341, 363 n. 46, 424, 444, 591 n. 10, 670

- Seis Clássicos (*liujing* 六經): 90-92, 99 n. 32, 360 n. 26, 563, 649, 664, 681s

- Treze Clássicos (*shisanjing* 十三經): 92, 690 n. 89

Comentário de Zuo: cf. *Zuozhuan*

Dacheng qixin lun 大乘起信論 (sânscrito *Mahâyâna-sraddhotpâda-sâstra*, *Tratado do despertar da fé no Maaiana*): 450, 473 n. 15

Da Tang xiyu ji 大唐西域記 (*Relato sobre as regiões a oeste do grande império Tang*): 437

Datong shu 大同書 (*Livro da Grande Unidade*): 710, 724 n. 39

Daozang 道藏 (*Cânon taoísta*): 389 n. 48, 488

Daxue 大學: cf. *Grande Estudo*

Dez Asas (comentários sobre as *Mutações*): 305, 323 n. 11, 324 n. 27, 521 n. 10

Diagrama do Rio (*Hetu* 河圖): 296s; cf. tb. *Escrito do Luo*

Diagrama anterior ao Céu (*Xiantian tu* 先天圖) / *Diagrama posterior ao Céu* (*Houtian tu* 後天圖): 307

Documentos (*Shu* 書): 40, 43 n. 16, 61 n. 12, 90, 92, 98 n. 30, 102, 181, 287, 294, 299 n. 20, 300 n. 29, 301, 304, 347, 360 n. 26, 363 n. 46, 522 n. 12, 523 n. 19, 556 n. 4, 558 n. 33, 576, 590 n. 9, 650, 670s, 684 n. 21, 688 n. 66, 689 n. 69, 706

Escrito do Luo (*Luoshu* 洛書): 297

Fangyan 方言 (*Repertório de expressões dialetais*): 348, 363 n. 47

Fayan 法言 (*Palavras modelos*): 349

Fenshu 焚書 (*Livro a ser queimado*): 619, 635 n. 48.51

Fengfa yao 奉法要 (*Pontos essenciais do Darma*): 410

Fengsu tongyi 風俗通義 (*Suma dos usos e costumes*): 357 n. 2, 358 n. 5

Fuxing shu 復性書 (*Livro sobre o retorno à natureza fundamental*): 469, 477 n. 52, 478 n. 53

Gaoseng zhuan 高僧傳 (*Biografias dos monges eminentes*): 416 n. 12

Gongsun Longzi 公孫龍子: 155 n. 47, 159, 161, 170, 172 n. 8

Grande Comentário (às *Mutações*, *Dazhuan* 大傳 ou *Xici* 繫辭): 286, 304, 306s, 309s, 320, 323 n. 10.13.19, 372, 376s, 387 n. 11, 388 n. 23, 416 n. 15, 489, 493, 499, 507, 510, 514, 521 n. 10, 523 n. 20, 525 n. 43.46, 526 n. 63, 527 n. 72, 528 n. 83-84, 540, 592 n. 20, 686 n. 45

Grande Estudo (*Daxue* 大學): 75s, 199, 207 n. 22, 321, 326 n. 50, 470, 542, 558 n. 31, 562, 584s, 590 n. 6, 595 n. 65.67, 602, 607, 624, 632 n. 14, 633 n. 31, 717

Índice de obras

Grande Suma sobre os Quatro Livros (*Sishu daquan* 四書大全): 599, 686 n. 36

Gushi bian 古史辨 (*Críticas sobre a história antiga*): 681

Guwen Shangshu kao 古文尚書考 (*Análise dos documentos em escrita antiga*): 671

Guang hongming ji 廣弘明集 (complemento ao *Hongming ji*): 440 n. 18

Guanzi 管子: 206 n. 16, 262, 276, 278 n. 2, 279 n. 15, 282

Haiguo tuzhi 海國圖志 (*Memorial ilustrado sobre os países de além-mar*): 701, 721 n. 20

Han Feizi 韓非子: 95, 171, 173 n. 26, 237, 263s, 269-271, **273-277**, 279 n. 30.35, 310, 324 n. 23, 358 n. 11

Han shu 漢書 (*Anais dos Han anteriores*): 357 n. 2.4, 358 n. 10, 360 n. 25-26, 361 n. 29.37, 363 n. 46.48, 364 n. 54

Heguanzi 鶡冠子 (*O Mestre com a touca de faisão*): 299 n. 10

Hongfan 洪範 ("Grande Plano", capítulo dos *Documentos*): 43 n. 16, 287, 299 n. 20, 523 n. 19

Hongming ji 弘明集 (*Coletânea destinada a propagar e esclarecer a Lei budista*): 439 n. 10, 440 n. 13.16.18

Huainanzi 淮南子 (*O Mestre do Huainan*): 317, 325 n. 42, 331, 333, **334-337**, 358 n. 5.7.12.14.16, 359 n.20-21

Huang Qing jingjie 皇清經解 (*Exegeses sobre os Clássicos da dinastia Qing*): 689 n. 69, 690 n. 89, 719 n. 7

Huangdi neijing 黃帝內經 (*Cânon interno do Imperador Amarelo*): 339, 359 n. 24

Huangji jingshi shu 皇極經世書 (*Travessia dos séculos da Augusta Cumeeira*): 488, 492, 523 n. 19

Huangshu 黃書 (*Livro amarelo*): 662, 716, 718

Invariável Meio (*Zhongyong* 中庸): 97 n. 13.16, 98 n. 28, 199, 201, 321, 326 n. 50, 470, 477 n. 52, 500, 505, 520,

537, 545, 556 n. 4, 557 n. 15, 562, 573, 582, 587, 592 n. 27, 593 n. 36, 594 n. 60.62, 596 n. 74, 611, 624, 632 n. 23, 633 n. 33, 634 n. 43

Jingshi bao 經世報 (*Jornal da organização do mundo atual*): 713
Jinsi lu 近思錄 (*Reflexões sobre o que nos toca de perto*): 560, 565, 591 n. 17, 630 n. 5

Kaoxin lu 考信錄 (*Notas para uma leitura crítica e verídica*): 681
Kongzi gaizhi kao 孔子改制考 (*Estudo crítico de Confúcio como reformador das instituições*): 706, 722 n. 33-34
Kunxue ji 困學記 (*Notas sobre as penas do estudo*) de Gao Panlong: 626, 636 n. 65
Kunxue ji 困學記 (*Notas sobre as penas do estudo*) de Hu Zhi: 616s, 634 n. 43
Kunzhi ji 困知記 (*Notas sobre o conhecimento adquirido a duras penas*) de Luo Qinshun: 616, 633 n. 36, 634 n. 43

Laozi 老子 (ou *Tao-te king* [*Daodejing* 道德經], *Livro do Caminho e da Virtude*): 38, 41, 43 n. 14.17, 98 n. 26, 122, 124, 135, 139 n. 2, 165, 186, 206 n. 14.17, **208-233**, 236, 243, 252, 275, 277, 280 n. 31, 281, 285, 309, 316, 324 n. 21, 325 n.40, 332s, 350, 356, 358 n. 4, 359 n. 20, 368s, 371-375, 378, 382, 384, 386 n. 6-7, 387 n. 9.16, 388 n. 27, 408, 413, 417 n. 19, 444, 489, 499, 508, 514,520, 5 28 n. 84, 569
Liezi 列子: 122, 185, 235 n. 21, 387 n. 10, 388 n. 18, 444
Liji 禮記: cf. *Ritos*
Lixue ziyi tongshi 理學字義通釋 (*Explicação geral do sentido dos termos da escola do princípio*): 716
Livro da Grande Paz: cf. *Taipingjing*
Livro da Música: cf. *Música*

Índice de obras

Livro da piedade filial: cf. *Xiaojing*
Livro das Mutações: cf. *Mutações*
Livro das Odes: cf. *Odes*
Livro do Caminho e da Virtude: cf. *Laozi*
Livro do príncipe Shang: cf. *Shangjun shu*
Livro dos Documentos: cf. *Documentos*
Lun fogu biao 論佛骨表 (*Memorial concernente à relíquia do Buda*): 467s, 477 n. 49
Lun fojiao biao 論佛教表 (*Memorial sobre o budismo*): 429
Lunheng 論衡 (*Ensaios críticos*): 299 n. 19, 324 n. 26, 351-354, 364 n. 55-59.61
Lunlixue jiaokeshu 倫理學教科書 (*Manual de ética*): 717
Lüshi Chunqiu 呂氏春秋: cf. *Primaveras e Outonos do senhor Lü*

Mahâyâna-samgraha (*Compêndio do Maaiana*): 433, 442 n. 32
Memórias históricas (*Shiji* 史記): 95 n. 2, 99 n. 35, 117 n. 2, 122, 153 n. 6, 204 n. 1, 205 n. 5, 209, 211, 233 n. 5, 259 n. 2, 279 n. 27.30, 282, 285, 293, 298 n. 8, 300 n. 24, 322 n. 9, 325 n. 38, 330, 332, 358 n. 8, 360 n. 25
Mengzi 孟子: 94s, 118 n. 12, **174-204**, 210, 212, 236s, 257, 300 n. 30, 361 n. 36, 520, 525 n. 52-54, 526 n. 60, 527 n. 77.79, 528 n. 88.98-99, 556 n. 12, 557 n. 27, 559 n. 57-58.60.62, 562, 592 n. 32, 593 n. 35.40.42, 594 n. 53, 632 n. 17, 663 n. 29, **672-674**, 684 n. 10, 686 n. 41.44, 689 n. 75-76.78, 724 n. 41
Mengzi ziyi shuzheng 孟子字義疏証 (*Comentário crítico do sentido dos termos no Mengzi*): 674, 689 n. 75.79
Minbao 民報 (*Jornal do povo*): 715, 718
Ming shi 明史 (*História dos Ming*): 645, 668
Mingru xue'an 明儒學案 (*As Escolas de letrados dos Ming*): 633 n. 34, 634 n. 41, 637 n. 67, 645, 647

Mingyi daifanglu 明夷待訪錄 (*Plano para o príncipe*): 644, 649, 683 n. 8, 718

Mojing 墨經 (Cânon moísta): 103, 158s, 166, 169, 171 n. 5-7, 209 n. 8, 253

Mouzi lihuo lun 牟子理惑論 (*Como Mestre Mou tira nossas dúvidas*): 402

Mozi 墨子: 94, **100-117**, 153 n. 9, 158, 247, 253

Música (*Yue* 樂): 91s, 99 n. 32, 360 n. 26, 689 n. 73, 706

Mutações (*Yijing* 易經 ou *Zhouyi* 周易): 39, 49, 91s, 220, 241, 286, 297, **301-322**, 349s, 360 n. 26, 368-370, 372, 374-377, 385, 386 n. 6, 387 n. 8.11, 389 n. 24, 389 n. 48, 403, 408

- no neoconfucionismo: 470, 483, 488s, 492, 497-499, 501, 505-507, 510s, 520, 523 n. 23, 524 n. 34.40, 525 n. 43.60, 531, **548-551**, 556 n. 6, 558 n. 45, 561, 565, 567, 592 n. 20, 617, 624, 654, 659, 683 n. 8, 702, 706

Odes (*Shi* 詩): 68, 78, 89-92, 96 n. 8, 98 n. 31, 102, 285, 301, 304, 360 n. 26, 522 n. 12, 592 n. 27, 699, 706

Prajnâ-pâramitâ (sânscrito: Perfeição da sabedoria): 408, 412-414, 421

Primaveras e Outonos (*Chunqiu* 春秋): 60, **91s**, 95 n. 2, 301, 304, 344s, 347, 360 n. 26, 362 n. 39, 652, 682, 692-698, 706, 711s, 714, 724 n. 39.44

Primaveras e Outonos do senhor Lü (*Lüshi Chunqiu* 呂氏春秋): 215, 281, 288, 290, 298 n. 2, 299 n. 22, 300 n. 26, 309, 331, 358 n. 7

Qingyi bao 清議報 (*Jornal dos julgamentos puros*): 714

Qiushu 訄書 (*Livro de zombaria*): 714

Quatro Livros (*Sishu* 四書): 92, 562, 588, 593 n. 36, 595 n. 67, 599, 642, 664, 670, 686 n. 36.40

Índice de obras

Rangshu 攘書 (*Livro da rejeição*): 716, 718

Renwu zhi 人物志 (*Tratado dos caracteres*): 367, 386 n. 1

Renxue 仁學 (*Estudo sobre a humanidade*): 709, 723 n. 35.48

Ritos (*Liji* 禮記): 60 n. 4, 91s, 97 n. 16.19, 99 n. 32, 207 n. 22, 260 n. 24, 269, 279 n 17, 291, 300 n. 25, 301, 304, 326 n. 50, 339, 360 n. 26, 522 n. 12, 556 n.5, 593 n. 42, 673, 689 n. 73, 706, 721 n. 22

Rizhilu 日知錄 (*Notas sobre os conhecimentos adquiridos dia após dia*): 631 n. 10, 648, 650, 684 n. 16

Shangjun shu 商君書 (*Livro do príncipe Shang*): 262, 264, 269, 278 n. 4

Shangshu guwen shuzheng 尚書古文疏証 (*Comentário crítico dos documentos em escrita antiga*): 670, 689 n. 69

Shenzi 申子 de Shen Buhai: 262

Shenzi 慎子 de Shen Dao: 262, 278 n. 5

Shi(jing) 詩經: cf. *Odes*

Shiji 史記: cf. *Memórias históricas*

Shisanjing zhushu 十三經注疏 (*Comentários e subcomentários aos Treze Clássicos*): 690 n. 89

Shishuo xinyu 世説新語 (*Nova Coletânea de ditos mundanos*): 368, 386 n. 3, 409, 418 n. 26

Shiwu bao 時務報 (*The China Progress*): 708, 713

Shu(jing) 書經: cf. *Documentos*

Shuogua 説卦 (*Explicação das figuras*): 304, 306, 324 n. 27, 416 n. 15, 524 n. 34, 525 n. 43, 527 n. 73, 528 n. 82, 556 n. 8

Shuo qun 説群 (*Da comunidade*): 711, 724 n. 43

Shuowen jiezi 説文解字 (*Dicionário etimológico*): 348, 563 n. 47, 650, 684 n. 20

Siben lun 四本論 (*Os quatro fundamentos*): 367

Siku quanshu 四庫全書 (*Coleção completa das obras escritas repartidas em quatro armazéns*): 668s, 674

Sishu 四書: cf. *Quatro Livros*

Song Yuan xue'an 宋元學案 (*As Escolas de letrados dos Song e dos Yuan*): 521 n. 5, 596 n. 73, 645

Sun Bin bingfa 孫臏兵法 (*A Arte da guerra segundo Sun Bin*): 235 n. 13

Sunzi bingfa 孫子兵法 (*A Arte da guerra segundo Mestre Sun*): 177, 212, 235 n. 13

Sutra sobre a cabeça do Diamante (sânscrito *Vajrasekhara-sûtra*; chinês *Jingangding jing* 金剛頂經): 450

Sutra da descida à ilha de Lankâ ou Ceilão (sânscrito *Lankâvatâra-sûtra*; chinês *Ru Lengjia jing* 入楞伽經): 458, 474 n. 29

Sutra da Grande Nuvem (sânscrito *Mahâmegha-sûtra*; chinês *Dayun jing* 大雲經): 449

Sutra da Grinalda (sânscrito *Avatamsaka-sûtra*; chinês *Huayan jing* 華嚴經): 447, 450-452, 473 n. 13, 541

Sutra da inspiração-expiração (sânscrito *Anâpâna-sûtra*; chinês *Anban shouyi jing* 安般守意經): 406, 417 n. 19

Sutra da Perfeição da sabedoria em 8.000 linhas (*Astasâhasrika-prajnâpâramitâ-sûtra*): 418 n. 24

Sutra da Perfeição da sabedoria em 25.000 linhas (*Pancavimsati-sâhasrikâ-prajnâpâramitâ-sûtra*): 438 n. 3

Sutra da Terra Pura (sânscrito *Sukhâvatî-vyûha*) ou *Sutra de Amitâbha* (chinês *Amituo jing* 阿彌陀經): 420, 453, 473 n. 18

Sutra da visualização da longevidade infinita (*Guan wuliangshou jing* 觀無量壽經): 419 n. 33

Sutra de Vimalakîrti (sânscrito *Vimalakîrti-nirdesa*; chinês *Weimojie jing* 維摩詰經): 421, 450

Sutra do Coração (sânscrito *Prajnâpâramitâ-hrdaya-sûtra*; chinês *Xin jing* 心經): 418 n. 24

Índice de obras

Sutra do Diamante (sânscrito *Vajracchedikâ-prajnâpâramitâ-sûtra*; chinês *Jingang jing* 金剛經): 418 n. 24, 450, 457s, 475 n. 30, 619

Sutra do Estrado do Sexto Patriarca (*Liuzu tanjing* 六祖壇經): 459, 475 n. 33

Sutra do Grande Sol (sânscrito *Mahâvairocana-sûtra*; chinês *Dari jing* 大日經): 455

Sutra do Lótus (sânscrito *Saddharma-pundarîka-sûtra*; chinês *Miaofa lianhua jing* 妙法蓮華經): 421, 438 n. 4, 447s, 451, 453, 472 n. 9.12

Sutra do Nirvana (sânscrito *Nirvâna-sûtra*; chinês *Niepan jing* 涅槃經): 414, 447s, 450

Sutra em 42 seções (*Sishi'er zhang jing* 四十二章經): 402, 416 n. 10

Sutra sobre a conversão dos bárbaros (*Huahu jing* 化胡經): 407

Taijitu shuo 太極圖説 (*Explicação do diagrama da Cumeeira suprema*): **497s**, 525 n. 43, 537, 565, 569, 592 n. 20

Taipingjing 太平經 (*Livro da Grande Paz*): 234 n. 24, 356

Taishô shinshû Daizôkyô 大正新修大藏經 (*Nova Compilação do Cânon budista da era Taishô*): 472 n. 6

Taixuanjing 太玄經 (*Livro do Mistério supremo*): 349, 491

Tao-te king (*Daodejing* 道德經, *Livro do Caminho e da Virtude*): cf. *Laozi*

Tongdian 通典 (*Suma dos textos canônicos*): 487

Tongshu 通書 (*Livro que permite compreender as Mutações*): 487, 497, 499, 501

Tongzhi 通志 (*Tratado geral*): 488

Tratado dos Ritos: cf. *Ritos*

Três tratados (do Mâdhyamika): 420s

Tripitaka (sânscrito *Três Cestos*; chinês *Sanzang* 三藏): 401, 420, 471 n. 1, 472 n. 6

Vinaya (sânscrito: disciplina monástica; chinês *lü* 律): 398, 401, 412, 472 n. 6

Wenshi tongyi 文史通義 (*Princípios gerais de literatura e de história*): 681, 690 n. 82

Wenxian tongkao 文獻通考 (*Exame geral dos documentos literários*): 488

Wenxin diaolong 文心彫龍 (*O Espírito literário e a Gravura dos dragões*): 99 n. 37

Wenyan 文言 (*Comentário sobre as palavras do texto*): 304, 306, 523 n. 23

Wujing daquan 五經大全 (*Grande Suma sobre os Cinco Clássicos*): 599

Wujing zhengyi 五經正義 (*Sentido correto dos Cinco Clássicos*): 444

Xiangxue xinbao 湘學新報 (*Novo Jornal do Hunan*): 709
Xiaojing 孝經 (*Livro da piedade filial*): 361 n. 33, 424
Xici 繫辭 (*Sentenças anexas*): cf. *Grande Comentário*
Xinmin shuo 新民說 (*Da nova cidadania*): 713
Xin qingnian 新青年 (*A Nova Juventude*): 729
Xinshu 新書 (*Livro novo*): 343
Xinxue weijing kao 新學偽經考 (*Estudo crítico dos falsos Clássicos estabelecidos pelos eruditos da dinastia Xin*): 705, 722 n. 32-33
Xinyu 新語 (*Novas palavras*): 358 n. 9
Xingli daquan 性理大全 (*Grande Suma sobre a natureza e o princípio*): 599, 630 n. 5
Xingli jingyi 性理精義 (*Idéias essenciais sobre a natureza e o princípio*): 630 n. 5
Xugua 序卦 (*Seqüência das figuras*): 306
Xunzi 荀子: 170, **236-259**, 275, 278 n. 8, 304, 331

Índice de obras

Yi(jing) 易經: cf. *Mutações*

Yi Xia lun 夷夏論 (*Tratado sobre os bárbaros e os chineses*): 424

Yongle dadian 永樂大典 (*Grande Coleção da era Yongle*): 668

Yuandao 原道 (*Origem do Tao*): 468, 477 n. 51

Yuanshan 原善 (*Origem do bem*): 672, 689 n. 73

Yue 樂: cf. *Música*

Yueling 月令 ("Mandamentos mensais", capítulo dos *Documentos*): 291s, 339

Zagua 雜卦 (*Mistura de figuras*): 306

Zhaolun 肇論: 438 n. 5

Zhengmeng 正蒙 (*A Iniciação correta*): 506, 509, 515, 518, 525 n. 60, 527 n. 78.81, 556 n. 6, 637 n. 66, 654, 660

Zhiwu lun 指物論 ("Da designação das coisas", capítulo do *Gongsun Longzi*): 170

Zhongyong 中庸: cf. *Invariável Meio*

Zhouyi 周易 (*Mutações dos Zhou*): cf. *Mutações*

Zhouyi cantongqi 周易參同契 (*Tríplice Conformidade segundo o Livro das Mutações*): 385

Zhuangzi 莊子: **121-152**, 165, 170s, 186, 206 n. 13, 210, 216, 218, 221, 230, 232, 236, 242, 281, 319, 323 n. 13, 330, 356, 358 n. 4, 368s, 374, 377s, 380, 383s, 388 n. 30, 389 n. 36.46, 408s, 413, 416 n. 14, 424, 444, 463, 465, 477 n. 44, 499, 520, 524 n. 31, 527 n. 68, 529 n. 101, 675

Zhuzi yulei 朱子語類 (*Coletânea racional das conversações de Mestre Zhu*): 525 n. 58, 590 n. 9, 593 n. 42, 633 n. 30

Zizhi tongjian 資治通鑑 (*Espelho completo para uso dos governantes*): 487, 596 n. 72, 662s, 687 n. 50

Zuozhuan 左傳 (*Comentário de Zuo*): 95 n. 2, 285, 287, 299 n. 14, 322 n. 7, 324 n. 29, 347

Índice geral

Sumário, 9

Prefácio, 13

Abreviações, tipografia, pronúncia, 15

Cronologia, 21

Introdução, 23
    China, 23. – História, 25. – Tradição, 28. – Pensamento ou filosofia?, 29. – Um pensamento no nível das coisas, 32. – Conhecimento e ação: Tao, 33. – Unidade e continuidade: sopro, 36. – Mutação, 37. – Relação e centralidade, 39.

PRIMEIRA PARTE
Os fundamentos antigos do pensamento chinês
(II milênio-séc. V a.C.)

1. A cultura arcaica dos Shang e dos Zhou, 47
A racionalidade divinatória, 50. – O culto ancestral, 51. – Mudança ritual da consciência religiosa, 53. – Do "Soberano do alto" ao "Céu", 55. – Ordem e rito, 58.

2. A aposta de Confúcio no homem, 63
O "caso" Confúcio, 64. – O personagem, 65. – "Aos quinze anos resolvi aprender", 66. – Aprender é aprender a ser humano, 69. – O senso do humano (*ren*), 70. – "Entre os Quatro Mares, todos os homens são irmãos", 74. – O espírito ritual, 76. – A missão sagrada do homem de bem, 80. – Retrato do príncipe

como homem de bem, 82. – O que é governar?, 84.
– "Retificar os nomes", 86. – O Caminho confuciano, 89.
– Confúcio e a formação dos textos canônicos, 90.

3. O desafio de Mo-tse ao ensinamento confuciano, 100

Mo-tse, um artesão (de paz)?, 101. – Introdução da argumentação no *Mozi*, 103. – Critério de utilidade contra tradição ritual, 105. – Amor universal contra senso do humano, 108. – O interesse geral, 111. – "Conformar-se com seus superiores", 113. – O Céu de Mo-tse, 114. – Moístas contra confucianos, 115.

SEGUNDA PARTE
Intercâmbios livres sob os Reinos Combatentes
(séc. IV-III a.C.)

4. Chuang-tse à escuta do Tao, 121

O livro e o personagem, 122. – Relatividade da linguagem, 124. – Os paradoxos de Hui Shi, 126. – O pássaro gigante e a rã, 128. – "É isso", "não é isso", 130. – Como conhecer?, 132. – Esquecer o discurso, 133. – Como um peixe no Tao, 136. – A mão e o espírito, 137. – O espontâneo como num espelho, 140. – Sonho ou realidade, 142. – Homem ou Céu, 144. – O homem verdadeiro, 146. – Preservar a energia essencial, 148. – Desapego supremo, 149.

5. Discurso e lógica dos Reinos Combatentes, 156

O que está em jogo no discurso, 156. – Os lógicos, 157. – Concepção instrumental da linguagem, 159. – A teoria dos "nomes de massa", 161. – A concepção nominalista, 163. – "Cavalo branco não é cavalo", 166. – "Da designação das coisas", 170.

6. Mêncio, herdeiro espiritual de Confúcio, 174

O homem de bem diante do príncipe, 175. – O *Mengzi*, obra polêmica, 177. – A força de persuasão do "humano", 179. – Uma moralidade fundada na natureza, 184. – O que é o vital?, 186. – Fisiologia moral, 189. – O coração/mente, 190. – Todo homem pode tornar-se um santo, 192. – Natureza e destino, 194. – O que dizer do mal?, 196. – A humanidade como responsabilidade, 197. – Centralidade e autenticidade, 199.

7. O Tao do não-agir no *Laozi*, 208

A lenda, 209. – O texto, 210. – O não-agir, 211. – A metáfora da água, 212. – Paradoxo, 215. – Amoralidade do natural, 217. – Valor político do não-agir, 220. – Retorno ao natural, 222. – Retorno à Origem, 224. – O Tao, 226. – Do Tao às dez mil coisas, 228. – Via negativa ou mística?, 230.

8. Xunzi, herdeiro realista de Confúcio, 236

Retrato de um confuciano no fim do mundo, 237. – O homem diante do Céu, 239. – "A natureza humana é má", 243. – Natureza e cultura, 247. – Os ritos, 250. – Nomes e realidades, 253. – O *Xunzi*, panorama das idéias dos Reinos Combatentes, 256.

9. Os legistas, 262

Antropologia legista, 263. – A lei, 268. – A posição de força, 270. – As técnicas, 271. – O Tao totalitário do *Han Feizi*, 273.

10. O pensamento cosmológico, 281

Correntes de pensamento da natureza, 281. – No começo era o *qi*, 283. – Yin e Yang, 284. – As Cinco Fases, 287. – Espaço e tempo cosmológicos, 290. – O Palácio das Luzes, 295.

11. O *Livro das Mutações*, 301

Origens divinatórias, 302. – Canonização das *Mutações*, 304. – "Um Yin, um Yang, assim é o Tao", 307. – As *Mutações* como combinatória figurativa, 310. – Interpretação das *Mutações*, 312. – O "minúsculo esboço", 315. – "A montante das formas, a jusante das formas", 317. – Senso da oportunidade, 320.

Índice geral

TERCEIRA PARTE
Adaptação da herança (séc. III a.C.-séc. IV d.C.)

12. A visão holista dos Han, 329

A corrente "Huang-Lao", 331. – O *Huainanzi*, 334. – Cosmologia correlativa e pensamento científico, 337. – O culto da unidade, 340. – Dong Zhongshu (apr. 195-115), 341. – A batalha dos Clássicos, 344. – Yang Xiong (53 a.C.-18 d.C.), 348. – Wang Chong (27-apr. 100 d.C.), 350. – Os Han posteriores (25-220 d.C.), 354.

13. A renovação intelectual dos séc. III-IV, 366

"Conversações puras" e "estudo do Mistério", 368. – Wang Bi (226-249), 369. – Entre indiferenciado e manifestado, 370. – Discurso, imagem, sentido, 373. – Entre indiferenciado e princípio estruturante, 378. – Guo Xiang (apr. 252-312), 379. – Tradição taoísta, 384.

QUARTA PARTE
A grande revolução budista (séc. I-X)

14. Os inícios da aventura budista na China (séc. I-IV), 393

As origens indianas do budismo, 393. – Os Quatro Selos da Lei budista, 396. – Evolução histórica do budismo indiano, 400. – O budismo na China dos Han, 401. – Budismo do Norte e budismo do Sul, 404. – *Dhyâna* e *Prajnâ*, 406. – Intercâmbios intelectuais no budismo do Sul, 408. – Budismo e dinastias não chinesas do Norte, 411. – Alguns grandes monges do séc. IV: Dao'an, Huiyuan, Daosheng, 412.

15. O pensamento chinês na encruzilhada dos caminhos (séc. V-VI), 420

Kumârajîva e a escola Mâdhyamika, 420. – Polêmicas entre budistas, confucionistas e taoístas nas dinastias do Sul, 423. – A controvérsia sobre o corpo e o espírito, 426. – O budismo do Norte nos séc. V e VI, 429. – Xuanzang e a escola Iogacara, 432.

16. O grande florescimento dos Tang (séc. VII-IX), 443

Chinização do budismo sob os Tang, 445. – A escola Tiantai, 447. – A escola Huayan, 449. – A escola da Terra Pura, 453. – O budismo tântrico, 454. – Manifestações populares do budismo, 456. – A escola Zen, 457. – A mente do Zen, 460. – As práticas do Zen, 464. – Han Yu (768-824) e o "retorno ao antigo", 467. – Li Ao (apr. 772-836) e o "retorno à natureza fundamental", 469.

QUINTA PARTE
O pensamento chinês após a assimilação do budismo
(séc. X-XVI)

17. O renascimento confuciano no início dos Song (séc. X-XI), 481

Os grandes homens de ação dos Song do Norte (960-1127), 483. – O renascimento confuciano, 485. – A tradição das *Mutações* e a renovação cosmológica, 487. – Shao Yong (1012-1077), 488. – Constituição e função, 490. – Imagens e números, 491. – Conhecimento do princípio e "observação invertida", 492. – Zhou Dunyi (1017-1073), 497. – "Sem-Cumeeira e no entanto Cumeeira suprema", 499. – "A santidade nada mais é do que autenticidade", 500. – A questão do mal, 501. – Pode a santidade ser aprendida?, 503. – Um e múltiplo, 504. – Zhang Zai (1020-1078), 505. – "Tudo se liga no Tao único", 506. – Qi: vazio e cheio, 508. – Unidade da energia, unidade da natureza, 512. – A busca de santidade, 516.

18. O pensamento dos Song do Norte (séc. XI) entre cultura e princípio, 530

Os irmãos Su e os irmãos Cheng, 530. – Su Shi e o Tao da cultura, 531. – Os irmãos Cheng e o "estudo do Tao", 534. – O *LI* como princípio, 537. – O princípio entre Um e múltiplo, 540. – "Exame das coisas e expansão do conhecimento", 542. – "Ver o Princípio", 545. – A propósito das *Mutações*, 548. – Princípio e energia, 551. – Princípio e senso do humano, 553. – Busca de santidade, 554.

19. A grande síntese dos Song do Sul (séc. XII), 560

Zhu Xi (1130-1200) e Lu Xiangshan (1139-1193), 560. – Do "estudo" à "transmissão" do Tao, 563. – A Cumeeira suprema, unidade do princípio e da energia, 565. – "Cumeeira suprema" ou "Sem-Cumeeira"?, 569. – A mente, unidade entre o princípio celeste e os desejos humanos, 571. – "Mente de Tao" e "mente humana", 575. – A unidade da mente segundo Lu Xiangshan, 577. – Disciplina mental, 581. – "Exame das coisas e expansão do conhecimento", 584. – Gradualismo e subitismo, conhecimento e ação, 586.

20. A mente volta a ocupar o centro no pensamento dos Ming (séc. XIV-XVI), 597

A herança dos Song do séc. XIII ao séc. XV, 597. – Wang Yangming (1472-1529), 601. – "Não há princípio fora da mente", 602. – A questão do mal e o "conhecimento moral inato", 607. – "Conhecimento e ação são uma coisa só", 611. – Os pensadores do *qi* no séc. XVI, 614. – "Os três ensinamentos não são senão um", 616. – Iconoclasmo e espírito crítico, 618. – Liu Zongzhou (1578-1645), 621. – Vida e morte das academias privadas no final dos Ming, 624. – A Sociedade da Renovação e os jesuítas, 627.

SEXTA PARTE
Formação do pensamento moderno
(séc. XVII-XX)

21. Espírito crítico e abordagem empírica sob os Qing (séc. XVII-XVIII), 641

Huang Zongxi (1610-1695), 643. – Gu Yanwu (1613-1682), 647. – Wang Fuzhi (1619-1692), 651.

– Unidade entre o homem e o mundo na energia vital, 653. – Unidade entre o princípio celeste e os desejos humanos, 657. – Pensamento da força, força do pensamento, 659. – O sentido da história, 661. – Yan Yuan (1635-1704), 663. – Os grandes projetos de Estado no séc. XVIII, 666. – Exame crítico dos Clássicos e retorno aos "estudos Han", 669. – Dai Zhen (1724-1777), 671. – Nas fontes do *Mengzi*, 672. – Da energia ao princípio de distinção, 674. – Contra os fariseus da moralidade e os dogmáticos da erudição, 678. – O espírito crítico na aurora do séc. XIX, 680.

22. O pensamento chinês confrontado com o Ocidente: época moderna (fim do séc. XVIII até início do séc. XX), 691

O ressurgimento dos "textos modernos" na virada dos séc. XVIII-XIX, 692. – "Textos modernos" e reformismo, 695. – "Textos modernos" e legismo, 697. – Primeiros conflitos abertos com as potências estrangeiras, 700. – Kang Youwei (1858-1927) e o apogeu do reformismo dos "textos modernos", 704. – Liang Qichao (1873-1929) e Tan Sitong (1865-1898), 708. – O espírito de reforma entre universalismo e nacionalismo, 710. – O "pós-1898": a tradição clássica entre reformismo e revolução, 712. – Zhang Binglin (1869-1935), 713. – Liu Shipei (1884-1919), 716.

Epílogo, 727

Bibliografia geral, 734

Índice de conceitos, 739

Índice de nomes próprios, 778

Índice de obras, 798